帝国印事
——清朝的官印制度

胡忠良 著

北京燕山出版社

帝国印事 ——清朝的官印制度

清代官印的造化
——写在卷前的几句赘语

三十多年前，初次接触清宫档案，其中有一种名为"图片"的文书。那是一种再寻常不过的清代衙署间往来的正式公文："白片"小楷，格式规矩，字、印齐全。只是它的文种名称却颇带几分古怪：分明是一种纯文字的公文，既无图亦非画，却偏偏名"图片"。

其时，作为初入行新人，急于探究其就里，于是翻阅了一些相关专业工具书，并请教身边同行，遗憾的是所得到的答案却良有未谛。大家说：这不过是清人的一个公文习语，后人习惯性地沿用而已，至于它与图画有无关联，却实在是"无从说起"。

在以后的日常历史档案整理与研究工作中，又陆续地遇到过一些类似的"知其然，不知其所以然"的情况，有时也会深陷于一种"诗无达诂"的困扰与怅然中。

诚然，鉴于历史迢递、时过境迁等原因，对于许多的前朝名物、典章，后人在继承时，大概率上都会出现某些可以预料的衰减，由于某种习焉不察或误读曲解，导致原始的定义或初解与历史真相渐行渐远，甚或出现望文生义、南辕北辙的情况。——这或许也正是时代进步所必须付出的正常代价吧！

然而，这个世界上并没有什么是无解的。人们之所以暂时未能抵达原初的真相，多数情况是囿于格物致知、积累尚浅以及技术能力未逮等因素的干扰与障碍，有时，也许仅仅只是少了那么一点点捅破窗户纸的契机与运气罢了。

若干年后，一次在整理史料过程中，我无意间发现了一个叫人无语的情况——所有叫"图片"的档案上，都钤盖着同一种叫作"图记"的官印。这时再回头索骥详读《宗人府则例》等书，方始醍醐灌顶般地恍然大悟：原来所谓"图片"只不过是指那些盖有"图记"的片文，的确与"图画"毫无一丝相干。

这件小事，对我颇有触动，此后一直未能去怀。它也成为了我开始对清代官印研究产生兴趣的原始驱动力之一。

一、官印流衍

官印即是公章，是印章的一种。在清代，习称为"印信关防"。

清代官印，既是华夏印章文明的菁华，亦是世界印章文明的一部分。它的基因与血统谱系的产生，既简单又复杂，是诸多主客观历史文化因素的演化、耦合的结果。

印章是私有制出现以后的产物，它的出现甚至比文字还要早。

大约公元前5000年，人类印章文明的初曙降临在了两河流域和古埃及一带，之后又相继辉映在古印度河流域、古华夏、古希腊罗马。这四个地域的印章文明被今人合誉为世界四大古代印章文明，在历经几千年流衍融合后，又衍生并形成今日的东西方两大印章文化格局。

从某种意义来讲，所有的古代印章文明都从来没有真

古埃及圣甲虫印

两河流域滚筒印

正地消亡，而是沿着一种自有的规律不断地演化潜行至今。而华夏印章文明，却被举世广泛地公认为是世界四大古典印章文明中唯一得以存续、未断其脉的佼佼者，也是今天东方印章文化的源头和主角。

欧洲中世纪国王印鉴

中国印章的发生，可上溯到新石器时代中期。田野考古揭示，大溪文化等遗存中的陶器上各种戳印纹饰，均来源于某种特制的陶质小戳子的抑钤，这即是古代印章的雏形。《春秋运斗枢》有云："黄帝时，黄龙负图，中有玺章，文曰天王符玺。"此书虽与《山海经》一样是汉儒、方士的托古之作，但在那些看似迹近荒诞的文字记载的背后，却保留潜伏了很多华夏文明原始记忆的线索与伏笔，这些记载将华夏印章的源头闪回到神话时代，在时空上却与今天现代科学考古的一些成果达成了某种惊人的交集与互证。

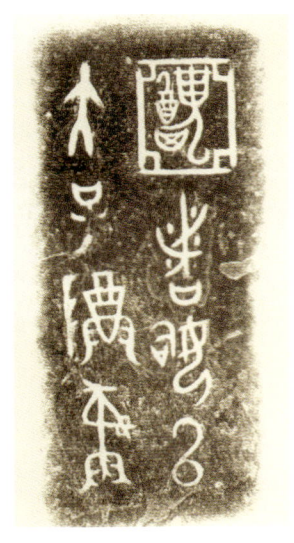

周朝青铜器上的"亚"字印文

迄今我们所能见到最早的中国印章实物，是现存于台北"故宫博物院"的三方青铜鼻钮古玺印，其年代或断为殷商末年，或有说周朝，约在公元前1000年。近年，四川省广汉市三星堆遗址新出土青铜龙柄印章，又将时间更提前了一步。这些青铜印章实物，无疑都是已很成熟的古代印章的结晶。可以推测，在它们出现之前，华夏印章必定已曾走过了一段漫长的萌芽、孵化、成长的历程。

华夏印章在早期并不存在泾渭分明的官、私印之分。春秋时期，随着社会发展、国邦政权不断壮大，官印始日渐孳乳，其后乃浸成荦荦大者。《左传·襄公二十九年》记："季武子取卞，使公冶问玺书，追而与之，曰：'闻守卞者将叛，

战国玺印封泥

汉代官印

臣帅徒以讨之,既得之矣,敢告'。"文中的"玺书",便是一种钤盖了官章的公牍。此段记载折射了春秋时期官印已普遍流行使用的史实。

历史上官、私印的正式分家,发生在秦汉时期。秦汉一统中国后,以皇权为中心的封建集权制度正式确立,在各种官僚制度日臻完善的同时,一整套系统严密的官印制度也应运而生。统治者们不仅规范出台了帝王用"玺"、官吏用"印"的千古官印定制,同时在各级官印的材质、印文、尺寸、台钮、印绶制度,以及用印仪轨等方面都制定了详苛繁缛的条规。

明代狮印

隋唐以降,中国古典官印走出了"职印"独步的时代,迈入以"司(衙)印"为主的"后官印"时代。所谓的"职印"原是以官职来命名官印;而"司印"则是以机构衙门的名字来命名。以前为便于携佩,发给官员个人的"职印"体积一般大小不盈寸;而新诞生的"司印",在印体尺寸上则呈几何倍数剧增,因为已不便于随身佩带,故而改为放置在衙门的常态保管形式。官印体积的增大还带来了其他方面的变革:为使印文能充满印面,蟠曲变异的叠篆形式成为了印篆的主流;此外在印钮、印台雕饰工艺等方面,精湛的工艺也得到更充分的发挥空间。

人们习惯将"司印"的出现称为"后官印"时代开始的标志。而其另一重要标志,就是印章在钤押的形式上也出现了重大突破。由于纸制文书基本已全面代替了简牍、缣帛文书,昔日木简封泥的封印的方式已经落伍,被一种新型的蘸印泥(水)直接在纸质文书上钤盖的"水印"方式所更替。这一"水印"法后来又由中东传到欧洲,成为当今世界印章押盖形式的主流。

此外,唐以后,随着封建官僚制度深入强势进化,以"宝""印""记"为主体构架特征的封建官印体系及相关的配套管用制度亦日趋成熟稳定，并开足马力，一路跨越宋辽、元明，狂奔达至清朝的巅峰。

二、清代官印

清代官印制度是中国古典官印制度的集大成者，在充分继承了中国古典官印文化的血缘的基础上，同时也混融了部分中原以外地域族群政权新鲜的文化基因。

清朝官印体系的基本构架，总体上呈现为一个自上而下的"金字塔"结构。《大清会典·礼部·铸印局》云："凡印之别有五：一曰宝，二曰印，三曰关防，四曰图记，五曰条记。"

这是当前学界通常引用的金科玉律，但其中实际上也潜伏着一些小"bug"。

首先，正式的官印五级的分类完全是从清朝礼部铸印局的视角而定的。在现实中，清代官印的种类，又何止这区区五类。比如钤记、记、戳记、押记等更下一级的官印，一度由于在体制上并不归中央礼部铸印局统一负责铸颁，而是普遍被授权于各级主管官衙自行负责刻颁给下属，因此未被列于《大清会典·礼部·铸印局》的主条中。纵观《大清会典》中的其他条目的记载，尤其是在大量清代原始文献和档案记录中，在五级官印以外，还有各种莫名其妙的官印形式大面积地生机勃勃地存在着。

其次，从古今官印制度发展的动态规律上看，清代成熟的五

大清嗣天子宝

"大清嗣天子宝"宝文

级官印架构，是迨至乾隆朝时才正式定型的。清入关前，官印只粗有宝、印两种，清入关之初，继承了明代传统的宝、印、关防、条记的四级官印体系。即使在康熙、雍正朝的《大清会典》中，图记尚未被明确列入。乾隆以后，图记才正式加入，形成了以后五级官印体系。而且嘉庆以后，另外一种钤记实际上也被列入了礼部统一铸造的序列，但固化的"五级"官印体系则终此不再有变。

以上种种清代官印史上的动态流变沿革，研究者自当有所入微体察。

清因明制，基本上全盘照搬明朝官印制度，不过稍作损益微调而已。

从"金字塔"顶尖上的至高无上的皇帝御宝到塔底的那些籍籍无名的钤记、记、戳记，清廷在用印者的品秩等级，包括各级官印的形制尺寸、材质、钮式、印篆方面的配套，乃至印信关防的使用仪轨、保管制度等方面，基本上都是在一概率由旧章地径抄前明的作业。

当然，清朝官印制度也有自己的创新。总体来讲，其中有两点尤其值得圈赞：

首先是官印体系得到了史无前例的壮大。清朝入关后，先是将前明的"关防"由副印序列直接地晋升入了正印序列，此后又创新出并续增入了一种新的官印品种——"图记"；同时，还颇有前瞻性地为作为副印序列的钤记、戳记等预留了充分的入口，不但丰富了清朝官印家族的丁籍结构，还巧妙地保证官印体系的内部稳定和灵活弹性的延伸。

其次在官印的印篆双语合璧方面的改革，是清朝最堪以自豪的第二大亮点。清入关前，官印印文独用满文，不兼汉字；入关后，清廷虽几乎合盘沿用明朝印制，然又终不甘完全雌伏屈尊于明印只用汉篆的旧范，便不惜靡费，果断地改天下官印为满、汉文合璧，作为帝国官印秩式。此外，在一些民族地区，印信关防还出现了多语文字合璧的情况。其规模与持续性在中国历史上是罕见而独特的。

　　清代官印制度的发展中，始终存在着一个使人迷惑的现象。本质上，官印是政治制度直接的投影，但在现实中，清代官印制度的建设每每又总未能立竿见影地及时追上时代发展的步调。这一怪圈奇景，几乎贯穿了整个大清的官印制度史。换言之，人们读清朝官印史时，其制度建设上的延宕，始终给人一种气喘吁吁、追赶不迭的印象。

　　清代官印制度的发展，大致可分为四个阶段。

　　第一阶段为入关前太祖、太宗的天命、天聪、崇德时期，史称"发轫期"。尽管入关后以乾隆为主要代表的历朝统治者们一直在篡写历史，力图粉饰虚构出一个清入关前官印制度鼎盛发达的图景，但大量现存的原始档案记载却无情地否定了他们的努力。这一时期女真（满洲）政权在官印制度方面，可以说基本上

清代宝箱

就是一片空白。揆其原因，主要是这一时期，女真（满洲）政权一直疲于奔命于生存扩张，在马不停蹄的兼并与战争中，无暇从容地规划构建完整的官印制度，因此人称其为"苍白的宝、印时代"。尤其在后金政权建立之初二十余年间，除了太祖努尔哈赤与太宗皇太极先后使用过两颗"金国汗印"外，并未见其他官印踪迹。太宗天聪中后期至崇德以后，整个王朝也仅呈现为三四颗汗宝（印）、若干颗衙印的格局，体系单薄，不成气候。为了统治需要，左支右绌的满洲统治者，被迫普遍地实施旗、牌等印信代偿制度。

第二阶段，时间自满洲入关后至乾隆初年，称"过渡期"。清猝然入关，忽然面临着对一个超乎其想象庞大的汉文化帝国的治理，迫不得已，只好实用主义地果断放弃入关前"参金酌明"的满篆官印模式的单线建设与浅尝试验，转为放手全盘照收抄袭前明官印制度。顺治元年（1644）六月，清廷官宣了满汉印文合璧的统一印制制度。这一冒险的决策在今人看来固然英明果决，却也无疑带来了巨大的压力与负担。在接下来的近一个世纪的征服、平乱、扩张战争与持续的经济文化复苏建设的同时，清朝官印制度的建设，始终呈现出一种照猫画虎、拆东补西的被动态势。官印的改铸、换铸、增铸等工程，在一种混乱低效、不堪重负的状态下艰难推进，直到乾隆初才基本宣告结束。

第三阶段，为"极盛期"，时间从乾隆十一年（1746）至1840年的鸦片战争。在经历了清初的长期动荡、建设、恢复后，乾隆初年，伴随着大清迈入"盛世"，稍作喘息的清廷，又马不停蹄地开始了新一轮官印制度建设的精耕细作。乾隆十一年乾隆开始以清厘皇帝宝玺为契机，继而启动了全国各级官印的改铸缴换运动。入关后的清官印印文均为汉篆与满楷的合璧，其制度一直沿用达百年之久。乾隆十三年乾隆以总设计师兼总指挥的双重身份，亲自指授御制出32体新满文篆字，遂下令要求从此天下官印均采取满、汉篆书合璧的模式。紧接着一场轰轰烈烈的官印印文满楷改镌满篆的工程在全国全面铺开，这一涉及上万官印改铸和交换的浩大工程，越三年始告竣。之后，乾隆、嘉庆、道光等历朝皇帝又继续对新的官印使用管理制度进行了诸多与时俱进的细化、修改和补充。这一时期的最大收获，无疑是以宝、印、关防、图记、条记为主干的五级官印体系的正式确立。

第四阶段，称"衰落期"，时间自1840年以降至清灭亡。这一时期的清朝伴随着太平天国等内地反抗起义，接踵不断的列强侵华战争，以及清廷自启的一系列洋务、维新、改制新政等运动，引发了政治紊乱、社会动荡等一系列后遗症，反映在官印制度方面，速朽与崩溃的表征似乎更加剧烈，出现滥铸、滥用官印的乱象，濒临一种失控井喷的局面。即使清末统治者将颁铸官印之权被迫由礼部转归了内阁之下，无奈其时大势已去、无力回天。

这一时期另一个影响深远的事件，就是以圆形、图文合璧为主要形式标志的西方官印形式堂而皇之地阑入了大清官印体制，从而导致了存续固守了几千年的以方印、篆字为主要特征的传统华夏官印制度的结构性破防。在大清的海关、邮政等近代化官衙机构中，西式官印堂而皇之地鹊巢鸠居，并深刻地影响着后世的中国官印制度。

三、印、史经纬

仅从学术角度观照，清代官印制度颇为特殊，既"小众"，且偏门。

古代先贤们在规划构建经、史、子、集四大传统学术体系时，尚无"印章学"一门，直到赵宋，印章才搭上了"金石学"的便车，但始终处于某种"妾身未明"的暧昧状态，有时游移啸聚在"小学""目录"门下，有时奔窜寄身于"经""史"夹缝之间。时至今日，社会上谈到印章，公众依然会不由自主地望向书画篆刻艺术，一些涉及官印史的文章，每每沦为了书法、考古杂志补缺拾遗的边角点缀。至于"清代官印"的专门研究，更呈现出桥仄人稀、门可罗雀之景象。

然而，古贤云：虽小道，必有可观者焉！世间万物，无疑都有其各自负的使命与存在价值，值得期待与探索其内涵与真相。

清朝官印制度，是维系君主专制和中央集权的传统政府制度的权威征信的 Logo，它为封建官僚制度组织体系提供了坚实的金字塔式的构造基础，并维系着封建政府体制的稳固与运行。

一切过往皆为历史，一切历史都有值得抵达的真相。

研究历史，目的重在揭示真相。解谜的钥匙有两把，一是传世文物，一是传世文献。就目前而言，存世的清代官印实物虽并不十分的系统、完整，但相较于历史上的其他朝代，毕竟百年才过，所谓"去殷不远"，存世文物尚多。另外一个更令人振奋的现状就是：传世的清代档案文献更是意外的丰富。在现存世的上千万件的清代原始档案中，有关清代官印的史料可谓汗牛充栋，尽管它们现在尚并未完全形成体系，在史料的整合与梳理方面还须付出巨大精力，但它们无疑为人们提供了一个可以叩山寻径、掘金洗玉的宝藏。

这些清代官印制度的档案文献中，固然充斥着大量的冷峻枯燥的条规律例，但它们往往就像一个个细小的石子，当你将它们投入到海量的原始档案中记载的情景交织的细节的历史长河之中后，你会发现这样一个奇景：先是一个个小小的涟漪，接下来便有可能是蝴蝶效应般地引发山呼海啸式的回响与激荡，山海成章。这些丰富的史料足以使清代官印制度缘筋生肉，焕发新貌。尤其是原始史料中大量关于清代官印产生发展的时代背景材料、产生过程的记录，包括那些鲜为人知的余温未退的史实情节，使得清代官印历史本身刹那间立体丰盈、温润生动起来，也使得对它的研究趣味横生、兴意盎然起来。

清代官印不啻为人们提供了一个便捷的近距离考察清史的切入点，通过不同维度的观察与体会，尤其是在官印制度与清朝历史的互动情景中，也许你还会

"信造化之在我" 清 陈豫钟

得到关于清朝的别样的解读与印象，甚至颠覆了一些过去固有的认知与常识。

清代官印史之于清史，常常互为因果与表里，有时可能只是因为一个潜在而偶然的起因，便在相互作用下，引发出一个出乎意料的结果，而良多的秘密则无疑更多地存在于那些漫长过程中的片断与细节中。

清朝官印制度"真相"的尽头即是清朝历史的"真相"。——清代官印无疑亦是清代历史的缩影。

识篆辨印，历来是历史档案文献工作者必备的童子功，清代官印研究也一直是历史档案文献工作代有传承的一个重点。早在20世纪初，"文献馆"的单士魁等前辈们即已筚路蓝缕开创了清代官印史料的系统整理收集与研究工作。三十多年来，自己虽然在工作学习之余磨砺积累了一些经验，也结出了一些成果，但念兹在兹，不觉使人常怀绠短汲深、力有未逮之怅叹。明清档案中的印章史料就如同一片崇山，在不断的探索与攀登过程中，常会使人感到一种力不从心的畏惧与压力相伴在左右，但那沿途的风景收获与"在路上"的实在感却又永远给人以一种不断攀援的动力和剑客斩关后般的快意。

《诗》曰："君子于役，不知其期。"

清代官印的研究内容广泛，史料的发掘并非朝夕之功，未有穷尽。其研究也尚在柴门初启阶段，任重而道远，还有待于同侪今后共同的经营与不懈努力。

以印证史，可观瞻一世之兴替；以史鉴印，可考镜一代之典章。"印"与"史"的双向探索与交互维系，一直是笔者经年关注考察的兴趣点，也是本书的初衷与着意落墨之处。

本书所辑，泰多为历年工作研究的积淀，或獭祭甄录史料，削竣排比；或濡笔砚边余沈，稍展心得。笺长札短、丰简自成，率谋体例、裒辑为篇。

野芹曝献，以冀就正于大家。

是为序。

序言：
清代官印的造化——写在卷前的几句赘语

上编：印史纪略

第一章
天命、天聪时期"汗印"的曳白记忆 02
一、草莽女真 02
二、努尔哈赤们的明朝官印经验 07
三、"金国汗印"横空出世 10
四、二手的误读与虚构 16
五、"印牌""印信牌" 21
六、皇太极争取明颁 "汗印"的最后努力 29

第二章
"元传国玺"疑案 36
一、天降"神玺"与"大清"肇立 36
二、"原罪"与"暗伤" 42
三、从风光无限到黯然出局 49
四、乾隆的终审判决 53
五、后"元传国玺"的续貂遗响 55
六、清宫另一方"秦传国玺"的消息 60

第三章
清入关后官印制度画风遽变与全面提速 64
一、入关前汉臣们的坚守与衙印的难产 64
二、汉姓王侯们纷纷挂印出场 69

三、"自谕"摄政王的"无印表演" 76
四、洪经略的"大学士印" 82
五、清入关初期官印的全面改制及引发的震荡 91

第四章
四方朝鲜国王印的传奇 98
一、迟到的明初"朝鲜国王印" 99
二、清崇德时期的"换印"风波 102
三、"盛世"换印，两重风景 107
四、清赐"大宝"落寞谢幕 113

第五章
乾隆的官印改革 118
一、乾隆继承的官印祖产 118
二、高宗"鉴宝" 121
三、国家官印改铸工程 127
四、"图记"转正 133
五、皇史宬钦命将军印 137

第六章
嘉、道以降官印制度履霜之渐 146
一、官印避讳到达顶峰 146
二、行在兵部印失窃案 152
三、安南与越南的距离只差一方国王印 159
四、不翼而飞的"天王金玺" 167
五、"天师"印的沉浮 173
六、禁不住的官印造假 181

第七章
慈禧印章的虚实 186
一、"慈禧皇太后之宝"及相关玺印 186
二、"御赏"与"同道堂"印 189
三、"凤沼恩波"的余波 194
四、身后谥宝犹作妖 196

第八章
东西方官印的碰撞与融合 200
一、清初中俄外交印事 200
二、清廷与普鲁士及各德意志公国订换"印约" 207
三、西方驻华机构公章的"中国化" 215
四、大清衙门中的"西式"官印 223

第九章
晚清官印的式微与坠落 228
一、"钦差"关防泛滥成灾 228
二、圆明遗玺今何在 235
三、美、英联军太庙窃玺事件 243
四、一枚"笑话"官印的诞生 254
五、不盖"御宝"的皇帝谕旨 260

中编：印典备征

第十章
清代帝后、宗室官印 272
一、交泰殿"二十五宝"与"盛京十宝" 272

二、宫中小玺闲章 278

三、后妃宝印 283

四、帝后谥宝 286

五、宗室宝印 292

第十一章
清代中央衙门官印 300

一、内阁、军机处官印 300

二、各部院及九卿官印 312

三、宗人府、内务府官印 316

第十二章
清代八旗、绿营官印 328

一、八旗官印 328

二、绿营官印 337

第十三章
清代地方及藩属官印 344

一、各直省、府、州、县官印 344

二、民族地区的官印 351

三、藩属国王印 360

第十四章
清代官印的形制 366

一、印文 366

二、印材 372

三、制式 376

第十五章
清代官印的制颁 382

一、宝玺制作 382

二、印信铸刻 388

三、官印颁缴 392

第十六章
清代官印的管理 398

一、官印日常管用 398

二、封印与开印 407

三、印信处罚制度 411

第十七章
清代公牍印信签押制度 416

一、公牍钤印 416

二、印信封缄 422

三、印鉴印色 427

下编：印词印闻

第十八章
清代印词胜绎 436

一、玺宝 436

二、印信 437

三、印章 439

四、印篆 441

五、关防 442

六、图记 444

七、条记 447

八、钤记 449

九、戳记 450

十、押记 453

十一、行在印 455

十二、行宝 457

十三、印牌 460

十四、宝牌 462

十五、掌印 462

十六、监印 466

十七、司印 468

第十九章
清代印闻拾遗 470

一、"袭封衍圣公印" 470

二、一瓣火漆君臣心 472

三、官印避讳满篆为甚 475

四、乾隆"钓鱼执法" 477

五、督抚关防不列全衔 480

六、斑斑"紫花"耀眼明 481

七、官印与陕甘分省 484

八、心有千千"结" 486

九、瘦羊"五经博士"印 489

十、"秋官辟邪" 492

十一、曾文正公的"凡尔赛"印 494

十二、双臂"花印"入闱来 497

十三、"朱印蓝戳"满试卷 498

十四、官印失窃的几帧案情现场回放 502

十五、"地主家也没有余粮" 504

十六、七品县印的一品待遇"一日游" 507

十七、脑补"失火救印" 510

十八、"成尘木印"亦招魂 513

十九、"大内档案"与清朝官印史料 516

附表

附表一
清代后妃王公宝、印一览表 521

附表二
清代文武各衙门印一览表 522

附表三
清代文武各衙门关防、图记、条记一览表 528

帝国印事——清朝的官印制度

上编：印史纪略

第一章
天命、天聪时期"汗印"的曳白记忆

有关清入关前"后金"时期的官印制度,曾一度被世人轻蔑地理解为很可能只是一个不经的谣言。

即使后来被证明出它确实客观地存在过,但在相当长的一段时间里,它依然被别有用心地描述为一个虚化了的"汗印"鬼影,在各种猜测和传说中若隐若现。

一、草莽女真

大清历史上第一枚自己的官印,是太祖努尔哈赤的"天命金国汗之印"。它出现时,国家还不叫"清",而叫"金";族名也不称"满洲",称"女真";努尔哈赤的身份也不是皇帝,而是一个女真部落的"汗"。

中国正统官史上,曾出现过两个"金"政权,前后间隔了数百年。这两个政权,都是由同一个女真族建立的。这一现象,在历史上独此一例。为了区分方便,人们习惯将后一个"金"(清朝的前身)称作"后金"。

女真是一个古老而坚韧,堪称"活化石"的民族。在华夏众多民族中,若论历史悠久,且存续时间最长的民族,除了汉族,只有女真(满族)。

女真古称"肃慎"。它的出现,或可上溯到"三皇五帝"的传说时代。《竹书纪年》载:"虞舜二十五年,息慎献弓矢。"这个"息慎",《史记集解》引郑玄云:"或谓之肃慎,东北夷。"周武王克商后,通使天下九夷百蛮,肃慎进贡楛矢石砮,周武王十分珍视,特地在其所贡的砮楛上雕刻铭文"肃慎氏之贡矢",并分

[1] 孟森《女真源流考略》,载《明清史论著集刊续编》第4页,中华书局1986年版。

赐给大姬，配虞胡公而封于陈地。❶周以后，历朝历代尚皆可见到"肃慎"（女真）进贡弓矢的记载。

"肃慎"自古以弓箭享誉，可想见是个尚武的民族。这一骑射战斗力，传到几千年后的清初，其控弦铁骑的威力犹使敌人闻风丧胆。

历史上，无论是汉代至两晋的"挹娄"、隋唐的"靺鞨"，还是五代的"女真"，包括努尔哈赤初建"后金"国时改称的"诸申"，都是远古"肃慎"一词在不同历史时期的不同音译的另文书写而已。只是，在天聪九年（1635），清太宗皇太极故意将族名由"诸申"（jušen）改为了"满洲"（manju），中断并放弃这一传统的"肃慎"另文转译的作法，而另辟蹊径。

"满洲"一词，不再由"肃慎"的音译而来，而是来自"文殊"的音译。

"文殊"乃来自于佛教舶来之词，历史上曾被许多少数民族用来冠名首领的尊号。隋唐以后，女真已出现世袭君长和尊号。《唐书·黑水靺鞨传》中称其酋长为"大莫拂瞒咄"。"莫拂"一词在今天的满语中仍有保存，被译写作"马法"，意为"首领"，《清太祖武皇帝实录》中记载朝鲜国王写给太祖书信，犹称努尔哈赤为"建州卫马法足下"，即"建州卫首领足下"的意思；另一个词"瞒咄"，是"文殊"一词在隋唐时期的译写。"文殊"为最尊贵的佛号，崇佛的蛮夷部族很喜欢以其作为部落酋长的尊号。这一习俗，直到清末在宫中尚在流行，太监、宫女们都习惯称慈禧太后为"老佛爷"，便是此风俗的遗子。明代，"文殊"在女真文中被译写为"满住"或"满珠"。早在努尔哈赤出生一百多年前，建州卫曾有一个著名的女真酋长，叫"李满住"。"李"是明朝的赐姓，他本名月下，"满住"并不是他的名字，而是他的职务——酋长，就像在今天单位里，人们习惯称李姓上司为"李总""李头儿"一样。明万历四十七年（1619）"萨尔浒之战"爆发，努尔哈赤首次打败明朝四路大军，明廷调往助战的朝鲜军队主帅姜弘立率兵投降，其被俘的一名随员，写有一册记载被俘期间所见所闻的《栅中日录》，书中谈到，后金的将士还都在称呼努尔哈赤为"满住"。那时的后金，是"满住"（满洲）的政权，因此，建州也曾称为"满珠"部落。

了解了这一层来历，我们也就大致理解了皇太极改族名为"满洲"的理由。只是随着时代变迁，后人们渐渐淡忘了这一初意，不再纠结于种族来源，却又往往将"满洲"从地域的角度上过度曲解消费。到了18世纪中，一向有考据癖的乾隆帝曾御制《满洲源流考》，专门强调："满洲"是由佛号名部族，而非来自地域之名。当然，风雅自任的乾隆帝也不忘藉此再一次重申钦定了"满洲"的对音为"曼珠（殊）"，每年西藏献来的丹书克中，皆尊称他为"曼殊师利大皇帝"。虚荣的乾隆对自以为是的妙解也十分地踌躇自得。他认为："曼珠"一词，不但提升了国家君主的崇高庄严，还附会了无限的佛教华严吉祥妙义，更是对先祖的一种神化与致敬。

女真族第一次在中国正史上高光出现，时在公元12世纪初。当时，女真完颜部异军突起，先是打败了辽国，后于天会五年（1127）打败北宋，唾手鸠占了北方中国，与南方的南宋各为半壁，划江共存，国号"金"。

完颜氏"金"政权，享国祚一百二十年，后被蒙古所灭，其族裔被蒙古人放逐回到祖乡故里，加以钳控。到明朝初年，散落在黑水白山之间的女真人虽故国犹在、雄气尚存，但整体气象和生活境遇已一落千丈，甚至倒退。在明初，他们被中原人蔑视，统称为"野人"。明中叶"土木堡之变"后，明朝为防范强势抬头的蒙古，加强东北边防，出于羁縻笼络，招抚扶植女真人各部的目的，女真的待遇与势力始随之提升变化，明朝官方开始更多地以"女真"相称。

明朝的女真，与金朝的女真略有区别，主要泛指当时活跃于整个东北地区的一个复杂的族群：以辽、金女真后裔在内的所有通古斯诸民族为主体，甚至还包括部分长期定居的汉人、朝鲜人等。

清朝立国的正统，是努尔哈赤所在的建州左卫女真部落。在当时，不过是东北地区众多女真中的一部。

明初，依据《周礼》郊野远近、蛮夷开化的传统理念，东北女真基本被分划为三大区块。最远地区称野人女真，主要分布于黑龙江直达海边广袤的地域，包括库页岛及今天俄罗斯的滨海边疆区在内。那时俄罗斯尚未东来，原来属于元朝的疆域尽为明朝继承。居中的叫海西女真，海西原为元朝行政区之名，属辽阳等处行中书省。其地理分布大约在今天的吉林、辽西一带。最近的是建州女真，其地为沿着长白山北麓一线，南抵鸭绿江，西至抚顺边。这一地区，自唐朝渤海国始，即称建州，明朝在这里建立建州卫。

元灭金后，于东北设辽阳行省统治，但在明初却未设省，东北民族地区事务统归辽东都司管辖，而辽东都司在行政建制上又属山东布政司管辖。人们会问，偌大一块关外腴地，为什么会由一个隔海相望的内地行省遥控管辖？这一方面是因为在明人的概念里东北属关外"瓯脱"之地，这里情况复杂，不安定的因素萦多，不具备独立设行省的条件；另一方面则是此地历来系蒙古、朝鲜、明朝的战略缓冲要枢，一旦紧急调兵，由山东登莱走海路，要比走陆路绕山海关迅速便捷得多。这无疑也揭开了东北与山东的历史渊源的另一角面纱，历史上山东向东北的移民，早在明初甚至更早之前就已开始了。

明初，东北地方未靖，明朝对辽东的经略，主要放在了防止残喘的北元与朝鲜联合，对明朝构成包围。明太祖洪武时，对东北防务曾有过一个明晰的规划，他曾分封皇族朱姓子辈为"辽王""韩王"管辖辽东，同时还设"广宁王""燕王"等各藩作为护翼，东北方面一旦有警，可互为援奥。后朱棣以"燕王"身份起兵从侄子建文帝手中夺取了江山。他出身藩王，深知藩王的存在对中央集权王朝的潜在威胁，因此继位后，将以上诸王一一剪削。而对于东北的防务，一向以汉高祖自命的朱棣，则又另有一个更宏大的构设，他在继续贯彻洪武时期招抚女真政策的基础上，辅以土官卫所制度加强深化维系，意在于北元与朝鲜之间强行嵌入一个更辽阔的女真人隔离缓冲带，减轻对关内中央王朝的冲击与震荡。

野人女真"七姓"狩猎

可以说，女真的二次民族复兴，就是在这一

特殊历史背景下开始的。只是明朝绝没有想到，这一当年它加意扶持、任意驱使的女真小族，后来竟成为了大明丧钟的敲钟人。

洪武时期，女真与明朝的接触面，尚只限于辽东边境一带。永乐时期，女真悄悄地开始了向东北纵深之地的扩张。永乐七年（1409），朱棣发动了称帝以来第一次对北元蒙古的亲征（此后，还连续有过四次），是年，明廷在杳远"野人女真"深处的黑龙江东北滨海处设立奴儿干都司，由辽东都司派遣流官，带客兵三百人前往，轮年驻守。

奴儿干是女真和吉里迷（西伯利亚原住民少数民族，属蒙古人种）的居住地，元代属东征元帅府管辖，元世祖渡海征日本时，曾在此造船。元亡后至永乐七年以前，一直还驻有蒙古的官吏。

曾经一度，东北边境内的夷族，包括女真三卫，朵颜、兀良哈等蒙古另部，尽归奴儿干都司管辖。除在"生女真"的野人女真地区实施流官驻守巡视制度外，在"熟女真"的海西、建州地区，明廷则灵活采用土官制度，即任命女真人为地方卫所各级官员，以收羁縻笼络、"以夷治夷"之效。

《明会典》记载：

女直，古肃慎地，在混同江东，开原城北，东滨海，西接兀良哈，南邻朝鲜，为金余孽。永乐元年，野人头目来朝，其后悉境归附。九年，始设奴儿干都司、建州、兀者等卫，及千百户所。以其酋长为都

女真（满洲）弓箭橐鞬

第一章 天命、天聪时期「汗印」的电白记忆

督、都指挥、指挥、千百户镇抚，赐敕印。❶

当初永乐宏大的经济东北方略，到了后人手里，逐渐被打折扣。由于野人女真部落实在地理窎远、部落零落，管理上深感鞭长莫及，成本巨大。自宣德以后，大部分自愿归附的"野人女真"，基本已都南移划入了海西、建州女真。而宣德末明帝国财政发生困难，为此，明廷决定不再在"野人女真"地区过多投入，将奴儿干都司内撤，寄俸于开原三万卫，遥领其事。正统年间"土木堡之变"后，明朝国威受挫，女真各部也不同程度受到了瓦剌蒙古的侵凌，辽东边事遽生变故，形势动荡，已然式微的奴儿干都司遂遭裁撤。东北边事从此尽归辽东都司统一管理，而管理的重点也放在了海西、建州女真各部。

16世纪（朝鲜）申忠一《建州纪程图记》卷

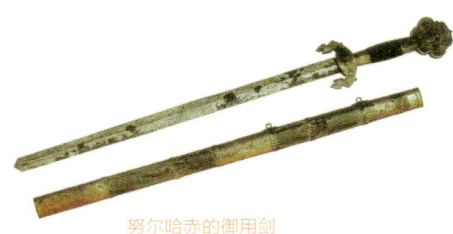

努尔哈赤的御用剑

二、努尔哈赤们的明朝官印经验

"土木堡之变"后，明朝对蒙古的战略已由进攻转入防守，作为缓冲屏障的女真各部得到了更多的重视与扶持，并不断孳生壮大。迨至成化时期，整个辽东地区女真已由永乐时期的一百八十四卫，增加到三百八十四卫。此外，由于种种原因，女真整体上呈现出各部持续的集体南移，对明朝的东北边墙形成包围压迫的态势。

可以说，彼时整个东北女真，都已被有效地笼罩在了一个明制的卫所官印网络下。明朝对于庞大的东北女真各部管理，主要通过卫所制度，即建立以土官为主的各级"羁縻卫所"，颁以各级的官印，授权管理。这些大大小小的寄附于

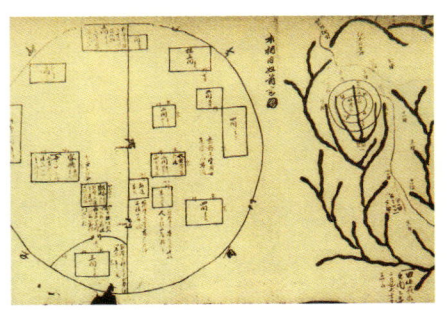

16世纪（朝鲜）申忠一《建州纪程图记》卷"奴尔哈赤家院"

❶《大明会典》卷107。

上编：印史纪略

07

东北边疆的"羁縻卫所",是明朝官方卫所制度与女真血亲部族制度的混合体,成为明代女真部落生存的一种政治、经济、军事的原生宿体。当然,它们的诞生与发展,加速了女真各部的融合、农业的出现与稳定,以及城邦的形成。新式的血缘婚姻、官阶等级管理系统,以及卫所制度下的军事组织,实际也成为后来女真"八旗"制度产生的基石。

清太祖努尔哈赤起兵反明前,身为明朝的建州左卫都指挥使,领取朝廷所颁的官印与敕书。因此,就努尔哈赤而言,生平用过的第一枚官印,无疑是明朝所颁的汉文官印。

明广宁右卫后千户所百户之印

当时,在东北地区各女真部落中,评价一个部落是否强大,有一个直观的量化标准,即看它所拥有的明廷所颁的官印与印敕数量的多寡。印、敕不仅是女真各部酋长被任命管理地方的权力凭证,也是可以进京朝贡、获得赏赐、进行边贸的凭证,具有行政与经济的双重意义。而行政与经济,则是一个原生女真部落的命脉。

以官印、印敕为诱饵,居间挑拨分化制约女真各部,并加以羁縻管理,一直被明廷作为一个行之有效的长策。明中期以降,女真各部对官印、敕书的渴望与争夺日益激烈。明嘉靖年间原规定:海西女真额发敕书一千道、建州女真为五百道,各部酋长持敕书分别入贡。❶努尔哈赤生前曾三次入京进贡,但他起兵时所继承父、祖所遗的敕书不过三十道,可见其部落彼时的弱小。后来,努尔哈赤专以攘夺印、敕为强兵富国的直接目的,通过不断地扩张战争,至万历十六年

女真(赫哲)人边外苦寒生态

(明)边猎图

（1588）时，他已将建州卫五百道敕书全部攘为己有。这五百道印敕，成为他发家的第一桶金，为他带来了部落殷富、兵马强盛，成为后金的建国的基础。❷

明代女真人的土官，基本都是世职。努尔哈赤的建州左卫都指挥使一官，来自对祖、父的世代承袭。而争夺印、敕现象，很早就已延及他的家族。努尔哈赤家族历史上曾出现过叔侄间动武争印的事件。

建州卫是明朝建立的第一个女真羁卫，始建于永乐元年（1403）。十年后又析出建州左卫。

历史上第一任女真建州左卫都指挥使猛哥帖木儿，被后来的清廷尊为六世祖。猛哥帖木儿于永乐十年（1412）被封为建州左卫都指挥使，并领受了明朝正式的官印。后来，猛哥帖木儿与儿子权豆，被反目成仇的建州毛怜卫千户杨木答兀所害，另一个次子董山也被杨木答兀等"七姓野人"所掳去，建州左卫首领出现了空缺。于是明廷便任命范察继任都指挥使，掌建州左卫印。后来，董山被毛怜卫指挥使哈儿秃等赎回，董山与其叔范察率建州左卫西迁。董山被赎回时，带回了建州左卫的旧印，而明廷在此前已给范察铸颁了新印，因此建州左卫内出现了新旧两印并存的局面，董山与范察为争掌印权，矛盾不断升级。为安抚计，明廷又析建州左卫为左、右两卫，令董山管左卫，范察掌右卫。从此，辽东地区形成建州卫、建州左卫、建州右卫，史称"建州三卫"。努尔哈赤即是董山一脉建州左卫的嫡传继承人。

不仅在建州女真内部，这种明争暗斗在女真其他部落也十分普遍。如正统三年（1438）六月，李满住派指挥赵歹因哈向明帝上奏中提到："故叔猛哥不花任都督同知，曾掌毛怜卫事，其卫印被下级指挥阿里古藏不与，今猛哥不花之男撒满答失里袭职仍掌卫事，乞给与印信，以便朝贡奏事。"❸

除了建州左卫指挥使印外，努尔哈赤生前还争到过另一枚明廷颁铸的"龙虎将军印"。明朝的龙虎将军，属于正二品武职散阶，主要用来封赐归附的蒙古首领，一般情况下，蒙古王之下，就是龙虎将军了。比如隆庆时期，蒙古

❶《大明会典》卷107。
❷ [日] 吉本智惠子、金适《明代的女真》，载孙诚、张德玉主编《建州女真暨董鄂部研究》第107页，中国文史出版社2006年版。
❸《明英宗实录》卷43。

俺答归附，明朝封俺答汗为"顺义王"，其子黄台吉授封龙虎将军；万历十年（1582）俺答汗死，于是其子黄台吉承袭"顺义王"，黄台吉之子撦力克则袭其龙虎将军。❶

龙虎将军用于封授女真，不拟援照于蒙古部的官阶"套例"，而是被作为一种特例，因此独显其尊荣。历史上，女真首领得封明朝龙虎将军的，只有两人。万历三年（1575），海西哈达部首领王台协助李成梁围剿建州女真，王台缚献建州女真"逆酋"王杲有功，例应封赏，此前王台已袭有都督世职，这是女真部落首领官职的顶级，因此明朝破格援引颁封蒙古王特例，封王台为龙虎将军，王台实际上成为了明朝确认的女真各部联盟的总首领。后来，努尔哈赤统一建州女真各部，明廷慑于其已强大，面对努尔哈赤的软硬兼施，无能为力，为笼络计，无奈同意了努尔哈赤的请封，也封他做了龙虎将军。因此，努尔哈赤手中最少已有了两枚来自明朝颁封的官印，而后者更是女真各部官印的天花板了。

官印，在建州女真成长过程中起到过如此重要的作用，努尔哈赤作为曾经的明朝印官，耳濡目染几十年的官印经验，这些理念与见识，无疑会影响到他以后对后金国家官印制度的顶层设计和构思与实践。

三、"金国汗印"横空出世

自正德以后，女真各部逐渐卷入了一种极其混乱无序的状态。"各部蜂起，皆称王争长，互相战杀，甚且骨肉相残，强凌弱、众暴寡。"❷ 原始的弱肉强食丛林法则，不仅出现在各部落间，甚至爆发于父子兄弟之间。这种长时间的战国状态，显然与明朝的预设与一力促成分不开。为了羁縻控制女真，明廷既做运动员，又做裁判员，各种的拉偏架，甚至不惜直接出兵镇压，极力造成女真各部间的内耗和失衡，借以抑制削减他们对帝国的潜在威胁。——内部折腾历来是最有效的消敌手段。

一度，女真各部的霸主是海西的哈达部首领王台，他被明朝辽东总兵李成梁授予都指挥使头衔，并封为龙虎将

❶ 孟森《清太祖由明封龙虎将军考》，载《明清史论著集刊》（上）第190页，中华书局，1959年版。
❷《满洲实录》卷1。

《满洲实录》太祖计杀仇人都督

"天命金国汗之印"印鉴

军。海西的叶赫、辉发、乌拉等诸部尽唯其马首是瞻,而建州诸小部落虽并不服气,但并不敢吭气。

在整个明亡清兴史上,李成梁是个举足轻重,并改变历史走向的人物。他的祖上来自朝鲜,自幼即有大将才,在整个明朝将吏贪懦、边备废弛的情况下,他独自镇守辽东30年间,率辽东边防铁骑纵横奏捷,武功扬威,尤其对于女真各部的羁縻剿抚很有办法。他很好地贯彻了明廷的边略基本方针,通过封官、边贸及军事镇压,努力维持女真各部落的均势,防止出现某个部落独霸脱缰的现象。具体方略就是,通过寻找扶植一个听话服从的部落首领,作为女真各部的临时总酋长,代他维持和平;而明军便只须每年冬季从开原等镇开进草原,以"烧荒"为名,深入女真各部,接见首领,并赐给他们食物、酒、布匹和化妆品等等,无须更多费力,便坐收承平之效。当然,如果事有不谐,他也会干净利落地出兵镇压,冷血而无情。

李成梁与努尔哈赤的私人关系颇为复杂。1574年,李成梁察觉女真人中有人欲挑战他所构建的以哈达部为首领的女真各部落联盟,便出兵镇压了勾结鞑靼土默特等部的建州女真都指挥使王杲的古勒寨。并俘虏了王杲的外孙努尔哈赤与舒尔哈齐兄弟,收养在身边,作为"健奴",加意培养。1583年,在尼堪外兰(满语:意为"汉人的外郎")的怂恿下,李成梁再次出兵古勒寨,讨伐继续与明为敌的王杲之子阿台,并且——也许是出于误会——混乱中杀死了前往说降的努尔哈赤的祖父觉昌安和父亲塔克世，而后李成梁出人意料地任命了这个家族的长子努尔哈赤，继承了其父的建州左卫都督头衔。

可以说，李成梁与努尔哈赤既有杀父之仇，又有提携之恩。作为"寄子"，努尔哈赤兄弟二人后来为李成梁冲锋陷阵，屡立战功；而作为监护与"养父"，李成梁在宫中与宦官勾结，背靠大树；在地方则着意提升努尔哈赤兄弟的地位，间接垄断了辽东地区的皮毛、人参入关贸易。当然，为了控制辽东出产的商品，李仍在不断挑动女真各部间的战争。当哈达部王台死后，努尔哈赤形式上已成了李成梁在辽东的新的话事人。然而，也正因为李的存在，努尔哈赤在很长一段时间里也并不敢公然造次生事。整个女真的世界一时风平浪静，貌似一切尽在李成梁的掌控之中。

努尔哈赤像

桀骜不驯的努尔哈赤是一个金太祖完颜阿骨打式的女真豪杰。他通晓汉语、蒙语，喜读《三国》《水浒》，颇饶计谋，骁勇善战。通过效忠表现，他成功躲过了李成梁的怀疑，并骗取了信任。万历十一年（1583），努尔哈赤带着父、祖遗下的十三副甲胄，联合了苏克苏浒河部四位寨主，歃血为盟，起兵征杀直接杀害其祖、父的尼堪外兰部落，迈出了统一建州女真第一步。此后，在统一建州女真各部过程中，一方面使用武力，另一方面也采取拉拢和招抚的策略。至万历十九年（1591），经过八年的征战，努尔哈赤征服、统一了建州女真各部。这一年，李成梁因言官弹劾而被朝廷罢免。

此前，李成梁对努尔哈赤统一建州女真各部的一举一动，一直看在眼里，他非但不加阻止，甚至一再纵容，因为他还有一个私人野心，希望借助建州女真的势力，南下谋取朝鲜，做一个名副其实的"东北王"。为此，1589年，他亲自运作了向明廷请封授予努尔哈赤为都指挥使，

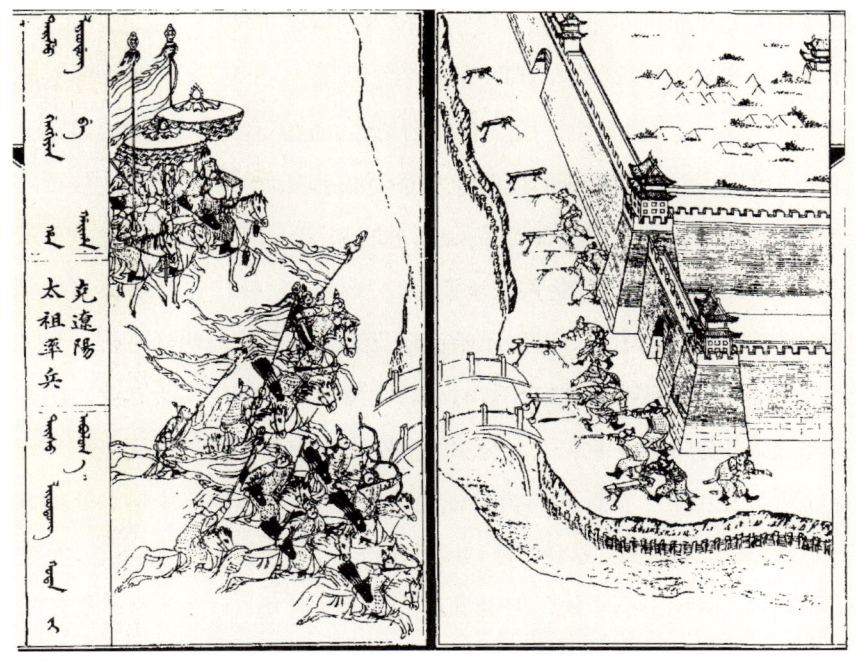

《满洲实录》太祖率兵克辽阳

并承认其在鸭绿江流域女真各部的最高统治权位。

然而，努尔哈赤并不满足于此，他将目光投向了更广阔的海西女真。为了更宏大的野心，他建立起了自己强固的城寨，并违心地同哈达、叶赫部结为姻亲。

海西女真很快就感受到了建州女真的威胁，于是叶赫部向努尔哈赤提出了领土要求，遭到拒绝后，便联合海西哈达、辉发部，向努尔哈赤发动进攻。万历二十一年（1593）九月，以叶赫为首的海西九部联军共3万人，分三路向建州女真的佛阿拉进发，战斗在古勒山打响，建州女真以少胜多。努尔哈赤斩敌4000人，缴获战马3000匹、铠甲1000副。经此一战，彻底改变了建州女真与海西女真的力量对比及整个关外女真世界的格局。此后，努尔哈赤先后用了26年时间，对海西女真哈达部、叶赫部、乌拉部、辉发部进行远交近攻，征抚并举，到万历四十七年，实现了元末以来女真空前的大一统局面。万历四十四年，努尔哈赤建金国，称"天命覆育诸固伦（部）英明汗"，简称天命汗，年号天命。

在努尔哈赤统一海西女真及建国期间，明朝也并非无动于衷。只是当时明朝辽东的军事兵力，已全部投入到援朝抗倭的"壬辰""丁卯"战争中，无暇过多顾及女真部落的"内讧"。1601年李成梁被再度起用，至1608年又被罢免，由于李的余威，在这八年间，努尔哈赤曾下意识地放缓了对海西女真的征服，刻意降低了响动。李成梁再次被黜的初期，明朝采取了关闭边市贸易的惩罚举措，努尔哈赤迫于压力也稍示安分。1613年，明广宁总兵张承荫又出兵援助叶赫，并要求努尔哈赤放弃攻打叶赫的企图，此时努尔哈赤还没有勇气直接与明廷对抗，于是公开承认了明朝皇帝的主权，暂时息兵。然而此时的努尔哈赤已然尾大不掉，随着势力的逐渐扩大，努尔哈赤在女真内部的名号亦逐步从"聪睿贝勒"发展至"女直国建州卫管束夷人之主"、再称"建州等处地方国王"、再到喀尔喀蒙古上尊号"昆都伦汗"。对于努尔哈赤的这一系列反常举动，明朝虽不承认，但也没有认真干涉追究，认为不过是努尔哈赤的"境内自娱"的把戏而已。

该来的终究还是会来的。由于李成梁已去，加之经济上的压力、军事上的不断壮大，1616年努尔哈赤下定了决心，公然与明朝决裂。这年5月7日，努尔哈赤宣布建立"金"国，并在誓师祭典上官宣了对明朝的"七大恨"，次日便率领1万军队直扑抚顺，从此开启了漫长的与明朝的战争。

就在努尔哈赤建立后金政权的前后，一枚"天命金国汗之印"横空出世了。

这枚汗印在大清历史上意义重大，它是女真后金国的第一枚自己政权的官印，当然也是大清历史上第一枚官印。

虽然受制于原实物已无存，且限于档案文献的阙如，我们无法更深一步地对这方汗印作出深一步的考察，但从档案上留下的印模中，我们还是能觇窥到一些令人耳目一新的信息：

第一，从印章形式来看，它无疑是一脉相承的华夏传统正方形文字图形的官印制式，这种制式自秦汉始已固定传承下来。这也说明了努尔哈赤后金国官印制度在形式上对明朝官印的历史承袭。

❶ 王绵厚、郭守信《辽海印信图录》第267页，辽海出版社2000年版。
❷ 王绵厚、郭守信《辽海印信图录》第267页，辽海出版社2000年版。

第二，此印史载称是金印，在官印等级上属于帝王级别的印信，显然比明朝所颁的银、铜质"龙虎将军印"和"指挥使印"的级别要高，这也暴露了努尔哈赤的政治抱负。

第三，从文字上看，此印印文为满文：abkai fulinggn aisin buruni i doron。翻译成汉文为"天命金国汗之印"。❶

1599年，清太祖努尔哈赤命额尔德尼和噶盖参照蒙古文字母创制了满文，与蒙古文大体相同，称老满文。直到1632年清太宗皇太极令达海在字头旁加圈加点，改进了拼写方法，史称新满文。这方印无疑是无圈点的老满文。中国自古统一王业的标志之一，就是"书同文"，而努尔哈赤在政权的每一枚"汗"印上使用自创的女真文（满文），昭示了他的雄心与胆略。

另外从印文的书体上看，显然又有别于女真内部公文书写的字体，而是一种经过设计的独特的满文符牌字体。早期的满文基本与蒙古文无异，而其书写也是"一条棍式"，殊无美感可言。此印印文满文书写，颇具有一定的排版与美术化，后人也有称其为"玺书体"的，实际上是辽、金、明以来"符牌"书体的一种衍变。而这种书体的出现，显然也不是一下子就能创造出的，必定经过了一定时间的酝酿与实践。

诚如所知，历史上的完颜氏金国，也曾在辽国契丹文基础上创立过女真文。但金国的官印，除了早期有些契丹、女真文外，大部分还是以汉文为主。努尔哈赤自承金朝的绍述，却没有沿用金朝官印以汉文为主的传统，公然舍弃汉文，而以自创的女真文（满文）作为独立印文，可见其在官印文的使用上定有一番考量与选择。自用满文兼自封为王，此印昭示了与明朝决裂的决心，其勇气与胆魄也赫然可透见。

这枚满文"汗"印的出现，可以被视为后金政权昭告天下的最直接而霸气的凭据。

此外，后金时期，除这枚"天命金国汗之印"外，到了天聪时期还出现了另一枚"金国汗之印"。该印也传为金质，原物已失，在女真人的原档也尚存有其印模。与"天命金国汗之印"相同，该印印文也为老满文"玺书体"。原文为：aisin gurun i han i doron。❷

这枚"金国汗之印"的具体制作时间，文献没有确载。从其在档案上出现的时间推断，应在天聪三年（1629）左右。当时，皇太极急于与袁崇焕迅速达成和议，为表示诚意，在与明朝的谈判书札后具写时间处有意将原来"天聪年号"都删去，而只书干支纪年的"己巳年"，为有效配合，原一直在使用的后金纪年的"天命金国汗之印"也不再使用，而启用新的"金国汗之印"。❶

四、二手的误读与虚构

据史载，历史上还出现过另一方努尔哈赤的"后金天命皇帝宝"。这一说法最早来自朝鲜官方记载。大致情节是这样的：

1619年，"萨尔浒之战"后，努尔哈赤给朝鲜国王发送了一封书信。朝鲜人十分震惊，因为此书信中充满了火药味。在来文中努尔哈赤公然对于明朝横加指责，当然对于朝鲜出兵援助明军也大加责备，并通报了三年前已建立了"金"政权的事实。更为诡谲的是，在此文末，并没有照例钤盖汉文的"建州卫都指挥使印"，而是盖了一方难以辨识的满文印章。

朝鲜人认为兹事体大，错愕之余，在处理上更加倍小心，尤其对于文尾的那方满文印的辨认与翻译上，格外地审慎。据朝鲜朝中专家辨认，这是一方"金"国的"皇帝印"，按照惯例，朝鲜不准与女真直接通信，有事须向明朝及时报告。努尔哈赤的原意，就是借朝鲜之口，向明朝通报建国之事，藉以示威。

朝鲜《光海君日记》己未（1619）四月十九日记：

传曰："奏文（指努尔哈赤来文）中后金汗宝，以后金皇帝陈奏，未知如何。"令备边司回传，教详察以奏，回启曰："胡书中印迹，令解篆人申汝檋及蒙学通事翻解，则篆样番字，俱是'后金天命皇帝宝'七个字，故奏文中亦具上意矣。今承圣教更为商量，则不必如是翻译，泛然以不可见之意，删改宜当。"传曰："允。"❷

❶ 李光涛《明清档案存真选辑》（初集）第25页，台北"中央研究院"历史语言研究所，1959年版。
❷ 朝鲜《光海君日记》卷139。

从上述文献记载看，朝鲜在给明朝的报告中，如实报告了努尔哈赤建立后金政权一事，但对于新发现的满文印章的翻译，却故意做了技术处理，意在敷衍而过之，以免更进一步刺激明朝。

光海君是朝鲜国王，其日记则是国家的实录政书，被作为国家文献流传下来，后人依为信史的证据。但这方印在同期的后金档案与后世的《实录》等文献中却未见记载。直到20世纪，才被学者考证出，确认此印实为"天命金国汗之印"的误译。换句话说，这个流传了三百多年的后金"皇帝宝"，不过是由于当时朝鲜国专家与官员在诠译"天命金国汗之印"印文时，犯的一个乌龙。

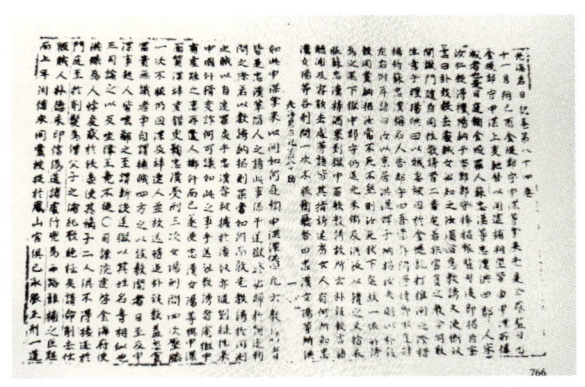

前贤的考证言之凿凿无可动摇，且普遍已达成学界共识，在此，亦无须更多的续貂烦言。但关于这件前清史上的印文翻译乌龙事件的发生所涉及的历史与文化背景，在此实有必要再进行一番深入的考察探讨。

因为，通过对这一事件产生的背景分析，深入寻找当时朝鲜以及明朝对后金政权在认知上的模糊、局限和误会，以及它所带来的不可预估的历史影响，有助于人们进一步加深对官印在大清历史及文化方面所产生的深远影响的细微体察。

从现存的印模来看，其文为老满文，曰：abkai fulinggn aisin buruni i doron，译为汉文系"天命金国汗之印"七个字。

比较"天命金国汗之印"与朝鲜国所译的"后金天命皇帝宝"，仅寥寥七个字，朝鲜已犯了三个致命错误，有的可能是出于认知上的无意

清《职贡图》朝鲜官员官妇图

朝鲜《光海君日记》

之失，也有的则可能是明知而故意为之，但无论如何，都在历史上产生了积极与消极的两种影响。

第一，我们看看"金"被翻译为"后金"。遍翻后金时期的原始档案，包括以后大清的档案文献，人们发现，无论是满文，还是汉文，后金（后来称清）政权从来都是自称为"金"或"大金"，而从未有过以"后金"自称的。"后金"一词，实际上是朝鲜和明朝对女真人"金"政权的称呼。

"后金"这一朝鲜人向壁虚构出的名词，后来被明朝所接受使用，甚至直到今天，学界依然在沿用，这可能连朝鲜人也是始料未及的。

从翻译学的角度看，不得不说朝鲜人这一翻译创新对明朝及后世惠献无穷。唯其只用了一个"后"字，便将中国历史上两个"金"政权做了历史文化统绪上的物理划分，显示了自诩为"小中华"的朝鲜对传统中华文化的理解深度。从今天翻译"信、雅、达"的标准来看，起码也沾了后两者的边。而"后金"一词的第一次出现，恰恰因为这次的金国印的翻译，也堪称清代官印史上的一个佳话。

第二，满文的"汗"被翻译为汉文"皇帝"，虽然是误会，实际上背后亦确实潜藏着綦深的历史文化渊源与解构。

从女真（满洲）对文化的认知传统来说，"汗"是一个弹性空间很大的词，满文的 han（汗），既可以是部落的首领，也可是王、皇帝。不仅女真，古代北方少数民族，从匈奴的"可汗"，至蒙古的"成吉思汗"等，"汗"的词意都大

明朝官员

致一脉相通。因此女真人认努尔哈赤为"汗"是天经地义的事。虽然从崇德年间开始，已出现了汉文皇帝音译的满文借词"hūwangdi"（即汉语"皇帝"之音译），但即使在清入关后，汉文"皇帝"一词的满文对译词，还是多选择用"han"（汗）。这一点，在清代官印制度上表现得尤为明显与绝对。清代历朝皇帝的宝玺，无论是单独的满文印，还是满汉文合璧印，"皇帝"一词的满文对文永远使用"han"（汗）一词，这一习俗至大清灭亡，也一直从未改变过。由此看来，朝鲜人对于女真文化的认知与理解的程度也已达到了一定水准。而从华夏传统文化角度来说，有"国"即应有"皇帝"。站在女真人的角度看，朝鲜人译称"金"国的"汗"为"皇帝"，理论上似乎并无不通。

但不得不说，朝鲜人在常识上还是犯了个错误。从明朝的角度看，同为外夷，女真人在等级待遇方面是要低于蒙古人的。比如明朝可以封蒙古人为王汗，而对女真人请求封王汗的诉求，明朝却从未同意过，更遑论称"皇帝"了。另外，如果还原到历史现场，我们也知道，当时的努尔哈赤及天聪时期的皇太极始终还是承认自己是低于明朝皇帝的下一级"王"（汗）。比如天聪时期，嚣张的皇太极给明朝的国书上，即使大胆地盖了满文的"金国汗"印，但全部国书的文字依然只用汉文未用满文，而且其行文具衔也只自称"金国汗"，不敢写"金国皇帝"，在文书抬头格式上，也往往会自觉地低于明朝皇帝下一格书写"金国汗"。因此，在当时的背景下，朝鲜人翻译"汗"为"皇帝"，的确有僭越之嫌。

第三，将满文的"印"翻译为汉文的"宝"，则是朝鲜译者的绝对失误。

清代满文"印"字为 doron，"宝"字为 boobai。二字用在印章上截然不同，不容混淆。比如现存交泰殿二十五宝与盛京十宝中，无论是清初的传国宝玺，还是后来满汉合璧的宝玺，其皇帝之宝的"宝"字，满文皆用 boobai（宝），而未见用 doron（印）者。从努尔哈赤的"天命金国汗之印"，包括后来天聪时期皇太极的"金国汗印"两印的印鉴看，其"印"字满文皆写作 doron，与后来清朝官印所用的"印"字的满文皆写为 doron 相一致，可知"天命金国汗之印"，是绝对不能译作

"天命金国汗之宝"。而朝鲜人将"印"译作了"宝",大约一是因为满文不精,另外也可能是陷入了华夏传统的有国必有皇帝、有皇帝必配之以"宝"的文化观念惯性思维的窠臼中了。但是,今人仍然还有将其译为"宝"的,比如《辽海印信图录》中,将"天命金国汗之印"译为"天命金国汗之宝""金国汗之印"译作"金国汗之宝",这纯粹是由沿袭传统说法所造成的,同样犯了三百多年前朝鲜人的翻译"乌龙"。

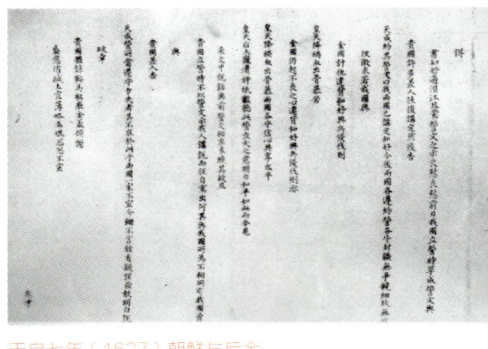

天启七年(1627)朝鲜与后金谕誓文书

关于努尔哈赤发给朝鲜盖有汗印的国书一事的后续处理,朝鲜除了如实地向明朝确报了努尔哈赤已建国称汗的事情外,在回复努尔哈赤文书方面也处置得滴水不漏。历史记载是这样的:接到这件盖有"天命金国汗之印"的来书后,对于努尔哈赤书信上的威逼利诱,朝鲜君臣十分惶恐不安,情感上也万难接受努尔哈赤建国称汗的事实,义愤之余,对于如何回复,以谁的名义回复(明朝规定,朝鲜国王是不能私下直接与女真首领通信的)后金,则迟迟不能决定。讨论了七八天,朝鲜边备司才拿出一个折中方案,"常闻北道六镇胡人赠给文书,称建州卫马法云。所谓马法,似指褊裨而言也。今当略仿此例:皮封外面,右边书朝鲜平安道观察使书,左边书建州卫部下马法开拆;里面书朝鲜国平安道观察使朴烨奉书于建州卫马法足下云。而末端大年号(当然是明朝正朔)及皮封后面年号并踏(拓)平安监司印信无妨。"❶又迁延了数日,朝鲜才将复信发出。就这样,朝鲜君臣故作糊涂,在回复努尔哈赤的书信中故意不书写金国之号,仍然称其为建州卫,并以平安道的名义钤印回复,"犹以为朝廷未及闻知,令朴烨作答。"其装傻充愣的良苦用心可谓至深。虽然努尔哈赤对回信十分不满,但尚在亟需拉拢朝鲜之际,也无可奈何,暂时作罢。

照观朝鲜后续的一系列神操作的内幕,亦有助于我们更深地理解并体味这件"汗印"翻译乌龙事件发生时,明朝、朝鲜与后金三方各自所处微妙而尴尬的历史困境。

❶ 朝鲜《光海君日记》卷139。
❷ 中国第一历史档案馆《满文老档》(上)第300页,中华书局1990年版。

五、"印牌""印信牌"

在后金历史上的天命、天聪近二十年时间里，曾出现过一枚"汗印"治天下的独特历史景观。前有清太祖努尔哈赤的"天命金国汗之印"，后有清太宗皇太极的"金国汗印"。

其时，偌大一个后金政权，军国大政上上下下只仰仗着一枚"汗印"，竟也能够正常运行维持二十年，在今人看来的确匪夷所思，有如"神迹"。然而，如果还原到当时的历史现场中，人们不难发现，在这"神迹"的光晕背后，却是一地鸡毛，充满着无奈、尴尬和艰辛。

后金时期，尤其是太祖时期，政权处于草创初期，家国大事，唯祀与戎，战争频仍，军书旁午。八旗领主以及各级武官，多为椎鲁不文的赳赳武夫，做事重行动、轻文辞。日常中，他们更热心于如何配备彰显自己身份地位的服冠、旗伞、鼓吹等体面热闹的仪仗，并无人会多在意冰冷的官印。

首先是官印制度的长时间的空白与缺席。据《满文老档》记载：天命六年（1621）、七年（1622）间，各贝勒、都堂、总兵、副将、参将、游击、千总等各级武官礼制方面的冠服、顶戴、旗伞、鼓乐等仪制规定已基本到位完善，包括官员们具体行走、相见、回避等制度也一一配齐。如：配轿的高级官员出城行走时，准坐轿，击鼓，吹喇叭、唢呐，在汗城内行走时，则不准奏鼓乐，仅举旗而行；旗伞配置少的下级官员，见旗伞配置多的上级官员，都要移去旗帜，空身自后趋而见；卑微之人，见到旗仗官员，若是骑马之人则下马肃立，若系步行之人，则避于道旁，等候经过，方准自行；凡汗王授与职称的大臣出行，须举旗执伞，以显示身份；卑微的下属民人，若无礼冲撞大臣的，见则挞之。甚至凡经过贝勒大臣宅院大门，骑马之人要下马牵过，如遇有急事，也要脱镫顺过。❷ 但在一揽子繁文缛节的制度中，于官印制度却只字未提。

而现实生活中，在后金国内部，凡遇重大军国事件，各旗主习惯于当面会议商量，并无必须假借印信以行文的诉求。行军打仗、行政传令，每以旗牌、令箭为识凭，其较之马上书文钤印，当然更为高效便捷。即使拥有"汗印"的努尔哈赤，也颇以此旧俗为方便。天命七年（1622）正月，太祖努尔哈赤攻打广宁时，沙岭辽河西岸西宁堡的明兵将领李宗乾"急出城门、独自叩迎"。努尔哈赤当即授其为千总，不颁任命文书，更无官印，只"赐令箭一枝"为凭，令他回到原驻之城，招抚汉民。❶

明代校尉符牌

武夫当道，重武轻文，更导致了后金政权的官文书制度整体滞后。当然，文书原料的匮乏也是重要的原因之一。女真政权的纸张一向十分稀缺，与铜、铁一样，成为了每次战争中抢掠的重点。即使在定都沈阳后，情况也并未得到多大改观，除了传统的简单木牌文书外，许多重要纸制文书还都要使用所收集到的明朝官文书的背面书写，现沈阳故宫所存的清入关前的"屏风档"等，即属这种情况。

尽管如此，毕竟汗印已在，其用于钤盖文书还是不可避免的。虽然这种汗印文书在初时还属于小概率事件，但随着对外蒙古、朝鲜，以及后来与明朝的通信，皆依制要以"汗"印钤盖；同时随着后金政权不断地扩张，其内部敕、谕等"汗"印的钤盖，也在不知不觉中逐渐增长着。天命八年（1623）八月，努尔哈赤曾下谕："我势强之地，能管束者多；我危难之地，能管束者少矣。汗取辽东城时所举之众臣，知我兵退，无人出而管束，皆逃避于家中。唯布三独出管束，更番遣兵。于我危难之地，布三能独身承当管理，故记大功，赐布三一等总兵官之职，授为旗主。"并特命"将此谕书于八贝勒以下至游击以上之挂文，悬挂之。又缮写黄敕书，盖印赐与布三"。❷

实际上，后金时期的官印，更多的表现为以一种特制

❶ 中国第一历史档案馆《满文老档》（上）第 305 页，中华书局 1990 年版。
❷ 中国第一历史档案馆《满文老档》（上）第 445 页，中华书局 1990 年版。
❸ 《金史·本纪一·世祖》卷1。
❹ 《元史·本纪第四十三·顺帝六》卷43。
❺ 张德信《明朝典章制度》第 59 页，吉林文史出版社 2001 年版。

"皇帝之宝"印牌

的木质印牌、印信牌作为一种副印使用，是其推行所谓的"假（借）印制度"的另一变种。

所谓印牌，又称牌印，在官印匮乏的情况下，作为官印的一种代偿用品。盖有"汗印"的印牌，既是官员凭证的任命符牌，也是其"官印"，亦称"印牌"。此外，后来又演绎出一种在牌印上通常直接书写文书（后来发展成粘附纸文书），并钤盖"汗"印的形式，称印信牌。清入关前，牌印、印牌或印信牌，有时界限不是非常清晰严格，常常互用通假。牌印一词，至迟宋、金时期就已普遍存在，是历史上符牌的滥觞。

女真人世代对牌印、印信牌制度的集体记忆十分深刻。辽金时期，也是少数民族符牌兴盛的黄金时代。金代初期，印信牌使用过滥，曾造成政令不一的局面。史载，当时"诸部各有信牌，穆宗用太祖议，擅置牌号者置于法。自是号令乃一，民听不疑矣。"❸即使到了元代，女真族的首领，也常常得到元朝所赏的牌印。如元顺帝至正十三年（1353）六月，"辽东挪羊哈及乾帖困、术赤术等五十六名吾者野人以皮货来降，给挪羊哈等三人银牌一面，管领吾者野人"。❹

辽金元时期的牌印，对女真后金政权官印最直接的影响，体现在早期的印文书写上。实际上今天我们尚能见到的清太祖、太宗的两方"汗印"，包括清初的官印上的"玺书体"满文，实为因袭仿照辽金元牌印上的文字书体而创制的。

对后金及清初"印信牌"影响最大最直接的，当属明朝的符牌制度。当时武臣都有悬带金牌例。洪武时制度：指挥佩带双虎符金牌，千户佩带独云龙饰镀金银牌，百户佩素云饰银牌符，各牌上有朱元璋御制文。明朝对少数民族地方茶马贸易，多赐以金银牌。其制通常为："上号藏内府，下号赐各番"，篆文"皇帝圣旨"，左为"合当差发"，右为"不信者斩"。❺身为明朝少数民族地方土官的努尔哈赤们自然对这种制度十分熟稔。

《盛京宫阙图》——盛京皇宫（局部）

    后金时期的印牌与印信牌，较之前代，在形式与内容上，既有继承，更有创新，特色鲜明。

    后金直至入关前，印牌与信牌是文书的主要形式之一，目前存世很多，仅沈阳故宫博物院就保存有650余面。❶

    这些印牌、印信牌均为木质，皆以整块木板雕刻而成，分为牌额（或称牌首）、牌身（或称牌面）两部分：牌额通常雕刻为圆璧形，又称珠璧，中有孔，便于穿绳系戴。牌额下镂雕成荷叶或庆云形，用以烘托并连接下面的牌身。牌身为满月正圆形，下面雕刻年号或牌名，背面刻有圆形或方形的凹槽，槽内粘

❶ 李理《论后金至清初时期印信牌之发轫》，载《故宫博物院院刊》2008年第5期。

有高丽纸印模的是牌印，粘有盖有印模的高丽纸文件的是印信牌。还有一些空槽未粘印模或印文的，或是未完成者。通常情况下，牌额加牌身高为 30 厘米左右，牌身直径 21 厘米左右。牌额与牌身均涂以朱色，装饰的荷叶多为绿色，庆云牌额等则红、绿、金色都有。早期的印牌中的印模均为高丽纸朱色印模，崇德以后，也有直接在木牌上雕刻，涂以金

正黄旗军旗　　镶黄旗军旗

正白旗军旗　　镶白旗军旗

正红旗军旗　　镶红旗军旗

正蓝旗军旗　　镶蓝旗军旗

八旗旗帜

色者。另外一些附有皮套，绿边黄地，中彩绘海水云龙戏珠，均为崇德以后制造。

在此仅以其中一枚典型的天聪早期的后金蒙文信牌为例。该信牌为木质，牌身圆径长21.4厘米，加牌额总高31.5厘米，厚2.7厘米。牌额为绿荷叶卷边烘托珠璧造型，珠璧圆心有穿孔。牌身正面阴刻描金蒙文，译为"天聪汗之诏"。牌身背面粘有高丽纸诏书，并盖有满文"天命金国汗之印"。诏书自左至右十二行文字，汉译为："汗诏曰：为便公务，凡入甲喇，宜由该甲喇提供驿马、肉食、住宿。……无信牌者，不宜提供马匹食宿。……凡持信牌之官吏，所行之处，该地方均须供应役马肉食。天聪汗复谕，春正月。"❶

清太祖克开原图

"天命金国汗之印"蒙文信牌

通过整体考察，人们大致可以得出结论如下：

第一，后金（包括崇德以后）时期牌印、信牌，在牌印的造型与装饰方面，均与前朝历代制度直通接轨。

第二，在材质上，由于后金经济落后，金属材料匮乏，加工技术欠发达，因此无法制造出辽金元明时期那样的精美金属牌印。但善于就地取材的女真人，利用东北地区盛产的木材，制造了大量质量与辨识度很高的木质牌印、信牌。

第三，在牌印、信牌制作形式上，此前历代均是印模（包括文书）与牌身一体铸造加工，一次成形，永无可变。而后金（大清）的牌印、信牌，虽则因陋就简，然亦有独

❶ 李理《论后金至清初时期印信牌之发轫》，载《故宫博物院院刊》2008年第5期。
❷ 中国第一历史档案馆《满文老档》（上），第97页，中华书局1990年版。

特创新：采取将题名直接在木上雕刻，而内容面直接书写或粘贴纸质印模（印文）的方式。这种木、纸合成的牌印、信牌，由于牌名与牌身内容不是一体成形的，内容可重复涂抹、书写，或将纸质印模（包括文件内容）反复粘揭、重复利用。

第四，也是最重要的一点，前朝的印牌、信牌，可以是皇帝下达的，也可以是其他相关官衙下达的。而在后金时期，印牌、信牌只盖唯一的"汗印"。

后金时期牌印、信牌的使用十分广泛，几乎渗透到后金军国政务的方方面面。

《满文老档》记载，天命四年（1619）开原之战后，努尔哈赤为了约束八旗私藏战利品，下谕扎喀关守将严格搜查，凡战后从西边返家的将领兵丁，未持有汗王下发的牌印者，一律扣押，发现情况，当场定罪。时"有五牛录额真昂古、锡喇纳二大臣，违命各以三匹马驮载财物入扎喀关，为守关主将锡翰拿获，告于众。众审后，以违抗汗之法度治罪，尽没其驮载财物及马匹，各罚银十五两。"❷

皇太极调兵信牌

崇德元年（1636）九月，蒙古喀木尼汉部之叶雷叛逃，清太宗"遂命席特库执信牌，偕驻防宁古塔诺巴图鲁吴巴海统兵蹑追之。又遣蒙古衙门拔什库博洛执信牌往科尔沁土谢图亲王巴达礼、卓礼图亲王吴克善发兵蹑追。"❶

后金时期的牌印、信牌，更多的是直接充当官员任命的凭证，功能作用相当于后来的官印。清代官印史上有一个公案在此必须点题揭明：清入关后，历朝统治者在《实录》等文献的修纂中，往往将后金时期的牌印，故意改写为是官印实物。

如，天命七年正月，努尔哈赤攻打广宁，招纳明朝降将一事。清入关前太宗朝所修的《清太祖武皇帝实录》记载为：

二十一日，有游击孙得功、千总郎绍贞、陆国志、守备黄进等把守广宁门，遣七人来降。帝（努尔哈赤）赏以银两，给信牌而去。二十二日，西兴堡备御朱世勋差中军王志高请降，帝亦赏以银两，给信牌而去……二十三日，大兵起行，下广宁，有降夷千总石天柱、秀才郭肇基二人来降，曰"吾等已禁城门。"帝赐以所乘之鞍马并旗一杆而去。正安堡千总来降，帝赐信牌二面。❷

据考证，这段史实在后来乾隆朝修纂的《清太祖高皇帝实录》中，将所赐给的"信牌"全部改写为了"印"。另外，这种改"印牌"为"印"的现象，在乾隆朝重抄的《满文老档》中也有发生。

这些篡改，无疑给后人研究带来了诸多困扰与不便，不可不察。

将"信牌"故意改译为"印"，是后世清朝皇帝们的掩饰，一方面为迎合汉人政权委官命将授印制度的习惯思维，另一方面更是刻意增饰祖先的荣耀、避免被人耻笑其祖先之蒙昧的情结在作祟。

这一情况也提示了后人，在彼时女真（满洲）政权全国上下只有一枚"汗印"，穷于应付、应接不暇的大背景下，牌印、信牌的存在，对于官印不足的状况恰恰成为了一种缓解与补充。对于"汗印"来说，"印牌"的存在，恰如孙悟空的毫毛，拔吹之间即可以瞬时幻化出无限的化身，直接化解了因为各级官印不足所面临的窘境。在中国古代

❶ 中国第一历史档案馆《满文老档》（下）第946页，中华书局1990年版。
❷《清太祖武皇帝实录》卷4。
❸ 中国第一历史档案馆《清初内国史院满文档案译编》（上）第214~215页，光明日报出版社1989年版。

官印史上，也是将"假印制度"发挥到极致的一个奇迹。

后金时期，对于牌印的管理十分严格。史载，崇德元年（1636）皇太极问罪查抄三贝勒莽古尔泰家产时，"获木制牌十六枚，视其文，曰：金国汗之印。于是，其印携至大衙门，召集诸贝勒大臣及庶民，以其案件实状晓谕之。"❸可见私藏牌印，是一件干犯法令的重罪。

六、皇太极争取明颁"汗印"的最后努力

天命十一年（1626）正月，清太祖努尔哈赤亲率八旗大军，将孤悬山海关外 200 里的宁远城团团包围，发起进攻。这是自占领广宁之战以来，沉寂了 5 年的努尔哈赤所发动的又一次大规模对明作战。此前，在大凌河、锦州、松山和山海关一线，明朝的防线坚固，使曾信誓旦旦要在 1623 年或 1624 年打进山海关、进军中原的努尔哈赤吃尽了苦头。这次努尔哈赤准备充分，志在必得。守卫宁远的袁崇焕，并没有遵从上级要求弃城内退的命令，依然留守孤城，依仗着来自西洋的先进的红衣大炮进行顽强抵抗。双方酣战六昼夜，后金军队遭到重创，努尔哈赤也中炮负伤，被迫率众撤回，七个月后，郁郁而亡。

努尔哈赤临终前并没做好明确的接班人安排，只留下了一个模糊的四大贝勒共治的框架性遗嘱。因此，在后金政权内部，同为努尔哈赤亲信子侄的四大贝勒，以及他们各自属下的八旗贵族拥趸们之间，发生了激烈的冲突。结果，四大贝勒中年龄最小的努尔哈赤第八子皇太极最终胜出，继承了王位，年号天聪，史称清太宗。

努尔哈赤的死，对明朝与后金的战和走向产生了深远的影响。舆论普遍认为对于正处在对峙胶着的双方来说，这无疑是一个议和的良机。

首先后金方面，新君初立，内部权力斗争硝烟未戢；对明朝的战争由于新挫，士气低落；更大的潜在风险是，自占领了辽左广阔的农耕区后，后金政权在领土扩张的同时，还骤然剧增百万汉人，行政与经济压力陡增，一面要忙于弥缝日益激化的满汉矛盾，同时还要消化新增百万汉人的生活负担，加之"小冰河期"的气候来临，连年减产，如果不

能及时与明朝达成停战恢复通商贸易，后金的经济将会面临无以为继的崩溃局面。因此，借机与明朝重开和谈、争取达成贸易等方面利益最大化的成果，不啻是一个务实的方案。

而在明朝方面，朝廷内党争、宦祸不断，政治内耗大伤了国家政治元气；数十年的辽东战事，加之国内西北李自成等农民起义，以及援朝抗倭的战争等，导致国家军队战斗力锐减，同时边饷、剿饷等军费开支所造成的巨大经济黑洞已将明帝国拖到了近乎崩溃的边缘。故此，明廷上下关于攘外必先安内、议停辽东战事专事西北镇剿的呼声日益高涨。此际，如果能够与后金达成和议，或可使病重的帝国得到一息苟延，不失为一个及时止损补血的愿景。

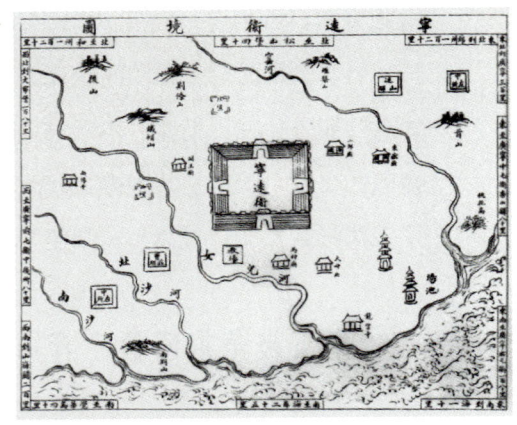

明人绘宁远卫境图

《满洲实录》太祖率兵攻宁远

故此，当袁崇焕派人参加了努尔哈赤的吊唁礼后，双方随即开始了新一轮的和谈。

天聪元年（1627）正月，后金使者到广宁，致书袁崇焕，书中列述"七大恨"，并详细申明了女真在明朝统治下所受的冤屈，并表示愿意重修两国之好。后金列出的和谈条件，实际上是在照抄历史上金、宋的旧案。即：明朝向后金纳贡，除了先支一笔"讲和礼金"外，以后每年都要交纳一定数量的"岁币"；而后金则返赠东珠、人参、貂皮、山货等。❶显然，双方交换物在价值上并不对等。

虽然后金开出的议和费的数额远远低于明朝每年辽东的实际军费开支，但"岁币"一事，很容易勾起汉人对当年北宋二帝被掳蒙尘的"靖康之耻"的屈辱回忆。对明朝而言，虽然经济上损失不大，但政治上侮辱性极强。且经过"宁远大捷",明朝重拾了军事信心,不久后崇祯皇帝继位,朝中魏忠贤等势力被清洗,东林党再度霸朝,袁崇焕得到重用,他奉诏回京面见新皇帝时,提出了"以辽人守辽土,以辽土养辽人"的辽东攻防战略构架,并豪迈地许诺"计五年全辽可复"。

神威无敌大将军炮

于是,袁崇焕峻词拒绝了皇太极,不但声明后金必须归还所占明朝的地域与兵民的基本底线,还气势凌人地指出后金人作为大明下属,在文书格式上存在着不尊的错误。

皇太极似乎早已胸有成竹,谈谈打打也是他的既定方针。他果断地采取两步走策略,一方面在谈判期间发兵进攻朝鲜,迫使朝鲜签下了城下之盟,开放贸易,既解决了明朝与朝鲜联盟的后顾之忧,也一定程度上缓解了经济压力;同时,继续加大向西部蒙古方向的军事征服与施压,迫使察哈尔部的林丹汗为躲避后金进攻热河的兵锋,无奈被迫率部向西迁徙,从而一举粉碎了明朝与蒙古的军事防守联盟。

同时,皇太极仍积极地联络明朝,希望继续谈判,并主动提出将明朝所付的"讲和费"以及每年"岁币"减半的条件。❷ 但战略方针已定的明朝不再配合演戏。袁崇焕在回信中,故意大谈华夷君臣之礼,并以追责后金无礼进攻朝鲜为由拒绝继续和谈。而对于皇太极的再次回信,袁报以迟迟不复的态度。

皇太极并不死心,开始逐渐加大军事施压,试图通过武力将明朝打回谈判桌前。他在亲率大兵攻打锦州的同时,还不失时机地致书于明朝守锦州的监军纪(用)太监、赵(率教)总兵,希望重开谈判。而纪、赵等也虚与委蛇,派人"遂往通议和者三。"❸

此外,皇太极还尝试着通过其他渠道向明廷喊话,甚至病急乱投医地直接投书明朝中的"执政诸大臣",请求通过他们向明帝直接转达和谈诚意。❹

❶ 中国第一历史档案馆《满文老档》(下)第807页,中华书局1990年版。
❷ 中国第一历史档案馆《满文老档》(下)第821页,中华书局1990年版。
❸ 中国第一历史档案馆《满文老档》(下)第849页,中华书局1990年版。
❹ 中国第一历史档案馆《满文老档》(下)第932页,中华书局1990年版。

天聪三年（1629）正月，皇太极再度与袁崇焕搭上了线。此时袁崇焕的身份已是兵部尚书兼右副都御史，督师蓟辽，兼督登、莱、天津军务。简言之就是东北前敌总指挥了。

袁在给皇太极的回信中，态度有所回暖，表示对皇太极的和谈提议，"我将乐意转奏之"。同时又重点对皇太极在书信中所盖押的"金国汗印"提出了质疑，说："印信者，诚为证据，倘若非赐封者，不得使用。中国之法例如此。"❶

各种迹象表明，此时的皇太极对和谈是很有诚意的。新发动的攻打锦州攻势的失败，使他深刻认识到所面临现实的残酷，迫使他不得不及时调整战略思路，力争尽早达成和谈，甚至不惜声明并不在意只作偏安一隅的"东北王"。他在给明朝信使李喇嘛的书信中曾剖明心迹："我父汗曰：昔大辽、大金、大元不住本土，入汉人腹地以居，因世代变迁汉化。明可居山海关以外处，我居辽东地方，汉人诸申（女真），各立为国，以安生业。"❷他甚至开导部下们对明朝回信中的傲慢态度采取隐忍，"书中所称，分之尊卑，且莫须计较，待事成之后，不得不逊让大国。"❸

至于袁所提到的"汗印"一事，则更深地触动了皇太极内心深处的一段心事。明朝对待蒙古、女真，虽同为抚藩，但待遇上向不平等，蒙古可封汗王，而女真则不可。努尔哈赤当年十分努力，且有李成梁的提携加持，最终也只争得了一个低于王汗的"龙虎将军"，女真人一直深以为恨。后金建立后，努尔哈赤与皇太极父子相继自号"汗王"，但从没有得到过明朝官方的认可。如果借此机会，能得到明朝对后金汗王的封认，不仅是个不错的结果，也可藉以慰藉父亲当年未酬的抱憾。

退一步说，即使姑且先做一个明朝承认的汗王，既可独领封疆，又享受丰厚待遇，待喘息之后再谋宏图，对于当下的皇太极来说，不啻是个最佳的选择。因此，争取获得明朝所颁汗王的封印，成为皇太极和谈中一个清晰而志在必得的目标。

皇太极又一次做出更大让步。主动表示不再重提"七大恨"，在边界方面则可以现已既成的事实为据，"则以大凌河为尔界，三岔河为我

袁崇焕像

清太宗鹿角椅

界，此两处之间，皆为空地（缓冲区）"；在"和谈费"及"岁币"方面，出人意料提出在原来减半的基础上再退一步，悉听明朝建议，只要不低于明朝给察哈尔蒙古的待遇标准即可。而作出如此牺牲的目的，主要是"令尔铸金国汗印与我"。❹

为表诚意，皇太极在给袁崇焕的书信的格式上也费尽心机。文书中不再自称"天聪金国汗"，而简称为"金国汗"；文尾具时间处也不再书写天聪年号，而代以干支纪年；在文字抬格方面，除了金国汗照例低于明朝皇帝一格书写外，还将袁崇焕与自己平抬书写。须知不久前，皇太极曾明确表示过绝不能容忍袁崇焕与自己平格书写。

皇太极大尺度的让步，完全超出了明朝君臣的预料。他们原本的即定方针是以种种苛求挑剔或无端拖延，故意激怒皇太极以使其知难而退。在接下来的两个多月中，明

❶ 中国第一历史档案馆《满文老档》（下）第933页，中华书局1990年版。
❷ 中国第一历史档案馆《满文老档》（下）第822页，中华书局1990年版。
❸ 李光涛《明清档案存真选辑》（初集）第26页，台北"中央研究院"历史语言研究所1959年版。
❹ 中国第一历史档案馆《满文老档》（下）第934页，中华书局1990年版。

天聪元年皇太极致袁崇焕书

朝方面毫无反馈，皇太极派出的信使白喇嘛等也不见回还。

《满文老档》中真实记载了皇太极等待明方回信期间坐立不安的细节。由于明方的久不回信，焦躁等待中的皇太极百方打探，而从明方来的逃人以及拿获的明方细探们，都众口一词地声称据悉明方并无意真心与后金议和，这使皇太极益发疑神疑鬼。六月二十日，皇太极又主动出击，派人在边界上抓了一个明朝哨兵作为人质，并将一封书信交另一名放回的哨兵，要求转交袁崇焕。信中除了催促外，还露骨威胁：如果七月五日前还不见回信，被抓的哨兵将被作为战俘处死。过了五天，心觉不妥的皇太极又将所抓的哨兵（人质）放回，并又带回一封书信，恳求袁崇焕答复。❶

七月初三日，派往明军营的信使白喇嘛等终于回来了，但没有见到有惯例的明朝信使同行。白喇嘛等带回了袁崇焕的两封简短回信，一封解释由于出海巡视，他一直不在军营，因此耽搁了回复；另一封短信则强硬逼人，对于皇太极所提和谈条件表示并不正面回应，依旧大谈华夷君臣大道理，甚至说"我国幅员九州，即失一辽东，何足为惜"。谈到皇太极对于颁封汗印的请求，则冷冷表示："至封印之语，皆非一言可尽者也。"❷

❶ 中国第一历史档案馆《满文老档》（下）第934~935页，中华书局1990年版。
❷ 中国第一历史档案馆《满文老档》（下）第936页，中华书局1990年版。
❸ 中国第一历史档案馆《满文老档》（下）第939页，中华书局1990年版。
❹ 中国第一历史档案馆《满文老档》（下）第958页，中华书局1990年版。

此后皇太极又两次致书，力图挽救，而袁崇焕则俨然一副外交辞令，冷漠地回复："唯十载军旅欲一旦罢之，虽奋力为之，亦非三四人所能胜任及三言两语所能了结者也。总之，在于汗之心矣……"❸将责任与压力掷还皇太极。

明朝的回绝彻底激怒了皇太极，他决定冒险出兵明朝关内，力图打疼明朝，迫使接受和谈。两个月后，皇太极亲率八旗大军，绕过重兵把守的辽东山海关外防线，西循蒙古，从明朝防务薄弱的热河一带突然破关阑入，一路打到北京城外德胜门下。在沿途所发的告明朝绅衿军民谕令中，除了重提"七大恨"，皇太极还特意点明："天启帝及崇祯帝，复行欺凌，命去金国皇帝年号，禁用自制国宝。我亦乐于和好，欲去帝称汗，令尔国制印给用，又不允行。故我复告天兴师，长驱至此，破釜沉舟，断不返还。"❹满满的都是对于未能得到明朝封印的不甘与愤懑。

然而，铁了心的明朝并不为所动。即使后来由于谗言明帝枉杀了袁崇焕，但明朝君臣从此再也没有动过和议之念。

皇太极为得到明朝封颁王印的最后努力，最终也未能实现。

第二章 "元传国玺"疑案

历数清太宗朝重大政事，首要者莫过于崇德元年（1636）的改金为清一事，而此事的发生，又与一枚"元传国玺"的横空出世有关。

吊诡的是，这枚"元传国玺"的出现固已古怪，而其后来的命运更是离奇。在它存世的一百多年间，初而惊艳面世，被尊为天降神器，位列皇帝众玺之首；中途又突被弃用，跌落神坛，被冷藏于深宫；最后终被清出皇帝御玺之列，惨遭秘密销毁，从此人间蒸发。洵为大清官印史上的第一奇案。

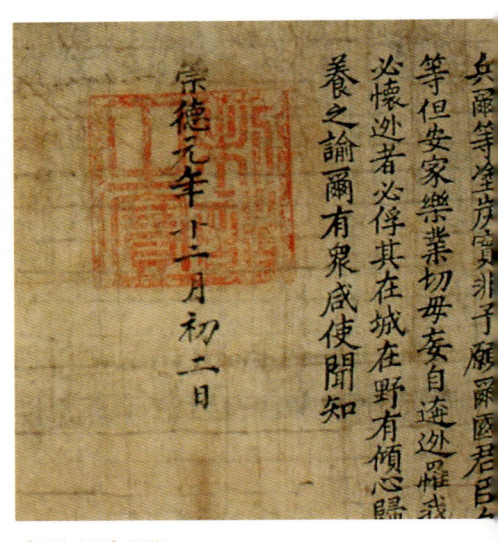

一、天降"神玺"与"大清"肇立

天聪六年（1632），为打开局面，形成对明朝包围之势，皇太极亲率远征军越过大兴安岭攻入蒙古高原。作为北元蒙古最后一个直系裔王的林丹汗，早在4年前即已为避开后金攻打热河一带的兵锋，率部向西迁徙，一路击溃内蒙古诸部，占领了呼和浩特，并将势力扩展到甘肃、青海一带。皇太极大军到达时，林丹汗不久前已因患天花死在了打通前往西藏道路的青海前线。林丹汗一死，察哈尔各部四分五裂，纷纷向后金大军投降，呼和浩特也落入后金手中。林丹汗的长子额哲则率领余部前往甘肃边外游牧避难。

为绝后患，天聪九年（1635）皇太极派遣努尔哈赤的第十四子多尔衮率军绕内蒙渡过黄河，迫降了额哲，并将其作为人质押回后金国都沈阳。凯旋大军尚未回到沈阳，多尔衮便提前报告了一个振奋人心的喜讯——在所获额哲的战利品中，发现了一枚"元传国玺"。

"制诰之宝"印鉴

❶《清太宗实录》卷24。

关于这方"元传国玺"的来历，后来在清廷官修的《清太宗文皇帝实录》中被描述成了一个童话式的美丽故事：

> 出师和硕墨尔根戴青贝勒多尔衮，贝勒岳托、萨哈廉、豪格等，征察哈尔国，获历代传国玉玺。先是：相传兹玺藏于元朝大内，至顺帝为明洪武帝所败，遂弃都城携玺逃至沙漠，后崩于应昌府，玺遂遗失。越二百余年，有牧羊于山冈下者，见一山羊三日不啮草，但以蹄刨地，牧者发之，此玺乃见。既而归于元后裔博硕克图汗，后博硕克图为察哈尔林丹汗所侵，国破，颠覆归于林丹汗。林丹汗亦元裔也。贝勒多尔衮等，闻玺在苏泰太后福金所，索之，既得，视其文乃汉篆'制诰之宝'四字。璠玙为质，交龙为钮，光气焕烂，洵至宝也。多尔衮等喜甚曰：皇上洪福非常，此一统万年之瑞也。❶

"传国玺"的现世，引发了后金朝廷上下一片惊喜若狂。皇太极提前开始策划隆重的郊劳受玺仪典。八月二十八日，皇太极率众出沈阳城抚近门，西行前往郊迎多尔衮一行。但多尔衮一行因行程有误未能按时到达，皇太极得报后并未责难，索性于附近巡视射猎放松，直到九月五日，多尔衮一行终于到达。

九月初六日，隆重的受玺盛典如期举行。历史档案是这样记载的：

> 初六日卯刻。汗（皇太极）出营迎出师诸贝勒（按：他们已于10天前回到了沈阳），时出师诸贝勒率归降察哈尔汗之子额尔克孔果尔（即额哲）及其诸臣从汗右侧驰马来见，汗率众少时前。御营南冈所筑御位上设黄案，案上燃香，吹螺掌号，吹喇叭、唢呐，上率众拜天，行三跪九叩头礼毕，汗还黄幄升座。出师诸贝勒设案，袭以红毡，以所得玉玺置于上，命正黄旗骑兵固山额真纳穆泰、镶白旗固山额真吏部承政图尔格依举案各一端，诸贝勒率众遥跪献礼毕，汗设案于黄幄前，案上陈香烛，汗受玉玺，亲捧之，率众拜天，行三跪九叩头礼毕，汗复位，传谕两侧众人曰："此玉玺乃历代帝王所用之宝。"于是，出师诸贝勒率诸臣遥跪，和硕墨尔根戴青贝勒（多尔衮）进前跪拜，复进前叩拜，行抱见礼。……次兵部和硕贝勒岳托、礼部和硕贝勒萨哈廉、和硕贝勒豪格，俱如墨尔根戴青贝勒礼相见毕，四贝勒退，与众同跪，……于是察

哈尔汗（林丹汗）妻苏泰太后及其子额尔克孔果尔献金印、貂皮、水獭皮帽……察哈尔汗妻苏泰太后率察哈尔汗二女弟及察哈尔诸大臣妻向汗跪，苏泰太后自跪处起立进前时，汗起迎，出幄，互相跪见，行抱见礼。见毕，命坐于汗左侧青幄内。察哈尔汗子额尔克孔果尔率本部诸臣遥跪，稍前一拜，又近前跪拜，行抱见礼。次与其余诸贝勒相见，其礼俱如出师诸贝勒。相见毕，命额尔克孔果尔坐于御座左侧。……于是，设大宴。❶

大典举行之后，整个后金京城沉浸在一片喜庆中，各种规格的赏赉、进爵加官的典礼，以及相侑配套的大小的歌舞宴筵，连轴不断：皇太极除遍赏出征诸将健儿外，还将二女儿嫁给了林丹汗太子额哲；而贝勒豪格则如愿地迎娶了林丹汗的遗孀伯奇太后；林丹汗另一个遗孀俄尔哲依图，也被萨哈廉之父阿巴泰大贝勒所迎娶。❷

与此同时，围绕着"元传国玺"降临的各种舆论宣传也开始铺天盖地袭来。

推波助澜舆论宣传背后的始作俑者，是那些有文化的汉人官员。虽然隆重的迎玺大典，他们都没有被邀出席，但最先读懂皇太极心思的恰恰正是若辈。文馆秘书院的甲喇章京鲍承先，很有可能是曾部分参与了策划受玺大典的唯一汉人。早前一个月，当得知前方获"元传国玺"的消息时，他便上奏言："汗圣德如天，仁政旁达，天赐玉玺，乃非常之兆吉也。汗当急敕工部制造宝函。进献之日，汗率诸臣

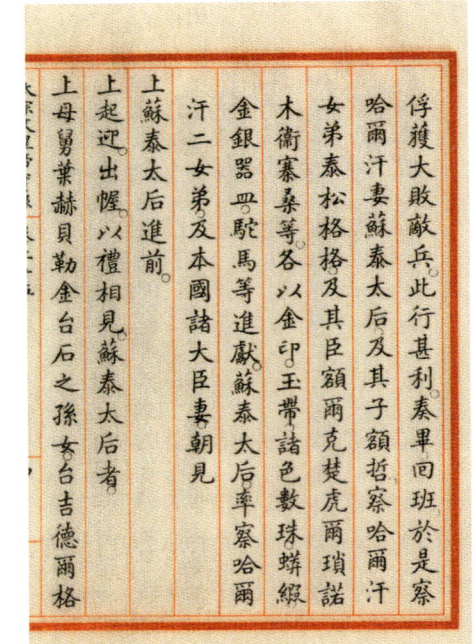

《清太宗实录》察哈尔归降记载

沈阳故宫大政殿

郊迎，由南门入宫，以膺天眷。又以得玺之由，书于敕谕，缄用此宝，颁行满、汉、蒙古，咸知天命之攸归也。"❸

受玺大典举行后，汉人都元帅孔有德率先上奏祝贺："窃观自古受命之君，必有受命之符。昔文王时，有凤凰飞至，盘旋其殿上。今汗得此宝玺，二兆雷同。"同日，另一位总兵官耿仲明也上奏祝贺："夫玉玺者，乃天子用以治国，统御天下之宝，汗合天心，爱百姓，故天赐宝玺，可见天心之默佑矣。"

节奏被带动起来后，其他汉员遂纷纷跟进上奏："汗顺天意合人心，获兴师镇国之宝，祯祥已见，历数将归。""伏愿奉之若神，颁示众民，符节远合于百王，诏诰通行于万国，悬书于象魏，人人觐汗之形象，俾祖泽传之子孙万代。"皇太极对此十分满意，览奏后故作谦逊道："众官所言诚是，我亦知天之眷佑，示以瑞兆。我心软德薄，恐不能抚民治政，以副天意。"❹

与汉员们的积极响应、主动宣传相反，那些最得红利椎鲁质朴的八旗贝勒大臣们，却似乎未能真正领会到皇太极抛出"传国玺"的良苦用心。他们天真地将其理解为不过是一个酒肉笙歌、及时享乐的绝好借口，接连不断地每天忙于出席大大小小的筵宴与庆典，长时间地沉溺在集体狂欢中；而对天降神玺的隐喻，他们不曾、也不愿更多地从民族国家命运的角度做深刻的思考。皇太极对八旗大臣们的浅陋与愚昧感到极度的失望和不满，于是在莅临了阿巴泰与林丹汗遗孀俄尔哲依图的婚宴后，皇太极突然事前毫无征兆地因为一个小事发飙，在当众对阿巴泰的儿子萨哈廉进行了一番莫名其妙的严斥后，不与众贝勒打招呼，独自提前返回京城，下令关闭宫门，不许诸贝勒进入，并宣布停止国事办公。翌日，皇太极又突然命令诸贝勒、大臣、侍卫、随侍等集合于朝，大翻旧账，声色俱厉地斥责各贝勒、大臣"避强凌弱，是为小人"，并露骨威胁道："我若不能教训尔等，安能治国理政乎？且我非自图富贵而菲薄兄弟也。盖欲治汗父遗业，兴隆国祚，贻令名于后世耳。尔等悖乱如此，我

❶ 中国第一历史档案馆《清初内国史院满文档案译编》（上）第191~192页，光明日报出版社1989年版。
❷ 中国第一历史档案馆《清初内国史院满文档案译编》（上）第194~196页，光明日报出版社1989年版。
❸ 中国第一历史档案馆《清初内国史院满文档案译编》（上）第183页，光明日报出版社1989年版。
❹ 中国第一历史档案馆《清初内国史院满文档案译编》（上）第202页，光明日报出版社1989年版。

清代马鞍

将杜门而居，尔等别举强梁有力者为汗，我将安分守己。"❶发完火后，不理众人，转身回殿，复闭大门。满朝官员面面相觑，良久才反应过来，于是诸贝勒、大臣群集汗殿大门前，跪请皇太极息怒、启门临朝。而后，各贝勒大臣谨遵皇太极旨意，朝议将皇太极点过名的，包括大贝勒代善在内的各官议处论罪。

此次皇太极发飙，收到了预期的立威效果。实际上他是在向八旗官员们传递一个威胁暗示——君权专政将是后金国家的唯一出路。当然，对于代善等及时认错以示驯服的官员，皇太极最终也是网开一面，为了彼此都下台阶，他遂宕开一笔，矛头转向已故多年的莽古尔泰和新亡的德格类等，搞出个党狱来大加伐挞清洗。如此戏剧性的转场，朝廷上下可谓皆大欢喜。首先皇太极无疑成为了最大赢家，他除了手中两黄旗外，又新从莽古尔泰、德格类手中实质性攫取了两蓝旗；同时，也一定程度上缓解了与在世的八旗贝勒大臣们的对立紧张，倘若真僵持到了不可收拾的地

❶ 中国第一历史档案馆《清初内国史院满文档案译编》（上）第198页，光明日报出版社1989年版。
❷ 中国第一历史档案馆《清初内国史院满文档案译编》（上）第196～199页，光明日报出版社1989年版。
❸ 中国第一历史档案馆《清初内国史院满文档案译编》（上）第206页，光明日报出版社1989年版。
❹ 中国第一历史档案馆《清初内国史院满文档案译编》（上）第221～224页，光明日报出版社1989年版。

步导致两败俱伤的后果，也不是皇太极的初衷。

按：当初皇太极继位时，由于太祖努尔哈赤曾有四大贝勒共主朝政的遗嘱，因此除了皇太极外，另外三大贝勒代善、阿敏、莽古尔泰仍有很大权势，直到天聪六年（1632）才废了三大贝勒与汗王皇太极俱南面并坐，共受八旗官员朝拜理政的旧习。皇太极为了统一集权，一直在不懈地与三大贝勒明争暗斗。三大贝勒中，代善向与皇太极亲近，且为人平和、无欲无求，当年又曾助力皇太极继位，故皇太极多施以笼络，并不为难他。后来皇太极寻隙以阿敏在永平背约屠城为由，将其论罪囚禁致死；而脾气暴躁的莽古尔泰更因当众曾与皇太极争论并露刃怒视皇太极，而被陷罪论处，夺旗降职，最后抑郁暴亡。这次皇太极降罪代善，又重提清算莽古尔泰、德格类结党之罪，实际上是欲从根子上对四大贝勒共政的政治遗留进行最后一次彻底的清算，以扫除皇权专制道路上的障碍。❷

十月二十四日，平复了的皇太极又召集各官于大殿宣谕改族名为满洲。❸

十二月二十日，皇太极率诸贝勒于祖庙告祭时，当众向祖先祈报了获"元传国玺"、征服察哈尔蒙古，以及清算莽古尔泰、德格类结党之罪三件大事。此时八旗众贝勒将前后发生的事联系起来，方才如梦初醒，完全明白了皇太极的真实用心。

十二月二十八日，诸贝勒、大臣定议，共同奏请皇太极接受尊号。其奏言："今察哈尔汗太子，举国来降，又得历代帝王相传宝玺，是天心默佑，大可见矣。今当仰承天意，早正大号。"皇太极故作姿态，以"大业尚未成"为由推辞。于是诸贝勒大臣又纷纷宣誓，请求皇太极接受。皇太极十分满意，指示大贝勒代善特殊，照旧例不必誓词。代善坚称"自今以后，若不与诸贝勒同誓，则食不下咽，坐不安席矣。"皇太极不再推让，于是在大贝勒代善的带头下，诸贝勒"更定誓词焚香跪读毕，焚书盟誓。以表效忠。"❹

正此期间，"元传国玺"的宣传炒作已达到高潮，以阿鲁部阿巴汉、喀尔喀部马哈撒嘛谛塞臣汗为首的蒙古诸部，闻讯遣使以"金神圣成吉

天聪七年孔有德降金麾下军官名单（局部）

思汗后裔"的名义，向皇太极献贡，祝贺得到"元传国玺"，并表示从此"愿共守盟约不渝"。❶

此外，皇太极还专门致书朝鲜国王，将此事向其炫耀，并指示诸贝勒以私人名义，联名数次致书朝鲜国王，施加压力，迫其发文庆贺获玺。

到此，后金国上下终于达成了统一意识——"元传国玺"的出现，是天降神兆，它兆示并引发了一个崭新的共同愿景，并正在不断立体明晰起来——一个更强大的新满洲政权将要破茧化生。

天聪十年（1636）四月，皇太极终于迈出了决定性的一步。四月初五日，和硕墨尔根戴青贝勒多尔衮奉满文奏表，科尔沁部土谢图济农巴达礼奉蒙古文奏表，都元帅孔有德奉汉文奏表，率领诸贝勒大臣、文武百官及外藩诸贝勒，共请皇太极称尊号。四月十一日，皇太极"勉从众议"，"祭告天地，受宽温仁圣皇帝号，建国号大清，改元为崇德元年"。❷

二、"原罪"与"暗伤"

在中国历史上，"传国玺"一直是个伪命题。

❶ 中国第一历史档案馆《清初内国史院满文档案译编》（上）第241页，光明日报出版社1989年版。
❷《清太宗实录》卷28。

历史上的"传国玺",又有"镇玺""神玺""授命玺"等诸多名目。具体来说,大致可分为两种类型:一种是专指传说中秦始皇命李斯写篆"受命于天,既寿永昌"、刻在"和氏璧"上的"秦传国玺";另一种说法,则凡前代帝王所遗留的宝玺,皆可称"传国玺"。皇太极的"传国玺",当属于后一种。

"传国玺"是封建传统符命学说与政治权力不可分割的产物。一般来说,历史上每逢改朝换代,或天下大乱时,符命学便会大行其道地流行起来,政治野心家们会想方设法寻找,或别有用心地捏造出各种符瑞,以证明自己获得政权是符合天命的,而象征着君权神授的"传国玺",无疑是最佳的选择。历史上无数新生政权,都会搞些获受"传国玺"的把戏,甚至还出现了很多露骨的诸如"元玺""天玺""神玺"等滑稽应景的年号。

"传国玺"的闹剧虽然在历史上无数次搬演,名声却并不佳,往往会伴随着"阴谋"与"造假"等等阴云,为世人所嘲。然而尽管如此,它却又似乎总有效,以致历朝历代帝王又往往会明知故犯地自甘落入其彀中,这也是历史上的一个悖论。

各种迹象表明:皇太极"元传国玺"的获得,与"阴谋"和"造假"难脱干系。

这枚"元传国玺"在形制与来历等方面颇存疑窦,难服世人。其一,据历史档案文献记载,该宝为白玉交龙钮,印文为汉篆"制诰之

清代仪斧

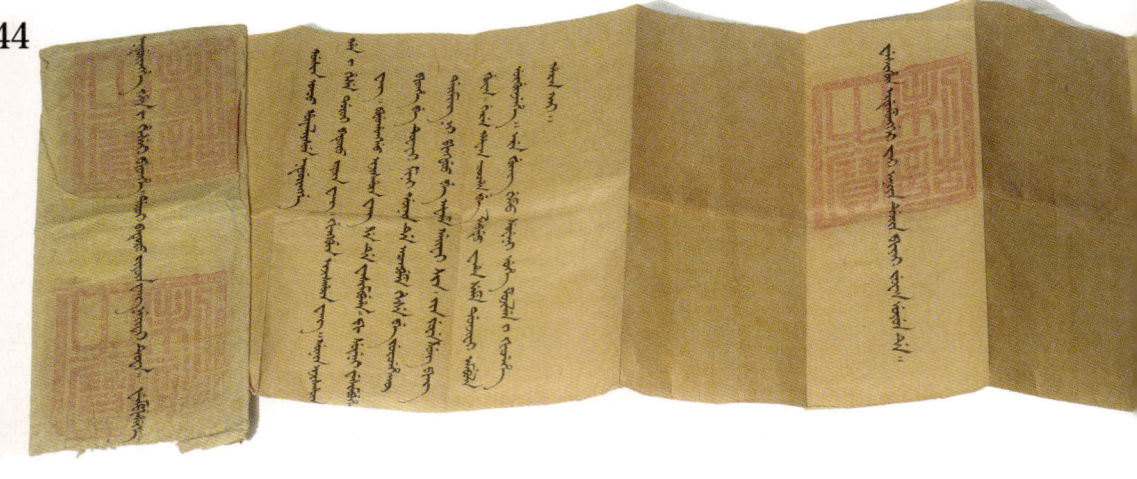

皇太极敕书上"制诰之宝"印鉴

宝"。从史书记载看，元朝及之前历朝历代，均尚未出现过"制诰之宝"。宋辽金三朝皇帝用于谕令行政文书的，为"书诏之宝"；元朝未设"书诏之宝"，则代之以"宣命之宝"。直到明代，"制诰之宝"才出现在皇帝二十四宝序列。故此，所谓"制诰之宝"传自元朝之说，自是不经奇谈。其二，自古所谓"传国玺"的印文，传统为"受命于天，既寿永昌"类型的吉语，抑或"镇国之宝"等铭篆，鲜有将日用宝玺奉为"传国"之器的。其三，如果将现存明代文书上"制诰之宝"印文与清初所谓的"元传国玺"的印文两相比较，发现二者在文字与篆体上相似度很高。显然，后者是前者拙劣的摹仿品。

那么，为什么皇太极要仿制这么一枚破绽百出的"元传国玺"呢？揆其原因，其实简单，无非是政治上的需要。然而，选择元朝作为"传国玺"的传续源头，也属无奈之举。按照常理，后金自诩为金朝的绍述，如果以金国的遗玺作为传国符玺，当然要比用元朝的传玺更合理。只是以当时后金政权的有限的国力，想要伪造出一个金国的"传国玺"来，几乎不可能；而明朝又恰好被后金视为敌国，自也不能在政治上出现硬接。如此一通排除法做下来，也就只有"去殷商未远"的元朝了。皇太极说服自己的理由是：元朝同样也为明朝的敌国，民族血缘与情感上更容易得到同为少数民族政权的后金的认同；同时，得到元朝"传国玺"，

❶ 中国第一历史档案馆《清初内国史院满文档案译编》（上）第218页，光明日报出版社1989年版。
❷ 中国第一历史档案馆《清初内国史院满文档案译编》（上）第221页，光明日报出版社1989年版。

意味着皇太极可以自称为成吉思汗及元朝事业的继承者；更为重要的是，恰好又逢征服察哈尔部，为"元传国玺"的出世也找到了一个极佳的挂靠点。

然而，以当时地处边外作为异族统治者的后金政权的文化认知水平，以及有限的历史官印文物、文献资源及铸刻工艺能力来看，要想精准地仿造任何一枚前元的皇帝宝玺，也同样是勉为其难的事。女真首领们一生中所见到过的最高规格的皇帝宝玺印模，恐怕只有明朝的"制诰之宝"了。爱新觉罗家族世代为明朝建州女真的土官，接受并收藏有明朝所颁的盖有明帝"制诰之宝"的诰命。史载：天命八年（1623）七月，太祖努尔哈赤曾览阅所存的永乐帝的诰命，感慨万千之余嘱咐道："此书乃属良方，当妥为收藏之。"❶ 因此，为了政治造势需要，仓猝间只好就手依照明帝汉篆的"制诰之宝"作参照物，臆造出一个"元"名"明"实、不三不四的"元传国玺"了。

要之，"元传国玺"的叫法，是入关后才由清廷明确并流传开来的。从原始档案上看，在其炮制出来初时，皇太极等也未敢遽认其为"元"物，只是含混地说是传自元代的"历代帝王所用之宝"。当初在祖庙祭祀列祖时，当着一众贝勒大臣的面，皇太极过于谨慎地在所宣读的祭文中称："先是，历代帝王相争欲得之宝玺，不知在明、蒙古、倭子等国。"尽显了他当时的心虚。而在随后的八旗贝勒宣誓效忠运动中，八旗贵族们的誓词文书中也统一口径地称为"历代帝王相传玉宝玺"。❷

"元传国玺"的伪造，应是皇太极以及多尔衮等上层少数女真精英秘密暗箱操作而成。察哈尔汗的太子与太后等，不过是受命参与了"受玺"大典的演戏部分而已。他们被押至沈阳，身为后金刀俎下的鱼肉，自然会屈服保密。诚然，皇太极对他们的参与演戏和保密的回馈也十分丰厚。大家彼此心照不宣，各得其所。

当时，虽然汉官们已得到了皇太极的进一步信任，但绝不会被接纳直接参与伪造。退一步说，天聪时期的统治集团中的汉人，文化水平也普遍并不很高，范文程等也不过是从小生长在辽左边地的地方生员；鲍承先等尽为武人世家出身；至于孔有德等，更多是矿工海盗之徒。他们对于明朝以及历史上的皇帝玺宝制度的见识尽皆有限。入关前整个大清政权汉人中，最有见识的，当属后来在"松山战役"中被俘投降的洪承畴，他是进士出身，最高曾做到了明朝的总督。史载：崇德七年（1642），锦州明守军曾带来盖有明帝印玺的诏令文书，请求议和。清廷上下包括一众汉人文臣武将，竟无人能确认其印的真伪，最后皇太极只好请洪承畴出面作终极辨认拍板。洪看过后说："该印文皆实也。"❶只是，天降"传国玺"一事发生在"松山战役"之前，那时洪承畴尚未降清。后金朝中的一干辽左汉臣，无人具备洪承畴的学问与见识。

"元传国玺"抛出后，皇太极显然对一众汉官们是否能认同接纳"传国玺"神话，尚心存戒虑，因此隆重盛大的"受玺"仪式，他没让一个汉官参加，包括最早提议并规划举行"受玺"大典的鲍承先。为此，真率粗鲁的武人孔有德等都在贺表中直接流露出了抱怨情绪："臣当亲赴（'受玺大典'）拜贺，但未受汗命，不敢擅行，谨斋戒焚香遥拜。"❷

皇太极的谨慎与戒虑不无道理，我们从后金政权中汉官们对此"元传国玺"的反响的前后迟速变化上，也颇能看出一些端倪。"受玺大典"举行九天后，首先是粗武不文的孔有德、耿仲明率先上表祝贺，表中还将此"传国玺"误认为了是流传二千年的"汉传国玺"。此为第一批汉臣的声音。❸而后，又过了半个多月，至十月初一日，"国中众汉官、生员、大章京石廷柱等"❹才上奏书表贺，为第二波浪潮。至于一向被高看的后金国文馆中的汉人"儒臣"们，却成为最后明确表态的群体。十二月二十八日，就在满洲贝勒大臣集体盟誓宣示效忠的同时，汉臣鲍承先、宁完我、范文程、罗锦绣、梁正大、齐国儒、杨方兴等联名上奏，言："玉宝玺既得，诸部皆附，人心效顺，即天意也。"❺

显然，后金国中汉臣们对"元传国玺"的认知参差不同，其中有真不懂的，如悍将孔有德等武人；有将信将疑、甚或故意揣着明白装糊涂的，如部分文馆的儒臣们。然而，

❶ 中国第一历史档案馆《清初内国史院满文档案译编》（上）第475页，光明日报出版社1989年版。
❷ 中国第一历史档案馆《清初内国史院满文档案译编》（上）第195页，光明日报出版社1989年版。
❸ 中国第一历史档案馆《清初内国史院满文档案译编》（上）第195页，光明日报出版社1989年版。
❹ 中国第一历史档案馆《清初内国史院满文档案译编》（上）第202页，光明日报出版社1989年版。
❺ 中国第一历史档案馆《清初内国史院满文档案译编》（上）第222页，光明日报出版社1989年版。
❻ 中国第一历史档案馆《清初内国史院满文档案译编》（上）第222页，光明日报出版社1989年版。
❼ 中国第一历史档案馆《清初内国史院满文档案译编》（上）第221页，光明日报出版社1989年版。
❽ 中国第一历史档案馆《清初内国史院满文档案译编》（上）第205页，光明日报出版社1989年版。

积威之下，无论通与不通，并无意义，又有谁敢挑战权威、自砸饭碗！唯一令人大跌眼镜的是，他们似乎很快就达成了惊人的共识：此"传国玺"的出现，实际上给他们带来了更大的希望与机会。此时在他们看来，玺印的真假根本无足轻重，重点是正可借此良机怂恿皇太极进一步做强做大，取代明朝，他们也好藉此建功立业，封妻荫子，这才是硬道理。因此，文盲与儒臣们便心照不宣地共同联手将"天降神玺"的舆论宣传搞得风生水起，高潮不断。其舆论宣传的重点无疑是："今汗宜顺天应人，早定大号，以承大统。"❻

以此为目的，十二月二十日，明朝降将梅勒章京张存仁还直接献上了著名的征明方略八策，对明朝京师各地的驻防、八旗征明的路线，以及入明后对官员、太监的任用和安抚百姓的对策，都一一详述规划。❼

汉臣们及时而积极的反应，正中了投石问路的皇太极的下怀，不仅打消了他对汉臣们会斤斤于"传国玺"真假讨论的担心，同时也更深刻地意识到了在自己的权威之下，汉臣们的那点暴露无遗的私心，已被他死死地拿捏到了七寸。从此君臣双方便开始了有恃无恐、随心所欲的互利与合作。

唯一出人意料、敢于公然挑战皇太极"皇帝新衣"的，是来自向以"小中华"自居的朝鲜。十月十五日，小心翼翼的皇太极曾将朝鲜使臣礼部侍郎朴鲁召到内殿，出示了这枚得自察哈尔的"传国玺"。现场，朴侍郎表现得十分冷静，出于礼貌，只是淡淡地说了句模棱两可的话，"诚蒙天佑而得之宝也。"然而，在第二天所上皇太极的表文中，却只是祝贺了察哈尔的归附，对于获得"传国玺"一事，竟只字未提。❽ 更有甚者，虽然朴鲁带回了皇太极已获"传国玺"的确切消息，以及盖有新"制诰之宝"的饬谕，但此时作为"兄弟之国"国君的朝鲜国王，竟然无视来自后金的种种暗示与压力，屡次在致皇太极的表文中，始终只字不提庆贺获"传国玺"之事。这无疑埋下嫌隙，半年后，皇太极建立大清不久，便对朝鲜进行了惩罚性的侵略。

"元传国玺"的出笼，无疑是皇太极搞的一出神剧，是他整个改族名、建新国、公开称帝等一揽子计划中的第一步骤。虽然风险潜在，但

48

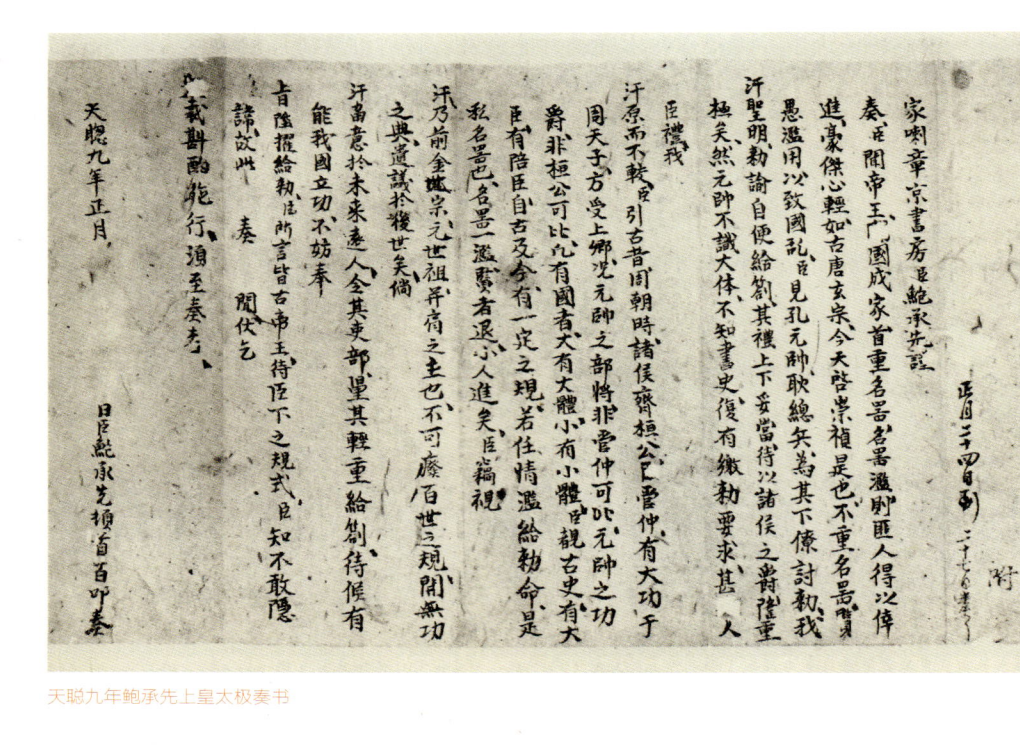

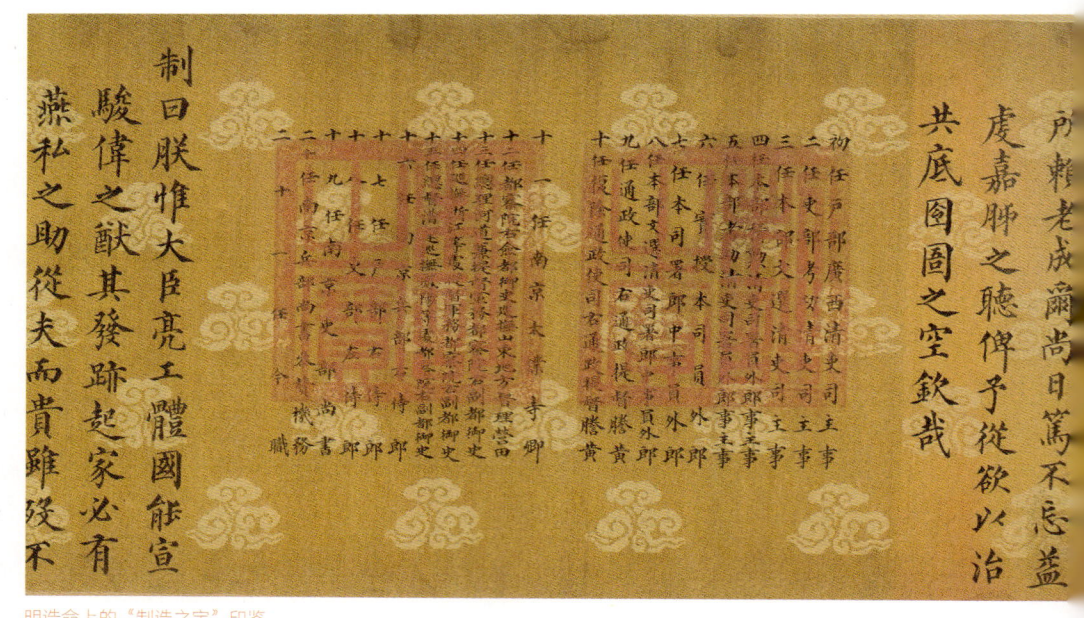

帝国印事——清朝的官印制度

天聪九年鲍承先上皇太极奏书

明诰命上的"制诰之宝"印鉴

最终得以平安渡过，这固然是历史环境所造就的，满洲八旗普遍的粗鲁不文、精诚团结，蒙古各部的臣服附和，以及汉臣们的私心与配合，是其成功的关键。因此，操作上虽然步步惊心，但总能逢凶化吉地得到化解，这既得益于其开国气象的加持，也显示了皇太极对于历史发展以及族群政权掌控等方方面面的精明把握和勇于破釜沉舟的个人性格魅力。

对于后人的质疑，也许皇太极们早已料到，并作有预案。此时，对于他们来说，崭新的"大清"开办在即，箭已在弦，机不可失，又何恤百年后的评骘！

三、从风光无限到黯然出局

与历史上其他"传国玺"略有不同，清初的"元传国玺"，不仅被当作国家的"镇玺"，同时还被广泛的用于日常皇帝的谕令文书。

"元传国玺"出现后，太祖、太宗时期的两方金"汗印"就忽然消失在了公众的视野中。据史家推断，很可能已被销毁了。后者已完全取代了前者。

史载，崇德元年（1636）在太宗改元崇德称皇帝的典礼中，与"元传国玺"同时配套亮相的，还有另外三方皇帝宝玺。《清太宗实录》中描述如下：

> 左班和硕墨尔根戴青贝勒多尔衮、科尔沁贝勒土谢图济农巴达礼捧宝一，和硕额尔克楚虎尔贝勒多铎、和硕贝勒豪格捧宝一；右班和硕贝勒岳托、察哈尔汗三子额驸额尔克孔果尔额哲捧宝一，贝勒杜度、都元帅孔有德捧宝一，各以次献于上，上受宝授内院官置宝盒内。❶

从《清初内国史院满文档案译编》所记载崇德八年（1643）皇太极驾崩后清内阁国史院用宝的记录，以及乾隆时期"交泰殿二十五宝""盛京十宝"的记载分析看，所谓的"崇德四宝"依次应分别为：白玉汉篆的"制诰之宝"（即"元传国玺"）、镀金铜质满篆的"天子之宝"、檀香木满篆的"皇帝之宝"和镀金铜质满篆的"奉命之宝"。❷ 此外，在《清初内国史院

❶《清太宗实录》卷28。
❷ 中国第一历史档案馆《清初内国史院满文档案译编》（上）第515页，光明日报出版社1989年版。

满文档案译编》崇德八年、顺治元年的记录中，还有"饬命之宝""奉诏之宝"的名目，经初步考证，均或为满文"制诰之宝"一词的汉文误译。

通过满文《内阁宝簿》与满文《内国史院档》记载崇德时期帝宝使用情况的比对，大致可以得出如下结论：从崇德初年到入关后的顺治初年，"制诰之宝"（元传国玺）广泛被用于钤盖皇帝所发布的诏谕诰敕：比如给满洲、汉军、蒙古八旗官员的任命、封赠以及训戒等方面的敕谕、信牌等；"天子之宝"主要用于皇帝的陵庙、清明等各种祭文，崇德八年以后，除"天子之宝"外，"奉天之宝"也用于祭文；"皇帝之宝"则被用于皇帝致投降的明将领祖泽远、祖将军（祖大寿），包括用于致宁远的明朝守军将领的谕书，此外，也用于致喇嘛的敕书。

总之，崇德年间，在皇帝列宝中，"制诰之宝"（元传国玺）无疑是地位最尊崇、使用最频繁的皇帝宝玺。仅据崇德三年（1638）内阁满文《宝簿》记载，全年12个月份，各项皇帝谕令文书共用过各宝273次，其中用"制诰之宝"达252次，占总比的92%，该宝广泛用于八旗官员，还包括用于孔有德等明朝降将，甚至皇帝致朝鲜国王、蒙古各部的敕谕，尽皆用之。从档案记录来看，现存著名的崇德元年册封庄妃的册文，也盖着此宝。即使到了顺治初年，该宝地位仍然尊显，使用频繁，现存的顺治元年（1644）十月初一日顺治帝入京后第一份重要的登基诏书，还是钤盖着"诰命之宝"，与文献史籍记载吻合，可见它于皇帝列玺中傲视独尊的核心位置。❶

"元传国玺"的尊贵使用，一直延续到顺治中期，严格地说，一直到顺治七年（1650），随着摄政王多尔衮突然病

皇太极青玉皇帝之宝

逝于喀喇城，这枚"元传国玺"的好运也走到了尽头。它被当作多尔衮的政治遗产之一，一并遭到了顺治皇帝的清洗。

"元传国玺"从神坛跌落以及终被清洗，是历史的必然。

最初，"元传国玺"原不过是皇太极改族立国的一个"急就章"、一枚铺路石，其在娘胎中所带的致命暗伤终究有一天会暴露天下。试想，自后金太祖起，就立下了王汗（皇帝）印宝，一律以满文为体的标准。且崇德年间的"四玺"，除这枚"元传国玺"外，其他均为满篆。尤其入关后，清廷重新颁定了皇帝用宝满汉文合璧的规定。随着新制式的清帝国皇帝列玺的逐步配备健全，而这枚纯汉文的"传国玺"仍在雄踞大清第一国玺之圣位，孤立无俦，越发显得滑稽突兀，势必更加广遭质疑与诟病。为此，清廷很早便已开始了有计划地削减其影响的祛魅操作。

对于"元传国玺"的"天命神授"方面的神化影响，清廷很早就开始实施了针对性的逐步淡化与概念偷换并举的措施。早在崇德立国初期，清廷就已铸有"奉天之宝"。（康熙、雍正《会典》中记为"皇帝奉天之宝"）从当时其与包括被称为"元传国玺"（"制诰之宝"）在内的其他三枚宝玺的分工来看，"奉天之宝"很少用于行文钤盖，而是隐然以大清"镇国玺"居之。反之，"制诰之宝"则被大量投入用于公务钤盖，也暗含抵消其"传国"寓意之用心。这方"奉天之宝"后来被乾隆编入了"盛京十宝"。

此外，顺治年间清廷还刻了一方碧玉龙钮汉篆满楷合

皇太极青玉皇帝之宝印鉴

❶ 李光涛《明清档案存真选辑》（初集）图版八之四，第13页，台北"中央研究院"历史语言研究所1959年版。

璧的"皇帝奉天之宝",在康、雍两朝《会典》中,它已位列宫藏前朝传国的六玺之首,并明确地注明为"即传国玺"。而"制诰之宝"(原"元传国玺")虽仍被列于先帝遗留六宝之第五位,但没有注明为"传国玺"。❶"皇帝奉天之宝"后来被乾隆列入交泰殿二十五宝中前四方传国宝的第二位。

据传,早在大清入关前后,还铸过一枚铜质满汉合璧的"大清受命之宝",据李光涛研究并附图版说明:该印为满汉合璧,"汉文曰'大清受命之宝',满文则曰'abakai hesei aliha daicing i boodai',而其满文字义是'受天之命大清国之宝'","原印为铜质,方90cm,上为狮子钮,印高22cm,四边有花纹,钮高35cm。"❷但此宝在清档案文献中尚未见确切详细记载,应可暂置阙疑。不过清入关后不久,清廷还刻了一方汉篆满楷合璧的碧玉龙钮"大清受命之宝",后被乾隆列入了"盛京十宝"之一。那方铜质狮钮的"大清受命之宝"或已被此宝取代而废弃,也未可知。

综上所述,自崇德至雍正,经几代人的不懈努力,最终"制诰之宝"的"传国玺"的神晕光环已被消磨殆尽。

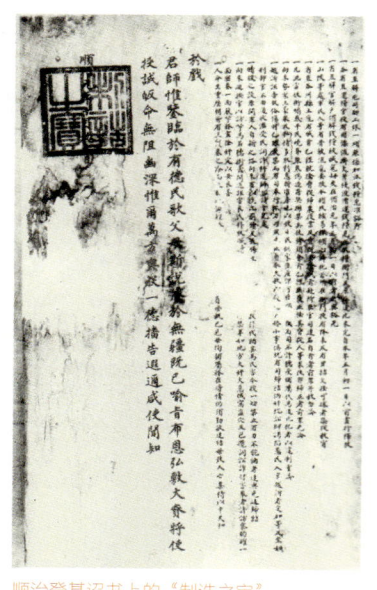

顺治登基谕书上的"制诰之宝"

庄妃册文上的"制诰之宝"印鉴

四、乾隆的终审判决

"元传国玺"从崇德初年的高光问世到顺治中期后的黯然谢场,其身世命运的白云苍狗,的确令人唏嘘。

顺治中期以后,"元传国玺"如白头宫女,阒然尘封于冷宫深处。但较之当初太祖、太宗"汗印"的下场来说,它还算侥幸——虽已渐被世人遗忘,毕竟还存身世间。

孰料,几十年后它还是难逃一劫。

最后判它死刑者,是清高宗乾隆。

乾隆是清朝历史上最成功的皇帝之一,无论文治武功,还是财富长寿,都超前穷后,几乎占尽了大清的所有福运。在对大清前朝的历史的传述方面,他有自己独特而偏执的构设想象的叙事风格,在毫不掩饰地美化与刻意拔高的意识驱使下,甚至不惜篡改臆造。

自以为是的乾隆,早已对一百多年来帝国的"传国玺"看不顺眼,并决定待机作一次彻底的清算。

清宫中的皇帝宝玺,到康熙朝已基本定式:包括"元传国玺"在内的6枚前朝皇帝御宝,不再在实际公务中使用,而是作为先帝的遗宝保留在宫中内库;另外23方还在使用的御宝,则存放在交泰殿等宫殿中,以便随时使用。雍正沿袭康熙制度,没有变化。

乾隆十一年(1746),乾隆以发现宫中积存的皇帝宝玺已达39方之多,其中不乏重复或来历不明者为由,下决心对前朝皇帝列玺发起了一次重清厘。

通过亲自鉴定,乾隆将先帝遗留的39方御宝分为了三个等次。首先他钦定了第一等25方御宝,尊藏在交泰殿。这25宝中的前4宝,被钦定为前朝"传国之宝玺",只作尊藏,不再使用。为表示尊贵,此后乾隆十三年(1748)在对交泰殿的宝玺满文楷书改镌篆书的改造运动中,这4方宝玺也被批准不在改镌之列。在这4方"传国玺"中,除了1方青玉满文单篆的

❶《康熙会典》卷2,《雍正会典》卷2。
❷ 李光涛《明清档案存真选辑》(二集)第43页,附图4、附图5,台北"中央研究院"历史语言研究所1973年版。

"皇帝之宝"为当年"崇德四玺"之一外,其他3方,均为入关后所制。"元传国玺"没有被列在其中。

接下来,乾隆又因被列为第二等的14方宝玺中,"其文或复见及国初行用者为数凡十,虽不同于现用诸宝,而未可与古玩并列。因念盛京为国家发祥之地,祖宗神爽实所式凭。"❶ 乾隆再从中挑出10方宝玺,特送至盛京(今沈阳,清入关前国都),奉藏于盛京皇宫凤凰楼,史称"盛京十宝"。而"元传国玺"仍未就列在其中。

"元传国玺"的两轮落选,预示着它已被彻底清除出皇帝宝玺的尊藏序列,被作为第三等的前朝宫中遗留的"古玩",与其他三方或未刻字、或来历不明者,作为"留用四宝",静候着乾隆的进一步的发落。据档案记载,这所谓"留用四宝"分别为:汉玉"御前之宝"、碧玉"无字之宝"、白玉"诰命之宝"(即"元传国玺")、白檀香木"敕命之宝"。❷

此时的乾隆尚念及"元传国玺"曾经的辉煌

二十二日七品首领萨木哈来说太监胡世傑传

白玉制诰之宝一方 随锦盒一件磁青纸金道册页一册黑漆描金宝匣一件

旨交

交啟祥宫将宝上字磨去钦此

於本月二十三日交司库郎正培持去訖

乾隆十三年《内务府活计档》关于"制诰之宝"销毁的记载

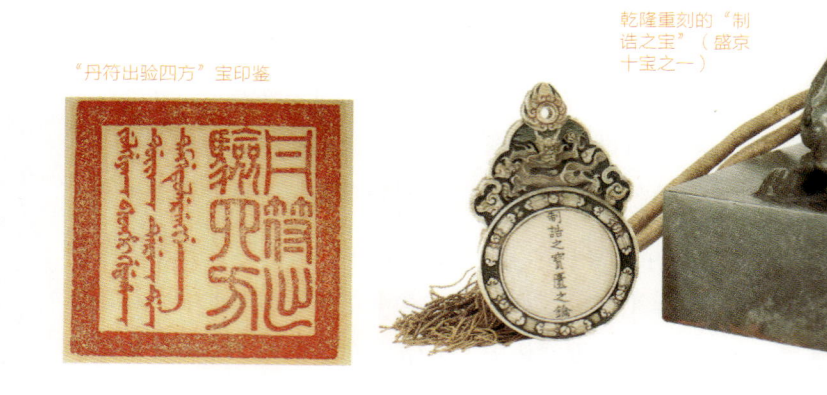

"丹符出验四方"宝印鉴

乾隆重刻的"制诰之宝"(盛京十宝之一)

历史，虽意在曲为隐讳，并故意将它清出前朝传世诸宝玺之列，但还是有意要保全，给它留个全身的。

然而，一年过去后，不知出于什么动机，乾隆忽然决定将"元传国玺"撤出销毁。

据《内务府活计档》记载：

乾隆十三年五月二十二日，七品首领萨木哈来说：太监胡世杰交白玉制诰之宝一方。（随锦盒一件，磁青纸金道册页一册，黑漆描金宝匣一件）传旨：交启祥宫将宝上字磨去。钦此。于本月二十三日交司库郎正培持去讫。❸

至此，见证并承载了一代国史典章的重要国宝名器"元传国玺"终于未能逃脱被彻底销毁的命运。

五、后"元传国玺"的续貂遗响

"元传国玺"于乾隆十三年（1748）毁于乾隆之手。然而，清廷中关于它的后续故事却并未到此戛然而止。

乾隆二十七年（1762）八月，乾隆忽然下令将尊藏于盛京的"盛京十宝"中青玉"丹符出验四方"宝撤回，交与交泰殿暂收。九月，又下令将此宝交由内务府造办处磨平后改刻为汉篆的"制诰之宝"。乾隆二十八年（1763）四月，造办处完成了新宝玺的改刻，交回交泰殿暂收。十月，内务府总管王贵，将配套造好的汉篆"制诰之宝"一颗，并内有清汉字识语一册的宝箱，《盛京宝谱》两份、《交泰殿宝谱》两份、《将军印谱》一份、并匣，新宝套（装盛京十宝）十个、印钥、印牌，交内阁侍读满岱领去，送往盛京。❹

乾隆帝将"盛京十宝"中的"丹符出验四方"宝改镌"制诰之宝"一事，显然事出有因，很可能是迫于朝野舆论的压力。毕竟作为"传国玺"的"制诰之宝"，属前朝盛典重品，虽然自顺治后，朝廷就在一意地降低削减其影响力，但《实录》等记载在案，班班可考，岂容一笔遽然抹杀！

❶ 故宫博物院藏《交泰殿奉安宝册》清乾隆二十一年钞本，陈设档325。
❷《交泰殿日记档》乾隆元年立，故宫博物院图书馆陈设档644。
❸ 中国第一历史档案馆藏《造办处活计档案·乾隆十三年五月·如意馆》册3420。
❹《交泰殿日记档》乾隆元年立（钞本），故宫博物院图书馆陈设档644。

帝国印事——清朝的官印制度

乾隆的多宝格

清宫旧藏"传国玺"

乾隆庆幸，磨毁"元传国玺"一事，只在宫中秘密进行，详情外人并不知晓，但新定的"交泰殿二十五宝"及"盛京十宝"中，均不见"元传国玺"踪影，朝野上下不可能全然无所怀疑议论。为此，乾隆不得不李代桃僵，自谋补救，改刻一枚似是而非的汉篆"制诰之宝"尊藏于盛京，一方面希企能最大程度地掩盖自己销毁前朝帝宝的历史真相，另一方面亦可藉以钳杜天下的滔滔议论。

然而，故事仍未了结。

或许，乾隆对于自己冷酷地销毁"元传国玺"的冲动和荒唐也已开始有所反省与后悔，这一方面固然源自他对身后天下议论的忧虑，另一方面更可能是因对先祖的不敬而引发的某种莫名的愧疚与不安。这一情愫，久而久之便成了心结执念，导致他后来又千方百计找到了另外一个元"制诰之宝"，作为已毁无还的"制诰之宝"的某种代偿品留在身边，藉以寄托和自慰。

为了混淆公众的视听，乾隆还有意无意地做了一些令人迷惑的操作，施放了更多的烟雾。

《知寒轩谈荟》记：乾隆三十一年（1766）"鄂尔多斯贝勒东噜卜札穆素进呈铜印，梵文不可识，谓是元代的'制诰之宝'，乾隆将印文寄与西藏喇嘛识辨翻译，据云其印文似为'制诰之宝'，但印身上右首的梵文则似系中间十类普胜咒语之义，又与汉文'制诰之宝'的制度迥然不同，或可断为前元遗物。不久，乾

隆又得到另一方铁章，亦是制诰之宝，相传是策妄阿拉布坦时得自西域，断为准噶尔传世之器。"❶

关于此事，《清高宗实录》等史书均记述不详，世人也莫辨真假。所幸笔者在清宫档案中发现了一份史料，堪以作为此事件的绝好注脚。

此档案为乾隆御制的"元制诰之宝歌"，谨过录如下：

理藩院折具奏闻，鄂尔多斯呈辞申。
东鲁卜瞻磋其人，爵列贝勒五等抡。
所属敦珠克旗军，牧羊哈达图山垠。
风沙中见金色焜，掘得一章剔苔痕。
谛观不识何所云，似非寻常印则真。
贵物弗敢私留存，敬报典属献九阍。
开匣发囊摩视频，制诰之宝小篆匀。
用钤敕谕颁丝纶，范金五成拥瑞云。
龙升蜿蜒之而鳞，上结宝焰敷玢璘。
更镌天竺平头文，咨于章嘉（原文内双行小字夹注：胡土克图）译语陈。
三宝呵护吉祥臻，审知此器贻大元。
尔时敬佛黄教尊，威震外域平中原。
国师八思巴超群，授戒于内外诸臣。
卓哉希宪独不遵，无何天魔踵事新。
人事日坏神弗欣，皇觉寺僧刘季伦。
创业抚安天下民，仓皇出塞重器沦。
阅世自出龙堆墩，藩臣表进嘉忠纯。
卫拉铁章那足论，其制大小诚迥分！（原文内双行小字夹注：铁章为策妄阿拉布坦时得自西藏，为准噶尔传世之器，而此宝则铸自元时帝主，以钤诰敕，其轻重不可同日而语。且宝系范金为之，方得四寸，厚得九分，纽为蟠龙云焰，通高五寸，而铁章则铁质木柄，方仅寸有五分，厚仅二分许，其大小形制亦迥不可侔。）
联类比事镜戒谆，殷鉴在夏周在殷。❷

❶ 郭则沄《知寒轩谈荟》第54页，北京出版社2015年版。
❷ 中国第一历史档案馆藏宫中朱批奏折，04-01-15-0019-009。

上编：印史纪略

第二章 「元传国玺」疑案

清乾隆仿古玉印

清磨平"明传国玺"重刻的"大清受命之宝"

这份乾隆御制"元制诰之宝歌"的诗文档案,为宫中抄件,未具年月,但与坊间传说完全吻合。从御制诗歌看,乾隆显然对之十分在意,不但请章嘉活佛进行了翻译,而且还仔细考证两方新发现的"元代制诰之宝"的形制、尺寸等。通过认真的比较,最终钦定了鄂尔多斯所上的"制诰之宝"可作为"元制诰之宝"。

从乾隆诗歌里透露出的信息看,这枚"元制诰之宝"的来路也颇存不经之破绽,仅就其牧羊人在山里发现一段,与太宗时期发现元"制诰之宝"的传说桥段何其相似乃尔,使人发噱。或许,这也正是乾隆在为被他销毁的那方"元传国玺"招魂吧。

这方新的"元制诰之宝"的出现,也恰好破译了坊间还在盛传着的乾隆以后"元制诰之宝"并未被毁,尚安全秘密地留藏在大内深宫中的盲盒之中的传说之谜。

这枚铜镏金的"元制诰之宝",据宫中档案记载,被乾隆作为"一等珍品"收藏在养心殿东暖阁。道光十五年(1835)养心殿东暖阁档案记载:"入古上等:元制诰之宝一方,八徵耄念之宝、五福五代堂二方……"[1]据此可断,后世之人已想当然地将它与"八徵耄念之宝""五福五代堂"等同尊为了乾隆帝的珍贵遗宝。

只是,随着时间的流逝,"元传国玺"的史实真假,更加日益被淡忘模糊了,以致后人甚至已无从甄别此"元传国玺"与彼"元传国玺"的渊源与分别。直到今天,尚有学者在著作中误将这枚乾隆时期新收的"元传国玺"误认为是太宗朝的那枚"元传国玺"继续存世的证据。这或许也恰好堕入了当年乾隆所布的掩人耳目、瞒天过海的五色迷瘴中了。

六、清宫另一方"秦传国玺"的消息

实际上,乾隆在为"元传国玺"所困扰的同时,还被另一种"传国玺"所困扰着——即所谓的"秦传国玺"。

宋《云麓漫钞》"传国玺"

印文为"受命于天，既寿永昌"的传国玺，是中国历史上"传国玺"的鼻祖。史传秦始皇得蓝田美玉（一说为和氏璧），由李斯书篆"受命于天，既寿永昌"制为玺，以为传国之礼器。公元前207年，汉高祖刘邦兵临灞上，秦三世子婴白衣自缚，出城投降，将此玺献于汉高祖。此玺归汉后，被奉作王朝传国象征，称"传国玺"。此后王朝更替，传国玺几度易主。西晋"永嘉之乱"，传国玺亡佚消失。东晋的刘宋未得此玺，其帝曾被时人讥为"白板天子"。此后，真真假假的传国玺又迭出迭失，得者恃为得"正统"。当然，后来历代所谓"复得"者，基本全为伪造之物。奇怪的是，历代君王都心照不宣，还乐此不疲地将其堂而皇之地供在朝廷庙堂之上。

乾隆十一年（1746）清厘大内积存的39枚皇帝列宝时，发现宫中竟有两枚"受命于天，既寿永昌"之玺。其中的一枚明朝的白玉传国宝玺被尊藏于交泰殿，竟被放置在正中，列于众宝之首。

关于这枚传国玺的具体来历，无从所考，只云传自明代。据《续文献通考》记载：明弘治十三年（1500），鄠县民人毛志学在泥河滨得到一枚古玉玺，印文为"受命于天，既寿永昌"，印质色白微青，螭钮。巡抚熊翀认为此乃秦玺复出，将其献给明孝宗，礼部尚书傅瀚对其进行了辨验，认为是一枚假传国玺。在上给明孝宗的奏章中说："自有秦玺以来，历代得丧真伪之迹，俱载史籍。今所进篆文与《南村辍耕录》等书摹载鱼鸟篆文不同，其螭钮又与史传所纪文盘五龙，螭缺一角，旁刻魏录者不类。盖秦玺亡已久，今所进与宋元所得，疑皆后世摹秦玺而刻之者。窃惟玺之用以识文书、防诈伪，非以为宝玩也。自秦始皇得蓝田玉以为玺，致以后传用之。自是巧力争取，以为得此乃足以受命，而不知受命以德不以玺也。故求之不得，则伪造以欺人。得之则君臣色喜，以夸示于天下。是皆贻笑千载。我高皇帝自制一代之玺，文各有义，随事而施，足以为一代受命之符，而垂法万世。"明孝宗读过傅瀚奏议，认为有理，便将此玺作为普通收藏品，"却而不用焉"。❷

据乾隆《御制宝谱序》记，乾隆鉴定了此玺，结论是：

---

❶《入古上等时做次等多宝格式东西暖阁陈设档》，清道光十五年七月钞本，故宫博物院图书馆藏陈设档17。
❷ 郭福祥《明清帝后玺印》第30页，引《续文献通考》文，国际文化出版公司2003年版。

"按其词，虽类古所传秦玺，而篆文拙俗，非李斯虫鸟之旧明甚。独玉质莹洁如截肪，方得黍尺四寸四分，厚得方之三，以为良玉不易得则信矣，若论宝，无论非秦玺，即真秦玺，亦何足贵！"最后决定将此玺剔出，交内务府磨销，刻为了别的玺印。据内务府档案记载："十一年二月十四日，首领郑爱贵传旨：交泰殿'受命于天，既寿永昌'宝请到启祥宫交郎正培，旧字磨去，另刻新字样'大清受命之宝'钦此。"❶ 这方乾隆特令重新磨刻的白玉满汉文合璧的"大清受命之宝"，经乾隆一番神操作后，又重新被请回了交泰殿，仍旧作为二十五宝中4方"传国玺"之首玺，位列正中。

此外，宫中另一方藏于别殿的"受命于天，既寿永昌"印，为乾隆三年（1738）河道总督高斌所进献。据清宫档案记载，是年四月初三日高斌奏折：

江南河道总督臣高斌谨奏为恭进玉宝事。三月二十一日据河工效力原任直隶延庆州知州郭浩呈送玉宝一颗到臣，臣询据称于二月二十五日在宝应县界首地方得自挑河民夫。臣谨按其文曰："受命于天，既寿永昌"，玉色篆文均甚渊古。❷

此印的出处来历说法，与上一方明朝弘治年间所进的"受命于天，既寿永昌"印大致相同：也是在挑河时所发现。对于这种雷同的托词，乾隆不以为然。他鉴定过一番，断定这只不过是"好事者仿刻所为"，但认为其印尚还古泽可爱，于是将其"贮之别殿，视为玩好旧器而已"。

清高斌所献"传国玺"

此宝现存北京故宫博物院，通高 6.1cm，印面方 6.7×6.7cm，覆斗台钮，通体浅刻勾云纹。过去一直视为旧玉材质，20 世纪 90 年代初发现此宝的边角外层釉色剥落，露出了里面的紫砂，经专家鉴定，此宝为紫砂陶制，外烧花色釉。故乾隆帝也走眼误认为其为"古泽可爱"的"玉印"。

这应该是中国历史上的最后一方"秦传国玺"了。

清宫中保藏有"传国玺"的传说，直到清末还在流传。只是，随着时间流转，人物代谢，无论是"秦传国玺""元传国玺"，抑或乾隆帝钦定的四方"清传国玺"，由于宫廷密勿，时久无征，公众的记忆已变得渐渐模糊不清了。据传：洪宪时期，欲称帝的袁世凯不想被人笑为"白板天子"，也曾向清宫索要过传国玺。当时清逊帝的小朝廷送来了一方传国玺，放眼一看，却是满汉合璧的"皇帝之宝"，时清廷已被推翻，含有满文的"国玺"自然不能再使用。于是洪宪皇帝自己又另外刻了一方。时人作诗以刺之。

连城和璧只空传，不见祯符受命天。

皇帝赵家称白板，枉思淘井效孙坚。❸

---

❶《交泰殿日记档》乾隆元年立（钞本），故宫图书馆陈设档 644。
❷ 中国第一历史档案馆藏宫中朱批奏折 04-01-15-0001-002。
❸ 张伯驹《春游纪梦》第 185 页，辽宁教育出版社 1998 年版。

第二章 清入关后官印制度画风遽变与全面提速

大清官印史上最旖旎迷人的一段风景，当属入关前后各级官印的发生发展过程，其中充满了诸多的意外与传奇。先是入关前的官印制度长时间的难产，几乎胎死腹中；不虞入关后忽又地覆天翻地改弦易辙、波谲浪诡。其过程中的艰辛与惊险、侥幸与天成，无不引得后人趋之若鹜、向往沉思。

一、入关前汉臣们的坚守与衙印的难产

清入关前的官印史上存在着一个奇特的现象，即由于统治政权中占最大比例的中央、地方的各级文官体系的先天残缺，引发了与之相辅的官印制度的大面积缺席，整个政权的文官印信制度支离畸形惨不忍睹。另一方面，作为政权基石的独具的八旗军民官僚制度虽已基本完善，但与之配套的官印制度体系却也是严重地停止发育，基本空白。以上诸多现实的存在，导致出现了这样一种骇人的景象：整个政权官僚体系，基本上都依赖传统的若干"汗印"（崇德以后称"宝"），并辅以大量的信牌、令箭、八旗官服旗鼓等卤簿、礼仪，艰难地维系运作、踽踽而行着。虽然太祖努尔哈赤时即

奉天承运

已预定了政权官印的底模，但完整的官印体系的建立还是个空中楼阁，缥缈于梦想之中。

入关前，大清（后金）对于官印的想法与预设，十分简单：一是实用，二是将就。这当然是由于彼时国情的囿碍，但更直接的原因，主要是文官制度的先天发育不良。

大清初期，统治集团中文盲当道，文书荒简。除了满人向习惯于口头传达，少量的文书也多用简略的牌、牍。

后金时期，虽然已出现了原始的文书档案制度，但是规制十分简陋，负责文书的人员文化水平也有限。朝鲜人记录万历二十四年（1596）探访建州努尔哈赤寨子时的情况，谈到努尔哈赤最倚重的文书歪乃，评价说："歪乃本上国（明朝）人，来于奴酋处掌文书云，而文理不逼。此外之人，更无解文者。"❶ 反映了其时女真政权文化未全开之荒陋处境。

虽八旗女真人普遍说蒙语，但在蒙古文字方面却多为文盲，而对于努尔哈赤新命创制的满文以及后来皇太极时期改进的新满文，都深以学习为苦，动力不足。因此我们看到，如现存的崇德年间的满文木牌，简短几句的文书，新旧满文交织的情况下还夹杂着蒙文，这就是当时文书情况的真实写照。至于汉文，大多数八旗贵胄更是一窍不通，是彻底的文盲。据《清太宗实录》载："天聪五年闰十一月，始令八旗子弟读书。"❷ 直到入关百年后的康熙时期，一些满洲的封疆大吏，仍然不能熟练地使用汉文写奏折。

文盲的充斥，造成文书的低产。据档案记载，即使到了崇德三年（1638），一年中内国史院所使用过帝宝的发文书的量只不到区区 200 件，相比于入关后每天动辄几百上千的情况，自是不可同日而语。

虽然压抑，但也不停生长。清初官印制度的突围，是以中央的文职官衙印为突破口的。

皇太极时期，为了进一步加强皇帝集权统治，对汉人文臣的倚重有日益加深的趋势。且随着国家不断扩展强大，政权的中枢事务也日益增繁，辅助皇太极理政的文秘人员，其角色也由过去的幕僚书记向正式文官官衔过渡。

❶《朝鲜宣祖实录》卷 71。
❷《清太宗实录》卷 10。

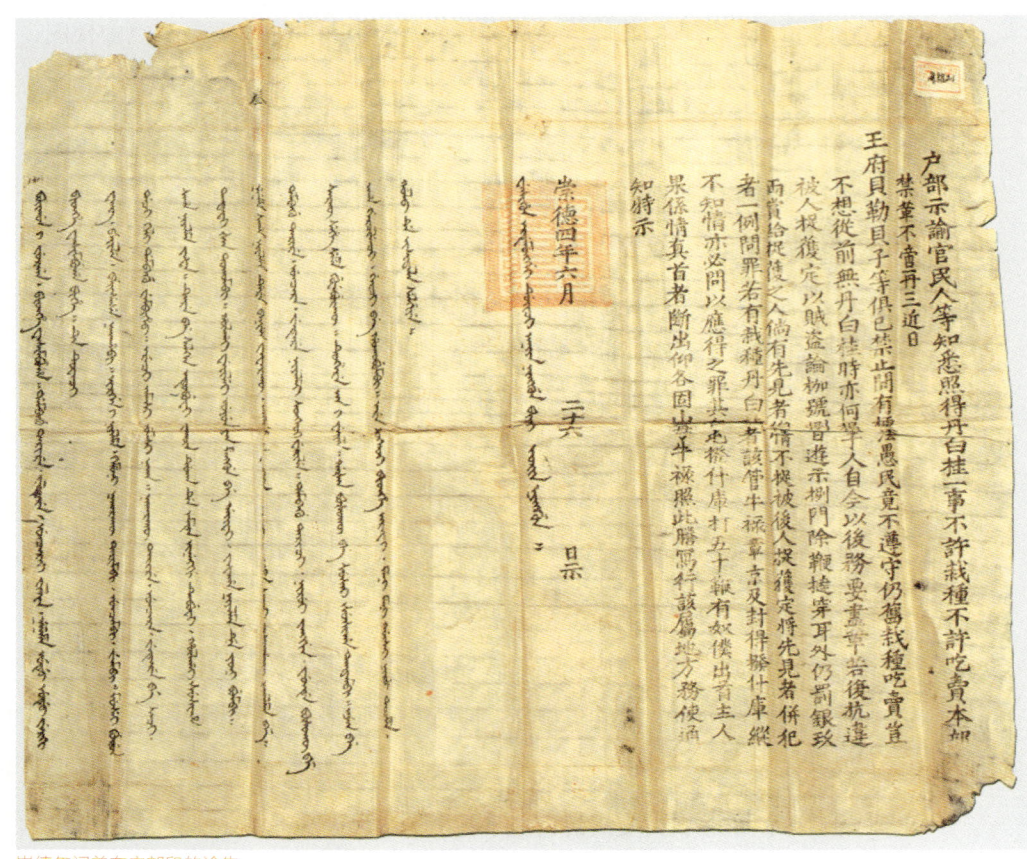

崇德年间盖有户部印的谕告

　　后金最早的文官衙门是文馆，于天聪三年（1629）四月设立，由皇太极统领。文馆是后来内阁的前身，但初立时并不设官印。

　　清朝第一批正式官衙印的出现，始于六部的建立。天聪五年（1631）七月六部成立，各由诸小贝勒分掌其事，设启心郎专门负责监督各部贝勒。❶

　　《满文老档》详记其典：

　　　　天聪六年八月初八日，工部以六部衙门竣工闻汗，汗亲临环视所建六部衙门毕，还宫，时召六部启心郎索尼布丹、祁充格、穆成格、额尔格图、苗硕浑六人，谕之曰："各部诸贝勒，凡有过失，尔等见之，即以明言启迪其心。否则，勿得退有恶言，此则下之人所为也。……主管六部诸贝勒初入各衙门时，率诸臣前来领印，行三叩头礼。

❶《清太宗实录》卷8。
❷ 中国第一历史档案馆《满文老档》（下）第1331页，中华书局1990年版。
❸《皇朝通典》卷26，第9页，乾隆《钦定四库全书》本。
❹ 中国第一历史档案馆《满文老档》（下）第1425页，中华书局1990年版。

过各衙门后，承政、参政率阖部官员等，吹喇叭击鼓，于本部贝勒行一叩头礼，按次序分两翼列坐，宣示各部制度后，启印。其职掌条约备录之，张贴于衙署门上，凡通行文书，概用各部印行。……

吏部墨尔根戴青贝勒（多尔衮）、户部德格类贝勒、礼部萨哈廉贝勒、兵部岳托贝勒、刑部济尔哈郎贝勒、工部阿巴泰贝勒，各率本部大臣齐集毕，颁六部贝勒狮柄银印各一。诸贝勒受印，向汗行三叩头礼毕，乃各还本衙门坐，承政率众官拜见（本部）贝勒，设宴，吹喇叭、唢呐、击鼓，宴之。❷

六部建立的同时，另一个专门管理蒙古诸部事务的"蒙古衙门"（崇德元年改为"理藩院"）也建立。此外，在天聪末年，后金国又设立了都察院，以"察核官常，整饬纲纪"。❸ 史载：天聪十年（1636）四月初九日，皇太极为建立大清国而宣布朝廷上下斋戒时，皇太极在宫内射箭，曾被都察院的满、蒙、汉承政及参政等谏阻道："斋戒之际，恐不宜射矢"，皇太极接收了谏言，说："所谏甚是。昔大辽太宗汗，曾于祭天之处射柳木，射矢之事不可忘也。"❹

崇德元年（1636），皇太极将文馆进一步升级改为内三院。至此，"大清"的国家中枢的文官衙门体系的总构架三院八衙门已初具规模。

降金的明朝官员马思恭仍用明朝旧
官印上皇太极的书奏（局部）

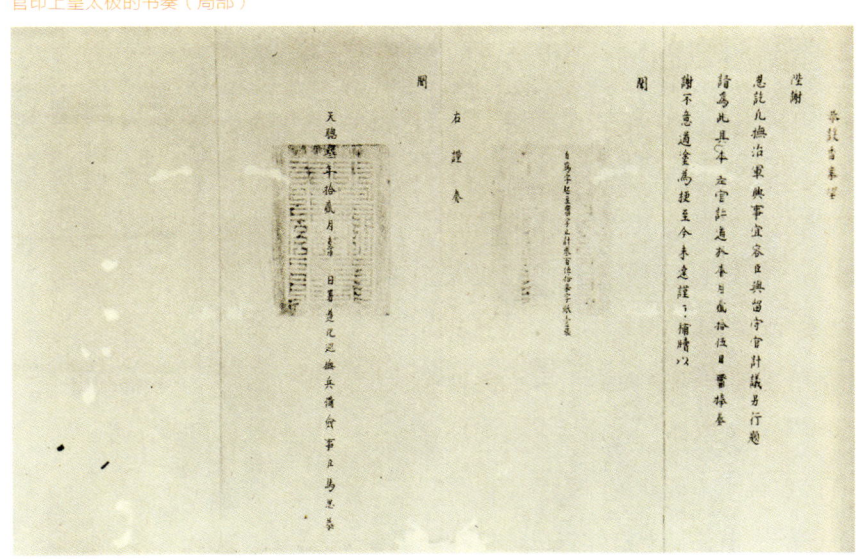

但在当时，中央层面的文职官印系统依然是一片荒漠，只有六部才真正拥有自己的衙印。

清初官印制度的突破，与在后金政权中汉人官员的影响和不懈努力有莫大关系。

首先是汉人用官印行文的习惯，潜移默化地影响着后金统治者。一些明朝人投降后金（清朝）后，在没有得到女真（满洲）政权所授官印的情况下，竟有直接以明朝官印来钤盖公文的，而清朝统治者对此采取默许的姿态。如天聪三年（1629）"己巳虏变"（指后金第一次入犯明朝关内）中，投降后金的明朝署遵化巡抚马思恭给皇太极的汉文投降书，不仅采用了传统汉文的奏疏形式，其结衔仍沿用明朝官衔，虽文尾时间采用了天聪年号，但所钤盖的官印也仍然还是明朝所颁的汉字关防。❶

从清入关前所遗留下来不多的汉文奏疏来看，相较于满文牌牍的粗陋，汉员们更热衷于坚持以传统汉文奏章的体例格式书写上呈汗王（皇帝）的奏疏。而由于后金没有颁发与满文官印，因此文书上都没有钤盖官印，这种被称为"白板奏章"的文书，显得格外刺目，也不

塞马犹记汉诗赋，此身每被呼胡儿

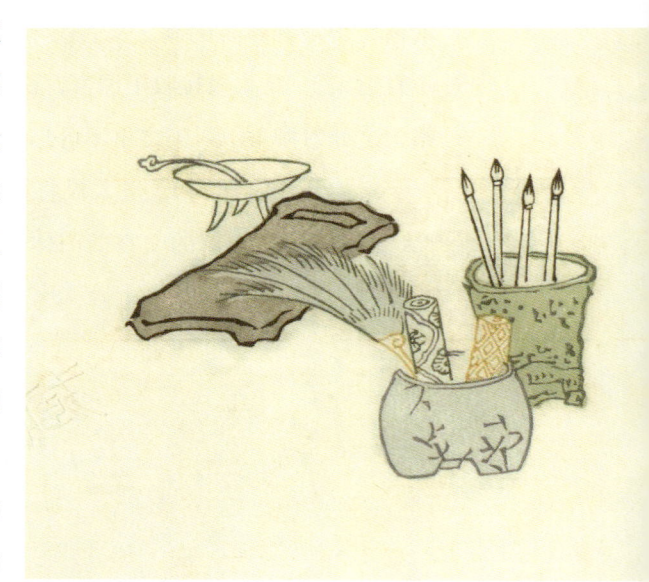

铁砚

❶ 李光涛《明清档案存真选辑》（三集）图版七之一、之二，第46~47页，台北"中央研究院"历史语言研究所1975年版。
❷《满洲实录》卷6。
❸《清太宗实录》卷28。
❹《旧满洲档》（十）第4771页，台北"故宫博物院"影印1960年版。

无伪造之虞。它的大量存在，实际上也无时无刻不在刺激着后金政权统治者们的自尊心，并无形中造成某种提醒和压力。

——毕竟，单仅从形象上看，与红印相配合，加之各种规范的抬头等格式的汉文公文要比无印粗劣的满文文书正规体面得多；少了印章的加持，即使是汉文的奏疏也会失去正式与庄重的光环，常常容易被人误认为是稿本；而印章之对文书的防伪与凭证的功能，更是一个成熟的政权的文书制度所不可或缺的。对于很早就有依遵传统汉文印盖文书习惯、并从中领略到了等级尊严及官僚秩序的统治者们来说，从长远看，自然也不能对官印制度无动于衷。

官印文书的普及与推动，一直被后金政权中的汉臣们视作一种使命与动力。由于不懈的努力，他们也笑到了最后。

二、汉姓王侯们纷纷挂印出场

如同清代的官衙印先从汉式衙门开始一样，清代的王侯爵印也是从汉人异姓王开始的。

后金建立前，努尔哈赤在统一女真各部过程中，对女真氏族社会的狩猎组织牛录加以改造，创建了政治、经济、军事合一的八旗组织。八旗各旗设贝勒，贝勒下又设台吉等各级官员。天命五年（1620）三月，努尔哈赤又根据诸大臣之功，建立武职品级，共设总兵官、副将、参将、游击四级，各分三等：牛录额真俱为备御，牛录下设总兵四员。❷一年后，又制定了八旗贝勒、都堂、总兵官、副将、参将、游击等各级官员的礼服、旗节等仪制规定，但始终未涉及到相应官印制度的制定。

崇德元年（1636）四月，皇太极分叙诸贝勒大臣拥戴之功，按等级册封大贝勒代善、贝勒多尔衮、台吉杜度等各为和硕亲王、多罗郡王、多罗贝勒等。❸是年八月，又"授宗室为固山贝子、镇国公、辅国公、辅国将军、奉国将军等爵有差，各赐诰命。"❹

这是清代历史上第一次正式册封王爵，但所封的满、蒙达官显贵皆"各赐诰命"，依然并未配套颁发官印。

尚可喜所上盖有"智顺王"印的贺表

接下来,例外发生了。是年四月二十七日,皇太极又单独"分叙汉人都元帅孔有德、总兵官耿仲明、总兵官尚可喜之功,以孔为恭顺王、耿为怀顺王、尚为智顺王。圣汗大宴于崇政殿,照品级赏银有差。"❶ 与其他满洲王侯们不同的是,作为特例,皇太极给"三顺王"都颁铸了满文王印。

尚可喜画像

作为清初最早的汉人异姓王,孔、耿、尚的身份背景非常特殊。

他们原籍山东,从事过许多底层职业,后来做了辽东海盗。这群投机取巧有奶便是娘的军事冒险家,辽阳边民将其视为赌徒与酒鬼,甚至轻蔑地称三人为"山东三矿徒"。

三人以前曾投靠在皮岛军阀毛文龙麾下,孔、耿曾俱冒领毛姓,被毛文龙称为"小孙"。这很像当年努尔哈赤兄弟投在李成梁手下做小厮一样。三人虽然出身底层,但在毛文龙手下都学得一身过硬军事与混社会的本领,包括率先掌握先进的欧式大炮操作、丰富的海战经验,以及吸引忠实追随者的本领。

1629年夏,毛文龙被袁崇焕设计斩首后,三人率部

❶ 中国第一历史档案馆《满文老档》(下)第1446页,中华书局1990年版。
❷ 李光涛《明清档案存真选辑》(三集)第4~5页,台北"中央研究院"历史语言研究所1975年版。

逃散，后又聚集登州，夤缘为将，投在登莱巡抚孙化元麾下。1631年，关外告急，孔有德以游击奉命驰援大凌河，他一向骄悍不法，初不愿往，后勉强前赴，又沿途观望，遂叛乱于吴桥。1632年，在耿仲明的协助下，孔有德部攻陷登州，成立自己的"都元军"，其他辽东海盗闻讯纷纷来投，并合军攻打莱州，山东大乱。此后，明朝调关宁精锐援兵掩至，大败孔、耿所部。1634年初，孔、耿率部遁海逃往辽东，转而投降了后金。

孔、耿所部，是历史上第一支投降后金的整编制的汉人军队。当时其部众达一万三千一百二十七名；其内精壮官兵三千六百四十三人，其中副、参、游等将校，凡一百零七员；还有专司红夷大炮的参将等官。

对后金来说，这不啻上天降赐的一份大礼。后金朝廷上下，欣喜若狂。天聪汗皇太极亲自出城十里郊迎，与之携手告天，盟以共享富贵。为表效忠，孔、耿将其部队改名为"天佑兵"。不久，另一支毛文龙的遗部尚可喜也率两千将士来投，受到了皇太极同样的礼遇。尚则改所部名为"天助军"。

皇太极对孔、耿、尚三人的来投十分重视、规格特殊，允许三人自领其军。因此他们成为唯一没有被编入八旗汉军序列的正规部队。此后，孔、耿曾因细故与八旗军事将领发生摩擦，为笼络计，皇太极不惜委屈旧部，竟夺其族人之食，以哄孔、耿。

孔、耿、尚三人投后金，极大地增强了后金军队的军事实力，满朝文武交章上奏，向皇太极祝贺，咸谓"窃惟毛帅率众归来，又得大船百号，此天赐之威力，我皇上之洪福也，乘此机会，当速兴师。" ❷

甚至一度，孔、耿、尚三人降金，与平定蒙古察哈尔部、收获"元传国玺"，共被后金文武大臣们谀为皇太极改元称帝的三大天降吉兆。

汉人异姓王侯横行当道的黄金时光，实际上出现在清入关之初。

清入关后，国家骤然膨胀，行政管理人才奇缺，不得不借助投降的汉人官员，随之，大量赐封汉人王侯的情况如井喷一样爆发。甚至有人在旬日间便由侯升到王，其飞升之速堪比火箭。比如著名的唐通，原为明朝密云总兵，曾参与"松山之战"，战败铩羽遁逃，被明朝贬官；次年，又因驰援宁远有功，改任蓟镇西协总兵。崇祯十七年（1644），李自成攻陷大同，明朝封唐通为定西伯，命他入京勤王。后李自成破其所守居庸关，唐通投降大顺军，并奉李自成命前往山海关驻守。吴三桂引清兵与李自成大战于一片石，大顺军战败，唐通随李自成逃到府谷，见事有不谐，在宁武关投降了清军阿济格，仍领授定西伯原职，仅仅不过旬月，又被清廷提升至定西侯。可见拔升之速。

清入关初期，汉人王侯的封赐具有很大的即时性和不确定的特征，然其冠名却有一定的规律。通常的情况下，清廷习惯沿用前明旧封，并在其基础上再加爵一等，比如吴三桂，原为明朝的平西伯，降清后，顺治元年（1644）即升为平西王，康熙初又升为平西亲王，颁赐亲王金印；第二种情况是，对投降者从褒奖揄扬的角度，随机撰名授位，比如三顺王、慕义侯等，但总不离褒奖忠义之意；第三种情况是沿用旧明习俗，以顺民意，比如孔家的"衍圣公"、朱明后裔的"承恩侯"等；第四种情况是，具有明确的地域军事战略指向性的封授，比如海澄公、平南王等。

据不完全统计，清初汉人封爵者高达数十人之多。最疯狂的时期，当属多尔衮摄政时代，当时南方未靖，为平定南明政权，清朝不惜大量招降纳叛，封侯许愿。如顺治六年（1649）多尔衮急于应付江南新一轮的"反清复明"浪潮，对浙江一带的鲁监国政权采取政治上瓦解与军事

舟山伯顾奇勋印揭（局部）

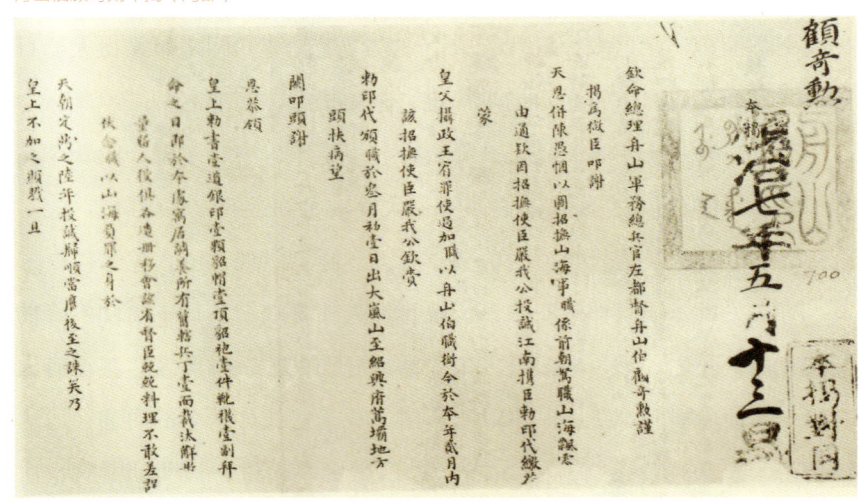

上打击并重的政策。多尔衮听说舟山的伪金都督严我公投降的消息，立即命将严送至北京，两次召见，并授予都察院右副都御史招抚沙埕舟山等处招抚使之职，命其携带敕书前往招降南明文武官员。严以大清钦差大臣身份，派使者潜入四明山寨和舟山群岛实施招降工作，成绩突出。是年三月，鲁监国下的开远侯吴凯降清，被清廷封为沙埕侯，接着鲁监国下的义安伯顾奇勋亦降，被清廷封为舟山伯，随同降清的明开平将军姜君献等分别被清廷封授为怀义将军、慕义将军等职，"俱赐敕印并貂帽蟒袍等物"。❶ 次年正月和四月，严我公又招抚到定远侯石仲芳等人，清廷均保留其爵位，并新颁敕书与官印。❷ 后来，由于严我公所招抚的多为混名之辈，而主要的鲁监国政权中坚张名振等并未入彀，严我公对多尔衮夸下的海口未能如实兑现。于是有人弹劾严我公招抚过滥，连严自己也承认"天恩过厚""缘系招抚镇臣太多"。❸ 这场轰轰烈烈的招抚封侯闹剧才草草收场。

清初的公、侯、伯都近乎军事首领，与后来的民爵性质不同，故其官印制式与武职将军、都统相同，均为虎钮银印，柳叶篆。公印"三台，方三寸三分，厚九分"；侯、伯印"二台，方寸三分，厚九分。"❹ 这些王侯官印并非终生享用，随时有可能收回。《北游录》记：唐通降清后被封"定西侯"，挂印剿抚陕西；顺治五年（1648）叙功，入隶正黄旗汉军，授一等子爵，"寻辞侯，收印敕"。❺

汉人异姓王侯无限风光的顶峰无疑要属康熙初年的"三藩"，同时也成为大清王朝汉人异姓王侯戛然中落的大限。

清入关后，原来的孔、耿、尚"三顺王"分别升级成了"定南王""靖南王""平南王"，加之后起的"平西王"吴三桂，四个汉姓藩王的军队，在清初平定南方、西南等地"南明政权"的战争中起到了决定性的作用。后来，他们被清廷授为留守地方的"藩王"，其割据布局情况大致为：平西王吴三桂镇守云南，兼辖贵州；平南王尚可喜镇守广东；靖南王耿仲明镇守福建。定南王孔有德镇守广西，后孔有德战死桂林，由于无子嗣继承，其王爵遂罢。至康熙初年，三藩王割据并存的格局已成，其中

❶《清世祖实录》卷42。
❷ 顺治六年三月《绍兴府诸暨县草莽臣吴凯奏本》，见《明清史料》丁编，第一本，第29页。
❸《沙埕舟山等处招抚使严我公揭帖》，见《明清史料》己编第一本，第47页。
❹《康熙会典》卷54。
❺（清）谈迁《北游录·纪闻下》第286页，中华书局2012年版。

平西亲王吴三桂密奏

的平西王吴三桂,顺治十八年(1661)师出缅甸,擒回南明政权首领桂王永历次年绞杀于昆明,因功晋爵亲王,被颁以金印,权势也达到了顶峰。

"三藩"平定之后,惊魂未定的康熙痛定思痛,惩于殷鉴,决心不再设汉人藩王,随之汉姓王侯的封印之热也遽然而止;从此,汉人世爵也不再颁铸造封印,只给封敕。汉姓民爵王侯之印,遂成为"广陵"绝响。

回顾这一动荡时代的汉人王侯挂印历史,仅从其现存文献档案记载来看,最早的"三顺王"印为狮钮银印,印文为典型的入关前的满文篆书体,这是旧制的延续;而入关后雨后春笋般涌现的"慕义侯"印等则变化多端,或为虎钮银印或作直钮铜印,印文则沿用明朝军事将领官印专用的"柳叶篆"汉篆,且没有满文,这是临时的投机选择;再往后的"三藩"王印等,其质或银或金,印文均为满楷汉篆合璧,已俨然正式而典型……

与清初如火如荼的汉姓王侯纷纷挂印登场的场面相比,同期的满洲王侯们挂印的景象却堪称寥落清冷。

按：清代爵位，一般分宗室、蒙古、汉人（民爵）三个序列。

满洲宗室从和硕亲王到奉恩将军共分为十二级，蒙古各部从汗到县郡额驸分十八级，汉人世爵则从公爵到恩骑尉分九级。

终清一朝，满洲宗室世爵只有亲王、郡王才颁封宝、封印。

清朝给亲王颁铸金质封宝，据文献记载最早为顺治元年（1644）十月，封阿济格为和硕武英亲王，"特授以册、宝"。[1] 而且终清一代，满洲的王印，只能作为分封凭印，不得用于行政文书。这恰与清初汉姓王侯官印的公文满天飞舞的情况形成了鲜明的反差。

康熙以降，由于国策已变，汉人得到顶级公爵的寥寥无几，如雍正、乾隆年间的一等公年羹尧、孙士毅等。到了清末，清廷对汉人的提防猜忌更加深刻。即如曾国藩、左宗棠、李鸿章，虽然在镇压太平天国及洋务运动中的功业相对于清初"三藩"王等或有过之，但连个"公"也捞不上，曾被封一等毅勇侯，左为二等恪靖侯，而李更惨些，生前只封了个一等肃毅伯，死后才追赠为一等肃毅

[1] 中国第一历史档案馆《清初内国史院满文档案译编》（中）第54页，光明日报出版社1989年版。

侯。也尽皆为有敕无印的虚荣的"安慰奖"而已。

三、"白谕"摄政王的"无印表演"

清代历史上曾出现过两个摄政王，一头一尾，宛似天定。一个是清初率兵入关，抢夺大明江山，催生新的大清王朝的摄政王多尔衮；另一个是清末奉子监国，无以力挽狂澜，眼睁睁目送大清灭亡的摄政王载沣。两个人相较，无论才能与韬略，多尔衮都要胜出许多。如果硬要挑刺的话，也只有以官印说事了——前者的摄政王印章从未在公务文书上出现过，而后者的王章则赫然地盖在了皇帝的旨谕之上。

然而，从另一个角度看，这一比较的背后，又恰恰凸显了多尔衮强于载沣之处：载沣能够在皇帝上谕中钤盖摄政王图章行政，是世势的逼迫；而多尔衮则敢于公然以无印无章的摄政王谕、旨行政天下，愈显得霸气而强梁。

——多尔衮是清代历史上唯一的名副其实的"白谕"摄政王。

多尔衮在清代历史上绝对是个无可替代的英雄角色，这个獾一样（多尔衮，满语獾的意思）的男子，具有惊人的行动能力、复杂的人格以及与生俱来的机谋与权术，在清朝入关立国一事上，居功至伟，尤其对于清朝官印制度的奠定之功，无以抹杀。

崇德八年（1643）八月初九日，皇太极突然病逝。睿亲王多尔衮与皇太极长子肃亲王豪格争夺皇位，势均力敌的双方一时相持不下，清朝又一次深陷继统危机。在朝廷中的第三方势力的均衡下，最终对峙双方各退一步，同意选择一个公认的第三者来继位。八月十四日，诸王贝勒于盛京皇宫崇政殿议定，年仅六岁的皇九子福临即皇帝位，是为顺治帝，郑亲王济尔哈朗与多尔衮共同辅政。二十六日福临正式继位，以明年为顺治元年。

皇位之争方得以顺利解决，接踵传来了一个令人振奋的消息：辽西明军主动向关内撤退，李自成大顺军攻占北京，明朝灭亡了。下一步棋该怎么走？清廷面临着新的抉择。

很快，机会降临了。明朝山海关总兵吴三桂为报父仇，计划向清朝借兵抗击李自成。吴在边关抗清多年，自恃已完全掌握了满洲人的心理，认为满洲人由于部落的传统只习惯于军事远征抢掠，几次入关抢掠均抢劫后立即返回，八旗诸贝勒皆认为与其占领中原，不如将其作为劫掠之地；另一方面，满洲八旗军队即使全部动员起来，也只区区十数万众，不但水土不服，也似乎不足以支撑席卷并统治广袤的中原大地。种种迹象表明：满洲人向无入主中原的"大志"，最起码此时在心理上肯定没有做好准备；如果清军帮助自己打败大顺军后，只要给足财物、奴隶，以及让其占领辽西，满洲人自会回到关外，彼此划地为国，相安无事。

然而，理想很骨感，现实很残酷。32岁的摄政王多尔衮与其手下的汉人谋臣们却不作如是想，他们意识到此乃天赐的一个良机，正好藉以征服大明，实现努尔哈赤等曾经梦想的"洪业"。

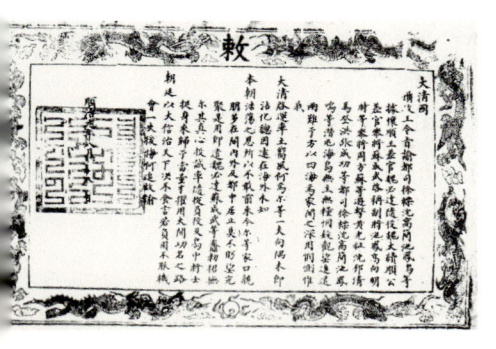

多尔衮成功地说服了朝中那些无意于征服大明、宁愿采取定期"割韭菜"式的打完即撤的袭击，以攫取荣誉与财富的贝勒大臣们。他成功地画饼给这些"辽左"大佬们，使他们相信过去满洲人能够对抗明朝，如今也能征服明朝，而且，更大的超出想象的泼天富贵正在前方向他们频频招手。

多尔衮采纳了洪承畴、范文程等汉臣的方略，以惩罚推翻了崇祯皇帝的叛徒为名，兴师南下。在匆匆举行过幼帝颁印授权远征中原的誓师大会后，多尔衮当即率大军辞离盛京，向山海关挺进。由于李自成亲率大军压境，进退维谷的吴三桂自忖不足与敌，不得不接受多尔衮开出的投降条件，成为了清廷的一个王。

大顺军被多尔衮与吴三桂联合打败后，李

多尔衮颁盖有满篆"奉命大将军"印摄政王令旨

多尔衮像

自成仓促回京，举行完登基仪式后，又匆匆撤出北京。多尔衮率清兵入北京城，稍事安定，数月后又将留在盛京的小皇帝福临接到北京，举行了新的登基大典，从此大清成为了中原新的统治王朝。

多尔衮"克取明疆""建立元功"后，威信倍增，"关内关外，咸知睿亲王一人"。❶ 这一切都是他的艰辛付出所换来的。

清甫入关定都北京，统治集团所面临的任务异常艰巨。多尔衮唯有集中权力于一身，掌控全局决策权，方能在瞬息万变的形势下，制定、调整帝国大政方针，有效地指挥、组织、调配各方面力量，为统一全国创造条件。他采取了一系列迅雷不及掩耳的措施：在政治方面，通过进一步剥夺八旗诸王特权，停止诸王管理部院事务，并发展完善汉式中枢行政机构，录用故明汉官，沿用明制建立地方政权、恢复科举制度等举措，保障了国家文官制度的及时升级换代；经济上，通过承袭明朝赋税制度，同时有效地减免明末的不合理的苛捐杂税，使国家经济开始好转，国家财政收入有了基本保障；在军事上，清朝继续用兵全国，陆续击败李自成、张献忠等农民军政权，同时开辟了对南方"南明"政权的打击和各地的军事征服。

多尔衮摄政期间，年幼的顺治有名无实，"惟拱手以承祭祀"❷。国家政令全出于多尔衮的亲制。因此，全面代行皇权的摄政王，实质上已成为新王朝的实际缔造与统治者，并曾一度无限地逼近了"皇帝"的尊位。

早在顺治初立时，多尔衮与济尔哈朗同被封为平起平坐的辅政王，但多尔衮的权势很快就超越了前者。顺治元年（1644）正月，"摄政和硕郑亲王济尔哈朗集三院、六部、都察院、理藩院堂官，谕曰：嗣后，凡各衙门办理事务，或有应白于我二王者，或有记档者，皆先启知睿亲王；档子书名，亦宜先书睿亲王名。"❸ 是年十月，

❶《清世祖实录》卷90。
❷《清世祖实录》卷88。
❸ 赵志强《清代中央决策机制研究》第92页，科学出版社2007版。
❹ 中国第一历史档案馆《清初内国史院满文档案译编》（中）第53~54页，光明日报出版社1989年版。
❺《清世祖实录》卷37。
❻《清史稿》卷218。

四川巡抚奏本批红摄政王旨

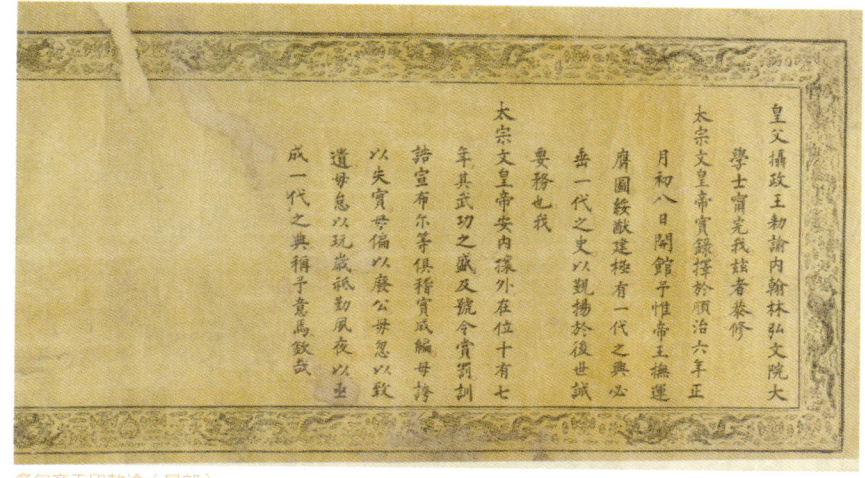

多尔衮无印敕谕（局部）

多尔衮由于率清兵入关之功，被封为"叔父摄政王"，而济尔哈朗则略降一格，变为了"信义辅政叔王"[4]，从此二人拉开了档次。此后，多尔衮更是一骑绝尘，迅速达到了权力顶峰，顺治四年（1647）二月，济尔哈朗被罢议政；是年七月，多尔衮"遂以亲弟豫郡王（多铎）为辅政叔王"；[5] 十一月，多尔衮又被尊为"皇父摄政王"，"凡批票本章一以皇父摄政王行之"[6]成就了一人之下、万人之上的格局。

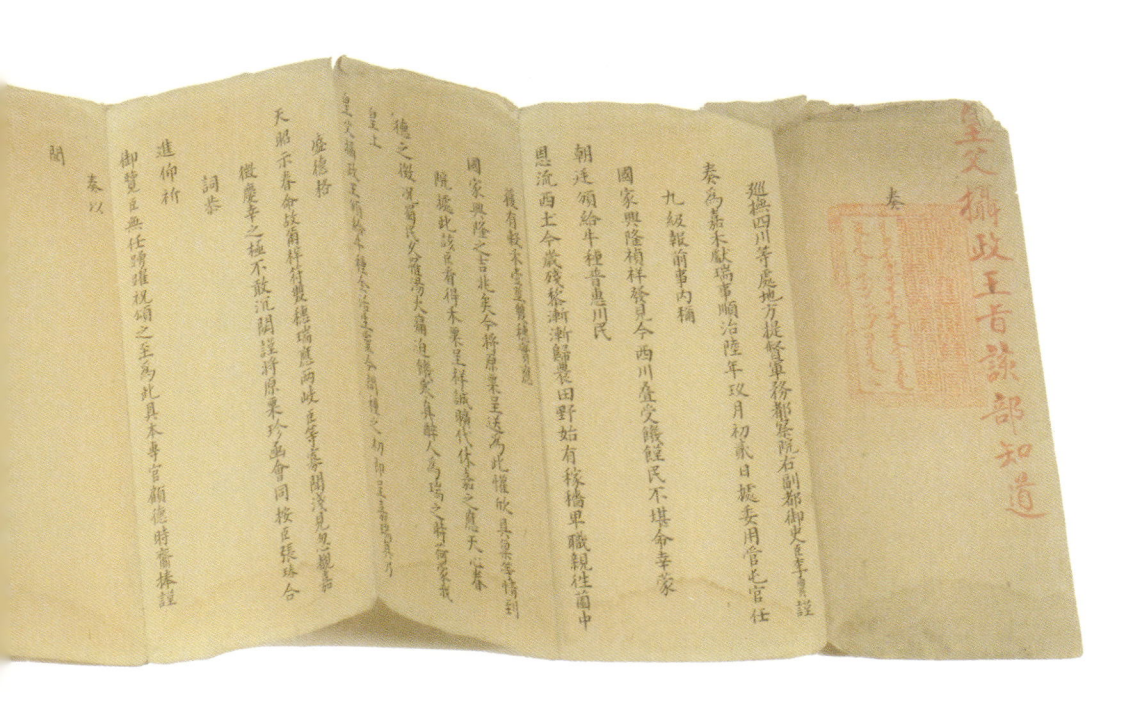

多尔衮摄政期间，正值清朝全面整合、高速扩张时期，政事与军事积如雪崩，日以继夜，军书旁午。为方便政务，多尔衮甚至擅将朝议移到了摄政王府。

也就在此时，人们发现，除了一些少得可怜的例行仪典每以小皇帝名义颁发并例行钤盖"制诰之宝"或"皇帝之宝"的诏谕外，那些大量颁发运作着整个大清国政务的尽是以摄政王名义下发的谕敕，这些谕敕在规格形式上，如龙纹边框、抬头格式等，尽与皇帝敕谕规格并无二致，唯一不同的是：都没有摄政王的钤印。

后人不识此典故，直到今天民间尚有一些盖有皇帝"敕命之宝"的摄政王敕谕伪赝之品招摇现世。

实际上，睿亲王多尔衮是自有官印的。台北所藏清初档案中有一份顺治元年（1644）八月十八日"大清国摄政王"多尔衮招抚明将池凤高等所发的敕书，上面即盖有满篆"奉命大将军印"。❶ 可知多尔衮摄政初期，曾以将军印行政。顺治元年（1644），多尔衮率满洲大兵入关，以"征明大将军"身份领受"奉命大将军"印誓师"西征"明朝，彼时以"奉命大将军印"下敕，也属合理。另外，现存的档案证明：同一时期另一位摄政王济尔哈朗率众臣所上的奏表原件中，所钤盖的是其满篆"礼部之印"。可证入关前的两个"摄政王"当时均没有专门颁给过"摄政王"印的事实。

《清世祖实录》中记顺治元年（1644）十月十日顺治在京举行完登基大典后，多尔衮"封为叔父摄政王，锡之册宝"❷，考之顺治元年的内国史院满文原始档案记载，也得到同证。同期，被册封为"信义辅政叔王"的济尔哈朗，及被封为"和硕武英亲王"的阿济格，清廷均颁以了"册宝"。❸

但这样的"封宝"，按照清朝的规定，只能用于镇府凭证，却不准用于行政文书。而这个为后世所尊奉的祖宗规矩，很可能就是作为大清官印制度最重要的缔造者多尔衮本人所制定的。

多尔衮推出此项规定，肯定经过了深思熟虑。他不惜冒险使用无印的摄政王白谕，也不推行王宝可用于行政文书的政策，有力地维护了皇

权，抑制了其他王公权力对中央皇权的侵削。实则，在这一高瞻远瞩的举措背后，也包藏着私心，因为多尔衮自顺治元年（1644）十月以后，一路不断被封为"叔父摄政王""皇父摄政王"，多尔衮很可能早已预料到自己的身份与地位还会不断提升，故此仅以"摄政王"的封宝来行政，未必能达到对自己的更大的期许，或许有朝一日直接作了父皇，也未可知。总之，在这层深思熟虑的笼罩下，人们最现实的意识是——再授予多尔衮更多的尊号和封宝，都已没有多大的实际意义了，反正多尔衮已位极人臣，而禁止使用王宝的政策，恰好掐断了其他亲王，比如济尔哈朗、多铎等以摄政王封宝、封印行政的机会。《清史稿》记载顺治五年（1648）十一月，诏封多尔衮为"皇父摄政王"，却不见有再铸颁封宝的记录。可知此时多尔衮的心思已不在王宝上面了。

当然，多尔衮并非不重视印信，实际上自顺治三年（1646）五月以后，多尔衮便公然将应贮藏于大内的"信符"（皇帝宝玺）收贮于自己的王府中。❹换句话说，所有的皇帝宝玺已被他控制。对于这一严重的僭越行为，当时无人敢公然站出来指摘。彼时的多尔衮，名为"白谕摄政王"，实已为"白板天子"了，所有皇帝宝玺都已尽可能地由他为所欲为地使用，他何必再期期纠结于是否拥有"皇叔父"摄政王印，抑或"皇父"摄政王印呢！也许，在他的潜意识中，那些皇帝宝玺迟早将会成为他的囊中之物吧。况且，在现实中，对皇帝御宝的使用，他也别出机杼。从现存档案考察看，在这一阶段，在以小皇帝顺治名义发布的诏、谕上，钤盖"制诰之宝"（元传国玺）的比例要远远大于新铸的满汉合璧的"皇帝之宝"。揆其原因，自然与多尔衮的私心不无关联：一方面他与"元传国玺"的渊源及感情蒃深，另一方面他或许也在不由自主地借以减弱因僭越使用皇帝宝玺所带来的心理上的不适与压力。

顺治七年（1650）十二月初九日，"摄政睿亲王多尔衮薨于喀喇城（今滦平），年三十九。"❺关于他的死，有多种版本，有说是坠马而亡，有谓病死，也有传死于谋害，均无从确考。清廷给他举行了隆重的葬礼，福临封之为义皇

（清）李世倬用印印鉴

❶ 李光涛《明清档案存真选辑》（初集）第6页，图版七，台北"中央研究院"历史语言研究所1959年版。
❷ 《清世祖实录》卷9。
❸ 中国第一历史档案馆《清初内国史院满文档案译编》（中）第53—54页，光明日报出版社1989年版。
❹ 《清世祖实录》卷26。
❺ 《清世祖实录》卷3。

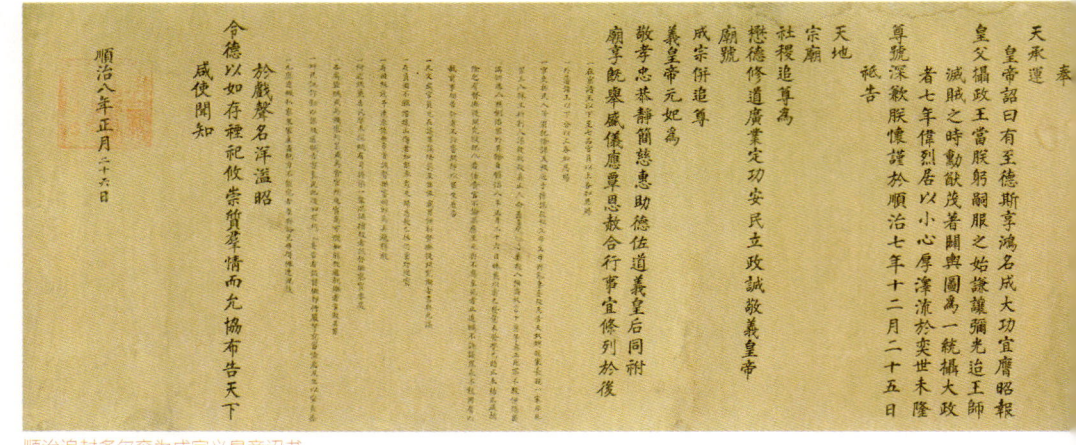

顺治追封多尔衮为成宗义皇帝诏书

帝，庙号成宗。

就在"义皇帝"谥宝还未镌就之际，剧情忽然出现惊人的巨大反转，这个曾经权倾天下的摄政王受到亲政皇帝顺治的公开斥责，然后是满朝的揭发检举，铸成逆案。多尔衮生前的党羽遭到了无情的清算，而他生前的摄政王封印，包括那方"奉命大将军印"，均被收缴销毁。

多尔衮传奇的"白谕摄政王"生涯戛然而止。直到乾隆时期，才被平冤昭雪。

传奇永远是传奇，而多尔衮的经历尤其尽显"幻中了幻"，疑烟缭绕，一言难尽。七年多的摄政生涯中，多尔衮为大清缔造出一个上承秦汉、唐宋、元明的封建专制中央集权的王朝基座，实现了清朝国政与皇权的关键的质的飞跃。而这一切，竟都是在不盖王印的"白谕"满天飞的状态下完成的，其长袖善舞、举重若轻的"无印表演"，也成就了大清官印史上的一个经典传奇剧目。

四、洪经略的"大学士印"

清廷所颁铸的正式官印，中央与地方有个显著的区别，即地方官印以职印为多，文职如总督、巡抚等，武职如提督、总兵、副将、参将等；而在中央各部院机构则以衙印（机构印）为主，如有"吏部之印""翰林院印"等。

❶ 清《贰臣传》卷3。
❷《清史稿·洪承畴列传》卷237。

清前期，最重要的政务中枢机构莫过于内阁，文职最高的官衔莫过于大学士。然而奇怪的是：终清一代，既没出现过内阁衙印，更不见有大学士职印。

不过，在清初曾出现过两方特殊的以"大学士"命名的官印，其出处自与特殊的历史环境有关，反映了官印制度来源与嬗变初级阶段的状况。

这两方印，印文均为满楷汉篆合璧，其中一方为"招抚南方总督军务大学士关防"，另一方为"经略湖广江西广西云南贵州内院大学士印"。两方官印的颁授对象均为洪承畴，此人在清初的行状也因这两方印奇特传奇的映照而愈显精彩。

洪承畴，福建人，明万历四十四年（1616）进士。虽为文科出身，前半生的成就却主要表现在军事方面。17世纪20年代末，他在陕西镇压西北叛乱时，由于后勤保障工作突出而崭露头角；1629年，又在义州粉碎了王左挂的进攻，从此名声大振。1631年，他出任陕北总督，因武力镇压农民起义有功，1634年接任了总督五省（山、陕、豫、川、湖广）军务之职。1638年，他在潼关一举击溃了李自成起义军，迫使李自成避入商雒山中藏匿达一年多之久，因此声望大起，次年被授蓟辽总督，负责主持直隶东北及辽东一线抵御清军的防务。❶

1641年，"松山之战"发动，洪承畴合兵13万与清军大战，不利败北。洪承畴被围于松山，数次突围不果后，最终城破被俘。《清史稿·洪承畴传》记：

> 上欲收承畴为用，命范文程谕降。承畴方科跣谩骂，文程徐与语，泛及今古事，梁间尘偶落，著承畴衣，承畴拂去之。文程遽归，告上曰："承畴必不死，惜其衣，况其身乎？"上自临视，解所御貂裘衣之，曰："先生得无寒乎？"承畴瞠视久，叹曰："真命世之主也！"乃叩头请降。
>
> 上大悦，即日赏赉无算，置酒陈百戏，诸将或不悦，曰："上何待承畴之重也！"上进诸将曰："吾曹栉风沐雨数十年，将欲何为？"诸将曰："欲得中原耳。"上笑曰："譬诸行道，吾等皆瞽。今获一导者，吾安得不乐？"❷

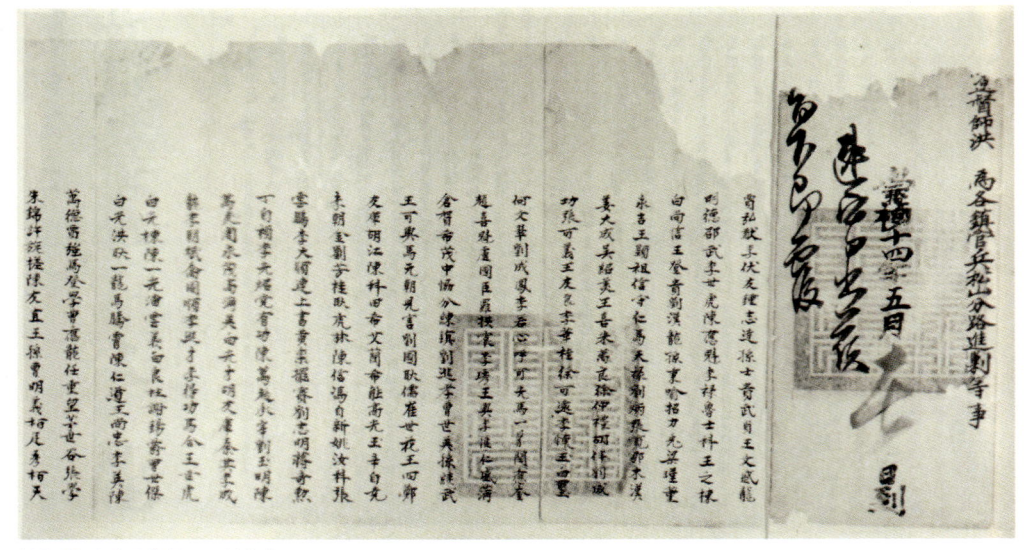

盖有"督师之印"的明军统帅洪
承畴松山调兵进剿公文（局部）

洪承畴是历年来降清明朝官员中官阶最高者，清人依旧敬称他"洪军门"。

松山陷落的消息传到北京后，朝廷上下一度咸以为洪已战死，京城士大夫纷纷举哀，崇祯帝甚至下令在正阳门东侧的观音大士庙为他立祠。❶

洪承畴对于清朝入关起到了至关重要的作用。他是积极怂恿多尔衮出兵征明的重要汉臣之一。他对中原了解的程度，也远远要高于自幼生长在辽左的范文程等其他汉臣谋士。洪承畴亲自参与了清军入关的战略分析以及进军路线的制定，使他成为随多尔衮进京的最值得依赖的军前赞画参谋。

虽然"松山战役"降清后，清廷对待洪承畴优礼有加，实际上却没重用。定鼎北京后，蛰伏已久的洪承畴才真正找到了施展才华的平台与空间。清廷以洪承畴仕明时的原职衔任命他为太子太保、兵部尚书兼都察院右副都御史，入内院佐理军务，授秘书院大学士，成为清朝首位关内汉人宰相。他与冯铨、谢升等比照明朝礼制，共同制定了大清新的内院（内阁）奏章票拟、六科分抄等中枢行政制度，以及国家郊庙乐章等礼制。洪更加深得多尔衮信任。

顺治二年（1645）五月，"定国大将军"豫亲王多铎率

❶ 抱阳生《甲申朝事小纪》卷5。

师攻占南京，多尔衮强制推行"剃头令"，激起江南人民的反抗。危机中，多尔衮于闰六月匆忙派洪承畴取代多铎，任命为招抚南方总督军务大学士，铸"招抚南方总督军务大学士关防"，"赐敕便宜行事"。而洪承畴也不辱使命，在江南做得风生水起。

顺治四年（1647），洪承畴闻父丧，奏请解任回籍治丧守制，得到清廷的批准。顺治五年（1648）四月他又奉召返京，再次入内院佐理机务。摄政王多尔衮对其慰劳备至，宠信日隆，一连数日召见垂询各省应兴应革之事，所有建议，无不采纳。

洪承畴曾为明朝重臣，习知官场故事习俗，且做事一向低调得体，尽管由于他特殊的身份背景，曾迭遭同僚们的嫉妒、排挤和倾轧，甚至一度被指控与南方的反清势力有牵连，但他却总能好整以暇地一一巧妙化解，从容过关。在多尔衮倒台后，所亲信过的内阁一众大学士尽被牵连，而洪竟然无恙脱身，足见其权谋与胆识。

洪承畴的人生巅峰，确切地说，是出现在多尔衮倒台以后。

虚岁14的福临亲政后，面临着种种潜在的风险。他首先对内院大学士中多尔衮的亲信进行了认真清洗，刚林、齐充格、范文程、宁完我等出身"辽左旧人"的内阁大臣均受到了议政王大臣会议的审讯，前二人最终受到严惩，后二人虽蒙赦免，但已名誉扫地；同时，曾效

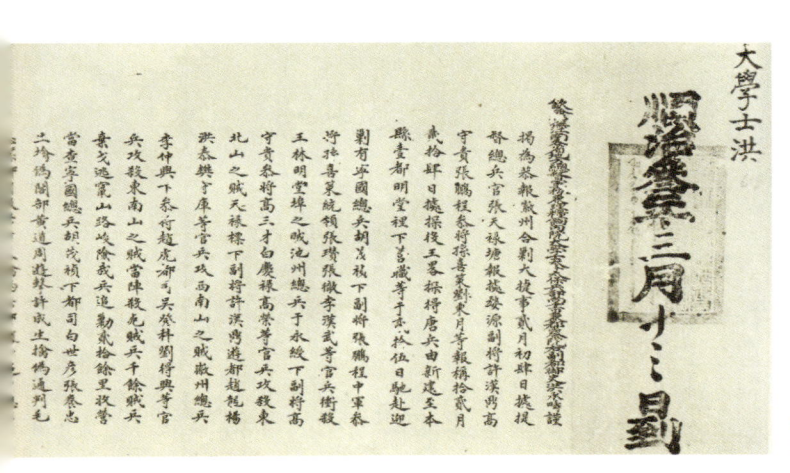

洪承畴盖有"招抚南方总督军务大学士关防"揭帖（局部）

忠多尔衮的新晋降清的原明朝大臣，却被区别对待，大学士冯铨等人被罢免，陈名夏、洪承畴等竟得脱干系。

在任用汉臣方面，更年轻的顺治要比多尔衮走得更远一些。因此，洪承畴再度走红，并进一步深得顺治的信任，被授命以大学士兼管都察院左都御史事。洪也投桃报李，亟思报效，甚至险些弄巧成拙，断送了自己的锦绣前程。洪上任伊始，便与另外两个新任的汉人大学士在火神庙召开了一个秘密会议，几天后，洪承畴突然宣布对都察院进行大规模的清洗与换血：现任御史中11人外转、2人内升、17人外调、22人留用。❶ 这番大动作，的确有些用力过猛，引起一些官员们的不满，纷纷出来站队，交章弹劾，揭发洪承畴曾秘密送其母回福建原籍一事，并怀疑三人在火神庙有密议叛逃南方之嫌疑。此案旬日间不断发酵，引起了朝政的动荡，受其波及，参加过火神庙会议的陈名夏政治失宠被黜。而善于观望的洪承畴见势不对，迅速以送母亲归籍前未请示皇帝为名，率先上奏请罪，侥幸得以留任，从此行事更加谨慎。

然而，清廷始终还是没有忘记或忽略洪的存在。顺治

"经略湖广江西广西云南贵州内院大学士印"印鉴

❶《清世祖实录》卷57。

洪承畴密揭帖

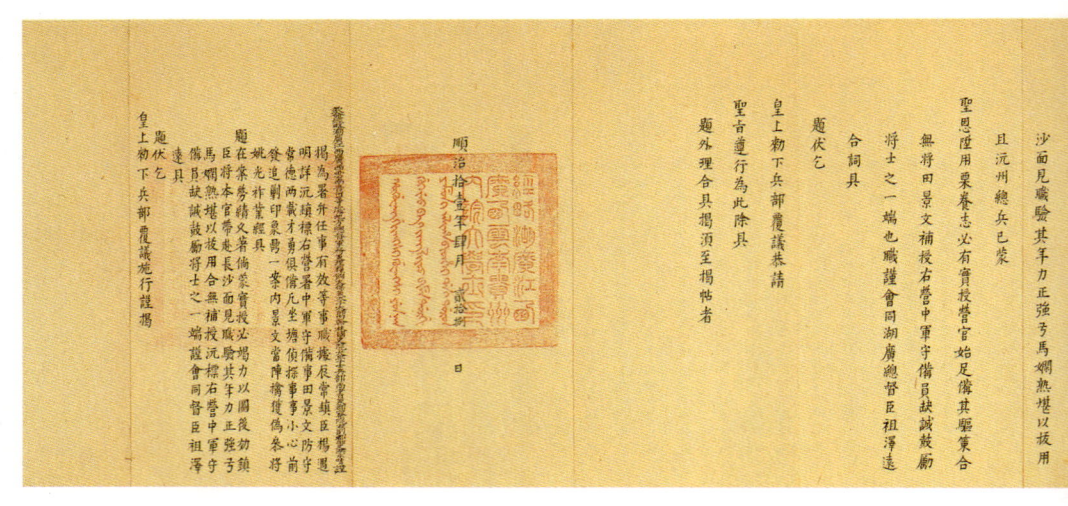

十年（1653），孙可望、李定国所部十余万农民起义军在云、贵归附明宗室桂王朱由榔，南方的抗清运动又出现了新的高潮。为应付时局，顺治决定再次启用洪承畴。

据顺治十年（1653）闰六月清代内国史院满文档案载：

初五日，皇帝赐太保、太子太师、内国史院大学士兼兵部尚书、都察院右副都御史洪承畴敕曰：兹以湖南、两广地方底定已久，滇黔阻远，声教罕通，不逞之徒未喻朕心，仍时复煽惑蠢动，渐及湖南，以致大兵屡出，百姓未获宁息。朕承天爱民，不忍勤兵黩武，困苦赤子，将以文德绥怀，归我乐宇，必得夙望重臣，晓畅民情、练达治理者，假以便宜，授于要职，相机剿抚，方可敉宁。遍察廷臣，惟尔克当斯任，前招抚江南，奏有成效，必能肃将朕命，绥靖南方，总督军务，兼理粮饷。听择扼要处所驻扎，应巡历者，随便巡历。军门应关会者，必咨尔而后行。尔所欲行，若系紧密军务，尔便宜行事，然后知会。督堂、提督、总兵官以下，俱听尔节制。兵马、粮饷，听尔调发。文官五品以下，武官副将以下，有违命者，听以军法从事。一应剿抚事宜，不从中制，事后具疏报闻。满兵留撤，俟到日酌妥，即行具奏。事关藩王及王公者，平行咨会，相见各依宾客礼。文武各员，在京在外，应于军前及地方需要者，随时择取任用。所属各省官员转补升调，悉从所奏。

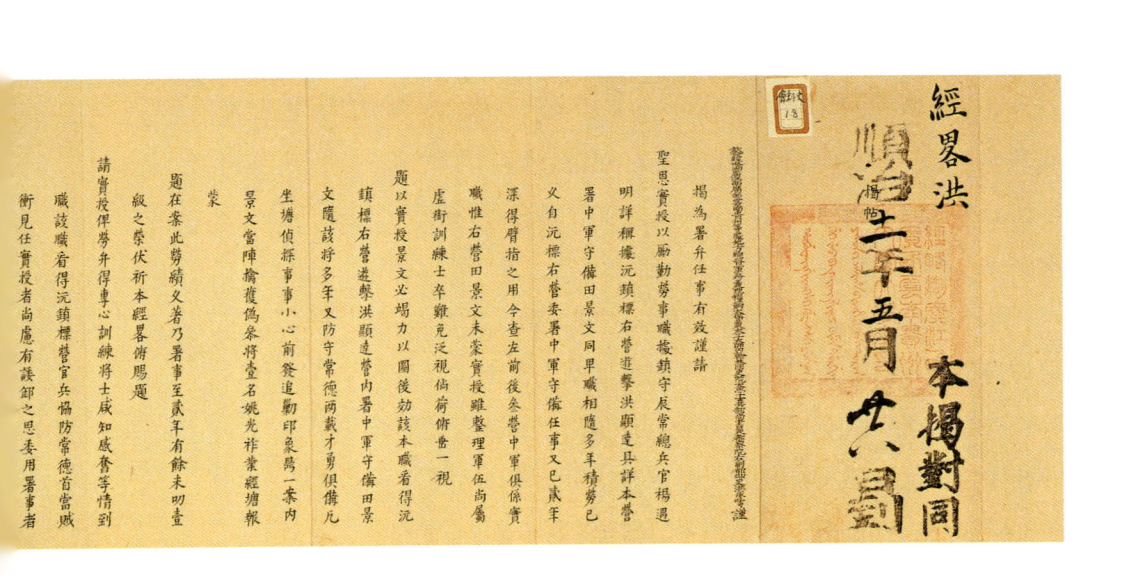

都堂、总兵官、道台、知府等官，有地方不宜，才品不称，应另行推用者，一面调补，一面奏闻。吏兵二部不得拘例掣肘。应用钱粮即行解给，户部不得稽迟。如紧急军需拨解未到，即与就近藩司、榷关行文取用，具疏奏闻。其归顺官员内外酌量题录，投降兵民随宜安插。事会可乘，即督兵进取；时宜防守，则慎固封疆。各处土司已顺者加意绥辑，未附者布信招怀。四川、江西、河南、陕西地方邻近湖广，应有兵事相关者，移文军门、都堂，犄角策应。卿受兹委任，务开诚布公，集思广益。收拾智勇，毋为逆党所诱；绥辑穷黎，毋为贪官所苦。进战则得地以守，固守则出奇以战。练士卒在平时，选贤良置要地。务使云南、贵州望见来归，官民怀德恐后来归，庶称朕诞敷文教至意矣。功成之日，优加爵赏。地方既定，详筹善后，即命还朝，慰朕眷怀。尔其钦哉。特此，故谕。

闰六月初五日，敕书钤有敕命之宝二。

闰六月初八日，伊跪受敕书及印于太和门外。印上之文：经略湖广、广东、广西、云南、贵州地方事务兼内三院大学士印。❶

从以上顺治帝的敕谕来看，身为二品大学士的洪承畴得封太保，获得了正一品的身份，而其所得到的实际大权，几乎已达到了有清一代汉人大臣所能够达到的权势的上限。

此后的六年间，洪承畴以南方七省经略之名坐镇南京，全面负责南方各省的战事。直到最后南明政权的永历帝逃到缅甸，南方战乱戡定大局基本已定，洪承畴才向朝廷推荐吴三桂继续其未竟之业，以目疾乞求解任，奉命回京调理。次年，吴三桂攻缅甸获永历帝，并绞杀于昆明。南方战火终于平息。

洪承畴两下南方，其背景有很大不同。第一次去南方，洪的身份是招抚大臣，但工作所限地域唯在江南（以新征服的南京为驻节地）。而且，与他同期前后被派往各地同级的挂印招抚大臣还大有其人，如恭顺侯吴惟华以太子太保兼都察院右副都御史，总督军务，招抚广东，其品阶还在

『身行万里半天下印鉴』（清）翁大年

❶ 中国第一历史档案馆《清初内国史院满文档案译编》（下）第261~262页，光明日报出版社1989年版。
❷（清）蒋良骐《东华录》卷5。
❸ 丁凤麟、王欣之编《薛福成选集》第290页，上海人民出版社1987年版。

洪承畴之上；而同级的则有：升礼部侍郎孙之獬为兵部尚书兼都察院右副都御史，提督军务，招抚江西；尚宝卿黄熙允为兵部右侍郎，招抚福建；刑部郎中丁之龙为兵部右侍郎兼右佥都御史，招抚云、贵。❷这与第二次洪承畴以太保、太子太师、经略大学士的身份，独领南方七省招抚大权，并其所建立的功绩勋业相比，自是不可同日而语。且第一次颁授洪承畴的官印是"关防"，第二次为"印"，理论上"印"要比"关防"规格高些。

总之，仅从官印史的角度考量，作为清代历史上由朝廷颁铸的仅有的两方以"大学士"冠名的官印，均被洪承畴所独占，堪称是个奇迹。顺治二年（1645）所颁的第一方大清"招抚南方总督军务大学士关防"已是清代官印制度中"大学士"官印的开创；而第二方顺治十年（1653）清廷所颁给的"经略湖广江西广西云南贵州内院大学士印"不仅权重和影响力更大，同时还开启了大清"经略"官印的先河，并成为了清朝"大学士经略"官印的绝版。

将"经略"与"大学士"联名入印的情况，在清代官印史上只此一例。按：经略，官名也。南北朝时曾设经略之职，唐初边州置经略使，宋置经略安抚使，掌一路民兵之事，皆简称"经略"。明及清初有重要军事任务时特设经略，职位在总督之上，佩银质虎钮二台之印。晚清薛福成曾评价"经略大臣"之权威，云："凡有大寇患兴大兵役，必特简经略大臣、参赞大臣驰往督办，继乃有佩钦差大臣关防及会办、帮办者，皆王公亲要之臣，勋绩久著，呼应素灵，吏部助之用人，户部为拨巨饷，萃天下全力以经营之，总督巡抚不过承号令、备策应而已。其去一督抚，犹拉枯朽也。"❸

清人朱彭寿《旧典备征·经略》载，有清一代共封授过十次九人为经略大臣，即顺治十年（1653）授洪承畴以大学士经略湖广两广云贵军务，康熙十三年（1674）授莫洛以大学士经略陕西军务，雍正十年（1732）七月授鄂尔泰以大学士经略陕甘军务，雍正十三年（1735）十月授张广泗以湖广总督经略苗疆军务，乾隆十三年（1748）四月授讷亲以大学士经略金川军务，乾隆十三年九月授傅恒以大学士代讷亲经略金川军务，乾隆三十四年（1769）授傅恒以大学士经略云南缅甸军务，嘉庆四年（1799）正月授勒保以四川总督经略川陕楚三省军务，同年七月授明亮以都统代勒保经略三省军务，同年八月授额勒登保以都统代明亮经略三省军务。❶要之，自洪承畴以后，不再出现有清廷专授的以"大学士""经略"并联列衔的官印。而且，自乾隆二十七年（1762）御制《皇史宬将军印谱》后，"钦命总理一切军务储糈经略大臣关防"成为唯一的清廷用以轮流任命经略大臣的官印。此印不书"大学士"而名以"大臣"，且不再名"印"，而以"关防"代之，在规格与尊荣方面，自要低于洪的"大学士经略"印。而乾隆改版的"经略大臣关防"也成为了以后"经略大臣"官印的模板定式。

在乾隆钦定的《皇史宬将军印谱》中，洪承畴的两方"大学士"官印均未被收录其中。揆其原因，不外以下几点：第一，洪的第二枚印是以"印"名，而自清朝康熙朝平定三藩时莫洛被授以"经略印"以后，凡经略皆用"关防"，自康熙以后已成为官印制度的明文规定，顺治时期官印制度尚未明确，在后世只视作特例，可忽略不计，以免混淆；第二，洪的两方官印中均具体开列了南方的湖广、江南、广西、云南、贵州等省份，后来者不方便使用，而后来的经略关防则一概虚以"一切军务储糈"，简要言之，其适用区域并不再专门拘泥于某一具体地区，反而覆盖面更广；第三，洪印只是清廷专门为洪承畴个人所定制的，印中所标明"招抚""大学士"等字样，均为一时的权宜之词，不宜于后人轮用，而之后的经略关防则是考虑兼顾到可为一同类钦差大臣轮流重复行用而铸造的，以后历次任命的经略大臣，也有不尽全是大学士身份；第四，清廷对于洪承畴的评价，在情感与理智上不同的时期反差很大，洪在世时既已毁誉参半，其身后还被乾隆写入了《贰臣传》，显然，后来的清朝统治者雅不欲留其名物而为之揄扬。

然不可否认的是，作为"身行万里半天下"的"大清经略大学士"，其特殊的官印形式在清代官印史上实属罕见。透过对这枚奇印产生过程的分析，也有助于人们更进

❶ 朱彭寿《旧典备征》卷1，第22页，中华书局1982年版。
❷ 中国第一历史档案馆藏内阁满文杂册1999-6-15（二）。
❸ 中国第一历史档案馆《清初内国史院满文档案译编》（上）第514页，光明日报出版社1989年版。
❹ 中国第一历史档案馆《清初内国史院满文档案译编》（上）第432~433页，光明日报出版社1989年版。
❺ 中国第一历史档案馆藏题本，02-01-02-2193-007兵部尚书噶达洪为请伪印并牌化铜改铸以免解累事，顺治十一年正月十一日。

一步了解并感受清初官印制度草创时期的创新与灵活。

洪承畴的"经略大学士"印一出，便引起世人的瞩目艳羡，坊间人们对洪承畴的尊称也由之前的"洪军门"变为了"洪大学士"或"洪经略"。

所谓印因人而设，人亦因印而名。造化弄人，诚哉斯言。

五、清入关初期官印的全面改制及引发的震荡

自崇德以降，清朝官印制度已开始出现全面向明朝官印制度看齐的趋向，表现在：清廷十分注意收集明朝官印的文献与名物，备充参考。如崇德三年（1638）满文《宝簿》档案的后页，已专门附有明朝皇帝23宝的详细名目与说明，细到将洪武时期的14宝与嘉靖所制的9宝分列叙述。❷ 当然，清廷对于战争中明朝官印实物的收集也十分渴望，注意积累。"内国史院满文档案"记：崇德八年（1643）七月二十八日，收到"兖州府诸王金印一颗、银印四颗，朝鲜王金印一颗、铜印四颗、铜匣子一个，洪（承畴）军门银印一颗，祖（大寿）总兵银印一颗，（印）匣七十个，（装印）包袱二十八个，（印绶）皮条一百一十根，由大学士范文程监督库使阿汉泰、萨璧图、塔玛海、杜尔山等交付楞曾吉、索宁（收管）"。❸

这种官印收集，到清入关后变成了大规模的官印收缴。顺治四年（1647）底，平南大将军孔有德等奏报平定湖南、贵州等处，击溃并招降南明永历麾下各路兵马，"所降王、国公、伯、总兵官、大小文武官员之印数为：金印一、银印一、金册四、银册一、铜印五百一十一。"❹ 顺治十一年（1654）正月兵部尚书噶达洪等在一份题本中提到，顺治五年（1648），平南大将军恭顺王（孔有德）曾下令将所征服的湖南各府投诚的明朝官印收缴查存，后来因各种变故，直到顺治十一年，库房中还存着明朝铜官印1072颗，锡印1颗，木关防8颗。按规矩，本应开列印信文字造册，送中央统一销毁，但由于政局不稳，路途遥远，因此议准就地改铸销毁。❺

明宫铜铊

入关之初，清廷在官印方面所面临的最大障碍，一方面是要尽快消化熟悉、接手并融入的明朝官印制度体系，另一方面是在全国范围内对各种印信关防的改铸。

首先是官制上全面承袭明官制并根据自己特点不断消化、损益、调整等方面。清朝入关伊始，即于顺治元年（1644）七月下谕："军事方殷，衣冠礼乐未遑制定，近简各官，姑依明式。"❶ 即全盘接收明朝官制的总框架体系。虽然这个决断间不容发、很有魄力，但付诸实践，却着实走过了一个相当漫长且艰难的历程。

首先在京师，清王朝定都北京后，开始迅速整理朝政，拉拢收集前明旧宦大臣，为己所用。清廷以入关前的内三院、八衙门为基础，融以明朝制度，构架组织起中央政府的新格局。然而在试运行过程中，各衙门的变化与改易却很频繁。仅以翰林院与内三院的改设过程为例：顺治元年（1644）十一月，清廷仿明制建立了翰林院，并铸颁了内翰林院印。由于原内三院的学士胡统虞等表示既不理解、也有伤政体，于是当政者又作了调整，于次年四月将翰林院并入内三院，竟将"内翰林"冠名于三院之前，分别为"内翰林国史院""内翰林秘书院""内翰林弘文院"，并各铸新的银印颁给；到了顺治十五年（1658）七月，又改内三院为内阁，改铸铜"内阁典籍厅关防"发给；同时复设翰林院，颁以银印。顺治十八年（1661）六月，再次裁内阁、翰林院，恢复内三院。康熙九年（1670）八月，复改内三院为内阁，并重设翰林院，此后遂成定制。从此例可以看出，清入关

❶《清史稿》卷4。
❷《清世祖实录》卷3。
❸ 刘子扬《清代地方官制考》第6页，紫禁城出版社1994年版。

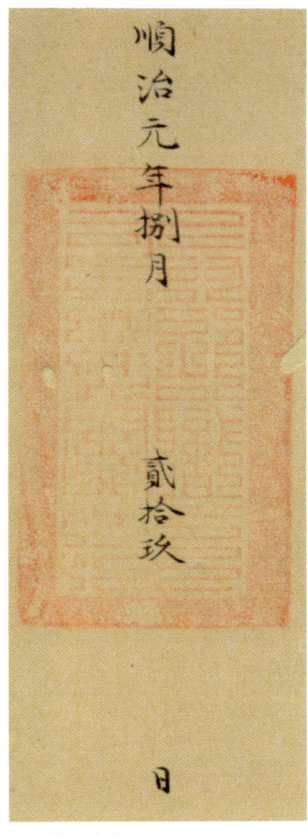

兵部职方司凌关防

上林苑监印

初期，国家最重要的中枢机构尚存在着诸多不确定因素，其他各级军政衙门的反复变动可想而知，而每一次变动，都意味着新一轮不胜其烦的新旧关防印信的缴销和改铸。

在地方上，清廷面临的情况更是各种凌乱，处境窘迫。对新席卷征服的各地方的治理，清廷一开始只能根据军事防务的需要，设军事长官统牧，而严格意义上的地方行政管理体系尚在襁褓中。其形式上多以中央直接委派出的招抚官员为主，很少有固定性的地方官僚机构。这种杂糅了满洲入关前传统八旗地域管理与明朝传统地方管理官制的尚稚气未脱的地方管理模式，虽呈现出某种青涩与不安，却也生机勃勃饱含朝气。

早在入关的清师抵近京畿还尚未入京时，摄政王多尔衮即下谕"今本朝定鼎燕京，……各处城堡，著遣人持檄招抚。檄文到日，薙发归顺者，地方官各升一级，军民免其迁徙。其为首文武官员，即将钱粮册籍、兵马数目，亲赍来京朝见。"❷ 随着战事的不断深入，待地方稍为安定后，又先后指派了地方专门官员。至顺治三年（1646）五月，清政府在已初步派定了各省巡察御史以及总督、巡抚、布政使、按察使并各主要道缺后，遂谕令撤回前派赴各省之招抚官，地方行政管理，渐趋就绪。❸ 然而在南方大部分未靖地方，依然采取招抚与督抚相间并行的灵活方式。直到康熙中前期"三藩之乱"以后，大清才真正实现了地方督抚以及各级府县官制的稳定运行。而在这试运行的

上编：印史纪略

百年期间，大量的官印不断地毁而再铸的现象，成为了一种常态。

此外，地方行政区划的不断变动，也是造成地方官印剧增的一大因素。明代地方，初以都指挥使、承宣布政使、提刑按察使，三司合领地方政事。后来中央又派有巡抚、总督作为钦差监督地方行省事务，形成督抚凌驾于上，与"三司"合理地方事务的现实。清代基本沿用明制，除革裁都指挥使外，在地方实施督抚藩臬合理地方省务的制度。而省下的道府州县官制则基本不变。然而，清初将地方各直省由明朝的13省变为18省，自然引发官制的变动。更引人瞩目的是清初各省官员设置变化动荡，比如清顺治四年（1647）设江南（包括江苏和安徽）、江西、河南三省总督，开府江宁。顺治六年（1649），并河南归直隶，改称江南江西总督；顺治九年（1652）移府南昌，称江西总督，旋又复称江南江西总督；顺治十八年（1661），江南、江西两省又各分置总督。康熙二年（1663）仍以江南、江西合并为一；康熙十三年（1674）复再次分开。康熙二十一年（1682），又合并，寻定名为两江总督。而其每次变化，即要重新铸印。而省下各级官衙的变更繁复所牵涉官印的替改之变幻可想而知。

除上述一仍旧明的中央、地方文武官僚系统外，另有　❶《清史稿》卷4。

南明永历政权"督理行营礼官关防"印鉴

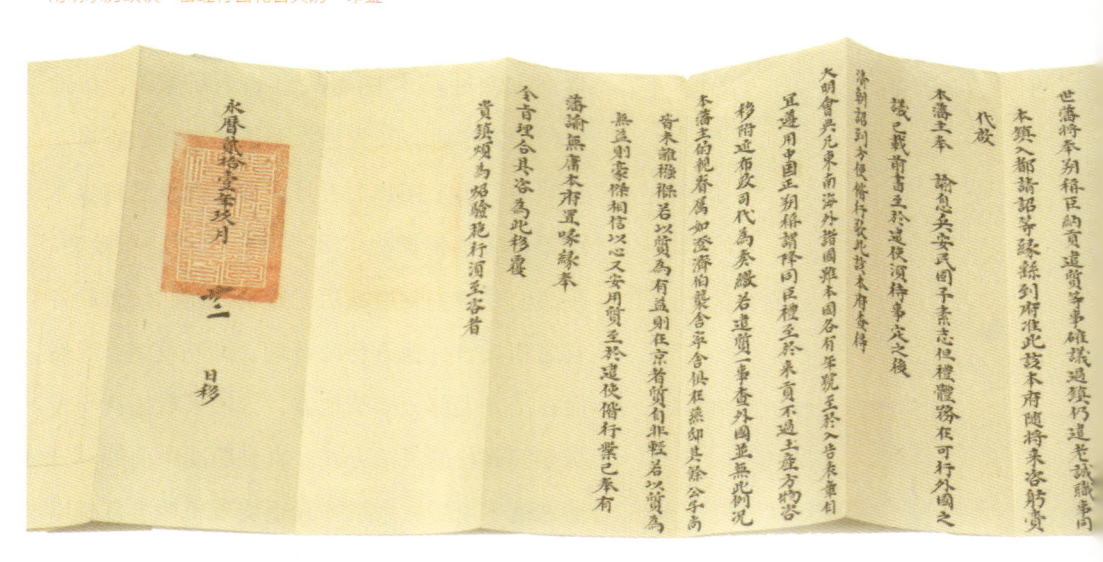

新加入的疆域大过故明国土一倍以上的蒙古、青海、西藏地方，包括关外东北三省等特殊的地方行政官僚体系，更是拉动了清朝官僚体系的充气膨胀；而八旗、绿营的地方军事驻防，也无形中为清官印体系又增加了一大块待啃的骨头。

相较于官印制度来说，除了官僚制度上种种变化所引起的困扰外，更重要的还是改铸造工程上的巨大挑战。

南明"秦王之宝"印鉴

虽然清甫入关，就近乎全盘接收了明朝官印制度，但这并不意味清廷在官印制度上对明朝官印制度亦步亦趋，它也有着自己的追求与坚持。顺治元年（1644）六月下谕"铸各官印兼用国书"。❶也就是说，此时大清的官印始定式为满汉合璧之制。此举历来被誉为是对前明官印制度最大的颠覆与创新。

新的满汉合璧制式官印的推行，意味着全部政权的新旧官印都要重新改铸一遍。新入关的大清，官僚体系本体较之明朝更为庞大，不仅包括新融入的满洲宗室、八旗、内府等原已独有的官印体系，再包括新拓展的蒙古、西藏等边疆各处各级官印系列，以及在原明朝印制体系上的创新（如行印制度等），几者相加之和，俨然已是原明朝官印体系总量的数倍。同时，即使对于原明朝官印体系，清廷也非照单全收，而是有所损益改创。如顺治十三年（1656），内院传旨：凡各省督抚按印信，满文军门改译为总督，都堂改译为巡抚，察院改译为巡按御史。旧衙的重新改组，势必

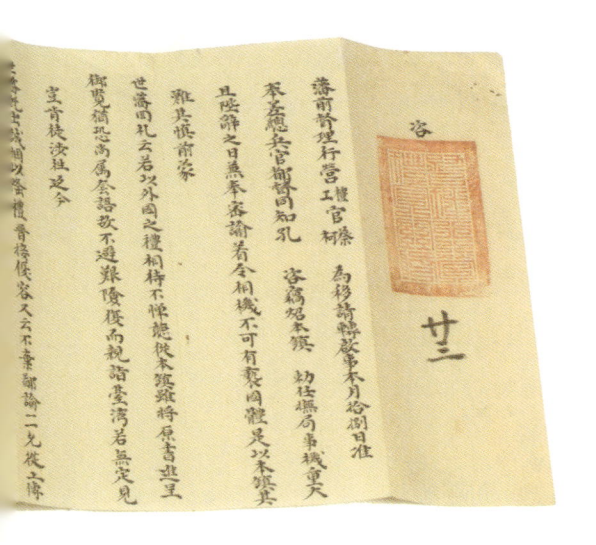

要铸颁新印。

　　上述各项工作相叠在一起，使得新政权的官印改铸工程，不仅在数量上剧增，且工作难度也被无限放大。显然，这种由中央到地方全国一盘棋的官印改铸，绝非一朝一夕所能完成。因此，在接下来相当长的一段时间内，清代官印虽然政策明确，但在官印的铸颁与使用上却乱象丛生，普遍存在着由于新印未铸，被迫暂时沿用原明旧印的现象。一些临时性的关防更是草率，如中国第一历史档案馆藏档案中顺治年间的"巡抚京畿关防""兵部职方司凌关防"等印鉴，均只有汉字，没有满文。甚至，一些中央级的闲曹冷衙的官印，自始至终就没有被改铸过，比如左右春坊的印，直到清末也依旧还是沿用明朝的汉字印。❶ 而在地方上，随着满洲铁骑渐次席卷全国，攻州拔县，改镌新印的进度根本追不上金戈铁马的节奏，故此，在尽量优先考虑上层官衙印信改铸的政策下，大量低级官衙印信关防条记，不得不长时间地暂时沿用前明旧官印。

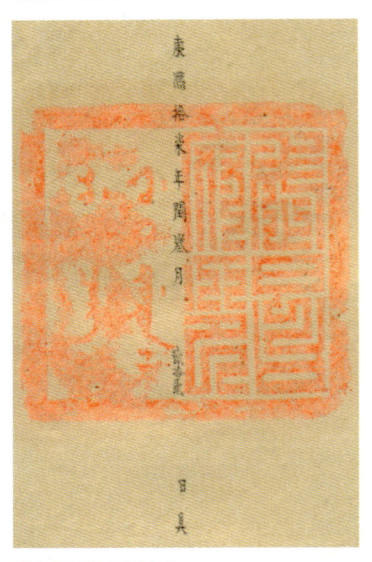

清康熙时期《北征督运图》

粗劣不清的武昌府印

　　同时，在长期的与南明政权的拉锯战争中，江南各地方的争夺反复无常，一会儿归清，一会儿返明，地方官印屡次改易的情况经常发生；而由于战争未息，官印被抢失踪的情况不断涌现，顺治六年（1649）巡按淮扬等处御史张濩在一份题本中提到，顺治五年（1648）二月，地方贼匪厉三袭破巢县、霍山等地，一下子巢县、霍山、英县三县正印，以及13颗儒学巡检等官印，都失落无踪，只好报请重铸颁给。❷

　　此外，由于地方未靖，路途遥远，官员调动频繁，很多新的官印即使已经铸就，但仍长期积压在礼部，竟无人按时祗领。顺治十一年

（1654）三月礼部尚书胡世安等题奏中提到，"现礼部铸造文武印信关防俱奉敕旨，乃印信造完，而本官竟不赴领，有过八九月者，有过六七月者，为数尚多。窃思朝廷命官，印信为重，有官无印，文移往来凭何证据，万一奸人假冒，凭何稽查。且素遵旨注销之事，久悬未结，亦非情理之宜也。伏祈敕下该部，印信造完即行文速催勒限差人赴领。如过期不领者，治之违误之罪，或遇本省新选赴任及有公事进京官员，令其带至布政司速为给发。……"❸

有学者统计，乾隆初期整个清朝的官印总量超过一万颗。❹ 乾隆时官印改铸满篆时，预计全国的官印改铸完毕，需时 3 年。❺ 而清初由于官制不定、每有改易，因此官印实际存在过的数目，要远远数倍于此数。加之当时国家铸印能力、工艺以及材料，都远不及乾隆盛世，所以，直到康熙中期，整个国家大规模的官印变更换铸工程才气喘吁吁地基本告一段落。

当然，这一时期官印的铸造受工艺水平以及仓猝赶工等多重原因的影响，质量普遍存在问题。雍正七年（1729）七月十七日，礼科给事中兆华在一份奏折中提到："详阅送到臣等各衙门各省揭帖，印信模糊者甚多。"❻

康熙二十九年（1690）清朝第一部《会典》问世，其中《礼部铸印局》章节专门明确记录了大清的"宝""印""关防""条记"的铸刻颁缴的规定。标志着清朝官印制度体系的正式确立。而现实中，大清帝国各级官印的调整及颁铸等工作，直到乾隆初以前，才真正基本告成。

❶《恽毓鼎澄斋日记》（1）第 94 页，浙江古籍出版社 2004 年版。
❷ 中国第一历史档案馆藏题本 02-01-02-2193-004，淮扬监察御史张濩为请颁印信以防诈伪事，顺治六年六月初六日。
❸ 中国第一历史档案馆藏题本 02-01-02-2193-008，礼部尚书胡世安为印信铸造已完外官稽延未领事，顺治十一年三月十四日。
❹ 杜家骥《清代官印的特点及其所反映的职官制度变化》，载《历史教学》2009 年 22 期。
❺《光绪会典事例》卷 321。
❻ 中国第一历史档案馆译编《雍正朝满文朱批奏折全译》第 1839 页，黄山书社 1998 年版。

第四章 四方朝鲜国王印的传奇

> 清朝的兴衰,从始至终有一个客观旁证者,就是东邻的朝鲜。

朝鲜之于清廷,并非只是个简单的袖手作壁上观的吃瓜路人甲,而是一个曾深陷纠纷、亲历了整个痛苦过程的参与者兼见证人。

朝鲜始为明朝的藩属国,自恃"箕子故国",看不起"蛮夷"女真,实际常常成为"助拳"明朝大哥教训女真小弟的"二哥";继而由于抵御倭寇侵犯,不但自己国力殆尽,且还拖累了援手的明朝"大哥"精力,无奈眼睁睁地看着女真"小弟"趁隙不断壮大、反客为主,不但造反"大哥",还竟然强迫自己与之结为兄弟盟邦,在明清之间站队中立;之后,新立国的大清再次使用武力威逼朝鲜背叛明朝,并成为了满洲的藩属国;清入关后,明朝灭亡,随着康乾盛世的降临,中朝关系开始出现新的气象,昔日不屈的朝鲜也渐渐心平气和起来;不虞百年之后,清朝遽然中落,成为西方列强口中猎物,尤其"甲午"一战,老迈的清王朝被新崛起的日本撕咬得鲜血淋漓,竟然不得不放弃了旧藩故友……借用著名的清人《桃花扇》中的一段戏词:"俺曾见金陵玉殿莺啼晓,秦淮水榭花开早。谁知道容易冰消?眼看他起朱楼,眼看他宴宾客,眼看他楼塌了!"这大约最能表达一路走来的朝鲜对清朝的复杂情感与心情。而清朝与朝鲜之间几百年未尽的幽昧曲折的

❶ [朝]郑麟趾《高丽史·世家》卷41。
❷《明太祖实录》卷44。
❸《明太祖实录》卷56。

明代诰命"奉天诰命"引首

恩怨纠葛，亦可通过历史上不同时期的四方"朝鲜国王印"的传奇经历，而窥斑见豹。

一、迟到的明初"朝鲜国王印"

朝鲜与女真的历史交集，可上溯到明初历史上第一枚"朝鲜国王印"出现之时，甚至还要更早。

朝鲜又称高丽，自古与中国交往，源远流长。《史记》《尚书》记有商末纣王无道，周武王伐纣，作为"殷有三仁"之一的箕子东走避难，其后周武王封箕子于朝鲜之事。元朝时，高丽王国是元帝国的一个藩属国，以进贡宫女与太监闻名。那时，高丽国王一般都常驻在大都（北京），同时迎娶元朝公主，以便得到"驸马高丽国王"的封号。对他们来说，高丽国不过是一生中要巡视几次的一个遥远的封国而已。行政上，高丽属元朝中书省下辖的征东行中书省，元朝常年在高丽派设达鲁花赤与驻军。而与高丽接壤的辽东地区由辽阳行中书省管辖。高丽在投降元朝之前，曾持续抵抗蒙古侵略军长达30年之久，其间大量高丽人作为战俘被迁入辽东地区，与当地土著女真人杂居融合。

元末，高丽国起兵反元，并趁机北扩。高丽大军越过鸭绿江占据通往通辽的交通要道。此时，辽东的女真首领吾鲁思不花率部来投高丽，他的儿子李成桂加入高丽军，在以后历次大战中崭露头角。

明立国后，洪武元年（1368）十一月，高丽国王见到明朝洪武帝的来使，通报了元亡明兴的中国局势。所谓"臣民推戴，即皇帝位，定有天下名号，曰大明，建元洪武。惟四夷未报，故修书遣使，涉海洋，入高丽，报王知之。"❶ 次年八月，高丽恭愍王王颛奉表明朝请求封爵，明太祖立即遣使赴高丽颁赐诏书，封恭愍王仍为高丽王，并表示对高丽"是以一视同仁，不分化外。"❷ 洪武四年（1371），朱元璋又明确饬定高丽、日本在内的十六个国家为不征之国，告诫后世子孙，"海外蛮夷之国，有为患于中国者，不可不讨；不为中国患者，不可辄自兴兵"。❸

高丽与明朝建立正式外交关系后，仍未停止继续实施北拓国土的战略。1387年，辽阳地区的北元军事统帅纳哈出降明，明朝的势力范围已抵达高丽北境。高丽国王派崔莹率兵，企图以武力争夺辽东。崔莹计划趁明军主力前往捕鱼儿海与北元帝脱古思帖木儿作战辽东空虚之机，迅速出兵占据辽河一线，以造成既成事实的国境线。如果他的计划成功，历史上将会在辽东地区出现一个高丽—女真联合王国。

当高丽军队陈兵鸭绿江威化岛时，崔莹的部下李成桂等突然发动兵变，处死崔莹，并废黜了国王王禑，改立王子辛昌继任高丽国王。后来，辛昌也遭废黜，李成桂拥立出身王室旁系的恭让王执政，而高丽王国的行政、军事大权实际已牢牢掌握在了李成桂的手中。洪武二十五年（1392），女真血统的李成桂终于废黜了恭让王，自立为高丽国王。史称其政权为"李朝"。

朝鲜太祖李成桂

李朝建立后，李成桂立即派使臣赴南京，请求明朝予以册封，以确立法统。李成桂还提出了两个新的国号，请求朱元璋把关钦定：一个是"和宁"（李成桂家乡名），另一个是"朝鲜"。明太祖以"朝鲜"历史上曾为"箕子"封国号，便批准了后者。但他始终对李成桂的篡立行为在内心颇为厌恶，在得知李成桂并未停止北拓行为，继续频繁派兵越过鸭绿江招诱女真部落消息后，更引起了高度的警惕与不满。因此，虽然朱元璋批准了朝鲜国号以及李成桂改名为李旦，但却始终坚持拒绝颁赐李"朝鲜国王"的封号，也没有颁铸新的朝鲜国王封印。洪武二十六年（1393）三月，屈为"权知朝鲜国事"身份的李成桂，差门下评理李恬向明廷献缴了前朝高丽国王的封印，并上表再度恳请明太祖颁封新的国王的封诏与金印，渴望之情溢于言表："见今虽称国王名号，窃缘未蒙颁降诰命及朝鲜国印信，一国臣民日夜颙望，仰天吁呼。伏请照验，烦为闻奏，乞赐颁降国王诰命及朝鲜印信施行。"明朝礼部奉明太祖的圣旨，严词加以拒绝："今朝鲜在当王之国，性相

❶《朝鲜太宗实录》卷5。
❷《朝鲜太宗实录》卷3。

好而来王,顽嚣狡诈,听其自然。其来文关请印信诰命,未可轻与。朝鲜限山隔海,天造地设,东夷之邦也,风殊俗异。朕若赐与印信诰命,令彼臣妾,鬼神监见,无乃贪之甚欤!较之上古圣人,约束一节决不可为。朕数年前曾敕彼仪从本俗,法守旧章,令听其自为声教;喜则来王,怒则绝行,亦听其自然。尔礼部移文李成桂,使知朕意。"❶

此后,李成桂又多次上表申请封诏与颁印,太祖更加疑心重重,且不胜其烦,便以李成桂所上表笺不符体制、语言轻薄为由,大加斥责。此即历史上著名的"表笺风波"。同时,明朝也开始积极备战,陈兵于辽东边境,引而待发。

1398年8月,李成桂第五子李芳远发动"戊寅靖社"(第一次王子之乱),将李成桂所立的世子李芳硕杀害。李成桂迫于李芳远的压力,另立二子李芳果为世子,一个月后,又禅位于李芳果(朝鲜定宗),李成桂退为"太上王"。

1400年,李芳远又发动"庚辰靖社"(第二次王子之乱),结果李芳果退位,李芳远即位,是为朝鲜太宗。

迭遭两次变乱并痛失爱子和宠臣的李成桂对芳远极其反感,却又无奈,"常郁郁不乐,游幸稍数",❷他先是择居在老家咸兴及京外寺院行宫,皈依佛门,之后又被太宗挟持回京,幽禁六年后身亡。作为朝鲜李氏王朝的缔造者,李成桂生前最大的遗憾,就是始终没有得到明朝封颁的朝鲜国王金印。

朝鲜太宗继位时,恰逢明帝国内"靖难之役"大规模进行期间。为笼络计,建文帝与燕王朱棣两方都在竭力拉拢朝鲜,而朝鲜太宗则正好藉以上下其手,大搞双面外交,从中渔利。他自认为终于等到了逼迫明朝颁封"朝鲜国王印"的绝好机会。

果然,他很快就如愿以偿了。建文三年

"表笺风波"之人物朝鲜秀才权近集

（1401）六月，南京的建文帝派遣通政寺丞章谨、文渊阁待诏端木礼前往朝鲜宣布诰命："咨尔朝鲜权知国事李芳远，袭父兄之传，镇绥兹土，来效职贡，率礼克成。以未受封，祈请勤至。兹庸命尔为朝鲜国王，锡以金印，长兹东土。"❶明廷的"朝鲜国王"封印终于落户到了朝鲜。

然而，两年后情况又为之一变，明朝内卷的叔侄之间为争夺皇位而兴起的内战，以燕王朱棣全胜而告结束。北方燕兵攻陷南京，建文帝出逃不知所踪，朱棣入承大统继位，是为明成祖。朝鲜太宗见状紧跟形势，立刻停用"建文"年号，并派使火速前往祝贺朱棣登基。

有一半高丽血统的朱棣（据考其母硕妃为高丽人），一向对朝鲜颇抱好感。当年李成桂派王子李芳远作为朝鲜使臣来华时，李芳远即与朱棣有所交往，李曾在路过燕王府时受到朱棣的款待与赞赏。因此，收到李芳远的贺表后，新称帝的朱棣很快投桃报李，决定重新赐封朝鲜太宗。永乐元年（1403）二月，明成祖"遣使以金印、诰命赐朝鲜国王李芳远"。❷并收缴了建文政权所颁的印、敕。

朝鲜自太祖李成桂建国至此，前后近十年，三代朝鲜国君均以"权知国事"而未得实质性的封王，梦寐以求的封王的金印一直落空，其个中的委屈与艰难之况味可想而知。而曲折得到这枚"朝鲜国王"封印历程背景所干系的朝鲜、明朝、女真三个重要关键词，尤其引人深思，它们在接下来的几百年，一直纠缠交织在一起，影响了中原王朝、女真和朝鲜历史的走向。

按：明成祖所颁的朝鲜国王印，为龟钮镀金银印，篆文为尚方（九叠）大篆：朝鲜国王之印。其等级规格、质地、钮制及印文制式等标准，后来也基本上被清朝所沿用。

二、清崇德时期的"换印"风波

与明初第一方"朝鲜国王印"千呼万唤始出来的情形不同，清初的第一方"朝鲜国王印"则更充满了屈辱与血腥。

❶《朝鲜太宗实录》卷1。
❷《明成祖实录》卷17。
❸［朝］李肯翊《燃藜室记述》卷27《丙子虏乱》，载《清入关前史料选辑》第一辑，第485页。
❹《清太宗实录》卷33。
❺《清太宗实录》卷39。

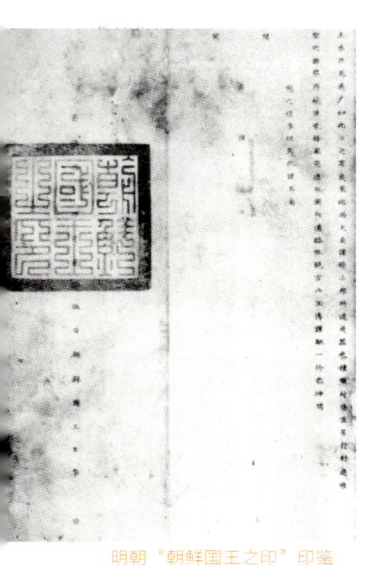

崇德元年（1636），岁在丙子。这年十二月初二日，清太宗皇太极亲率12万军队，发动了第二次入侵朝鲜的战争。❸ 史称"丙子之役"。

八旗铁骑一路横扫，朝鲜军队全线破防，朝鲜王妃、世子等皇室人员尽被清军俘虏。崇德二年（1637）正月三十日，从王京汉城逃到南汉城的朝鲜国王仁祖李倧，在清朝大军兵临城下的情势下，途穷无路，被迫出城投降，"弃兵器，服朝服，率文武群臣，献上明国所给敕、印。"❹ 几天后，双方在汉江东岸三田渡地方筑坛誓盟，订立《南汉山城条约》。该条约共17条。其核心要义是：朝鲜从此成为清朝的藩属国，朝鲜国王要将明朝所赐予的诰、册印献给清朝作为请罪，并断绝与明的交往，废除所使用的明朝年号，改行清朝年号，以朝鲜国王长子作为人质等。是年十月庚申，皇太极"遣英俄尔岱、马福塔、达云赐以一品服色，率从官通事赍敕往朝鲜封李倧仍为朝鲜国王。其敕曰：'皇帝敕谕朝鲜国王李倧，朕惟礼不废玉帛，赏以劝忠诚，所从来尚矣。念尔归命，宜有封锡。今特遣英俄尔岱、马福塔、达云封尔为朝鲜国王，赍赐玉纽金印、诰命，并黑狐套一领、制帽黑狐皮一张，貂皮百张，镀金雕鞍良马一匹，王其祗受，以见朕优赉至意。'"❺

朝鲜国王的出城献印投降，宣告了东北亚地区半个多世纪的动荡有了一个新的结局，并由此引发了朝鲜、清朝（后金）、明朝的新的三角关系的转换。这一事件发生之前，则有着很长的一段前期的酝酿发酵过程。

16世纪末，东北亚地区呈现出明朝政局混乱、蒙古反叛、建州女真崛起、日本倭寇觊觎入侵的风雨飘摇局面。而地处时局动荡火山口的朝鲜，成为了左右历史走向的关键。

最先引爆局部战争火药桶的，是壬辰（1592）、丁酉（1597）两次日本入侵朝鲜战争。发动侵朝战争的丰臣秀吉是个野心家，他野心勃勃打算占领朝鲜，进而以之为踏板，继续进攻北京，取代明朝天子的统治。虽然最终由于明朝与朝鲜联军的顽强抵抗，日本未能得逞，但战争严重破坏了彼时东北亚地区的政治格局，巨大战争创伤不仅给朝鲜带来空前灾难，同时也使倾全国之力援朝抗倭的明朝在军事、财政上蒙受了巨大损失。所谓"东征之役，苍皇七载，民力殚竭，天庸其衷"。❶ 更为严重的是，通过这场战争，也暴露了一直作为东亚上国的明朝政权日薄西山、"外强中干"的真实面目，以及正在急速失控驾驭东亚的地位与声望的现实。而建州女真的努尔哈赤也正是借此明朝辽东兵力全力赴朝、无遑多顾的机会，强硬、壮大了后金政权的力量。

朝鲜君臣的汉服衣冠

七年的联盟铁血抗倭，无疑使得一向敬重明朝为上国并实施"事大"国策的朝鲜与明朝的关系更加深了一步。明朝为分化计，明令禁止朝鲜私下与女真往来交通；朝鲜对于毗邻桀骜不驯的建州女真，更是心存戒虑，始终保持着充分的警惕。七年的抗倭战争期间，正值努尔哈赤统一女真各部过程中，为树立提高自己地位，夸耀于女真各部，努尔哈赤频频向朝鲜示好，倚为奥援。万历二十四年（1596）正月，努尔哈赤派使臣到朝鲜，以愿意出兵帮助朝鲜联合抗倭为由，提出请求朝鲜国王给他授职，朝鲜国王以同为明朝臣藩，不得私自授予官职为由，加以拒绝。然而，并未死心的努尔哈赤又于万历二十九年（1601）十月，再次遣使朝鲜，请求前往朝鲜京城接受朝鲜官职，朝鲜再次以努尔哈赤已接受了明廷授予的"龙虎将军"为由，严词拒绝。

此外，努尔哈赤还曾试图实现其加入援朝抗倭的明军序列的既成事实。万历二十年（1592）日本第一次入侵朝鲜时，努尔哈赤即主动向明政府申请，表示愿派建州兵随明军入援朝鲜，朝鲜对此十分惊恐，担心建州女真一旦入境，会借机了解朝鲜地理山川、军事布防，后患无穷。朝鲜宣祖经与众臣商量后，决定拒绝努尔哈赤提出的援兵的提议，"老乙可赤（努尔哈赤）

❶（明）谈迁《国榷》卷78，第4829页，中华书局1958年版。
❷《朝鲜宣祖实录》卷30。
❸《朝鲜宣祖实录》卷97。
❹《清太宗实录》卷9。

速为拒之，须送朝官及解事译官，力争可也。"❷ 万历二十五年（1597），丰臣秀吉第二次大规模发兵侵朝时，明朝以邢玠为总督率军援朝，得知消息后，努尔哈赤再次主动提出愿率建州军队随明军入朝征倭，邢玠虽已同意，但朝方代表坚决加以否定，并表示"所关非细，决难听从"。❸

1616年，努尔哈赤建立后金天命政权，宣示同明朝公开决裂，开始极力拉拢朝鲜、蒙古诸部，以图增强自身实力的同时，形成组团群殴明朝的态势。1619年"萨尔浒之战"，明军的朝鲜援军失利投降的结局，对明朝、后金、朝鲜之间的关系产生了很大影响。从此，夹缝中的朝鲜开始了由原来单一的"事大"服从明朝，转变为灵活的"事大"明朝与"交邻"女真并行的双轨外交政策。

天命十一年（1626）八月努尔哈赤病逝。其第八子皇太极在内部权力斗争中脱颖而出，登基继位，是为清太宗。皇太极即汗位时，面临的周边形势并不乐观，"汉人、蒙古、朝鲜与我朝四境逼处，素皆不协，且何国不受讨于我，积衅既深，辄相窥伺"。❹ 经过深度权衡后，皇太极决定采取各个击破的方针，翌年首先出兵朝鲜，以安"后院"，史称"丁卯之役"。战争以后金获胜告终，战败的朝鲜被迫与后金签订了城下之盟，双方结成"兄弟之国"。朝鲜开始奉行与明朝保持有限度的交往的国策，明朝作为朝鲜的上国地位和影响被进一步削弱，中朝传统政治秩序也随之迫近随时可能发生裂变的临界点。

此后的十年中，朝鲜的平衡外交取得了成功。朝鲜继续与明朝保持封贡关系，并允许明将毛文龙等在朝鲜驻军。在后金（清朝）人看来，朝鲜显然并未完全驯服，尤其在"仁宗复国"后，朝鲜在政策上更加向亲明倾斜，而与后金在贸易、军事、逃民等方面则全方位地存在着普遍的敌意与摩擦。最富戏剧性的一幕发生在崇德元年（1636）四月的皇太极称帝盛典现场，当清朝官员要求朝鲜使臣行三拜九叩大礼时，朝鲜使臣断然加以拒绝，认为这是对朝鲜的侮辱。清朝官员强行按下逼迫，朝鲜使臣则拼命挣扎，以至搏斗到衣服撕破，也坚决不肯就范。清太宗皇太极十分气忿，认为这是朝鲜国王在搞阴谋，说："朝鲜国王使臣罗德宪、李廓无礼之处，难以枚举。此皆（朝鲜）国王有意构怨，欲我

先起衅端，杀彼使臣，然后加我以背弃天盟之名"。❶

从天聪元年（1627）的"丁卯之役"到崇德元年（1636）的"丙子之役"，朝鲜由"兄弟之国"变成了"臣子之国"，朝鲜被迫脱离了明朝的宗藩体系。而一枚来自盛京粗制滥造的玉柄金印

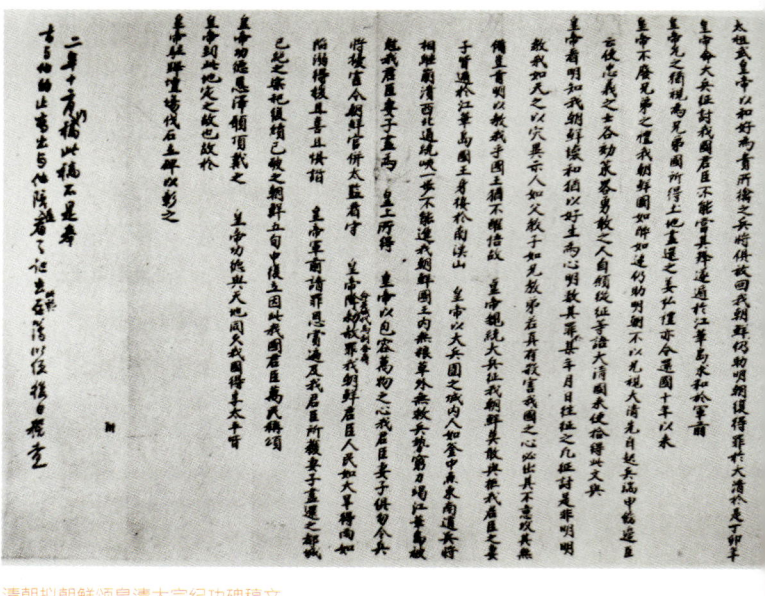

清朝拟朝鲜颂皇清太宗纪功碑稿文

的封印，成为了关于这段历史的有力见证。遥想明初，朝鲜国王费尽移山心力、多次请求而不得，而今一朝屈服于武力强迫，"朝鲜国王"封印，像一面历史的镜子将其时朝鲜的心境反照得纤毫毕现、历历如绘。

皇太极颁给朝鲜国王的新印，原物已不存于世，所幸文献档案尚可纪考。这是一枚柄钮正方形的玉钮金身的印章，印文为满文篆字，从现存档案上的印模来看，篆体及字画十分粗陋，显然是紧急加工状态下的产物。在以"小中华"自居的朝鲜君臣们看来，较之以前世传的明赐朝鲜的"传国玺"，其质量与心理上皆当自有云泥之别。

此外，曾有学者质疑这方"玉柄金印"与后来的《大清会典》记载的朝鲜国王的"龟钮金印"有出入，或断为是史书的误写。按：《大清会典》中所记录的朝鲜国王"龟钮金印"的制式规格，是顺治朝以后的规定，而未详崇德时期的情况。中国第一历史档案馆所藏"盛京旧档"中一件崇德四年（1639）九月二十九日满文礼部行文记载，为册封多罗贝勒豪格为和硕肃亲王，清廷颁发给册文及"玉柄金印"（满文：gu i jafakengga asin-i doron）。❷ 朝鲜国王是清朝众藩属国中唯一享受亲王级官

❶ 中国第一历史档案馆《满文老档》（下）第1427页，中华书局1990年版。

❷ 中国第一历史档案馆《明清宫藏档案图鉴》第59页，人民出版社2016年版。

❸ 《朝鲜仁祖实录》卷45。

崇德四年朝鲜国王给皇太极的贺表及"朝鲜国王印"印鉴

印待遇的,这一制度从崇德时期即已制定,以后历朝均奉行不变。崇德时期的亲王用"玉柄金印",则朝鲜国王封印为"玉柄金印",显然也与制度相符。至于"龟钮金印",那是入关以后的规格了。

三、"盛世"换印,两重风景

顺治元年(1644)五月,多尔衮率清军入北京,十月,清政府从盛京迁北京,小皇帝福临举行了隆重的即位大典。

中国内战的结束,简化了东北亚地区的紧张的国际关系,为中朝关系的改善奠定了基础。清廷全力应付新征服的中国内陆,转而对朝鲜则竭力施以怀柔政策,对比入关前的情形简直是冰火两重天。福临登基大典后不久,多尔衮就召见了朝鲜的质子昭显世子和凤林大君,并使人传谕:"未得北京以前,两国不无疑阻。今则大事已定,彼此一以诚信相孚。且世子以东国储君,不可久居于此,今宜永还本国。凤林大君则姑留与麟坪大君相替往来,三公六卿质子及李敬舆、崔鸣吉、金尚宪等,亦于世子之行并皆率还。"❸

次年三月,世子一行回到朝鲜,陪同前往的清朝使臣,对举行迎还仪式的朝鲜国王当场宣布了顺治帝减免朝鲜岁贡的圣谕。作为人质而备尝艰辛的朝鲜世子回国不久,即暴亡于宫。清廷"深为惊悼",派特使前往吊祭。多尔衮为稳定朝鲜政局,决定支持年长并在中国生活多年的凤林大君,十一月,清廷册封凤林大君为朝鲜世子。

明朝灭亡,加之送还质子、减少朝鲜岁贡等政策的调整实施,清廷与朝鲜的关系开始出现了新的走向。但"丁卯""丙子"两次侵略战争所遗留的创伤屈辱和猜疑仇恨仍然不可能旦夕消弭，还在深深阻滞着双方关系的改善进程。

朝鲜政府一向视清朝为犬羊夷狄，称清帝为"胡皇"、清使为"虏使"。除了在致中国政府的公文中用清帝年号外，其国内的公文，包括王陵墓碑，太庙、文庙祭享祝文等，仍坚持使用崇祯年号。如朝鲜的《仁祖大王实录》在降清后仍用崇祯年号，明亡后只书干支和国王在位年号，不用顺治年号。而以后的实录则有附注清帝年号者，也有只书朝鲜国王在位年次者；至于私人著述，则一直到清末，大多还仍书崇祯年号。

1649年，朝鲜仁祖去世，次子孝宗（即凤林大君）继位。此人经历过两次清兵入侵朝鲜的战争，又入质清廷长达九年，内心深处的屈辱与仇恨的体会最为强烈。他继位后便以反清复明为己任，贬斥亲清的金自点等为通房派，重用当年曾一同入质清廷的金尚宪、宋浚吉、宋时烈等义理派。当时李朝君臣深信"胡人无百年之运"的谶言，将地震、彗星等自然灾害均视为清朝灭亡的预兆，对南明政权等反清势力寄以厚望，计划派使臣渡海联络，策划夹击清朝。一时间，朝野中关于复仇的"北伐"之议论，开始潜行弥散开来。

顺治七年（1650），朝鲜孝宗以日本情形可畏、请求筑城练兵加强守御为由上奏清廷："臣窃念小邦自壬、丁年之变，各处城郭皆坏，兵器不整者盖有十余年。今观狡倭情形，万分可虑，倘遇警急，无计奈何，惟恃天朝援兵。念东莱府距王京无十日之程，王京距帝都甚远，当小邦奏请天朝发兵之时，有何城郭器械可恃，以待援兵。今欲修筑训练，以为守御之备，因前有旨禁止，不敢专擅，伏祈皇上体先皇帝存亡继绝之仁，法圣人先事预防之计，鉴察本内事情，指示胜算，使小邦得免残破之患，幸甚。"❶ 清廷敏锐地觉察到朝鲜王以防御日本为由扩军备战的企图，担心到一旦朝、日、南明结成军事同盟的无形危险，于是遣使往讯。结果查明朝鲜与日本素和好，朝鲜前奏不实。顺治帝下诏谴责朝鲜国王，撤其用事大臣。

❶《清世祖实录》卷47。
❷《光绪会典事例》卷321。
❸《朝鲜孝宗实录》卷18。

这就是历史上有名的"六使诘责"事件。

在这一大的背景下，如何处理好清廷与朝鲜的关系，显得尤其重要。为此，顺治十年（1653）清廷便有了重颁赐"朝鲜国王印"的举措。是年覆准："朝鲜国王原领印文有清字无汉字，礼部改铸清汉文金印，颁给该王，仍将旧印缴进。"❷

这枚新的朝鲜国王印，不再是"玉柄金印"，而改为了龟钮金印，印文也由单纯的满篆改为满楷汉篆合璧。按照大清新定的官印规格，其规格待遇依然相当于亲王、世子的官印级别，只是依然不称"宝"而名以"印"而已；然其规格较之琉球、安南等一众藩属国国王封印的驼钮银镀金印，自然要高出一级别。清廷也有意借此向朝鲜示好，暗示它的地位居众藩属国之首，以收笼络羁縻之效。

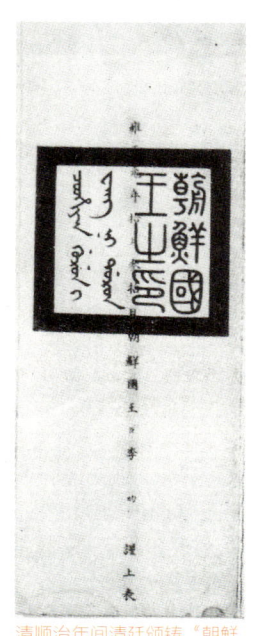

清顺治年间清廷颁铸"朝鲜国王之印"印鉴

事实证明，"六使之诘"与"重颁王印"恩威并重地双管齐下，收到了一定的效果。次年，朝鲜孝宗应清朝之要求，出兵协助清军在东北作战，扫荡入侵黑龙江流域的沙俄侵略者。朝鲜军枪手精确射击，俄军多人中弹。这支朝鲜部队回国后受到朝鲜兵曹（相当于兵部）的褒奖。

诚然，朝鲜与清廷之间的累世积怨芥蒂并不会因为一次重颁王印而涣然冰释。实际的情况是，颁印大典之后，为了提振士气、加强王权，朝鲜内廷依然还在暗中筹备"北伐"策略。顺治十四年（1657），朝鲜赞善宋浚吉曾建议孝宗秘密遣使南明通问："恭惟我朝三百年来，服事大明，其情其义，固不暇言。而神宗（明万历）皇帝再造之恩，自开辟以来，亦未闻于载籍者。宣祖大王所谓义则君臣，恩犹父子，实是真诚痛切语也。"❸ 其后的显宗，亦以光复大明为号召，积极倡议北伐。1659年即位伊始，他便对大臣宋时烈说："群臣皆欲予勿治兵，而予固不听者，天时人事，不知何日是好机会来时，故欲养精炮十万，爱恤如子，皆为敢死之卒。然后俟其有衅，出其不意，直抵关外，则中原义士豪杰，岂无响应者？"宋时烈担心问："万一蹉跎，有覆亡之祸，则奈何？"显宗说："以大志举大事，岂可保其万全也。大义既明，则覆亡何愧，益有光于天下万世也。且天意有在，予以为似无覆亡之虞也。"❶

由于朝鲜财政困难，军备薄弱，北伐大计难以落地实施。更由于彼时的清朝经顺治、康熙的励精图治，不仅渡过了最危险的时刻，巩固了全国的统一，而且社会经济文化军事各方面日益全面地繁荣起来。在这一形势下，反清尊明派所期待的清朝土崩瓦解局面始终没有出现。康熙二十二年（1683），清朝统一台湾，从根上基本消除了影响中、朝、日三国，以及同海外其他国家与地区关系间的不稳定因素，在朝鲜，作为实际行动纲领的北伐计划寿终正寝。

进入康乾盛世，朝鲜国内反清的前辈人物纷纷谢世，加之自顺治起，清政府主动调整对朝政策，从原来的苛求干涉到"每以宽缓持大体为务"，相互信任与和平睦邻友好关系由是逐步成为了双方自主和平关系的主旋律。康熙二年（1663）康熙为了方便中朝贸易，还打破以前必须持有朝鲜国王印文才准贸易的先例。当时礼部具题："外藩货物，有该国王印文开送者准其贸易。今朝鲜国陪臣下人应山等所带貂皮一百张，印文内并未开载。请敕议罪。"康熙下谕："应山、春金免议罪。交易货物听其随便携带，至日报部，于会同馆交易。该国王印文著停止。"❷

雍正时期，中朝关系进一步密切。1726年，朝鲜英宗在致清朝雍正帝的奏表中说："窃念小邦世世服事，恪勤候度，皇朝亦视同内服，曲加庇恤，而自圣祖仁皇帝以后，益加眷遇，有请必遂，无愿不伸。臣常怀感戴，铭镂心骨。"❸

乾隆时，清廷对朝鲜给予了更多的礼遇与实惠。每当元旦大典，朝鲜使臣都被作为藩邦首国，班列于各藩国最先。每次乾隆巡幸辽东谒祖陵，朝鲜都派使臣前来问安，而自乾隆八年（1743）始，乾隆每年都会赐宴朝鲜使节。乾隆五十年（1785）、六十一年（1796）两次开"千叟宴"，朝鲜都被"格外开恩"派耆臣参加。朝鲜正祖登基后一直无子嗣，乾隆帝亲书"福"字以赐，后来正祖妃果产男，

❶《朝鲜显宗实录》卷1。
❷《清圣祖实录》卷8。
❸《朝鲜英宗实录》卷1。
❹《朝鲜正祖实录》卷29。
❺ 乾隆朝《大清会典则例》卷63。
❻《清高宗实录》卷329。
❼《朝鲜正祖实录》卷2。
❽ 中国第一历史档案馆藏《内务府来文》1693包（之二）第27件。
❾ 中国第一历史档案馆藏内务府奏案5-330-64。

正祖派使臣专门致谢："今年元正，特颁'福'字宸翰，实属旷古之殊典，国王感戴铭镂，日夕颂祝。果然于六月十八日举男，此即皇上攸赐也。"❹而后，朝鲜又请求乾隆帝封此子为世子，也得到了乾隆帝的允准。

乾隆十三年（1748），乾隆帝钦定颁布了新的满文篆体，下谕全国官印上的原满文楷体一律皆改镌为满文篆书，同时乾隆帝还特别下谕："伏思亲王、郡王、朝鲜国王与大内宝文宜有分别，今拟亲王金宝、郡王饰金银印、朝鲜国王金印，均用芝英篆"。❺

虽然新的朝鲜国王印的篆体制式已被规定下来，但并没有马上就铸颁发。因为此时已非崇德、顺治初期可比，那时为了急于应付时局，不得不打破历史传统规矩，没有在新的外藩国王就位时卡点换印。如今天下已定，乾隆得以从容恢复实施古代外藩王换代换印的传统了。乾隆十三年（1748）十一月下谕说："朝鲜国金印，应袭封时，另换铸造给。"❻

乾隆四十一年（1776）十月二十七日，朝鲜正祖李祘接受清朝乾隆帝册封为新的朝鲜国王。赴朝的清朝使团正使散秩大臣觉罗万福、副使内阁学士嵩贵等向正祖颁授了新的满汉篆文合璧的金印。❼而就在当年的七月份，礼部才开始铸朝鲜国王金印，清宫档案记载：

> 礼部具奏内开铸造朝鲜国王金印一颗，需用银肆成金叁百两，理合奏明会同造办处由内务府支取，仍会同原给发金两官员铸造等因，于乾隆四十一年七月二十三日奏，二十四日奉旨：知道了，钦此。相应会同造办处呈明行文内务府支取银叁成金叁百两，仍派广储司原给发金两官员赴造办处会同监造。所领金两如有余剩，官工于工竣之后据实呈缴可也。❽

顺治年间的朝鲜国王金印被收缴回来，内务府立即作了销毁处理。内务府在奏中提到：

> 总管内务府谨奏准礼部奏准将朝鲜王旧金印一颗委员交送，照例办理等因前来。臣等随令该库官员眼同礼部所委郎中施朝干等将送到之金印弹兑重二百五两，磨验系八成色金。理合奏明照例交该库镕化归类可也。为此谨奏等因。于乾隆四十一年十二月二十七日具奏，奉旨：知道了，钦此。❾

从以上两份档案看，顺治与乾隆时期的两颗印在尺寸重量上大致相同，但含金量却大不相同：顺治时期为八成金，而乾隆时期改为四成金。

乾隆帝新颁的朝鲜国王印，据朝鲜高宗时期《宝印所仪轨》记载：

其印钮为龙首龟身，钮长四寸一分，广二寸四分，高二寸六分；印身则高一寸七分，方四寸，高一寸一分，印台廓高五分。龟钮腹下有印绶穿孔。光绪二年（1876，朝鲜高宗十三年）十一月，景福宫交泰殿大火，烧毁建筑830间，火势蔓延迅速，保管于各殿阁的历代国王手墨及物品付之一炬，朝鲜国王印也被烧伤，进行了修补，烧坏的印钮以银重铸，镀金。❶

顺治、乾隆年间两次颁印，历史背景与环境有了很大变化，对于朝鲜来说，心情上已是迥然不同：顺治时尚心有不甘，而到乾隆朝，已成为了一种习惯性的坐享。

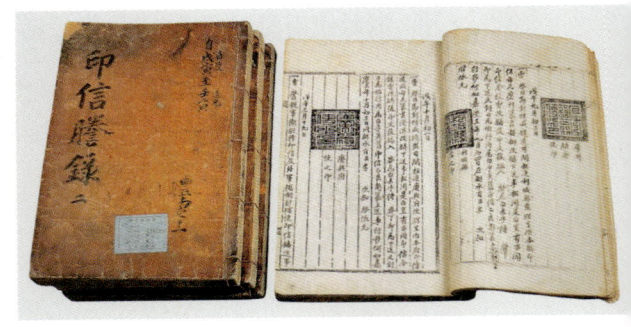

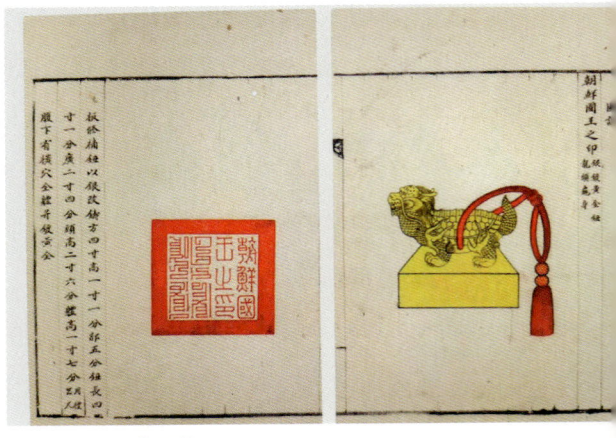

朝鲜《宝印所仪轨》

"朝鲜国王之印"图说

朝鲜国王贺表

朝鲜国王致琉球国王国书

四、清赐"大宝"落寞谢幕

自古以来，朝鲜半岛政权长期称藩于中原王朝，其历代君主的头衔都是王，只有高丽王朝时期曾大量僭用皇帝仪制、施行"外王内帝"之政，高丽光宗也有被尊称为"皇帝"的记录。元朝羁縻高丽、尤其是明初李氏朝鲜王朝以后，朝鲜半岛的君主颇能恪守藩属之道，僭越之举减少。明清时期，朝鲜国王身为中国外藩之王，恪守约定，其国君不得称皇称帝，只能称"王"或"大君"；谕令不得称"诏"；用词也不得使用"朕""孤""寡人"等。传统规定，清朝所颁的朝鲜国王封印是朝鲜国王所拥有的印宝序列中等级最高的印宝，向称"大宝"。

然而，即使在清朝最强盛时期，作为国家"大宝"的清颁"朝鲜国王印"，在朝鲜方面也只被用于对清公文，而其在朝鲜国内的各级公文书，朝鲜国王则都会钤用自铸的系列宝玺；甚至同为大清藩属国，朝鲜国王与琉球国王之间的国书，虽然依例使用清朝正朔年号，但却不钤盖"朝鲜国王印"，而是像对待非清朝藩属国的日本一样，钤盖朝鲜国王自己的"为政以德"之印。[1]

朝鲜对大清剪不断理还乱的复杂情感与心情，实际上在

---

[1] [韩]金文植、申炳周著，林丽、黄义军译《仪轨：朝鲜王室记录文化之花》，社会科学文献出版社2020年版。

民间一直从未中断过，并时起风波。乾隆三十三年（1768），朝鲜儒臣金若行上疏，认为崇祯十七年（1644）以后中国无主，朝鲜独保正统，因此请求朝鲜英祖称帝建元，用天子礼乐。结果英祖贬其为庶人，发配黑山岛，罪名为"托以尊周，欲启邦衅"。[1]

进入近代以来，清朝日渐衰落，环伺的列强加紧挑拨，欲在中朝身上攫取更大利益。与此同时，朝鲜社会民族情绪日渐高涨，朝鲜政府也开始公开实施"外王内帝"的方略。从光绪二年（1876）朝鲜高宗重铸的11方国王印印文来看，虽然当时朝鲜国王尚不敢公然称"皇帝"，但已开始用"宝"。[2]

朝鲜高宗不甘心对外交往中永远使用中国所册封的朝鲜"国王"的称号，从光绪八年（1882）《朝美修好通商条约》签订以来，"大君主"成了他外交场合的公开头衔。"大君主"最早出自英国为了对应清朝的"大皇帝"而对英国女王头衔的汉译，在1858年《中英天津条约》的英国批准书中正式启用，后来固定成为了外交上对欧洲国王的汉译标准。朝鲜高宗选择使用这一称号，弃用"国王"称号，显然自有其深意。此外，朝鲜高宗还开始将自己铸造的"大朝鲜国大君主宝"作为对外国书所钤之印。[3]清廷驻朝大臣袁世凯曾说道，朝鲜高宗"每自谓五百年祖宗以来，无大朝鲜大君主之号，尤无外臣为国使员之盛，今则身享其荣，将无以逾其功烈，直迈乎数十王之上"。[4] 与此同时，朝鲜国王尊称"皇帝"一事也随之提到了议事日程上来。光绪十年（1884）的"甲申政变"中，金玉均等开化党人就提出过"国王称帝"的法案。 翌年，闵妃集团欲与俄国勾结脱离中国，出现了两次朝俄密约事件。闵妃集团认为联俄的最大的好处就是可以称帝，当时驻朝的袁世凯在给李鸿章报告时说："俄党诸闵又极怂恿引俄保护，他国不敢侮，可自尊为大皇帝，不受人节制，王心又移。"[5] 朝俄密约事件平息以后，素以"小班超"自诩的清朝驻朝鲜帮办军务袁世凯特意作《朝鲜大局论》，专门就称帝之议警告朝鲜道："如以不臣于人为自主，是徒取文字之体面，而不顾宗社之沦亡，贾虚名受实祸，朝始称帝，夕已破灭，得失

[1]《朝鲜英祖实录》卷110。
[2]［韩］金文植、申炳周著，林丽、黄义军译《仪轨：朝鲜王室记录文化之花》，社会科学文献出版社2020年版。
[3]《朝鲜高宗实录》卷19。
[4] 骆宝善、刘路生主编《袁世凯全集》卷2，第14页，河南大学出版社2012年版。
[5] 骆宝善、刘路生主编《袁世凯全集》卷1，第159页，河南大学出版社2012年版。
[6] 骆宝善、刘路生主编《袁世凯全集》卷1，第241页，河南大学出版社2012年版。
[7]《朝鲜高宗实录》卷32。
[8] 朝鲜《独立新闻》，1896年6月20日。

之计，判然可知矣！"❻

光绪二十年（1894）中日甲午战争爆发，日本战胜并控制朝鲜后，朝鲜实行"甲午更张"，称帝之声再次大起。日本一力怂恿朝鲜高宗称皇帝，朝鲜虽未予全部采纳，但却已将国王正式升格为"大君主陛下"❼，其他规格也随之水涨船高，比如文书上已称"朕"用"诏"等，唯独尚未称帝。这次由亲日派主导的称帝风波由于朝鲜国内外各方的联合抵制，最终没有得逞。

1896年2月11日，朝鲜高宗李熙率领王族从日本控制的王宫逃到俄国驻朝公使馆，史称"俄馆播迁"事件。"俄馆播迁"事件极大地改变了朝鲜国内的政治力量对比，朝鲜国内的亲日势力受到压制，政局基本稳定，只是朝鲜高宗仍然滞留俄国公使馆，从而又刺激了普通民众的独立自主的民族情绪，一时间，朝鲜朝野舆论开始强烈呼吁朝鲜独立，实行近代化改革，大力宣传独立自主精神和西方的民权法治思想，其影响不断扩大。朝鲜国内某社论中写道："朝鲜人从不知独立为何物，而且对外国人蔑视朝鲜人无动于衷。朝鲜君主曾经每年派使到清国朝拜，取用清国历法，在公文中亦使用清国年号，朝鲜人虽自知属于清国，但数百年间从未考虑洗雪此耻，而一直甘于其属国地位。倘考虑此种懦弱之心理，岂非可悲之人生乎？如提高庶民之地位，首先要提高国家之地位，如提高国家与庶民之地位，其国君主必须与他国君主比肩而立。"❽

同时，朝鲜国内影响力最大的独立协会还在旧日朝鲜迎接中国使臣的"迎恩门"原址上建造"独立门"，又把奉迎清朝"天使"的驿馆"慕华馆"改称"独立馆"，用作独立协会办公室。

建阳二年（1897）2月，朝鲜高宗搬出俄国公使馆，回到汉城（今首尔）庆运宫（今德寿宫）。此后不仅有民间开化派的《独立新闻》和独立协会呼吁称帝建国，代表传统势力的儒生和大臣们也纷纷上疏，引经据典，请求高宗即皇帝位，高宗称帝已经是势在必行了。

光武元年（1897）10月3日，朝鲜高宗李熙"勉强"接受了臣民的称帝请求。10月12日凌晨，李熙举行完圜丘坛（祭天坛）祭天仪

韩国国书

式后，登上金黄色龙椅，接过了新刻制的"大韩国玺"，穿上十二章纹衮冕，正式登基为皇帝，并下诏宣布改"朝鲜"为"大韩"。新启用的"大韩国皇帝宝"等诸宝的制式，基本依然沿用了明清的王印的龟钮规格（没有用龙钮），而造型上更远取明朝之印为准，印文全部为汉字篆字，不再出现满文。

"大韩"的建立，宣告了与中国有长达600年的封藩关系的"朝鲜"已不复存在。从此朝鲜致清廷的国书也开始钤用自主的"大韩国玺"。

1910年（朝鲜隆熙四年）8月，在日本武力逼迫下，《日韩合并条约》签订，大韩帝国彻底灭亡。"大韩"帝国前后仅存在13年，传2帝。虽然根据《日韩合并条约》"大韩"又改回了"朝鲜"，"大韩皇帝"李拓也改回称为"朝鲜国王"，但他实际已沦为日本的殖民地的一个傀儡王。而就在此时，大清帝国也走到了命运尽头，一年后，"武昌起义"一声枪响，宣告了它的寿终正寝。

而那枚曾经作为封藩凭证的满、汉文合璧的"大宝"——"朝鲜国王之印"，也从此彻底退出了历史舞台。新的朝鲜国王自己又铸了一枚汉篆的"朝鲜国王之印"。

而清廷所颁的那方"大宝"在"大韩"立国后，清廷也没好意思要求收回，大韩也无意上缴，留在了朝鲜宫中，

❶《韩国丢了"朝鲜国王之印"在内30枚国宝印玺》，2006年08月30日环球时报网。
❷《李鸿章全集》第10册，第6033页，时代文艺出版社1998年版。

后来下落不明。❶

　　另据新华社报道：2014 年 4 月 25 日，奥巴马前总统曾向韩方归还了一批"大韩"时期的国玺，其中有一枚"朝鲜国王之印"，从该印印鉴看，是汉文尚方大篆（九叠篆），可推断为 1910 年日本侵吞朝鲜后朝鲜国王自铸的那枚"朝鲜国王之印"，大约是 20 世纪抗美援朝战争期间，被美军所掠去。网上有断其为清廷颁封朝鲜国王的那枚"大宝"者，不确。因为，早在甲午战争时，清朝赐封朝鲜国王印已被日本掠走。1894 年日军占领汉城（今首尔）后，朝鲜国王派遣闵尚镐化装穿西服搭轮船前往中国天津，向北洋大臣李鸿章泣诉："五百余年中朝御赐印物，日尽收去。"❷

　　清廷所颁的那枚"朝鲜国王之印"很可能与当年日本从冲绳掳去的清颁"琉球国王印"一样的命运，皆毁于二战期间的"东京大轰炸"中。

第五章 乾隆的官印改革

一、乾隆继承的官印祖产

乾隆生前所刻的众多枚小玺中，有印文为"五福五代"的，豪横而直白，虽不免强烈的自矜之嫌，但确也没人可以否认，他是清代乃至整个中国古代封建社会里最长寿且尽占"福气"的君王之一。这位含着金羹匙降生到人间的官、富二代，一出生就继承了一个经祖辈几代开创建设留下的强大富庶的帝国遗产；在官印制度方面也是如此，乾隆继往开来地开启了清朝官印史上的"后乾隆时代"。

严格地说，清代官印制度是在入关后才真正建立起来的。大清官印制度建立最关键的几年，就在入关初期。当时顺治还是个幼童，而摄政王多尔衮才是大清官印制度的真正缔造者。

清入关前，官印制度与政治文官制度一样，尚处于草萌初期。官印多因需要而设，没有整体构设，唯有几方"汗印""帝宝"，以及若干衙门、将军、王侯印，且全部使用满篆，即使汉臣官印也不

乾隆像

❶《清史稿》卷4。

敬天尊祖印鉴

例外。简单的"宝""印"二级官印构架，以及数量体量的微弱，整个政权的官印制度使人不免产生一种随时都会胎死腹中的担忧。

　　清入关后，政治巨变，清朝由东北一隅的民族政权，忽然成了华夏霸主，面对偌大而陌生的明帝国遗产摊子，为迅速融入治理，稳定江山，不得不全盘接收明朝政治制度，这个迅速的决定，理性而务实。

　　多尔衮摄政期间，在官印制度上做了两件突破性的大事：一是将过去的官印制度推倒重来，迅速构架了新的大清官印体系；二是重新设计了新的"满汉合璧"的印文格式。清入关伊始，顺治元年（1644）六月，率先下谕确定了清朝"铸各官印兼用国书"的官印制度的总基调，七月下谕衣冠礼乐等"近简各官，姑依明式"的全盘沿袭明朝政治制度。❶这显然是一个经过深思熟虑后的举措，也是大清官印制度顶层设计的硬核母本。从此奠定了清朝官印制度建设今后发展的两个基本原则，一是全面继承明朝的"宝—印—关防—条记"四级官印的总体框架；二是坚持完善满、汉文合璧的印文格式定制。

　　在清初摄政王多尔衮精英集团为清朝官印制度定下了基调，打下了基础后，顺治、康熙、雍正几朝皇帝又通过不断地完善、调整，做大做强，其努力与艰辛有目共睹，成绩斐然。

　　首先，在各级机构衙门层面，同步进行了两个方面的革新与推进。一是果断调整策略，继续全面接纳明朝文官制度，并实施满、汉员双设复职制度，迅速建立起了大清的中央官僚体系。包括采取不断限制诸王等管理部务等权力，建立内三院（内阁）、军机处等机构佐理政务，健全官吏考核制度，更定衙署、职官名称，划一品级等措施，强化文官制度体系。并以中央带动地方，不断建立完善地方各级官衙体系。到康熙年间，稳定的大清中央阁、部、院、寺以及内府官僚体系，以及基本稳定了的地方督抚、府州县各级政府的建设已基本完成。包括以绿营兵为主体，全部沿袭明朝的将军、提镇、总兵、副参等各级地方武职的官员体系也逐步建立。而与之配套的文、武职官官印体系也随之基本到位完成。

二是迅速将明朝官印制度强行消化并嵌入清政权独有的八旗系统、包括内务府等特殊衙门的官印制度中，这一举措远比上一种简单的继承要复杂麻烦得多，清廷不得不为之付出了更多的精力与投入。比如在改革旧制与适应新制方面，就曾比照明制民爵体制，对宗室职爵进行汉化的改革。大清的王爵分封，始于崇德元年（1636），至顺治四年（1647）议定："固山额真、昂邦章京、蘴章京、梅勒章京、甲喇章京、牛录章京、噶布什贤章京皆管兵官衔，不论世爵大小有无，授此官者，即照此衔称之。凡箭号等项，亦书此衔于上。其世爵昂邦章京改为精奇尼哈番，梅勒章京改为阿思哈尼哈番，甲喇章京改为阿达哈哈番，牛录章京改为拜他喇布勒哈番，半个前程改为拖沙喇哈番。其在部院官员及各直省驻防章京官衔，仍照旧。"❶顺治十七年（1660），又改固山额真为都统，梅勒章京为副都统，甲喇章京为参领，牛录章京为佐领，昂邦章京为总管。❷

当然，在全面继承明朝官制、不断推进汉化的总方针下，清廷也从未忘记保留满洲自己的特权尊崇与相对独立。比如中央部、院的尚书、侍郎以满员为尊，以及在地方要冲设八旗驻防将军等。另外，在东三省满洲故里，以及新拓少数民族地区也折中办法，因地制宜。尤其是东北和蒙古各部，早在入关前，经太祖、太宗几十年的经营，东北各部女真及内蒙古札萨克二十五部五十一旗已并入版图。清入关后，清

金瓯永固

❶《光绪会典事例》卷1111。
❷《清世祖实录》卷105。
❸《清世宗实录》卷86。
❹ 中国第一历史档案馆译编《雍正朝满文朱批奏折全译》第746页，黄山书社1998年版。
❺ 中国第一历史档案馆藏宫中朱批奏折04-01-030-001-030。

廷继续开疆扩土，康熙三十年（1691）漠北喀尔喀四部八十二旗归属中国，雍正初年，青海四部二十九旗和西藏，相继归服清朝统治。雍正七年（1729）雍正帝曾叹慨："自我朝入主中土，君临天下，并蒙古极边诸部落俱归版图，是中国之疆土，开拓广远，乃中国臣民之大幸。"❸ 这些地方的官僚体系，皆比照八旗旧制，其官印制度也以满、蒙文的王公印制为主。

九鼎

　　从清初官印制度改革总趋势来看，在顺治朝创新充实的"行在印"制度、康熙朝完善的"钦差关防"制度、雍正朝设八旗公所印务处及统一使用官印等制度的改革，都是可圈可点的亮点。同时，有关"封印""开印"，以及铸印、颁印、领印，以及公文用印、印信处罚条例等一系列的配套制度也都陆续形成定制。

　　另外，康、雍时期所产生的一些比较超前的官印改革的灵感与预案，由于时机未到，暂时搁浅，但后来却都在乾隆时期一一得到了实现。比如早在雍正初年就提出八旗官印应统一集中收贮于八旗公所，以及设立专职八旗印务章京"专补设于印务处办事，则事件不致贻误"❹；还有雍正十一年（1733）御史阿琳提出的各省布政使司印色应改革"紫花印"为朱色印的"以臻画一，与部印庶有分别"❺的建议，这些建议均由于各种历史的原因，当时却未能推行，直到乾隆时期才水到渠成地真正得以实现。

　　综上所述，25岁的乾隆继位时，呈现在他面前的已是一个经过近百年的磨砺而成就的基本成形的官印制度体系，而如何继续深化完善，成为了乾隆时期官印制度改革新的主旋律。

二、高宗"鉴宝"

　　乾隆十一年（1746），乾隆举行了一次隆重的以鉴别"传国玺"为重心的"鉴宝"活动。宫中《交泰殿日记档》记载：

乾隆十一年二月初一日，胡世杰传与总管潘凤将交泰殿《宝薮》、《宝档》请交与胡世杰，伺候皇上览阅。

乾隆十一年二月初一日，乾隆下令着总管潘凤将交泰殿所藏宝三十九颗安在养心殿东暖阁，乾隆要亲自察看，于四月十三日乾隆看过之后，下旨将汉玉御前之宝一颗、碧玉无字宝一颗、白玉制诰之宝一颗、白檀香敕命之宝一颗留下，余三十五颗，其中二十五颗与宝薮一册、宝谱一本，着总管王常贵、张玉柱交与交泰殿安设。交泰殿陈设二十五颗宝，盖取《周易》大衍之数二十有五之义，以符天数。另外十颗与宝薮一册、宝谱一本，着胡常保领去送往盛京安奉。……交泰殿宝薮一册、宝谱一本，收贮内阁，用宝时照宝谱字样知会请宝去用。

二月初二日，胡世杰传话与总管潘凤，将交泰殿宝箱请到养心殿东暖阁以伺候皇上览阅，看后交造办处见新，于十二月十八日完工后由白世秀交到交泰殿安设。

二月初五日，张明传话与总管潘凤，要去黄档子一本，宝薮一本，宝目录一本，奉旨：销毁。

二月十四日，首领邓爱贵传旨：交泰殿"受命于天既寿永昌"宝请到启祥宫，交与郎正培，要把旧字磨去，另刻新字样"大清受命之宝"。

乾隆十二年十一月十一日，总管王常贵请来"大清受命之宝"，装入箱内。❶

从档案记载看，乾隆"鉴宝"活动地点在他寝宫内的养心殿东暖阁，"鉴宝"工作的内容，是区分了交泰殿二十五宝与盛京十宝，并下旨将原明朝所遗的"受命于天既寿永昌"宝旧字磨去，另刻为新的"大

清入关初期"皇帝之宝"

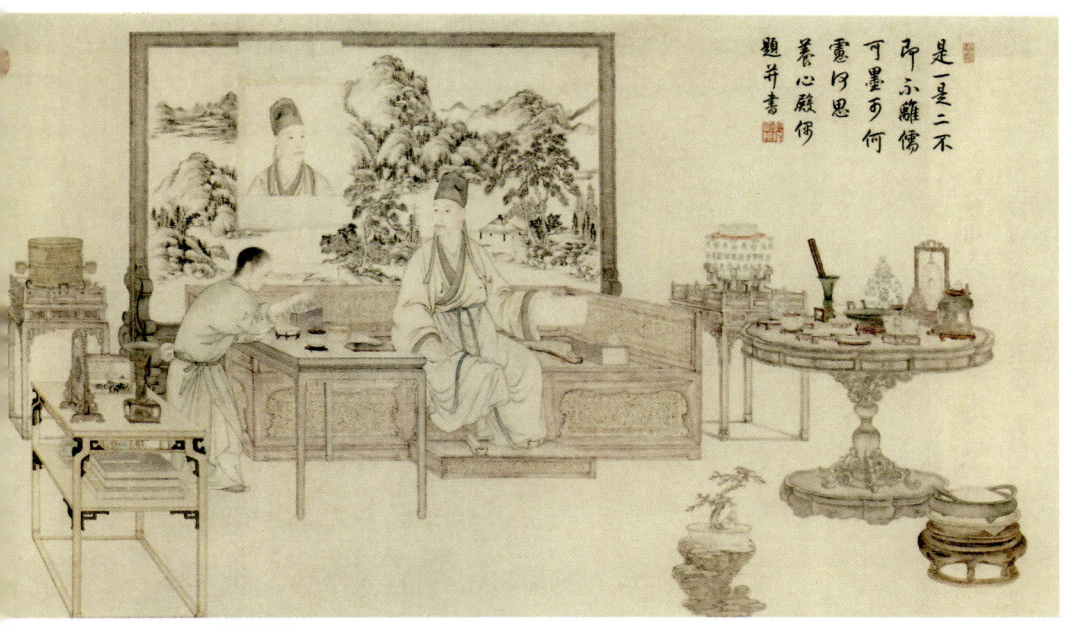

乾隆鉴赏

清受命之宝",此外,还下令及时更换了御宝的宝箱、宝籔、宝谱、宝档等。

关于乾隆这次"鉴宝"的初衷,我们从乾隆御制《国朝传宝记》中可找到基本线索。其文曰:

国朝受天命,采古制为玺。掌以宫殿监正,袭以重襲,承以髹几,设交泰殿中,以次左右列,当用则内阁请而用之。其质有玉、有金、有栴檀木。玉之品有白、有青、有碧。纽有交龙、有盘龙、有蹲龙。其文自太宗文皇帝以前,专用国书,既乃兼用古篆。其大小自方六寸至二寸一分不一。尝考《大清会典》,载御宝二十有九,今交泰殿所贮三十有九。《会典》又云"宫内收贮者六,内库收贮者二十有三。"今则皆贮交泰殿,数与地皆失实。至谓"皇帝奉天之宝"即传国玺,两郊大祀及圣节宫中告天青词用之,此语尤诞谬。……盖缘修《会典》诸臣无宿学卓识,复未尝请旨取裁,仅沿明时内监所书册档,承讹袭谬,遂至于此。甚矣纪载之难也。且《会典》所不载者,复有"受命于天既寿永昌"一玺,不知何时附藏殿内,反置之正中。按其词虽类古所传秦玺,而篆文拙俗,非李斯虫鸟之旧明甚。独玉质莹洁如

① 王子林《明清皇宫陈设》第56~58页,紫禁城出版社2011年版。

截肪，方得黍尺四寸四分，厚得方之三。以为良玉不易得则信矣，若论宝，无论非秦玺，即真秦玺，亦何足贵！乾隆三年，高斌督河时奏进属员浚宝应河所得玉玺，古泽可爱，又与《辍耕录》载蔡仲平本颇合。朕谓此好事者仿刻所为，贮之别殿，视为玩好旧器而已。夫秦玺煨烬，古人论之详矣。即使尚存，政、斯之物，何得与本朝传宝同贮？于义未当。又雍正年故大学士高其位进未刻碧玉宝，一文未刻，未成为宝，而与诸宝同贮，亦未当。……玺玉自古无定数，今交泰殿所贮，历年既久，纪载失真，且有重复者。爰加考正排次，定为二十有五，以符天数。并著成谱，而序其大旨如此。❶

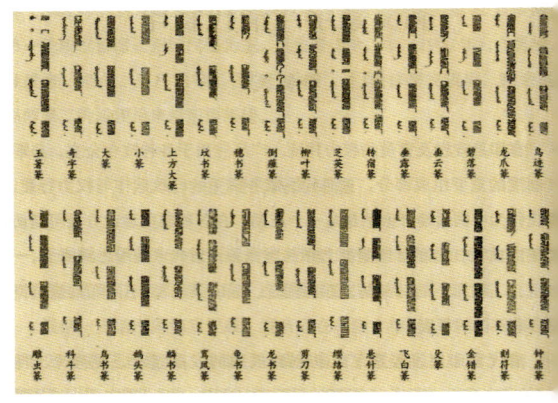

乾隆御制三十二体满文篆字

八旗逐射

通过上文，足以准确地把握到乾隆本次"鉴宝"的主要思路。乾隆认为由于前朝百年积淀，大清御宝制度发生了严重混乱，已到了不得不清理的地步。一是御宝的账目不清：据《大清会典》所载，乾隆继位时，宫中收藏的各种御宝已多达29方，分贮于宫内与内库，"历年既久，纪载失真，且有重复者"，而实际的情况比这还要混乱，档案记载当时交泰殿所贮御宝已达39方之多，数目与贮存地点也均与《大清会典》记载不符。二是御宝的鱼龙混杂：不但出现了无印文的玉宝混杂于其中的情况，甚至一方来路不明的伪秦传国玺竟然被放在了正中的位置。三是御宝的定位、功能和使用并不明确，虽然康、雍两朝《会典》载有明确规定，但却囫囵吞枣，模棱混淆，比如将"皇帝奉天之宝"奉为首席"传宝"，殊难以服众；而各御宝在实际使用中，往往出现内阁诸臣根据自己的经验与好恶提议使用国宝御玺的情况，以致皇帝在发布诏令文书用印过程中出现不必要的混乱。

❶《清史稿·舆服志三》卷79。
❷《清太宗实录》卷32。

以上只不过是乾隆以之示世的字面意思，实际上，乾隆这次"鉴宝"还有着更深一层的用意。

这次"鉴宝"活动，是乾隆构思已久的重振满洲文化系列活动中的一个内容环节。其主因更是源自乾隆内心深处的一种隐忧与自警。

民族的"异化"与"同化"，是个很古老的话题。而对于"汉化"的担心，早在入关前就已开始严重地困扰着清朝统治者。清朝自身曾走过一个"女真同化"——即从女真部落走向满洲政权的蜕变历程。后金时期，统治者通过将蒙古、朝鲜、尼堪（满文 nikan，汉义为汉人）等民族编入满洲八旗，强行"剃发易服""国语骑射"等措施，在服饰、语言、心态乃至行为等方面，成功地熔冶出了一个新的"满洲"族群文化与政权。崇德元年（1636）年底，清太宗皇太极曾组织过一次高层领导干部集体扩大会议，要求所有与会的亲王、贝勒、固山额真、文馆大臣等，认真阅读《金世宗本纪》，他提醒到：金世宗是历史上最伟大的君主之一，人称"小尧舜"，在金太祖、太宗开创盛世后，金熙宗"效汉人之陋习"，导致金朝一度衰落。而世宗即位后，禁止子孙仿效汉人习俗，从而使金朝的武功得以长盛不衰。皇太极强调："朕发此言，实为子孙万世之计也。在朕身岂有变更之理？恐日后子孙，忘旧制，废骑射，以效汉俗，故常切此虑耳。我国士卒，初有几何？因娴于骑射，所以野战则克，攻城则取。"❷

清入关伊始，出于对"汉化"忧惧，清廷甚至不惜采取极端暴力手段，强行逼迫汉人剃发、易服，并通过设立八旗居住特区，人为施行民族隔离；在官僚制度建设上，强调满前汉后的职官排序规矩，并强行实施汉人习学满语、以满文考核官员、举行满语科举考试等措施；在公文、官印方面则坚定不移地推行满汉文合璧的制度。

然而，进入中原后，在清朝又逼不得已沿承明制政策，推崇汉族强大文化背景下，旧的满洲文化与生活方式很快就受到了巨大影响并出现瓦解裂璺。

顺、康、雍以来，虽然历朝皇帝都一直强调满洲"乃国家之根本"，针对八旗的严重退化，不断下谕明确警示，明确了尤其要警惕满洲人在国语（清语）与弓马（骑射）方面的全面破防与衰退，并针对性地做了许多工作。但实际情况是：入关百年后八旗战斗力已日渐下降，早在康熙朝"平定三藩"时八旗的清军主力地位已被绿营汉军所代替。另外，由于满语创立时仓猝而造成的本身粗砺，在文化与历史积淀等方面，根本无法抵挡传续了几千年的汉语文化强势碾压，许多沉迷于汉文化的八旗子弟已基本失去了"国语"（满文）的习读的能力。为此，虽然深怀忧患的清朝列帝们做了许多补救措施，比如建立常例的"木兰秋狝"等行围骑射制度以保持八旗作战能力，建立官员满语（国语）考核制度，设立满语学校等，但都收效甚微，不免使人扼腕横生"无可奈何花落去"之慨。

——昔时满洲同化别人，如今又被他人同化，都是历史的必然与无奈。

乾隆继位伊始，即以重振满洲为最重要的国策之一。他首先从文化入手，开始重新构建满洲的新历史叙事与文化扩张体系。他重修了五朝《实录》，对前清的历史进行了别有用心的篡改与修饰，不惜以美化虚构来激励鼓舞满洲后人；此外，又钦定新的满语十二字头，以图丰富满语文化内涵，推广满洲图书，希望重振满洲文化。

也可能是受到重修前朝五帝《实录》的启发，乾隆意识到有必要对先帝们重要的国宝遗物进行重新评价。

对于这次国玺典制的重新厘定，乾隆很看重，首先明确了国宝定义："夫天子宸章，择言镌玺，以示自警，正也。"❶同时画出了清厘标准："盖天子所重，以治宇宙，申经纶，莫重于国宝，而涉笔记事之玺，即其次也。"❷

通过此次清理皇帝宝玺，乾隆至少达到了以下几个目的。第一是方便了今后国宝的使用。通过清理，确定了主要功能的25方宝玺存放在交泰殿统一保管、划一使用；第二是明确了国宝在交泰殿与盛京两地存放的制度，解决了过去宫中内库与交泰殿混乱收藏的现象；第三是借机澄清消弭了一些历史积案，如将交泰殿中世传的大清"传国玺"从六枚变成了四枚，并趁机将一直饱受

❶《高宗御制文集》卷八《嘉靖玉印记》。
❷《高宗御制文余集》卷一《匣衍记》。

争议的"元传国玺"销毁,还改刻新的"大清受命之宝"等;第四,也是最重要的,再次强调并普及了国宝在国家统治中的重要性。

三、国家官印改铸工程

重新清厘国宝后,乾隆接下来对国家官印进行了又一更大的改革。这很可能是早已提前预设好的。

清代官印制度发展到乾隆时期,已基本成熟,但也存在着一些不尽如人意的情况。其中最大问题是官印中满文印字的问题。清入关

龙首

前,官印皆用满篆。清入关后,由于时间仓猝,来不及从容细划各级满文篆体,因此在推行满汉合璧式的官印时,采取了满楷汉篆的基本格式,官印的满文从篆体变为楷字,实际上是一种倒退。而官印中合璧的满文楷体与汉文篆字种种的不匹配,很快就成为朝野议论的焦点,随着清朝步入盛世,这一议论日益引人瞩目,无疑强烈刺激着乾隆等清朝统治者们的自尊心。

因此,一向以儒帝自诩的乾隆决定研发新的满文篆字,并很快收到了成效。

乾隆十三年(1748)九月,协办大学士傅恒等上奏:

窃惟字学为文章之祖,篆书复真草之原,指事象形,无体不备。我朝文明光启,肇建国书,得天地之元声,兼图畴之奥旨,我皇上神姿天授,圣学渊深,制作集古今之成典谟,驾虞夏而上,特命臣等将国书仿各体篆法翻写成字。臣等祗奉明纶,钦遵办理。伏查篆文肇于颉籀,沿及斯邈,有五体、六体、八体、十体五十六种十二家之目,或铭钟鼎,或著简编,世远年湮,已多散佚。今考金石所垂,尚有三十余体可供摹仿。惟是翻写宜有成书,而典籍浩繁博综匪易,臣等伏读御制《盛京

赋》，囊括群言，包罗万汇，义蕴既富，字数复多，应请即以《盛京赋》清汉正文缮写各家篆体，冀藉云汉之华，用增芝蕙之重，并请特简大臣经理其事，遴选满汉儒臣给之笔札，敬谨缮录进呈，仰候睿裁，庶足垂艺苑之鸿文，作墨林之瑰宝。为此谨奏请旨，伏候训谕遵行。❶

　　傅恒等人此奏，实乃出于乾隆的授意，毕竟，御制《盛京赋》等不过是上层小圈子中的雅事，而乾隆的真实意图，却着眼于大清帝国庞大的官印系统的维系与经营。很快，一个重大的官印改铸再造工程就浮出了水面。是年九月十二日，内阁奉上谕：

　　我朝国书音韵合乎元声，体制本乎圣作，分合繁简，悉协自然。惟篆体虽旧有之，而未详备。宝玺印章尚用本字。朕稽古之暇，指授臣工肇为各体篆文，儒臣广搜载籍，援据古法，成三十二类，且请以朕制《盛京赋》缮成清汉篆文，既广国书，并传古篆，足以昭示来许。著允所请，即以傅恒、汪由敦充总裁官，阿克敦、蒋溥充副总裁官，慎简校对缮写人员，速竣厥事。钦此。❷

乾隆关于清厘"国宝"的朱改上谕

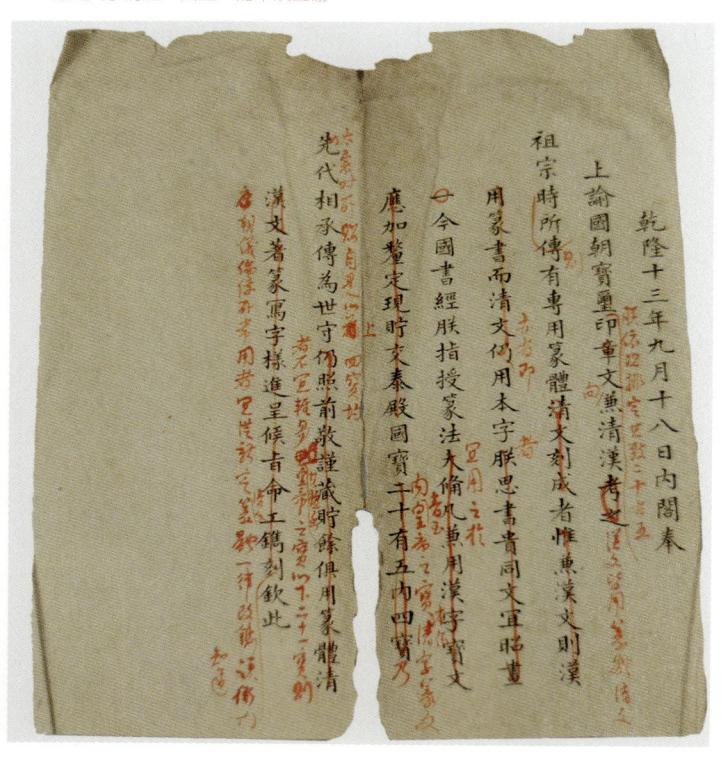

❶《清高宗实录》卷317。
❷《清高宗实录》卷317。
❸ 见插图"乾隆关于清厘'国宝'的朱改上谕"，中国第一历史档案馆藏官中档"原三号楼"306。

显然，此前乾隆早已做过很长时间秘而不宣的准备工作，当他适时抛出了亲自"指授制成"的满文篆字共三十二种，举世皆惊愕不已，叹为天授。

紧接着，同月十八日，乾隆再下旨，明确了国宝使用新满篆的制度：

> 国朝宝玺朕依次排定其数二十有五，印文向兼清汉，汉文皆用篆体，清文则有专用篆体者，亦有即用本字者。今国书经朕指授篆法，宜用之于国宝。内青玉皇帝之宝本系清字篆文，乃太宗时所贻，自是以上四宝均先代所承传、为世守者，不宜轻易。其檀香皇帝之宝以下二十一宝则朝仪纶綍所常用者，宜从新定清文篆体，一律改镌，该衙门知道。钦此。❸

按照乾隆的总规划，本次满文改篆工程不仅限于国宝御玺，而是自上而下、由中央到地方，层层渐次推进，最终完成全国将各级官印的满篆改镌。内阁拿出的具体实施方案是："宝印改刻清篆，臣等业已遵篆法，拟文呈览，已蒙训定。查亲王金宝、郡王金印，惟在各府尊奉，向无钤用之处，交该衙门行令诸王，各将宝印送礼部照式改刻。朝鲜国王

大学士傅恒等关于改镌满文印篆的奏折

> 大学士傅　等谨　奏为
>
> 首事谨查
>
> 本朝定例
>
> 玉册宝文俱将玉册篆亲王郡王册宝文等王印文朝鲜国王印文亦系
>
> 大内宝文及内外武职门信关防条记大小衙门印信关防条记俱係
>
> 上方大篆内外武职大小衙门印信关防条记俱係柳叶篆
>
> 等伏思亲王郡王朝鲜国王宝文印文与
>
> 大内宝文宜有分别今拟亲王郡王朝鲜国王用芝英篆外国王及内外二品以上文职衙门仍用上方大篆内二品以上外一品武职衙门仍用柳叶篆其内通政司大理寺外布政使按察使以下文职内泰领外副泰以下武职衙门臣等量其品级酌拟篆文缮
>
> 写清单并将三十二体篆文敬谨缮写恭呈
>
> 御览伏候
>
> 睿鉴训示遵行其亲王郡王及内外文武大小衙门印信关防条记作
>
> 何更换之处臣等另行定议具奏为此谨
>
> 奏乾隆十三年十月二十一日奉本日奉
>
> 旨好钦此

金印，应袭封时另换铸给。内外文武衙门印信，请先改铸内部、院、领侍卫内大臣、八旗都统；外督、抚、藩、臬、将军、都统、提、镇，余依次改铸。"❶

　　为避免影响正常的公务，交泰殿御宝及六部堂印等重要的宝、印的改造，均选择在是年年底至次年初的"封印"期间进行。乾隆十三年十二月二十九日和硕怡亲王弘晓等奏改镌宝玺一折奉旨："著交来保，此系封印之际，宝玺理应先用，着交出速行镌刻，于次年开印后应用。其部、院衙门印信，亦着速行改铸，于次年开印后应用"，除了交泰殿21颗御宝外（交泰殿前四宝为"传宝"，已奉旨不用改刻），礼部还统计了在京部、院及各衙门堂印共31颗"作速督令上紧铸，务于开印前告竣"。❷

　　乾隆对满篆改写十分上心，凡御宝以及宫中后妃之宝印的改篆印模，都要送乾隆亲自过目，并直接签署修改意见。如乾隆十四年（1749）正月初八日，乾隆下旨："翰林院篆写摄六宫皇贵妃宝式、贵妃宝式进呈，奉旨：清文贵妃字样着连写。"此外，"天子"的满篆也被乾隆命令连写。❸

　　这次由国宝改满篆引起的大规模官防印章的改镌满篆工程，前后历时达三年之久，在乾隆的主持过问下，一切工作均由中央负责，除帝后御宝的改镌由内务府与内阁参与负责外，一切天下印信关防的改铸改镌均由礼部统一负责管理。为此，礼部铸印局不得不临时加雇匠役，按照

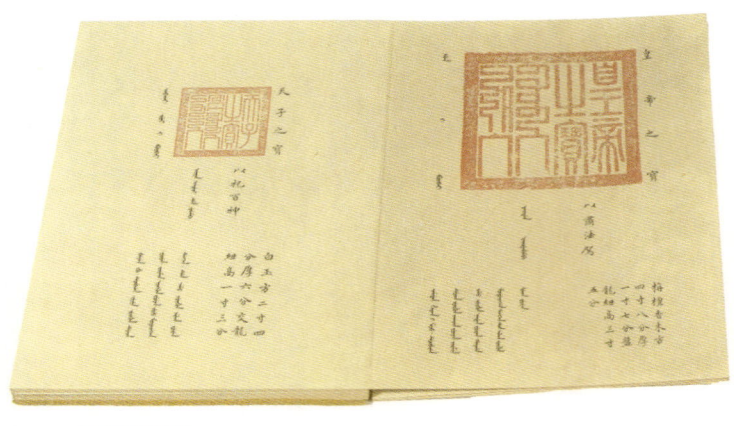

所宝惟贤

《交泰殿宝谱》

《交泰殿宝谱》中御制序（局部）

内阁拟篆的印模加紧赶制，所有铸印所需银铜煤炭及加雇匠役的工价等则由户部与工部支取。乾隆根据以往汉篆工作情况，预计每日可绘制印模八、九方，随篆随铸，预计每年可得三千余。全部估计约三年可以完竣。据官方统计，仅各衙门印信关防改铸改镌就达上万颗。

既然乾隆已设定了总时限，礼部等相关部门便开足马力全部投入，加班加点地日夜赶工。但毕竟工程量过于庞大，紧赶慢赶，时间上还是迟滞了一些。至乾隆十七年（1752）所有印信关防图记才全部照数完成。

乾隆十八年（1753），已改铸毕的各种印信关防等开始颁发各省，乾隆限期四个月，将所有旧官印镌字注销封固缴部。

在此，有几点需要说明：

一是，这次所改铸官印，并不是整个大清帝国官印的全部，由于少数民族地区的官印数量浩大，又牵涉民族文字是否改篆等问题，因此没有被纳入本次改篆工程。乾隆的折中方案是：漠南、漠北、漠西蒙古，以及西藏、青海等地各级政教官印，大率多为满蒙汉、满蒙汉藏合璧，甚至包括满汉托（忒文）、满托（忒文）察（哈尔文）合璧

❶《光绪会典事例》卷321。
❷ 李光涛、李学智《明清档案存真选辑·二集·附录：蒙写满文》附录图版第十一，台北"中央研究院"历史语言研究所专刊，1973年版。
❸ 中国第一历史档案馆藏《内阁簿册》房2732。

者，由于目前蒙古文、唐古特文（藏文）等尚没有相配的篆文，故所有官印依旧使用本字，不必再改篆重铸。同时，即使在京城及各直省，一些低级衙门机构的图记等"小印"也没有完全纳入本次改铸的范围。此后，乾隆又做了部分延续性的补救工作。

二是，整个印篆改铸工程并不只是简单地改篆重铸。实际上这次改铸与此前乾隆帝的满文改革是一脉相承的。我们知道，乾隆十二年（1747），通过重新颁布满文十二字头，许多衙门的满文名称也都做了更变。比如满文"宗人府"，过去只是简单音译为"dzung rin fu yamun"（宗人府衙门），而此后则采用义译为"uksun be kadalara yamun"（管理宗室的衙门）。而新改铸的各衙门印章采用了新的衙门满文译名。

三是，借助本次官印改铸，乾隆还对过去的官印制度进行了进一步的规范与补充。比如官印的领送缴销制度规定问题。过去每值官印铸成后，须凭地方官凭札或文批，派差役前往吏部（文职）、兵部（武职）领取。由于路途遥远，每每发生意外。乾隆七年（1742）规定各省印信关防，文官自州县以下，武职自副参以下，均停其专差赴部领取，发交各省驻京提塘，限期赍送。在赍送过程中，印面要用重纸密糊胶封，在骑缝处盖印。地方官收到后，要将开用官印的日期报部覆查，以防迁延违限或篡改等弊病滋生。乾隆十六年（1751）在全国官印改铸工程中，又覆准：铸印时在印边无字处多留一角，等到本官领受开印时截去此角，磨平开印。不久又更进一步规定："印信关防于铸造之时，四角各留一柱，俟赍到本官截磨开用"。❶ 从此定立了官印启用的"截角缴销"的制度，直到今天还在沿用。

诚然，本次改铸造满篆印的工程，也是乾隆帝隆重宣传满洲文化、塑造形象的一个绝好的机会。他所创造出的三十二体满文篆书，均源于对历史上汉篆诸体的借鉴，但已远远超出当时流行的汉文篆体整体数量。虽然，现实中真正被用于官印印篆的也就十种左右，其他篆书，多为踵事增华，基本无用武之处。以多取胜，也尽显了乾隆帝好大喜功、自夸于世的一贯作风。

另一方面，乾隆对于铸颁印信关防一事，显然有着自

❶《光绪会典事例》卷321。
❷ 中国第一历史档案馆藏《乾隆朝上谕档》第623盒第1册。

己的理解与适当调控，也并非一味地多多益善，以多取胜。乾隆三十四年（1769）十月，乾隆在一份上谕中沾沾自喜地提到："此前平定准噶尔回部时，除给发印记之将军大臣外，其余派往文武各员不能携带印信者，亦俱以无印文书彼此移行，并未见有贻误之处。"❷

乾隆帝花了五年时间，对全国官印上至皇帝御宝、下到州县印记进行了大规模改铸再造工程，不仅是大清官印史上的一件大事，也是清代政治制度史以及文化史上的一件大事。相比于乾隆自诩的所谓"十全武功"，其对历史的影响也堪称并驾齐驱。

四、"图记"转正

江西提督左营随征福建右路
镇标委防诏安副将苏升图记

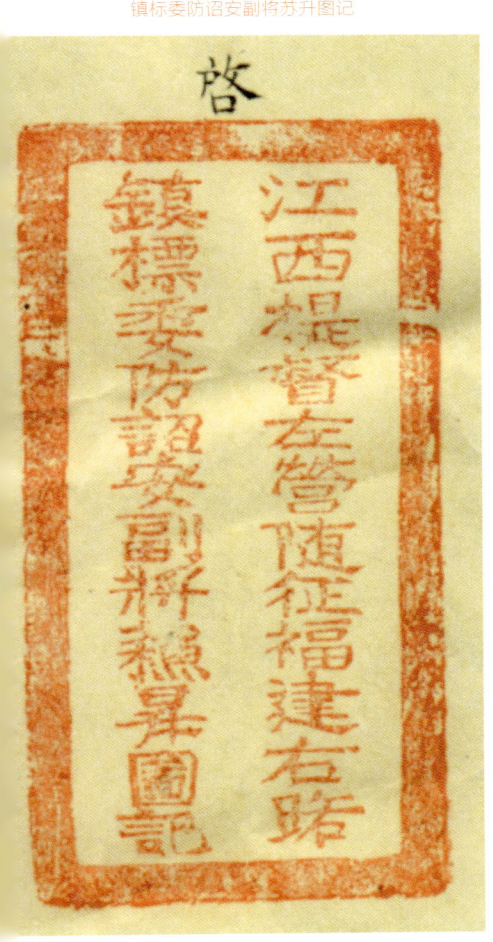

乾隆四十七年（1782）十一月十四日，江南道监察御史庆龄上了一份关于"奏请更令佐领衔记相符以昭信守事"的奏折，内容如下：

窃查一切印信关防，篆文俱兼清汉，惟各旗佐领向因办理旗务俱系清文，是以图记止用清篆，至于书写官衔，则与篆不符，篆文系某甲喇第几佐领，而书写止云某人佐领，并无第几字样，不但清篆辨别甚微、恐难遍识，其某人佐领即系某甲喇第几佐领之处，数多重复，亦难记忆。相沿已久，似应略为更变。奴才伏思，佐领图记不但承领官员兵丁俸饷等项用以为凭，即该管旗人典卖房地等事，尤赖为据。近闻有不肖旗人典卖假产、或凭空借贷，不敢向本佐领求用图记，即贿用别佐领图记骗人。此等之案，皆由于图记难辨之故。所有佐领图记，请令兼篆清、汉，以便识认，并请勒下各旗，嗣后佐领官衔，均照篆文书写，不得仍前写某人佐领，庶可一目了然，不致混淆。但各

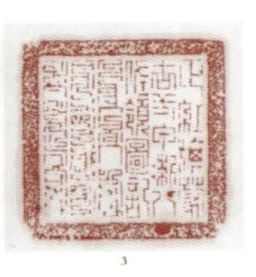

清代佐领图记　　　　　　　　　　　　　　　　　　别有风趣 清 胡钁

旗佐领图记甚多，如概行改铸，不惟有需时日，而且靡费工料。查现在图记棱角沿皆完好，面大一寸七分有零，而厚有五分，锉去一分，旧字即平，并不甚薄。至于兼清、汉字数较多，将四面印边比旧式稍窄分余，字画亦即舒展。是以止须锉平改镌，无庸另造。如蒙俞允，其汉文应用何篆、图记如何递更送部，送部后各佐领如何暂行兼用之处，由各该衙门查明办理。❶

清代入关后，一直沿用前明"宝—印—关防—条记"四级结构的官印品级制度。因此今人看到《康熙会典》《雍正会典》中，还都是在恪守着四级官印的分类框架，尚未提到图记。

然而，于这四级官印分类之外，在广阔的现实公务活动空间中早已普遍存在着一种半官半私性质的"图记"踪迹。

至少清前期，图记无疑还是具有私印的性质。《雍正实录》记载：雍正二年七月上谕内阁："嗣后转传谕旨之人，各令缮录一通，用印交与奏事人等记档。如系无印之人，则各用本人图记，于每月奏事处一并缮录汇奏。"❷此谕中所说的"本人图记"，当然是指个人私印，可知雍正时期，尚认为图记有公私之分别。当然，通常这种被官方容忍认可的图记，一般都是带官衔的印章，笔者在康熙朝档案中曾见到过一枚"江西提督左营随征福建右路镇标委防诏安副将苏升图记"印鉴，❸此图记为汉文楷书，并不符合正式官印满、汉文合璧的标准，图记中将人名"苏升"刻入，更具有强烈的私人图记特征。这应该就是清初图记由私人图记向官印图记过渡时期的原生状态。这一时期的钤职衔的

❶ 中国第一历史档案馆藏军机处录副奏折03-0190-2944-038。
❷《清世宗实录》卷22。
❸ 中国第一历史档案馆藏内阁《三藩史料》卷77。
❹（清）福格《听雨丛谈》卷五《图记》第131~132页，中华书局2016年版。

图记，在不具备正式官印的条件下，在公务活动中也被认可，只不过它们多为私刻，并无必要走报部统一申请、由礼部铸造颁发的流程。

关于图记的出处，清福格《听雨丛谈》记：

> 印信之名，长形者为关防、为钤记，方形者为印。等其品秩，别其正贰，有银质、铜质、木质、大小之分。惟满蒙汉八旗佐领之印曰图记，与各官之制不同。按明季仁宗即位之初，特赐少傅蹇义、少保杨士奇、太子少傅杨荣、太子少保金幼孜银图书各一，其文曰"绳愆纠缪"。凡政有阙失，悉用此印密疏以闻。今之以图记为印之名，固本于此矣。❹

福格所记，仅是述其大概，实际上当时除了八旗系统外，"图记"还大量存在于其他各级衙门中，且其形状、文字、材质也各不相同。

不过福格有一点说得很明白，就是"图记"确实起源于半公半私的印章。

实际上，在清初"图记"一词更多地活跃在满洲人的习语中。在满文中"图记"与"图章"实为同一个词：temgetu。

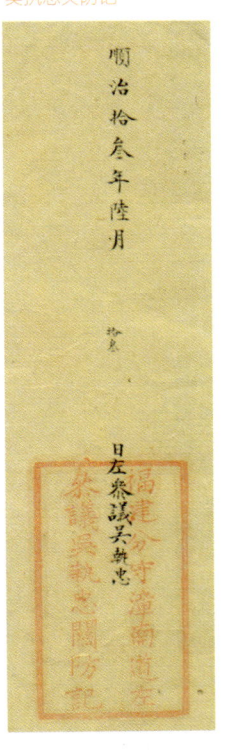

清入关之初，迫于时势，不得不强行消化接纳前明的四级官印体系。这对于其所继承的原明朝汉化的官僚系统来说，一一对位，尚属容易，但对于那些原生的满洲官职衙门，生硬地对位套用，难免夹生违和。因此在八旗以及内务府等满洲原生的官衙系统中，除了上层官员对等套用了汉化的"印""关防"等以外，大量低级的衙门与职吏，一时也无法立即严谨地解决官印的命名与排序，给予了这种半公半私的图记在行政公务活动中野蛮生长及流行的空间。

要之，在开放性的公务活动中，图记也自动生成了一套尊卑有别的自然秩序与生态。例如在内务府等机构中，即使同为图记，也各有区别：有纯汉文的图记，如"养心殿造办处图记"，也有似乎更正式一些的满汉文合璧图记，如清宫中"中正殿念经处图记"等。有趣的是：这方满楷汉篆合璧的"中正殿念经处图记"中的满文，又只铸刻了

福建分守漳南道左参议吴执忠关防记

"hvlarl bai temgetu"〔汉义分别为：诵（经）、地方（处）、图记〕三个词，而满文"中正殿"三字却被人为空缺了；另外，从原图记印面的空间设计上看，汉篆八字呈两列，满楷三字只呈一列，满汉文对照，显得也很不对称。这一典型例证，也透露出了直到乾隆前期，图记还处于非正式过渡阶段的微妙处境。

清内务府"升平署之图记"

诚如庆龄在奏折中所提到的，这些图记，显然并不符合《会典》的规定，并不是满汉合璧，而且印信的题名也不规范。另外，从清代档案记载来看，其他衙门的图记也有独用汉文，且不兼满文的情况，而在八旗系统，则只是简单的满文而已了。

对于庆龄的上奏，乾隆没有及时回复。毕竟这是一件牵涉到整个大清官印制度的大事。但显然，庆龄十分中肯的建议已打动了乾隆。别的不说，仅以八旗佐领而言，都是国家正四品的武职官员，竟然还在长期地使用不公不私的"图记"，对"英主"乾隆来说，这也算是个耻辱吧。

乾隆五十年（1785），乾隆终于下定了决心，下谕：

近有不肖旗人，竟有私镌佐领图记撞骗之事。因八旗佐领图记止镌清文，易于假摹，而人又难于辨别，以致若辈敢于如此妄行。各衙门印篆文，俱兼写清、汉两体，若将八旗佐领图记亦刻两体篆文，人既易于辨识，庶假摹之弊，亦可以杜绝。着交留京办事王大臣及该部酌议，如改铸便宜，即将八旗佐领图记改铸两体篆字，换给应用。或可去其旧有字迹，另铸两体篆字之处，详筹定议具奏。❶

相关的办事大臣及礼部于是遵旨议定：请求先从八旗系统入手，一次性地就将1300余颗八旗佐领图记进行了改镌。其方法一同庆龄的建议，"止需剜去旧有字迹，改铸清、汉两篆"。为了加快速度"至镌字匠役不敷应用，由部酌量于五城移

❶《光绪清会典事例》卷321。
❷《光绪清会典事例》卷321。

取数名，每名日给工银一钱五分四厘，以次赶办"。❷

乾隆改铸八旗佐领图记事件，在清代官印史上影响深远。它标志着"图记"从此正式加入了清朝官印的体制系列。也就是说从这时起，乾隆终于完成了清代"宝—印—关防—图记—条记"五级的官印体系的总体拼图，五级官印体系也从此被明确写入了《大清会典》。

翻阅大清官印制度发展史，我们清晰地看到：从天命、天聪前期的一级"汗印"，到崇德年间的"宝""印"两级区分，再到顺、康时期的"宝""印""关防""条记"四级官印，最后在乾隆晚期"宝""印""关防""图记""条记"五级官印体系最终的确立，清朝官印制度一路走来，终成正果。

五、皇史宬钦命将军印

乾隆在清代官印史上有两部重要文献，一个是《交泰殿宝谱》，另一个是《皇史宬将军印谱》，二者皆为乾隆亲自鉴定，御制序言，定制印谱，并尊藏于清宫之内的传世之作。

《皇史宬将军印谱》中的"将军"是指清廷的钦命将军。

钦命将军，又称挂印将军，历史上被视为国家最高军事统领，享有最高的荣誉与权力。明朝正德皇帝曾自封"总督军务威武大将军"，以满足自己的虚荣心。

在清代，钦命将军级别也最高，通常国家遇到重大战事，由皇帝专门任命颁印，事竣撤回，其将军印也交回朝廷统一收贮。

清代的钦命将军，最早出现于崇德三年（1638），皇太极命睿亲王多尔衮为奉命大将军、贝勒岳托为扬威大将军，率军分路伐明。后顺治元年（1644），清廷又再次授命多尔衮为奉命大将军，举全国之兵"西征"入关。清

"剿抚湖南将军之印"印鉴

《皇史宬将军印谱》

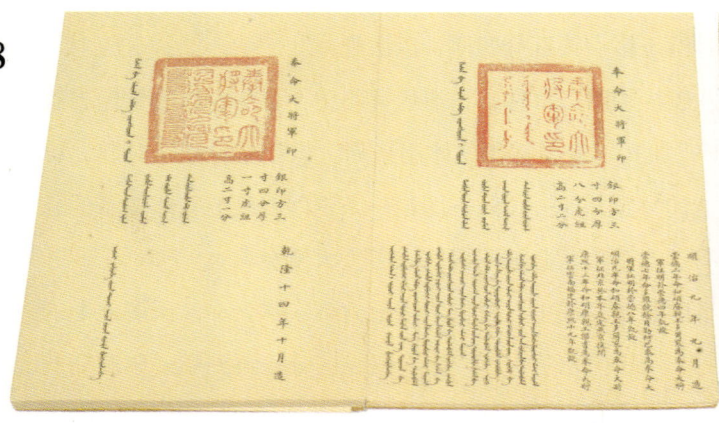

定鼎北京后，为征服统一全国，又曾多次任命各种钦命大将军，如英王阿济格就曾先后被封为"靖远大将军""平西大将军"等。

清入关后，钦命将军的任命越来越繁，钦命将军印的管理一度出现了紊乱不调。顺治十二年（1655）十二月，清廷有意识地进行过一次清厘，固定下了五十六个将军印。❶ 同时也基本固定了此后钦命将军的任命与印信使用的基本法则，使得钦命将军印从此作为重复循环任命的资源，由清廷统一任命颁授、收缴、管理。

清朝的钦命将军印一般可分为三个级别：即大将军印、将军印、副将军印。顺治时期的钦命大将军与钦命将军，是由朝廷根据情况随机任命，往往各行其是，相互间没有严格意义的上下级关系区分。

然而到了康熙时期，情况发生变化。比如康熙时期"平定三藩"战争如火如荼地展开后，根据实际情况，清廷与时俱进地改革了各级将军的任命与统属关系，为了统一行动，开始将将军直接归属大将军辖下。康熙十三年（1674）八月谕兵部："诸路大将军止各给一印，倘分兵赴剿，别无印信，则招抚贼寇、宣谕百姓，及调遣防守地方，两军移会机宜何以为凭？其再给大将军顺承郡王勒尔锦印二，至大将军康亲王杰书处有将军赖塔印一，再给印一；大将军贝勒尚善处有将军尼雅翰印一，再给印一；大将军贝勒董额处既有将军赫业、瓦尔喀印二，不必另颁。若分兵他往，即以所颁印信付统兵者，复合一处则收回所颁，止用大将军印。"❷

❶《清世祖实录》卷96。
❷《清圣祖实录》卷49。
❸（清）朱彭寿《旧典备征·安乐康平室随笔》第17~18页，中华书局1982年版。

皇史宬外景

　　另外，同一颗将军印先后被不同人使用的情况也越来越普遍流行起来。据清人笔记《旧典备征》统计，康熙、雍正两朝，曾有9人先后被任命（署），使用过"抚远大将军"印。分别为：鄂札（信郡王，康熙十四年三月任，征察哈尔）、图海（大学士，康熙十五年二月任，征陕西）、福全（裕亲王，康熙二十九年七月任，出古北口会征噶尔丹）、费扬古（领侍卫内大臣，康熙三十四年十一月任，征噶尔丹）、允禵（皇十四子，康熙五十八年十月任，征西藏）、延信（辅国公，康熙六十一年十一月署，代允禵）、年羹尧（川陕总督，雍正元年十月任，征青海）、马尔赛（大学士，雍正九年七月任，往归化城办理喀尔喀防守事宜）、崇安（康亲王，雍正九年七月署，代马尔赛）。③

　　到雍正时期，又出现了钦命副将军印。

　　乾隆中期以前，还出现了钦命将军转为地方驻防将军的情况。雍正十一年（1733），清廷为征伐准噶尔部设置定边左副将军，统领蒙古喀尔喀四部兵丁。乾隆初年灭准噶尔，又平阿睦尔撒纳，定边左副将军遂成为管辖喀尔喀四部、科布多和唐努乌梁海事务的驻扎大臣。因其长驻乌里雅苏台，又称为乌里雅苏台将军。乌里雅苏台将军统辖的军事区域大致相当于今蒙古国大部（除苏赫巴托尔省等地）；俄罗斯图瓦共和国、阿尔泰共和国、阿尔泰边疆区东南部、哈卡斯共和国西部和克麦罗沃州南部；中国新疆阿勒泰地区北部；以及哈萨克斯坦东哈萨克斯坦州东部一隅。地域辽阔、"印务綦重"，该将军印长久滞留边外，时刻不能离，因此乾隆在钦定皇史宬将军印时，不再将其考虑在内。据史载：同治九年（1870）"陕甘回乱"中，定边左副将军印信遗失，军机处曾咨文乌里雅苏台将军福济将其详情"即行查明，详细声覆"。❶

乾隆初年，钦命将军印由内阁负责管理，阁藏于皇史宬中。清缪荃孙《皇史宬收贮大将军印考》记：

> 皇史宬在东华门外之南，仿古石室之制，梁、柱、门、窗皆由石与铁。向南，门三，东、西庑各一，中有石台，座上陈设金匮，即五朝《实录》也。旁有大厨，尊藏玉牒，大将军印亦贮焉。❷

缪氏还附上了一份抄自内阁大库的皇史宬所藏将军印的目录，目录中统计了彼时皇史宬中尚存着的从顺治二年（1645）至雍正十一年（1733）历年铸造的大将军印41颗、将军印65颗、副将军印3颗，共计109颗。

乾隆十四年（1749），借助全面清厘并改铸御宝、官印的东风，乾隆决定开始对钦命将军印进行新一次的清厘与改铸。鉴于皇史宬中已积存达上百颗钦命将军印的状况，他决定化繁为简，并按照新颁的满文篆书重新铸制，于是年六月初六日下谕：

> 近用新定清文篆书铸造各衙门印信，所司检阅库中所藏经略、大将军、将军诸印凡百余颗，皆前此因事颁给，经用缴还未经销毁者。《会典》复有"命将出师，请旨将库中印信颁给之文"，遂致滥觞。朕思虎符鹊纽，用之军旅，所以昭信。无取繁多。库中所藏，其中振扬威武，建立肤功者，具载历朝实录，班班可考。今择其克捷奏凯，底定迅速者，经略印一，大将军、将军印各七，分匣收贮，稽其事迹始末，刻诸文笥，足以传示奕禩，即仍其清汉旧文，而配以今制清文篆书，如数重造，遇有应用，具奏请旨颁给，一并藏之皇史宬，其余悉交该部销毁。此后若遇

❶ 中国第一历史档案馆藏《同治朝上谕档》第1306盒第4册。
❷ （清）缪荃孙《艺风堂杂钞》第40页，中华书局2010年版。
❸ 中国第一历史档案馆藏《乾隆朝上谕档》第563盒第1册。

请自皇史宬而用者，藏事仍归之皇史宬，若遇因一事特行颁给印信者，事完交部销毁。❸

经过清厘后，原内阁所存的一百多颗钦命将军印只被留下了十四颗，又加上乾隆后来新铸的三颗将军印，总数为十七颗。乾隆谕令按照每一颗原印再重新配铸一方新满篆将军印的规格，总共为三十四颗。具体为：

奉命大将军印二颗：一顺治九年九月造，满楷汉篆；一乾隆十四年十月造，续增清文篆书。

抚远大将军印二颗：一顺治十二年十二月造，满楷汉篆；一乾隆十四年十月造，续增清文篆书。

宁远大将军印二颗：一雍正六年五月造，满楷汉篆；一乾隆十四年十月造，续增清文篆书。

安东大将军印二颗：一顺治十二年十二月造，满楷汉篆；一乾隆十四年十月造，续增清文篆书。

征南大将军印二颗：一顺治三年正月造，满楷汉篆；一乾隆十四年十月造，续增清文篆书。

平西大将军印二颗：一顺治五年闰四月造，满楷汉篆；一乾隆十四年十月造，续增清文篆书。

平北大将军印二颗：一顺治十二年十二月造，满楷汉篆；一乾隆十四年十月造，续增清文篆书。

钦命总理一切军务储精经略大臣之印二颗：一乾隆十三年四月造，满楷汉篆；一乾隆十四年十月造，续增清文篆书。

镇海将军印二颗：一清顺治十二年五月造，满楷汉篆；一乾隆十四年十月造，续增清文篆书。

扬威将军印二颗：一顺治十二年十二月造，满楷汉篆；一乾隆十四年十月造，续增清文篆书。

靖东将军印二颗：一顺治十二年十二月造，满楷汉篆；一乾隆十四年十月造，续增清文篆书。

征南将军印二颗：一顺治十二年十二月造，满楷汉篆；一乾隆十四年十月造，续增清文篆书。

定西将军印二颗：一顺治十二年十二月造，满楷汉篆；一乾隆十四年十月造，续增清文篆书。

定北将军印二颗：一顺治十三年闰五月造，满楷汉篆；一乾隆十四年十月造，续增清文篆书。

靖逆将军印二颗：一康熙十四年三月造，满楷汉篆；一乾隆十四年十月造，续增清文篆书。

定边将军印二颗：乾隆二十二年正月造，满汉篆合璧。

定边右副将军印二颗：乾隆十九年十一月造，满汉篆合璧。❶

乾隆二十三年（1758），又下谕比照新版的《宝谱》，将皇史宬所贮的将军印，加工修成《将军印谱》一式四份，分别典藏于皇史宬、大内交泰殿、内阁、盛京的凤凰楼。乾隆在特意为《皇史宬将军印谱》创作的御制序文中云：

国家膺图御宇，神圣代兴，赫濯挞伐，光启鸿业。时则有推毂命将之典，及功成奏凯，还上元戎佩印。载在册府，藏之史宬。盖法物留诒不啻如囊籍所称玉节牙璋、尚方齐斧者比。乾隆十七年厘考国书篆字成，因详加酌定。交泰殿所遵奉世传御宝，仍依本文，不敢更易。其常行谕敕所钤用，以及内部院司寺已下，外而督、抚、提、镇以下，咸改铸篆文，以崇典章、昭法守。而大将军、经略及诸将军之印，或存旧，或兼篆，一依交泰殿诸宝之例，

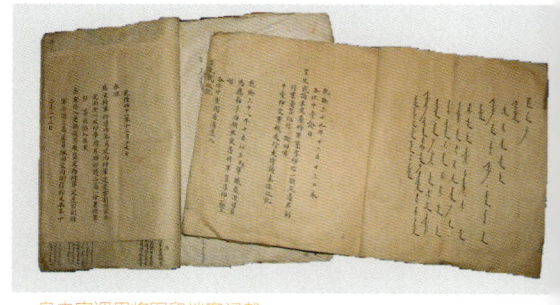

皇史宬调用将军印档案记载

各以时代为次。兹西陲武功将竣，爰谱图系说如左。书曰："其克诘尔戎兵，以陟禹之迹，方行天下，至于海表，罔有不服。"信夫兵可百年不用，不可一日不备。披斯谱也，必将曰：是印也，是我朝某年殄某寇、定某地所用也。又将曰：是印也，铸自某年，某官既奉以集事，传至某年，某官复奉以策勋者也。想见一时受成庙算，元老壮猷，丰纽重台，煜

❶ 中国第一历史档案馆藏《道光朝上谕档》第1124盒第2册。
❷ 中国第一历史档案馆藏《道光朝上谕档》第1124盒第2册。
❸ 《清高宗实录》卷675。

皇史宬将军印收贮于左一门洞内

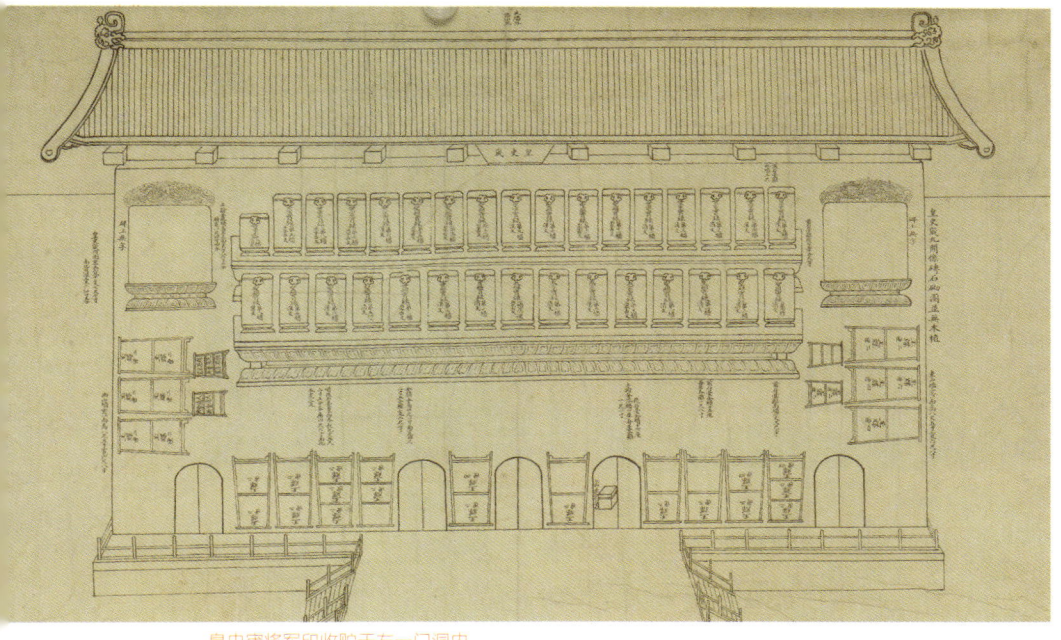

大将军阿桂像

煜耳目。继自今觐扬光烈，思所以宏此远谟，弥我亿万世丕丕基，将于是乎在。以视铭绩鼎钟，图形台阁者，不尤深切著明也欤？然则观于宝谱，而一人守器之重可知；观于印谱，而群才翊运之殷又可知。诗曰："王之荩臣，无念尔祖。"记曰："君子听鼓鼙，则思将帅之臣。"一再披阅，其何能置大风猛士之怀哉。装潢藏事，并令守者什袭尊藏。……❷

乾隆二十七年（1762），由于原《皇史宬将军印谱》的序文只有汉文，没有满文，于是再次奉旨：着与《交泰殿宝谱》一样，照满、汉序文合璧的样式重修，分贮于皇史宬、大内、内阁、盛京四处。❸

《皇史宬将军印谱》于乾隆二十七年制定后，基本没有再改动过。唯有乾隆四十一年（1776）平定金川战争中，定西将军阿桂与定边右副将军丰盛额、明亮立了大功，乾隆决定将其战绩功勋内容加恩写入《将军印谱》中的印文说明中，于

乾隆郊劳出征将军，选自《平定西域回疆战图》

是于次年正月对《将军印谱》中的定西将军与定边右副将军印页进行调换。据《交泰殿日记》记："乾隆四十二年正月十二日，总管桂元要去交泰殿《将军印谱》，换下定西将军印二方一页，换下定边右副将军印二方一页，大学士舒赫德、于敏中等奏请，换篇二张换下。"❶ 此后历朝皇帝再也没有动过《将军印谱》。

需要说明的是，皇史宬《将军印谱》中也隐藏着一些秘密：比如印谱中第一枚的"奉命大将军印"是大清历史上第一枚钦命将军印。在乾隆二十三年（1758）钦定的《皇史宬将军印谱》中，"奉命大将军印"被尊列在首位，其印说文字中，也客观提到了崇德三年（1638）皇太极命睿亲王多尔衮为奉命大将军征明一事，应该是写实的。只不过，此《皇史宬将军印谱》上所列的那方满楷汉篆合璧的旧印，却已不是当初多尔衮所奉的那方满篆将军印，而是康熙朝"平定三藩"时期重刻的另一方。

自《皇史宬将军印谱》制定后，清廷不再铸新的钦命将军印，遇军事，则从皇史宬中调取印信命将。乾隆三十八年（1773）第二次金川战事之际，乾隆于八月任命阿桂为总统军务的大将军，为图吉利，他"顷阅《将军印谱》

文佩

内'定西将军印',系顺治年间将军爱星阿征剿逆贼李定国等,追擒至缅甸时所佩带,成功甚速。最为吉祥。因即授阿桂为定西将军,并将爱星阿曾用之清字原印,交兵部由驿递送。阿桂即祗受行用,迅奏肤功。"❷

清廷对钦命将军印的授受十分重视,每次的授印命将出征,都会举行隆重的仪典。《清宫述闻》中记:

> 命将之礼:皇帝命大将军统率军旅,择吉出师,先期临轩授敕印。是日,銮仪卫陈法驾卤簿,大将军率从征诸将咸采服集于午门外,内阁豫陈敕印于太和殿东旁黄案。皇帝御殿,王公百官咸朝服侍班,鸿胪官引大将军由左阶升至殿檐下,大学士一人奉敕,一人奉印出,授大将军。大将军跪受,转授内阁。跪接毕,行三跪九叩礼,兴。随奉敕、印官降左阶,出太和门中门。皇帝还宫。至日,遣官祗告于奉先殿,所司张黄幄于长安左门外,设御座,皇帝率大将军诣堂子行礼,拜纛,均如仪。礼毕,御黄幄升座,赐大将军卮酒,大将军跪受,饮毕,属櫜鞬乘马。文武大臣承诏饯于郊,设祖帐,礼、兵二部堂官奉茶,大将军率从征将士发。大军凯旋,次于郊,或御驾亲临,或命廷臣迎。还京日,皇帝御太和殿,大将军由左阶升,奉上敕、印,礼毕,赐大将军等燕及爵,赏有差,并勒碑太学,命儒臣辑平定方略。❸

皇史宬所藏的钦命将军印,在清末八国联军入京时,遭到了全面的洗劫。光绪二十七年(1901)七月初二日,李鸿章上了个奏片,全文如下:

> 再查臣衙门兼管之皇史宬石门内台阶下向存虎纽银印一箱共计三十四颗,系我朝命将出师凯旋恭缴者。比因上年变乱,箱内银印全行失去。臣等谨将该印名目按照臣衙门所存印谱开单恭呈御览,谨附片陈明,伏乞圣鉴,谨奏。❹

一代国朝典制名物,竟丧失于列强劫掠,长使国人扼腕、唏嘘不止。

---

❶ 王子林《明清皇宫陈设》第67页,紫禁城出版社2011年版。
❷《清高宗实录》卷940。
❸ 章乃炜等编《清宫述闻》上册,第134—135页,紫禁城出版社2009年版。
❹ 中国第一历史档案馆藏军机处录副奏片04-01-34-801-014。

第六章 嘉、道以降官印制度履霜之渐

清代官印，经顺、康、雍时期的定制和乾隆的改革后，从此进入了平稳发展阶段，制度上不再存有大的变动。"盛世"下的官印制度，繁缛与琐碎逐渐成为了官印制度发展的主旋律，在《大清会典》中的官印条例愈写愈厚的同时，一种木朽虫生式的败象也悄悄地隐现。

一、官印避讳到达顶峰

当一个制度更多地专注于烦琐的文字功夫时，就预示着它已开始走下坡路。清代官印的文字避讳，较之文书文献方面略略迟了一步，在清代中期才达到顶峰。然而，巅峰背后即是悬崖。

避讳原为初民原始禁忌习俗的一种，到了周朝，完成了避讳由巫术文化向政治文化的过渡性改造，建立了正式的避讳制度。陈垣先生《史讳举例·序》中说："避讳为中国特有之风俗，其俗起于周，成于秦，盛于唐宋。"

秦汉时期，随着专制主义中央集权制的建立，避讳的方法已初步确立。秦始皇名政，于是下令全国改正月为端月；秦始皇的父亲名子楚，楚这个字就被改称为荆。汉代律法规定，

"一言堂"防伪章

臣民上书言事若触犯帝王名讳属犯罪。汉高祖名叫刘邦，所以在汉朝，"邦"字尽改用"国"字代替。到了晋代，避讳制度日臻严密，并衍生出"授官与本名同宜改""山川与庙讳同应改"等等强制规定。

中国历史上的避讳大体可分两类：一是公讳，即国家强令臣民所作的避讳，如避本朝皇帝名（国讳）、孔子之名（圣讳）等；二是私讳（家讳），乃是士大夫或百姓对其长辈之名所作的避讳。

清代的避讳制度大致经历了三个发展变化的过程。

第一个阶段是天命、天聪、崇德、顺治时期。这一时期，清太祖、太宗、世祖这三朝皇帝的名字不用避讳。清太宗时期，太宗的名讳皇太极三字，在科举考试的时候也不用避讳；顺治朝进士科举，试卷中清太祖的名讳努尔哈赤也不用避讳；顺治的名字叫"福临"，当时在文献书写的时候也不必避讳。唯有在正式的宫中《实录》《玉牒》等官书上出现努尔哈赤、皇太极、福临（顺治）等名字时，须在上面贴一个黄签，把它盖住，以示尊讳之意，然原字并不必改。盖因清朝初期主要以女真、满洲文化为主，汉化程度尚浅。

第二个阶段，即康熙、雍正、乾隆三朝，为清朝避讳制度定型期。康、雍、乾三朝由于大规模地融入并推崇汉儒文化，开始崇尚并严格执行国讳政策，尤其是皇帝的名讳。

清朝自康熙起，凡御名一体敬避。如果寻常文字，不是特指御名或是抄录过去文献文字的，可采取缺掉末笔或用替代字的方法：一是字画缺笔，比如康熙帝的名字叫"玄烨"，"玄"字的最后一笔缺写；同时凡是带"玄"字偏旁的字，如弦、炫、泫等字的最后一点，也均要缺笔，"玄烨"的第二个字"燁"（繁体字）最后一笔（一竖）也要缺写；二是谐音字改字，如为避康熙"玄烨"的名讳，凡遇"玄"皆改用"元"，"玄孙"写作"元孙"。康熙以前紫禁城北门叫玄武门，康熙后改名神武门，等等。

雍正继位伊始，更加严格执行避讳制度。他的名字叫"胤禛"，因此自雍正朝开始，规定凡遇"胤"字最后一笔讳缺，"禛"字最后一点讳缺，此外他还将同辈兄弟的名字"胤"一律改为"允"，如允禵、允

> 臣等遵查各省地名及文武職官銜名印信戳記應行敬避
> 御名計各省府廳州縣應行敬避者一百處文職官銜應行敬避者四百二十六員武職官銜應行敬避者四百一員二共九百二十七員文武印信戳記及新疆地方亦應一體敬避俱不在內查現在禮部鑄印局謹遵嘉慶二十五年八月初十日欽奉
> 諭旨下一字將心字改寫一畫一撇調取各省文武印信遵改現在三年以內送部者四百餘顆而此四百餘顆尚未一律鑄竣將來已鑄成頒發者應令仍復繳回將新擬字樣再行更鑄定例

道光三年（1823）官印避讳的档案（局部）

祉、允禵、允禩等，从此"胤"字成为了雍正的专用。另外，雍正元年特地下谕宣布全国避孔子之讳。

乾隆时期，避讳愈烈。乾隆名"弘历"，故遇"弘"字缺写最后一点，"歷"（繁体字）则改为"曆"。据云：将"历"字下部的"止"换成"日"，皆因感觉"止"字不祥。当然任何避讳即使在一个皇帝立朝中，也是有个不断进展的过程。比如乾隆朝著名的大臣陈宏谋，从其奏折上具衔名情况看，早期时尚还署名为"陈弘谋"，只于"弘"字缺最后一个点以示敬避，但乾隆中后期便索性改为了"陈宏谋"。

第三个阶段是嘉庆、道光以降，即清朝避讳"后"高度发展期，所谓的"后"，就是指此时的避讳苛政已开始更广泛地渗透到其他领域，比如官印领域。

嘉庆帝的名字为"永琰"，他即位后规定同辈兄弟的名字不必把"永"字改掉，自己改作"顒琰"。至于在写

❶《清仁宗实录》卷128。
❷ 中国第一历史档案馆译编《雍正朝满文朱批奏折全译》（下）第236页，黄山书社1998年版。

清代玉牒

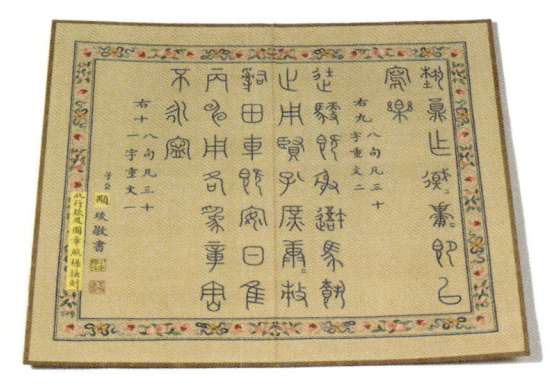

嘉庆避讳改印缂丝

"颙"字本身时,也缺写最后一笔,琰字也是这样,缺写末笔。道光帝的名字原来写作"绵宁",他即位后规定同辈兄弟的名字里的"绵"字也不必改,自己改作"旻宁","旻宁"两字的避讳方法是:"旻"字中间一点缺写,"寧"(繁体字)字写成"寍"或"甯"。还有的就是改名,如北京的广安门原名广宁门,为避道光帝的宁字,改名广安门,沿用至今。清代皇家避讳,不仅限于皇帝本人,嘉庆九年(1804)四月,清廷命奉天锦州府知府善琏改名为善连,"以端慧皇太子名同故也。"❶ 永琏是乾隆次子,嫡长子,乾隆元年(1736)登基后不久便被秘密暗立为皇太子。乾隆三年(1738)十月永琏因病夭折,年仅九岁。赠谥"端慧皇太子"。

我们知道,清朝避讳制度另一个显著特点是实行满、汉文双讳制度。而在官印上,满文的避讳似乎较之汉文发生的还要早些。雍正元年(1723)七月十二日,礼科掌印给事中硕色上奏,认为八旗都统印文中的满文"印"(注:满文"yin"),音因与"胤"同字符(世宗讳),故刻写时应避写作"胤"("yin")之清字,"自古以还,逢遇御用尊贵之字,皆有更改之例,伏乞皇帝将都统印之所用尊贵之字更改之。"❷ 从此拉开了清代官印避讳的序幕。

对于满文,乾隆朝制定《钦定清汉对音字式》作为规范译音之用书。由于避讳,甚至外藩国王印中满篆也不例外,如乾隆朝重颁铸的"琉球国王印",其中满文"kio"(球)字,因与"丘"(孔子讳)同字符,故书写时讳写为了"kiyeo"。

清代官印避讳制度基本上与文献避讳同步，然在时代上则为滞后，真正严格起来则是始自嘉、道时期。嘉庆四年（1799）十一月兵部侍郎广兴上奏，请将各级印信关防中的满文"永"字"凿去一点，以昭诚敬"。并"恳请勅下部臣通行各省如直隶之永年府、永年县，山西之永宁府，湖南之辰沅永道、永州府等处清字对音篆文均当敬谨缺点，以归画一。"❶嘉庆批准了这个方案，并下旨：

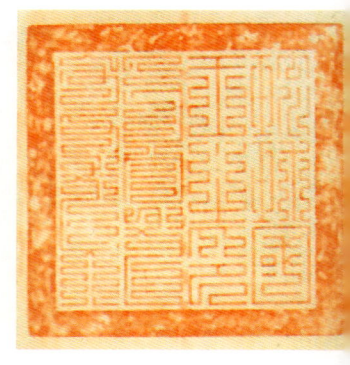

清颁"琉球国王之印"印鉴

礼部查奏，嘉庆元年以后换铸印信时，将湖南永绥厅及直隶永年等县已于清字篆文"永"字阙点。惟各省旧印尚未查改，实为疏忽，请交部察议等语。各省文武衙门印信应随时盖用，其清篆有与朕名上一字同音者，自当一体阙笔。著照所请通行各省均照四川永宁道印信之例办理。至另片所称殿名门名清字未经阙点者，请一体改正。

又嘉庆元年以前王公等册诰未经阙点者应令宗人府查明缴回修改等语，殿名门名由来已久，未便另易，至王公等册诰系皇考颁发，且祗系敬谨供奉，非印信常用者可比，俱无庸一体修改。至诗韵内上声第二十八部已改俭字为部首，业于春间经武英殿奏明刊刻通行矣，余著照议行，折并发。钦此。❷

道光时期，官印的避讳更进了一步。据道光三年（1823）《上谕档》记载，当时"各省地名及方形职官印信戳记应行敬避御名，计各省府州县应行敬避者一百处，文职官衔应行敬避者五百二十六员，武职官衔应行敬避者四百一员，共九百二十七员"。且"文武印信戳记及新疆地方亦应一体敬避，俱不在内"。由于道光皇帝早在嘉庆二十五年（1820）八月继位时即下旨令将所有"寧"（繁体字）字讳写成为"一画一撇"的"寕"字，三年以来，礼部已收缴了应该避讳改镌的官印四百多颗，并陆续进行了改铸，然却迄未完全竣工。由于按照制度规定，地方官必须先将新印铸就颁发后方可缴还旧印，而礼部铸印又必须凭各省文书到时再改铸，这前后巨大的时间差，使得礼部压力巨大，据初步统计，全部换铸

❶ 中国第一历史档案馆藏军机处录副奏折03-1627-041。
❷ 中国第一历史档案馆藏《嘉庆朝上谕档》786盒第2册。
❸ 中国第一历史档案馆藏《道光朝上谕档》927盒第2册。

改造完成,"须十年方能一律换齐"。而数量更大的地方各级官衙钤记、条记、戳记等官印的改镌工作,则全部由各有关衙门自行统一安排慢慢消化了。此外,礼部还在同一份奏折后提到了"再查京师城门应敬避者一处,各省城门、庵观、寺院、喇嘛庙宇及村镇市集等名应令查明,一体敬避。其奉旨以前所刻书籍,仍遵二十五年谕旨毋庸追改。至武英殿嗣后刊刻各书,如仁宗睿皇帝圣训内从前人名、地名,及嘉庆年间所修应行刊刻之书,仍遵二十五年所奉谕旨,将心字改写一画一撇。"❸

嘉庆、道光两朝有关避圣讳的上谕中,皆将官印避讳列在书籍文献及其他建筑匾额避讳之前,可想清廷对于官印避讳作为第一要务的重视程度。

嘉、道以后,避讳已成为例行公事,并普遍融入到社会生活的各个方面。光绪十六年（1890）聚珍堂《清汉对音字式》于扉页上标明"内附敬避字样",于康熙以降各皇帝名讳同音处俱各加以说明,并对敬避字样作了具体规定。

在民间,避讳的意识不但深入人心,而且成为一种风俗迷信,市场很大。而对于皇帝避讳的褒贬也往往成为坊间的谈资话题：比如据传名为福临的顺治帝曾下谕表示天下人不必避讳他的名字,说不可以因他一人而使天下人无"福",民间都称赞他厚道。民间以皇帝名讳吐槽的段子很多,如有人说因为道光讳"宁",避其讳则意味着从此天下不"宁";宣统讳"仪"字,便有人以《诗经·鄘风·相鼠》"人而无仪,不死何为"为谑,称其为清朝灭亡的不祥之兆。流传最广的还是关于北京前三门匾额的传说,戏称：清代的崇文门含明思宗（崇祯）年号崇祯之"崇"字,中间的正门原"大明门"（清代改为"大清门"）在李自成进京后曾一度改为"大顺门",暗合"大顺"政权,而最右的宣武门则含有清逊帝宣统年号之"宣"字,三朝亡国之君的年号,

清《宦乡要则》关于敬讳的条规

均分别见于门额，当也是天示恶谶，命运先定。这些，固然都是齐东野老瓜棚井畔之笑谈，但也足见清代民间避讳之习俗的普及与活跃。

在这种谶讳广泛普及的大环境下，清朝官印避讳制度不由自主地悄悄抵达了中国封建官印制度史上的顶峰。

二、行在兵部印失窃案

再完善的制度，也禁不起松懈与执行不力的轻轻一击。

嘉、道以降，清朝官印的管理、使用制度已十分成熟，但失窃被盗等案件反倒频出，这在以前是不敢想象的。

嘉庆二十五年（1820）发生的兵部"行在印"失窃案，敲响了大清官印管理混乱的警钟。

"行印"又称"行在印"，是在皇帝出巡时，随驾各部院衙门所用的印信关防。顺治朝清廷确立了官印双轨印制，即"堂印"与"行印"并备。首批确定的双印机构是在顺治六年（1649），是年六月，摄政王多尔衮下谕："予师行在外，所出政令必关六部都察院銮仪卫等各衙门，其原设印信不便携带，今仿古制，各衙门各另铸一颗加一行字。著礼部作速造办，各该衙门携用。"❶于是六部、都察院、銮仪卫等扈从行幸的衙门铸颁了行在印。顺治八年（1651），世祖福临亲政后，又制定了一系列朝仪、冠服等制度。八年四月乙卯，世祖首次出安定门北上巡幸，先期制定了驾出巡幸制度。铸扈从官用行在印信，是巡幸护驾制的一个重要内容。至顺治十六年（1659），双印制又推及通政使司、大理寺、翰林院、太常寺、太仆寺、光禄寺、鸿胪寺、钦天监、太医院等朝官机构。❷

清"兵部之印"印鉴

嘉庆二十五年（1820）三月初八日，嘉庆皇帝照例将巡谒东陵，相关部、院照例排衙扈从随行。跸驾行至汤山行宫，忽接兵部上奏，本应预备随行的"行在兵部印"不见了，现场情况十分狼狈，"检查库内印箱封皮俱有撕破痕迹，印钥及钥匙牌均已无存"。❸

嘉庆震怒，于三月八日下谕命令留京王大臣责令庄亲王绵课会同刑部将兵部该当月值班的满汉司员以及看库的夫役人等锁拿严审，同时追究兵部各级官员"未能先事预防，均有应得之咎"，除管部大学士明亮由于"旧有勋绩，现已年老不能常川到署，着交部议处"外，其余兵部尚书戴联奎、兵部侍郎常福、曹师曾、常英等"先行摘去顶戴，俱着交部严加议处，五日内具奏。"至于才任兵部尚书松筠，包括历任的和世泰、普恭、吴其彦，则待确查出失窃日期，如果在其任内，也将"再行交部严加议处"。❹ 同时谕令京城九门提督"知会五城，多派番捕人役一体严密访察。贼犯必系本部挟仇陷害亦未可定。其被窃留印信或有销毁踪迹，销毁之银必向铺肆易换，一经查有端倪，即严拿解部审讯，迅速具奏。"❺

三月初九日，据绵课等初步查明：此"行在兵部印"平时都与堂印、各司印等集中存放，只有随驾时才开启使用，上一年的九月初三以前随围期间曾使用过，回来后再也没有启用过，据此初步确定了案发的时间段。

另据兵部初报案时说，人们在库房内的旧稿文件堆上找到了印箱，印箱封皮有被撕破痕迹，其钥匙与钥匙牌则"遍找无踪"。绵课等人则认为其报告存在着自相矛盾的不实之处，因为，此行在印一向与兵部堂印等贮藏于同一库中，每天例行请印时，该行在印的印箱都在其原处，一目了然。而兵部报告说在请领行在印时，方在旧稿堆上找到印箱，并在开箱时发现印已遗失，难道之前的半年多时间中竟无一次发现异常？因此绵课等初步判断：窃贼独将银印、银牌偷去，而其他两支库的各印、印牌等，包括经常要用的银堂印与银印牌等均无恙，显然偷窃者熟悉库内地形，并习知行在印很少有开启印箱的情况，因此熟人作案的概率很大。"其情节多系本部人役偷窃、临时装点藏匿，以作外贼

---

❶《清世祖实录》卷44。
❷《康熙会典》卷54。
❸ 中国第一历史档案馆藏《嘉庆朝上谕档》905 盒第 1 册。
❹ 中国第一历史档案馆藏《嘉庆朝上谕档》905 盒第 1 册。
❺ 中国第一历史档案馆藏《嘉庆朝上谕档》905 盒第 1 册。

清代书吏

同治十二年关于行在户部印失窃案的上谕

同治十二年二月二十七日内阁奉
上谕户部奏库存行在印信被窃请旨办理一摺户
部行在堂印向在印库存储现经该部派出随扈
司员查验印箱封锁脱落印信遗失无存该看库
官兵著交刑部严行讯究看库官员著查取
职名先行交部议处并著步军统领衙门顺天府
五城一体严密访拏贼犯送部究办并将印信查
获缴销所有失於觉察之该堂司各官著一併交
部议处餘依议钦此

情形，或系挟仇陷害、私行销毁，亦未可定。"

随后的三月十一日，绵课等又进一步查到：平时兵部行在印与其他不常用的"知武举关防"及"行在武选职方"等司印同贮在一大箱内，其他的印信关防都是铜质的，唯有此颗兵部行在印及请印钥匙牌是银质。再次"实锤"："今铜铸造各印俱存，独银印及银（请印钥匙）牌遗失，显有因财起意偷窃情形。……必系在部胥役人等习知库贮印箱情形，乘间窃去，或系上御秋围该部随从之胥役等于行在用印时，窃知此件印信系属银质，起意偷窃。" ❶

三月十二日，专案组的审讯开始明晰了思路，首先从负责收掌行在兵部印的堂书鲍干入手突破审讯。鲍干供称："上年九月初三日，将行在印信与知武举关防及各司行印同贮一箱，至十三日又经堂书周恩绥请领知武举关防，于十七日经周恩绥送回贮库。迨本月初七日请领行印，查知遗失。当月司员令人各处找寻，经库丁康泳宁在旧日堆放稿案极高处所，将空印箱寻获。" ❷ 于是线索的焦点又落到了库丁康泳宁身上。

"专案组"查到，"库丁康泳宁常川在库支更，每日请领堂司印信，又俱系该库丁进库搬取。迨至查知行印丢失，令人找寻，康泳宁何以即向堆放稿案极高处寻出贮印空箱，

❶ 中国第一历史档案馆藏《嘉庆朝上谕档》905 盒第 1 册。
❷ 中国第一历史档案馆藏《嘉庆朝上谕档》905 盒第 1 册。
❸ 中国第一历史档案馆藏《嘉庆朝上谕档》905 盒第 1 册。
❹ 中国第一历史档案馆藏《嘉庆朝上谕档》905 盒第 1 册。
❺ 中国第一历史档案馆藏《嘉庆朝上谕档》905 盒第 1 册。

种种情节，均属可疑。"

与此同时，另一个重点嫌疑人堂书周恩绶也进入了专案组的视野。去年武闱举行时，周曾请领过"知武举关防"，用毕后又由他负责收贮还库。既然行在印与知武举关防同贮一箱，那么周恩绶曾两次打开过大箱，当时行在印还在不在箱内，应该一问便可得知。

此后，绵课等将案发时间确认在了从上一年九月初三日回銮后至本年三月初七日请行在印时发现行印丢失的这一时间段内，并将相涉的一干员吏拘押严审。

嘉庆得奏下谕，令将库丁康泳宁、书吏周恩绶以及其他到案人等"逐一熬审，务期水落石出"，同时还谕令"饬知行在兵部将该部上年随围之领催、书役人等现来行在者，开单交行在步军统领衙门派员解部归案审讯"❸。

在案情有了实质性的进展后，嘉庆也开始冷静了下来，对一应相关官员又作了理智的处理："姑念明亮旧有勋绩，现已年老不能常川到署，著加恩改为降五级留任，无庸管理部旗事务，仍留内大臣职任；戴联奎著加恩以从三品翰林京堂补用；曹师曾、常英著加恩以四品京堂补用；常福著加恩赏给四品顶戴管理圆明园。"❹

但嘉庆却没能及时得到最终的案情揭底。几天过去，案件又没了消息，嘉庆便于三月十七日下谕催促绵课等，斥责他们"实属疲玩成性，互相推诿，是诚何心！"

原来，绵课等在审讯上确实遇到了些障碍，他们又查讯了月余，随着审案的深入，一干在押案犯都坚持认称上一年九月初三日验明贮库时，行在兵部印确实还在大箱中，其印的遗失一定是在"知武举关防"入库以后发生的。因此，案情转而扑朔迷离起来，熬审既久，涉案各嫌犯又每每翻供，"忽指为偷窃舞弊，忽指为匿藏陷害，疑窦百端，供词日变"，导致案情细节前后始终无法闭合。嘉庆读了案情后，不无讥讽地朱笔御批道："愈远愈幻，舍正文而旁求，实可谓多才多艺矣！"❺

审案不得力，主持者难辞其咎。嘉庆下令将绵课及派审的司员们分别降革顶戴，并严饬昼夜推鞫。

天罗地网式的搜捕

嘉庆二十五年行在兵部印失窃案的档案（局部）

军机大臣 字寄
留京王大臣 刑部堂官 兵部堂官 嘉庆二十五年三月十七日奉
上谕兵部遵失行在印信一案连日未据绵课等奏到审讯情形著即将解到书役人等逐一隔别研讯速夜熟审务令水落石出一经讯有诡倪迅速具奏兵部堂官亦不得以此案已交刑部审讯即不留心访察此件印信与各印同贮库内何以失知此係行印非随围並不闻用心係该部上年随围骨役窃窥银货又知一时不能发觉乘间偷窃著兵部堂官将上年九月初三日回銮以後本月初七日请印以前该部书役领催皂隶人等其中

　　迫于压力，绵课等自然十分卖力起来。经过反复侦勘，最后将案发时间又向前推到了上一年九月初三日随皇帝木兰行围回銮之前。推演案情为：“多系上年兵部随围，员役等于用印时，窥知系属银印，起意偷窥。”于是"饬知行在兵部，将该部上年随围之领催、书役人等现来行在者，开单交行在步军统领衙门派员解部归案审讯。"

　　一个月后，早已回到京中的嘉庆终于最后等到了一个还算合理的结论。四月二十六日绵课等上报，经审明：该行在银印是于上年八月二十八日木兰秋狝期间，在巴克什营地方遗失的。案情还原细节为：当日"在巴克什营，将行印连匣缚于帐房中间杆上，夜间看印书吏睡熟，致被连匣窃去。"看印书吏中敏、乌林太"于失印后，用备匣加封顶充，并贿嘱兵部堂书鲍干含混接收，当月之司官并未开匣验视，入库后，鲍干复装点在库被窃情形，以图抵卸。"❶而后当月司员何炳彝、庆禄二人受贿掩盖，使其安然过关，混称已收贮入库。

　　此案件背后种种细节，充分暴露了当时官印管理的混乱。

　　首先是看守行印的当事人怠懈失职。嘉庆二十三年（1818）八月二十八日，在巴克什营，当晚将行印连匣拴在帐房杆上，看印书吏睡熟后，被窃贼潜入帐篷内，连匣带印一起偷去。

　　其次是管印环节上出现问题。按例，各部、院行在印

❶ 中国第一历史档案馆藏《嘉庆朝上谕档》905盒第2册。

的印钥一向由堂官管带，作为兵部尚书的松筠为随围管钥大臣，但松筠怠懈，转委捷报处郎中五福和喜纶代管，而五、喜二司员也偷懒，再转叫手下笔帖式中敏、乌林太代值看印，中敏二人又转包给书吏俞辉庭具体负责守班看印。行印失窃后，书吏并不实报，反而用备用印匣加封充顶，并贿嘱背印人兵部堂书鲍干接收。对于书吏的舞弊行为，两位郎中毫无察觉，而负责送印的笔帖式中敏也没有照例点验。就这样轻易蒙混而过了第一关。

按惯例，回京后在行印接收时，值班的当月堂官应当场验核。但兵部当月司员何炳彝、庆禄二人收受贿赂未予确验，致使第二关也轻易蒙混过去。尤其恶劣的是：初审时，何、庆二人情知事情严重，竟事先串供，狡称当时确实曾开匣点验，且庆禄曾以手弹印，"铮铮有声"，何炳彝还开玩笑说又不是石头，何必要用手弹！庆禄甚至当堂发誓说：如果收印时匣中无印，愿赌自己项上头颅。由于二人的谎言，才致使审案误入歧途。

此案的最关键无疑是何、庆二人。按：行在兵部印，向备有二份印匣，而印匣钥匙与印牌只有一份。在巴克什营失窃时，正用印钥与印牌与正用印匣一起被窃，因此后来在兵部稿件堆高处发现的印匣没有印钥与印牌。当时何、庆二人验收时，只见到了一个备用的印匣，匣上也没有印钥与印牌（行围期间，来不及也无处伪造）。而备用的印匣较之正用印匣十分简陋，匣内也没有固定印章的木屉。为了掩盖失职，初审时，二人还坚称此备用印匣是正用印匣，而另一个备用印匣，此前已经烧毁，尚未来得及制作。为了制造假象，二人又串嘱吏役俞辉庭等作伪供，说明了备用印匣被焚毁具体时间，并起出另埋的烧残印匣铜构件作证，审讯官员将起出的铜扣件与现存印匣上铜件相比较，发现大小不符……

另外，每年开印、封印，按照惯例尚书要拜印，但戴联奎等均只拜了堂印，而未拜行印，因此也错失了多次查验的机会。

荒诞的案情呈上后，嘉庆哭笑不得，无奈地下谕，推测窃贼得手后"未必敢遽行销毁，或埋藏他处或抛弃溪河，均可未定"，著令直隶总督方受畴"遴派能事员弁前往巴克什营及口内口外一带地方，密行查访该处附近居民自去秋至今，有无见过遗失银印并拾获印匣，道路之口有无传说窃印之事。沿途踪迹不可稍露张皇，一经得有端倪，即行据实具奏。"但最终也没有着落。

嘉庆只能以重处来发泄一腔的怒火。

首先，原任兵部尚书松筠，著革去山海关副都统职；上年曾署理行在兵部侍郎的裕恩，"咎亦难辞，著退出乾清门，革去侍郎、前锋统领副都统"。所丢失的行在兵部印，"著交礼部即行补铸，将印文印式较旧印畧为改易，以示区别，应用银两及铸造工费，著松筠、裕恩二人赔缴。"

至于其他直接涉案的一干员吏等，更是加以重惩。此案要犯何炳彝、庆禄二人由于事前串供，误导了审案方向，"是此案拖延日久，全为伊二人所误，其情甚为可恶。"故判二人"俱发往乌鲁木齐效力赎罪，以示惩儆"。嘉庆尤觉不足以解恨，下谕补充到："庆禄又有愿以头颅作抵之言，直同光棍讹赖，尤为可恶，著先行枷号一个月，满日即行起解。"

再"捷报处郎中五福、喜纶值晚班典守行印，乃假手书吏，致有疏虞，并于书吏抵充舞弊毫无闻见，送印之笔帖式中敏，并不验点交待，致被欺蒙，均照所议革职。"❶

"此案书吏俞辉庭，因在帐房睡熟以致行印被窃，若彼时即行禀报，其罪本不甚重，乃辄以备匣加封抵充，复贿嘱堂书鲍干，蒙混接收，实属狡诈。鲍干受贿扶同隐饰，又装点在库被窃情形，诡谲多端，尤为可恶。俞辉庭著枷号一月，满日发往伊犁给兵丁为奴；鲍干著枷号两月，满日改发黑龙江，给兵丁为奴。余俱照拟完结。"❷

兵部现职的尚书、侍郎和世泰、戴联奎、常福、曹师曾、常英等，"前已分别降调，此次著免其议处"；已审出案情的绵课、英和（九门提督），也"著赏还花翎"。

对于新铸的行在兵部印，嘉庆指示："于清、汉篆文正中添铸清字楷书一行"以防被窃的原印一旦落入奸徒之手，"或有乘机舞弊冒支诈骗等事"，并便于前后印的一目了然的

❶《清仁宗实录》卷369。
❷《清仁宗实录》卷369。
❸ 中国第一历史档案馆藏宫中朱批奏折04-01-0455-007。
❹ 中国第一历史档案馆藏军机处录副奏折03—50-2840-70。
❺《清宣宗实录》卷276。

区别辨认。❸

为了亡羊补牢，清廷对于相关官印管理制度进行了修正。"各衙门颁给印信，典守綦重。部院堂官初到任时，例应瞻拜。闻有兼拜行印者，有不拜行印者，向不划一，嗣后凡设有行印衙门每遇堂官到任，皆令将行印与堂印一并捧至大堂，启椟陈设于上，一同瞻拜，其行印回署时，并令该衙门堂官一人亲自验收，以昭信守。"

同时，对各衙门官印的看守也制定了更详尽的章程，提醒各级官员，引以为戒。二十多年后，御史董瀛山等在一份请求防范官印的专奏中犹还提到，"查嘉庆二十五年兵部失印以后，令各署章京轮流值宿，每班满汉二员。"❹

此案所映射出的嘉庆时期官印制度上的有令不行、层层诿怠的现象，实为清代官印制度开始走向下坡颓势的履霜之渐，确然已非一二严惩以及苛严繁典所能挽救。此后，官印失窃案频有发生，愈演愈烈，道光十五年（1835），刑部堂印被刘四偷窃，其逃回原籍直隶完县。后刘四被番役捕获，并在其家起获堂印。❺

若隐若现

三、安南与越南的距离只差一方国王印

越南，古称交趾、安南，与中国云南、广西壤地相接，隔海与广东相望。自明英宗册封黎麟为安南国王以来，其政局虽几经变幻，但黎氏仍"世王安南"，并与明朝保持着密切的宗藩关系。清中期，安南改名越南，并迭次申请清廷颁铸国王封印，其事反复曲折，在清代官印史上也颇具典型性。

在清代，安南与朝鲜、琉球是七个相对稳定的藩属国中最受重视的三个藩属国，被允许用汉文上表。而较之前两个藩属国，安南又独具特色，颇不安定。

有清一代，朝鲜、琉球两藩属国，国内政局基本上一直稳定，很少发生因朝代交替而更换国王印的情况。而安南则不然，它经历了后黎朝、西山阮朝和阮朝三代的内乱过渡，从安南改名越南。有清一朝，曾前后六次颁发国王印给安南（越南），其中有四次都是因为安南国内政局动荡和不同政权交替而不得已换印，且集中发生在短短的二十年之间，令人瞠目结舌。

清初，安南内政不稳，政权林立。虽然安南许多政权不断与清廷接触示好，但清廷始终只承认代表安南的后黎朝为安南国王，并颁授王印。清朝所颁的王印为藩属国王王命所系，是"天朝符命"，也象征着藩属国王政权的合法来源，更是各个政权国际生存的凭藉。越南国王对来自"天朝"的封印曾有清晰的评价："国印，示征信也。在清国则为赐封，在本国则为传世。"❶

顺治四年（1647），清军初平福建时，安南向南明进贡的使臣尚滞留于闽未还，于是被"执送京师"，清廷赐以衣帽、缎匹，遣返归国，同时颁发敕谕给安南国王。敕谕大意为：尔国世世臣事中国，遣使朝贡，业有往例。现清朝已抚定中国，视天下为一家。若能顺天循理，将故明所给封诰、印敕遣使送京，清朝亦照旧例封赐。❷ 顺治十六年（1659），清军平定云南，安南国王黎维祺遣使劳军。顺治十七年（1660），安南国王黎维祺正式向清朝奉表投诚，进贡方物。"帝嘉之，赐文绮、白金"。❸

清朝正式颁赐安南国王封印，发生在康熙初年。顺治十七年（1660）安南奉表进贡时，清廷要求安南先缴出前明旧封王印，安

天子行宝，以册外蛮（一）

天子行宝，以册外蛮（二）

南犹豫，回复说："前代旧制，原不缴换敕、印，惟俟奉准贡例，依限上进。"❹ 康熙三年（1664），安南世子黎维禧请封，清帝下旨："俟该国缴进明季敕、印，再行议奏"。❺ 迫于清廷强势压力并为安南国前途考虑，安南国王提出了折中办法，请求派人赴清朝关前，当着清朝官员面将明朝敕印当场销毁。清廷并不让步，康熙五年（1666）二月，"礼部题，今岁安南国黎维禧例当进贡。所受伪永历敕、印屡议缴送，迟久未至。始称无缴送之例，今复欲委官临关，当面销毁，殊非尊奉天朝之礼。请敕广西督抚移文再行晓谕，速将伪敕、印送京，准其入贡，否则绝其来使。"❻ 终于，是年五月，两广总督卢兴祖向清廷疏报："安南国黎维禧缴送伪永历敕命一道、金印一颗"，康熙即遣内国史院翰林学士程芳朝、礼部郎中张易贲为使，前往册封黎维禧为安南国王，并赐驼钮镀金银印。从此双方正式确立宗藩关系。❼

18世纪末，安南国内政局动荡不安。乾隆五十一年（1786）六月，安南境内另一个政权首领西山阮文惠进犯黎城，至八月初始退兵。动乱中，清廷所颁铸的安南国王的传世封印遗失。不久，新继位的安南国王黎维祁于乾隆五十二年（1787）向清廷发出咨文，叙述由于兵燹而失印的情由，并请求清廷重新颁铸新的国王封印，文中特别强调称："遗失印信或为阮氏藏匿，将来恐有私用印文假冒混递之弊，是刊给新印自当与旧印稍有区别，使粤省官吏遇有与该国交涉事件，验看印信可以一目了然辨别真伪。"

两广总督孙士毅向乾隆建议发给安南国王新印，并于新印上加刻"补给"字样，以示与旧印的区别，但乾隆却认为加刻"补给"二字"于体制不合，尚未能斟酌周到"，故于十月二十六日下谕："惟应查明该国旧印，篆文内如系篆刻'安南国王之印'字样，则新铸印篆文内即应删去'之'字。若系篆刻'安南国王印'字样，则新铸印篆内即应加刊'之'字，如此示以分别，即可以杜阮姓假冒之弊，而粤省地方官与该国递送咨呈事件不难立辨真假，且于体制相符。"并着孙士毅晓谕安南新国王："天朝因尔国遭遇事故，甫经安

---

❶ ［越南］《大南实录》正编第三纪，宪祖绍治元年正月。
❷ 中国社会科学院历史研究所编《古代中越关系史资料选编》第748页，中国社会科学出版社1982年版。
❸ 《清史稿》卷527，列传314，属国二，越南。
❹ 《清圣祖实录》卷4
❺ 《光绪会典事例》卷502。
❻ 《清圣祖实录》卷18。
❼ 《清圣祖实录》卷19。

辑，若补给新印后其旧印仍未销毁，或为匪徒私藏混用，假冒该国名号呈渎天朝，于尔国转为有损无益。今于给印文与旧印不同，俾管关文武官吏查验有据，不致真伪混淆，天朝体恤周至，尔国当凛遵恪守。"❶至于那方佚失的原印，清廷也有考虑："其该国旧印即使将来寻获，但业因内讧遗失，即属该国不祥之物，应令送部查销。"❷

不虞是年年底西山阮氏再次发动军事进攻，并于乾隆五十三年（1788）四月攻陷黎城，国王黎维祁出奔，其母妻、王子及宗族二百余人在大臣阮辉宿、黎炯的保护下，由高平府登舟，逃至广西太平府龙州斗奥隘求救，并冒死涉水登北岸。除过河的男妇老幼有62人外，其他没来得及渡河者尽为南岸郑氏追兵所弑。❸广西巡抚孙永清立即将这一情况上奏，乾隆认为，黎氏传国日久，且臣服天朝最为恭顺，今猝被强臣篡夺，若竟置之不理，殊非字小存亡之道。令两广总督孙士毅驰赴广西龙州，询明妥办。❹显示了乾隆皇帝维护宗藩体制、为黎氏复国的决心。

在经历半年多各种斡旋解决途径无效情况下，为履行宗藩关系所赋予的责任义务，清廷决定出兵。乾隆五十三年（1788）十一月，孙士毅率兵攻破黎城，扶黎氏复国，并郑重地颁封了新铸的国王封印。

由于乾隆"虑事成后，册封往返稽时，致王师久暴露于外"❺，已有撤军之意，军心略为动摇，加之清军战胜后未对逃跑的阮氏军队

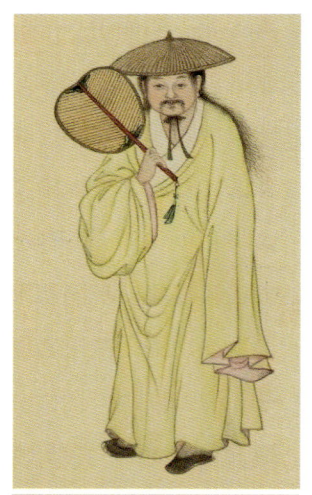

安南国官绅
安南国乡民
安南国妇女

进一步的肃清,长期骄兵悬于黎城而疏于防守,同时黎氏政权的确太过孱弱无以为助,阮氏趁虚卷土重来,清军败北,黎王也随清军入关避难。

在此次"安南之役"的混乱中,那枚新铸的安南国王封印又不知所踪。

清廷扶持的后黎政权被西山阮氏倾覆后,清军被迫撤出安南,一时采取观望防守的态势,不再贸然出兵。乾隆五十四年(1789)西山阮惠上表清廷,请求册封并赐印,并陈明与黎氏构兵系属"为先世复仇",表中还申明清廷赐给后黎朝的两枚国印现均下落不明,"至安南国旧印及上年补给印信,俱系赏给黎氏,但兵火倥偬之中未知下落。臣已遍行搜查,一俟寻获,即当缴进。候奉换给新印,以昭世守,实臣之大愿也。"❻

西山朝阮惠惧怕清朝兴兵再伐,多次向清朝谢罪称臣,并积极表示愿意全盘接受乾隆提出的四项乞降请封条件,即:遣送散落士兵回国,将残害清军大员者军前正法示众,阮惠在乾隆八旬生日"亲自赴京吁恳",为清军许世亨等阵亡将士建立祠宇春秋虔祭。❼

乾隆权衡再三,最终认可了阮惠为安南的新君主。下谕:"惟安南地居炎徼,开十三道之封疆,而黎氏臣事天朝,修百余年之职贡,每趋朝会,旧附方舆。自遭难以流离,遂式微而控愬。方谓兴师复国,字小堪与图存,何期弃印委城,积弱仍归失守,殆天心厌其薄德,致世祚讫于终沦。尔阮光平(为讨好清朝,阮惠已改名阮光平)起自西山,界斯南服,向匪君臣之分,寖成婚媾之仇。衅启交江,情殊负固,抗颜行于仓猝,虽无心而难掩前愆,悔罪咎以湔除,愿革面而自深痛艾。表笺吁请,使先犹子以抒忱,琛献憓来,躬与明年之祝嘏(乾隆八十大寿)。自非仰邀封爵,荣藉龙光,曷由

大学士和字寄

两广总督孙 乾隆五十二年十月二十六日奉

上谕据孙士毅奏安南国失去印信请于铸给该嗣孙印篆内加刊补给字样等语安南国臣服我朝素为恭顺今既失去印信自应补行铸给该嗣孙印篆殷遗失印信或为阮姓匿藏胥恐有私用印文投冒混通之弊是刊给新印自当与旧印稍有区别既将遇有与该国交涉事件验看新印信可以一目了然辨别真伪但所称给加刊补给字样于体制不合孙士毅尚未能斟酌周到惟应查明该国旧印篆文内如系篆刻安南国王之印字样则新铸印篆内即应删去之字若系篆刻安南国王印字样则新铸印篆内即应加刊之字如此以分

关于安南国王王印上谕(局部)

❶ 中国第一历史档案馆藏《乾隆朝上谕档》第705盒,第1册。
❷ 《清高宗实录》卷1315。
❸ 《清高宗实录》卷1308。
❹ 《大清高宗纯皇帝实录》卷1307。
❺ 《清史稿》卷52。
❻ 中国社会科学院历史研究所《古代中越关系史资料选编》第472页,中国社会科学出版社1982年版。
❼ 《清高宗实录》卷1322、1328。

下莅民氓，妥兹鸠集。况王者无分民，讵在版章其土宇，而生人有司牧，是宜辑宁尔邦家。爰布宠绥，俾凭镇抚，今封尔为安南国王，锡之新印。"❶

乾隆五十四年（1789），乾隆皇帝册封阮惠为安南王，将所进贡物收纳，并派礼部员外郎成林于八月一日恭捧敕谕启程前赴安南黎城进行册封。十月十五日宣旨册封礼成。而对于战败避难的黎氏政权流亡人员，乾隆则下令安置于京师，赏黎维祁三品衔佐领，归入汉军旗。后又敕令阮光平访查黎维祁妻妾弟妹，护送入关团聚。不过，同被安置于京的黎氏旧臣黎侗等四人，坚不剃发和变易清人衣冠，每每声称国王的弟弟黎维祉还留在安南，与其宗党旧臣屯聚自保，义师甚众，有朝一日，他们要出关会合，重新恢复黎氏王朝。乾隆新封阮氏后，不想节外生枝，故有意抑之，但并未过分为难他们。❷

乾隆五十五年（1790）农历三月，安南国王阮光平如期践约，自安南启程赴华恭祝乾隆皇帝八十大寿，七月到达热河，受到乾隆皇帝的隆重接见，参与祝嘏庆典，"班列亲王之下，郡王之上，赐御制诗章，受冠带归。"❸

不过，据《清史稿》记，前往热河给乾隆祝寿的并不是阮光平本人，而是他的弟弟冒名前来，生性多疑的阮光平还是难去心中疑惧，未敢贸然涉险。"其谲诈如此"。❹

乾隆五十七年（1792），阮光平病逝，世子阮光缵权知国事，并讣告清廷。次年正月，乾隆遣广西按察使成林前往谕祭，封年幼的阮光缵为安南国王。

孰料，一波未平一波又起。

阮氏政权主幼国疑，政权也未能尽得人心。阮光平灭黎氏时，黎氏的一个外甥阮福映逃亡农耐（西贡），隐匿民间，及长，又逃奔暹罗（泰国）。暹罗王与阮光平夙有仇隙，便将妹妹嫁给阮福映，并出兵助他攻下农耐，其势渐渐壮大，自号"旧阮"，而称阮光平政权为"新阮"。旧阮以为黎氏复仇为名，于嘉庆四年（1799）举兵夺取了新阮的旧都富春（今

❶《清史稿》卷527。
❷（清）魏源《圣武记》卷6《乾隆征抚安南记》第280页，中华书局1984年版。
❸《清史稿》卷527。
❹《清史稿》卷527。
❺《清史稿》卷527。
❻《清仁宗实录》卷115。

顺化，安南三朝古都，时称西都）。嘉庆六年（1801）清朝才得到安南国内新、旧阮内战的确切情报。嘉庆七年（1802）八月，阮福映攻陷昇龙城（今河内，时称东都），阮光缵败走。阮福映将清廷通缉的海贼莫观扶（受安南阮光缵招安的中国豪强，被封为安南东海王并授总兵等职，一向专门在粤海一带打劫）等三人缚献，并将攻克富春所获阮光缵的封册、金印等打包一齐奉表向清廷投诚。嘉庆帝考虑到"从前阮光平款阙内附，恩礼有加。阮光缵嗣服南交，复颁敕命，俾其世守勿替。乃薮奸窝盗，肆毒海洋，负恩反噬，莫此为甚！且印信名器至重，辄行舍弃潜逃，罪无可逭！"是年十二月，阮福映遣使入贡清朝，并备陈为黎氏复仇而构兵的始末。并"陈明该国系先有越裳之地，今并有安南，不愿忘其世守，吁恳仍以南越名国。"嘉庆下命部臣议奏，部臣们驳回："以南越命名，与徼外封域未协"。❺

嘉庆八年（1803）六月，嘉庆拍板定名"越南"。理由是："以越字冠于上，仍其先世疆域；以南字列于下，表其新锡藩封。"❻ 并命广西巡抚孙玉庭及时通知阮福映。是年年底，广西按察使齐布森奉旨赍封册和新的"越南国王之印"，前往越南册封阮福映。

作为藩属国的安南（越南），仅二十年间，竟连换四印，这在大清宗藩史以及官印史上都是个罕见的章节。

自改名"越南"以后，中越关系渐趋稳定，但小的波澜依然不断，其中主要纠纷焦点，集中在"如清使"上。

如清使（越南语：như Thanh sứ），是越南对出使清朝的使臣的称呼。"如清"即前往清朝之意，类似于朝鲜的"燕行"。该词自17世纪后期的后黎朝就已经使用，阮朝统一越南以后成为定制。

道光四年（1824）越南如清使请求清廷颁赐越南国王母后人参，得旨赏给，但清廷的敕书中出现了"夷"字，引发越南使臣的抗议。当时礼部仪制司主事刘逢禄，一向精于公羊《礼记》，嘉庆皇帝驾崩办理丧事时，一切典章礼仪流程即是刘逢禄全盘策划的。"通经致用"的刘逢禄援笔作书回复越南如清使，引经据典，剖析入微，力考自古"夷"字从大，并无贬意，并缕数清廷一向对越南的种种政策优惠，"越南使者

遂无言而退"。❶

越南一向自视为东南亚霸主，对于清廷所给予的礼遇非常在意。1840年，阮朝礼部向越南的明命帝禀报上年如清使在清廷朝见的班次上被排在南掌、暹罗的后面，越南明命帝认为："班次一事，是年前清国礼部失于排列耳，初岂有我使班在高丽、南掌、暹罗、琉球之次之例乎？且高丽文献之邦，固无足论，若南掌，则受贡于我，暹罗、琉球并是夷狄之国，我使班在其次，尚成何国体哉！倘复如此排列，宁出班受其责罚，不宁立在诸国之下。这事最为要者，此外则随事应答，不必印定。"❷ 另一方面，如清使如果受到优待，越南也会引以为荣，比如1846年张好合、范芝香、王有光出使清朝，"清帝三次宣召，亲御赐酒，人皆荣之"。❸

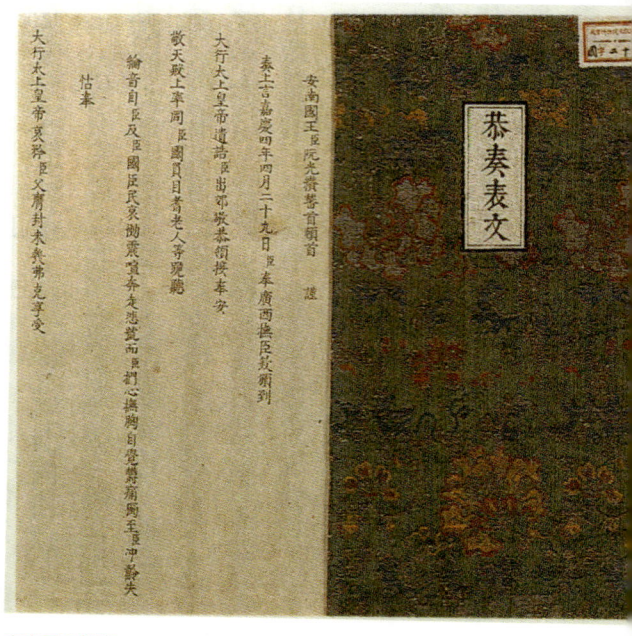

安南国王贺表

自1804年嘉庆颁铸给越南国王阮福映驼钮镀金九叠篆银印以来，该国王印一直在越南朝中承传不替。当然，在越南国内，其国王也有一套自刻的王印行用。1806年（嘉隆五年），阮福映举行登基仪式，自称皇帝（越南史称世祖嘉隆帝）。第二代国王阮圣祖明命帝阮福晈，于1839年（明命二十年）2月15日正式改国号为"大南"（越南语：Đại Nam，意为南方的大帝国），自刻龙钮"大南天子之玺"的玉质国玺，用于国内事务。

1883年（嗣德三十六年，农历癸未年）8月25日，阮朝派协办大学士陈廷肃、吏部尚书阮仲合在顺化与法军签订《法越新订和约》，即第一次《顺化条约》，亦称《癸未和约》。条约签订的现场，在法国特使何罗幪监视下，代表中越宗藩关系的信物——清政府册封颁发给越南国王的越

❶《清史稿·列传·儒林三》卷482。
❷ ［越南］《大南实录·正编第二纪·圣祖仁皇帝纪》卷220第8页。
❸ ［越南］《大南实录·正编第三纪·宪祖章皇帝纪》卷60第9页。

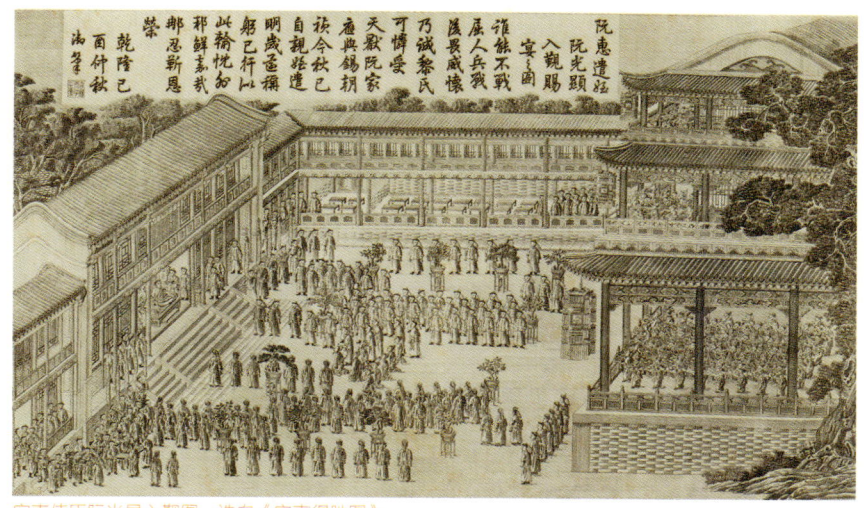

安南使臣阮光显入觐图，选自《安南得胜图》

南国王之印被当众销毁，以此表示彻底结束了中国对越南的宗主权，也结束了中国与越南的传统宗藩关系。

四、不翼而飞的"天王金玺"

清中晚期，官印管理制度松懈，盗案频发，其中最典型者，莫过于同治年间军机处所收藏太平天国金印的失窃案。

同治三年（1864）六月，两江总督曾国藩指挥湘军攻破了太平天国首都天京（南京）后，洗劫了洪秀全的天王府，将三方太平天国天王的宝玺作为战利品解送北京，进呈清廷。慈安、慈禧两宫皇太后和同治皇帝亲自过目后即送往军机处，著令锁放在军机处汉章京值房内柜中。

一年后，同治四年（1865）八月，军机处传出消息：存放在汉章京值房内柜中的三方太平天国天王宝玺中的一枚金玺不翼而飞了。

清代军机处设置于雍正中期，最初为西北用兵之便，实际是皇帝的临时机要秘书处，后来因为办事效率高以及地近养心殿往返便捷，尤其是奏折办理制度的建立定型，造成了军机处长设，且其权力渐渐超越内阁，成为辅佐皇帝处理军国大计的最高政务权力机构。军机大臣由皇帝亲自任命，一般由亲王、大学士等充任，人数五人，多则六七人，其为首者称"领班",总揽一切;军机大臣下设军机章京,为具体承旨办稿人员,军机章京分为满汉两班,同治时增到二十人。为保证军机处的机密不泄露,皇帝召见军机大臣承旨时,太监等闲人一律不得在侧。

军机处位于紫禁城乾清门外广场西侧的隆宗门内,南北两边共十间普通平房,北边五间为军机大臣值班处,南边五间为满汉军机章京值房,俗称"南斋"。"南斋"左满右汉两头各占两间,中间为厨房(吃饭、茶歇之处)。太平天国"伪玺印"就收贮在汉章京值房的柜子中。

军机处既为紫禁城内最机密的权力中枢,地近乾清宫,关防綦严。乾隆时期做过军机章京的赵翼曾记述说:"军机非特不与外吏接也,即在京部院官亦少往还。余初入时,见前辈马少京兆璟尝正襟危坐,有部院官立阶前,辄拒之曰:'此机密地,非公等所宜至也。'同直中有与部院官交语者,更面斥不少假,被斥者不敢置一词云。"❶《枢垣记略》载:"嘉庆五年十一月十八日谕,军机处为办理枢务、承写密旨之地,首以严密为要。……此后军机大臣止准在军机处承写本日所奉上谕,其部院稿案不准在军机处办理,本管司员不准至军机处回事,军机章京办事之处不准闲人窥视。自王、贝勒、贝子、公、文武满、汉大臣,俱不准至军机处同军机大臣谈说事体,违者重处不赦。自今日始,每日著都察院科道一人轮流进内,在隆宗门内北首内务府直房监视,军机大臣散后方准退直。如有前次情弊,即令直班科道参奏,候旨严惩。"❷

如此禁地皇宫之内,连王公、贝勒、文武大臣都不得擅自靠近,而其中所藏之物失窃,根据案情初步分析,只可能是内鬼所为。

由于事涉机密,案件的侦破工作秘密展开,在五城指挥御史和刑部的配合下,清廷命令内务府慎刑司以及其下的番役处负责秘密查访,务必弄个水落石出。除了传讯在军机处当差的各满汉章京外,甚至服务于军机处专司洒扫的苏拉(杂役)李永庆、厨子孙开文等也皆被严加拷问,但仍然一无所获。❸ 随之,内务府的番役倾巢出动,开始了更大范围的拉网缉查。

❶ (清)赵翼《檐曝杂记》卷1,第5页,中华书局1982年版。
❷ (清)梁章钜、朱智《枢垣记略》卷14,第146~147页,中华书局1984年版。
❸ 《清代档案史料选编四》《军机处值房遗失太平天国金印案》第589页,上海书店出版社2010年版。
❹ 《清代档案史料选编四》《军机处值房遗失太平天国金印案》第590页,上海书店出版社2010年版。
❺ 《清代档案史料选编四》《军机处值房遗失太平天国金印案》第590页,上海书店出版社2010年版。

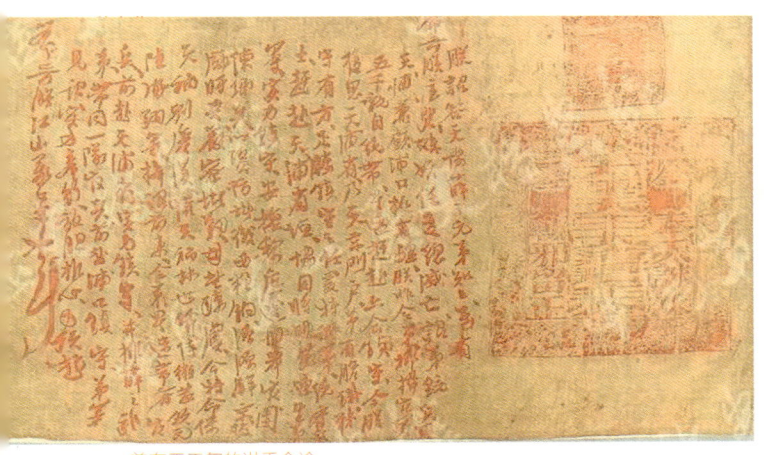

盖有天王玺的洪秀全谕

果然功夫不负有心人，三个月后，六品顶戴番役头目保祥、德荫、英奎等率众番役通过细如梳篦的逐街逐店暗访，终于发现了蛛丝马迹。当他们访查到东四牌楼万盛长首饰铺时，得知该铺几个月前曾熔化过一方金印。根据这一线索，番役们将该铺内的伙计王全、王太拘传到案，逐个盘问。店铺伙计王太供认："本年八月二十四日，有素识东单牌楼东观音寺居住之刑部主事萨姓，亲身拿去金印一颗，上书'太平天国万岁金玺'等字样，告称系伊四叔在外做道员带来的，令铺内熔化。经我与掌柜人牛文光讲明工价钱四十吊，给他化成金条十根，约重十一两，交萨姓持去。"❹

慎刑司经咨呈军机处后，立即传唤萨隆阿，但"该员一味支离，坚不承认。"后经反复研鞫，并令铺伙王太等到堂当面对质，萨隆阿才不得不供认："本年八月十七日早班，汉章京上堂，其柜已开，职乘便取携包回，于二十四日交素识首饰局熔化金条十根。"❺萨隆阿还供认了已将其中两根在恒和钱铺兑换了银子，另外八根还藏在家中的事实。于是内务府番役前往萨隆阿家中，在炕坑内取出了八根金条外加一小块和一小包金。由于数目不对，慎刑司当即讯问，萨隆阿称那一小块是从十根金条中的一条上折下来的，而那一小包是在熔化前从金印上砍下来的。想必是当初他曾想私下砍毁拆卖的，后来由于金印太大而坚硬，不得已才想到了送往首饰铺熔化，不想却因此露出了马脚。此外，慎刑司还传唤了恒和钱铺老板刘廷弼，刘老板供称那另外两根金条均已售出，并表示愿意照原分量赔补。

洪秀全太平天国天王玉玺

内务府大臣上奏说："臣等查该员于军机章京重地竟敢行窃收存洪逆伪印，（实）属目无法纪，胆大已极。所有萨隆阿供出各情仍恐有不实不尽，自应彻底根究以成信谳。现准军机大臣奏明，业将该员开去军机章京，相应请旨将刑部郎中即行交部严行审讯，按律定拟。其民人牛文光、王全、王太一并交部讯办。军机处苏拉、厨役人等均应听候传质。起出金条并取具各供咨送刑部备案。"❶

军机处"南斋"

该案最叫人不解的疑点是主犯萨隆阿的作案动机。萨隆阿已身为正六品的刑部主事，且又做了军机处章京。在当时，满朝官员皆视能入值军机处做章京为仕途捷径，预示着宦途一片光明。因为入值军机处作章京，机会与待遇丰优，每三年即必例保一次，此外遇有军务告

清军攻打太平天国战图

竣、方略成书、庆典推恩等特保时，军机章京也往往援例参与而列名其中，优秀者会被恩擢补部缺，不论题选或咨留，遇缺即补；此外，由于军机处地近皇宫，见到皇帝的机会多，更是文武大臣们争相巴结的权力中心。加之清廷一向重视满员，满人章京升迁尤速，一夕跳越数级升迁之事常有发生，为世人所艳羡。

萨隆阿舍弃大好的锦绣前程，罔视王法纪律，不惜以身试法，铤而走险，实在令人不解。且从其只盗金印，而没有顺手盗走同柜的两方玉印来看，显然只是单纯地为了熔化金条，贪图钱财，确实没有其他的政治企图或致命的嗜癖。据档案记载这10根金条每根重11两，则这方金

玺总重达6斤14两（16两制）以上。

这一案件的发生，充分反映了当时军机处工作人员素质的良莠不齐，甚至个别人心智与情商十分低卑的实况。重要的是：一向作为帝国枢要表率的军机处，其工作涣散、制度不严的现象竟发展到这等地步，简直叫人不敢想象其他衙门机关的情景了。然而这一切，却实实在在地发生着，据档案记载，此前史科给事中朱昌颐曾在一份密奏中还提到发现圆明园军机处值班处汉章京值房内的文件柜向不上锁，只贴封条，风险很大。同时也提到宫内军机处也有类似的情况，"至宫内汉军章京值房厨柜亦向不用锁，只贴封皮"，大面积地存在着安全隐患，不想却一语成谶。❷

这一案件在当时影响很大，甚至还传到了海外。当时在北京的英国驻华公馆的外交官密福特在寄回英国的一封信中特意谈到此案，说：

> 印玺是用大块金子做成的，上方有两条龙，价值大约600英镑。皇帝看了之后交给恭亲王和军机处，晚上则委托某些大臣看管。当轮到萨隆阿（出身富贵的四品官员）看管时，御玺失踪了。御玺被盗引起了很大反响，所有可怜的侍从被带到刑部，遭受各种刑具的折磨，真正的盗贼萨隆阿却没有受到质疑。他把御玺拿到汉族城区的金店，并且说自己得到宫廷的命令要求将其熔化。承担此任务的工匠将金玺放入熔炉；但是上面的两条龙比其他部分要更硬，无法熔化，因此工匠将其放到一边，准备用温度更高的火炉。幸运的是，这时工匠的一位朋友进来了，他正好听说过御玺被盗的消息，看到两条龙，感到事情不妙，于是透露了消息。萨隆阿经审讯后被认为有罪，在菜市口被绞死。他是有钱人，家庭也不错，根本不需要这钱。侵吞公款已成习惯，哪怕再少，也让这些官吏蠢蠢欲动。
>
> 萨隆阿为官还不够老道，他没有对第十一戒给予足够的重视——这对中国官吏尤其重要。❸

这枚太平天国金玺是湘军从太平天国幼王洪天贵福手中所获的，至于此金玺的主人是天王洪秀全，还是幼王洪天贵福，历史众说纷纭，莫衷一是。

❶《清代档案史料选编四》《军机处值房遗失太平天国金印案》第591页，上海书店出版社2010年版。
❷ 中国第一历史档案馆藏道光朝军机处录副奏折 04-01-30-0515-026）。
❸ ［英］密福特（FREEMAN MITFORD）著，叶卫红译《使馆官员在北京——书信集》第108页，中西书局2013年版。

按：洪秀全一生中不同时期先后用过几方不同的天王金玺，幼王洪天贵福亦曾铸有金玺，从现存档案文献记载考察依稀可辨其轨迹。

首先，中国第一历史档案馆现存有一件太平天国戊午八年（1858）天王洪秀全手书《命薛之元镇守天浦省诏》，其诏上有两枚方形朱色印模，小者长宽均9.5cm（三寸弱），印文为："上帝圣旨天生真全坐山河"。此印有人断为定都天京前，洪秀全在打下汉口，于太平天国壬子二年（1852）时所铸的那枚金玺。❶另外，在此诏书中上述玺鉴下还另外盖有一枚更大的玺模，据清军所辑的《贼情汇纂》卷六《伪印》云："伪天王印八寸见方，四面云龙，中空一行，刻'太平天王大道君王全'九字，左首角上镌一金字，右首角上镌一玺字，并改玺为（上金下玉）。左首边刻'奉天诛妖'四字，右首边刻'斩邪留正'四字。然非紧要诏旨不用此印。"《贼情汇纂》所记为道光三十年（1850）至咸丰五年（1855）太平天国之事，由此可推，至迟在咸丰五年（太平天国乙荣五年，太平天国避讳，将卯改为荣）此印即已存在，一般被考订为太平天国癸好三年（1853，太平天国避讳，将丑改为好）所铸，并被清军认定为唯一代表太平天国天王权威的大金印。另据《贼情汇纂》记载，与此大金印同时铸造的还有一枚"奉旨"金质戳记。

史载，1860年夏天，上述诸金玺忽然不见了，取而代之的是一枚长宽各19厘米左右的正方形超大金玺，玺上文字为"金玺 天父主张天兄担当 天国久长天堂荣光 天下太平日 万方来朝天 天父上主皇上帝 救世主天兄基督太平天王大道君王全 天下福"。❷

从天历庚申十年（1860）开始，洪秀全沉耽于宗教与后宫生活，并有意将幼天王洪天贵福推向前台。辛酉十一年（1861）三月，洪秀全公开表示"勿再理庶政"。❸是年四月以后，太平天国诏书中已换成了另一方金玺，印文为："父子总号太平幼主一直承一统 公孙同坐天国真王万岁照万方 天父上主皇上帝 救世主天兄基督 天王大道君王全 救世幼主真王福"。关于这方幼天王金玺的尺寸，各家著述中均无描绘，但从印文的字数可推测，至少不会比前面那方超级金玺小。

❶ 罗文起《关于太平天国玺印的几个问题》，载于《浙江学刊》1988年第3期。
❷ 太平天国历史博物馆编《太平天国文书汇编》《幼主太平天国庚申十年六月九日谕忠王李秀成诏》，第62～63页，中华书局1979年版。
❸ 郭廷以：《太平天国史事日志》辛酉十一年三月条。

天王玉玺印鉴

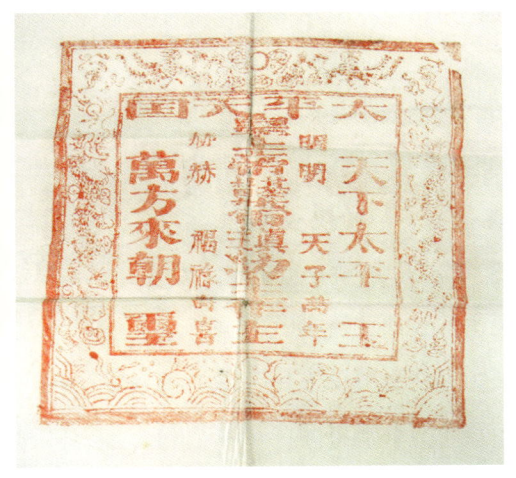

太平天国幼主"天王"玺印鉴

同治三年（1864）六月，洪秀全病逝，幼天王洪天贵福正式继位，同治三年（1864）七月，天京被攻陷。一枚金玺与另外两枚曾国藩所获的玉玺被一同上缴了清廷。据考，这枚被萨隆阿偷窃熔化的金玺最有可能是太平天国幼天王的那枚金印；当然，由于原物已毁，也无从确考，亦有说是洪秀全所遗的金玺。但大概率应该是前者。

军机处金印失窃案发生后，另外两枚太平天国玉玺被从隆宗门内"南斋"移到了武英殿旁的方略馆妥善收藏。据《国立历史博物馆丛刊》第二册记载：清朝废亡后，两方玉玺归由当时的国务院收管，1923年拨归国立历史博物馆。新中国成立后，归中国革命历史博物馆（现为中国国家博物馆）收藏至今。

五、"天师"印的沉浮

清朝是一个宗教政策相对多元的政权，除了萨满教、藏传佛教外，释、道也曾盛行一时，甚至"百年禁教"以前，西方的天主教也曾被允许存在过。

乾隆以前，道教一度很受清廷重视，爵尊位崇，龙虎山天师教的正一真人曾官秩一品、被允许参列朝班，在品秩及声势上甚至全面盖过了曲阜孔氏衍圣公。乾隆继位后，清廷始对道官有所抑制，正一真人被由正一品降到正五品，后来虽又恢复为三品，但已从朝班中被彻底剔除，从此无缘参与朝政。是为清代官印制度史上的一大掌故。

早在清入关前的后金政权即已设有僧、道官员。《满文老档》记载，天聪六年（1632）正月初一日，皇太极在接受各位贝勒、大臣叩拜的仪式中，就有了僧官的参与，"……次儒、道、佛三教各官叩拜……"❶ 康熙朝《大清会典》也载："天聪六年定各庙僧、道，设僧录司、道录司总管。"❷

清入关后，顺、康、雍三朝为了笼络汉人以及政治维稳的需要，对道教予取予求，加以重视利用。清廷沿依明朝旧例封赠正一真人，命其掌管天下道教。顺治八年（1651），第52代天师张应京入朝觐见，敕授正一嗣教大真人，掌天下道教事，给一品银印。《康熙会典》载："大真人银印，直钮，二台，方三寸一分，厚八分，九叠篆文。"❸

顺治十二年（1655），第53代天师张洪任入觐，袭封大真人，并敕免本户及龙虎山上清宫各色徭役。康熙皇帝曾命第54代天师张继宗进香五岳，祈雨治河，袭封大真人，授给光禄大夫。

康熙对于羽流的方术一向留心，不仅畅春园、圆明园中长期驻有道士，康熙还常常与亲信大臣们讨论修炼心得。此外，道教官员对于朝廷来说，也不尽只是作装点而已，康熙视道士为国家专门的技术人员，并公开应用于大型的国家军事活动。康熙五十七年、五十八年（1718、1719）康熙帝曾派遣一个自称会"法术"的李道士前往西北清军巴尔库尔大营，协助清军对准噶尔部的军事攻势。李道士自诩有剪纸为马、撒豆成兵的技能，康熙深信不疑，甚至准备让这位道士对准噶尔部首领策妄阿拉布坦施用"法术"精准斩首，企图一举除掉策妄阿拉布坦。康熙五十八年（1719）年初，李道士又毛遂自荐，请求借清朝和议使者回访准部之机，自己扮作清廷使者手下随员，一同出使准部，找机会接近策妄阿拉布坦，如果策妄阿拉布坦不从归降，就"施神法，暗变其心肝，迷惑其灵魂"，将使策妄阿拉布坦于数日之内死亡。❹

雍正继承乃父衣钵，更加崇尚道教。雍正五年（1727），第55代天师张锡麟入觐，援依前朝旧例袭封大真人，授光禄大夫。

❶ 中国第一历史档案馆《满文老档》（下）第1188页，中华书局1990年版。
❷《大清会典·礼部·祠祭司·僧道（喇嘛附）》卷71。
❸《康熙会典》卷54。
❹ 中国第一历史档案官编译《康熙朝满文朱批奏折全译》第1372页，中国社会科学出版社1996年版。
❺ 中国第一历史档案馆《明清宫藏档案图鉴》第131页，人民出版社2016年版。

雍正对道士的笃信，似乎更偏重其私修的方术，认为"道教炼气凝神，与儒家存心养气之旨不悖"。雍正八年（1730）春夏之际，雍正染重疴，为保命，曾亲手朱笔抄写了十多封同一内容的密谕，寄往各地督抚近臣，其谕云：

可留心访问，有内、外科好医生与深达修养性命之人，或道士、或讲道之儒士俗家。倘遇缘访得时，必委曲开导令其乐从方好，不可迫之以势。厚赠以安其家，一面奏闻，一面着人优待，送至京城，朕有用处。竭力代朕访求之。不必预存疑难之怀，便荐送非人，朕亦不怪也。朕自有试用之道。如有闻他省之人，可速将姓名、来历密奏以闻，朕再传谕该省督抚访查，不可视为具文从事，可留神博问广访，以副朕意，慎密为之。❺

《礼斗图》（局部）

雍正九年（1731）龙虎山正一道士娄近垣应召入宫，设坛礼斗，以符水为雍正治病应验。娄近垣因此被封为妙正真人，赐四品龙虎山提点，雍正又拨官银修葺龙虎山宫观，置买香火田数千亩。

迨入乾隆朝，政策忽然一变，道官在清廷的政治地位开始一落千丈。乾隆禁限道人，与其父雍正沉迷道教、因炼丹而殒命圆明园中有直接关系。这件事虽为宫闱秘密，然坊间已略有风影传闻，直接影响着雍正与国体的声誉。乾隆深恶痛绝，并极力为父洗白。雍正十三年（1735）八月雍正驾崩，刚刚继位的乾隆即下谕："先帝万几余暇，闻外间有炉火修炼之说，圣心深知其非，聊欲试观其术，以为游戏消闲之具。因将张太虚、王定乾等数人置于西苑空闲之地。圣心视之如俳优人等耳,未曾听其一言,未曾用其一药,且深知其为市井无赖之徒,最好造谣生事。皇考向朕与和亲王面谕者数矣。今朕将伊等驱出,各回本籍。令莽鹄立传旨宣谕,伊等平时不安本分,狂妄乖张,惑世欺民,有干法纪,久为皇考之所洞见,兹从宽驱逐,乃再造

道符印

之恩。若伊等因内廷行走数年,捏称在大行皇帝御前一言一字,以及在外招摇煽惑,断无不败露之理,一经访闻,定严行拿究,立即正法,决不宽贷。"❶乾隆又强调道:"多一僧道,即少一农民。乃若辈不惟不耕而食,且食必精良;不惟不织,而衣必细美。庐室器用,玩好百物。争取华靡,计上农夫三人,肉袒深耕,尚不足以给僧道一人,不亦悖乎!"❷

从宗教情感层面上看,乾隆本人则更趋向崇信满洲传统萨满教,还与藏传佛教保持密切的关系,而对于中原传统的佛、道已渐渐失去热忱。

乾隆元年(1736)四月,经由乾隆与总理事务王大臣及九卿的反复讨论,礼部议定:"清厘僧、道之法,莫善于给度牒,而给度牒之法,必尽令其恪守清净。请令顺天府、奉天府、直省督抚转饬该地方官,于文到三月内,将各戒僧、全真道士,年貌籍贯,焚修处所,清查造册,取具印结,申送汇齐到部。发给度牒,转饬地方官,当堂给发。各僧、道收执,遇有事故,追出汇缴。嗣后情愿出家之人,必请给度牒,方准簪剃受戒。如有借名影射,及私行出家者,查出治罪……至清微正一道士,除龙虎山上清宫由真人给与印照,各直省清微灵宝道士,仍给部照,毋庸给牒外,火居道士,俱令还俗,其年老不能还俗者,亦暂给部照,永不许招受生徒。"❸

❶《清高宗实录》卷1。
❷ 中国第一历史档案馆《雍正朝汉文谕旨汇编》第2册第352页,广西师范大学出版社1999年版。
❸《清高宗实录》卷16。
❹ 中国第一历史档案馆《乾隆朝上谕档》第1册第162页,中国档案出版社1991年版。
❺《清高宗实录》卷69。
❻《清高宗实录》卷174。

乾隆二年（1737），清廷又进一步重申加强度牒管理，试图构建一个类似于保甲制度的道教度牒制度，行之有效地管理和控制道教势力的发展。乾隆在谕旨中说："是以发给度牒，令有所稽考。亦如民间之有保甲，不致藏奸。贡监之有执照，不容假冒。果能奉行尽善，则教律整饬，而闾阎亦觉肃清，岂欲繁为法禁，苦累方外之民耶。"❹

度牒管理反而给清廷带来诸多的麻烦与压力。自乾隆元年（1736）至乾隆四年（1739），清廷共颁发佛、道度牒、部照340112张。乾隆不得不停止颁发度牒和部照，对度牒总量加以控制，转而试行师徒传牒的度牒管理办法："嗣后令该地方官，于岁底汇开报部，除不许招受生徒者，只有开除、并无续收外，其应招生徒者，务于册内注明。开除若干人，续收若干人，其续收之数，不得逾开除之数。应如所请，但招受一人，所有应得牒，应于伊师原发牒上，注明年貌籍贯，簪剃年月，取具五人互结存案。伊师身故，辈辈相传，不必另给。"❺

在最终遏止住了全国道人总量剧增态势后，乾隆帝又开始对各级道官下手。乾隆七年（1742），出身于算学世家的鸿胪寺卿梅瑴成上奏："正一真人张遇隆恭祝万寿，据礼部文称，随班行礼，应列左都御史下、侍郎前。臣思真人乃道家之流，祈禳驱邪，时有小验，仍而不革可也，假以礼貌可也。乃竟入朝班，俨然与七卿并列，殊于观瞻有碍，应请敕部定议，不必令入班行。"❻

此奏正中乾隆下怀，于是下旨："此奏是。该部议奏。"礼部奉旨附议："应如（梅瑴成）所请，嗣后真人承袭谢恩，臣部带领引见，并遵三年来朝之例，准其入觐，照例筵宴，宴毕还山。倘在京适值百官朝贺之期，免其列班行礼。"从此免去了正一真人列班朝贺、参与朝政的资格。

乾隆十二年（1747），梅瑴成再次上疏，提出朝廷过于优待张真人，请求免除其世袭制，改授提点、演法等道官职位。他认为道教是异端，

雍正修道图

雍正关于寻访道士的朱谕

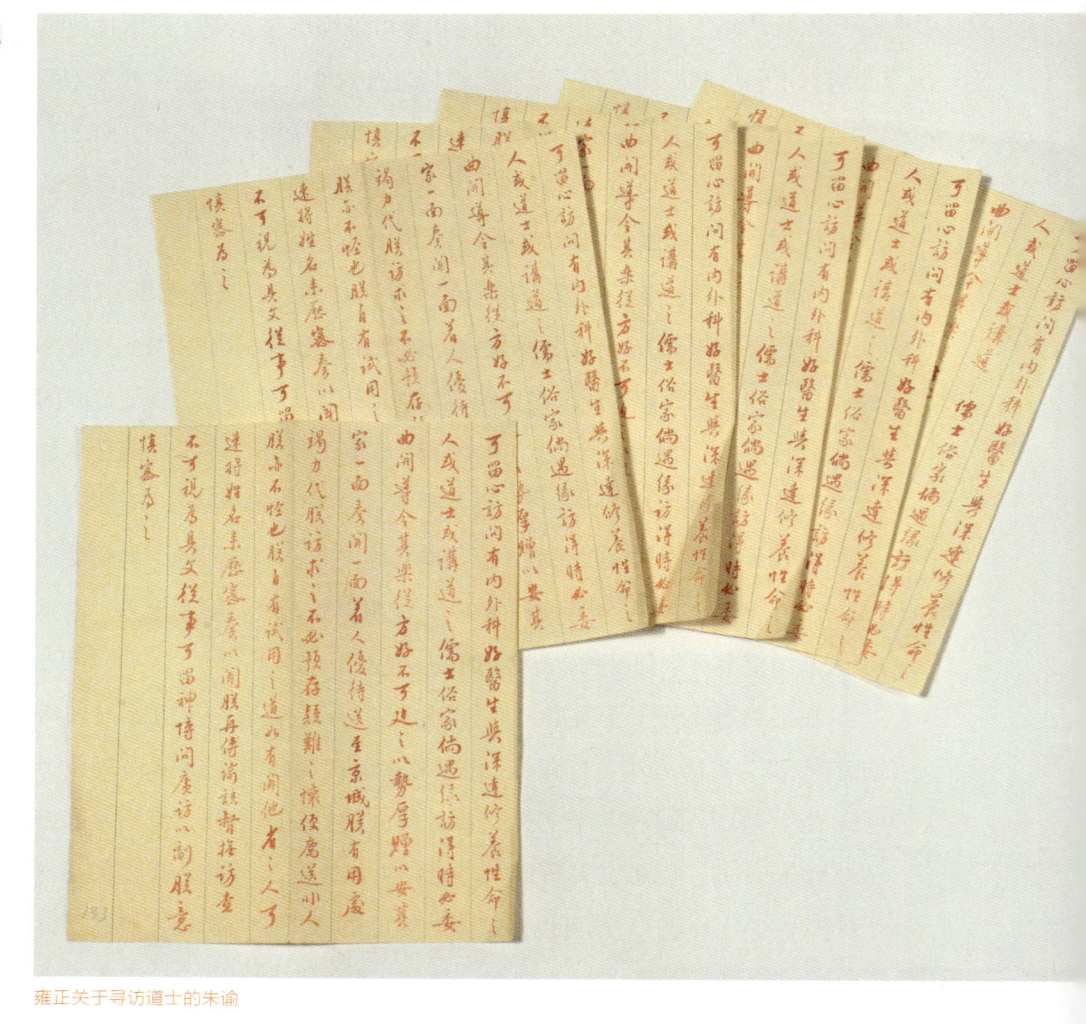

龙虎山的符箓亦是道教旁门，张真人对清廷的贡献不足以赢得世袭的资格，也不配获得高品级的官职待遇。礼部议复的结论是："正一真人有统率道众之责，若授为提点、演法，则亦系正六品。查太医院院使秩正五品，巫、医本相类，请将正一真人亦授为正五品。其原用银印，即令缴部，嗣后缺出，应令该抚查其子孙应袭者，取具地方官印结，咨部袭补，照道官例注册。至朝觐筵宴，均如该副都御史所奏停止。"❶张天师世传的"正一真人"爵位遂由正一品降至正五品，银印被收缴，还被禁止觐见和筵宴，子孙承袭也交由地方官负责管理。张氏真人原本拥有的一切优待和礼遇

❶《清高宗实录》卷304。
❷ 中国第一历史馆档案藏《乾隆朝上谕档》第563盒第1册。
❸《清高宗实录》卷760。

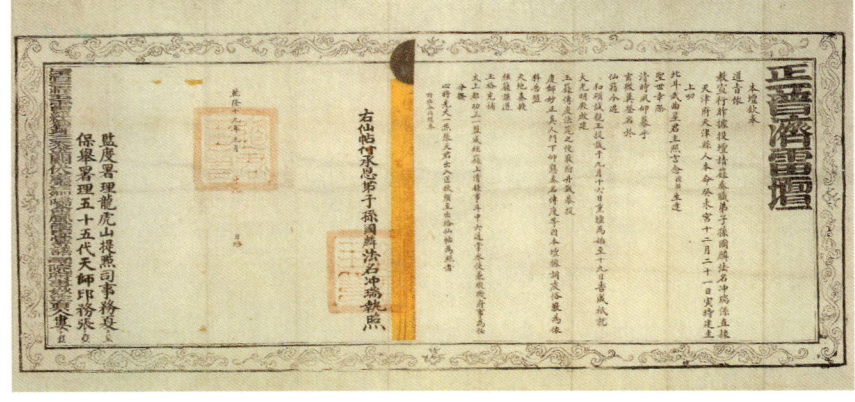

清宫请降道符

均几乎一夜间消失殆尽。

乾隆十四年（1749），借着全国官印满篆改镌工程的由头，清廷又对于道教官印进行了一次清厘。是年四月十二日，内阁奉上谕：

现因办理清文篆书，将一切印信悉照篆文铸造。据礼部查奏，有娄近垣所掌大光明殿住持及龙虎山上清宫提点司两铜印，应行撤回，无庸改铸。再道士娄近垣妙正真人、僧人元信文觉禅师、超盛无阂永觉禅师之银印，俱无钤用之处，无庸改铸，其应否撤回，候命下遵行等语。查大光明殿住持及上清宫提点两印，应照部议撤回。其娄近垣、元信、超盛三银印，系雍正年间并敕谕一同颁发，乃赐给本人，不过图章之类，非外藩喇嘛传授承用印信可比，无庸改铸，亦无庸撤回，应俟本人身后缴部销毁。着该部详查。现在似此者尚有几何，奏明遵照办理，该部存记档案。嗣后如有特赐方外人等敕印，俱照此例行。❷

乾隆朝中后期，天师道的境遇似乎稍有回暖。乾隆三十一年（1766）下谕："正一真人向系承袭一品，前据左副都御史梅毅成奏请，量加裁抑，经大学士会同该部议覆降为五品。第念其自宋元以来，承袭已久，世守道教，即遇有过愆，亦应抵其人以罪耳，不应议及其世袭也。然旧例一品，班序未免太优，遽降五品，又未免过于贬损。且其法官娄近垣现系四品，而伊品秩转卑亦觉未协。今正一真人既来朝进京，著加恩视三品秩，永为例，该部知道。"❸ 虽然品秩重新得到提升，但配套的官印却迟了几十年才颁铸到位。嘉庆九年（1804）奏准："正一真人系三品职秩，现用五品印信，品秩不符，换给三品印信。"此后的"正一（乙）真人"铜印，方二寸四分，厚五分，清、汉垂露篆合璧。❶

有清一代，在中央依例设有道教管理衙门——道录司。康、雍两朝《大清会典》中皆将道录司作为单独的条目，醒目地附于中央部院各衙门之后，可见彼时其地位的尊崇；而后来的乾、嘉、光三朝

"道士捐官"，选自《点石斋画报》

《会典》及《清会典则（事）例》中，道录司皆不再享受单独与各部、院衙门并列的待遇，而被列在了礼部条下的"方伎"类。乾隆朝《钦定大清会典·凡例》说："衙门次第皆按品级，遵照旧典序列……僧录、道录两司，已详礼典，皆毋庸开载……。"❷乾隆以后，道录司更进一步沦为内务府掌仪司下的一个三级单位了。

清初的道录司印为直钮铜印，"方二寸二分，厚三寸五厘"，满楷汉篆合璧。❸乾隆十四年（1749）改铸后，制式尺寸不变，印文改为满、汉垂露篆合璧。

自乾隆整顿后，道录司的六品铜官印被严禁滥用。乾隆四十一年（1776）十一月，道录司正印陈资琛因擅自加盖司印率然转咨礼部而被革职。❹可见清廷对该官印管理的严厉。

诵唱道情

关于清朝地方各级道教官印的管理，据嘉庆朝《钦定大清会典事例》中记载：乾隆二十四年（1759）"奏准直省各府及直隶州属僧、道官及阴阳官、医官，铸给印记之处，一概停止，已给者饬令缴销"。后由于管理需要，乾隆三十八年（1773）又奏准："前经军机处、礼部奏请，将直省各府、州、县僧、道、阴阳、医学等官印记撤回，停止铸给，但各职俱有专司之责，凡出结具领等事，亦宜官给信守，以昭慎重。应请照官刻佐杂钤记之式，长

二寸四分、阔一寸三分五厘,由藩司用官铺内梨木照依各职官镌刻正字给发。"❺

乾隆朝对道士官印的清理,固然有其积极一面,如整肃了官系,进一步将其政教剥离,以便于统治。然而这也有副作用的一面,清廷对僧道的有意打压和不重视,导致地方各级僧道印名目混乱,加之日常的疏于管理,乾嘉以后众多秘密会社都打着民间僧道的名义结社行事,形成了社会的不稳定潜在隐患。

清光绪三十年(1904)适逢慈禧七十大寿,有人诱骗新任天师张元旭入京祝嘏,称只需花费二千金就可得到二品顶戴。张天师心动,如数付了款,并径赴北京投文于礼部,请求随班祝嘏,礼部据乾隆时成案,驳斥不许。❻

六、禁不住的官印造假

清中期以后,官印制度基本稳定,官印的地位不断提升,体系日益庞大,应用领域也极度扩张。与此同时,各种千奇百怪的官印造假案件也层出不穷,令清政府防不胜防。在此抄录嘉庆十一年(1806)庄亲王府下包衣何百喜造假印文书案的一份供词,试以品析。

何百喜供:我系庄亲王府内厢红旗包衣堆齐佐领下领催,年六十七岁。上年十二月内不记日期,府里管事之二等护卫德昌对我说,苏拉斗儿有认识的张崑山叫斗儿来说,有天津河船三十只,叫我设法给他在王府名下当差。议定明年正月起至十一月止,共给我谢银二百两的话。德昌邀我同至前门外酒铺里与斗儿、张崑山见面。张崑山与德昌当面说妥,各散。次日,我同张崑山至德昌家,张崑山取出执照板片并蓝靛交德昌刷印填写。德昌叫伊子音德布于新街口摊子上买个图记,打在执照上。打发音德布同斗儿、张崑山拿执照下天津去散给船户。本年正月初四日德昌又令我同音德布、斗儿、张崑山到天津去收取银两。到了天津,张崑山攒得各船户银,先将一百两交音德布收受,另给我银十两、音德布银

❶《清史稿·舆服志三》卷79。
❷《乾隆会典·凡例》。
❸《康熙会典》卷54。
❹ 中国第一历史档案馆藏内务府奏案 05-0329-070。
❺《嘉庆会典》卷29。
❻(清)胡思敬《国闻备乘》第15页,中华书局2007年版。

十五两作为盘费。我又向斗儿借银二十两还账。我同音德布、斗儿回京时，张崑山还说等过几日再送一百两来给德昌的话，后来不知曾否送来，问德昌就明白了。至德昌与斗儿办这件事，止向我一人告知，府内别人全不知道，德昌也没回明王爷是实。❶

从供词看，此案件犯罪人的目的，与绝大多数的普通的清朝官印造假案一样，在于蒙混牟利。具体来说，就是一伙人谋划通过给天津河船找活（在庄亲王府），参与者按分工合作的约定，各赚钱财。案犯口供中反映的情况，概可见当时社会上普遍存在着的一般伪造官印印文骗钱案的组织形式、造伪方式、分赃形式等等细节。

无疑，这是一个典型的团伙作案，步骤分工明确，节奏紧凑。

第一步，找活。社会人张崑山与天津河上船户素有联系，船户们托他四处给找找门路，也想多赚些钱。张崑山与庄亲王府中的苏拉（杂役）斗儿认识，便托他看能否在亲王府走走后门，共同赚些个中介费。斗儿又找到了庄亲王府下的二等侍卫（正四品）德昌商量，双方一拍即合。

第二步，攒局。德昌胸有成竹，便找熟人——在王府管账的领催（旗下小官，司佐领下的册籍、俸饷）何百喜，叫何设法在王府名下给天津河船找个临时差事。随后，这个临时形成的利益团伙成员们，来到位于前门外的一个酒馆会议商量。参加宴请商量的成员分别有老大德昌（负责布局），老二何百喜（负责在王府档案中做假账），成员斗儿、张崑山（负责联络、跑腿）。

第三步，造假。前门外酒馆会议后，一众又蛩到德昌家中。张崑山拿出事先已伪造好的空白王府执照的刻印板，以及刷印执照必用的蓝靛颜料，大家当场监督，在现场刷印好了伪造的王府执照，并由德昌指点，按公文格式用墨笔填写完毕。然后德昌的儿子音德布在新街口的一个地摊上买了个假的王府图记，盖在了伪造的王府执照上。一切齐活。

第四步，分赃。伪造出假王府图记执照（简称"图照"）后，德昌派音德布与斗儿、张崑山拿着假的王府图记执照赶赴天津，订价散卖给了各个船户。之后不久，德昌又指令何百喜与音德布、斗儿、张崑山一同去天津收取

❶ 中国第一历史档案馆藏《嘉庆朝上谕档》第826盒，第2册。
❷ 《清高宗实录》卷659。
❸ 《清仁宗实录》卷165。

真伪莫辨的石印

船户的执照契银。张崑山从船户手中收到银后，先将一百两交给了音德布，然后又给音德布十五两、何百喜十两，作为二人的路费与辛苦钱。何百喜有些不悦，认为音德布所拿的十五两高他太多了，于是以借口在王府档案上做假账还需要钱为要挟，从斗儿那里以借的名义又敲诈了二十两。回京时，张崑山对何百喜说，过几天还会给德昌一百两。

按：德昌等伪造官印文书诈骗案，是清代嘉、道以后众多的相关著名官印伪造案之一，其性质与社会影响亦有一定代表性。尽管相比一些私刻皇帝宝印，伪造皇帝印敕的大案，如乾隆二十七年（1762）四月福建破获的民间伪造"宝印、官敕"案，❷以及此案后不久发生的直隶布政司司书王丽南等私自雕刻假印、勾结舞弊冒领几十万两——"共虚收过定州等十九州县地粮正耗杂税等银二十八万余两。并起出藩司及库官假印二颗"❸等典型大案，在情节与社会影响方面都略逊一筹，然而恰恰正由于它的寻常，更可揭示嘉、道以降韭割复生的官印造假案的乱象内幕与野蛮丛生的生态。

从德昌等作案的手段来看，显然他于此道十分熟谙，很可能不是第一次作案。而从其作案的团伙构成来说，也都十分地熟稔而自然，有四处刨活的社会闲散人员张崑山，中间搭桥的斗儿，负责收账、做假账的会计专家何百喜，负责全面策划、实施管理的头目德昌。这种团伙造假的现象在当时肯定不是个例。

更叫人吃惊的是，德昌造假王府执照所需要的王府图记（印信），并不必由自己造假，而是叫儿子音德布轻车熟路地跑到新街口的一个地摊上买了个现成的王府官印，应该是事前就已专门预订过的了。这个地摊显然是德昌熟悉的假官印一条龙伪造的关系链中的一环。多如牛毛的官印造假案件频生，昭示着官印造假已呈现出以产业链形式存在的普遍性与日常性。

实际上，就在本案发生后的第三年，嘉庆十四年（1809）又一个更大的历史上著名的工部书吏伪造假印骗财案被揭露出来。清人赵翼《檐曝杂记》载：

嘉庆十四年冬，有蠹吏蔡泳受、王书常、吴玉等私雕假印，凭空捏造事由，向三库及内务府广储司库共十四次，并诈传谕旨，称钦派办工大臣姓名，用伪印文书咨行部院衙门，以致各堂司官被其欺蒙，给发银两。有商人王国栋亦以工程在广储司库领银，看出假印，事遂败露。皇上念此案干涉大小官员甚多，惟恐稍有枉滥，默祷于天。正当节届近年，天气开朗，瑞雪应期，因即照军机大臣所拟，蔡泳受、王书常、吴玉均即处斩，仍先刑夹一次，再行正法。并传集各部院书吏环视，俾知警惧。其为从之谢典邦、商曾祺秋后处决，余犯陶士煜等七人发黑龙江为奴，其失察之堂司官，分别黜降有差。❶

街摊

由此而知，这种官印造假当时在民间社会中何等的泛滥与猖獗。

民间清代官印的造假手段千奇百怪。嘉庆十四年工部书吏造假行骗案中伪造雕刻官印的吴七在口供中提到，他是照着工部印的印模造假的，他称："随后王书常拿了有印的旧稿一片给我，我就用黄泥做成印模，又用白蜡盖面，将印文粘上照样刻成，在火上烤干，不记日子给与王书常看了。约定本月初三日一早，王书常拿了假文书领子门单三件来我家，用苏木水刷印好了，仍交给他的。"❷据查案报告，吴七所伪造的泥印，不但笔画不清，而且比原印在尺寸上也要小一圈。而道光十四年（1834）的一件私雕假印伪造官照诓骗钱财案中的主犯王常宠，"因无印信执照，见街上贴有提督告示，就乘机把告示上印花挖落，携带回

❶（清）赵翼《檐曝杂记》卷5，第98页，中华书局1982年版。
❷《嘉庆十四年十二月二十四日军机大臣庆桂等为审拟假印冒领库项案犯王书常及失察各员等事奏折附案犯吴七口供》，见载于《历史档案》2018年第4期《嘉庆十四年书吏冒领库项案档案》。
❸中国第一历史档案馆藏内阁题本02-01-007-0311154-0016，协办大学士王鼎等题。
❹中国第一历史档案馆藏《乾隆朝上谕档》第696盒第1册。
❺况周颐《眉庐丛话》第331页，山西古籍出版社1995年版。
❻中国第一历史档案馆藏《道光朝上谕档》第932盒第3册。
❼（清）刘禺生《世载堂杂忆》第66页，中华书局2006年版。
❽（清）刘献廷《广阳杂记》第178页，中华书局1997年版。

清代的杖刑

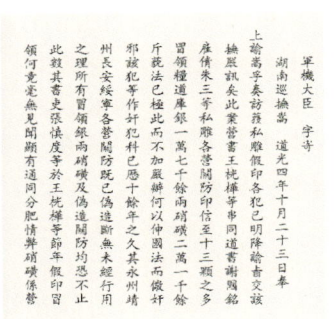

道光关于私雕假印处罚的上谕（局部）

押解犯人

家，于夜间用家存木板雕刻假印一颗"。❸

清代官印的造假，除了雕刻木印、烤制泥印外，有的竟然索性在假公文上直接描摹印模。如乾隆五十年（1785）七月发生的"宗室庆爱等捏造假契诓借银两案"中，查出其假官契上的图记印信"系刑部笔帖式通义描摹"。❹

到了清末，民间官印的造假方法更加登峰造极，况周颐《眉庐丛话》记："相传赵次山尚书（尔巽）开藩皖省时，访闻有伪造关防者，以象箸合并锲刻成文，无茧发踬盭。箸凡二十一，不用，则二十一人分藏之，亦防其败露也。尚书侦得其钤用之顷，掩捕之，无一脱者，皆自知罪重，涕泣莫敢仰视。尚书第令炜其箸，其人则发往书局，供剞劂之役，皆巧工也。"❺

诚然，清代对于伪造假印的处置一向十分严厉。纵然如此，依然无法遏止官印造假案接二连三地不断发生。道光四年（1824）十月，湖南巡抚查获一件永州地方军营营书王桄桦等私雕军营关防印信冒领军事物资案，十多年间，该案犯等竟然私自雕刻"各营关防印信至十三颗之多，冒领粮道库银一万七千余两，硝磺二万一千余斤"。❻至清末，官印造假愈演愈烈，光绪二十五年（1899）武昌还出了个假光绪皇帝案，据载：该假皇帝随身还带有"玉印一，刻'御前之宝'四字"。❼

官印造假，历代尽有，但各自的初衷与境界却有高低不同之分。清初江南有个查如龙，在南明弘光朝曾为部郎，后来流落江湖，四处奔走，专以反清复明为事业。此人是个官印伪造高手，为了联络天下豪杰，恢复中原，"伪造天下督抚、提镇书札、官封、印信、花押、图章，一一逼真。"❽

185

上编：印史纪略

第七章 慈禧印章的虚实

谈到晚清历史，独掌朝政四十多年的慈禧太后始终是一个绕不过去的人物，仅从她在官印制度上大胆地破立与影响来看，无不打上了那个动乱时代及她个人跋扈张扬的深深烙印。

多年前，网络上曾疯传过一份伪造的慈禧太后的懿旨。该"懿旨"盖有"慈禧皇太后之宝"与"御赏"小玺。受上级的委托，我曾专门对其做过鉴伪的考察与证明。

关于这份懿旨的证伪，已另有不少专家专论考订，然大致均从史实内容和懿旨的文字格式等方面入手，尚未有专于印章的考证者。实际上，仅从其印鉴研究的角度上看，该懿旨的作伪处已一目了然，无须多费笔墨。从该假懿旨原件的照片来看，原件上有两处用印，其文上抬头处盖有朱色汉篆"慈禧太后之宝"，另在文中右上角的"慈谕"字处押盖汉篆"御赏"小玺。恰恰这两方印宝，成为该份懿旨伪造的最大证据。而这两点，恰恰为人们提供了一个切入点，便于藉以展开探讨慈禧宝印的虚实与特色，以及相关的典章制度。

一、"慈禧皇太后之宝"及相关玺印

先看假"懿旨"上方正中的那方汉篆的"慈禧皇太后之宝"。

按：清代官印制度中，有固定明晰的后宫宝印制度体系。清宫中女官分为九级：皇太后、皇后、皇贵妃、贵妃、妃、嫔、贵人、答应、常在。按照清代官印规定，大致可分为三等：一等是皇太后、皇后和皇贵妃，均用龙钮金宝；二等是妃，用龟钮金（或为银镀金）印；三等的贵人以下则均不铸颁印、宝。

清朝官印制度又规定，皇太后的封宝，只作为一个册封的象征物，不能应用于公务文书。皇太后是高于皇后的存在，在《大清会典》中，其宝印被列于皇后之前。另外，除了确定皇太后地

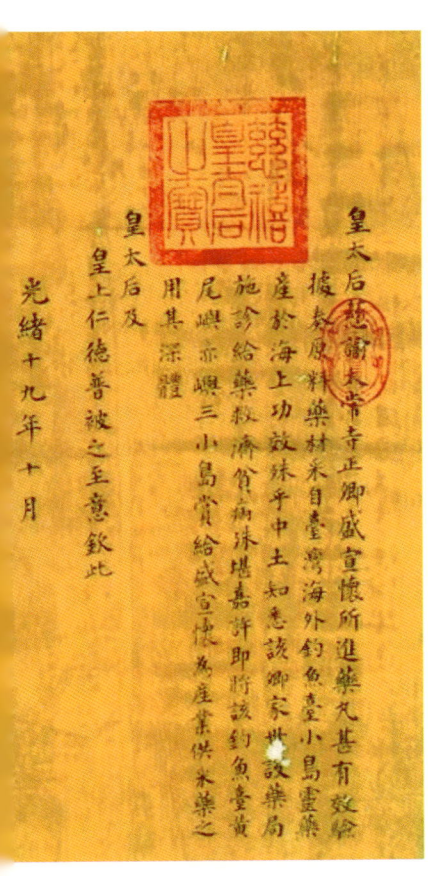

伪慈禧懿旨

位的尊号封印外，皇太后生前还会拥有一系列的徽号印宝；去世后则会镌赠谥号印宝，专门供于祖庙。

这方"慈禧皇太后之宝"，显非封宝，亦非徽宝，更非其谥宝，因为按照清制，以上三宝均为太后的正式宝玺，它们的印文均为满、汉篆合璧，且尺寸上也有严格的规制，而这方汉篆的"慈禧皇太后之宝"并未列入《大清会典》中清朝官印的相关规定系列，只不过是属于慈禧太后的一枚私印宝玺。

私印宝玺属于帝、后的私玺闲章范畴。在清代，帝、后除封、徽、谥三种正式官印外，还会拥有一定数量的个人私玺闲章，用于正式公务文书以外的其他场合。在清宫所有女性统治者中，慈禧所拥有私玺闲章的数量最多。

故宫博物院出版的《清代帝后玺印谱·慈禧卷》内收录慈禧私印小玺150多方，均为慈禧太后惯常用于书画匾额等创作与品鉴方面的私人闲章小玺。而其中，标明"慈禧皇太后"的小玺就达数十方之多。其中仅名为"慈禧皇太后之宝"的竟有10方，均为汉篆印文，尺寸大小不一，材质分别有青玉、檀香木、青田石、寿山石、鸡血石等；其印钮或正规交龙钮，或瑞兽钮，或光素等各有参差。尤其著名的一方鸡血石"慈禧皇太后之宝"，通高12.8厘米，钮高10.7厘米，印面方10.7厘米，石中有红斑，鲜艳如鸡血，堪称印王。大家咸知：清代印石，康雍乾时期以田黄为最崇，因为它接近皇室之黄，又被称为"印石之帝"。而到了晚清，被誉为"印石之后"的鸡血石又遭热捧，慈禧太后尤其对鸡血石情有独钟，甚至爱屋及乌到红色的珊瑚等，因而引领了这股潮流。

慈禧常用的私玺，除"慈禧皇太后之宝"外，还包括"慈禧皇太后御笔之宝"，每每用于书画或匾额。现北京故宫博物院藏有"慈禧皇太后御笔之宝"11方，其中最著名的是一方铜质青金石柄钮的"慈禧皇太后御笔之宝",通高 11 厘米,印面方 3.5 厘米。

另外,"慈禧皇太后御览之宝""慈禧皇太后赏鉴之宝"则往往出现在慈禧的作品或收藏书画中。

慈禧还有"慈禧之宝",共 5 方,均为檀香木交龙钮,宝文分别有阴文、阳文两种,均为汉篆。其中最大一方印面方 29 厘米。这些"慈禧之宝"每被用于赏鉴方面。

除以上标明"慈禧"尊号的小玺外,另有"数点梅花天地心""大雅斋"等闲章也常出现在慈禧太后的书画作品及匾额中。

慈禧太后十分重视私玺小印的使用,凡须盖用她印玺的作品,选盖什么印,盖在何处,皆须经大臣们事先设计好示意样稿后上呈,由她亲自把关。清宫档案中有一份刻印慈禧太后手书《心经》用印的设计档案——"用宝样"。该档开面朱笔书"用宝样"(当是慈禧所书),首页标明"经头",并在首行的"南无阿弥陀佛"文字处,明确标出了盖用方形的"慈禧皇太后御笔之宝";在中页经身处,则在"佛顶光"文字处的上部标明用方印"得大自在";另外,经文中的"玻堞婆诃"处还标明押盖椭圆形"赐福苍生"印;在经文"梵文"处,则标明押盖椭圆形"如是观"印和方形"欢喜图"印;经尾经文"慈航渡福"上标明盖方形"大圆宝镜"印;经文尾幅面"彩云"边框纹饰最左下角注明钤盖"坠角"印——方形的"敬佛"印。除"用宝样"设计纸样外,匣内还附有以上六印的原大朱色印鉴。此份档案,充分反映了宫中帝后私玺钤盖设计审查制度的流程。❶

再回到那份假"懿旨"上,该文于正上方采用了"额章"的钤盖形式,这在正式公文中从未出现过,制度上也没有这方面的规定。

"额章"往往多出现在帝后御书的匾额上。

慈禧像

鸡血石"慈禧皇太后之宝"

❶ 中国第一历史档案馆《清代文书档案图鉴》第 305 页,三联书店(香港)2004 年版。

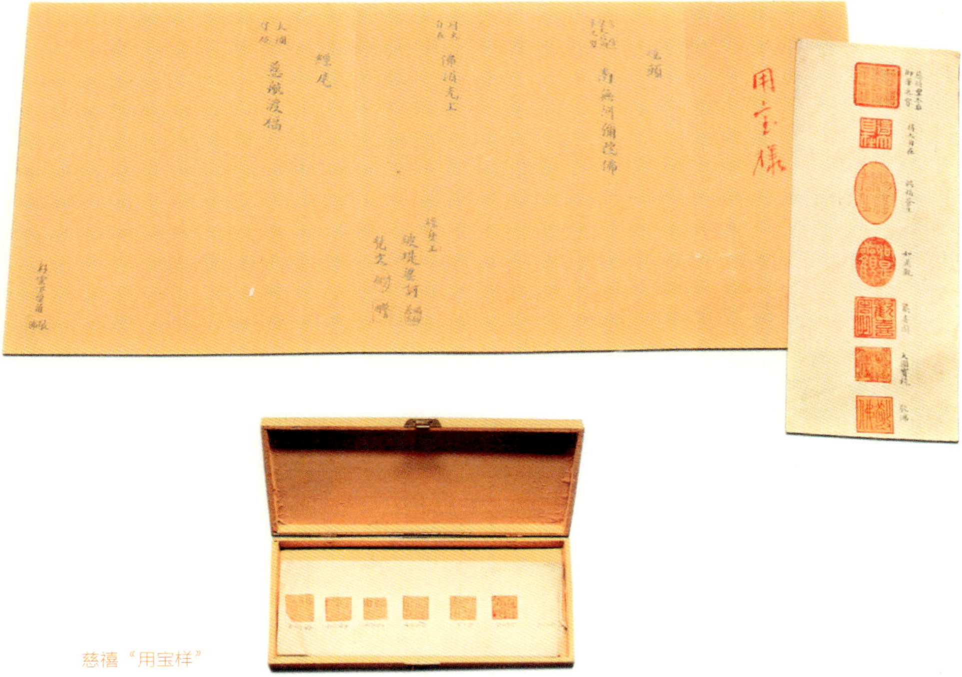

慈禧"用宝样"

"慈禧皇太后御笔之宝"

慈禧本人十分钟情写匾，每每于匾额上钤盖自己的私玺。清朝历代皇帝书匾，通常只用一枚"额印"，即在匾额上端正中盖印，但慈禧大胆地突破了一枚"额章"的规制，常常用两方甚至三方"额章"。其中最为大家所习知的，是现存的"颐和园"匾额。该匾额为光绪帝所书，其上三方"额章"却分别是慈禧的"慈禧皇太后御览之宝"（正中）、"和平仁厚与天地同意"（右边）、"数点梅花天地心"（左边），而光绪的两方"光绪御笔之宝"与"爱日春长"则被屈居于匾左的中下部，可见慈禧之跋扈。

二、"御赏"与"同道堂"印

现在再谈谈该假"懿旨"右上角的"慈谕"字处所钤盖的那方汉篆"御赏"小玺。

这方"御赏"小玺与另一方"同道堂"小玺,在历史上十分著名,曾关系到晚清著名的"辛酉政变""垂帘听政"等一系列重大历史事件,意义深远。

1856年—1860年,为扩大侵略权益,英法联合发动侵略中国的"第二次鸦片战争"。

咸丰十年(1860)六月,英法联军兵船数十艘,突进入中国渤海湾,来势汹汹,以保护两国公使入京换约为由,意在军事入犯北京。由于清军防务失当,英法联军由北塘登陆迂回大沽后路,至是月二十九日,塘沽失守。八月,英法联军前锋已至通州,当八里桥败讯传来,咸丰仓皇逃往热河。随后,兵犯京郊的英法联军闯入圆明园,发生了震惊中外的"火烧圆明园"事件。

"北狩"热河的咸丰皇帝身体素来羸怯,病久咯血。由于此次仓皇北行,有司供张不及,奔波劳累,曾一日未得食。加之恚愤交集,病情反复,未见痊愈,于咸丰十一年(1861)七月,驾崩于热河的烟波致爽殿。去世前一日,咸丰召见御前大臣,传谕:"立皇长子为皇太子",随后又传谕:"皇长子载淳现为皇太子,著派载垣、端华、景寿、肃顺、穆荫、匡源、杜翰、焦佑瀛,尽心辅弼,赞襄一切政务。"❶

据载,咸丰临终前,曾将自己随身所带的小玺"御赏"与"同道堂"分别赏给慈安与皇长子载淳。在他去世后第二天,两宫(钟粹宫与储秀宫)皇太后召见赞襄政务大臣载垣、肃顺等,商议诏谕疏章黜陟刑赏事。肃顺等初议:谕旨由赞襄政务大臣拟定,太后仅钤印,此为先帝遗嘱,自不得更易,但章疏等也不必呈内由小皇帝与皇太后览审,钤盖印章,只不过是一个虚文过场而已。两宫太后认为不可,坚持小皇帝与太后的谕旨与奏章的阅定权。最后双方经协商决定:章疏呈皇太后览后,有关谕旨由赞襄政务大臣承旨拟进,交皇帝与皇太后阅后,在谕旨上前用"御

"御赏""同道堂"印

"辛酉政变"期间"御赏""同道堂"双印蓝鉴（时在国服期间）上谕

赏"、后用"同道堂"二印为凭信，此外，其他所有应出自小皇帝朱笔的文书也均以此二印为凭。这条规定无疑成为了后来的"垂帘、辅政兼而有之"临时政治制度的核心内容。

彼时，只有六岁的小皇帝载淳因年幼无法参与议政，因此他的"同道堂"印就实质性地落入了生母西宫太后慈禧的手中。

咸丰崩逝的消息传来后，留京办事大臣恭亲王即刻奏请赴热河奔丧。但载垣和肃顺等传旨，著恭亲王留驻京师。恭亲王奕䜣是咸丰的六弟，道光生前也很看好他，曾一度考虑过选他作接班人，虽然最后选择了年长的咸丰帝，但在道光的秘密立储的遗嘱中还是专门写上了他过世后封奕䜣为亲王的内容。为此咸丰在继位后，对此事犹颇耿耿于怀，并有意对奕䜣加以抑制。当咸丰逃往热河时，他故意将恭亲王留在北京，全权负责与英法联军和谈之事，也颇含故意为难的隐衷。好在奕䜣年富力强，办事能力也在线，于窘迫之中竟以一己之力，完成了与英法联军的交涉和谈，在朝野内外赢得了隆誉，但这次政绩却引起了咸丰对他的加倍警惕。咸丰生前曾多次驳回奕䜣的奏请，不准他前赴热河，导致兄弟间至死也未曾再见过一面；载垣、肃顺等也一向对奕䜣的才能颇有忌惮，他们在咸丰病逝后做了顾命大臣，当认定了政局已定、大权在握后，才允准了恭亲王再度奏请赴

❶ 故宫博物院明清档案部编《清代档案史料丛编》（第一辑），第81页，中华书局1978年版。

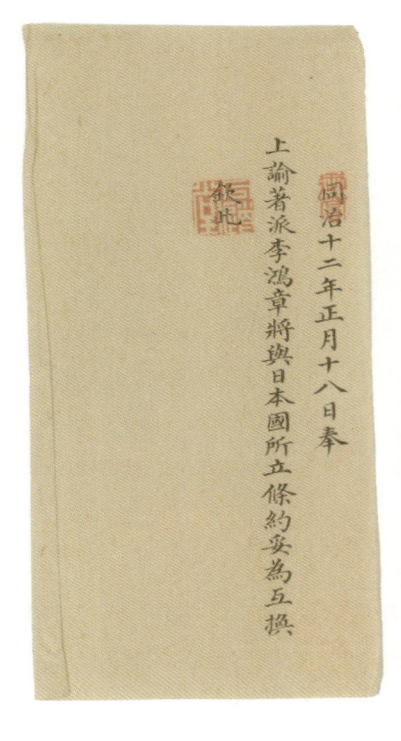

同治年间盖"御赏""同道堂"
双印的上谕

热河奔丧的申求。

八月一日，奕䜣赶到了热河，在咸丰帝梓宫前痛哭祭奠后，两宫太后单独召见了他，双方遂定为联盟。八月初十日，京中的御史董元醇奏请太后垂帘并另简派一二亲王同心辅弼的奏疏从北京送到了热河行宫，载垣等阅之大忿，竟与两宫太后争执于朝堂之上，双方遂势成水火。但由于肃顺等强势威逼，两宫太后不得不暂作让步，并暗中加紧与在京的恭亲王的密谋。九月二十三日，幼帝载淳恭奉大行皇帝（咸丰）梓宫启行回銮京师，两宫太后及幼君提前从间道入京。入京后，慈安、慈禧成功地避开同行的载垣、端华等枢臣，召见了恭亲王，密询布置情况。而肃顺等则护送大行皇帝梓宫后行，途次密云时，被同行的醇亲王奕譞等秘密逮捕。

九月三十日，两宫太后召见了恭亲王、桂良、文祥等大臣，历数载垣、肃顺等人的罪状，并将前在热河密嘱醇

[1] 许恪儒《巢云簃随笔》第16页，中华书局2018年版。

亲王拟就的诏旨，交恭亲王当众宣示，下令将载垣、肃顺等论处。由于是年岁在辛酉，故史称"辛酉政变"。

"辛酉政变"的结果，导致了两宫"垂帘听政"的正式制度化，朝事政体也由热河时期的慈安、慈禧"垂帘、辅政兼而有之"的局面，变成了"临朝、议政同时并进"的格局。在追究载垣等人罪状时，朝议延续了当时在热河时对董元醇关于垂帘听政奏折的讨论，那时由于载垣、肃顺等跋扈地哓哓争辩，两宫太后不得不隐忍屈服，曾在载垣等人拟定的驳斥董元醇奏折的谕旨上盖"御赏"与"同道堂"二印一事。作为存档征信的历史凭证，这份谕旨不能销毁，因此议定：今后各衙门在抄录该份谕旨时，均著低二格写，以示区别，"庶使奸邪逆迹，不得溷载方策，以重纶音而昭炯戒。"❶另外，在重新议定的"垂帘听政"章程中，钤用"御赏"与"同道堂"御印，被作为权定皇帝谕旨标记的最重要内容，再次被明确地固定了下来。

从现存的清宫档案来看，在同治十二年（1873）亲政以前，凡以皇帝名义下发的谕旨，一般都要钤盖慈安的"御赏"与同治（实由慈禧掌握）的"同道堂"印。其具体操作规矩为："御赏"印盖在谕旨引首处的头两个字上；"同道堂"印则盖在谕旨最后两个字"钦此"处。另，除谕旨外，如果是上呈的须由御笔"圈朱"的官员清单等，在应圈朱人名处，则直接只用东太后慈安的"御赏"印钤盖，而不用"同道堂"印，由此可知"御赏"之印可单独用作代帝"圈朱"，而"同道堂"印只有配合"御赏"印同盖谕旨，并没有单独钤盖之权力。因此，无疑"御赏"印的权力较"同道堂"印更重，换句话说：东宫太后慈安生前在朝廷的地位要比西宫太后慈禧尊崇，权力更大。

需要重点说明的是："御赏"印一直归慈安皇太后所独专，而上文提到的假慈禧"懿旨"上钤盖的竟是慈安太后的"御赏"印，也足见造假者不谙清宫印制，犯了张冠李戴的低级错误。另外，历史上自光绪以后，"御赏"印与"同道堂"印已不再被使用。"御赏"印鉴更不可能出现在光绪十九年（1893）的懿旨上，因为早在此十多年前，慈安皇太后已于光绪七年（1881）崩于钟粹宫。又，伪慈禧懿旨上的"御赏"印鉴还带有边饰，又与现存的档案及实物记载的慈安手中并无边饰的"御赏"印鉴原印大相径庭，更显然也是粗劣的作伪。

"御赏"与"同道堂"两方印实为咸丰的生前私用闲章，由于其历史上的特殊地位，清廷在后来编辑《咸丰宝薮》时，并没有将其收入。该两方印章实物，现仍然完好保存在北京故宫博物院。今人记其形制载录如下：

"御赏"印为田黄石，通高5.1厘米，印面长1.9厘米，宽1厘米，随形光素，阳文。"同道堂"印为青田石，通高7.7厘米，印面方2厘米，随形光素，阴文。两印有黑漆木匣，匣面中间位置描金框内雕刻描金"同治十二年正月二十六日"等字，字框右侧雕刻描金"同道堂"印模，左侧则雕刻描金"御赏"印模。按：同治十二年（1873）同治亲政，此二印光荣退休，故特造此匣以收藏。也正好印证了这两方小玺自同治亲政后，即不再使用的史实。❶

慈禧"数点梅花天地心"印鉴

三、"凤沼恩波"的余波

历史上，慈禧从未用过其正式封宝或徽宝钤盖懿旨，这是由于体制所规定，谁也无法逾越。然而，慈禧曾依靠掌握儿皇帝的"同道堂"印与握有"御赏"小玺的慈安皇太后成功实现了垂帘行政，已然开创了历史的先河。不仅如此，历史还曾短暂地出现过她使用一枚自己的小玺，钤于懿旨行政的现象。

光绪二十六年（1900）七月二十一日晨，慈禧皇太后在八国联军隆隆的枪炮声中，仓皇逃离紫禁城，奔往西安。就在慈禧西逃的前一天，即七月二十日，她发出一道朱谕："光绪二十六年七月二十日谕宁寿宫郎中等：如有

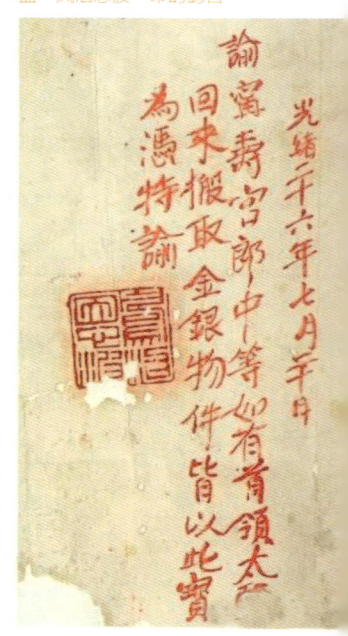

盖"凤沼恩波"印的懿旨

首领太监回来搬取金银物件，皆以此宝为凭，特谕。"此朱谕上钤盖有慈禧皇太后的一方小玺，玺文汉篆阴文"凤沼恩波"四字。

另据《清稗类抄》记，慈禧在西安避难一年中，依然使用"凤沼恩波"小印颁发懿旨。她曾为防止内监赂索长安粮台支应局供粮作弊，特地召见主事者，并规定凡"宫中支一钱，必以此朱文小印为信。以是两局月费不及万金，始终无求索之弊。"❷

青玉"凤沼恩波"印

另据，2007年天津文物公司展示过的一幅慈禧彩绘《九寿图》，其上也钤有"凤沼恩波"的印鉴。

据介绍：此画绘于光绪二十年甲午（1894）十月初十前后，适逢慈禧六十大寿之际，由慈禧染彩濡笔、光绪御笔款记，礼部侍郎李文田书祝吉诗。该《九寿图》为绢本设色立轴，纵127.5厘米、横63厘米。图绘折枝桃树一棵，枝间集结鲜桃九枚（喻九寿），尖圆丰满，硕果粉红，绿叶相衬，分外娇娆，一种富贵吉祥之气充溢画中。没骨渲染，甚见用功。画幅天头正中加盖"慈禧皇太后之宝"朱文大玺，右侧角引首处钤长方龙纹"大雅斋"印。其左下楷书题"光绪甲午季秋下浣御笔"，下钤白文"澄心正性"、朱文"日报平安"御印。再左侧更有隶书恭笔题诗两行："望见三神似点烟，蟠桃初熟岁三千。东瀛尚有如瓜枣，拟涸鸿波变海田。"下署"李文田敬题"款，题款尾处加盖慈禧御用印"凤沼恩波"，下盖李氏官印"翰林供奉"。

以上可知，在一众慈禧所有的私用小玺中，"凤沼恩波"小玺一直也是颇受慈禧的青睐。

据载："凤沼恩波"为狮钮玉印，印面3.2厘米见方，现藏故宫博物院。

---

❶ 恽丽梅《明清帝后宝玺》第190~191页，故宫出版社2020年版。
❷ 徐珂《清稗类钞》第一册，第350页，中华书局2010年版。

慈禧"回銮"时河南行宫

四、身后谥宝犹作妖

慈禧晚年日益专横跋扈，处处以皇帝规格自恃，人莫能逆。即使在死后的谥宝待遇上，她也不遗余力地兴风作浪，令人惊愕不已。

清代升祔入供太庙中的人选，身份上仅限于皇帝与皇后，即使太后也不能以太后的名号入奉于太庙中。但其中也有个折中办法，就是皇太后死后，生前曾为皇后的，即以原皇后名号入奉太庙；生前未作过皇后的，则可追赠为皇后，再以皇后的名号得以入供太庙。比如清史上最著名的孝庄皇太后与清末的慈禧太后，皆因功绩与影响很大，尽管生前未做过一天的皇后，死后朝廷还是追赠她们为皇后，使其可以名正言顺地进入太庙。

清代入奉太庙的帝后，皆被朝廷赠以谥号，并以谥册、谥宝的形式尊供于太庙中。谥号、谥宝等的制作，皆有特殊的法度与规定可循。而慈禧太后在谥号与谥宝方面，做得最为过分。按照清朝规制，清帝谥宝、谥册上的徽号谥号相加最长不得超过24字，帝后的徽号谥号相

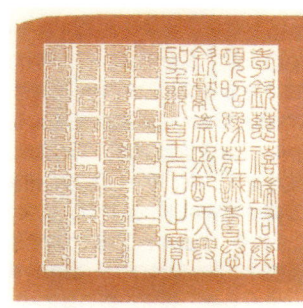

慈禧皇太后谥宝

加最长不得超过18字。而慈禧则大大突破了这个规定，她死后入供太庙的谥宝全称为："孝钦慈禧端佑康颐昭豫庄诚寿恭钦献崇熙配天兴圣显皇后之宝"，其中"孝钦"2字为谥号，"慈禧端佑康颐昭豫庄诚寿恭钦献崇熙配天兴圣"20字为徽号，"显"字系文宗（咸丰）显皇帝的谥号。慈禧太后谥宝中所用谥号加徽号，突破了历朝所定的皇后徽、谥之词不得超过18字的规格，高达22字，居然与太庙中的列帝待遇相近齐平，可见其生前的专横与死后的哀荣。

此外，慈禧死后追赠的徽号"配天兴圣"和谥文中的"孝钦"字样，也引发了社会舆论风暴，广被士论所疑诉。朝野普遍议论："配天"2字并非帝后所应引用，而"钦"字也类于帝谥专用，本不应出现在帝后的谥词中。不久后，吏部侍郎于式枚专门上章纠弹，提出问责，主持提出赠谥的礼部尚书溥良因此遭到了处罚，被黜出为察哈尔都统。

实际上，礼部所拟的徽、谥字样原是出于清廷宫中的旨裁，应该是慈禧生前预先特别嘱咐过的。慈禧在载沣被任命为摄政王一事上原即有恩于载沣，加之她新死后势焰余威尚未稍减，因此载沣对西太后逾格优崇，也是事出有因。但由于于式枚章奏引发的社会舆论愈演愈烈，同时还有人向载沣打小报告，说"钦"字实际上并非美谥，并列举历史上宋钦宗曾被金人掳北受辱一事为例，坐实了"钦"字实在不祥。载沣也开始有些紧张起来，一方面为舒解八面来风的舆论压力，另一方面也是心理上趋利避害的情结作祟。于是便借于式枚上奏一事，将溥良逐出京师，以告谢天下。

光绪二十年光绪给慈禧上的贺寿表（局部）

第七章 慈禧印章的虚实

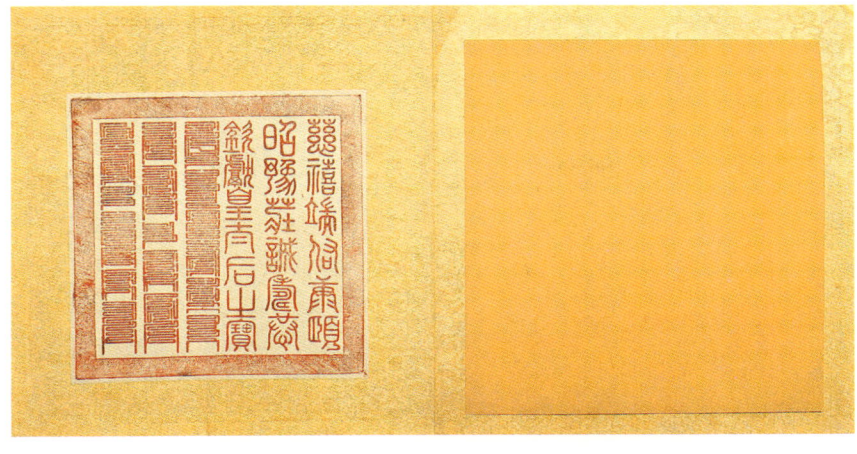

上编：印史纪略

199

慈禧太后徽宝印文

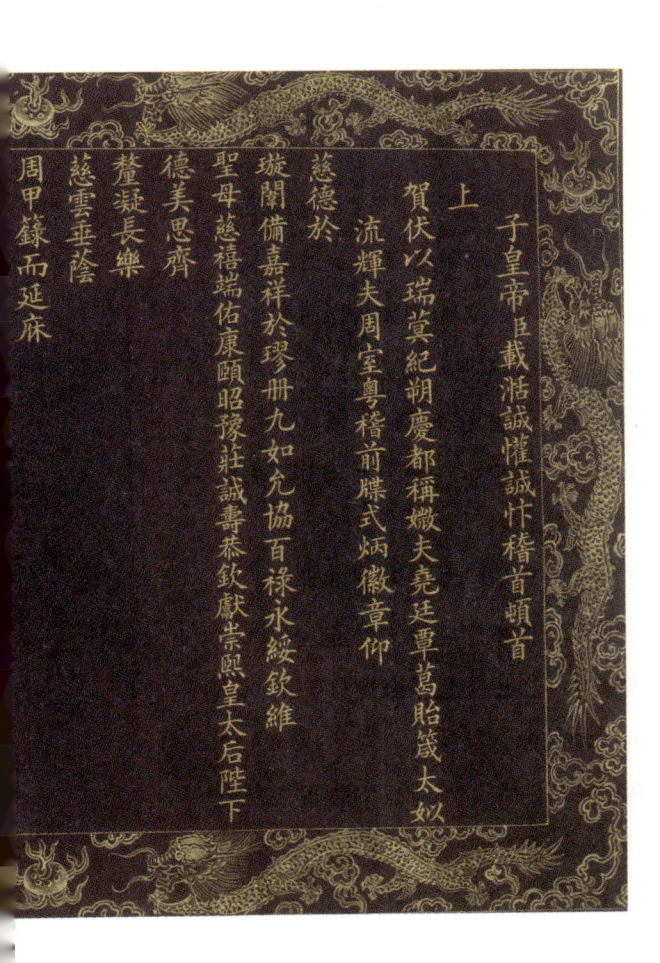

子皇帝臣载湉诚惶诚恐稽首顿首
上
贺伏以瑞莫纪朝庆都称媺夫尧廷覃葛贻箴太妃
流辉夫周室粤稽前牒式炳徽章仰
慈德於
璇闱备嘉祥於琛册九如充协百禄永绥钦维
圣母慈禧端佑康颐昭豫庄诚寿恭钦献崇熙皇太后陛下
德美思齐
釐凝长乐
慈云垂荫
周甲篆而延祺

第八章 东西方官印的碰撞与融合

近代以来,西方列强仗恃船坚炮利,频频叩关,挟带着的西洋文化也强行渗透清廷朝野各个角落,官印制度也未能幸免。"洋"印东渐的后果,一方面使西方印章文化在大清官印体系中抢得了禁鼎一脔,遂使中华传习两千多年的"方体曲篆"官印传统因之破防;反之,传统中国官印制度的反向对冲,也深深影响了西方官印文化,这亦是中国官印乃至世界官印史上的一大变局。

一、清初中俄外交印事

清朝对于西方印章的认知并非起于近代鸦片战争,早在清初时期即已有所接触并加以利用。当时荷兰、葡萄牙等国商人打着国家名义从东南海岸登陆,来华贸易,甚至被允准北上赴京。各个使团皆以其所带的本国的西文印信文书为凭,清廷虽未能遽辨其真伪,然犹能好整以暇,通过简化地在时限和人数方面作大体控制并任意稍加抑扬,便做到了从容应付,随心所欲。毕竟,彼时的主动权一直牢牢在握,大清并不太以之为累。

清廷对于西方印信开始重视,并由于康熙以后与俄罗斯的外交、贸易的繁荣而更进一步。对于西方官印的真正重视,也因之而起。

俄罗斯是清朝最早接触的西方国家之一,也是最早被允许与清朝陆路通商并常态化地进入北京从事商贸活动的西方国家。

9世纪末,东斯拉夫人在第聂伯河流域建立了罗斯政治联盟,以大公为首领,以基辅为中心,称基辅罗斯公国,此后不断扩张壮大。12世纪,罗斯全境四分五裂,基辅公国式微,弗拉基米尔城成为了罗斯的政治中心。1237年蒙古军队在拔都率领下攻入东北罗斯，于1240年占领基辅，从此时起至1462年，罗斯各公国向蒙古金帐汗国称臣纳贡长达两个多世纪。在蒙古统治时代，罗斯各公国封建纷争的主要目标，就是角逐金帐汗所授的大公尊号。1328年，势力强大的莫斯科公国伊凡一世被金帐汗册封为"弗拉基米尔及全俄罗斯大公"，从此掌握了征缴全俄贡赋，并领治弗拉基米尔城及近郊领地的特权。到大公伊凡三世（1462—1505）时代，蒙古金帐汗国因内部纷争而削弱，被迫松绑对附庸国的控制，莫斯科公国乘机于1480年获得独立，并逐渐发展成为一个强大的中央集权国家，伊凡三世自称为"神圣全俄罗斯大国君"。此后莫斯科公国不断扩张，统一了东北罗斯，使公国一跃成为了领土北达白海，南至奥卡河，西接第聂伯河上游，东抵乌拉尔山北麓的大国。

15世纪后期，俄罗斯开始跨越乌拉尔山，狂热地向西伯利亚东扩，建立殖民领地。16世纪初期，俄罗斯渗入黑龙江流域一带，与清朝军队发生了多次冲突。俄罗斯为寻求在东方的商机，希望与中国建立关系，获得商业上的利益，并拟与中国商议解决中俄边界问题，从顺治朝开始就不断派使臣到中国来。

由于语言不通，双方早期的谈判还要通过荷兰商人以及在清廷当差的西洋传教士来充当翻译。为此双方曾一度不得不议定双方来往的正式文书，除满、汉、蒙、俄文外，还要加上拉丁文，以便间证。

语言文字既有不通，双方的官

俄罗斯人

《清世祖实录》记载俄罗斯使团来华

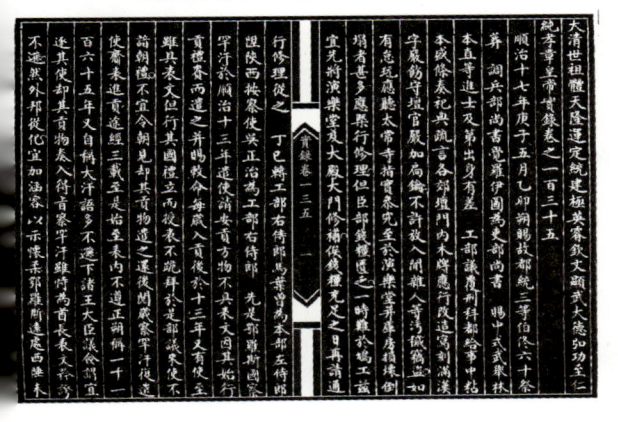

印亦更是一时难于确切辨认。但显然双方还是达成了共识：两国交往均要以带有官方印章的文书为交往的主要凭据。

从顺治朝起，注重礼仪的清廷在给俄罗斯的国君的国书（敕书）上用印十分讲究。如顺治十二年（1655）俄使访华，所带回的顺治回复俄皇的国书"盖降敕御宝二颗，用金龙香笺黄纸，缮写满蒙文"。❶

俄国方面对印信也很重视，康熙十五年（1676）五月，俄国使臣尼古拉·斯帕法里到京，受到了康熙帝的召见。中俄双方就两国今后交往、贸易、国书格式等十二个具体问题进行了交涉。为了慎重，尼古拉·斯帕法里在提案最后特意提出建议："我（俄国）所请诸项，（清廷）准行何项，则请于该项内盖用（清帝）御宝，以作永久之定例送来；我亦盖印，作为永久定例。"❷ 实际上这是一个非常务实的方案，俄使回国后，只须将盖有双方印章的条款向俄皇报告，不仅一目了然，而且还省去了诸多的解释甚至误解。

康熙二十八年（1689）七月，中俄签订了《尼布楚条约》，这是历史上中俄签订的第一个条约。双方正式地互换了"盖印文本"。❸

之后，随着中俄外交与贸易交往的日益繁荣和深入，双方均更进一步地认识到官印在外交文件上作为凭证作用的重要性。从此，无论国书还是边界地方官衙文书，均尽用印。清廷对于从俄方收到的文书，首先

康熙九年俄皇致康熙帝密信

要集中在理藩院挂号，然后送内阁翻译并拟出奏议条旨，交皇帝御览定夺；所有来自俄罗斯的盖印原件，均由理藩院负责统一收贮，重要的国书等则由内阁（乾隆后改由军机处）统一登记收贮。如康熙四十二年（1703）六月间，俄尼布楚城长官为派人寻查逃人事致黑龙江将军博定的咨文等两份文件的办理，在内阁档案中明确记载了其办理的程序细节：

> 九月十二日，理藩院为请翻译俄罗斯尼布楚城长官彼得等致黑龙江将军博定之二件俄罗斯文书事，奏准，并呈送用印文书（俄文原件）前来。主事华善收受后，禀告大学士席哈纳后，交三等侍卫罗多浑翻译并缮本，于九月十七日呈内阁学士满丕、穆丹、拉都浑、赵世芳等阅定。当日与本一并由大学士马齐、内阁学士苏赫讷、阿西坦等交传奏洽仪正宗柱，蓝翎侍卫赖保转呈御览。奉旨：知道了。钦此钦遵。本月二十日发回，将所呈览之二件交付理藩院员外郎常寿（收贮）。❹

随着中俄交往的深入发展，尤其是《尼布楚条约》的签订，极大促进了中俄贸易的突飞猛进，双方往来的官印文书也日益频繁。于是清廷开始对于与俄国交往的"玺书制度"认真而慎重起来。康熙六十年（1721）初，俄国使臣伊兹麦伊洛夫来华，特意提到其回国后照例应当面呈康熙转致俄皇的敕书，请求清廷颁给。清廷十分重视，通过了解，得知来自俄国的敕书，实际上常常以其国萨纳特衙门（俄语：сенат，汉译为"枢密院"）官印缄发的情况后，对中方回复的敕书盖印规定也作了相应的调整。二月初八日，理藩院缮拟好致俄皇的敕书，奉旨："照此速译满、蒙、俄罗斯文，书于龙笺送来，钤用图书，毋庸加盖御宝。"两天后，康熙又下谕："钤用图书用龙笺纸不妥，嗣后凡行文均用香笺纸缮写寄送。"从敕书的规格来说，用香笺纸，钤盖图书（指非御宝"敕命之宝"，实系理藩院官印）的上谕文书实际上是一种破例，规格上要比用龙（纹饰）笺纸、盖御宝（如"敕命之宝"）的敕书要低很多，实质上是一种以理藩院名义而发的"传谕"，与后来的军机处盖印颁发的

❶ 中国第一历史档案馆编《清代中俄关系档案史料选编·第一编》上册第 18 页，中华书局 1981 年版。
❷ 中国第一历史档案馆编《清代中俄关系档案史料选编·第一编》上册第 30 页，中华书局 1981 年版。
❸ 中国第一历史档案馆编《清代中俄关系档案史料选编·第一编》上册第 124 页，中华书局 1981 年版。
❹ 中国第一历史档案馆编《清代中俄关系档案史料选编·第一编》上册第 237 页，中华书局 1981 年版。

"廷寄"与"明发上谕"大抵相同。这件钤盖了理藩院"图书"（官印）的香笺敕书改写好后，由理藩院尚书隆科多"亲于午门前验交俄罗斯使臣（伊兹麦伊洛夫）"。❶ 从此，康熙不再直接降敕，而是以理藩院盖印传达上谕的形式来传达，较之以前直接用御宝的国书，显然稍降一格，但昭示着制度上的成熟与稳定。这一制度后来一直被沿用奉行。

显然俄罗斯方面也表现得更加认真慎重。雍正元年（1723）俄罗斯使臣郎克入京，理藩院追问此前康熙六十年双方交涉逃民事件一事俄方的办理结果。郎克以俄皇已下令正在清查档册，但没有查到当年理藩院派遣交涉官员扎尔固齐的"用印文书"为由，加以搪塞。于是理藩院紧急查档，又补充了当年的文件给以郎克，此事始平息。❷

雍正二年（1724）八月十三日散秩大臣兼都统拉锡具奏："黑龙江将军陈泰送称谓察罕汗（俄皇）之奏书者，实为尼布楚长官之文书。经译出进呈御览后，奉旨：黑龙江一带毗连俄界，不可缺少俄罗斯文通事。拟将京城两名俄罗斯文通事派往黑龙江，似于该地翻译俄罗斯文为好。著尔与舅舅隆科多会议具奏。""经与舅舅隆科多共同议得，现能译俄罗斯文书者，仅有旧俄罗斯罗刹牛录之雅稿、库西玛，此外无人。此二人中，若派一人前往黑龙江，则另一人便不能翻译，致使两地均误……"❸ 可见彼时清朝不仅地方衙门依然普遍地存在着对于俄罗斯印文认识的匮乏，即使在中央也出现人才青黄不接的窘况。

这一系列的事件给了清廷一个警示：今后应更加注重俄方来往文书上的官印印鉴，以此作为主要鉴别手段。

当时俄罗斯来文上的印章，多系"火漆雕印"，印模打在火漆上容易产生变形，加之火漆干结成块后，也容易干裂剥落及磨损，更兼俄罗斯印章上的文字图形，对于清廷来说原本也不容易辨认，因此一直给清廷及各级官员造成巨大的困扰。尤其是大量入境贸易的商人，无论是边贸，还是入京（北京专设有俄罗斯馆）贸易，所有俄商执照上的"火漆雕印"，有的出自莫斯科掌玺大臣的"国印"，也有的出自尼布楚等地方官的印章，清方只能略识其轮廓，很难一一细辨。

❶ 中国第一历史档案馆编《清代中俄关系档案史料选编·第一编》下册第 407 页，中华书局 1981 年版。
❷ 中国第一历史档案馆编《清代中俄关系档案史料选编·第一编》下册第 411 页，中华书局 1981 年版。
❸ 中国第一历史档案馆编《清代中俄关系档案史料选编·第一编》下册第 417 页，中华书局，1981 年版。

第八章 东西方官印的碰撞与融合

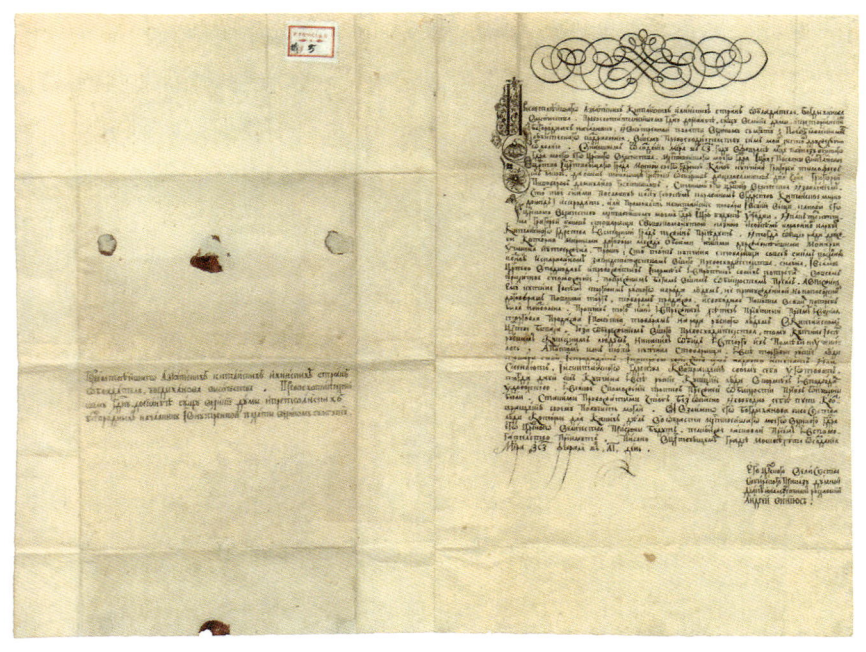

上编：印史纪略

康熙三十八年俄为派商队来京贸易请予优待函

十七世纪俄人绘中国皇帝像

俄皇彼得一世关于给来华使节义杰斯允许其在荷兰出版使华日记的特权证书（1698）

为此，雍正六年（1728）中俄双方议定《恰克图条约》中，有两项条款涉及到了双方盖印事宜的规定。其中第六条专门规定："两国彼此行文，印信最为紧要。嗣后，中国与俄罗斯国行文，均按照前例盖理藩院印，递送俄罗斯萨纳特衙门（枢密院）；俄罗斯国与中国行文，盖俄罗斯国萨纳特衙门及托波尔城长官之印，递送中国理藩院。其余离边境就近者，如因偷盗、逃人事彼此行文，中国由边境地区之土谢图汗旺扎尔多尔济、王丹津多尔济，俄罗斯国由边城长官，自行签字盖印咨行。"

❶ 另外在最后一条条款中更是专门严格规定高层国书的用印："两国为益敦睦谊之事，已经重写界约。其互换文本，俄使萨瓦兼写俄罗斯文、拉丁文，盖印签字，交中国大臣保存。中国大臣亦兼写满文、俄罗斯文、拉丁文，照例盖印签字，交俄罗斯使臣萨瓦保存。"❷

雍正七年（1729）五月，俄国公使萨瓦特意"送来（俄国）萨纳特衙门及托波尔城之印样各二十份"给理藩院。理藩院除存留备查外，还从中选了两份送给边境的土谢图汗旺扎尔多尔济、王丹津多尔济，以备其边境事务中的查核。另外，还特意将一份送给了远方的土尔扈特首领。❸

由于有了俄方印谱，清廷终于弄清了俄罗斯各级机构的层次与结构，并得以能够精准地核对区分俄方各级各种印信文件了。雍正十年（1732），俄国厄尔库城副长官致信清理藩院，声称曾多次派特使进京向理藩院递送公文，被边境的蒙古王丹津多尔济拦截，拒绝放行，并连同公文一并驳回。对于俄方的抗议，理藩院此时早已胸有成竹，回驳道：蒙古王丹津多尔济所为无错，按照此前《恰克图条约》规定，厄尔库城副长官没有权限直接用印行文理藩院，只有俄国萨纳特衙门印文才行。如果他实系有特殊使命，也应先由俄国萨纳特衙门行文告知理藩院才可。❹

从此，以前任何一个持有俄方印章文书的俄罗斯人，便可随便冒充特使的时代已一去不复返了。清廷对西方印章的认知，也达到了一个新的境界。

❶ 中国第一历史档案馆编《清代中俄关系档案史料选编·第一编》下册第519页，中华书局1981年版。
❷ 中国第一历史档案馆编《清代中俄关系档案史料选编·第一编》下册第520页，中华书局1981年版。
❸ 中国第一历史档案馆编《清代中俄关系档案史料选编·第一编》下册第526页，中华书局1981年版。
❹ 中国第一历史档案馆编《清代中俄关系档案史料选编·第一编》下册第567~568页，中华书局1981年版。

当然这种提升、进步与积累，清廷也已付出半个多世纪的时间以及不菲的代价。反之，俄罗斯方面的情况也大致相同。

二、清廷与普鲁士及各德意志公国订换"印约"

晚清的两次鸦片战争，向以"天朝"自居的清政府被打得有些发懵，主要原因之一是输在了对外国的了解以及情报不足。多数情况下，大清处在明处，列强在暗处，各国战前早已将中国研究透彻，而大清甚至还不知道这些红毛碧眼的强盗具体都是从哪里冒出来的。"鸦片战争"后，中国成为了列强口中的禁脔，争先恐后地撕咬抢掠。时至19世纪60年代初，已先后有英、法、美、俄与大清签订了不平等条约。而紧随其后又有一个普鲁士上门要求与大清签订条约，当时清朝对这个普鲁士的认知几乎还是零。当清廷被迫与普鲁士代表坐上谈判桌时，才发现落入了一个组团上门敲诈团伙的陷阱——原来普鲁士背后还有21个小国家。此后在盖印交换条约问题上，出现了无尽的麻烦。

普鲁士是今天德国的前身。普鲁士位于德意志北部，历史上，普鲁士和奥地利曾同为德意志神圣罗马帝国境内最强大的两个邦国，是当时欧洲列强之一，19世纪中期普鲁士王国取得普丹战争、普奥战争和普法战争的胜利，成为了1871年德意志帝国建立的母体。

实际上，在康乾时期，清廷对于德语系的日耳曼帝国还是比较了解的，清初钦天监监正，并被清廷封授一品衔光禄大夫的西洋传教士汤若望（Johann Adam Schall von Bell）便是来自德意志帝国的科隆。现在清宫档案中还保存有当年清廷中专门传习德语所用的中德双语对照的课本。另一位在清宫中当差的法国传教士蒋友仁（P. Benoist Michel）曾在其书信中记录：1773年初的一天，乾隆接见了蒋友仁，双方对谈良久，乾隆问了许多关于欧洲的问题，包括关于德国的问题。蒋友仁书信中详细地描述说：

（乾隆）问：在你们欧洲的众多君主中难道没有一个可以以其权威来结束其他君主间可能出现的纷争，因而凌驾于其他君主之上的君主吗？例如这个中华帝国以前曾被好几个各自独立的君主统治过，其中之一后来成了他们的首领，于是拥有了"皇帝"的称号。

（蒋友仁）答：德国是由许多诸侯国组成的，这些诸侯国的君主中有一个凌驾于他们之上、拥有皇帝称号的君主；尽管拥有皇帝称号，他只是本诸侯国的君主，有时还要抵御其他诸侯国向他发动的战争。……❶

以上，可知乾隆时期清廷对德国情况的掌握。

然而，乾隆以后，清廷闭关锁国愈演愈烈，遂使中德之间的消息渐已中断，至鸦片战争前夜，清廷对新生的普鲁士的了解更是几乎已为零。

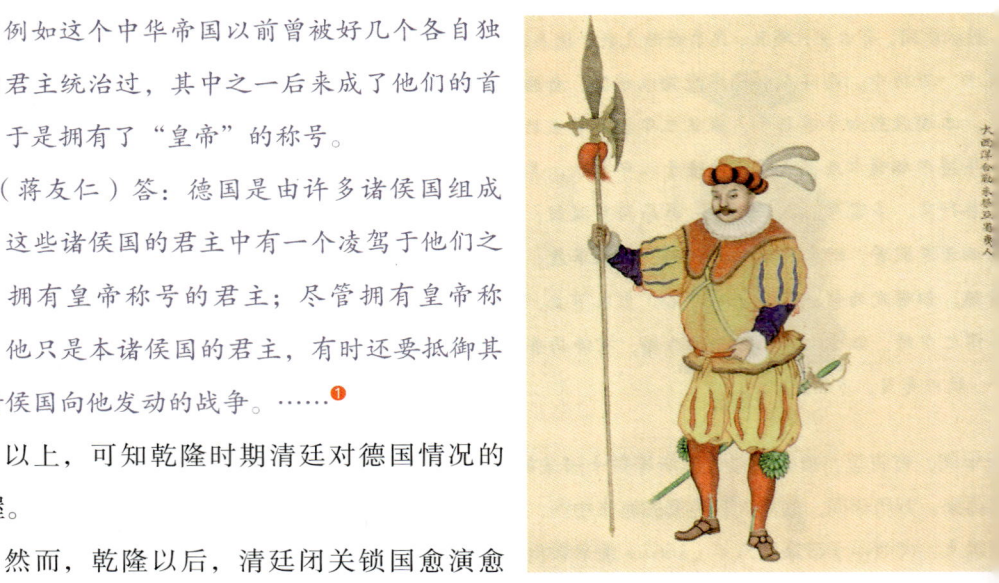

不可否认的是，普鲁士（包括德意志关税联盟各小邦国）与清朝的贸易很早就开始在沿海持续地进行，当时广东省上报的清廷的文件中称其为"单鹰国"，但其详情，清廷却并不掌握。

早期的普鲁士对华贸易，是通过在广州的英国（东印度公司）商人做中介代理，一直到第一次鸦片战争以后，普鲁士见到了在华贸易的滚滚红利，才开始决定自己在华建立领事馆，1847年来自哈考特洋行的卡洛维茨（Richard von Carlowitz）被正式任命为普鲁士驻广州领事。

据柏林普鲁士国家档案馆收藏的《普鲁士驻广州领事卡洛维茨就颁发普鲁士领事馆许可状事致普鲁士外交大臣卡尼茨·达尔维茨男爵信》❷记载：大约1847年11月，来自萨克森的商人卡洛维茨已收到了普鲁士正式任命。他与此前自1808年起就已出现的由英国商人马格尼克担任普鲁士驻广州领事的性质相同。所谓领事，不过是商务代理的性质，主要任务是在各国的洋商内部明确划分势力范围。由于清廷的广州"一口通商"制度主要是由十三行的代理进行，官府对于各国洋商，包括所谓的"领事"之间，很少直接发生

清《职贡图》中热尔玛尼阿（日尔曼）人像

❶［法］杜赫德编，郑德弟译《耶稣会士中国书简集·Ⅵ》第36页，大象出版社2005年版。
❷ 德国柏林普鲁士国家档案馆藏，档号：GSTA-PK Ⅲ.HA，外交部Ⅱ第723号，fol.92-94。
❸ 德国柏林普鲁士国家档案馆藏，档号：GSTA-PK I.HA, Rep.120 Ministerium für handel und Gewerbe C XIII 18.1 Bd.2, fol.27-32。

清宫德语教材

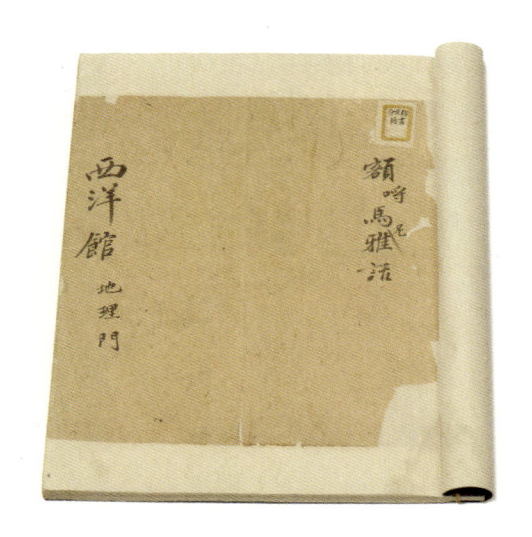

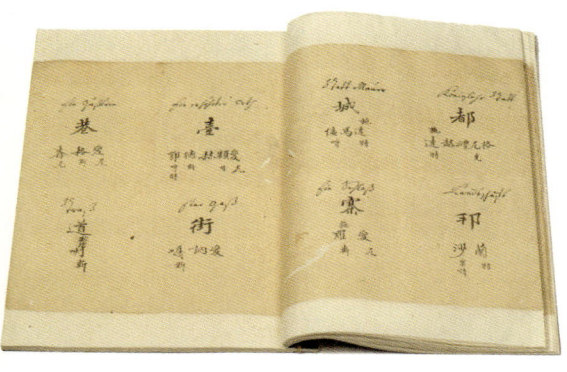

联系，而且由于普鲁士对华贸易量不大，更未引起清廷的重视。至于那些自命的"领事"，也从未直接得到过中国官方的书面承认。鸦片战争后，"行商"的藩篱被撤去，清政府被迫与各国直接面对，但清廷已存恐惧，视与洋人的外交为麻烦之渊薮，惟恐避之不及。除了英、法、美、俄几个主要国家外，其他各国的情况依然是一头雾水，个个不分。

而普鲁士方面对中国的情况却已十分了然，并采取了主动出击的态势。第一次鸦片战争《中英南京条约》签订后，普鲁士开始对东方中国垂涎三尺，1843年在普鲁士外交大臣比洛和财政大臣博德尔施文就促进对华贸易一事致国王威廉四世的函中称：

去年十一月公布的英中各约，由五口通商带来的与约三亿六千万人口之大国间的贸易，以及欧洲人在此地贸易不受阻碍的前景，当属世界贸易中最大的事件。此消息从英国一经传来，立即引发了重要工商业部门生产热情的高涨。此间，各个重要部门尤其是科隆、亚琛、迪伦、索林根的商界人以及驻汉堡和不莱梅的领事馆均强调了该事件的重要性，并提出倡议：普鲁士作为关税同盟的首强是否有望从对华贸易中获利；政府为此应采取何种措施；尤其是是否应采取积极措施，以促进我方同中国的贸易关系并开辟通往该地的新销售渠道。❸

普鲁士介入中华的方式，是完全拷贝了美国人从中渔利的做法。卡洛维茨在1857年12月致普鲁士外交部的函中提到：他已获悉英、法将对中国进行第二次鸦片战争,"中国的形势正在发生巨大变化,新近签署的和平条约将为新港口和货物来源提供保障。假如我们能够自己主动要求并确保业已允诺给其他国家的优厚利益的话,我们又何必仅仅作为谋取暴利的商人从中获益呢!我们将借此与美利坚平起平坐。该国不可能主动参与任何一场有效战争,只是偶尔派出几艘军舰露露面,就能对这里的现行政策产生一定影响。仅使如此,它们(美利坚)仍然获得了允诺给其他国家(英法)的每一项优厚权利。"❶ 他露骨地指出此时适时介入,即可与美国一样,分得新的战争后列强在华利益的一杯羹。

经过内部磋商,普鲁士于 1859 年决定派一支舰队前往东亚海域。

1861 年,普鲁士派遣艾林波伯爵(Count F. Eulenburg)为首的使团,率军舰三艘,前往东亚,拟与中国、日本签订与英、法、美同等权益的条约。3 月 9 日,三口通商大臣崇厚报告,普鲁士使团成员巴兰德(M.A.S.von Brandt)来到天津,要求签订条约。清总理衙门并不了解普鲁士的来历,仓促之间,只好一面向先行入京的英、法驻京使员打听普鲁士的来历,一面指示崇厚等先设法阻止。3 月 23 日,巴兰德在英国驻天津领事吉必勋(J.Gibson)陪同下,于天津与崇厚会面,并投递了本国特使艾林波致总理衙门恭亲王奕䜣的照会,称艾林波"不日"将至天津,要求届时与清朝委派大臣商量立约。

此时正值中英、中法《天津条约》签订不久,清朝上下一片惊魂未息,忽然又冒出个西洋国家找上门来,清廷更为慌恐。恭亲王奕䜣从英、法方面几次打探,始得知普鲁士"与英、佛、米相等",原来也是欧洲的一个大国,似乎也不容怠慢。同时,也感觉到同为西方大国,英、法对于普鲁士的态度也颇为微妙,意见与建议并不统一。英公使秘书威妥玛(Thomas Francis Wade)宣称大清"不可不与换约";而法国参赞哥士耆(M.A.Kleczkowski)又出主意说"不必允许"普鲁士"公使驻京",并同意出面"帮同阻止"。❷

既然是欧洲大国,清廷自然不敢小觑,一向慎重的奕䜣向远在热河行宫的咸丰作了报告,请求简派大员赴津,与普鲁士商讨订约事宜。在这份奏折中,奕䜣鉴于普鲁士

❶ 德国柏林普鲁士国家档案馆藏,档号:GSTA-PK, III.HA 1,第 7995 号。
❷ 中国第一历史档案馆藏军机处录副奏折 03-7725-002。
❸ 中国第一历史档案馆藏军机处录副奏折 03-9244-062。

的强大，声明应不可等闲对待，表示："只准布鲁西亚（即普鲁士）国及大西洋国（即葡萄牙），其余断不能再行渎请。"咸丰据奏，准派仓场侍郎崇纶与三口通商大臣崇厚共同与普鲁士谈判条约，为"以示一视同仁之意"，还同意让法国公使参赞哥士耆"随同崇纶前往，晓谕迂酋（指艾林波），阻其驻京。"咸丰在谕旨中还称，葡萄牙今后若恳求订约，"亦可照此办理，其余各小国，若纷纷换约，亦属不成事体"，让奕䜣设法阻止。为了使崇纶有正式的"名分"，根据奕䜣的请求，咸丰帝任命崇纶为总理衙门帮办大臣。❷

艾林波此次东行的第一站是日本，在成功地迫使日本签订不平等条约后，于4月来到上海，与钦差大臣身份的两江总督薛焕会面，表示将北上天津，与清朝签订条约。薛焕尚不知朝廷已准备同意与普鲁士订约，便向艾林波"剀切辩论，不惜舌敝唇焦，冀以消其妄念"，并派员转告英、法、美、俄四国驻上海领事，"此等小国，不能与尔等大国平列，一体立约"，"嘱其帮同拦阻"。薛焕在上奏此事时还透露：艾林波曾威胁说："若天津不与会商，尚须进京"。这可是清朝最为忌讳而深惧者。❸

艾林波并没有理会薛焕的劝阻，于1861年5月2日闯到天津。崇纶也于5月7日随带总理衙门章京文硕等由京赴津。不过，曾允诺"帮同阻止该国进京"的法国参赞哥士耆见风使舵，不肯与崇纶同行，答应隔一两天后赴津。常驻天津的三口通商大臣崇厚，曾请天津知府向直隶布政使请款用于行馆筵待，直隶布政使答以库款短绌无从支拨。崇厚担心"略待简慢，转恐坚欲进京换约，反形滋扰"，便破例先从税课项下支用。崇纶、崇厚与艾林波的第一次会谈，因授权文书而发生分歧，艾林波开始曾怀疑崇纶等未受清帝明确所授的"全权"，而不与之进行正式谈判。此后6月中谈判又一度中断，因为艾林波未经清廷允

军事处官员会商

许，便派手下巴兰德等擅行潜入北京，寻找空房。恭亲王忍无可忍，要求巴兰德离开北京，否则要运用武力驱逐，以阻止艾林波进京。普方召巴兰德回津后，谈判恢复。奕䜣等恐艾林波再次以进京为要挟，更加警惕起来，并详细布置了进退步骤。

真正的麻烦接踵而来。普方完全照搬中英、中法天津条约的内容与框架，声言普鲁士及由其代表的德意志关税同盟与清朝签订的条约必须包括三方面内容：一，普鲁士"特简钦差大臣居住京师"，办理普鲁士及关税同盟各邦、城的"交涉事宜"，派总领事、领事驻通商口岸。二，"和约章程大概条目，其与英、法两国和约章程相仿"。三，开台湾基隆、浙江温州为通商口岸。毫无疑问，普鲁士的要求中危害中国最厉者为其第二项，这预示着普鲁士不费武力即可获得中英、中法《天津条约》及其

❶ 中国第一历史档案馆藏《军机处照会档》(布) 174。
❷ 详见[德]艾林波、巴兰德等著，王维江、吕澍辑译《德语文献中晚清的北京》第88页，福建教育出版社2012年版。

附件《通商章程善后条约》海关税则中的全部权益，其中包括领事裁判权、片面最惠国待遇、协定关税等一系列不平等条款。而当时清朝官员的眼睛却始终只紧紧盯在了该照会的第一项内容，即"公使驻京"问题上。后来的结果，虽使普鲁士公使推迟了五年入驻北京，但在其他方面清廷皆做了让步。

艾林波几乎没费一兵一卒，他出使中国的主要目的——取得"最惠国"待遇即得逞了。但似乎他也没有表现出十分的满足，盖因为当时中国与普鲁士及德意志关税同盟其他各邦、城贸易量并不大，普鲁士的着眼点也并非全在经贸关系。按照当时清朝的一般做法，对西方无约国家的经贸，按已与清朝订立条约的英、法等国同例办理，以示"一视同仁"，因此一些欧洲小邦寄名于英、法等有约国旗下蒙混着进行贸易，清廷也听之任之。也就是说，艾林波即使不与中国订约，普鲁士在无条约的情况下，于贸易方面亦可自然而然地获得与英、法同等的待遇。显然艾林波要求并不仅于此，他所攘争的是全部权益，他给崇纶等的照会中称："恭亲王与二大臣皆已承认，布路斯国亦系泰西五大国之内，既为大国，实不肯不如各大国所得也。"❶

在天津的酷暑中经历了近四个月的艰苦谈判的煎熬后，1861年9月2日《中普贸易暨通商条约》草约签订。事后志满意得的艾林波还带领谈判团队部分成员赴北京访问游览，虽然条约上明文规定了在签约生效五年后普鲁士公使才准入京，但清廷还是批准了艾林波的请求。当时咸丰才驾崩不久，身着丧服的恭亲王奕䜣还是在"一座小庙"（据称新的总理衙门房子还在修建）接见了艾林波一行。❷

艾林波作为特使，在议定中普条约后就离开了中国，后续事宜由新任的普鲁士驻华公使李福斯（M.von Rehfues，清宫档案中写为"列斐士"）负责。按照双方约定，由于条约正式文本的盖印要回到普鲁士，因此准备了两份，一份由清廷盖好印，另一份则拿回普鲁士，等待普鲁士方盖好国王印后，然后双方再进行正式文本的互换，并各自在对方钤印约本上填补己方的印。

不料其后双方换约的过程却被拖延了很长一段时间，主要是在条约的盖印问题上遇到了麻烦。

　　显然普鲁士方更为在意条约上的中方官印钤盖问题。此前中英、中法条约，皆由双方谈判官员签字画押，所盖印章，英法方一般在交换本上会盖有本国国玺，而中方则只钤盖钦差大臣或总理衙门关防。而此次换约，普鲁士坚持强调中方一定要盖皇帝的御宝为凭，称其为"批准本"。

　　按：在对外条约上钤盖皇帝御宝，此前从无先例。这在中国官印史上也是一个被迫的突破，此后各国都效此先例而行，普鲁士无疑是其始作俑者。

　　同治元年（1862），按照约定双方在上海举行互换条约仪式。九月十二日，崇厚派员航海抵沪，将盖有皇帝御宝的汉、普（德文）、法文条约文本送到。按照中方理解，李福斯虽身为普鲁士总领事，但以清廷官制，品级当与藩臬相畴，因此本着对等接待的原则，清廷委命兼署江苏布政使苏松太道吴煦与李福斯进行交接，并以李福斯无权给总理衙门发平行的照会为由，将其经发总理衙门的照会退回，令改发申陈文书。其间，吴煦又以要协同李鸿章（江苏巡抚）带领常用军围剿太平军为由，将与李福斯换约之事转交给兼署布政使的按察使刘

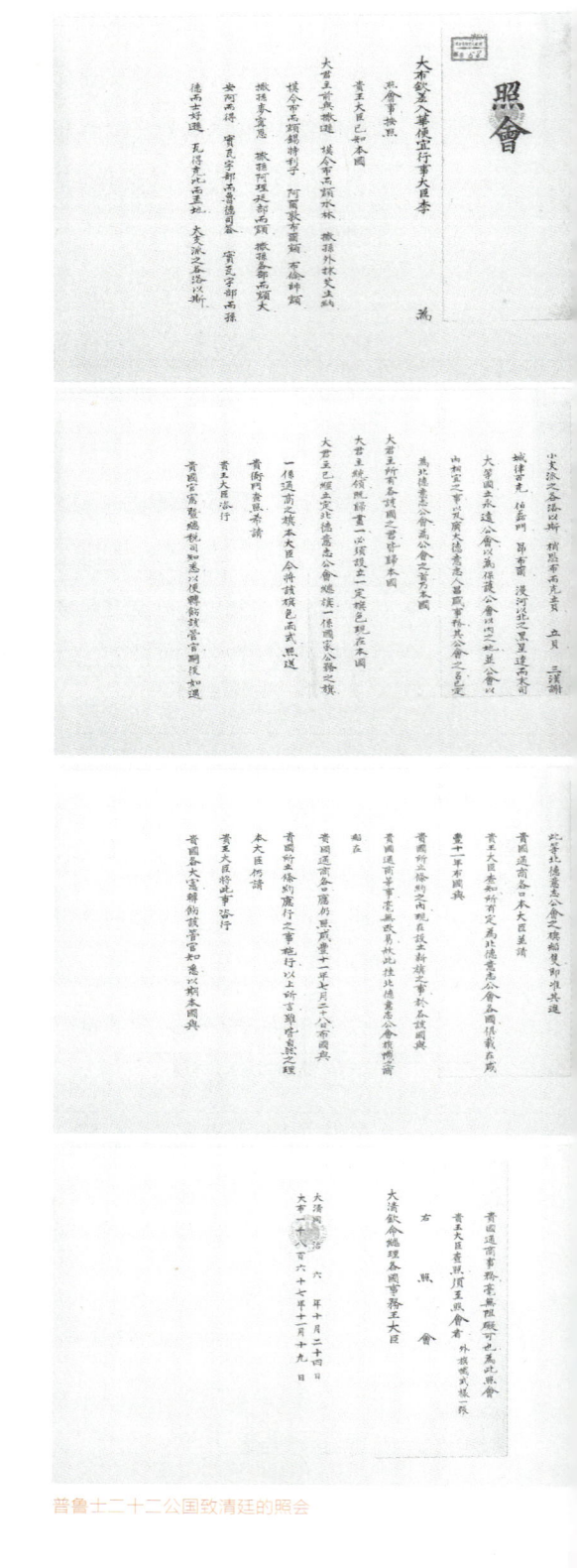

普鲁士二十二公国致清廷的照会

郇膏接办。

十一月初四日，刘郇膏与李福斯正式举行换约仪式，不虞波澜又起，李福斯所转交的条约除了一本去年崇厚与艾林波议定的中普条约外，又多出了二十一本其他各国的外文条约。同时李福斯还提出"要求中国亦备汉文条约二十二本与天津所立条约原本同日互换，以便分交公会各国收领，俾得奉行。"❶中方力辩上年所订的条约，已包罗公会各国在内，约内有崇纶崇厚与艾林波的画押钤印，因其有押有印，所以谓之互换，且原约并未载有互换时另缮汉文洋字各二十二本与公会各国分换的明文，此时事先不打招呼地忽然变卦，哪里去增绘二十一本副约？更遑论还要都钤盖皇帝印宝！退一步说，即使普鲁士方内部各国欲得到条约收执以便奉行，亦应由普国自行缮给，与中方无涉。通过反复交涉，李福斯甚至以将从上海闯到天津去换约相威胁，但是中方始终据理以争。最后双方同意折中通融办理，另外二十一国的条约，协议均盖用布政使司印，而非皇帝御宝，其签字也由江苏布政使处理。

后来，当上普鲁士内政大臣的德尔布吕克谈到这次普鲁士强迫清廷签约时说："为了这项使命花掉42万塔勒是十分值得的，立竿见影的收获是我们在东亚与英国、法国、俄国和美国平起平坐了"，"我们成了不属于奥地利的德意志代表"，"普鲁士成了德意志在远东实际利益的代表"。❷

三、西方驻华机构公章的"中国化"

"中国化"（Sinicization）一词指的是西方学者对清代驻华外国文化融入中国文化的一种文化理解。其核心是沿循"中国思维方式"，浸濡于中国文化魅力，以便更深入地与中国沟通。按照跨文化心理学的理论，这既是"西学东渐"所引发的一种文化对冲，也是在华西洋人的一种进入异质文化后的文化适应过程。"中国化"作为西方人在华生存的一个自觉的意识，很早就已出现。明末以利玛窦等为代表的西方传教士入华以后，即采

❶ 中国第一历史档案馆藏宫中朱批奏折04-01-32-0217-003。
❷ 苏芙、龚荷花、苏惠民编译《走向没落的"天朝"——德国人看大清》第291页，国家图书馆出版社2013年版。

取这种策略，为了更好更快地融入中国社会，甚至在宗教方面，都要借助中国的孔孟之道，其后果导致出现了百年的"礼仪之争"，以及中华耶稣差会的被解散等重大文化事件。"中国化"是一种浸入式的过程，涉及到方方面面，甚至包括印章文化方面。在华西方人的使用"中国化"的印章习俗，自传教士时期即已开始，我们今天依然能看到康、雍、乾三代在宫中当差的郎世宁的画作中，钤有典型的汉字"臣郎世宁"的私印印鉴。

鸦片战争前后，西方列强加速对华的全方位征服与瓜分，大量外资贸易机构在华涌现。这些早期的贸易机构往往在后来演变成为该国家地区驻华的官方授权的外交机构（或代理）。为了方便与中国打交道，这些机构的印章也逐渐纷纷呈现出向中国官印靠拢的趋势。

首先，受中国官印文化影响，在华西方机构对官印日益重视。我们知道，西方印章千百年来，已形成自己的特点与模式。比如形状以圆（或椭圆）形为主，较之以方形为主的中国印章，形状迥异；在印面设计方面则以纹章、文字相辅相成，与中式官印采用纯篆字有所区别；在盖印材料上，多以火漆为主，兼用印油，印油颜色有黑、有蓝，与中国官印必用红色印油亦有区别。

最早的西方在华贸易机构的印章，在形状、印面、火漆等方面还都是纯西式的。据考，大约在第一次鸦片战争前，开始迈出"中国化"第一步的人，是英国驻华商务监督义律。义律（Charles Elliot）于1834年以上校军衔随英国政府派驻广州第一任商务监督律劳卑（William John Napier）来华，初任秘书，后1836年升任商务总监督。他不仅自诩为"经皇帝本人授权住在广州的第一位外国官员"，也即是第一位不需要经过中介的行商转抄公文，而可以直接与广州知府和广州协台进行公文往来（文书上加盖广州知府和广州协镇府关防）的英国驻华官员[1]。在他以前，英国驻华商务监督致两广总督的禀文照例不准封口，须由广州十三行的行商检查转抄后递给总督；总督的回复也要先谕知行商，再由行商转知驻华商务监督。这种文书往来是不必加盖关防的，因而驻华商务监督盖印的洋字禀文，只到行商手里即止，中方官员

[1] 详见"两广总督邓廷桢致洋商伍绍荣等谕"（1838年12月29日），佐佐木正哉编《鸦片战争前中英交涉文书》第160页，岩南堂书店1967年版。

见不到，也就不存在用印方面"中国化"的必要。然而实际上，义律本人（其后来的几任商务监督，如璞鼎查、德庇时、包令等也偶有用之）依然始终保持着在呈送中方官员的禀文上盖纯西式的商务监督官印，有时还兼用私人纹章的习惯。1840年，义律成为第一任英国驻华公使，大约从英国派出驻华常驻公使后，即开始使用公使馆官印。1842年签订的中英《南京条约》，规定了以后外交文书用平行的照会。这种照会有权越过以前的行商，直接被送到清朝地方官员的手中，因此进一步催化了西方驻华外交机构公章的"中国化"的加速。

在第一次鸦片战争后至1860年英国开始于北京设立常驻公使馆之前，英国在华的代表是驻华商务监督（Chief Superintendent of British Trade in China），这一时期的英方的照会上常会钤盖时任驻华商务监督的西式纹章印。璞鼎查是使用"中国化"官印方式的开创者，他之所以放弃以前义律使用纯西式的官印（包括私人纹章印）的先例，目的是凸显其作为"钦奉全权善定事宜公使大臣"与华谈判的身份。这些中式西印的特点是：

十八世纪入贡清廷的西洋人，选自清《万国来朝图》（局部）

乾隆十八年葡萄牙国王国书及印鉴

上编：印史纪略

217

英国驻广州领事馆火漆印鉴　　　　　　　璞鼎查纹章印鉴

　　印面有四角圆润的长方形边框（中式印章方形与西式圆形的改良），印框中心的图案为英国皇家徽章或持印人的家族纹章图案，周匝环以英文衔名铭文。

　　英国正式派出常驻公使后，使馆的官印开始出现。该印为长方形，边框加粗，这较之前驻华商务监督纹章印四角圆润的中式传统长方形边框又进了一步，印鉴的尺寸也较之以前有了一定扩大。可以说，公使馆官印的形制已基本接近了完全的中式，而图案及文字则保留了英国特色，尤其是保留了英伦皇家色彩，印文为："HER BRITANNICK MAJESTY'S LEGATION IN CHINA"，表明了这是一方正经八百的中西合璧式的官印。

　　此外，第二次鸦片战争期间赴华谈判《天津条约》和《北京条约》的额尔金使用过一枚全权代表的印，印文为"HER BRITANNICK MAJESTY'S SPECIAL MISSION TO CHINA"，形制与公使馆印类似，该印见1860年9月22日的"额尔金致奕䜣照会"。❶ 无独有偶，辛丑议约期间时任驻华公使萨道义也使用了全权代表印，印文为"THE BRITANNICK MAJESTY'S PLENIPOTENTIARY AND CHIEF SUPERINTENDENT OF BRITISH TRADE IN CHINA"，突显他当时作为英方议约全

❶ 中国第一历史档案馆藏《军机处照会》（英）字9号。
❷ 1901年8月1日，英国国家档案馆藏，档案号：F.O.1080/224。
❸ 恭亲王致威妥玛函（1875年1月17日），英国国家档案馆，档案号：F.O.682/2079/7。

权代表的身份，而不仅仅是驻华公使。❷ 此种临机官印的变化，实际上正是借鉴了清朝钦差大臣关防的形式，亦是"中国化"的一种呈现，除了显示英国寓华外交官对用印的重视之外，也能反映此时西人用印的中国化已达到了很高的水平。

驻华公使印"中国化"的特点，还主要表现为驻华商务监督官印（Seal of Office）在印鉴方式方面从火漆印向印泥（油）的转变。西方传统的通过加热熔化火漆来盖印的方式与中国用印泥钤色的用印方式迥然不同。其用印方式的不同还反映在铸印方法上的差异，火漆印一般通过印模铸造，图案为凹形（阴刻）且印面平滑，这样才能在蜂蜡或火漆上盖出清晰的图案、文字；而中国官印主要是采用阳刻，蘸过印泥在纸上按压，这样才能呈现出醒目的朱文印鉴。除了铸印方法和表现形态的差别之外，在文书中何处盖印及其所代表的意义，中西文化也有不同。早期的外国公文（尤其是照会）主要是以签名来表现其凭信效力，因此西方外交函件中常以"The Undersigned"称之，火漆印则主要起到密封或装订的作用，如果打开密封的公文或信件，或者破坏条约等较厚文本的完整性，盖在密封处或者盖在装订文本所用丝带上的火漆就必然会破碎。而清代公文档案的用印，主要是在卷首、文尾、骑缝、涂改等处加盖关防，从而赋予文书档案以不可改变的法定凭证。正由于钤印方式的不同，英国驻华外交部门在向清朝当局呈递照会时，就遇到了怎么用印、用什么印的问题。在中英外交文书中，除了条约签订时，为表传统郑重，仍使用火漆印外，在外交照会等文件则全盘吸纳使用"中国化"的印鉴模式。文书中钤盖印信的方位也尽量符合清代公文的钤印习惯，即在开头的"照会"两字上以及末尾的日期处加盖印章，较长的照会或附有粘单的照会也会加盖骑缝章。即使在驻华公使馆发布的告示上，也会在日期处加盖印章。有一个案例尤其典型：同治帝驾崩后，时任驻华公使威妥玛还注意到清廷于国丧期间印鉴颜色的变化（由红色改为蓝色），在按照西方礼仪使馆降半旗的同时，他还谨慎地专门致函恭亲王询商用印颜色问题。恭亲王对此颇为感动，回函称："来文自应仍用常色盖印，以符友邦之礼。"❸

西方驻华机构官员印章的"中国化"是一种线性的、不断浸渗式的发展进程。由于其印章上的"中国化"，也带动了用印制度上开始出现"中国化"的趋向。在1867年威妥玛为驻华外交官所编的中文书面语学习教材——《文件自迩集》中还专门对诸如"预用空白""盖印"等涉及用印制度的词进行了收录和解读。❶其后马礼逊《华英字典》在"印"字下，收录了"交印""印色""印务""封印""开印"等涉及清朝官员用印及印信交接方面的词条。❷

实际上外国驻华公使印章的"中国化"，不独唯英国一家，我们看一下同治十二年（1873）六月初四日，英、法、美、俄、荷（兰）五国公使致总理衙门的照会中，除了法、俄、荷三国公使印还使用传统的圆形西式印章外，英国使用了中式方形印框加纹章英文铭文的"中国化"印章形式，美国公使则比英国更"中国化"，除了采用中国传统的方形印框，以括西式纹章与英文铭文外，印面中还赫然使用了中国传统的汉文篆字，其文为"大美国驻扎中华地钦差全权大臣关防"。❸

中西合璧"大英钦命驻扎粤东三水县领事官关防"

各国驻华领事馆以及其他机构的印章，形制不尽划一。除了西汉文合璧印章外，甚至早在同治年间就已出现了纯中文的印记，如"大英驻津工部局钤记"等。到了光绪年间，美国驻华公使印则变成了纯中国式，不再附有西式的纹章与铭文，直接使用典型的中式尚方大篆的方印，印文为"大美国驻华钦差全权大臣印"，不识篆者甚至会误认为是一方典型的中国官印。

实际上当时各国驻华公使的官印都不止具刻一种，除正式方印外，也学中国刻有关防等副印，以便灵活使用。比如笔者在整理档案中，曾在残档中发现有同治二年的一枚法国驻华公使关防的印鉴，该关防为中式方形印框，下

❶ 参见Thomas Wade, Key to the TZU ERH CHI, pp.2, 10-11, 19.
❷ Rev. R. Morrison, A Dictionary of the Chinese Language, Vol. II, London Mission Press; Trübner & Co., 1865, pp. 170, 260, 261, 678-679.
❸ 中国第一历史档案馆藏《军机处照会档》（各字）9号。

为法国国家纹章，没有法文铭文，中文篆字为"大法国钦差驻扎中国总督本国事务全权大臣之关防"。不用"印"而称"关防"，已完全是中国式的官印制度了。更奇妙的还有其印文读阅的次序，最上一排"大法国钦差"为自右向左横读，而以下各字又分五列，分别从右向左上下读识。中西合璧，别有文趣。

　　西方驻华外交机构之所以做出印信"中国化"这种跨文化的心理和行为调适，是为了更好更快地适应清政府中央集权、等级森严的客观语境。通过印信的"中国化"，各国驻华商务监督以及后来的驻华公使得以无碍地进入中国的权力结构网络，并在交涉中占据有利地位。其印章"中国化"反映了中国官印文化对西方印章文化的对冲已然开启，传统强大的中国官印文化刺激了这些西方人，并使之乐此不疲、如痴如醉。比如，在义律到华前，任由英国商人不断争取，而广东当局从未承认驻华商务监督的官员身份（东印度公司时期的大班是商人）；义律上任后，首先将自己的品级等同于四品的广州知府、协台，并奇迹般地获得了中方的认可，然后开始进一步提出由行商抄录传达的清朝总督谕令是无印白谕，不足以凭，他无法以之上禀国王，要求由广州知府、协台抄传总督谕令并加盖关防。其后璞鼎查到任，更加紧了驻华机构印信的制度化，有关驻华商务监督官印的条例规定与记录在档案中不断出现，

五国驻华公使照会上的印鉴

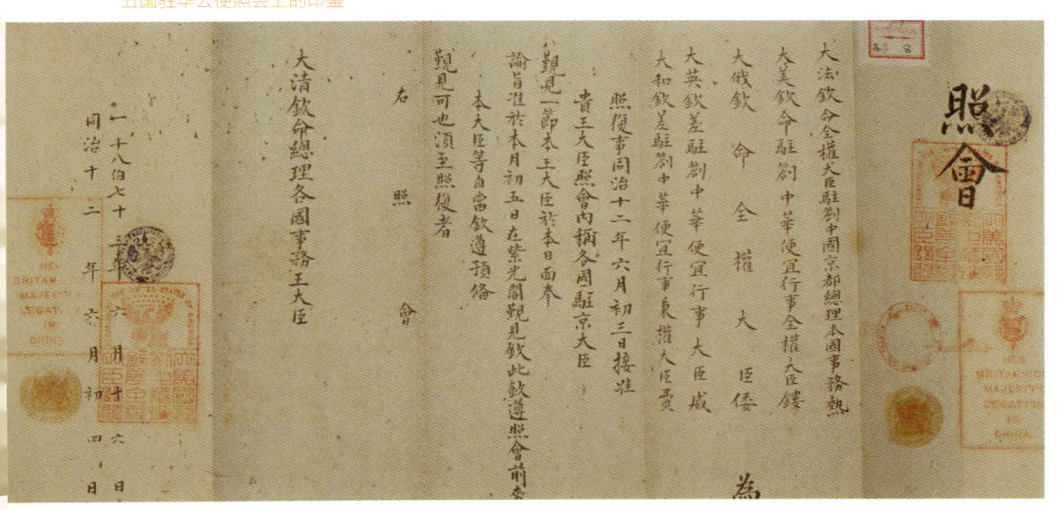

如巴麦尊曾要求律劳卑在逮捕有不正当行为的英国商民时要签发"有你签名并盖章的正式拘票",1848 年德庇时(John Francis Davis)爵士在卸任首席监督时向继任者罗宾臣移交了"所有的公文档案以及官印",并向新任秘书兼司库参逊颁发了由三位监督签名盖章的委任状。❶此外,从璞鼎查开始,驻华官员注意到了不同印信在不同场合的使用,比如他有意将"钦奉全权善定事宜公使大臣"和"兼管驻中华领事"两个身份区别开来,他曾于 1841 年 8 月 10 日以两种头衔向两广总督祁𡎚发出了两份照会,分别介绍自己作为谈判全权公使和驻中国领事的身份。❷巴夏礼也曾经提到在鸦片战争期间他与清朝官员会面,璞鼎查也会交给他一个"官印",可见璞鼎查等对"官印"及其所代表的官员权威的重视与沉迷。❸

1858 年 6 月 4 日,额尔金在与桂良、花沙纳会面时,一落座便"将该国王所给全权敕书、关防相示",并要求桂良等出示清廷所颁的钦差大臣敕书、关防。由于桂良等未带关防,英方始终疑虑,并拒绝谈及议约之事,桂良等不得不上书咸丰,要求"颁给钦差大臣关防"。❹

而这些繁缛的清代官印的习气与做作,则亦可视为西方驻华官印"中国化"的某种过犹不及的副作用了。一些揣摸透中国官吏心理的外国人在与中国官员打交道中,往往会因此而如鱼得水。清末驻华英国公使馆的密福特(Freeman Mitford)在一封信里提到,1865 年 8 月间,他们一行启程前往蒙古,路过古北口,需要在护照上钤盖古北口提督的官印作为签证。他们几次努力,均被有司以未获得授权而加以拒绝。最后几经交涉,双方达成了同意,但护照才摊开,提督又提出了一个问题:英国领事馆的章盖在中间,总理衙门的章盖在

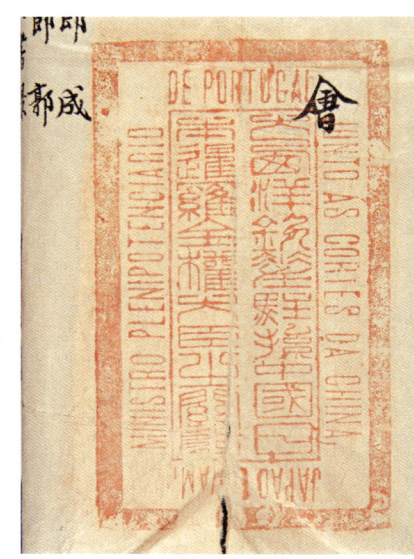

"大西洋(葡萄牙)钦差驻扎中国日本暹罗全权大臣之关防"印鉴

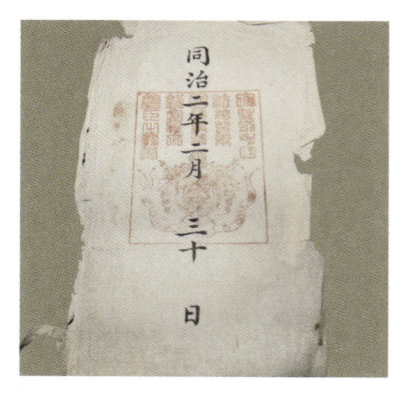

"大法国钦差驻扎中国总督本国事务全权大臣之关防"印鉴

了左边，再往左边已经没有提督盖章的地方了。提督品秩低于总理衙门，在公文上其官印一般不宜盖在总理衙门官印的左边，但提督又觉得自己的头衔很高，也不愿将自己的印盖在照会的下方。英国人狡猾地对提督说："把你的章盖在我们领事馆章的右边，这样就意味着我们在中国朝廷和军方的庇护下。"这句话迎合了提督的虚荣心理，于是提督爽快地盖了章。❺ 颟顸的大清提督此时大约已忘记了清代官印钤盖的规矩：与官文书上官员列衔一样，三人者同列，以中间为尊。

四、大清衙门中的"西式"官印

在清晚期大量驻华外交机构印信"中国化"的同时，西方印章文化也出现了对中国官印制度的反向倒灌。

道光二十二年（1842），中英在南京下关江面英舰皋华丽号上订立近代史上第一个不平等条约——《江宁条约》（《南京条约》），第一次鸦片战争结束。该条约规定广州、厦门、福州、宁波、上海为五口通商口岸。从此宣告了自乾隆二十二年（1757）以来大清对外只设广州"一口通商"壁垒的破防。之后，英国强迫清政府接受关税税则，即"协定关税"，洋货输入中国享受百分之五的轻税。实际上执行过程中平均税率不到百分之三，以后虽几经修改，均未超过百分之四。翌年，英国公使凭借中英《南京条约》编制税则，分出口货和进口货两表，迫使清廷同意在香港公布，规定海关两为计税单位。这是第一部不平等的协定关税税则。从此中国丧失了关税自主权。

为了应付列强不断的外交、贸易、传教与军事行为，清廷被动地开始组建新式的外交机构。道光二十六年（1846），上海道台宫慕久应英领事巴富尔（G.Balfour）要求，为便利英商报关，设立江海关于北门外头坝（今汉口路外滩），办理洋商征税事宜，俗称江海关。原有海关（今

---

❶ "Correspondence Relating to China", British Parliamentary Papers: China, Vol. 30, Irish University Press, 1971, pp. 243,318–319.
❷ 璞鼎查致祁贡的两份照会，见载于佐佐木正哉编《鸦片战争之研究：资料篇》第129～130页，岩南堂书店1967年版。
❸ 参见［英］斯坦利·莱恩-普尔、弗雷德里克·维克多·狄更斯著，金莹译《巴夏礼在中国》第30、32页，中西书局2011年版。
❹ 额尔金照会，见"额尔金致桂良、花沙纳照会"（1858年6月7日），英国国家档案馆藏，档案号：F.O. 682/1991/51；桂良、花沙纳奏折及咸丰上谕，见郭廷以主编《四国新档·英国档》第511、521、529～530页，中研院近代史研究所1966年。
❺ ［英］密福特《使馆官员在北京——书信集》第72～73页，中西书局2013年版。

南市小东门外）改称江海大关，办理华商海船进出口税务。咸丰三年（1853），太平天国定都南京，并改名天京后，上海小刀会刘丽川等起义，占领了上海县城，道台吴健彰被擒，英、法、美领事宣布中立，通知清海关不能继续在租界办公。随之，愤怒的上海民众捣毁了江海北关大部分办公楼，并把搜获枪支交给小刀会。英国以保护为名，立即从停泊在黄浦江中的"斯巴达人号"军舰上调集武装士兵占领江海关。英、美领事分别发布《申报纳税暂行条例》，实行领事代征制，中方被迫给予认可。该年10月，道台吴健彰重返上海，要求各国领事承认其上海道台兼江海关监督的地位。由于战乱中海关印信失落，吴健彰吁请两江督抚代奏请清廷准许暂时借用常州督粮道商官印行文，在发出关税征收事宜仍按旧例办理通告的同时，又照会英国领事，要求继续由中国征税。英国领事当即予以拒绝，继续我行我素，不受约束。

第二次鸦片战争期间，根据《天津条约》的规定，英、法、美三国胁迫清政府分别签订《通商章程善后条约》，除规定了鸦片贸易合法化等内容外，其中最诛心的一款就是"各通商口岸税收统一办理，中国邀请外国人帮办"。咸丰四年（1854），中、英、美三国协商改组海关事宜，达成协议，签订《江海关征税规则》，由三国各推一人帮办关务。同时，随着《上海英法美租界租地章程》的公布，英、法、美三领事通告，由英国人威妥玛（T.F.Wade）、美国人贾流意（L.Carr）、法国人史亚实（A.Smith）为司税，组成关税管理委员会，从此，江海关管理权正式旁落。

咸丰九年（1859），两江总督兼南洋大臣何桂清指派英国人李泰国（H.N.Lay）为总管新关的总税务司。江海关税务司的正式建立，意味着清廷洋关税务司制度的正式确立，随之三国关税管理委员会自然解散。咸丰十年十二月（1860.1），总理各国事务衙门正式任命李泰国为总税务司，建立海关总税务司署，各地海关设税务司，也均由洋人担任。繁华地方增设副税务司1或2人。同治二年（1863），英人赫德（Robert Hart）继任总税务司后，订定章程，规定各关税务司及外国帮办人员均由总税务司委派。不久总税务司署亦由上海

❶ 赫德爵士《北京总税务司》，vol.2, letter 705, 1889, 6, 23.

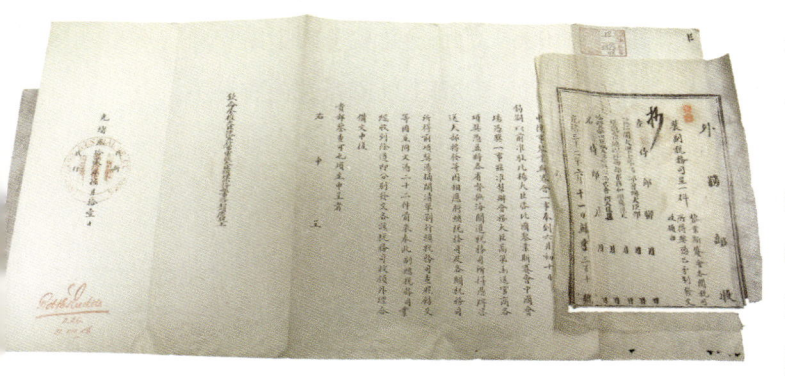

清总税务司印文及赫德的签名

迁到北京。总税务司以英人赫德在任最久,自同治二年(1863)继李泰国任职,至光绪三十四年(1908)回国,前后四十八年,除海关大权外,对中国的内政外交,亦加干涉。总税务司的实际权势,在他身上表现得最为明显。

从实际功能上来说,当时的海关总税务司署已经超越了那个时代,俨然成为一个国际化的行政税务机关。截至19世纪末,其下共有约700名来自二十多个不同国家的外籍雇员以及3500名中国雇员。❶作为大清帝国的"总财神",总税务司权力很大,1861年,海关税收为496万两,在赫德的打理下,到1887年,海关税收达到2000万两,占清廷财政收入的24.35%。关税成了清廷最稳定、最可靠的财源,赫德也成了大清国的"财神爷"。

"财神爷"当然不会只关心税务财经,赫德对清廷内政与外交的干预就一直没停过。1865年10月17日,赫德向总理衙门递交了他撰写的《局外旁观论》,对清廷的积弱做出了一针见血的分析,并提出了效法西方以自强的建议。总理衙门将《局外旁观论》抄录给东南沿海各督抚讨论,在晚清政坛引发震动。赫德切中时弊的分析,让督抚们面红耳赤、坐立不安。从而引发了"洋务运动"的浪潮。而曾国藩、左宗棠、李鸿章所办的许多近代洋务企业,都是海关出钱。此外,晚清的建设航运设施、统一全国邮政、支持幼童出国留学、倡导中国派遣驻外使节、组织参加万国博览会等,均有总税务司的影子。

总税务司是总理衙门下的一个由外国人管理的机构,因此其官衙印信也采取了清朝官衙从未有过的"洋泾浜"式中西合璧的官印形式。

通常情况下,总税务司中上下各级官印在形制、尺寸与文字内

赫德照片

上编:印史纪略

225

容方面有所不同。我们从光绪三十二年（1906）的一份总税务司上给外务部的禀文中可见。该印形为西式的圆形印框，印面上外圈自左向右环绕英文"Inspector General of Customs"，圆框中为中式的自右向左三列汉文篆字："管理外国进出各口税务事宜总税务司之印"，印色为红色。❶需要注意的是，本文的钤印页上，还有赫德的亲笔英文签名，印与签名配套，这是赫德发文的标配，也昭示着其所行公文的一成不变的中西合璧的内容与标准。从海关档的情况来看，如果是总税务司内部行文，赫德通常不用官印，只用签名。而其签名多用铅笔，凡配合官印的多用红色，而内部公文或私人书信，则多用蓝色或黑色铅笔。

总税务司下属的各关税务司的印则也采用中西合璧式，通常为椭圆形。以江南税务司印为例：该印为椭圆形，印面的外圈上半部为自左向右环绕英文，读为"Commissioner of Maritime Customs"，外圈下部单独英文为"Shanghai"，指示了江南海关在上海；其印面中间外部双列汉文篆字，自右向左读为"江南海关税务司印"，各省税务司印格式都是相同的。这种中西合璧官印，直接影响了与海关有关的其他近代产生的清代官衙印。比如清末各省邮政的印信，皆取标准于总税务司印，如图中所示清末贵州省的邮政部长的官印，其印形状与印面设计与各地方税务司印一模一样。椭圆形状，印面外圈

❶ 中国第一历史档案馆藏外务部档 18-3873-48.

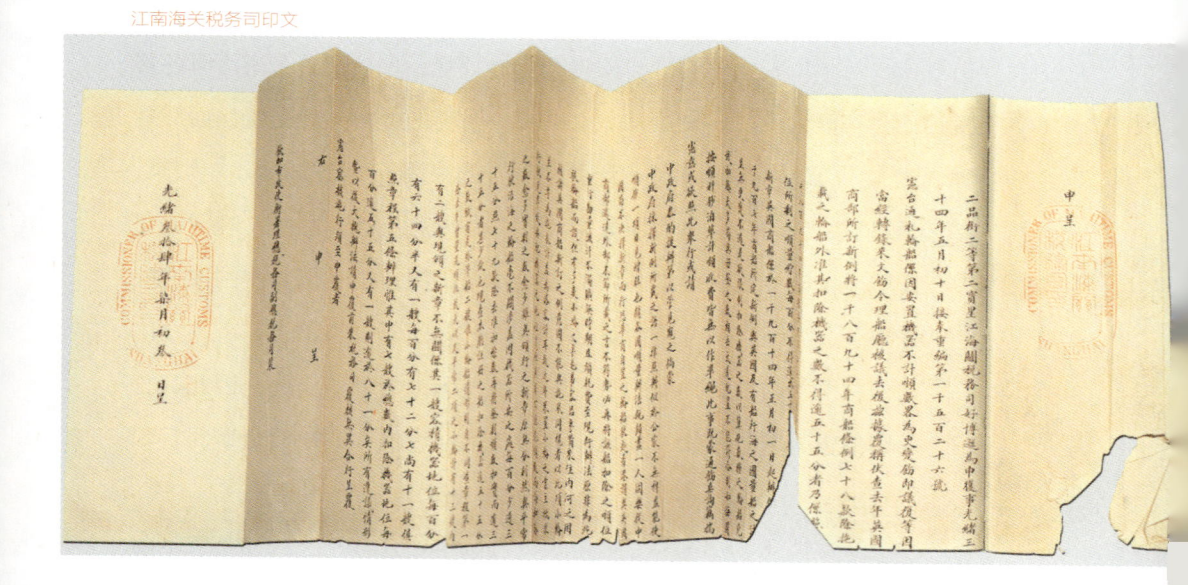

江南海关税务司印文

上半部自左向右环绕读为"District Postmaster",外圈下部为西文拼写"KweiYang"(贵阳),印面中为两列汉文篆字,自右向左上下读为"贵州邮界邮务长印"。

  西方印章对大清官印的影响,不仅限于税务司等,大清的驻外国使馆也出现了中西合璧的印章。清末清朝驻各国外交公使,一般其正式官印还是为清廷所颁发的纯中式长方形汉篆的"大清出使钦差大臣关防",但各使馆在日常对外公文中也常用中西合璧的关防印信,以便于拉近沟通距离。比如图中所示的清末驻奥地利公使的图记,其形为西式圆形,印内外圈自左向右环绕外文为"Légation de Chine",外圈下外文拼写为"Vienne"(维也纳),印面中间为竖行两列汉文楷书,读为"大清驻奥使署图记"。值得注意的是:清朝官印从来都只使用阳文(朱文)刻法,而本图记采取阴文(白文)刻法,这一点是遵从了西方印章多为阴刻的习俗。

"大清驻奥使署图记"印花　　　　　　　　贵州邮界邮务长印

第九章 晚清官印的式微与坠落

一、"钦差"关防泛滥成灾

钦差，系指皇帝临时差遣特命去外地办事的官吏。清赵翼《廿二史札记·卷十二》曰："然有时以重案，特命大臣出勘，名曰钦差。""钦差"一词最早出现于明代。

清尚明制，也设钦差，其官印亦用关防。阮葵生《茶余客话·钦差官使》云："三品以上用钦差大臣关防，四品以下用钦差官员关防。"

清代的钦差印信关防，原为一种临时性的公务印章。现存清代档案中有顺治十二年（1655）"山西审钦关防"的长方形印鉴，为满楷汉篆合璧。❶ 该关防为清廷颁给刑部山东清吏司郎中萧家芝带敕前往山西恤刑办案的临时关防，可觇清初钦差关防的初始规模制式，全是明代制度的影子。

实际上，清初朝廷一般不专门颁给钦差印信关防。由于钦差皆为临时差务，机动与流动性大，如果每名钦差都颁铸给印，一是铸印成本大，二是官印也不好管理。故此，钦差官员往往会仍用本职官印或临时借用他人官印来结具

❶ 中国第一历史档案馆藏内阁《三藩史料》295号。
❷ 《雍正会典》卷68。
❸ 《光绪会典事例》卷321。
❹ 邓之诚著，邓瑞整理《邓之诚文史札记》上册，第180页，凤凰出版社2012版。

奏章。到康熙二十九年（1690），清廷始出台了一个明确的钦差官员用印制度："凡差遣审事官，不必铸给印信。事完日，其本章即缮明启奏日期，用地方督抚印信；如事关督抚，即用藩臬印信；如事关督抚藩臬，则用提镇印信。"❷

钦差官的专印制度，到雍正朝才正式建立。其时，由于雍正为强化对全国各地的统治，不断大量委派钦差到各地稽查、督办公务和案件，以前暂行的钦差借印制已不合时宜、漏洞百出，进一步统一完善钦差官印制度提到了议事日程上来。雍正六年（1728）"议准铸造钦差大臣关防六，如督、抚式，三品以上用；钦差官员关防四，如道员式，四品以下用。均豫铸存部，遇有钦差由部给发带往，事竣缴回。"雍正七年（1729）又增铸了钦差大臣关防四枚、官员关防六枚；雍正九年（1731），再次增铸钦差大臣关防十枚，以备差用。❸

清制：三品以上的钦差官员通用满、汉尚方大篆合璧的铜关防，虽制同督抚，但却并非银质，以示区别；而四品以下的钦差官员，则使用满、汉钟鼎篆合璧的铜关防，其制式与道员关防相同。所有钦差关防皆为临时授用，差事结束后，其关防须统一缴还朝廷。

此外，清廷还铸有一些专门的差务关防，如科举方面的知贡举、知武举、监临等关防，巡视淮安、天津、通州等处漕务的御史专用关防，巡视吉林、黑龙江两处边务关防，以及各省时宪书印等。但这些差务印信关防并不常用。

据考：凡礼部所铸造的钦差大臣、钦差官员关防，一般都统一收贮于銮仪卫；知贡举、监临巡视淮安、天津、通州等处漕务的专用关防收贮于礼部；知武举关防收贮于兵部；巡视吉林、黑龙江二关防收贮于盛京礼部；各省时宪书印收贮于各省布政使司库。❹

通常情况下，如果是钦差团队，原则上只授一枚钦差关防，由该团队中官阶最高者领受。乾隆十六年（1751）三月，侍郎那木

清会典中关于钦差大臣关防的记载

"山西审钦关防"印鉴

"大清钦差出使大臣关防"印鉴

札勒将赴藏接受钦差大臣关防，乾隆下谕："从前班第系副都统职衔，那木札勒系侍郎，又兼护军统领，钦差关防理宜那木札勒掌管。俟班第经朕加恩，赏给都统职衔，且较那木札勒年长，关防仍应着班第掌管。"❶

虽然清廷准备有如数的钦差关防，并注意及时回缴、轮流使用，但现实中还是会出现不敷应用的情况。尤其是乾隆以降，派往边疆的差务日繁，朝廷习以钦差大臣关防授之，但由于钦差关防入不敷出，常常出现数队钦差争用关防，或一人需要用多枚差务关防的情况。乾隆二十四年（1759）十月，新任阿克苏办事大臣舒赫德奉命前往叶尔羌办事，奏请将钦差大臣关防带往，而阿克苏驻防大臣关防也请颁铸。乾隆下谕："着该部赍送钦差大臣关防一颗，以昭信守。"❷

乾隆后期，钦差大臣的任命愈加频繁，有时同一地区、同一事务，会同时出现多名钦差交集的现象。朝廷为了平衡，不得不各授以关防，于是又出现了各路神仙打架，钦差关防流动不畅等局面。乾隆四十二年（1777）三月，吏部侍郎刘秉恬在四川办理各路军务报销等事，"向无关防印信"，凡一切公文事件，只好临时向鄂宝、富勒浑处借用他们所存的钦差大臣关防。此后，刘秉恬查得舒常处存有一颗以前所颁发的钦差大臣关防，因成都将军明亮的将军印信尚未颁到，所以将钦差大臣关防暂时留在了明亮处，

❶《清高宗实录》卷384。
❷《清高宗实录》卷598。
❸《清高宗实录》卷1029。
❹《清仁宗实录》卷102。

当明亮的将军印颁到后，舒常署理提督已有提督印，而这枚钦差大臣关防已无用处，正在准备"派员赍送公缴"。刘秉恬因而奏请朝廷"臣现在办事，有需要关防之处，相应奏明，留于臣处行用，于办公更昭慎重"。朝廷允准了其请求。❸

理论上，钦差关防不受固定的官印制度所限，可根据需要无限增加，这无疑在制度上存在着一个很大的口子，也成为清廷赖以应付各种临时差务用印的最偷懒却冠冕堂皇的借口。乾、嘉以后，钦差关防的使用更加泛滥。有时为图方便，在某一新设职官正式官印铸好之前，朝廷往往也会授其钦差大臣关防作为临时官印，待正式官印铸成颁发后，再收回临时钦差大臣关防。嘉庆七年（1802）蕴端多尔济奏请朝廷，今后行文俄罗斯应不再用喀尔喀副将军印信，而采取或者钤用钦差大臣关防，或者请另铸印信钤用的形式。嘉庆遂命"铸给驻扎库伦办事大臣印信，镌刻满洲蒙古汉字，照例送往钤用"。并要求蕴端多尔济在收到新印后，将更换印信之事晓谕俄罗斯等，"并将现用钦差大臣关防，令其缴回。"❹

嘉、道以后，清廷"钦差关防"的滥用已成为一种不可逆反的制度性灾难。清廷在获得了巨大的便利的同时，也吃到了更大的麻烦与苦头。除了因为差事日繁，现有的关防数量越做越多仍无法敷用，且统一控制管理已濒于失控的状态外，另一个更致命的麻烦则是：由于所有的"钦差关防"的尺寸规格与印文制式基本都是统一的，如果

1896年清钦差出使大臣李鸿章在柏林与俾斯麦见面

不同版本的"钦命全权大臣便宜行事关防"印鉴

同一事件由多名钦差共同办理，在多个钦差关防混用情况下，很容易出现前后不清、彼此难辨等种种弊端。为此，咸丰三年（1853）清廷即已开始对钦差大臣关防进行防伪升级，"改铸钦差大臣关防四颗，于中行加添字样，并酌加分寸，以示区别。"❶ 所谓的中行"加添字样"，即是在关防满汉篆字中间加添一行楷书满文，内容为该关防所铸造的朝年。这种中间加添满文朝年的办法，后来还被普及到了其他官印中，尤其是在太平天国时期，南方各省大批官印毁佚于战火中，朝廷新铸颁的官印，均采取中间加满字的形式，以示区别。后来"庚子事变"，八国联军入京时京师各部、院官印大量被毁，重新补铸之印也多采取此等办法。

除了关防印文中行加字、改易尺寸等外在手段，咸丰以后，清廷还普遍采用了另一种更直接的补救方法，就是打破原来钦差关防印文固定的模式，开始尝试用加字、减字等方式，多维地显示区分，即清廷根据实际情况包括钦差大臣的工作内容性质，专门铸造颁给关防。如与列强谈判的钦差大臣，在1842年签订《南京条约》时，还在使用"钦差大臣关防"，而到了光绪二十二年（1896）李鸿章代表大清所签订的《中俄密约》，所使用的则是"大清钦差头等出使大臣之关防"。此外，清廷还常常会运用不同版式与文字的变化来为关防加密，以示区分。如光绪十六年（1890）二月，中英签订《藏印条约》，中方的钦差大臣使用了满、蒙、藏三体合璧的"钦差办理藏印边务大臣关防"等。

清廷为了有效区分钦差关防，甚至想到了变易印文字体的方法。如清末主持与八国联军签订《庚子条约》的庆亲王奕劻所使用的钦差关防已不用满文，而是只用汉篆与汉楷合璧的"钦命全权大臣便宜行事关防"及汉篆"钦命全权大臣便宜行事关防"两种。❷

清末部分钦差大臣官印制度上出现的另一巨大变革，就是其铸刻权被进一步从中央下放到了地方或特定官员手中。如光绪三年（1877），清廷为调和驻英正使郭嵩焘与副使刘锡鸿的矛盾，调刘锡鸿为驻德公使。郭嵩焘上奏，密劾刘锡鸿种种"不端"，包括其私刻驻德公使关防一事，说："出使各

❶《光绪会典事例》卷323。
❷ 张社生著《李鸿章旧影——遗失在西方的晚清史》第297页，北京日报出版社2018年版。

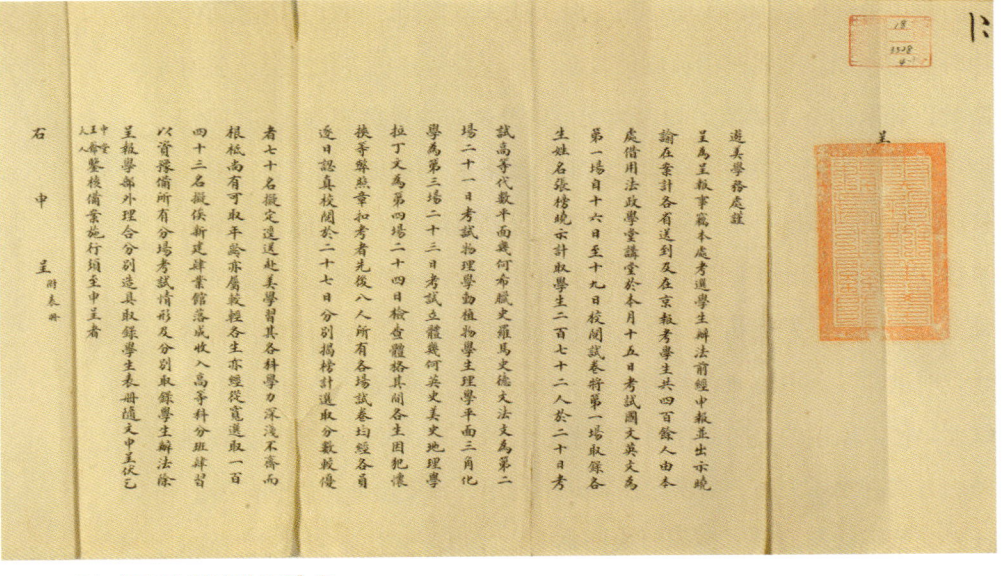

游美學務處謹

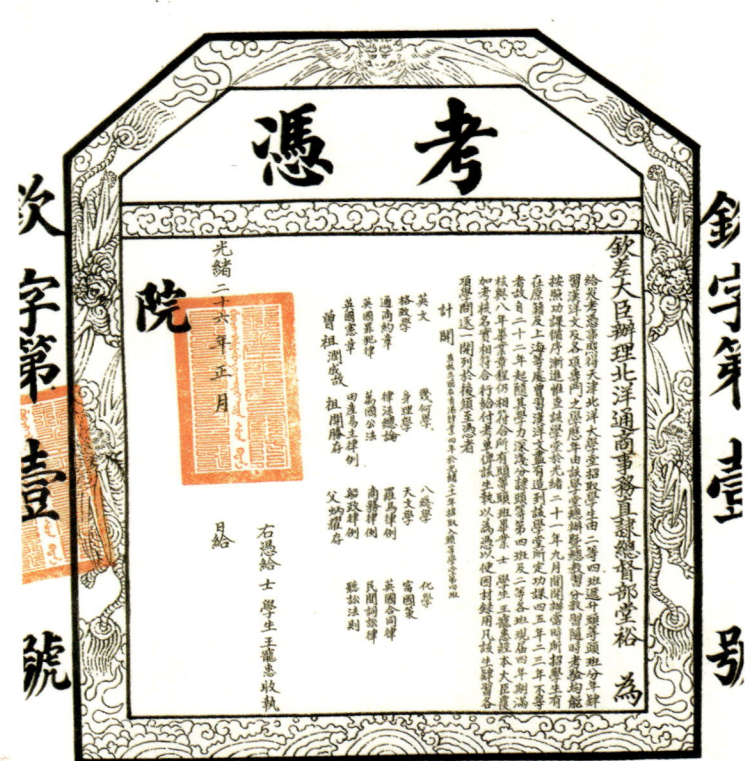

呈為呈報事竊本處考送學生辦法前經申報並出示曉
諭在案計各省送到及在京報考學生共四百餘人由本
處借用法政學堂講堂於本月十五日考試國文英文為
第一場自十六日至十九日校閱試卷計取第一場取錄各
生姓名張榜曉示計取錄學生二百七十二人於二十日考
試高等代數平面幾何布臘史羅馬史德文法文為第二
塲二十一日考試拉丁文動植物學生理學平面三角化
學為第三塲二十三日考試立體幾何英美史地理學
拉丁文為第四塲二十四日檢查體格其間各生因疾
换場緊章扣考者先後八人所有各場試卷均經各目
逐日認真校閱於二十七日分別揭榜計選取分數較優
者七十名擬定遣送赴美學習其各科學力深淺不齊而
根柢尚有可取年齡亦屬各生亦經從寬選取一百
四十三名擬俟新建肄業館落成收入高等科分班肄習
以資豫備所有分塲考試情形及分別取錄學生辦法除
呈報學部外理合分別造具取錄學生表冊隨文申呈伏己
中堂鑒核備案施行須至申呈者
右申
中堂 附表冊

蓋有"奏設游美學務處關防"文稿（局部）

清末蓋有欽差大臣關防的北洋大學考憑

国，例由总理衙门颁给关防，或一时关防未能寄到，权宜刊刻亦须俟需用时奏明办理。刘锡鸿由英副使改派德国，发行各省咨札照会，盖用关防就臣处取用略无碍阻，刘锡鸿无故钩摹关防在伦敦刊刻，妄自张大，谓不屑就臣取用。关防字样本无区别，其未至德国以前例无公行德国文件，是伦敦一城既有奉旨颁发之关防，又刘锡鸿私刻之关防，已属不成事体。"❶ 可知出使大臣先刻临时木质关防乃成一种惯例。笔者在整理外务部档案时，发现几乎所有新任赴外公使等官，因为出国赴任船路迢递、时逾旬月，沿途通过各国海关或办公需施示职权，由于原来正式的钦差出使大臣铜的关防尚在海外已解任官的手里，故中央每每会颁刻另外一方临时木质关防，以供赴任者路上行用，新发出使大臣到任后，回任者交给铜印与新任者，同时换回临时木印以便解任者回国途中使用，入京后缴还外务部。

此外，作为一种权宜，各省地方的督抚大员也有权在向朝廷报备获准后自行刊刻临时关防。光绪元年（1875）四川总督在一奏片中提到："臣前在云南省城奏明刊刻木质关防一颗，文曰'钦差查办云南事件头品顶戴四川总督关防'，以便钤用。现臣在家养病，并无经手公事，所有前项关防一经此次拜折后，即敬谨销毁。"❷

尽管清廷用尽心机，采取了诸多的措施，但总体上非但无法遏止钦差官印的混乱，甚至在某种程度上还更加剧了这种混乱不堪。尤其是在太平天国战争时期，所谓"将军遍地走，钦差多如狗"。由于钦差官印满天飞，为了易于识别，很多官员甚至采用于钦差大臣关防旁边加盖小印以为区别的办法。咸丰三年（1853）二月，江北大营钦差大臣琦善在一份奏片中提到："再准钦差大臣向荣抄奏咨会，以江宁将军祥厚处尚有钦差关防一颗，恐为逆贼所得恣行奸计。特于关防之旁镌用'誓灭此贼'四字小方印为记，以辨真伪。臣琦善处蒙颁关防，亦应别为记认。查关防系长方式样，兹拟于关防之旁，比照长短，用狭长条镌刻'兵气销为日月光'七字图记以别之。"❸

到了这一地步，钦差关防的泛滥非但无助于清朝的政

❶ 中国第一历史档案馆藏军机处录副奏折 03-7723-156。
❷ 中国第一历史档案馆藏宫中朱批奏折 04-01-30-0004-038。
❸ 中国第一历史档案馆藏宫中朱批奏折 04-01-34-0256-001。

治统治，反而成为了一种尾大不掉的"鸡肋"，甚至造成了难以预料的侵蚀与反动。成为清末官印制度的一大"稗政"。

二、圆明遗玺今何在

官印，作为职官或衙门权力的物化象征，对于官员来说，不仅是"印把子"，更是"命根子"，夺"印"即是夺"命"。尤其是战争中，如果官印被夺，不仅意味着失败，而且更意味着巨大的侮辱与丢脸。清代历史上官印被抢的最大的侮辱性事件，莫过于清廷皇家宝玺的被抢，其中1860年圆明园中的皇家玺印被英、法联军洗劫事件就是一例典型。

1857年底，英法联军以"亚罗号"及"马神甫"事件为借口，悍然发动第二次鸦片战争。1858年元旦，英法联军进驻了被攻陷的广州城，两广总督叶名琛被俘，联军洗劫了总督府，连同一大批珍贵的总督府档案一道，两广总督的银质关防也落入了联军的手里。这是当时外国侵略者所劫获的最高级别的大清国官印。但侵略者的贪婪是无止境的，一年多后，他们又闯入圆明园洗劫了更高级的清朝皇帝的玺宝。

1858年3月，英、法、俄、美四国公使同往上海，并进一步集结北上天津，4月中旬陆续抵达大沽口外。他们分别照会清政府，要求六日内指派全权大臣谈判。俄、美照会表示愿意充当"调停人"，英、法侵略者却并无谈判诚意，一意拖延并加紧军事准备。5月20日英法联军炮轰大沽炮台，驻守各炮台的清军奋起还击，与敌鏖战。守将谭廷襄等毫无斗志，弃守逃亡，加之炮台设施陈陋，孤立无援，大沽最终失陷。26日，英法联军溯白河而上，侵入天津城郊，并扬言要进攻北京。6月13日，清政府慌忙另派大学士桂良、吏部尚书花沙纳为钦差大臣，赶往天津，分别与俄、英、法、美签订《天津条约》。

英、法等侵略者并不满足于《天津条约》所攫取的种种特权，并蓄意以换约为由再次挑起战争。1859年6月，英国公使普鲁斯、法国公使布尔布隆和美国公使华若翰各率一支舰队到达大沽口外，企图以武力威慑清政府交换《天津条约》批准书。英、法公使断然拒绝清政府提出的在沪换约的建议，坚持要以舰队经大沽口溯白河进京"换约"。清军在僧格林沁的指挥下，奋起抵抗，发炮反击，战斗异常激烈。直隶提督史荣椿、大沽协副将龙汝元身先士卒，先后阵亡。由于清军准备充分，战术得当，击沉击伤敌舰10艘，毙伤敌军近500人，重伤英舰队司令何伯，取得了开战以来唯一的一次胜利。

"第二次大沽之战"中英法联军失利的消息传到欧洲，英、法各国统治集团内部一片哗然，好战者纷纷叫嚣要对中国"实行大规模的报复"并"占领京城"。1860年2月，英、法帝国主义当局分别再度任命额尔金和葛罗为全权代表，率领英军一万五千余人，法军约七千人，扩大侵华战争。

1860年8月1日，英法联军2.5万人由北塘登陆，进占天津。8月21日，大沽失陷。清政府本无抗战决心，僧格林沁奉咸丰之命，率军一路撤退至通州（今北京市通州区）。英法侵略军趁机长驱直入，于22日占领天津。

清政府急派桂良等到天津议和，无果。侵略军从天津向北京进犯。清政府再派怡亲王载垣、兵部

盖有"圆明园"印鉴的画

侵入圆明园中的英法联军狂欢

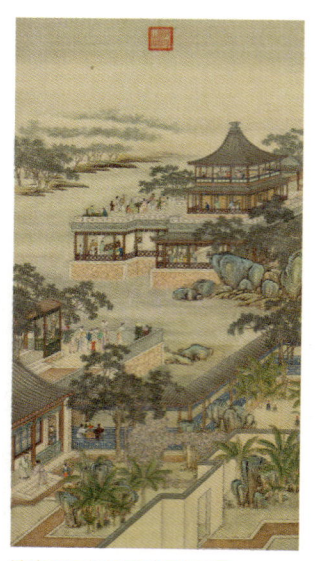

清宫廷画师绘圆明园游乐图

尚书穆荫取代桂良，赴通州之南张家湾议和。由于双方争执不下，谈判再度破裂。

1860年9月18日，英法侵略军攻陷通州。21日，清军与英法联军在八里桥展开激战，统帅僧格林沁等率先崩溃逃走，清军防线全军覆没。22日咸丰以北狩为名携皇后、懿贵妃等离京逃往热河避暑山庄避难。10月6日，英法联军兵临北京，在德胜门外被僧格林沁指挥的清军击退受阻后，由黄寺直犯西北，随后侵入圆明园地区。野蛮的英法联军洗劫了圆明园和静宜园，为掩盖罪行，随后又纵火毁迹，圆明园大火持续了三天三夜。

圆明园是清代大型皇家园林，位于北京市海淀区，始建于1709年（清康熙四十八年），由圆明园及其附园长春园和绮春园（后改名万春园）组成，也叫圆明三园，有"万园之园"之称。清帝每到盛夏就来此避暑、听政，故圆明园又称"夏宫"。从康熙到道光的150余年间，圆明园经过一次始建三次扩建，其建设费用据文物学家估算约为白银6亿两，维修费用4500万两。其所藏文物达150万件，这些文物均是从西周到清代的历代青铜器、书画、瓷器、书简、篆刻等代表性文物，其他

被焚毁后的大水法遗址

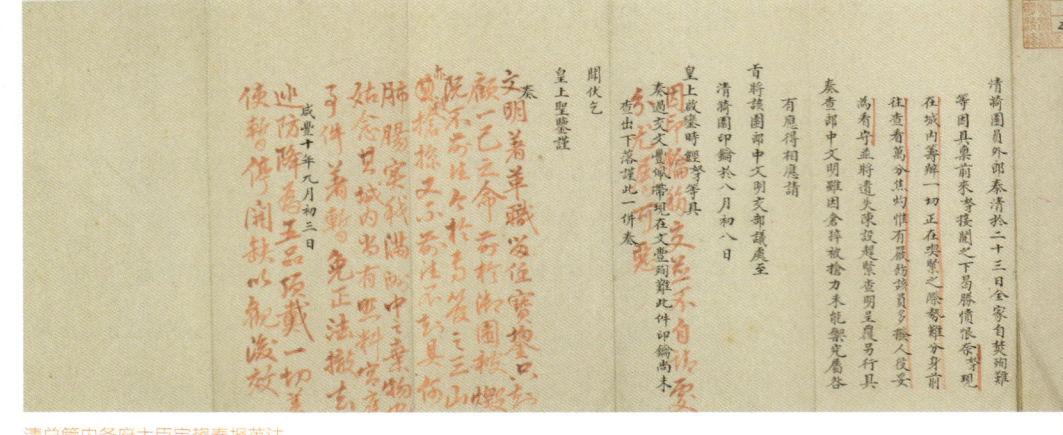

清总管内务府大臣宝鋆奏报英法联军抢劫圆明园情况奏折及咸丰朱批（局部）

奇珍异宝也不计其数。

参与了对圆明园洗劫的法国联军中的莫里斯·伊里斯（后来被封伯爵）曾生动地描写了他称之为"印度大麻吸食者的幻梦"的洗劫场面："面对那奇特的景象，我真是大开眼界，想忘都忘不了。人头攒动，肤色不一，类型各异（联军中还有印度锡克兵及随军的中国苦力等）；那是世界人种的大杂烩，他们一窝蜂地向大堆大堆的金银财宝扑去；他们用世界上各种语言欢呼喊叫着。"❶ 很快，操着不同语言的军官、士兵呼喊着、笑骂着、扭打着，争先恐后掠夺珍宝。每个侵略者的腰里都装得满满的。不少人还把抢得的珍珠项链、宝石项圈挂在脖子上，人背马（骡）驮，川流不息。带不走的东西，他们就用铁斧木棒统统砸碎。精美的玉器、瓷器、图书、画卷，都让他们抢走了，毁坏了……

法国作家雨果曾经将圆明园誉为人间"奇迹"，并称英国和法国这"两个强盗闯进了圆明园。一个强盗大肆掠夺，另一个强盗纵火焚烧……奇迹荡然无存"。

英法联军究竟在圆明园洗劫了多少宝玺？又有多少历经劫难后得以留存下来？我们不得而知。就如今天我们依然无法确切统计圆明园到底曾经有过多少珍宝，现在劫后余生在世的还有多少一样。

❶［法］伯纳·布立赛著，高发明、丽泉、李鸿飞译《1860：圆明园大劫难》第193页，浙江古籍出版社2005年版。

❷ 中国第一历史档案馆藏宫中朱批奏折04-02-3。

❸［法］伯纳·布立赛著，高发明、丽泉、李鸿飞译《1860：圆明园大劫难》第193页，浙江古籍出版社2005年版。

圆明园"九洲清晏之宝"玉宝

　　从史料记载来看：清代圆明园中所藏的宝玺大概有两类：一是宫殿之宝，清代圆明园重要的宫殿、斋屋都会镌刻有陈设宫殿之宝，如九洲清宴，即刻有"九洲清宴之宝"玉宝等；另外一种是皇帝的小玺，如"敬天勤民"等。此外还有一些纪念性的玺宝，比如乾隆的"八徵耄念之宝"，该玺曾被反复摹刻达三十七方之多，并被广泛陈列于各处行宫，包括圆明园中。

　　虽然宝玺只是侵略者从圆明园中所抢掠的珍宝中的一小部分，但它的意义却很重要。内务府大臣宝鋆在奏报圆明园损失的奏折中特意提到英法联军闯入园中"将各殿陈设抢掠，大件多有损伤，小件尽行抢去，并本处印信一并遗失。"❷除了印信，其他损失各物均未具体说明，足见清廷对于皇家"印信"被抢一事的在意与屈辱。

　　圆明园中被英法联军洗劫的玺印，许多可能已被永远地毁坏了，现留于世的基本有两种可能：一是收藏于个人或家族手中，另外就是永久地留在了国外的各类博物馆里。

　　现存于世关于圆明园中宝玺被洗劫的史料并不完整，也不好收集。据史料记载：在英军洗劫圆明园后的军营赃物拍卖会上，有个叫乔治·奥尔古德的参谋部军官（此人后来成将军，并写过一本叙述这场战争的书），买了一方皇帝的玉玺。❸而英法联军回国途中，一路在北京、香港途中都曾将所掠夺的赃物肆意变卖，其中很有可能包括一些圆明园中玺宝。英法联军回国后，曾公开在英法举行了几次大型拍卖。据载，在1861年12月伦敦的一次圆明园物品拍卖会上，一枚来自圆明园的玉玺被拍卖。❶

作为抢掠的赃物，在很长一段时间里，由于有关方面的刻意回避，有关圆明园被洗劫的玺印的消息，一如泥牛入海，长期沉寂。20世纪以来，圆明园流失的宝玺才开始不断出现在国内外拍卖会上。现谨撮其要，简录于下：

"圆明园四十景"之"九洲清晏"

2004年香港苏富比秋拍，有乾隆皇帝的白玉交龙钮"纪恩堂"宝亮相。"纪恩堂"宝白玉质地，交龙钮，阳文篆书"纪恩堂"三字，印体四周阴刻乾隆帝御制《纪恩堂记》全文。此玺原存放于圆明园四十景之一"镂月开云"的纪恩堂内，为乾隆皇帝的一方非常重要的宝玺。最终"纪恩堂"玺以1400.24万港元成交。

2005年香港苏富比春拍会上，两方道光瓦钮小玺亮相。两方印章皆白玉质地，一方印文为"涵月楼宝"，一方为"洁榘同民"。涵月楼为圆明园九洲景区上下天光中的一景，这是三方一套的宝玺中的两方。此组玺最终成交价是120.84万元人民币。

2007年5月27日香港佳士得春季艺术品拍卖会中，"狮子林"玺亮相拍卖行，此玺为白玉质地，狮钮，玺文为阳文篆书"狮子林"三字。据载此玺于乾隆三十七年十一月二日在圆明园狮子林中陈设，至英法联军焚毁圆明园，此组玺失踪。此玺最终成交价是451.44万元人民币。

2009年圆明园著名的"富春楼"印章在法国第三大拍卖行"皮艾萨"拍卖行上拍卖。"富春楼"是圆明园"勤政亲贤"景区的核心建筑，著名的圆明园四十景之一，其西所毗连的正大光明殿，是清帝在园内听政和处理日常政务

❶ ［法］伯纳·布立赛著，高发明、丽泉、李鸿飞译《1860：圆明园大劫难》第340页，浙江古籍出版社2005年版。

"圆明园"印印鉴

之所，功能类似于紫禁城养心殿和乾清宫。富春楼是"勤政亲贤"中轴线最后一组建筑，是一座二层楼，二楼与保合太和殿有穿堂殿相连，楼九间，上层外檐悬"富春楼"匾。此地原名"卧云霞"，乾隆三年（1738）新建富春楼并御书匾文。

2009年，法国博桑－勒费福尔拍卖行在巴黎举行的一场名为"亚洲艺术"的专场拍卖会中，圆明园"九洲清晏"交龙钮玉玺现身，起拍价30万欧元，最终以138万欧元的落槌价成交。相关资料显示，这方白玉玺刻制于乾隆年间，通高9厘米，长、宽各为10.9厘米，方形印面刻有"九洲清晏之宝"六字，印背雕双龙钮。"九洲清晏"为圆明园最早建筑群之一，亦为"圆明园四十景"之一，坐落于圆明园西部，其名寓意河清海晏，天下升平，江山永固。这方玉印据记载"来自瓦苏瓦涅将军收藏"。1860年英法联军火烧圆明园时，时任上校的瓦苏瓦涅正是法军驻天津大沽军营的指挥官。

2009年11月11日瀚海十五周年庆典拍卖会上有"凤麟洲""水净沙明"两方印现身，皆翡翠质地，交龙钮，印文为阳文汉篆，分别为"凤麟洲"和"水净沙明"。此组玺成交价是1770万元人民币。"凤麟洲"为圆明三园之一的绮春园中的一景，为嘉庆所命名，此两方小玺是嘉庆专为"凤麟洲"特别制作。现藏于故宫博物院的《嘉庆宝薮》中对此两印有明确著录，此为三方组玺中的两方。

2011年5月10日伦敦佳士得拍卖行有"清嘉庆'敷春堂宝'交龙钮灰玉玺"亮相，起拍价为40万欧元。敷春堂，为绮春园宫门内的中心景观，道、咸时期是皇太后的寝宫区。敷春堂居集禧堂后，原为嘉庆皇帝主要游憩寝宫之一。

2011年12月清道光"慎德堂宝"交龙钮宝玺在北京保利国际拍卖有限公司拍场现身，拍卖价格9085万元人民币。这是当年圆明园慎德堂御殿之宝，其印钮圆雕双龙，一龙身雕两龙首，两首向背而吼状，龙须上卷，四龙角向后呈相连式，雕工精细，立体感强。印文为阳文玉箸篆"慎德堂宝"四字。

2012年12月17日，艾德拍卖行以112万欧元（约合921万元人民币）的价格（含佣金）拍出一椭圆形和田玉"御书房鉴藏宝"御玺。据拍卖手册记录：此枚玉玺高2厘米，长4.5厘米，整体呈深绿色，上刻有六个字。玉玺出自圆明园，被一个法国家族收藏，他们自19世纪末起一直拥有这枚玉玺。

随着中国不懈地抵制国外各类对圆明园文物的拍卖，近年来国际上公开拍卖圆明园遗玺的行为已有所收敛。

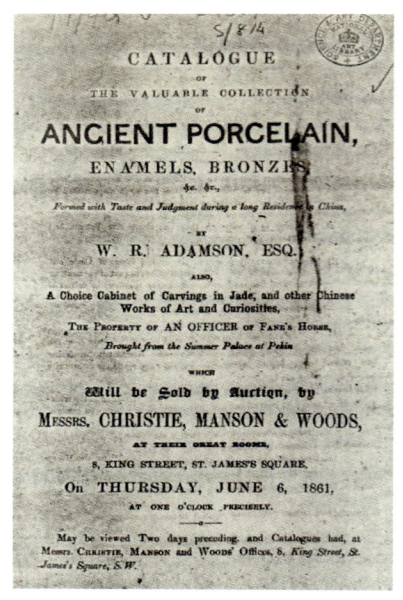

1861年6月伦敦一份拍卖目录，其中列有圆明园的物品

除私人收藏、拍卖辗转外，一些重要的圆明园遗玺已被永远地收藏于西方的博物馆中。

欧洲博物馆收藏的圆明园遗玺，从19世纪末就已开始引起了国人的重视。光绪十六年（1890），清朝出使英、法、意、比四国大臣薛福成，在参观巴黎东方博物馆时，于该馆的"中国室"曾见到圆明园两方宝玺，一方是"稍大"的青玉"保合太和"玺，另一方"稍小"的是白玉的"圆明园印"。❶

光绪三十一年（1905），康有为在巴黎的歆昧规博物院中，见到了陈列许多西方强盗劫掠的来自清朝的"内府珍物"，所谓"郜鼎入于鲁庙，大吕移于齐台"，"而玉玺甚多"。康有为除对其中"不可胜录"的属于臣下的官印从略外，还专门对那些"御玺"进行了记录，并绘出示意图。其中的"烟火长春""圆明春山"等被英法联军抢劫的圆明园宝玺，尤其引起了康有为"睹玺凄然"，作《巴黎睹"圆明春山"玉玺思旧游感赋》诗以志怀，诗中有句："阿房一炬光亘天，热河

大英博物馆藏"万寿山清漪园"玉宝

三年泪沾臆""岂意京邑两邱墟，玉玺落此无人识"，国仇家恨，胸中翻涌，不胜黍离铜驼之慨。❷

这些至今依然滞留在国外博物馆中的圆明园遗玺，成为了中华民族永远的痛！

三、美、英联军太庙窃玺事件

清末西方列强对于清朝官印的洗劫、摧毁，其最烈者，前有第二次鸦片战争中的火烧圆明园时对皇家玺印的洗劫，后有"庚子事变"时对太庙中清朝列帝、列后谥宝的大规模劫掠。对于清朝统治者来说，后者的侮辱性更强烈于前者。

1898年夏天，光绪力主新政的"百日维新"失败，慈禧太后再次剥夺了光绪的权力，并将他幽禁在瀛台。之后，慈禧开始考虑废黜光绪，欲立大阿哥溥儁取而代之。皇帝的废立乃举国震惊的大事，慈禧的决定在清廷朝野遭到了阻力，同时列强考虑到自己的在华利益，也一致反对。最后慈禧迫于内外压力，"废帝"一事不得不暂时搁置了下来，慈禧认为外国人干涉了她的家务，更加深了与列强的仇恨与冲突。

1900年初，"扶清灭洋"的义和团运动蔓延到京津地区，是年6月中，朝中主战派的王公大臣们授意打开了京城九门，造成了义和团蜂拥入京的事实，很快就达到了数万人。进城后的义和团团民们在北京各处建立坛口，聚众练拳，随后出现了义和团焚烧教堂和部分洋行的情况。

与此同时，在京各国公使开会，决定调遣大部队进京。大沽口外各国军舰的指挥官们经商议后，派出了英国远东舰队司令西摩尔中将率领的2053名联军，从塘沽登陆赶往天津租界，并于当天乘火车向北京进发，沿途受到义和团及中国军队的阻击。慈禧对义和团的态度随着时局开始出现了变化，她下令暂停对义和团的镇压，意在"联拳抗洋"。6月20日，德国公使克林德前往清政府总理衙门交涉公使撤离事宜，在途中遇上端郡王载漪的虎神营官兵巡逻，克林德被清军击毙，著名的"克

---

❶（清）薛福成著，蔡少卿、江世荣主编《薛福成日记》下册，第530页，吉林文史出版社2004年版。
❷ 康有为《欧洲十一国游记·第二编·法兰西游记》第164页，社会科学文献出版社2007年版。

太庙旧影

林德事件"发生。1900年6月21日，慈禧下令颁布对各国的《宣战诏书》。由于慈禧太后的犹豫以及清军将领的各怀鬼胎，各国使馆虽然被围了两个多月，始终没有被攻克。8月中，八国联军打入北京，14日慈禧携光绪帝西逃。

八国联军入京后烧杀抢掠，六部等中央衙门成为了重灾区。各部、院的堂印、司印等都在玉石俱焚的劫掠中遭到了毁坏。当时礼部尚书等在奏折中提到："署内行在印信、禁门关防及一切案卷，均以洋兵占据衙署，未及移出。"❶并特意提到"至在京各衙门及顺直各属印信亦多有遗失。"❷ 而当时的情况实际上更为狼狈，慈禧西逃时，除了军机处银印外，几乎所有随行的内阁、六部、九卿衙门的堂印、行印都没有被带出来。

除各部、院衙门官印外，清朝的皇宫也未能逃脱洗劫厄运。尽管联军下达了不准进攻紫禁城的命令，但却允许各国军队以"参观"名义进入，只不过这些参观者都在夏天穿上了便于藏匿物品的冬衣，他们把目光盯在了那些便于携带的珍宝上，其中也包括一些清宫中的宝玺印章。如

❶《清德宗实录》卷486。
❷ 中国第一历史档案馆藏宫中朱批奏折04-01-0801-007，光绪二十八年六月初七日世续奏片。
❸ 康有为《欧洲十一国游记·第二编·法兰西游记》第164页，社会科学文献出版社2007年版。
❹ 中国第一历史档案馆藏军机处录副奏片04-01-34-801-014。
❺《清史稿·志六十一·宗庙之制》卷86。

光绪三十一年（1905），康有为在巴黎的歙味规博物院中，见到了陈列许多西方强盗劫掠的来自清朝的"内府珍物"中的各种宝玺，除了一些来自1860年英法联军火烧圆明园的洗劫活动中，大部分如"乾隆御笔"等宝玺，"则庚子之祸也"❸。同时皇史宬所藏百年珍贵的清朝34颗"将军印"也整箱地不翼而飞。❹

"庚子事变"中，清廷官印方面损失最大、羞辱性最强的事件，当属太庙中的谥宝被劫掠事件。

太庙又称为皇帝"宗庙"，国家的"大庙"是古代皇帝祭祀远祖、近祖的地方，有时候也是国家面临重大抉择进行祭祀祷告的场所。清朝太庙之内供奉着本朝历代皇帝、皇后的神位，被视作神圣的皇室的"家庙"。

清太祖高皇帝谥宝

清朝的太庙之制，始于入关前崇德元年（1636）。史记：皇太极于建元之始"立太庙盛京抚近门东。前殿五室奉太祖武皇帝、孝慈武皇后。后殿三室，奉始祖泽王、高祖庆王、曾祖昌王、祖福王，考妣俱南向，并设床榻、衾枕、楎椸、帷幔，如生事仪"❺，当时的太庙还尚在规模粗具时期，只供设列帝、列后的神牌，并无相应的谥宝、谥册。

清入关后，继承明制，重修了太庙。顺治二年（1645）七月，依照明朝的太庙玉册、玉宝制度，恭进太祖武皇帝、孝慈武皇后、太宗文皇帝玉册、玉宝于太庙，是为清廷太庙供奉玉册、玉宝之始。乾隆二十四年（1759），乾隆御定圈出了大行皇帝（雍正）谥号，并借此契机，对清朝谥宝制造进行了再一次的规范。首先是钮制方面，以前的谥宝有用蹲龙钮者，乾隆定为均用交龙钮；其次是在尺寸上固定了"钮高二寸九

"庚子事变"八国联军首领闯入"金銮殿"

分，台高一寸六分，通高四寸五分"的通例；❶另外则是，在谥宝的满汉文合璧形式方面，除入关前的三祖两帝（后）谥宝依然保持原样外，凡入关后者，原来印文中满文为楷体的，一律改用满篆。乾隆所定的谥宝规制，成为以后历代清朝皇帝、皇后谥宝所遵循的圭臬范式。

"庚子事变"对清朝的打击很大，很多损失一时根本来不及统计修补。对于太庙的玉宝、玉册损失，清廷应该是心中有数的，只是困于财力、物力和精力所限，迟迟没有直接面对。直到十年后的宣统元年（1909），由于慈禧太后去世，清廷照例应赠谥，并雕刻谥宝、谥册升祔入奉太庙时，清廷才不得不下决心开始对太庙中所失财物进行统计、评估、修补。据总管内务府大臣、大学士世续于是年八月二十一日的报告，原太庙供奉玉册

❶《续文献通考》卷160。
❷ 中国第一历史档案馆藏内务府奏案05-1060-041。
❸ 中国第一历史档案馆藏内务府奏案05-1060-044。

130份、玉谥宝40颗，损失很大。现玉册丢失了56份，剩下的完全者只有49份，另还有8份为不完全者；而玉谥宝40颗则"均遗失无存"。❷ 也就是说，太庙中所有40颗玉谥宝，在八国联军入京期间尽被洗劫一空。

这40颗玉谥宝主人分别为：肇祖原皇帝、肇祖原皇后、兴祖直皇帝、兴祖直皇后、景祖翼皇帝、景祖翼皇后、显祖宣皇帝、显祖宣皇后。（以上8枚均为太庙后殿供奉者）太祖高皇帝、慈孝高皇后、太宗文皇帝、孝端文皇后、孝庄文皇后（庄妃）、世祖章皇帝、孝惠章皇后、孝康章皇后、圣祖仁皇帝、孝诚仁皇后、孝昭仁皇后、孝懿仁皇后、孝恭仁皇后、世祖宪皇帝、孝敬宪皇后、孝圣宪皇后、高宗纯皇帝、孝贤纯皇后、孝仪纯皇后、仁宗睿皇帝、孝淑睿皇后、孝和睿皇后、宣宗成皇帝、孝穆成皇后、孝慎成皇后、孝全成皇后、孝静成皇后、文宗显皇帝、孝德显皇后、孝贞显皇后、穆宗毅皇帝、孝哲毅皇后。（以上32枚均为太庙中殿所供奉者）❸

据专家考证，北京故宫博物院现藏有清代京师太庙列帝、列后

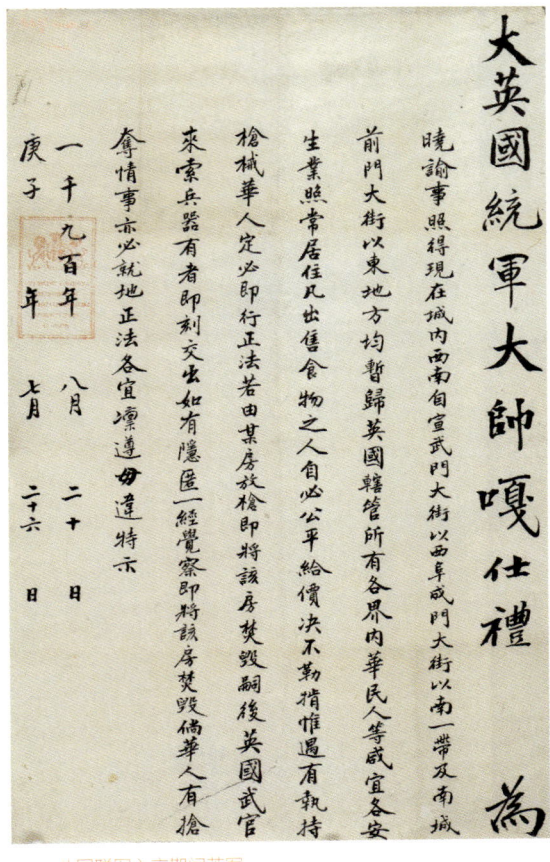

八国联军入京期间英军首领的印文告示

联军在皇城中安营列操

谥宝45颗。❶其中除上文档案中所提及的40方谥宝外，还包括宣统元年已新镌刻的"孝钦显皇后"（慈禧）"穆宗毅皇帝"（同治）"孝哲毅皇后"（同治帝的皇后）"德宗景皇帝"4方谥宝，以及1913年隆裕死后又刻的"孝定景皇后"谥宝。

内务府受命限期将太庙所失的40颗玉谥宝连同失损的玉册全部修镌补全。整个工程由内阁、翰林院"恭篆宝文"，内务府负责"慎选良工，敬谨镌刻"。各机构加班加点，所有谥宝连同相关的黄云缎袱、垫、镀金锁钥，以及银质镀金印池、印匣等，于宣统二年七月"均制造齐备，谨先行安奉内阁，以昭谨慎"。❷但具体的入奉太庙一事，却一拖再拖，直到宣统三年（1911）五月，重新补刻的40颗谥宝，以及新刻的5颗谥宝，才由监国摄政王"代（帝）诣行礼""同日恭进太庙尊藏"。❸

太庙失玺，源于美、英联军的公然洗劫。

罗惇曧在《宾退随笔》中就英美军队对太庙的洗劫过程有所描述："太庙玉册六十余份，份各百余块，块高五六寸，宽七八寸，厚半寸许，南书房翰林撰文后，恭楷书玉上，镌成，傅以漆金。庚子联军来，美国兵护守太庙，英兵欲取玉册，美兵举枪向之，乃止。美兵退后，英兵恣所取。及交还太庙，检其数，失去二百余块。"❹

以上系坊间传说，然并非空穴来风，宫中档案的记录确凿地证明了这点。据档案记载："庚子事变"期间洗劫太庙谥宝、册者，先是驻兵太庙的美国军人，继而换防接管的英军则更加疯狂地参与了洗劫。

光绪二十六年（1900）九月初二日庆亲王奕劻奏太庙

清朝官员与"联军"交涉

❶ 恽丽梅《明清帝后宝玺》第227页，故宫出版社2020年版。
❷ 中国第一历史档案馆藏内务府奏案05-1060-057。
❸ 《醇亲王载沣日记》第402页，群众出版社2014年。
❹ （清）罗惇曧《宾退随笔·太庙玉册》。
❺ 中国第一历史档案馆：《庚子事变清宫档案汇编3》八国联军侵华卷3，第1131页，中国人民大学出版社2003年版。
❻ 中国第一历史档案馆：《庚子事变清宫档案汇编3》八国联军侵华卷3，第1232页，中国人民大学出版社2003年版。

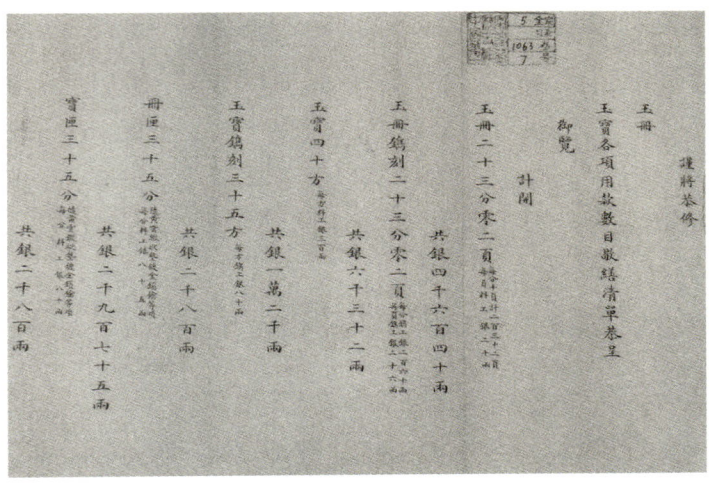

宣统二年内务府补镌太庙谥宝奏单（局部）

情形折中称："本年七月二十一日洋兵入城，大内南路系归美国兵队保护。太庙门内值班人役当时均被洋兵遣出。嗣于闰八月下旬经美国兵官声称现拟将太庙门内仍令本处人役看守，……至陈设物件有无遗失，一俟查点清楚应由太常寺衙门自行奏明办理。"❺

同年九月二十六日，太常寺卿王培佑等奏报接收太庙情形说："午门以外均归美兵保护。臣等数饬司员密行查看，均为洋兵所阻。嗣于九月初一日美兵官将驻太庙之兵尽行退出，由庆亲王奕劻令肃亲王善耆等敬谨接收，臣等会同前往祗谒，遴派熟悉公事得力司员随往检点祭器，招集四、五品庙官及执事首领太监等常川守护，勿稍疏虞。"王培佑等在奏中强调"伏查美兵驻扎两月有余，诚恐重滋流弊"，他们查看太庙时，也只是看了看建筑外观，"丹墀间有微伤而觚棱未改，陈置偶然失次而法物多存"。但他们未敢进到殿内查核，理由是太庙"规制尊严，陈设尤为繁重，经此次扰攘之后，未易遵行清厘"。❻

1901年12月英国公使馆中的赃物拍卖会

光绪二十七年（1901）三月二十二日太常寺寺丞崇恩禀称："太庙仍归美兵保护，今日午间进内查看，有美、英提督兵官等随同肃亲王各处勘验，照旧封

锁，惟钥匙经英兵官索去不给，复称嗣后不准各员进内值班等语。情形与前迥异。回署即有太监来报，各提督去后，被印度兵将砖城门砸开进内，吓禁太监不许近前，未知有无别项事。旋复报称，太监等在远瞭望，见伊等从内携出黑色包袱一个，未知何物，……惟遇有各国兵弁前来瞻仰，均由美兵官带领出入，加意防护，以故至今毫无损失，曾将一切陈设器件查清开单具奏在案。兹迭据禀报各节与前迥异，其有无遗失及所失何件，刻难查悉。"❶

为此，总理衙门就太庙钥匙及英军印度兵携出包袱一事专门照会英国驻华公使萨道义。萨道义回复称英军索要扣押太庙钥匙是为了保护与治安，并无恶意，而对于印度兵丁的行为，则表示"十分诧异"，声称"当即委派本馆汉务参赞甘会同护庙（英军）兵丁统领前往查明"，检查的结果却是："此事丝毫未确。"❷太庙的劫难仅仅才是开始。六月二十七日，点簿厅禀称："首领太监宋进喜等呈报本日进内打扫，见太庙前殿、中殿门锁砸开，西夹墙内外有大木梯子三个、大绳梯子一个、小绳一条，不知有无遗失。嗣据查明失去玉册全份六份，零页八页……。"❸

这些官方档案确凿的记载，应是外国侵略军偷盗洗劫太庙谥宝、册罪行的实录。而从宣统元年世续清核太庙损失谥宝、册的情况来看，四十方谥宝的全部失窃，加之大量玉册的失窃，想必定非一次偷盗行为所能尽掠的。

实际上，20世纪初，清廷也曾一度关注并试图清查并部分收回海外流失的太庙谥宝，但这一努力最后却莫名其妙地无疾而终。据美国国家档案馆的档案记载，自1901年9月起，美国旧金山海关陆续从若干美国军人的行李中查扣到所携带的来自中国"太庙"流失的玉宝、玉册。清廷驻美外交机构闻讯后曾一度积极与美国政府协作，争取追还这部分原太庙的玺、册。

1901年9月23日，旧金山海关商品检察官肯特（L. A.

❶《中美关系史料》光绪朝四, 第2847页,"中央研究院"近代史研究所, 1989年。
❷ 台北"中央研究院"近代史研究所档案馆藏：总理各国事务衙门全宗 01-14-006-01-012。
❸ 台北"中央研究院"近代史研究所档案馆藏：总理各国事务衙门全宗 01-14-006-01-022。
❹ 美国国家档案馆藏财政部海关9310K档案, 1902年6月30日何佑致伍廷芳函。RG 36 Entry 1 Box 826 (12E4/2/10/5)。
❺ 美国国家档案馆藏财政部海关9310K档案 1902年3月26日John Hay致财政部长函。
❻ 美国国家档案馆藏财政部海关9310K档案, 1902年6月25日何佑致旧金山海关征税员Stratton函。
❼ 美国国家档案馆藏财政部海关9310K档案, 1902年10月24日Elihu Root致国务卿函。
❽ 美国国家档案馆藏财政部海关9310K档案, 1902年7月30日伍廷芳致Hay函。
❾ 美国国家档案馆藏财政部海关9310K档案, 1903年3月26日驻美公使代办沈桐致Hay函。
❿ 美国国家档案馆藏财政部海关9310K档案, 1903年5月16日梁诚致Hay函。

Kent）在对美军运输船 Grant 号上海军陆战队尉官怀斯（F. W. Wise）的行装检查中发现一部玉册，而怀斯并未按海关规程进行申报，只声称他从马尼拉一名士兵处花费 50 墨西哥银元购买，肯特随即向估价员达雷（John T. Dare）进行了汇报。❹

这件事很快引起美国高层的关注，甚至惊动了美国财长和国务院。之后美国国务卿约翰·海伊（John Hay）将此事通知给了清驻美公使伍廷芳。❺1902 年 6 月 25 日，清廷驻旧金山总领事何佑表示正在旧金山海关羁押的玉册"毫无疑义"是"中国政府的官方财产"，并称"会代表我们的政府向华盛顿相关部门提交抗议并申请归还"。❻

6 月 20 日抵港的 Hancock 号船上美国陆军尉官舍菲尔（J. P. Schoeffel）的行装中搜得 5 枚玉宝及 1 本玉册。据舍菲尔此前对陆军部报称，其所携带的 5 枚玉宝每枚花费 50 墨西哥银元，玉册更花费 200 元，将这些玉器运来美国花费估值在 50 元。为此美国陆军部部长伊莱休·鲁特（Elihu Root）亲笔写信给约翰·海伊，认为舍菲尔是出于善意且是"一个无辜的买家"，"最好依据中国公使的建议"对其予以补偿。❼ 7 月 30 日，伍廷芳致信美国国务卿约翰·海伊，通报 12 片玉册册页及 5 枚玉宝近期在旧金山发现事，经旧金山总领事调查，它们同样"证据确凿"地属于中国皇室。伍廷芳请求美国政府采取措施将这批玉册宝归还中国，并表示旧金山总领事将会提供补偿。❽

1903 年 3 月，卸任回国的伍廷芳将美国第一批归还的怀斯（Wise）的行装检查中发现的那部玉册带回了国。❾ 是年 4 月，新任驻美公使梁诚至任，继续与美方沟通，办理相关在美陆续发现的"太庙"遗失宝、册的未完事宜。5 月 16 日，于 14 日已自约翰·海伊处获悉情况的梁诚致函美方，称 1902 年 6 月 20 日在 Hancock 号船上查获的 1 部玉册，5 枚玉宝，及 1902 年 6 月 24 日于 Sherman 号船上查获的 2 片册页及 1 枚玉宝"均无疑是中国政府的财产"。❿ 但与伍廷芳的态度不一样，梁诚虽然回了信，态度却并不十分积极。曾任英国驻华参赞署理公使的傅磊斯（Hugh Fraser）的遗孀 Mary Craword Fraser 于 1911 年出版的《一个外交夫人的世界游记》（*A Diplomatist's Wife in Many Lands*）绘声绘色地记录道:"我的朋友西曼(Seaman)少校向中国公使出示了一大批他从北京皇宫的劫掠者购买的属于皇家的珍贵物品,并请求公使将它们物归原主。但公使充满惊恐地举起手喊道:'把它们拿走,它们被亵渎了,是肮脏的——我们再也不想看到它们!'"❶ 这个公使就是梁诚。他表面应付美国方面,说已下令有关部门与美方海关联络调查办理。实际上却不愿意承担责任,因为他深知朝廷对"太庙"失宝一事讳莫如深,搞不好会引火烧身,耽误了自己的前程。当然也有可能他已接到了朝廷的暗示与命令。总之,由于梁诚的故意不作为,这件事最后竟不了了之。

至于伍廷芳从美国带回的那副玉册,最后到底是否上缴了朝廷,由于档案阙如,也不得而知。

从此以后,那些被英美侵略者所劫掠去的太庙谧宝后来的下落与命运,随着时间的流逝,变得更扑朔迷离。

据不完全统计:美国康奈尔大学现藏有一颗"肇祖原皇后宝",印文满楷汉篆合璧,蹲龙钮,印面方13.4厘米,台高6.1厘米。据学者考:此谧宝为"庚子事变"中京师太庙失窃的原物。据史料记载:此玺来自康奈尔大学1872年毕业的校友西曼(Louis livingston Seaman)给母校的捐赠。1900年,西曼曾担任侵华联军的随军医生,而美国占领军曾占领"保护"太庙。至于西曼是直接从太庙窃取的,还是从窃玺的美兵丁手中购取的,细节已无从查考。在他临终捐献母校的遗嘱中,声称此玺是从美军官兵手中购取的。

另外一方"庚子事变"中失踪的"兴祖直皇后宝",曾为苏格兰银行家马瑞(George Sheppard Murray)所藏。此玺为马瑞于1900年在任有利银行新加坡分行董事总经理时所获得。该玉宝曾于2011年12月英国拍卖行Woolley & Wallis拍卖会,以及2017年香港苏富比拍卖会上出现。马瑞的手中不仅有一方太

清末的琉璃厂古玩街 选自《伦敦画报》

庙失窃的谥宝，他手里的另一方"孝懿仁皇后"（康熙第三任皇后）的谥宝，也曾于2011年英国Woolley & Wallis拍卖会现过身，此后2015年12月及2016年11月，该谥宝均又在中国保利及嘉德两次现身，均成交。

1994年6月，佳士得曾以21850美元拍出一方于"庚子事变"中太庙失踪的"显祖宣皇后宝"。佳士得将该玉宝误断代为道光，盖因疑道光庙号为宣宗而致。而此谥宝的主人宣皇后，实为清"显祖"塔克世的"皇后"。该宝于顺治九年（1652）奉安太庙，被劫后该玉宝原属者为以收藏中国玉器而著名的芝加哥律师Edward Sonneschein之子Robert Sonnenschein，此宝玺曾在芝加哥艺术学院展出过。

2016年10月，香港苏富比拍卖会上出现过一方于"庚子事变"中太庙丢失的"孝庄文皇后玉宝"。该玉宝来自于麦克休（William Douglas Mchugh）的私藏，该人曾在1896年被美国总统克利夫兰任命为联邦法官。

众所周知，清朝除京师太庙外，在盛京太庙也供奉有一套清朝列帝、列后谥宝。盛京太庙原来只设祖牌，并无谥宝、册的供奉。乾隆二十五年（1760）清朝平定回疆后，宫中有了充足的玉源。乾隆四十五年（1780）六月，乾隆帝以太庙"原有册、宝次第镌造，其玉质量、规格不一"为由，命有司俱以和阗良玉规划统一重新刻制，以奉京师太庙，其京师太庙旧藏者，恭送盛京尊藏。同时规定："嗣后凡有举行宝、册事，皆以是为例，必为两份，一奉太庙，一送盛京"❷。从此，盛京太庙供奉列帝、列后谥宝、册成为了定例。

乾隆四十七年（1782），新的盛京太庙移建工程完成，而新镌谥宝、册亦告完竣。是年十月乾隆帝亲自行礼，将新镌谥宝、册奉入北京太庙尊藏后，于翌年八月乾隆四次东巡前，皇子怡亲王永琅等先期出京师，恭送京师太庙原藏的16份谥宝、册至盛京太庙。其后，清乾隆东巡驾临盛京之际，亲临盛京太庙，于正殿依制举行了拜谒和祭祀活动。此后列帝每次东巡盛京，都要到盛京太庙正殿的玉宝、玉册前行礼。

❶ Mrs. Hugh Fraser: A Diplomatist's Wife in Many Lands, volume 2, Dodd, Mead, and Company, 1911, p.182.
❷《清高宗实录》卷1109。

自乾隆四十八年（1783）开始供奉列帝、列后谥宝、册起，至光绪十四年（1888）最后一次恭送同治帝、后谥宝、册止，盛京太庙中先后供奉清列帝、列后谥宝、册各32份，均置于太庙正殿之内，贮于朱漆金龙大柜中。

与北京太庙一样，盛京太庙中的谥宝于庚子年间，也遭到了沙俄侵略军的洗劫。光绪二十六年（1900），沙俄军队借口保护"东清铁路"和剿除"义和团匪"，进攻并占领了盛京城。后，经清政府屡次派员交涉，三年之后的光绪二十九年（1903）三月，沙俄军队才从盛京皇宫中撤走。盛京皇家宫殿及其所藏珍宝已蒙受了前所未有的巨大损失，皇宫内丢失和损坏的藏品竟达一万件以上。据盛京内务府官员奏报，盛京太庙内原供奉的32份谥宝中，丢失了孝和睿皇后（嘉庆帝之后）、宣宗成皇帝（道光帝）、孝慎成皇后（道光帝之后）三份谥宝，余存29份；另外原藏的32份谥册也有丢失和毁坏。劫后所余的29颗谥宝，现存于沈阳故宫博物院。而被沙俄掠走的谥宝，从此永远失去了消息。

清末京师太庙与盛京太庙被外国侵略者所洗劫去的43方祖宗谥宝，不仅是清廷永久的痛，也是中华民族历史文化上的一次惨痛经历。这些谥宝散落于世界各地，具体去处现在也已无从确认了。

四、一枚"笑话"官印的诞生

晚清官印制度的没落，还表现在发生了种种不可思议的堕落与不堪之乱象。清末奭良《野棠轩摭言》中记有一个关于江北提督关防的笑话，颇具典型。其文如下：

> 官牍中不乏笑话，然未有如"江北提督关防"之甚者。提督例用"印"，此用"关防"，一也；制官非行军比，关防应请部铸，而兹用木质，以锡缘之，二也；关防应有满篆，而此无之，三也。其文曰："钦加兵部侍郎衔、署理江北提督、统辖文武、兼治河漕之关防"，此真笑话矣。首任为刘永庆，加侍郎衔。其后亦有予侍郎衔者，却并无"兵部"字

[1] 见载于徐凌霄、徐一士著《凌霄一士随笔》下册，第1149页，中华书局2018年版。
[2] 中国第一历史档案馆藏宫中朱批奏折 04-01-01-918-012。
[3] 中国第一历史档案馆藏《同治朝上谕档》第1280盒，第4册。

样，竟是谎捏。当日上谕，明云自镇道以下咸归节制，节制非辖也，统文何说？"钦加"字不合，"署理"字尤不通。盖刘之署在改官之初，惟思张大其权，恫吓官吏，致出种种笑话，活画出一不会作官人面目来。后来五六任，亦鲜作过官者。此关防竟用之章奏，吁亦奇矣。或云汉印不有假司马章乎？亦足以解嘲。❶

　　这一方奇葩官印的存在，从侧面折射了晚清官印制度的混乱。而奭良在笔记中直揭的官印制度方面所存在的弊病，可以说是切中要害。总结起来，共有两点。首先是印制上的混乱，"印"与关防不分，木质关防满天飞。同时各种迹象表明：彼时关防泛滥的问题，实质上已成为了帝国官印制度上一个无法回避和根治的隐患。

　　毫无节制地颁刻关防的现象，起于嘉、道时期。最初是统治者图方便，遇到一些高级别的临时性差使时，通常要以关防授之。比如同治六年（1867）钦差兵部侍郎延煦前往东北关外访查招垦情况，"因边外地方辽阔、人民散处，必须多张告示剀切晓谕，一切文移稿档及应奏事件，未便尽用空白印信，曾经奏刊刻'钦命查勘大臣'木质关防一颗，以备出边携带钤用。"❷ 待延煦完差回京，这颗木质关防被交送省招垦局封存，六年后，招垦局被裁撤，该木质关防才被奏请销毁。

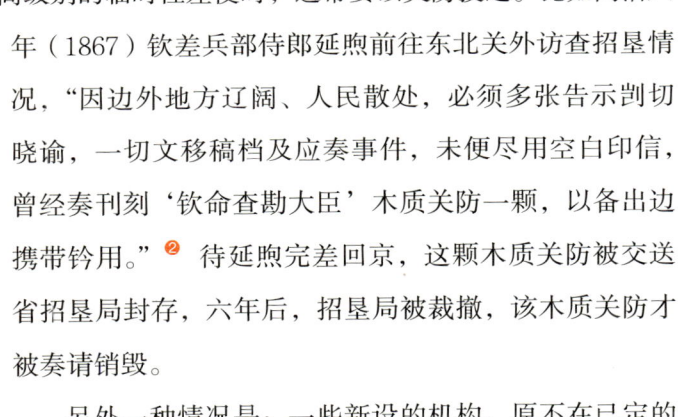

　　另外一种情况是：一些新设的机构，原不在已定的官印体系内，且由于时间紧、任务急，礼部铸印来不及，故允许先刊刻木质关防，暂代铜印。如同治五年（1866）马尾船政局设立，闽浙总督、福建巡抚等专折上奏，请准沈葆桢管理船厂局一应事务，"准其专折奏事，先刻木质关防印用，以昭信守。一俟局务办成，再行奏请部颁（铜）关防。"❸

　　清代历史上最尴尬的一次大规模木质关防的颁刻，是发生在庚子事变后，慈禧、光绪西逃期间。当时逃到西安的清政府只带了军机处的银印，"其内阁、部、院

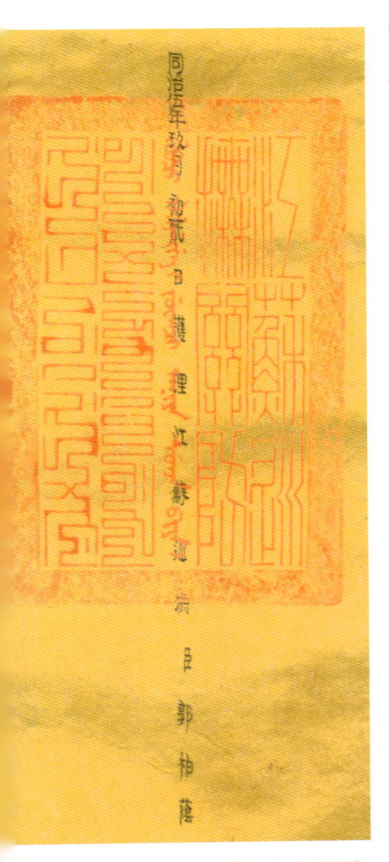

"江苏巡抚关防"印鉴

及九卿等各衙门印信,出京时均未携带,沿途所发文件,俱系借用军机处印信。"因此光绪二十六年(1900)八、九月间,军机处奏请重新刊刻内阁、六部等各衙门行在木质关防,并于九月二十三日启用。当然,清政府只是选择了部分重要的机构衙门。据档案记载,其衙门包括:内阁、六部、都察院、通政司、国子监、鸿胪寺、总理各国事务衙门、步军统领衙门、内务府、虎神营、神机营。❶ 而其他九卿衙门,则只可借用已颁关防衙门的关防盖钤公文。这些木质行在关防只有汉文,没有满文,且刻工拙劣,足见当时清朝官印制度的全面狼狈。

另外,笑话中提到木质关防"以锡缘之",这也是清末木质关防印信的一种常态形式,即在木印之外包裹一层锡铁。现在中国第一历史档案馆存有一枚清末内阁的官印实物——"内阁收本房图记",该图记印身、印柄皆为木质,印身外缘包了一圈锡铁,以固定保护图记。

奭良在笔记中所直揭的清末官印制度所存流弊之二,即是满文印篆大面积地从官印中悄然退席。清制,所有官方正式官印,必须为满汉文合璧。自乾隆十四年起,所有官印中合璧的满文则必须为满篆。但晚清时期,大量印信关防却突破了这一规定。尤其关防多不再配以满文印篆。如上面提到慈禧、光绪西逃西安时,所有内阁、部院的木质行在关防皆为只刻汉篆;而光绪新政以后的各咨政院、弼德院等新设的正式衙门的关防也都没有满字印篆。

此外,在晚清满文基本已不再流行,翻译人才也颇现匮乏,而满文翻译写篆的困难也被放大,因此一些官印虽然配有满文,却不再是满篆,而直接采用满楷。如笔者在档案整理中发现有一枚光绪二十九年(1903)的"钦命会办广西军务贵州提督之关防",即为汉篆与满楷合璧,如果不看档案具文时间,很容易被误判为乾隆十四年以前的关防。这种满汉合璧的"返祖"现象,也反映了清末官印制度的萎顿与凋零。

通常情况下,满文印文的缺席是个不可逆的总趋势,但也会有些例外。如光绪三十年(1904)的档案上所钤"京师大学堂总监督关防",其印文为单独汉篆;而宣统三

❶ 中国第一历史档案馆藏《光绪朝上谕档》第1452盒,第1册。
❷ 中国第一历史档案馆藏官中朱批奏折04-01-01-0263-005。

清朝总督像　　　　　　　　　　　　　　　　　清官宦人家

年（1911）档案上所钤的"京师大学堂总监督关防"，却又变成满、汉双篆合璧。这也是一种非典型性的"返祖"现象。这种忽左忽右的现象，也反映了清末官印制度执行上的无序与散漫。

奭良在笔记中还特意就"江北提督关防"的印文内容问题提出了质疑，从而揭露了晚清官印方面的另一流弊——印文题名的更加不规范。清代官印上官职的题名内容规定历来是十分严格的，由于印面空间有限，为防止印篆字数太多，出现拥挤不清等弊病，不容许在职官上无限地展开列衔，印信上基本都只镌刻实衔。仅以督、抚关防为例：在清初，总督关防规定写为"总督某某（地方名）等处军务兼理地方粮饷关防"；巡抚关防则只写为"巡抚某某（地方名）等处提督（或'总理''赞理'）军务关防"。总之，督抚关防中，凡一应其他兼衔，如太傅、太保、兵尚、兵侍以及御史等等皆不可入印。乾隆三十一年（1766）又进一步议准：督、抚关防"奉旨著用减字小篆。清文内不必写兼提督字样。"❷ 之后嘉、道时期则更加简化，只写"某某（地方）总督关防""某某（地方）巡抚关防"，连后面所缀的"兼理地方粮饷""提督军务"等字样也全都被删去了。

奭良在笔记中提到的"江北提督关防"，印文全文为汉篆"钦加兵部侍郎衔署理江北提督统辖文武兼治河漕之关防"，较之以前的官印文字的规定，不仅犯忌，且颇显得不伦不类。因为按照清官印制度，提督

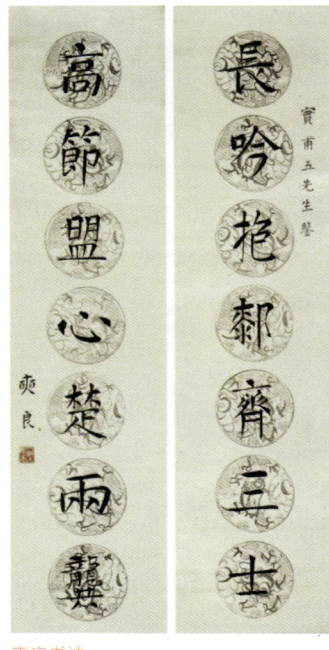

通常用满汉篆合璧的印，印文中也不得开列兼衔等。

而此枚"江北提督关防"的出笼，确有其复杂的背景。清末光绪三十一年（1905），清廷裁撤漕运总督，改设江淮巡抚，不久又改为江北提督，节制淮扬、徐州两兵备道，并加侍郎文职衔，以隆其体制。首任江淮巡抚刘永庆，原以巡抚例加兵部侍郎衔，后来改为江北提督，体制略同巡抚，遂漫循巡抚例，仍以兵部侍郎衔自居，朝廷也不察查，任由他随意镌刻关防。至于关防中加入"统辖文武"字样，也是沿用督抚衔牌恶习而来。所谓"衔牌"就是官员出行队仗前随行吏役所举的写有本府官员官衔的木牌，以提醒路人随时回避。以前凡身为巡抚而不兼提督者，"衔牌"是不宜用"统辖文武"字样的，毕竟文武有别。但时至清末，国家体制多已被破坏，一些天高皇帝远的地方巡抚，惯于作威一方，于是故意在"衔牌"加上"统辖文武"字样，以满足虚荣而表示官威，只是遇到总督来省城时，暂时也会撤去一下。官场陋习，大家通常都不为已甚，多采取睁一只眼闭一只眼的态度，无人深究。这种种不谨的情况，在正式官印上集中出现，也反映了清末官印制度规定早已成一纸空文，无人认真的情况。

造成晚清官印制度严重混乱滑坡的原因很多，主要有以下几点。

首先主要是清朝政治腐败没落、国运式微的大势所趋。自嘉、道以降，清朝开始走下坡路。放眼世界，自大航海时代，以及接踵而来的工业革命，世界格局发生的巨大变化，而国内自乾隆以后，嘉、道虽为守成，但经济、吏治、民生都出现了丛生的矛盾，民乱起义不断。自1840年鸦片战争以后，列强加紧发动对中国的侵略与瓜分。各种因素造成了中国的积弱与式微。而反

爽良书法

❶ 中国第一历史档案馆藏军机处录副奏片03-80-4683-23。
❷ 中国第一历史档案馆藏《同治朝上谕档》第1271盒，第1册。

映在吏治方面，是全面的腐败与堕落。在这种大背景下，官印制度也千疮百孔，无以为之。

其次是由于时局动荡，官印制度方面的意外情况频发。比如大量的官衙换印情况。首先是鸦片战争及太平天国时期，大量官印被毁于战火，而临时铸印的压力巨大。比如太平天国起义，席卷了大半个中国，许多清朝地方政府受到冲击，战火中官印毁失现象十分普遍。同治三年（1864）兼理嘉定县令刘郇膏的一份奏片中提到，"金陵正、佐各官印信，类多遗失"，已汇报奏请再铸补发。同时又详举，江宁府之江防同知、理事同知、管粮同知、南捕通判、北捕通判、江宁府儒学、江宁府经历、江宁府检校、江淮司巡检、龙江关大使、批验茶引所大使；又上元县县丞、上元县儒学，江宁县儒学及高淳县广通司巡检、六合县税课大使等印信十六颗，"因城陷遗失无存"，"原颁印摹及编号数已无从查造"，请求饬部查明原案，一并补铸颁发。❶ 可知当时官印失毁殆尽之惨状。同时，由于旧的机构已毁，为镇压太平天国，清廷还不断在地方增设新的重组官僚机构。如同治三年（1864）十月，两江总督曾国藩奏请将原来的淮扬徐海道裁撤，改设为新的淮扬河务兵备道，"查定例：文职官员印信关防由吏部撰拟字样到部付铸印局铸造等语"，其淮扬河务兵备道"既经吏部核准，自应添铸淮扬河务兵备道关防一颗，以昭信守。"❷

此外，晚清的洋务运动、变法、新政引起

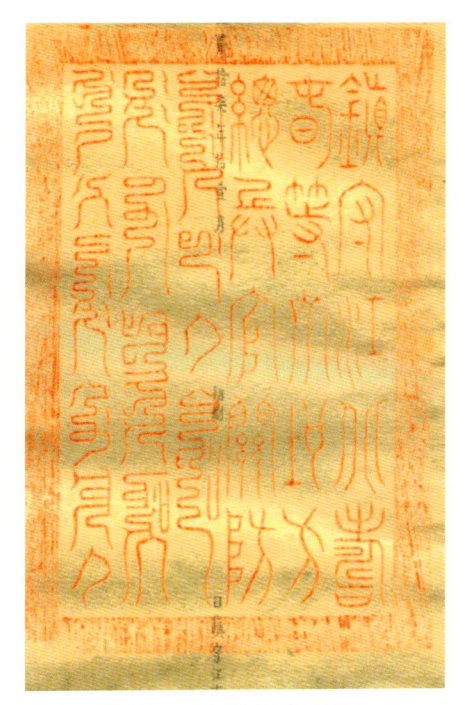

"镇守江北寿春等处地方总兵官关防"印鉴

官体何在，选自《点石斋画报》

官衙的变化，也是造成铸印力有不逮、严重滞后的一个重要原因，仅以甲午战争结束，北洋水师覆灭后的官印销注事件为例。光绪二十一年（1895）六月，署直隶总督王文韶在一份奏折中提到："北洋海军武职实缺，自提督、总兵至千、把、外委，共计三百十五员名。现在舰艇已失，各缺自应全裁，以昭核实。并将关防印信钤记，一律缴销，仅存之康济一船，不能成军，拟请改缺为差，下部知之。"[1] 一次缴销三百多颗官印，的确令人结舌瞠目。清末新政，各部于侍郎下虽设丞、参之职，厅丞三品、参议四品，但皆不颁给官印。即使如此，清廷仍是不堪铸印重负，更多地选择允许各官自刻汉字关防，甚至以粗劣的临时木质关防充任的无奈之举比比皆是。

顺便说一下，那枚笑话般存在的"江北提督关防"，此后神奇地一直被历任沿用，直到清末也没有改刻。

奭良为荣禄门人，29岁即官奉天东边道，其后屡踬屡起，辛亥革命前，江北提督段祺瑞前赴彰德谒袁世凯，奭良得以淮扬海道身份护理江北提督篆事，只护理了几天，新军兵变，辛亥革命爆发，奭良率兵镇压，被新兵大炮击败，仓皇而逃。因此可以说，他是见到过这方荒唐的"江北提督关防"的最后一位清朝官员。

五、不盖"御宝"的皇帝谕旨

清朝最后几年，官印制度如同大清国运一样，气数荡然将尽。1908年，光绪、慈禧先后去世，小皇帝溥仪继位，摄政王载沣摄政，隆裕太后则欲效慈禧垂帘，搞得上层政治愈发乌烟瘴气。这种乱象投射在官印制度方面，也是一地鸡毛。甚至还出现了皇帝的谕旨不盖皇帝"御宝"，而摄政王章与太后小玺先后赫然钤盖其上的奇观。

按：当年慈禧、慈安两宫"垂帘听政"，正值"北京政变"关键时刻，两宫及恭亲王等一派与肃顺等顾命大臣一党势同水火，因同治帝年幼，怕被利用，曾一度实施过于皇帝谕旨上钤盖咸丰帝"御宝"小玺的制度，算是秉承咸丰的遗命，也是事出有

[1]《清德宗实录》卷370。

因。即使如此，这项钤印制度也一直为世人所讳莫如深，流行一阵后终被停止。后来虽然光绪幼帝继位时，两宫太后曾再度"垂帘"，然终因迫于舆论压力，也没有重拾这项制度。反而小皇帝溥仪即位时，这一制度又再次被提出使用，且其程度较之当年两宫太后"垂帘"时更有过之而无不及，搞得政治愈发紊乱，引起世人的广泛憎恶，甚至有人讥讽此乃天降妖邪，是大清将灭亡的谶象。

溥仪即位后的三年中，所有谕旨都要钤盖其父监国摄政王载沣的图章。

小皇帝溥仪得以被立为帝，客观地说是沾了生父载沣的光。载沣是醇贤亲王奕譞的第五子，亦即光绪帝载湉的同父异母的弟弟（奕譞第二侧福晋刘佳氏所出）。他可以说是含着金匙出生的，他两岁时就被封为不入八分公，七岁晋镇国公，次年父丧后，便袭了醇亲王之职，当时年仅八岁。

"庚子事变"八国联军入京，签订的《辛丑条约》中指明要清廷派近支亲王前往柏林，为克林德被杀一事道歉。这一差事便落到了19岁的载沣身上。载沣前往柏林"谢罪"，总体上发挥得不错，虽然十分屈辱，但也曾甘冒邦交决裂的风险，断然拒绝了气焰嚣张的德皇威廉二世要求他行"跪拜"礼的无礼要求。载沣回国时，正值慈禧、光绪正从西安"回銮"途中，便赶往开封接驾，面奏在德国的经历。慈禧认为载沣此行不辱使命，称许他办事能干。载沣那方刻有"御赐"的"动履规绳"小印，据说即是彼时慈禧所赐的。

载沣完成德国公差后，曾顺便去巴黎、伦敦等处观光，开扩了一番眼界。他这一趟出使回来，引得朝廷上下也对他刮目相看。慈禧为了拉拢，在回銮保定时，便下懿旨"指婚"，将自小入宫最能逗慈禧开心的、身为第一宠臣军机领班

溥仪（右立）与其父摄政王载沣

大学士荣禄的女儿指配给载沣为福晋。❶ 慈禧的这一手段，与当初她将自己胞妹配与奕䜣，并把自己胞弟桂祥的女儿配与光绪，牵丝扳藤地搞裙带关系，如出一辙。

载沣自得到慈禧赏识并迎娶荣禄之女后，加之年少风度，又出洋见过世面，平时对西洋事物、名词颇为留心，故此在被慈禧召见时相较那一班军机、内阁的大臣们，每每所对"趁旨"。因为得宠，从此人生"开挂"，一路坦途。光绪三十三年（1907）载沣先是被任命在军机大臣上学习行走，不久便正式升为军机大臣，位置仅次于庆王奕劻，而列名于世续、张之洞、鹿传霖等一众宿耆老臣之前。当时的袁世凯，还只是个"打帘子"军机。

光绪三十四年（1908）十月，光绪、慈禧相继薨逝，慈禧临终前本着"肥水不流外人田"的原则，一意孤行地决定以载沣之子溥仪"兼祧"为同治儿子，入嗣大统。载沣在日记中记：

二十日，上疾大渐。上朝奉旨："派载沣恭代批折。钦此。"庆王到京，午刻同诣仪鸾殿，面承召见。钦奉懿旨："醇亲王载沣着授为摄政王。钦此。"又面奉懿旨："醇亲王载沣之子溥仪着在宫内教养，并在上书房读书。钦此。"叩辞至再，未邀俞允，即命携之入宫，万分无法，不敢再辞，钦遵于申刻由府携溥仪入宫。又蒙召见，告知"已将溥仪交在皇后宫中教养。钦此。"即谨退出，往谒庆邸。

二十一日，皇太后疾大渐。上朝。未蒙召见，恭折谢恩。奉旨："知道了。钦此。"内阁奉旨："朝会大典常朝班次，摄政王着在诸王之前。钦此。"奉懿旨："派恭代朱圈。钦此。"申正，退出，至本他坦少憩。……酉刻，小臣载沣跪闻皇上崩于瀛台。

（二十一日）亥刻，小臣同庆王、世相、鹿协揆、张相、袁尚书、增大臣崇诣福昌殿。仰蒙皇太后召见。面承懿旨："摄政王载沣之子溥仪着入承大统为嗣皇帝。钦此。"又面承懿旨："前因穆宗毅皇帝未有储贰，曾于同治十三年十二月初五日降旨：大行皇帝生有皇子即承继穆宗

载沣像

监国摄正王宝

"监国摄正王宝"宝文

监国摄政王章（田黄）

毅皇帝为嗣。现在大行皇帝龙驭上宾，亦未有储贰，不得已以摄政王载沣之子溥仪承继穆宗毅皇帝为嗣，并兼承大行皇帝之祧。钦此。"又面承懿旨："现在时势多艰，嗣皇帝尚在冲龄，正宜专心典学，着摄政王载沣为监国，所有军国政事，悉秉承予之训示裁度施行，俟嗣皇帝年岁渐长，学业有成，再由嗣皇帝亲裁政事。钦此。"……

（二十二日）嗣皇帝谕："朕缵承大统，圣母皇太后（慈禧）应尊为太皇太后，兼祧母后；皇后应尊为皇太后，所有应行典礼，着该衙门敬谨查例具奏。钦此。"钦奉太皇太后懿旨："现命摄政王载沣监国，所有应行礼节，着内阁为部院会议具奏。钦此。"又钦奉太皇太后懿旨："昨经降旨：特命摄政王为监国，所有军国政事，悉秉承予之训示裁度施行。现予病势危笃，恐将不起，嗣后军国政事均由摄政王裁定，遇有重大事件，有必须请皇太后懿旨者，由摄政王随时面请施行。钦此。"……未刻，小臣载沣跪闻慈禧端佑康颐昭豫庄诚寿恭钦献崇熙太皇太后崩于福昌殿。❷

❶《醇亲王载沣日记》第75页，群众出版社2014年版。
❷《醇亲王载沣日记》第295~301页，群众出版社2014年版。

按：整个清朝，一头一尾曾出现过两个摄政王，二人所面临的情况大抵相同，都是因为皇帝年幼而代行皇帝职权，不过在境遇方面却不啻天渊，各有怀抱。比较清初的

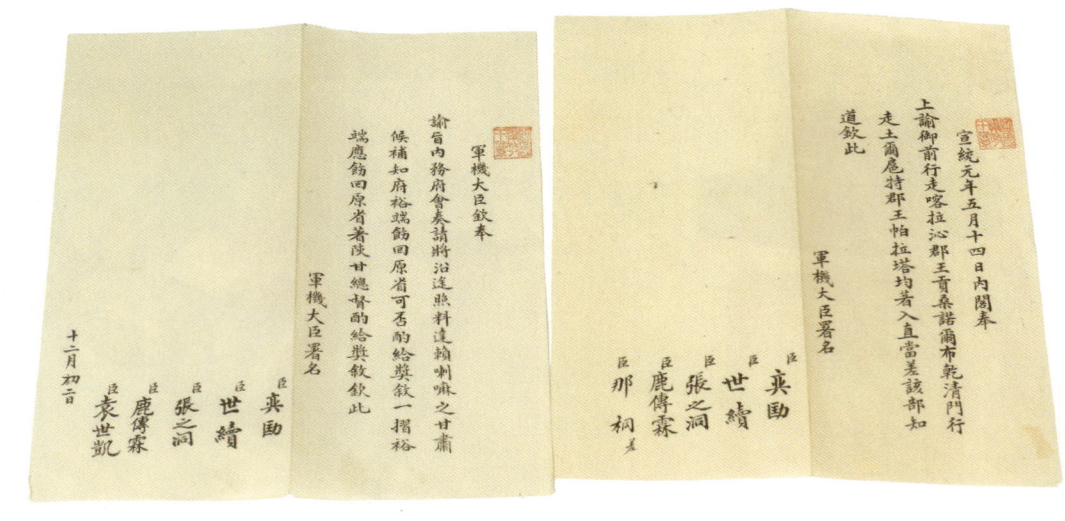

盖"监国摄政王章"的上谕

多尔衮，载沣贵为幼帝生父，虽不敢径称"皇父摄政王"，但却没有如多尔衮那样窘迫，连一颗正式的钤盖于皇帝谕令上的摄政王印章都没有。

光绪三十四年（1908）十一月二十日国丧期间，内阁会议讨论了监国摄政王的礼仪制度，"内有懿旨及谕旨由监国摄政王钤印一节，应由礼部铸造监国摄政王图章一方，金质汉篆，文曰：'监国摄政王章'，迅速呈进，以便钤用。"这方被赋权专用于帝、后圣旨、懿旨文书的金印，很快就铸造出来，六天后，就赫然出现在了皇帝的谕旨上。❶

从此，摄政王载沣的这枚"监国摄政王章"成为了新皇帝及皇太后圣旨、懿旨正式发表的标志。关于这方印章的具体印钮制式，由于档案阙如，无法确定。但从档案上印鉴来看，显然是由于铸造匆忙，该印章的篆文笔画略显粗糙荒率，与皇家印章篆文一向工整的风格不符，甚至曾引发过人们的怀疑。

北京故宫博物院现藏有一枚白金龟钮"监国摄政王宝"，包括与之相配套的金册 6 片，这是清代王爷的标配待遇。这方金宝与上面提到的用于皇帝谕旨文书上的"监国摄政王章"并非一物。这方摄政王金宝属于封宝，是按照清官印制度亲王宝印规定所铸造的，其尺寸、印钮、印文（满、汉篆文合

❶《醇亲王载沣日记》第 306 页、307 页，群众出版社 2014 年版。
❷《醇亲王载沣日记》第 321 页，群众出版社 2014 年版。
❸ 中国第一历史档案馆编《光绪朝上谕档》第 34 册，第 286~287 页，广西师范大学出版社 1996 年版。

璧）等都依《大清会典》所载亲王的标准。这方摄政王宝的出现，时间上也要晚"监国摄政王章"几个月。史载：宣统元年（1909）二月二十七日，载沣冒着大雪入宫，在慈禧的灵牌前，跪拜行礼，领到了朝廷正式颁发的摄政王金宝、金册。回府后，"敬将金册、宝尊藏于思谦堂"。❷ 按照大清规定，所有亲王的封宝皆"设而不用"，因此，这方摄政王金宝并未见用于任何文书上。此外，载沣还拥有"和硕醇亲王"等私章，但皆只用于日记、书札等，均不得用于公文。

隆裕"法天立道"印

摄政王在皇帝谕旨上用"章"不用"宝"，表面上看还是在给小皇帝存一丝体面，但如果细想当年东、西太后垂帘时，在小皇帝谕旨上所用的小玺并非太后的私印，而是出自先帝咸丰的私玺的背景，载沣在溥仪谕旨上所盖的却是他本人的官印，可想载沣的作为，要比东、西太后的行为更加过分。

虽然《摄政王礼节总目十六条》已明确规定了"监国摄政王章"钤盖规则："凡明发电旨，在谕旨之前一行钤监国摄王章"；发往外省的廷寄，"拟于谕旨前一行钤监国摄政王章"；凡太后懿旨"于'钦此'之后一行，抬一格，钤监国摄政王章"。❸ 但从现存档案考查，载沣的"监国摄政王章"钤盖在谕旨上的具体位置，前后还是有所变化的。早期"监国摄政王章"只盖在谕旨的正文后的军机大臣列衔署名之首的位置；大约从宣统元年五月之后，"监国摄政王章"在谕旨上钤盖的位置发生了变化，不再盖于谕旨正文尾的"领衔"各军机大臣署名之首，而是盖在了整个谕旨全文前面的"引首"位置。从"押尾"到"引首"的变化，显示了载沣的地位不断尊崇提升：此时载沣不仅是列臣的首领，而俨然已成为名副其实的监国"代君"了。这一"引首"钤印的方式，从此成为了定例固定下来。

载沣监国之初，未始不想有一番振作，也有自己的抱负蓝图，并曾努力地加以付诸实施。比如他曾计划替光绪报仇而杀死袁世凯，后虽因袁暗中勾结庆王奕劻等引为援奥而受阻未遂，但还是将袁赶出了内阁，令其回原籍养"足疾";同时他不遗余力地继续推行"新政",实施建立"新内阁""海军部""军谘府"衙门等以及相关举措。无奈这时的清朝早已病入膏肓,陷于垂死的境地,天下苦"清"久矣,民众反清浪潮不可阻挡。当此大厦将倾之时,孱弱的载沣显然并不具备力挽狂澜的能力与勇气。毕竟他出身鼎食朱门,自幼深染旗人习气,在性格、雄略及能力等方面缺陷较多,加之他在内心里一味警惕排挤汉人,亲信载洵、载涛、载泽等一班乳臭亲贵,而手下这班各怀鬼胎的宗室兄弟们,也皆志大才疏,一心只想着如何揽权,相互倾轧打击,其胡作非为引起朝野的种种不满;同时,袁世凯虽被赶出京城,但却从未间断与奕劻、隆裕等的通款勾结,暗中积极运作谋求回京复职,最后竟然获得成功……这种种的乱象,导致朝廷内部勾心斗角、朝政腐败糜烂,而地方上反清浪潮汹涌澎湃,不可阻挡。对此载沣深感回天乏术,信心与意志日渐消磨殆尽。

　　辛亥宣统三年（1911）,载沣做了最后一次努力,四月,他颁布内阁官制,设内阁总理、协理,以及外务、民政、度支、学务、陆军、海军、农工商、邮传、理藩各部,各部院中的皇族亲贵均一夜之间班列国务大臣,国务一时越发芜乱,危机四伏。不久后武昌起义爆发,荫昌镇压不利,公愤愈炽,各级政府皆以皇族组织内阁不合君主立宪公例为由,纷纷对载沣新组的权贵兄弟内阁提出质疑与抗争,奕劻甚至以退出内阁相邀胁,口放狂言"必不得已,甘让权利于私友,绝不任孺子得志也!"载沣的计划终于搁浅,而袁世凯却伺机成功入京。

　　奕劻、那桐与袁世凯的东山再起,并非载沣所愿,但他彼时已失去了控制局面的能力。他在对那桐等拍桌子发了一顿火后,念及军情紧急,只得挽请奕劻、那桐"体念时艰",乖乖盖章签发了谕旨,授袁世凯为钦差节制各军,赴南方镇压。这一做法,又引发了载洵、载泽等一班亲贵兄弟的不满,认为他太过懦弱,先是放虎归山,现在又引狼入室。后悔的载沣欲重新拟谕送到庆王府换回前谕,却遭拒绝,奕劻说前一个谕旨已电发了;载沣又回头安慰诸位宗室王公兄弟们,称自有良计,无论袁此去南方镇压成败与否,他都难逃一死。众兄弟听说,纷纷

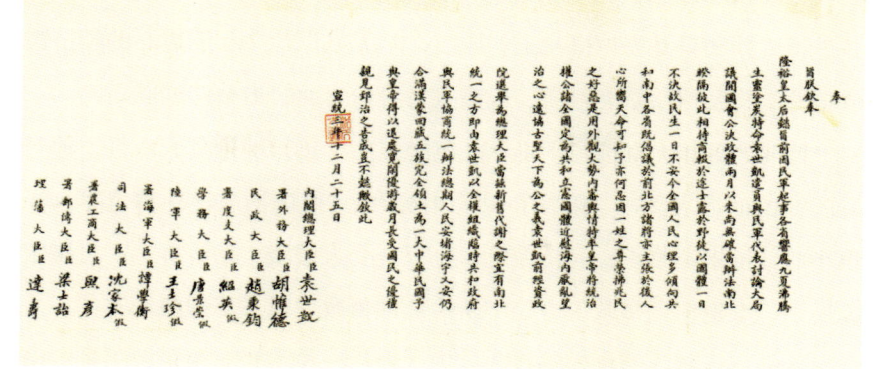

盖有"法天立道"印的宣统退位
诏书

摇头，知道这不过是空头支票而已。

以载沣的才干，当然不是谲诈险狠的袁世凯等人的对手。果然，不出一个月，袁世凯北归，通过奕劻等联络勾结隆裕太后，魔幻地立稳了脚跟，并顺利地再次进入了内阁。

隆裕太后的出面，成为了早已深陷墙倒众人推窘境的载沣无奈出局最后的一击。隆裕姓叶赫那拉，是慈禧太后弟弟桂祥之女，光绪十五年（1889）被立为光绪皇后。因她与慈禧特殊的关系，向不为光绪所喜爱：光绪生前，与隆裕皇后迄未和好相处过。隆裕为人庸碌无识，才干上较之慈禧更是远远不如。光绪故后，隆裕一心想仿效慈禧"垂帘听政"，迨奕劻传慈禧遗命立溥仪为帝、载沣为监国摄政王之旨既出，隆裕"垂帘"之梦顿成泡影，心中颇为不快，以至迁怒于载沣。十分了解自己侄女的慈禧，深知隆裕绝对没有左右政局的能力，因此没有完全放权给她，而是让载沣监国；但慈禧还是碍于族人情面，有意留了一个"尾巴"，她安排让隆裕享有高位，并命载沣今后但凡遇到重大事件，必须面请"皇太后懿旨"，这也成为了日后隆裕每每借题发挥、与载沣龃龉斗法的底气与招牌。宣统既立，隆裕为娱乐计，命度支部拨巨款，在宫中东部大兴土木，修建"水晶宫"（今延禧宫），后因南方"辛亥革命"起义而停工，成为百年"烂尾"工程，贻世笑柄。宣统二年（1910），隆裕曾逼迫载沣收回任命毓朗、徐世昌为军机大臣的成命，载沣始则婉言请缓，继而以太后不应干政为名加以拒绝，双方矛盾加深。南方革命军兴，隆裕唯恐失去太后的地位与待遇，袁世凯抓住其软肋不断纳贿，并进言说共和只是去掉摄政王的职权，本无见识却又利欲熏心的隆裕被成功洗脑，公然站队袁世凯，以皇太后身份出面胁迫载沣辞职。

懦弱的载沣无奈选择了退让。宣统三年（1911）十月十六日，他当着隆裕的面请求辞职。隆裕在懿旨中提到："监国摄政王性情宽厚，谨慎小心，虽求治綦切，而济变乏术，以至受人蒙蔽，贻害群生。自应俯如所请，准退监国摄政王之位。所钤监国摄政王章，著即缴销"。❶

这件宣告载沣倒台的懿旨，成为了最后一份钤盖监国摄政王章的谕旨。而懿旨文尾列名的各国务大臣名单中，过去的那些皇族亲贵早已全都失去踪影，列衔首位者，赫然便是"内阁总理大臣"袁世凯。

辞职后的载沣将室名改为了"退庵"，并将"监国摄政王章"以及册封的"监国摄政王之宝"与金册，都及时上交了朝廷。载沣上交的"监国摄政王"金宝、金册，现在依然收藏于北京故宫博物院，但那枚"监国摄政王章"却不见了，显然是遵依裕隆懿旨收到后便销毁了。毕竟事关国体政务机密，干系重大。

值得注意的是，在宣布载沣辞职的懿旨中，隆裕特意强调了今后"所有颁布诏旨，应请盖用御宝，并觐见典礼，予率同皇帝将事。"❷这俨然是在效仿慈禧"垂帘听政"的官宣。

隆裕终于过了一把当年慈禧"垂帘听政"的瘾。

隆裕在以后谕旨用印问题上显然颇下了一番功夫。虽然她在懿旨中明确"所有颁布诏旨，应请盖用御宝"。但对于这个"御宝"，她给出了一个自己的定义：她并没有选用小皇帝溥仪的"御宝"，甚至也没有选用先帝光绪的"御宝"，而是从慈禧太后所遗的众多私人小玺中，选了两方并不起眼的"法天立道"木印作为参考，下令重刻了一方尺寸更小些的鸡血石的"法天立道"印，并堂而皇之地以之作为自己掌握的、今后钤盖于谕旨的"御宝"。她心中的寄托是：这方印已被慈禧太后的精神所附体，既是自己对慈禧太后的致敬，更是对自己"垂帘"行为的一种加持与庇护。

隆裕对慈禧的迷信与仿效，几乎达到了亦步亦趋的幼

❶《醇亲王载沣日记》第422页，群众出版社2014年版。
❷《大清宣统政纪》卷66。

溥仪"所其无逸"章

稚程度。她深知慈禧生前最喜欢鸡血石，因此特将"法天立道"刻为鸡血石章。另外，从该印在所有谕旨文书钤盖的位置看，又并未像此前的载沣"监国摄政王章"那样，被盖在引首部位，而是盖在了谕旨文尾众臣列衔之后的"押尾"处。这也许并非是因隆裕的为人谦抑超过了载沣，而很有可能是出于某种迷信的禁忌：须知当年两宫垂帘时，慈禧手中掌握的"同道堂"玺，也只能盖于文尾处，而只有东宫慈安太后手中的"御赏"小玺才能盖于谕旨的"引首"处。——隆裕当然不想步慈安的悲剧后尘，她一心想做新时代的慈禧。

这枚"法天立道"鸡血石章最高光的时刻，无疑出现在1912年2月12日。是日，大清帝国的隆裕皇太后在与袁世凯紧张的谈判后，终于决定并签署清帝逊位诏书，并在养心殿内当着六岁的小皇帝和几百位泣不成声跪倒在地的帝国大臣们的面，宣读了一份震惊世界的诏旨。这份赫然钤盖着那枚来历复杂的"法天立道"印鉴的大清皇帝最后一份正式的诏旨，既宣告了近三百年的大清帝国的灭亡，也昭示了中国两千多年帝制的结束。

然而，这还并不是"法天立道"印在清廷谕旨上的最后现身，因为在此后清逊帝的小朝廷中，所有的"谕旨"，依然还在坚持钤用此章，直到1913年隆裕去世，它才从小朝廷的"谕旨"上彻底消失。

隆裕去世后，自号"无逸斋主"的溥仪，从自己的《宝薮》中选了一方自己钟情的寿山石"所其无逸"小玺代替了隆裕的"法天立道"章在"谕旨"上的地位。这枚"所其无逸"印，直到溥仪1924年被逐出紫禁城，流亡天津时还收贮于身边。

溥仪终其一生始终未承认过"法天立道"章是自己的"御宝"，他的《宝薮》中也没有收入此章。不过，他也没有像当年隆裕销毁载沣的"监国摄政王章"那样，对"法天立道"印采取极端而特殊的销毁处理。这方鸡血石章奇迹般被保留了下来，现收藏于北京故宫博物院。

帝国印事——清朝的官印制度

中编：印典备征

第十章 清代帝后、宗室官印

整个清代官印制度，仅从其各级官印层级构架的层面来说，从后金时期的一级"汗印"，到崇德年间的"宝""印"二级结构，再到入关初期的"宝""印""关防""条记"四层结构，最后乾、嘉时期定型为"宝""印""关防""图记""条记"五级构架，其发展历程走过了近二百年。

乾嘉时期，大清官印体系与制度已完全成熟。整个清朝官印体系自上而下形成一个脉络清晰、形态稳定的金字塔结构。而居于清朝官印金字塔顶层部分的，无疑是清廷中的帝后、宗室官印序列。

一、交泰殿"二十五宝"与"盛京十宝"

从清代官印序列看，最高规格者无疑是皇帝的行政玺宝，或称国玺。

在清代，称得上"国玺"一级的官印，唯有紫禁城中的交泰殿二十五宝与收藏于盛京故宫凤凰楼的"盛京十宝"。它们是经乾隆最终御定而流传后世的。

先说清宫中的交泰殿二十五宝。

乾隆十一年（1746）乾隆对宫中原藏的三十多方御宝进行了清厘，最终钦定了宝玺的数量为二十五方，所谓"今交泰殿所贮，历年既久，纪载失真，且有重复者。爰加考证排次，定为二十有五，以符天数。"❶同时，乾隆还对二十五宝的名称、尺寸、钮式及用途做了详细的考证与重新定义。

这二十五宝分别为：

---

❶《乾隆御制宝谱序》《国朝宫史》上，第212页，北京古籍出版社1987年版。

第十章 清代帝后、宗室官印

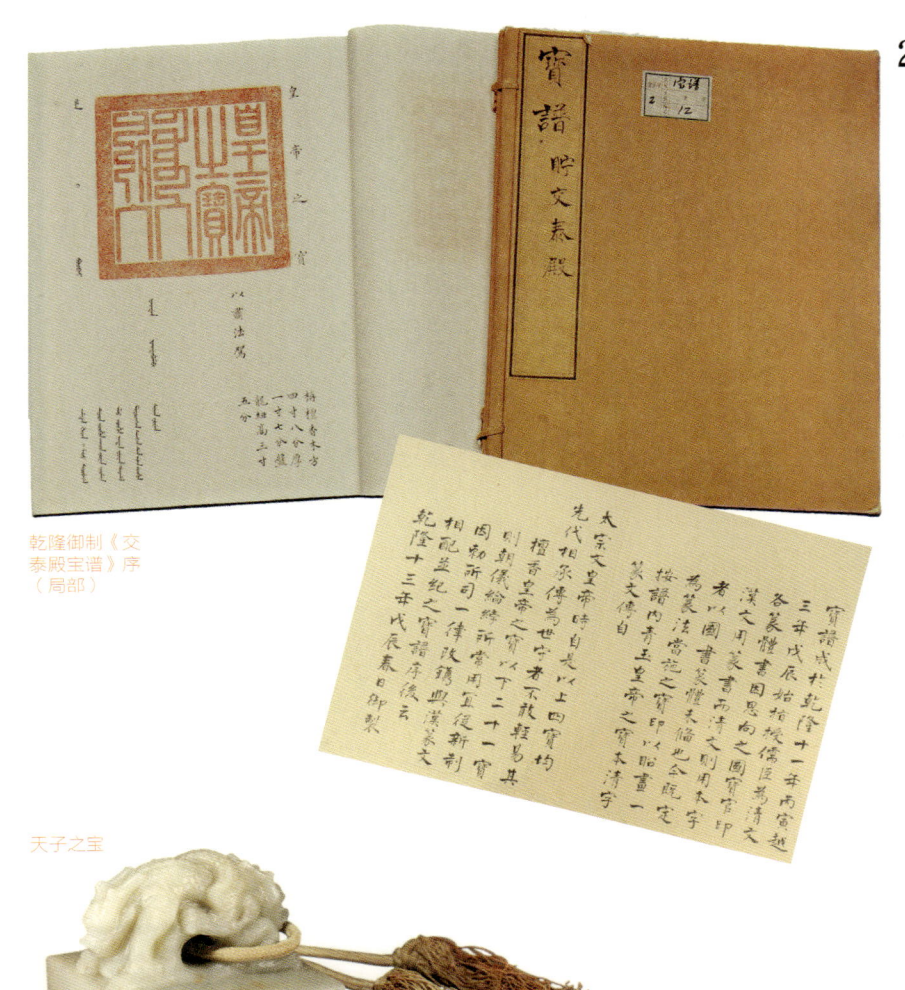

中编：印典名征

乾隆御制《交泰殿宝谱》序（局部）

天子之宝

皇帝奉天之宝	碧玉质	盘龙钮方形玺，汉文篆书满文本字。"以章奉若"之用。
大清嗣天子之宝	金质	交龙钮方形玺，汉文篆书满文本字。"以章继绳"之用。
大清受命之宝	白玉质	盘龙钮方形玺，汉文篆书满文本字。"以章皇序"之用。
皇帝之宝	青玉质	交龙钮方形玺，满文篆书。"以布诏赦"之用。
皇帝之宝	栴檀木质	盘龙钮方形玺，汉文篆书满文本字。"以肃法驾"之用。
天子之宝	白玉质	交龙钮方形玺，汉文篆书满文本字。"祭祀百神"之用。

皇帝尊亲之宝	白玉质	盘龙钮方形玺，汉文篆书满文本字。"以荐徽号"之用。
皇帝亲亲之宝	白玉质	交龙钮方形玺，汉文篆书满文本字。"以展宗盟"之用。
皇帝行宝	碧玉质	蹲龙钮方形玺，汉文篆书满文本字。"以颁赐赉"之用。
皇帝信宝	白玉质	交龙钮方形玺，汉文篆书满文本字。"以征戎伍"之用。
天子行宝	碧玉质	蹲龙钮方形玺，汉文篆书满文本字。"以册外蛮"之用。
天子信宝	青玉质	交龙钮方形玺，汉文篆书满文本字。"以命殊方"之用。
敬天勤民之宝	白玉质	交龙钮方形玺，汉文篆书满文本字。"以饬觐吏"之用。
制诰之宝	青玉质	交龙钮方形玺，汉文篆书满文本字。"以谕臣僚"之用。
敕命之宝	碧玉质	交龙钮方形玺，汉文篆书满文本字。"以钤诰敕"之用。
垂训之宝	碧玉质	交龙钮方形玺，汉文篆书满文本字。"以扬国宪"之用。
命德之宝	碧玉质	交龙钮方形玺，汉文篆书满文本字。"以奖忠良"之用。
钦文之宝	墨玉质	交龙钮方形玺，汉文篆书满文本字。"以重文教"之用。
表章经史之宝	碧玉质	交龙钮方形玺，汉文篆书满文本字。"以崇古训"之用。
巡狩天下之宝	青玉质	交龙钮方形玺，汉文篆书满文本字。"以从省方"之用。
讨罪安民之宝	青玉质	交龙钮方形玺，汉文篆书满文本字。"以张征伐"之用。
制驭六师之宝	墨玉质	交龙钮方形玺，汉文篆书满文本字。"以整戎行"之用。
敕正万邦之宝	青玉质	交龙钮方形玺，汉文篆书满文本字。"以诰外国"之用。
敕正万民之宝	青玉质	盘龙钮方形玺，汉文篆书满文本字。"以诰四方"之用。
广运之宝	墨玉质	交龙钮方形玺，汉文篆书满文本字。"以谨封识"之用。❶

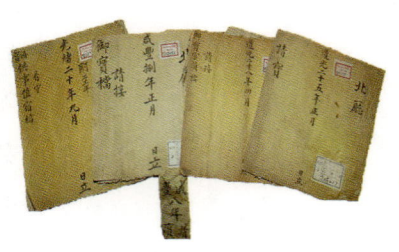

《内阁用宝档》

❶ 中国第一历史档案馆藏《交泰殿宝谱》内阁宝谱 4。
❷ 《国朝宫史续编》第 187 页，乾隆《圣制匣衍记》北京古籍出版社 1994 年版。

交泰殿内景

　　从档案记载看，交泰殿二十五宝在实际使用中，除栴檀木质的"皇帝之宝"，以及玉质的"制诰之宝""敕命之宝"等几方使用频繁外，其他大部分国玺基本设而不用，有的甚至很可能自入交泰殿后直到大清灭亡也没有被用过一次。

　　乾隆将国宝定为二十五之数，具有很深的政治文化背景。他选择二十五之数，是借鉴了《周易》"大衍之数二十有五"一典。古人以天为阳、地为阴，单数为阳、双数为阴。《周易》将一、三、五、七、九相加，得天数二十有五，是阳数的极限。用《周易》极阳的二十有五的数字来定义国宝数字，暗含着清统治者希冀国朝能够绵延无限、子孙永葆的政治隐喻。而在这个政治隐喻的背后，还附会了一些迷信与数理的演绎与寄望。嘉庆元年（1796）乾隆禅位并当上太上皇，他在《圣制匣衍记》中，曾透露了一个隐秘的故事，说他当年"定宝数之时，密用姬周故事，默祷上苍，祈我国家若得仰蒙慈佑，历二十五代以长，斯亦骥矣。"❷所谓"姬周故事"，是指周平王迁都洛阳开东周二十五代王业。东周是有文献记载的中华历史上时间最长的朝代，在乾隆看来，当年顺治入关，相当于平王东迁。乾隆未敢效当年夸口千秋万代永传不断的秦始皇，他的底限是希望上天能够保佑大清帝国像东周一样，起码传世

盛京凤凰楼

《盛京宝谱》内页

二十五代。

另外，在乾隆的内心里一直还深埋着另一个秘密。这位深信自己是独蒙天庥的天子，一向视"五"与"十"为自己的命理密码与幸运符数。他曾在乾隆五十五年（1790）八十岁的《元正太和殿赐宴纪事二律》一诗的注文中提到："予于二十五践阼，自后纪年，逢五则为正寿。纪年遇十，春秋又恰逢五。'五'与'十'皆成数，而今岁五十五年，又值天地之数。自然会合，循环相生，未可思议。昊苍眷佑于予，若有独厚者然。"❶

乾隆六十年（1795），八十五岁的乾隆又曾作《随笔》一诗，在该诗与自注中更充分地表露了他的这一心迹。其诗云：

一五一十（作平声请见白居易诗）繁数衍，圣人学易我轮年。（《论语》："五十以学易。"朱子谓："是时孔子年几七十矣。'五十'字误无疑。"而孙淮海《近语》则曰："非五十之年学易，是以'五''十'之理数学易。大衍之数'五''十'：合参与两成。'五'衍之成'十'。盖'五'者'十'其'五'，'十'者'五'其'十'。

❶ 清高宗《御制诗五集》卷59。
❷ 清高宗《御制诗五集》卷100，括号内小字为原诗自注。
❸ 故宫博物院藏《交泰殿奉安宝册》清乾隆二十一年钞本，陈设档325。
❹ 中国第一历史档案馆藏《盛京宝谱》内阁宝谱6。

参伍错综，而易之理数在是矣。"乾隆每逢五之年，予为十岁；十之年，予为五岁。虽为偶值，亦实天恩。钱陈群曾论及此，因并书志之后。）

六旬期满应归政，（今乾隆六十年，予八十五岁。）

仰沐天恩幸致然。❷

在钦定的紫禁城交泰殿二十五御宝确定后，宫中尚余下十四颗御宝。乾隆又暗扣"十"为"大衍之数"之典，将其中四颗宝玺剔除，留下者作为"盛京十宝"，送往大清"发祥之地"的盛京旧宫供奉尊藏。其理由也自有一番理论："因念盛京为国家发祥地，祖宗神爽，实所式凭。朕既重缮列祖实录尊藏凤凰楼上，觐扬光烈，传示无疆。想当开天之始，凝受帝命，宝符焕发，六服承式，璠玙孚尹，手泽存焉。《记》不云乎，'陈其宗器'，弘璧琬琰，陈之西序，崇世守也。爰奉此十宝赍送盛京，鐍而藏之。"❸

乾隆《盛京宝谱》载其规制如下：

大清受命之宝	碧玉质	蹲龙钮方形玺，方四寸八分，厚一寸九分，钮高二寸四分。
皇帝之宝	青玉质	交龙钮方形玺，方四寸八分，厚一寸九分，钮高二寸七分。满文本字汉文篆字。
皇帝之宝	碧玉质	盘龙钮方形玺，方五寸，厚一寸八分，钮高三寸。满文本字汉篆字。
皇帝之宝	栴檀香木质	素钮方形玺，方三寸八分，厚六分，钮高五分。满文篆书。
奉天之宝	金质	交龙钮方形玺，方三寸七分，厚九分，钮高二寸。满文篆字。
天子之宝	金质	交龙钮方形玺，方三寸七分，厚九分，钮高四寸。
奉天法祖亲贤爱民	碧玉质	交龙钮方形玺，方四寸九分，厚一寸五分，钮高二寸，满文本字，汉文篆书。
丹符出验四方	青玉质	交龙钮方形玺，方四寸七分，厚二寸，钮高二寸。
敕命之宝	青玉质	交龙钮方形玺，方三寸七分，厚一寸八分，钮高二寸五分。满文本字汉文篆字。
广运之宝	金质	交龙钮方形玺，方二寸四分，厚八分，钮高一寸五分。汉文篆书。❹

乾隆钦定"盛京十宝",充分显露了他对"十"这个易象"大衍之数"的迷恋与自我暗示。乾隆帝晚年自号"十全老人",做事追求极致,甚至硬性拼凑出"十全武功"以夸耀于天下。而他选择在位六十年时禅位于嘉庆帝,盖亦别有一番深意所在。

二、宫中小玺闲章

按清制,皇帝的二十五方世传的国家行政御宝,并非属于某个皇帝私有,而是整个皇帝队伍的专擅。历朝凡以皇帝名义下发的制、诏、诰、敕等公务性质的皇帝文书,一律钤盖二十五宝。然在纷繁杂乱的清代宫廷文献档案中,比如一些皇帝御书的私密性朱谕等,钤盖皇帝个人私印的现象也并不鲜见。尤其大量以皇帝名义创作公示的书法、绘画、碑刻作品,更是每位皇帝私印的领域。鉴于在封建社会"王言即法律"的特定语境背景下,一切出自皇帝的文墨,皆被奉为政治准绳,具有政务文书的属性,故此,清代的皇帝私玺也常常被界定为具有私玺公用的"副官印"性质。

清代诸帝、后妃小玺闲章主要分四大类。

第一类是年号玺宝。通常情况下,新皇帝即位后,都要刻制一系列的以本人年号为主要特征的赏鉴类印章,包括"某某之宝""某某御览之宝""某某御笔之宝""某某鉴赏""某某宸翰"等。如康熙拥有的"康熙御笔之宝""康熙宸翰""康熙御览之宝""康熙御览"等。

第二类为宫殿玺宝。多以宫、殿、楼、阁、馆、院等建筑为名,古代斋堂馆阁名章为宫殿玺宝的滥觞。清代"武英殿宝""避暑山庄宝""长春园宝""五福五代堂宝""圆明园勤政殿之宝"等属于此类。此外,清中前期,列帝醉心收藏及整理典籍文物,一些宫殿专门用来从事鉴赏收藏,因此产生了专门的宫殿鉴藏印,如"乾

康熙"体元主人"印鉴

清宫鉴藏玺""三希堂鉴藏玺""淳化轩图书珍秘宝"等。

第三类是嘉言诗词玺。多为皇帝所喜欢的箴言、座右铭以及钟爱的诗句等。如康熙帝的"戒之在得""惜寸阴""敬天勤民";雍正帝的"崇实政""亲贤爱民";乾隆帝的"谨起居""慎出令"等。

第四类是花押章玺。花押印就是将花押式样或特定的文字刻入印章,以代押字之用。押印的历史可上溯到五代时期,至元代,花押印达到空前繁荣。到了清代,皇帝们似乎很喜欢花押印。清代笔记《北游录》记:"甲午二月六日,上召陈名夏作一押字,便于制书。"❶ 甲午年为顺治十一年(1654),陈名夏为明朝降清的汉人大臣,时为吏部尚书,清初著名"南党案"的牺牲者,影响顺治帝汉化政策的重臣之一。

与元代花押印相比,清朝皇帝的花押印颇自成一体。印文多采用皇帝御笔手书的汉文草书吉语,非常容易辨识,著名的如康熙帝的"广被""太平"押;雍正帝的"无思"押;光绪帝的"敬天"押等。

清代帝后小玺闲章的使用大体有以下几个方面:

一是用在御笔书画上。《熙朝新语》记:顺治十年(1653)大学士冯铨之母范太夫人八十七岁寿,"世祖(顺治)特命画史绘铨母像,加宝玺以宠之。"❷

在御制书画作品上钤盖皇帝小玺,其格式与内容十分严格,通常选钤何方小玺,盖在作品何处,都要事先由翰臣设计,并呈皇帝最终钦定。清人沈初《西清笔记》记载:乾隆时期,"御用铜玉冻石印章,皆贮懋勤殿,有《宝薮》一册,每遇御笔书画发下用宝,诸臣择印章字句合用者,位置左右,以令工人"。❸

皇帝御笔书画上所钤印章,一般都会分作引首、押角、间印等形式配套出现。比如引首一般有"渊鉴斋""为君难""兢兢业业""奉三无私"等;押角章多为"某某宸翰"

雍正寿山石"朝乾夕惕"印

❶（清）谈迁《北游录》第 374 页,中华书局 1960 年版。
❷（清）余金《熙朝新语》第 9 页,上海古籍书店 1983 年版。
❸（清）沈初《西清笔记·卷二·纪职志》。

乾隆寿印缂丝

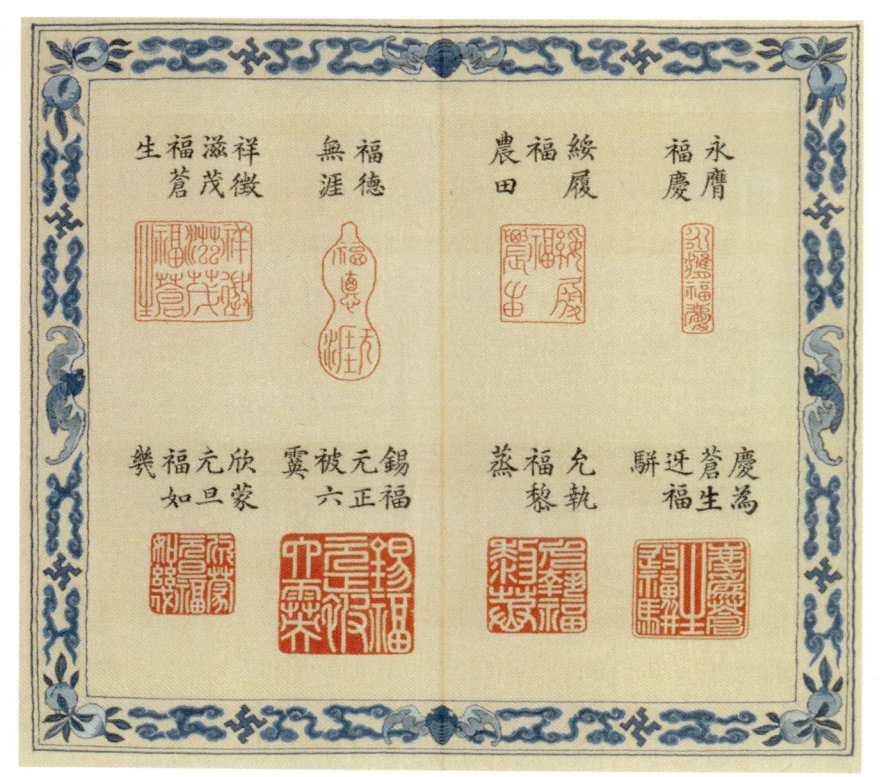

或"某某御笔"，包括"万机余暇""戒之在得""朝乾夕惕"等。如果是御书牌匾、题额等，则多横向用印，其"额章"常用"某某御笔之宝"等。

　　二是用在皇帝鉴赏过的清宫所藏书画作品上。其中最典型的便是《石渠宝笈》《秘殿珠林》等书籍作品上的用印。据徐珂《清稗类钞》云：

"乾隆甲子，诏编《石渠宝笈》四十四卷，内府所藏书画及款识题跋，与曾邀奎章宝玺者，一一胪载。辛亥，谕撰续编，前后品题甲乙，悉本睿裁，凡九年。入宝笈者皆用五玺。其上方之左曰'乾隆鉴赏'、正圆白文；右曰'乾隆御览之宝'，椭圆朱文；左下曰'石渠宝笈'，长方朱文；右下曰'三希堂精鉴'，长方朱文；曰'宜子孙'，方白文。惟藏乾清宫者，则加'乾清宫精鉴玺'。养心殿、宁寿宫、御书房皆如之。其藏圆明园者，五玺而已。迨续编宝笈，乃加'石渠定鉴''宝笈重编'二玺，间有用'石

❶ 徐珂《清稗类钞》第九册，4232页，中华书局2010年版。
❷ 中国第一历史档案馆编《明清宫藏档案图鉴》第78页，人民出版社2016年版。

渠继鉴'者，则已入前书而复加题证者也。"❶ 清宫收藏书画的规矩风俗，如果一幅书画卷籍上盖全了上述几方印，通常称为"七玺全"或"八玺全"，象征着其顶级上品的定位。由于历代皇帝都在使用赏鉴盖章，因此一些内府中传世的书画作品上甚至积有列帝鉴赏印章多达数十方者，可谓前无古人。尤其是胆大惊人的乾隆，连世传珍贵作品的画心上都敢盖印，即所谓的"肉上加印"。

三是在经皇帝鉴赏过的内府收藏的善本图书上钤盖，多在每册页的首尾或页间骑缝处钤印。仅以清宫图书用印最为典型的"天禄琳琅"为例，该丛书的前身为清圣祖玄烨命撷取内府部分藏书集中贮存于昭仁殿的典籍，至乾隆时，乾隆复命大臣重新编排，成为"天禄琳琅"初编，乾隆禅位后又下令编排了续编。初编藏书每册首尾页都钤"文渊阁宝""乾隆御览之宝"的印章；续编每册首页也钤"文渊阁宝"，尾页则钤"乾隆御览之宝"及"天禄继鉴"印。此外，于若干册中前后空白垫纸处又依次钤"五福五代堂宝""八徵耄念之宝""太上皇帝之宝"，或稍大的"五福五代堂古稀天子宝""八徵耄念之宝""太上皇帝之宝"，均一式三玺，上下排列。书中凡有皇帝御题处，印章钤用的格式与御笔书画部分等同，而"天禄琳琅"印则贯穿遍印于全书各页间的骑缝上。

四是在清廷公务活动中，偶然也会出现皇帝在给下臣的朱字谕条上用闲章的情况，这即属于典型的私章公用了。康熙二十年（1681）二月，康熙奉太皇太后到遵化汤泉疗疾，五月初回京，在外期间与诸位皇妃、公主的满文通信，其封套皆以汉篆"凯旋消息"小玺封缄。❷

进入晚清后，更有一些皇帝闲章小玺用于公务文书，在历史上曾起到过重大作用。1861年，慈安、慈禧两宫太后"垂帘听政"时，使用咸丰所遗的"御赏""同道堂"两方小玺作为幼帝谕旨的符凭，以及清末隆裕皇太后使用"法天立道"私印钤盖宣统上谕等，都属于此类性质。

清帝小玺闲章的制作相对比较宽松灵活。在尺寸、大小、印文、印钮等方面多不拘泥，允许各自发挥。其质地主要为玉、石、木、金属等。清代皇帝小玺所用的玉品，主要有青玉、白玉、碧玉、苍玉等，其中青玉和白玉使用最为普遍。苍玉多用于康熙时期，碧玉则普遍用于乾隆中

乾隆小玺

期平定回疆以后。翡翠入清宫的时间较早，但被大量应用于宫中玺印，则是晚清才流行的；而岫岩玉等更是等而下之，始终未成气候。

清代每位皇帝都各自拥有着数量惊人的个人小玺闲章。据统计：《康熙宝薮》记载康熙一生有120方闲章；雍正则达到160方；乾隆最多，达1800方；嘉庆500方。再往下则开始减少，道光60余方；咸丰20余方；同治20余方；光绪30余方；宣统20余方。

此外，在清宫档案整理中，还发现清宫档案上一些皇帝小玺闲章的印鉴，这些印尚未被收入清宫列帝的《宝薮》中，可知现实中清代列帝实际所用过小玺闲章的数目应超过《宝薮》的记载。

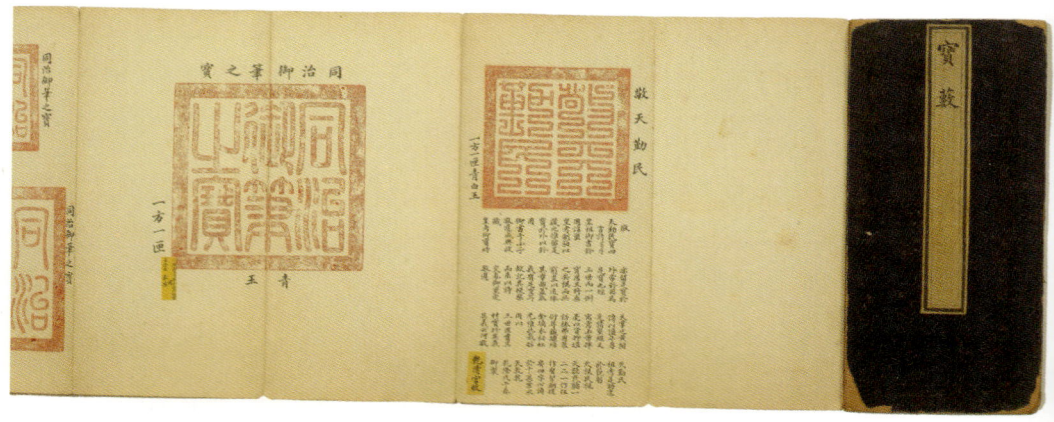

同治《宝薮》（局部）

三、后妃宝印

清朝后妃制度的建立始于入关以前。清太宗崇德元年（1636），皇太极已明确了五宫后妃的册封与日常制度。清入关后，在基本沿用了皇太极时期所设立的后、妃两级制基础上，又参照明代皇宫制度，建立了更为系统的六宫制度。至康熙朝后宫制度大体格局已定：皇后居中宫，主内治；皇后以下设皇贵妃一人、贵妃二人、妃四人、嫔六人，分居东西六宫，佐助皇后治理内廷；嫔以下还有贵人、常在、答应三级，没有固定的数额，随着贵妃等分居十二宫。

清代后妃属女官性质，固有其官印体系。通常，遇皇帝册封皇太后、册立皇后或册封妃嫔时，照例要颁铸宝、印。其规制具体为：皇太后、皇后至皇贵妃用宝，妃嫔用印，妃嫔以下则不配备印信。《清会典事例》载：

慈安皇太后徽宝

皇太后金宝，盘龙纽，平台，方四寸四分，厚一寸二分，玉箸文；皇后金宝，宝文为"皇后之宝"，清、汉玉箸篆，交龙纽，平台，方四寸四分，厚一寸二分，用三等赤金五百两。宝盝高七寸八分，方八寸。宝色池高二寸，方四寸八分，均金制。皇贵妃金宝，宝文为"贵妃之宝"，清、汉玉箸篆，蹲龙纽，平台，方四寸，厚一寸二分，用六成金四百两。宝盝用金制，宝色池则用银制。妃金印，清、汉玉箸篆，龟纽，平台，方三寸六分，厚一寸，用五成金三百两。印匣与印色池与贵妃相同。❶

在清代，后宫各太后、皇后、皇贵妃、妃、嫔的宝、印，都是每人专属，不像衙印一样，同类同级官员可以前后轮流使用。因此每一次册封后妃，均要颁铸新宝、印，具体到人；其人殁后宝、印缴回收贮，不重要的还会定期例行销毁。据乾隆三十六年（1771）内务府的统计：当时在体仁阁中还收贮着清入关以来历朝太后、皇后、贵妃的金玉封宝、徽宝共19颗。❷

在清代，用来装盛后妃宝、印的装具也十分讲究，订

❶《光绪会典事例》卷321。
❷ 中国第一历史档案馆藏内务府奏案05-028-036。

皇后之宝

有严格的规定与制度，甚至材质上金银的配比都一一严格规定。乾隆三十六年（1771）为了铸造装盛皇太后新徽宝的册宝箱，以前册宝箱上的装饰什件，内务府核算需求后，奏请"所需头等赤金请于两淮（盐政）解得头等赤金内动用一百八十四两，照例加银四十六两，合为八成色金二百三十两，以备发工部应用可也"，得到乾隆的谕准。❶

后妃的册宝是其身份的象征物，其册封授宝印仪式属清宫嘉礼之一，十分隆重。其仪制大略如下：

皇帝册立皇后，一般先在太和殿中陈设皇后的册、宝，届时皇帝亲自到太和殿阅视册、宝后，将册、宝授给大学士、礼部尚书担任的正、副使，册宝被放入龙亭内，随着皇后的仪驾送到皇后家中。与此同时，皇后家内正堂上也陈设好册宝案，册宝送到后迎入，由内监接入放在册宝案上，皇后穿礼服出迎。行册立礼时，奏丹陛大乐，皇后至拜位跪叩，女官宣读册文、宝文后，将册、宝授给皇后，皇后跪接谢恩。使臣回宫复命。行奉迎礼时，皇后册宝则随同皇后本人一同走天安门正门入宫。如果皇帝即位前已成婚，或皇后亡故，由贵妃晋封为皇后，也要行册立礼。由于所册立的皇后时已居宫中，因此册宝仅由太和殿运送至景运门，再由内监送入皇后宫中，不用走皇后娘家的繁琐程序。

皇贵妃、贵妃册封仪式也大致相同。以皇贵妃为例：册封日，置节、册、宝于太和殿内。大学士奉节由殿中门出授正使，副使随从。礼官奉册、宝置于彩亭内，正使持节，副使执册，宝亭随出协和门，至景运门授节于内监，内监执节，内銮仪卫抬彩亭至皇贵妃宫，皇贵妃礼服迎于宫门内道右，随行。陈节、册、宝于案，皇贵妃于拜位向北跪，女官跪，宣读册文、宝文，皇贵妃恭受册、宝，行六肃三跪三拜礼，送节于宫门内道右。内监执节至景运门授正使，副使从，

❶ 中国第一历史档案馆藏内务府奏案05-291-29。

清宫后妃宝石花簪

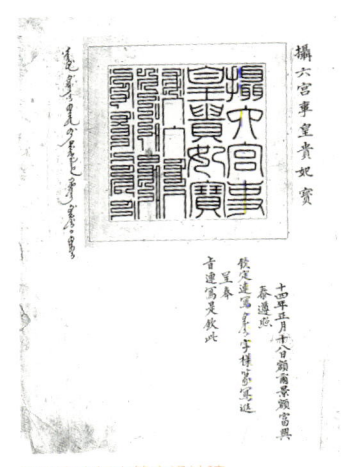

清宫皇贵妃宝篆文设计稿

至后左门复命。

　　在清代，每逢国家大庆，如皇帝大婚、亲政、册立皇后、武功告成、皇太后寿辰大庆时，通常要为皇太后、皇后上徽号，并重新颁制徽册、徽宝。清代徽号册宝，有金、玉两种，清初以金为多，乾隆以后则专以玉为之。乾隆三十四年（1769）内廷在检查体仁阁尊藏历代法物时，犹见到康熙年间历次加封太皇太后册、宝俱存。乾隆认为上尊号徽号册宝用金，不辨等威，并且"下逮亲藩封爵，册宝亦得范金，是嘉玉较良金尤为宝贵"，因此专门下诏乾隆三十六年（1771）皇太后八旬寿辰时，要用和阗所贡大玉中最佳者，恭制太后的徽号册、宝。乾隆四十七年(1782)，乾隆不惜靡费，重刻了五朝谥册、宝，所剩下的和阗玉中玉色较白而未能一律者，谕令编为"喜字号"，并规定：嗣后皇子崇上尊称，即将此玉成造册、宝，并嗣后皇孙、皇曾孙辈，有承事东朝、尊崇徽号者，也皆以此等"喜字号"玉一体呈用，永为定制。乾隆四十九年（1784）十月，又将五份纯洁玉料补充编入"喜字号"，交内务府广储司存贮。同治十一年（1872）慈安、慈禧两太后加皇太后徽号时，所用的宝玺原料，仍是从乾隆四十九年奉旨所

285

中编：印典公备征

留"喜字号"玉宝原坯中选取的。据内务府奏报，当时"喜字号"的原坯只剩下了四方。❶

清朝后妃宝印之钮，向例有交龙、盘龙之分。道光八年（1828），宫中为皇太后新刻徽宝，内务府在广储司银库内挑选乾隆时期已镌刻好的"喜字号"空白玉宝时，发现其原印坯的钮均为交龙钮，与礼部来文中所开列的《大清会典》规定的盘龙钮制度不符。内务府上奏请示：是否发交苏州织造改镌为盘龙钮。道光下旨：即用交龙钮玉宝，毋庸改做。以后相沿为例。❷

清代后妃的金银封宝、封印，由于宫中需要，常常会奉旨熔化，改铸其他用品。相较而言，玉质的徽宝、徽印，则较为幸运一些。乾隆十八年（1753）六月乾隆曾下旨："嗣后皇贵妃以上，（其宝）如有加上（徽号）字样，俱将最后册宝收贮（体仁阁），其从前册宝即交广储司。贵妃以下册宝无庸收贮，俱着交广储司。"大学士傅恒等遵旨，"随将贵妃以下册宝十四分交广储司镕化"。❸

珍妃之印

四、帝后谥宝

在清宫，如果以生与死来界定用宝玺，那么封宝、徽宝属于前者，是应用于在世者的，而属于后者的谥宝则只用于已逝者。

谥宝，是皇帝对前代帝后追进谥号时制用之物，是封建谥法制度的直接产物。所谓谥号，即后人根据死者生前行迹所给予的一种尊称，多用以褒扬此人德行，也称尊谥。中国谥法历史，可上溯到周代。自古谥法有尊谥，也有恶谥。清代则采取了谥荣不谥恶的原则。作为重要的典章制度，

❶ 中国第一历史档案馆藏内务府奏案 05-0862-020。
❷ 中国第一历史档案馆藏内务府奏案 05-0681-060。
❸ 中国第一历史档案馆藏内府务奏案 05-288-36。
❹ （清）吴振棫《养吉斋丛录》卷12，第133~137页，北京古籍出版社1983年版。
❺ 中国第一历史档案馆藏内务府奏案 05-0491-080。

谥法选字十分慎重而严格。据文献记载，清代用作皇帝尊谥的专用谥词字数为115字，作为皇后的谥词字数达49字。❹

诚然，清朝追谥不仅限于帝后，皇帝的嫔妃，皇室王、贝勒以及著名大臣逝世后，朝廷也会专门赐谥号。但在清代，颁刻谥宝则仅限于皇帝与皇后。

清朝尊谥先祖，始于皇太极时期。崇德元年（1636）清太宗受尊号，追封始祖泽王、高祖庆王、曾祖昌王、祖福王。

清朝历代皇帝对于谥宝一事都十分敬重，乾隆尤其如此。乾隆四十五年（1780），清廷翻刻清朝列帝列后谥宝、

清肇祖原皇帝谥宝

册时，乾隆专门叫人取来明朝十三帝的玉谥册反复观摩研究，"并思其有册无宝之故。盖其册多用条玉（四条凑成一板，以绳穿之），此即玉检金绳之遗义耶！于是憬然悟曰：此册之所以存而宝之所以失也。夫一板四条而又有穿，成造时岂不费琢磨，然析其条则为无用之物矣。若其玉宝则固囫囵一物，磨去其字，仍然一宝，改制它器，随意可成。且宋元近代其册宝胥不见于世亦可征也。"为此，乾隆还专门作了一篇御制考证文章。❺

清代皇帝谥宝印文拟定的基本规则为：庙号加谥词加庙谥。反映在皇帝的谥宝上，往往在谥号前冠以庙号，中间为谥语，其后加庙谥，最后附上"之宝"。比如乾隆年间追谥的、被视作清代列帝谥宝天花板的太祖努尔哈赤的谥宝印文为："太祖承天广运圣德神功肇纪立极仁孝睿武端毅钦安弘文定业高皇帝之宝"，其首"太祖"一词为庙号，中间"承天广运圣德神功肇纪立极仁孝睿武端毅钦安弘文定业"24字为谥词（也称谥语），其后的"高皇帝"为庙谥，再加上"之宝"2字，全部印文

实达31字。

在清代，谥词按惯例必须要两字一组，不能出现单数。上谥或加谥时的谥语的组数可依情况而定。通常情况下，初上的谥词字数一般为12字，以后的皇帝在此基础上再不断地增加。

清代皇后谥号宝印的规制与列帝谥宝大致相同。然各谥词必须以"孝"字开头。如后人称慈安、慈禧为"孝贞""孝钦"，实际上使用了其谥词。有人误将此号用于二位太后生前的称号，则多有不妥。帝后的谥词也是两字一组，不能出现单数；其初谥字数一般为12字。皇后谥宝印文在谥词后还要系以皇帝的庙谥。如慈安最终的谥号为"孝贞慈安裕庆和敬诚靖仪天祚圣显皇后"，其"显"字就是咸丰"显皇帝"的庙谥。

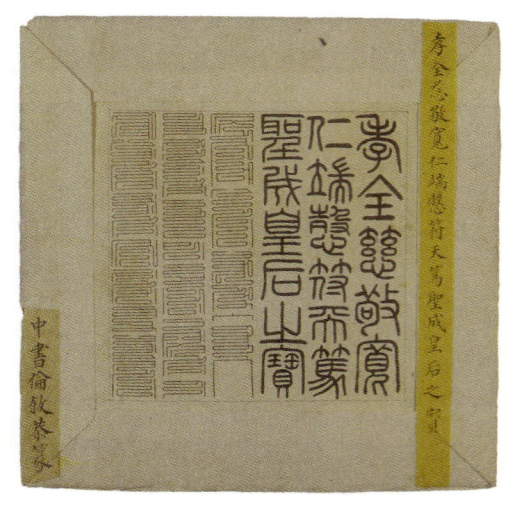

孝全皇后谥宝印模稿

清朝定例，每次新皇帝登极，都要为前朝列帝、列后加谥。加谥一般为加一组或两组谥语。例如，清太宗皇太极最早于顺治元年（1644）被尊为"应天兴国弘德彰武宽温仁圣睿孝文皇帝"，康熙即位后，于康熙元年（1662）四月加"隆道""显功"二组4字。此后，雍正、乾隆朝又先后加"敬敏""昭定"二组4字，如此每代照例加谥，到清末，皇太极的最终谥词达到了22字。

关于帝后谥号的最终字数，清代也有严格规定。到嘉庆时期，鉴于太祖努尔哈赤尊谥已加至24字，太宗文皇帝、世祖章皇帝、圣祖仁皇帝的谥词均已加至22字，列后的尊谥则已加至16字，遵照"颂美无穷而尊崇有致"的惯例和乾隆所定的标准，决定列帝谥词字数上限定为24字；列后尊谥字数上限为16字。到达相关上限后，就不再加谥。实际上，满汉合璧的谥宝印面空间毕竟尺寸有限，也不容许无节制地增加字数，否则便会影响到印章的清晰度与质量。

福陵图

清福陵

上谥号是帝后大丧仪中的重要礼节之一，其程序极其复杂严格。依例，皇帝崩，未上尊谥前称"大行皇帝"，升祔太庙之后始有谥号、庙号。清代上谥号礼仪，先由皇帝降旨命六部九卿议奏，拟出谥词，然后由皇帝圈出之后由钦天监择吉，经礼部具奏请上谥号。皇帝圈出大行帝后谥号后，由礼部会同工部备料制作谥宝，翰林院翻书房译配满汉合璧谥宝篆文，然后交内阁典籍厅核定，再由工部选刻匠在太庙街附近的洁室内专心镌刻，谥宝成，与谥册暂时敬贮内阁。

上奉谥宝的仪程是清朝国丧礼的一个重要环节。仅以雍正朝康熙丧礼仪程为例：雍正与百官于谥前三天斋戒，上谥前一日，遣官祀告天、地、太庙后殿、奉先殿、社稷等处。康熙的国丧礼大典照常在宫中举行，是日，在景山寿皇殿大行康熙皇帝梓宫门外设大驾卤簿。同时，在太和门外中央，鸿胪寺官设宝案在右，册案在左，由銮仪卫官备设两座册、宝彩亭在阶下，册亭在前，宝亭在后，彩亭内预先安放好了绢册、绢宝。一众执事大臣官员均肃立于阶下，众目睽睽下，两名内阁大学士自内阁恭奉香册、香宝，安放于案上，行一跪三叩礼。然后雍正乘舆出宫，至太和门北阶下降舆，御太和门，恭阅案上香册、香宝毕，于拜位上行一跪三叩头礼。随后，二位大学士行礼，将香册、香宝安放于彩亭中。雍正升舆还宫前往梓宫殡殿倚庐恭候，大学士及执事官员奉彩亭随后行，文武百官则候立于协和门外至景山东门外，沿途跪送皇驾御仗彩亭。在寿皇殿外，礼部执事官提前先将彩亭中的绢册、绢宝取出放置于安设好的册案、宝案上，而后二大学士将彩亭中的香册、香宝取出，入寿皇殿安放于殿内东案上。接下来，大学士奏请皇帝升舆，由倚庐至寿皇殿外降舆，入殿，至正中北向而立。大殿阶下至门外，文武百官也依序鹄立。皇帝率百官行三跪九叩礼，并亲手接过谥册、谥宝行恭献礼，礼毕授与左右执事官员跪接，恭放于案上。执事官宣册、宣宝后，执事官取出绢册、绢宝准备赴燎。皇帝率百官行致祭、奠帛、读祝、三献爵等礼。礼毕，奉宝官将绢册及绢宝同祀文一起，于门外燎位焚化。"过燎"后，皇帝始还宫。……次日颁诏天下。❶

　　清代的谥宝通常要制作三套。即香宝、绢宝、玉宝。清代定制：凡大行皇帝上尊谥，帛制的绢宝在宣读祭文后即送燎位焚化，木制的香宝在致祭恭献礼成后将永久地安奉在皇陵中，唯有玉宝要入奠太庙，永远尊藏。

　　清代进奉谥玉宝于太庙的制度，起于顺治年间。顺治二年（1645）七月甲子，"恭进太祖武皇帝、孝慈武皇后、太宗文皇帝玉册玉宝奉安太庙"。其中规定：玉谥宝方四寸二分，厚一寸五分，钮高二寸七分，长四寸二分，广三寸五分。宝盝金质。凡太庙用宝皆用玉，色青白，宝文为"某祖某宗某皇帝之宝""某皇后之宝"。乾隆二十四年（1759）清廷踵事增华，复进一步规定："玉宝交龙纽，纽高二寸九分，台高一寸六分，通高四寸五分，见方五寸。纽镌玲珑龙身，宝面镌清、汉字，均储楠木大箱，由内务府制办"。而用于奉安山陵（随葬）和送燎的香册、绢册、香宝、绢宝，则都由工部承办。❷

　　谥宝入奉太庙的典礼十分隆重，具体仪式如下：

　　玉册、玉宝既成，乃卜吉献于太庙。届期工部官豫设采幔于太庙街门外之右及戟门之左。銮仪卫官设册、宝亭

❶《光绪会典事例》卷437。
❷《清续文献通考》卷159。

道光皇后檀香木谥宝

于采幄左右，本寺（太常寺）官设册、宝案、香案于列圣位前。奉册宝王、贝勒、贝子、大学士、尚书、都统、侍郎皆朝服分班序立于采幄旁候，届时礼部尚书诣乾清门奏请行礼。皇上礼服出宫，午门陈法驾卤簿，王公百官跪候如常仪。皇上至太庙街门外幄次盥洗毕，礼部尚书、侍郎各一人恭导皇上入太庙街门至采幄正中黄案前，恭视玉册、玉宝毕，乃诣香案前上香。司拜褥官豫铺拜褥于案南正中，恭导皇上三叩，兴，奉册、宝于亭内，跪如初。校尉舁亭、御仗前导，皇上率王公大臣等随行以次至太庙南门。亭由中门入，恭导皇上由左门入，奉册宝王公大臣皆随入。皇上至戟门外幄次少俟亭入至殿外阶上止,以次序列,均南向,王公大臣诣亭前一跪三叩,兴,奉册、宝入殿中门至案前,各恭设于案上,跪叩如初,退。司拜褥官豫铺拜褥于殿门内正中,皇上由戟门左门入升东阶入殿左门,就拜位行三跪九拜礼,执事王公大臣均随行。礼毕,王公大臣各至册、宝案前一跪三叩,兴,恭奉册、宝行,皇上随行至中殿立案,东西向王公大臣奉册、宝分藏于金匮,跪叩如初。退,皇上以次诣各香案前上香毕,行一跪三拜礼。礼成,皇上还宫,作乐,王公百官跪迎如仪。❶

　　皇帝玉谥宝被尊奉于太庙,被视为宗庙重器,受后世子孙尊崇祭拜。

　　清朝的谥宝例用玉制,对选玉一向重视。

　　乾隆二十五年(1760),清政府取得了平定回疆战争的胜利,大量优质和阗玉得以源源不断地进入宫中,底气十足的乾隆帝决定:"以前太庙尊藏列朝宝、册系随时镌造,玉质颜色不能一律整齐。特命英廉、福隆安将和阗贡玉慎选良工,敬造列朝宝册一份,以奉太庙。其旧藏之宝册恭送盛京太庙尊藏,以昭祖宗功德之于万代。"❷同时又立下两地太庙供奉备份制度:"嗣后凡有举行册、宝事,皆以是为例,必为二分,一奉太庙,一送盛京。"乾隆四十七年(1782),重刻册、宝工程告竣,十月,乾隆亲自行礼恭送奉安于京师太庙;次年,乾隆第四次东巡前,派员将京师太庙换下的十六份旧藏册宝恭送奉安于盛京太庙,并于东巡时亲临瞻礼。从此以后,各朝皇帝每次制作谥宝,都要制作双份,分奉于两京太庙。凡新帝登极后为前代皇帝加谥,谥宝的改镌,例由京师派官员、工匠在两地太庙将旧藏谥宝改镌。

五、宗室宝印

　　《大清会典》规定:亲王用宝,郡王用印,贝子以下则只颁封册,不颁封印。

　　先说皇太子。

　　设立国储正位东宫,授以册、宝而宣明其身份,是历

---

❶ 乾隆武英殿刻本《钦定太常寺则例》卷5。
❷ 《清高宗实录》卷1109。
❸ 中国第一历史档案馆整理《康熙起居注》第一册第238页,中华书局1984年版。
❹ 《康熙会典》卷2。
❺ 中国第一历史档案馆编译《康熙朝满文朱批奏折全译》第828页,中国社会科学出版社1996年版。

朝所共守的典制传统。然清朝有些例外，自太祖努尔哈赤开始至入关后顺治朝，清朝统治政权并未有储君、储权的预设，康熙朝始遵循汉制，明确预立皇太子，后雍、乾、嘉、道四朝又改为秘密立储，且打破了立嫡的传统。咸丰以降至同、光两朝，由于情况特殊，立太子之事遂寝。

康熙朝明立太子，显然是照搬了汉人立嫡为储的传统。康熙十四年（1675）十二月十三日，"……未时，上御太和殿，遣辅国公叶伯舒、都统大学士图海为正使，户部尚书觉罗勒德洪、兵部尚书王熙为副使。持节授嫡子胤（雍正继位后，为避帝讳，将诸王"胤"字一律改为"允"）礽册宝，立为皇太子。"❸

册封太子，必当授以册、宝，此乃体制攸关的大事。康熙十五年（1676）清廷正式出台了皇太子宝玺制度。规定：皇太子金宝，蹲龙钮，平台，方四寸，厚一寸二分，玉箸文。❹

康熙四十七年（1708）皇太子允礽被废，其太子宝玺也为礼部收缴归库。康熙四十八年（1709），康熙又复立允礽为太子，此次允礽复立后所授的皇太子宝玺是否为康熙四十七年收缴归库的那方宝玺，抑或是重新镌刻者，不得确知。康熙五十一年（1712）太子允礽再度被废，被禁锢于大内咸安宫，皇太子宝亦再次夺缴。据清宫满文朱批奏折记载两江总督赫寿康熙五十一年十一月初三日请安折中称："康熙五十一年十月二十九日接礼部具奏后之咨文内开，皇太子之册宝既已毁，奏呈之笺停止可也。"❺可知本次废太子后，太子封宝已被销毁。

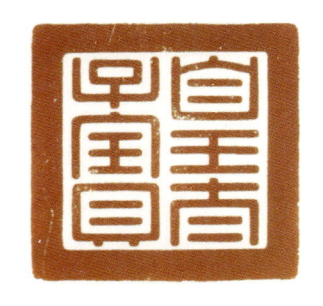

皇太子宝

肃亲王府（右）与饶余郡王府（左）选自《盛京城阙图》

盖"和硕雍亲王宝"的胤禛致年羹尧私信（局部）

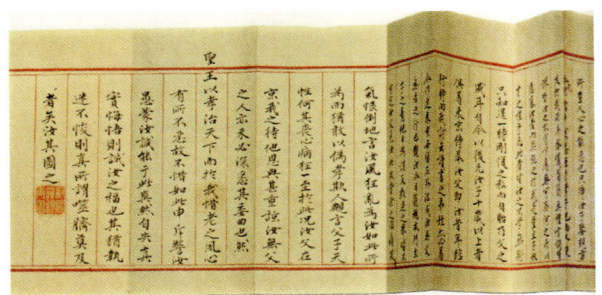

　　另，现北京故宫博物院存有一枚清皇太子宝的实物。该印"巴林石质，淡乳黄色，纽上盘五螭，长9.2厘米，宽9.2厘米，高7.4厘米。印文仅为汉文小篆体，无满文"。❶从清廷的皇太子宝玺制度分析，此印显然不是清廷册立皇太子的满汉文合璧的封宝，而是允礽作太子时的一方私玺。有学者将这方"皇太子宝"断为可能即是康熙十四年末初次颁赐允礽之信物，其说也似与清朝印章制度颇有冲突。实际的情况应该是：此印当为允礽作了太子后自己私刻的小玺。在清代，除了朝廷所颁册封印外，太子、亲王等还都被允许自刻一些汉文的封号私玺，或用于书画作品，或用于私人信件。这一习俗在清代相沿甚久，比如雍正作亲王时，就拥有"雍亲王宝"的石、瓷印等多枚，实物现存于北京故宫博物院。另外，我们从清宫档案的一份雍亲王给大将军年羹尧的私信中，可见盖有"和硕雍亲王宝"的

❶ 任万平《清代官印制度综论》，载于《明清论丛》第一辑，紫禁城出版社1999年。
❷ 《明史》卷116。

印鉴，亦可据以得窥彼时这种汉文封号私玺在日常文书中应用的情况。

康熙被两次立废太子事件搞得焦头烂额、身心交瘁，从此死心，不再明确储君的归属。康熙死后，众成年皇子为争储位，上演了世间最惨酷的骨肉相残的悲剧。胤禛嗣位后，惩于康熙末年皇子争储、兄弟相煎的前鉴，制定了秘密立储制度，以取代康熙朝明立太子制。清廷秘密立储制度，其制略为：皇帝生前秘密将储君太子的名字封存于密匣中，一份存于身边，一份放在乾清宫"正大光明"匾背后。当皇帝驾崩后，由顾命大臣拆封密匣，当众宣布储君姓名。此制度最重要的一点，就是有效防范了由于明立太子所引起的皇子争储、大臣结党败坏朝政的弊病。由于秘密立储，储君太子的身份不得公开，自然也不会举行太子册封之礼，因而皇太子宝也就没有存在的实际意义。乾隆帝曾于乾隆六十年（1795）九月公开永琰为皇太子的身份，奇怪的是却不曾见官书记载举行册封皇太子之礼，也未见有镌制或颁发皇太子宝的档案文献记载。因为三个月后，嘉庆元年（1796）正月初一，嘉庆皇帝就做了皇上。此后嘉庆帝、道光帝都曾施行秘密立储制，均为皇帝驾崩后方才揭晓，故清朝从此再也没有"皇太子宝"出现过。

再谈亲王宝、郡王印。

清代宗室王封爵制度系从明朝制度因革而来。《明史·诸王传序》载：

皇子封亲王，授金册、金宝，岁禄万石，府置官属。护卫甲士少者三千人，多者至万九千人，隶籍兵部。冕服车旗邸第，下天子一等，公侯大臣伏而拜谒，无敢钧礼。亲王嫡长子，年及十岁，则授金册金宝，立为王世子，长孙立为世孙，冠服视一品。诸子年十岁，则授涂金银册银宝，封为郡王。嫡长子为郡王世子，嫡长孙则授长孙，冠服视二品。诸子授镇国将军，孙辅国将军，曾孙奉国将军，四世孙镇国中尉，五世孙辅国中尉，六世孙以下皆奉国中尉。……❷

清朝最早明确诸王、郡王、贝勒封爵制度，始于皇太极崇德元年（1636）四月，《满洲旧档》记："二十三日，奉宽温仁圣汗之颁谕，分叙诸兄弟子侄功，册封大贝勒代善为和硕礼亲王，贝勒济尔哈朗为和硕郑亲王，墨尔根戴青贝勒多尔衮为和硕睿亲王，额尔克楚虎尔贝勒多铎为和硕豫亲王，贝勒豪格为和硕肃亲王，贝勒岳托为和硕成亲王，台吉阿济格为多罗武英郡王，台吉杜度为多罗安平贝勒，台吉阿巴泰为多罗饶余贝勒。"❶崇德四年（1639），封爵制度进一步完备，是年"八月己丑，授宗室为固山贝子、镇国公、辅国公、镇国将军、奉国将军等爵有差，各赐诰命。"❷

此后清顺治六年（1649）、康熙二十三年（1684）又先后对清代宗室的封爵有所规定，这种动态中的调整增补，直到乾隆十三年（1748）才基本固定下来。清朝依然施行王公侯伯子男爵位制度，清朝爵位分为宗室爵位、异姓功臣爵位、蒙古爵位。宗室爵位分为十二等，每等若干级。十二等大致可分为：亲王、郡王、贝勒、贝子、公、将军。蒙古爵位一般按照宗室爵位例，同时保留原来的蒙古尊号，有时在亲王之上依旧设立汗号世袭罔替。清朝的爵位分宗室、蒙古、功臣三种。清朝没有沿用明朝的藩王分省的制度，而是按照晋朝的宗王官于京师的制度，藩王不就藩地方，也没有爵土。清朝初年，摄政王岁俸三万两，辅政王一万五千两，亲王一万两，世子六千两，郡王五千两。不仅如此，有的王爷蒙恩宠，年支双俸，即年俸两万两。除了岁俸外，亲王、郡王还有俸米五千石、二千五百石。至于官员，有长史一人，散骑郎四人或三人，护卫亲王府二十人，世子府十七人，郡王府十五人。康熙六年（1667），清廷决定，皇子分封，各按爵位拨给府第、庄园等，此外王府下设长史、典

"怡亲王宝"印鉴

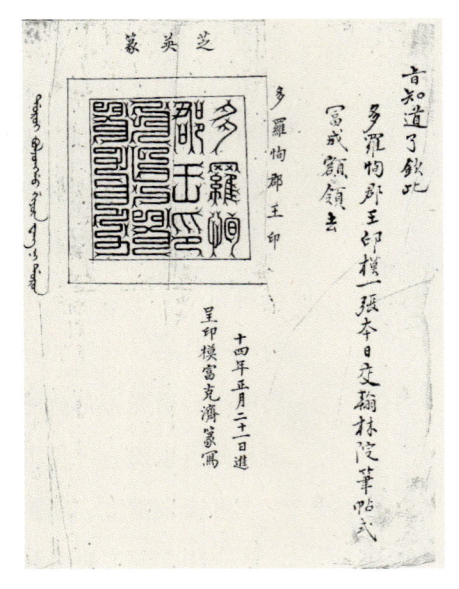

清宫"多罗恂郡王印"印模设计档案

❶《满洲旧档》（十）第 4761 页，台北"故宫博物院"影印 1969 年版。
❷《清太宗文皇帝实录》卷 48。
❸李光涛、李学智《明清档案存真选辑·二集·附：篆写满文》附录图之五，台北"中央研究院"历史语言研究所 1973 年版。
❹道光版《钦定中枢政考》卷 12。

卫、管领、典膳、司库、司匠、牧长等官，并有王府护卫等；王府里还设太监三四十名，加上吏役仆妇，一个王府里常有几百人。而王府庄园则有庄头等人常年打理，如睿亲王府在河北等省有地三十余万亩。

清入关前封授亲王，颁铸"玉柄金印"；入关后则一遵明制：亲王（包括世子）用金宝，郡王用镀金银印。咸丰十年（1860）册封亲王一度改用银质镀金，后因恭亲王突然被封王爵世袭，仍用金宝，从此又回到了旧例轨道上。

多罗定郡王镀金银印

清代亲王之宝、郡王的封印，历来只被视作一个册封象征物，例不允许用于公务文书。乾隆十三年（1748）大学士傅恒等在一份奏折中提到"亲王金宝、郡王金（饰）印，惟在各府遵奉，向无钤用之处"。❸诸王府行文也不能用王印（宝），即使遇到行文该旗事件，也要由王府中的长史办理，用包衣参领的关防钤盖。❹王府中的各级官吏都有相应的职官印信图记。笔者在整理清代新整内务府杂件时，见过一份档案上盖有汉篆"肃王府收租图记"印。

清太宗崇德元年（1636）皇太极册封诸王时礼仪尚简，至康熙十二年（1673）经以进一步细化，终形成了一套完整的册封诸王的礼仪。《大清会典事例》记载其仪制大略如下：

凡册封亲王暨亲王世子册宝皆金制，郡王册印银制饰以金。以领侍卫内大臣、内大臣、散佚大臣充正使，礼部侍郎、内阁学士、翰林院学士充副使。

……

先期，由礼部行知王等门上及各该衙门。是早，鸿胪寺官设节案于太和殿丹陛上正中，设册宝印案于左（郡王长子以下设节案，册案设于阶下）；銮仪卫设采亭于礼部堂上。仪制司官奉节陈册宝、印于亭，校尉舁行，由长安门入，至太和殿阶下，亭止，奉节册宝印升阶，陈于案。正副使及执事官朝服俟于丹墀，礼部侍郎升东阶，就节案左立，正副使升东阶，诣案前北面跪。礼部侍郎举节西面授予正使，正使受节偕副使兴，仪制司官奉册宝、印于陈于亭。正使持节先行。礼部官二员前引，校尉舁亭前引御仗。副使及执事官员皆乘马，鼓吹前导。诣王等府第，是时府属官役豫设节案于府堂内正中，前设香案，左设册宝、印案（郡王长子以下不设印案）。设乐于仪门内，设仪卫于庭。正副使等将及府门下马。正使持节前入，册宝亭随入，乐作。受封王等率所属官朝服迎于大门外道右，跪，候过随入，乐止。正副使及礼部官升自中阶，东节中案，陈册宝、印左案。正副使就案东立，宣读官及礼部官立正副使后，均西面。府属引赞引王等升西阶，就拜位北面立。乐作，行三跪九叩礼，乐止，兴，进至香案前跪。礼部官诣册案展册，宣读官西面宣读讫，以册授正使，正使授王等。王等祗受，转授从官，从官司跪接，兴，陈于案。次宣宝、印，副使奉授王等，王等

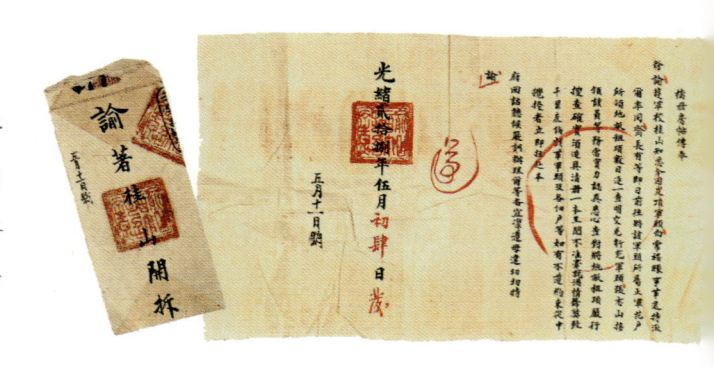

清末王府照片

清代王爷谕帖及封套

❶ 详见《光绪会典事例》卷307。
❷《光绪会典事例》卷271。
❸《清世祖实录》卷32。
❹《雍正会典》卷1。
❺ 中国第一历史档案馆藏内务府奏案05-304-33。

祗受仪如之。正副使等皆复位，立。王等退至拜位立，乐作，行三跪九叩礼毕，乐止。正使持节出，副使及执事官从出。王等跪送如初迎仪。❶

皇子宗室的官印皆按爵位颁铸，其规格为：和硕亲王金宝，龟钮，平台，方三寸六分，厚一寸，用五成金；亲王世子金宝，龟钮，平台，方三寸五分，厚一寸，用四成金；多罗郡王镀金银印，麒麟钮，平台、方三寸四分，厚一寸。清入关后顺、康、雍时期的亲王、世子宝及郡王印均为满楷汉篆合璧，汉篆用玉箸篆；乾隆十四年（1749）均改为满、汉芝英篆合璧。❷

至于亲王、郡王印文的书写，清朝却并未全抄明朝旧章。顺治四年（1647）五月，礼部奏言："查诸王印文例，故明亲王用一字，郡王用二字。本朝诸王印文，或照前朝篆给，或照封号全写？"得旨："一朝有一朝之制，不必照故明止用一字。我朝诸王印文，照封号全写。"❸

顺治九年（1652），礼部题准："我朝封王，以本王素行为号，与前代以地名为号者不同。以后嗣王袭封、换给新册，暂用旧宝印，赐封号后，另铸实印换给。"❹

亲王、郡王的宝、印内容的制式统一为"和硕×亲王宝""多罗×郡王印"，如"和硕怡亲王宝""多罗和郡王印"等。在清代，铸造一方亲王封宝的花销颇为不菲，乾隆三十七年（1772）礼部报销熔化库存的一颗定亲王金宝，系五成金，重达二百三十七两。❺

第十一章 清代中央衙门官印

一、内阁、军机处官印

清代国家中枢机构权力最高的衙门,初期为内阁,中晚期以后为军机处。这两个机构都有所颁的衙印,而其衙印的制式与规格却又异于寻常,仅从官印的角度来看,这两个机构的官印都略带些"非正常"官印的味道。

1、内阁

在清代,内阁始终是最重要的国家中枢机构之一。

历史上内阁制度出现于明代,与唐代的中央三省制度颇有渊源。

在清代,军机处出现前内阁是清廷首席辅政中枢机构。《大清会典》记内阁大学士职掌:"掌议天下之政,宣布丝纶、厘治宪典、总钧衡之任,以赞上理庶务。凡大典礼,则率百僚以将事。"❶ 为示郑重,"世祖章皇帝曾下谕旨:'诸凡官民不准私自进入',雕刻牌匾,悬于门上。"❷

实际上,入关后,清廷对内阁的设立与使用基本是沿袭了明朝的制度,这一点,从明清两代的内阁官印制度沿

---

❶《光绪会典》卷2。
❷ 中国第一历史档案馆译编《雍正朝满文朱批奏折全译》第2472页,黄山书社1998年版。
❸《明史》卷27。
❹《明世宗实录》卷199。
❺(明)沈德符《万历野获编》上册,卷2,第59页,中华书局1959年版。
❻《大明会典》卷221。

革史上可见其端倪。

明初内阁创制，是从皇帝翰林院的文学侍从开始的。明洪武十三年（1380）废中书省，罢丞相之设。其后，虽然使皇权集中，但朱元璋因直接阅览奏疏、处理政务，开始深感不便和辛苦，为了填补废除中书省后职官设置上的空白，遂尝试仿宋制设殿阁大学士，以为皇帝顾问，襄理助政。此即为日后内阁创制的嚆矢。

史载："成祖即位，特简解缙、胡广、杨荣等直文渊阁，参预机务。阁臣之预机务自此始。然其时入阁者皆编、检、讲读之官，不署官属，不得专制诸司。诸司奏事，亦不得相关白。"❸ 这一时期的值阁学士们品级不高，工作内容与场地也不固定，其性质大约与后金时期的文馆以及清康熙时期的南书房中文士学臣们相似。景泰时期，内阁下面设立了制敕房、诰敕房，各房中下设中书舍人等，规制渐备。正统七年（1442）四月，翰林院在鸿胪寺旧址上建成，其他学士属员正式从文渊阁迁出，文渊阁成为值班阁臣们固定的办事处所。嘉靖十六年（1537）四月，"以内阁规制未备，命太监高忠率官匠诣阁，相计修造事宜"，又"以文渊阁之中一间，恭设御座，旁四房各相隔，而开户于南，以为阁臣办事之所。阁东诰敕房内装为小楼以贮书籍，阁西制敕房南面隙地，添造卷棚三间以容各官书办，于是阁制视前称完美矣。"❹ 从此，文渊阁成为了内阁的办公地，由文渊阁大学士掌领。

明朝内阁未设专门阁印，也不颁授内阁大学士职印。六名殿阁大学士中，论资排辈设一名内阁首辅。即使贵为内阁首辅，也无职印。

然而，内阁却有一枚皇帝特赐的衙印，即文渊阁印。《万历野获编》云："内阁大学士位不过五品，而所用文渊阁印，仅一寸七分，略似御史巡方印，乃亦用银，视一二品，其重可知，且玉箸篆文，与主上御宝相埒，宜其权超百辟也。"❺

"文渊阁印"通常由首辅内阁大臣掌管，只用于对皇帝上奏，不得用于与各衙门的文书。明制规定：内阁"凡机密文字，钤封进呈（皇帝），至御前开拆"，即用"文渊阁印"；"其余公务行移各衙门，皆用翰林院印，而各衙门章奏文移，亦止日行翰林院。"❻

此外，作为一种特权与殊荣，有时皇帝还会赐给内阁秘臣们一些私章，允许他们以之秘揭封章上奏。史载：明世宗曾先后赐重臣杨一清等人"耆德忠正""学博才优"等私章，神宗时期，也曾赐张居正"帝赉忠良"小印。❶

明代殿阁大学士品秩仅为五品，依例应用铜印，然为示以尊重，朝廷特铸给"文渊阁"玉箸篆银印；另一方面，却又故意减其尺寸，通常情况下，五品官印应为"方二寸四分，厚四分五厘"，而"文渊阁"印仅"方一寸七分，厚六分"，边长略小而厚度加大。这被看作是明代统治者的用心良苦、抑扬兼备的故意为之。

需要指出的是：在明朝，内阁始终并不是一个正式官署，文渊阁印也非典型的官衙之印，它并不被允许用于衙门间的行文上，而只能专用在大学士们封进题奏等章疏；如果内阁要想行文各部、院，只能借用翰林院印钤盖。清人孙承泽《春明梦余录》云："文渊阁印章玉箸篆，凡封进诏草题奏揭帖用之，不得下诸司，即下诸司以翰林院印行，诸司行内阁亦止称翰林院。"❷

清朝的内阁制度可上溯到入关前后金时期的书房（文馆）和内三院。

书房（满文：bithei boo），汉文译作"笔帖赫包"，一般常译作"文馆"。其制始于清太祖起兵之初,据史载：明万历十九年(1591)正月，努尔哈赤"遣巴克什阿林察赍书叶赫贝勒布寨、纳林布禄，命当面诵之"。❸其"巴克什"一词，即为当值书房，掌管文牍、充当书记顾问之人。皇太极即位后，沿用故事，文馆中的任职者多是当时稍有学问或被授武职的儒生，数量近十人，并各自始有分工。天聪三年（1629）"夏四月丙戌朔，上命儒臣分为两直（值），巴克什达海同笔帖式刚林、苏开、顾尔马浑、托布戚等四人翻译汉字书籍，巴克什库尔缠同笔帖式吴巴什、查素喀、胡球、詹霸等四人记注本朝政事，以昭信史。"❹这些人的工作，主要为从事翻译汉文典籍和记录国家政事，或备为"顾问"。

皇太极崇德改元（1636），将文馆改为内三院，分别是内国史院、内秘书院、内弘文院。具体分工为：内国史院负责记注诏令，编纂史书，撰拟表章；内秘书院负责起

❶（清）龙文彬《明会要》卷24。
❷（清）孙承泽《春明梦余录》卷23。
❸《清太祖实录》卷2。
❹《清太宗实录》卷5。
❺《光绪会典》卷2。
❻《清史稿·职官一》卷114。

草外国往来书状及敕谕；内弘文院负责注释历代行事善恶，对讲御前，讲侍皇子，教诸亲王。之后，清廷又于内三院各置大学士。

顺治十五年（1658）内三院改称内阁，大学士加殿阁衔。康熙初一度恢复内三院，旋又改回内阁，从此不再变易。乾隆以降，清廷确定内阁大学士满汉各二员，协办大学士满汉各一至二员；学士满六员、汉四员；大学士各兼以殿阁衔命名。从此，内阁进一步确立了中枢的核心地位，其功能为："掌议天下之政，宣布丝纶、厘治宪典、总钧衡之任，以赞上理庶务。凡大典礼，则率百僚以将事。"❺

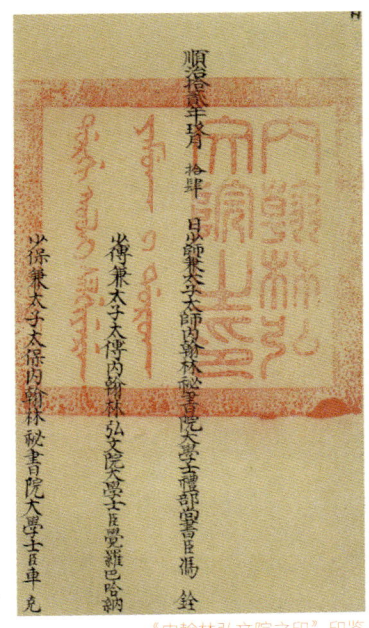

清代内阁大学士初期时沿用明制，也为五品，后来不断提升，雍正八年（1730），满汉内阁大臣最终均定为正一品，这也意味着内阁也已提升为一品衙门。但"内阁为典掌丝纶之地，自大学士以下，皆不置印，惟典籍（厅）置之，以钤往来文书"。❻

清初入关前，无论"文馆"，还是内三院，均无官印。至顺治十二年（1655），清廷始正式铸颁内秘书院、内国史院、内弘文院银印三颗，其下属机构中书科等也铸有满汉合璧的铜印。然顺治十五年（1658）内三院合并为内阁后，清廷下谕将内三院及其下属机构的印信全部上缴销毁，改铸内阁典籍厅铜关防一颗，从此，内阁的部院一级的官印永远消失了，其内外行文均用其下二级单位典籍厅的关防。内阁典籍厅以从二品的学士领衔，理论上为二品的内部机构。然而，内阁典籍厅原为常设机构，清廷却故意将其官印铸刻为关防，显然别有深意。常设机构的官印不用"印"而用临时性的"关防"已属意外，而同为二品的巡抚（有侍郎加衔者为正二品）的官印按例应用银质官印，则内阁典籍厅"关防"独降用铜铸，则更属别有用心。大衙小印的升降变换，是清朝统治者有意为

"内翰林弘文院之印"印鉴

阁臣

之的一种策略,藉此可知清廷效仿了明廷,刻意对内阁加以抑制,以防中枢大权旁落。

清代内阁典籍厅用印的中书有掌印、帮印之分,清人汪厚石《典籍厅任事》诗中记其事云:"掌印帮班等样官,平明满汉一厅攒。考勤簿子亲书押,要送兼厅侍读看。"诗下自注云:"满、汉典籍各二缺,余皆别堂来兼理者,满侍读学士、侍读兼厅,则为厅官之长。"❶

清代内阁下属机构十分庞大,下设典籍厅、满本房、汉本房、蒙古房、满票签处、汉票签处、诰敕房等十多个下属机构,一些下属机构也均不配套官印,对外发文,也要统一借用典籍厅关防。从现存清代档案来看,清朝内阁典籍厅关防的使用,实际上有个很大的外延空间的存在。民国时期曾参加过内阁档案整理的徐中舒提到:"修书各馆有些不属于内阁,如玉牒馆属宗人府,方略馆属军机处,武英殿属内务府,然各书修纂,内阁大学士例得派充监修总裁官。其余的有些完全是内阁的附属机关,如我们在内阁档案中,往往看见'内阁实录馆''内阁三礼馆''内阁三通馆''内阁一统志馆''内阁明纪纲目馆''内阁八旗满洲氏族通谱馆'等称,这都是明白属于内阁的。"❷清人汪厚石《典籍厅任事》诗注中记典籍厅用印佚事云:"印单印簿缝钤存,启钥开箱昼继昏。始识相公多摄事,十才一二本衙门。"❸据此可知,每日内阁典籍厅用印公文,百分之八九十都是其他衙署在借印行文。

宣统三年(1911)新改组的内阁终于有了自己的"印",是年四月二十日,新内阁大臣奕劻等上奏:"伏念内阁为国务总汇之区,责任至为重大。现当规制缔造之始,政事尤极殷繁,亟宜铸造印信以资钤用而昭信守。拟请饬下礼部按照制度迅速铸造阁印一颗,文曰'内阁之印',一俟颁发到阁即开用。"当日奉旨:"依议。"❹

2、军机处

除内阁外,清朝另一个后来居上的重要辅政中枢机构是军机处。

清入关后,内阁通过票拟批本的方式,协助皇帝参与

❶ (清)陈康祺《郎潜纪闻初笔、二笔、三笔》下册,第692页,中华书局1984年版。
❷ 徐中舒《再述内阁大库档案之由来及其整理》,原载1934年《中国近代经济史研究集刊》卷2第2期。
❸ (清)陈康祺《郎潜纪闻初笔、二笔、三笔》下册,第692页,中华书局1984年版。
❹ 中国第一历史档案馆藏《宣统朝上谕档》第1531盒第5册。

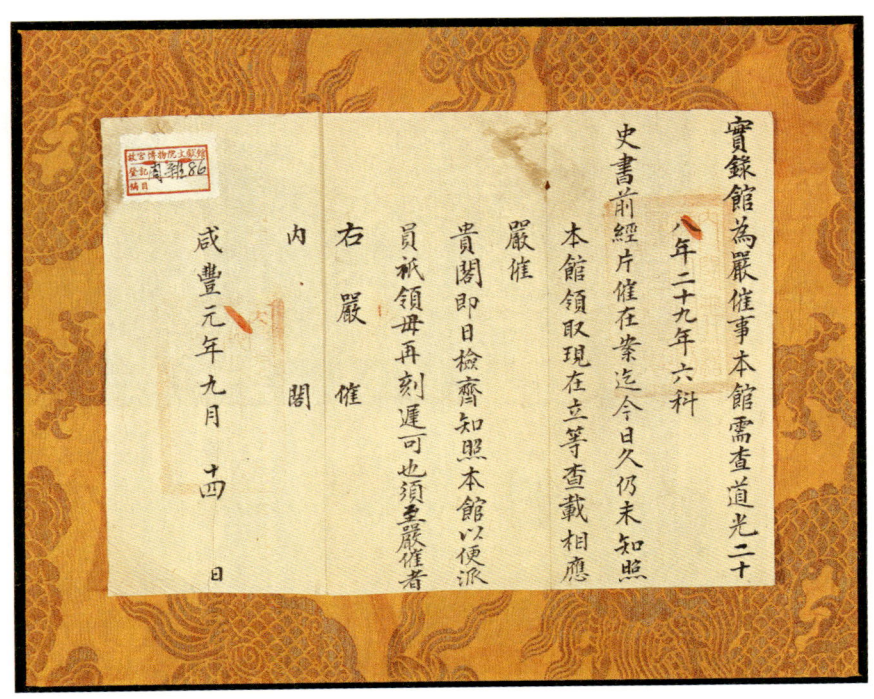

盖"内阁典籍厅关防"内阁文书

议政，同时具体承担着处理庞大帝国的庶务的实际操作，成为名副其实的帝国政务中枢。但为了防止皇权旁落与潜行削弱，清廷一如既往地警惕着，不断地强调阁臣的顾问身份，并制定了相关的制度。清初，内阁日渐强大后，也出现了与明朝当年中书省（内阁）、丞相（内阁大学士）一样的问题，统治者发现在皇帝与六部等国家机构之间形成了一个隐在的隔热层，影响了二者间直接的联系。最显著直观的一点表现为：京内外各衙门官员所上题奏皇帝的批复（批红），实际都是内阁的代笔，内阁俨然已成了皇权的前台身影形象，而隐身于后台操纵的皇帝，却容易被人忽略。百衙官员们每天忙于讨好应付内阁，眼里只有阁臣没了皇帝，与皇帝的关系自然会有所疏离，这恰恰是为君者最为忌讳的。

为了防范，康熙帝亲政后即开始采取新的措施，他又聚集了一拨文学侍从，在乾清宫内搞了个"南书房"，初期也与后金当年的"文馆"一样，名曰文学侍从，实则参与议政，从而客观上出现了内阁以外的一个临时"内阁"。南书房的侍臣们，品级未必有内阁大学士们高，也没有正式衙门与关防印信，但他们都是皇帝亲信，它的存在对于内阁来说

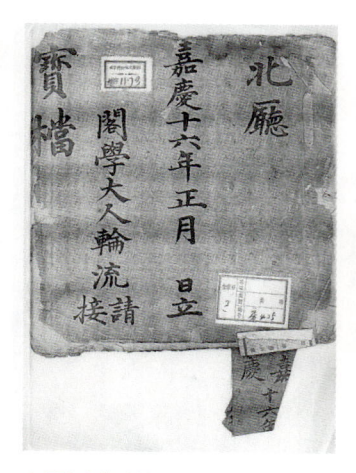

内阁守印值班档

清内阁大库

无疑是一个警戒或提醒。

  自康熙初年起，除了以例常的题奏本章公开处理国家庶务外，一些政事特别是机密事务，又开始以秘密奏折的形式，绕开内阁与通政使司的办理程序，直达御前；皇帝在奏折上的批示也不假内阁之手，而是直接在折上亲笔朱批，并直接寄回上奏者的手中。到了康熙中后期，这种秘密小折的形式开始流行起来，康熙五十四年（1715）十月，谕大学士松柱等："尔等但观折本而已，其余事件实不暇览。朕于各处奏折内朱笔谕旨，皆出自朕一手，并无代书之人，此番出巡，朕以右手病，不能写字，用左手执笔批旨。所以凡所奏事件，惟朕知之，奏者知之，此外无有知之者。凡所批谕旨，朕处并无底稿，证据俱在奏事之人。倘或语泄，亦系原奏之人泄之。朕听政年久，未尝失信于人也。"❶据后人研究："就现存的康熙朝宫中奏折计，汉文奏折有近一千件，满文奏折八百余件。"❷

  南书房与朱批奏折的出现，给后来军机处的应运而生创造了契机，当然，这个契机的加持，还要算上议政王大臣会议的式微。

  清初朝廷议政以王大臣会议为重要的方式，它是后金时期军事民主议政制度的遗孓。崇德二年（1637）皇太极正式成立议政王大臣会议，其会议场所称会议处。议政王

❶ 中国第一历史档案馆整理《康熙起居注》，第2203页，中华书局1984年版。
❷ 徐艺圃：《试论康熙御门听政》，《故宫博物院院刊》1983年第1期。
❸ （清）赵翼《檐曝杂记》卷1，第1页，中华书局，1982年版。
❹ 《清世宗实录》卷1。
❺ 张德泽《清代国家机关考略》第17页，中国人民大学出版社1981年版。

大臣会议，一直是清朝皇帝集权统治的一个窒碍，随着时代发展，配合御门听政的九卿会议等议政形式日渐成熟并无可替代。另外，康熙、雍正惩于顺治朝的摄政王多尔衮以及康熙初年鳌拜等辅政大臣把持朝政、威胁皇权的前车之鉴，一直在不遗余力地抑制、压缩八旗王公世臣的权力空间，导致王大臣会议在雍正初年已名存实亡。

关于军机处的发轫，清人赵翼《檐曝杂记》谈到："军机处本内阁之分局。国初承前明旧制，机务出纳悉关内阁，其军事付议政王大臣议奏。康熙中，谕旨或有令南书房翰林撰拟，是时南书房为最亲切之地，如唐翰林学士掌内制也。雍正年间，用兵西北两路，以内阁在太和门外，僚直者多，虑漏泄事机，始设军需房于隆宗门内，选内阁中书之谨密者入直缮写。后名'军机处'。地近宫廷，便于宣召。为军机大臣者，皆亲臣重臣。于是承旨出政，皆在于此矣。"❸

军机处的出现并在以后事实上取代议政处而成为中枢决策机构，有一个渐进的过程。康熙六十一年（1722）十一月十四日，康熙驾崩的第二天，继位的四阿哥胤禛"命贝勒允䄉、十三阿哥允祥、大学士马齐、尚书隆科多总理事务"，❹设立了总理事务处。三年后，胤禛服丧期满，加之八阿哥允禩等挟私作对事发，于是雍正帝借机宣布结束了总理事务处，裁撤总理事务王大臣，开始对允禩等进行政治清算。议政王大臣会议又开始回苏，成为主要的议政机构。但之后，由于议政处人浮于事，执行迟缓，效率低下，雍正渐生不满，于是开始策划新的议政机构。

军机处的出现，与雍正初年清廷在西北用兵有着直接关系。就在雍正整饬议政处的同时，清廷决定用兵西陲，并于雍正四年（1726）简派王大臣等参与密办军需、军务，号为"办理军需大臣"。在中央，雍正命管理户部事务之和硕怡亲王允祥，大学士张廷玉、蒋廷锡等集中办公，指挥北路军需的一应事宜；在地方，则授年羹尧、岳钟琪等专理西路军务。随着西北用兵的军需调拨、奏销等具体事务日益增多，雍正七年（1729）年初，清廷设立办理军需事务处，简称办理军需处，俗称户部军需房。雍正八年（1730）五月，怡亲王允祥病逝后，大学士马尔赛接任其职。据考：是年，办理军需事务处正式改名为军机处。❺

军机处的设立，既是对满洲贵族王大臣议政处的宣判，也是雍正改革中枢决策机制、吸纳更多汉臣进入决策机制的大胆改革。乾隆即位之初，军机处曾一度裁撤，但乾隆二年（1737）十一月又复设。从此，军机处一路高升，后来成为超越内阁、赞襄军国重务的领袖中枢机构。

军机处在功能上与内阁颇有同工之处，所谓"掌军国大政，以赞机务"。❶但也有区别：军机处本质上一直属于差务性机构，既无公署（仅有值房），亦不设役吏，充其职任者均由大学士、尚书及各内阁及各部院衙门中书、主事等兼职。因为不是国家常设官衙，雍正、乾隆两朝的《会典》中甚至都没开列军机处。自乾隆以后，军机处逐渐具有了常设的趋向，职权也不断扩大，嘉庆修《会典》时始将其写入，但军机处的属性以及内部各级职官，始终还都是差务的性质。这一点，仅从军机处官印用"记"，就足以证明。

与内阁被迫使用内部的下级典籍厅关防之憋屈窘态形成鲜明对比，清廷对于军机处的官印的颁授也暗寓用心，别出机杼。军机处乃一品衙门，虽属临时性机构，但其衙印最初却被特例允许使用方形银印。雍正十年（1732）三月初三日，大学士等遵旨议奏："办理军机处密行事件所需钤封印信。谨拟'办理军机印信'字样，移咨礼部铸造，贮办理军机处，派员管理，并行知各省及西北两路军营。"但到了乾隆时期，情况又发生变化。乾隆恢复军机处后，重新换铸了满汉篆合璧的新印。此印已非旧制的方形的"印"，而改为了长条形状的"记"。"其文曰：'办理军机事务印记'，两旁镌刻年月字号：一曰'乾隆十四年正月日造'九字；一曰'礼部造'三字；一曰'乾字一百二十九号'八字。"❷

如果套用清代官印制度，军机处的官印，在严格意义上来说，其规格近乎"条记"。清朝官印制度规定，"印"与"条记"（有时也略为"记"）属不同级别的官印，"印"通常高于"关防""图记"，而"条记"又低于前两者，处于整个官印食物链的最底端。而清统治者将"印"与"条记"合为"印记"，并以银铸之（按规定，三品以上的"印"才可以用银，而所有的"条记"均为铜铸），在整个清代官印制度上仅此一例，并给人一种不伦不类的感觉。当然，

❶《清史稿》卷114。
❷（清）梁章钜、朱智《枢垣记略》卷13，第129页，中华书局1984年版。

臣慶　臣董　臣戴謹

奏為遵

旨議奏事本年二月初三日據吏科掌印給事中曹
錫齡奏嗣後軍機處請用印封應責成大臣督
同章京在於軍機堂次第鈐用並專設號簿一
本如一次印用若干套於簿內註明總數及遇
發交
廷寄再將用過細數逐日登記如此則遺失暨一
切獘端可以不禁自除等因奉
旨軍機大臣議奏欽此　查軍機處印信向來鈐用
印封均交兵部加封始能分遞各省與各部院
印文自行封發者不同而兵部司員領取印文

嘉慶十五年关于军机处印的使用
着设簿登记的上疏（局部）

清军机处值房

乾隆将军机处的官印改为"印记"，显然也是清朝统治者重演为防范皇权旁落而有意抑制的故技罢了。乾隆对军机处始终戒心重重，乾隆十四年（1749）乾隆修《会典》之际，监察御史冯元钦曾专门上奏请求军机处改名枢密院并载入《会典》，乾隆朱批云："本朝内外官职，俱已大备，载在《会典》，皇考时设立军机房，不过以为承旨办理机务之地，并非独重其权、显为官职也。今朕因之亦云诸泉不忘之义耳。冯元

钦此奏未识体要，其还之。该部知道。"❶

此外，为了有效控制，清廷还就军机处印记的管理使用制定了严格的防范措施。其制度复杂而周密：银质、尚方大篆的"办理军机事务印记"并不由军机处本处掌管，而是存放于大内的内奏事处，其印钥由领班之军机大臣佩带，遇有应用盖印文书时，值日的军机章京要先向军机大臣处请领印钥，然后即亲到内奏事房向内奏事太监请印，用印钥开启印匣用印，用毕即时将印入匣锁好，送还大内。每次请印钥，必须以印牌为质，该金印牌宽约五分，厚一分，长约两寸，上镌"军机处"三字，由值日章京佩带，封印后由领班章京佩带。

军机处每日具体用印，"向即在满汉章京直（值）房，由章京等督同苏拉供事人等当面钤用。耳目甚多，察照甚近。其有存剩备用者，亦由满汉章京每日交班收管，不致有遗失舛误等情。"❷

此外，清代军机处没有专门再设行在印，每遇皇帝出巡，向例于前一日将军机处印记请出，交领班军机大臣管带随驾出行，回銮之日即行送回大内。乾隆时期军机章京管世铭曾作《扈跸秋狝纪事》诗："欲印紫泥先请钥，亟翻夹袋出金牌"句。其诗尾注："机庭印钥例由大臣中行走最前者佩带，取用以金牌为合符。"❸

军机处内所设的军机大臣和下辖的军机章京，包括下属的方略馆、翻书房等机构，亦均不颁授相关的职印与下属衙印。这一情况与内阁颇为相似，偌大的一个权力机关，只允许一枚标志性的衙印（记）的存在。

军机处用印的规定十分严苛，条例完备。道光三十年（1850）军机大臣祁寯藻等曾奉旨酌拟军机处章程九条，其中多涉及军机处用印条例，特抄示如下：

一，军机处应立《用印簿》，于用印之日，满汉章京

军机大臣

"烟云供养"印鉴

❶ 中国第一历史档案藏官中未批奏折 04-01-01-0170-006。
❷ 中国第一历史档案馆藏《嘉庆朝上谕档》第849盒，第2册。
❸ （清）梁章钜、朱智《枢垣记略》卷20，第250页，中华书局1984年版。
❹ 《清文宗实录》卷21。

内轮派一员监印，登簿画押。用过印封、印花数目于下一次请印时核对。

一，兵部送来印花数目，应与用过数目详加核对。

一，字寄（廷寄）中遇有机密查办事件，于承旨后，派章京一二员在堂上缮写密封呈递；发下后，仍由堂上用印，封交兵部领去，将底稿押封封记，俟查办事竣，再行拆封登档。如有泄漏，查明缮写之章京严参。

一，逐日改定草稿，应责成每日该班章京与领班章京，共同检齐焚销。

一，每日明发谕旨同奏折交内阁发抄，寄信印封、夹板交兵部驿递；速议事件，交各衙门领去。应严饬各衙门仍遵照旧有堂谕，承领事件人员未到传领时，不得进军机直房，违者参处。并严禁各衙门人员，不许在军机堂并章京直房阶外附近处所站立窃听。

一，方略馆值宿章京佩带请印金牌，接收各处文书，关系较重。应责令稽查馆上、库上一切事务，不得旷班贻误。

一，军机堂章京、直房苏拉人等，由堂司随时稽查；其方略馆供事、苏拉、厨役，应责令满、汉提调、收掌各员认真稽查。毋许任意出入、滋生事端。仍密访如有串通在外闲人将补授官员等事事先送信报喜者，即行革役究办。

一，隆宗门内军机章京直房后身另有小门空院，恐供事等于此传递透漏消息，应请将此门封闭，以昭慎重。

一，军机册档二分（份），一存方略馆，一存圆明园。该章京等在内该班，不及兼顾园中直房，应片行圆明园八旗值宿官、兵丁小心守护，如有应行取用档案，开单交片提取，派员领回，从之。❹

由于军机处距内宫更近、办事的效率远超内阁，故自它出现后，逐渐取代内阁，成为皇帝之下的第一重要中枢机构。到晚清时，内阁已沦落到形同在军机处指导下的具体办理例行政务、颁发文告的机构。光绪二十七年（1901），清廷废止了题本，从此内阁更成为了"冷衙闲曹"，其公署仅成为了贮存档案之所（内阁公署比邻内阁大库）。宣统三年（1911）四月，责任内阁成立，旧内阁终于停废。由于新责任内阁的印还未来得及铸就，虽然原内阁典籍厅的铜关防也还在，清廷却弃而不用，反倒是暂时借用了原军机处印记来行文。在新内阁之印铸造成并开启使

用后，原军机处银印记与原内阁典籍厅铜关防，一齐被清廷"饬由厅局，分别销毁"。❶

新的责任内阁兼具前内阁与军机处的功能，其印信为方形的正印。大清历史上第一次出现了国家首席中枢机关的正"印"，但此时清朝的国运已走到尽头，翌年，大清帝国在"辛亥革命"的隆隆炮声中覆亡了。

二、各部院及九卿官印

最能体现清代官印规范与典型精髓的，无疑在部、院九卿官印系列。

所谓九卿，是包括六部和理藩院尚、侍，以及都察院都御史、大理寺卿在内的通称，习谓大九卿；又有小九卿，一般指宗人府府丞、詹事府詹事、国子监祭酒、太常寺卿、光禄寺卿、太仆寺卿、鸿胪寺卿、左右春坊庶子及顺天府府尹等。实际历史上关于大小九卿的界定，说法颇繁，也不尽固定确切。对清人而言，将中央各部、院、寺衙门合称为九卿衙门，是一种常识，也是一种普遍被接受的定义。

清入关前，即已设有吏、户、礼、兵、刑、工六部，以及都察院、理藩院（早期又称蒙古衙门），与内三院合称三院八衙门，构成了国家政权基本的中央政府主体机构。清入关后，在沿袭明代制度基础上，对六部作了进一步调整与完善。六部设尚书（正职）和侍郎（副职），尚书多由大学士兼管，一满一汉；侍郎有左右之分，亦各一满一汉；部以下按司、处、房、厅、所、馆中分别设有堂主事、郎中、员外郎、主事以及司务、笔帖式、额外郎中、额外员外郎、额外主事、七品小京官等职。各下属机构与人数根据各部事务的繁简、多少而各有参差。每档的官缺中，宗室、满、蒙、汉旗并汉人都有一定比例。各级机构各有印信，条理清晰不紊。

清六部（包括盛京五部）用银印，直钮，二台，方三寸二分，厚八分，满汉文合璧，九叠篆；其下属各司印则为铜质直钮，方二寸四分，厚五分，满汉文合璧，九叠篆。按规定，各司下的各局、房、厅、处，凡设印者，各依衙门的品级，分别

❶ 中国第一历史档案馆藏《宣统朝上谕档》第1532盒，第2册。
❷ 《光绪会典事例》卷321。

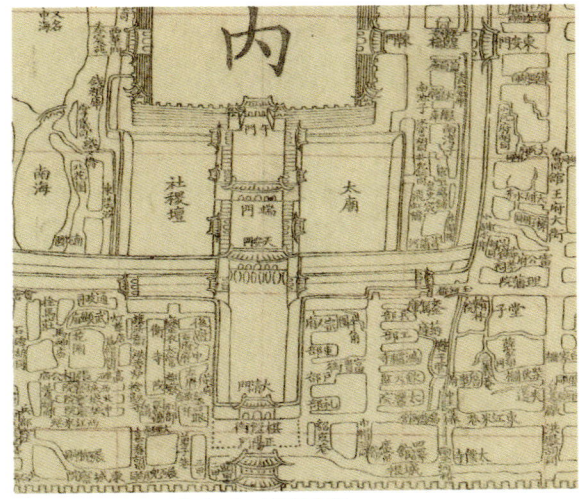

《京城全图》中各部院衙门位置

"户部之印"印鉴

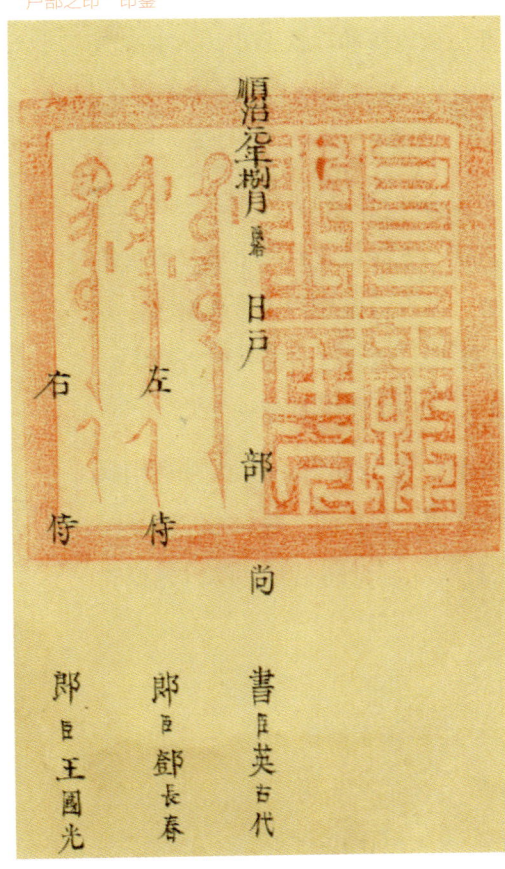

领授或使用"印"，或"关防"，或"记"。❷

在清代，理藩院是一个专管边疆民族事务的机构，具有与六部同等的地位，设有尚书、侍郎。理藩院所用官员均系满人或蒙古人，笔帖式中兼有汉军八旗，但绝无汉官。因此，理藩院的银印印文由三种文字合璧而成，满、汉皆篆书，蒙古文则不用篆书，其印制与六部略同。

在清代还有一个辅助内阁沟通信息的特殊部门——通政使司。清制，凡各省进呈题本，均由该司校阅后汇送内阁，同时将随题本附送的揭帖（题本的副本）通报给与事由相关的部科。在校阅中发现有书写违式或呈递逾期者，则依例提出弹劾。通政使司用银印。

另外，清中央还设有各院、寺、府、监，虽然职掌上颇有交叉，但它们都是并列的独立机构，各自向皇帝负责。按工作内容分类，首先与礼乐有关的，包括太常寺、光禄寺、鸿胪寺、乐部等。太常寺是为朝廷祭祀、祭典执掌礼仪，备办祭器、祭物的；光禄寺专办各种宫廷筵宴、奠筵、斋筵，为参加"年班"的蒙古各部首领及西藏的达赖喇嘛和班禅额尔德尼来使提供食品，逢

中编：印典分征

大祀时监督牲畜宰杀，向皇帝进福酒、福胙，祭毕向各衙门颁胙；鸿胪寺"掌朝会燕飨之礼"，导引官员站班；乐部设于乾隆七年（1742），为配合祭礼、朝会、燕飨演乐而设；太仆寺专责马政，在口外设有马厂，每年皇帝谒陵、木兰行围、巡幸及其他用途需要马匹时，由兵部核定数额拨给。

刑事方面，"掌平天下之刑名"的大理寺则独立为衙，它与刑部及都察院，构成所谓的"三法司"。

在文教方面，清代设有翰林院，内设掌院学士、侍读学士、侍讲学士、侍读、侍讲、修撰、编修、检讨等职，负责陪侍皇帝充当学术和文学顾问，参与各种敕撰书籍的纂修，草拟祝文、册签文、谕祭文，并充当乡、会、殿试考官等事宜；詹事府在明代是"辅导太子"的东宫属官，康熙初因立太子而设立，后因两废太子裁撤，乾隆十八年（1753）清廷将其恢复，作为翰林院词臣转迁之平台；国子监又称太学，是教肄贡监生的地方，下设监事大臣、祭酒、司业、监臣等职。钦天监，从事观测天象，制订历法；太医院是为内廷提供御医，兼奉派给王公大臣、外藩、军营看病所设的医疗机构。

《大清会典》记载：各院、寺、司皆有印信。理藩院、都察院均为银印，二台、方三寸二分，厚八分，直钮，九叠篆文；詹事府、通政使司、大理寺均银印，直钮，方二寸九分，厚六分五厘；太常寺铜印，方二寸七分，厚九分；鸿胪寺、国子监，铜印，方二寸五分，厚六分。钦天监、太医院，铜印方二寸四分，厚五分。以上均九叠篆文。❶

各院、寺、司虽然行政独立，但由于各衙门品级不一，反映在印制规格上也各有高低。比如钦天监、太医院印，与六部下各司之印则是同一规格等级的。其内部官印的制度运行状况也大同小异。仅以光禄寺为例：

光禄寺通例设兼管寺事大臣，由特简，无定员。下设寺卿满汉各一员，少卿满汉各一员。额设光禄寺铜印一，行在光禄寺铜印一。其下所属大官署署正满汉各一员，满署丞二员，铜大官署印一；珍馐署署正满汉各一员，满署

❶《光绪会典事例》卷321。
❷ 道光版《光禄寺则例·官署》卷64。
❸ 中国第一历史档案馆藏《乾隆朝上谕档》第694盒第1册。

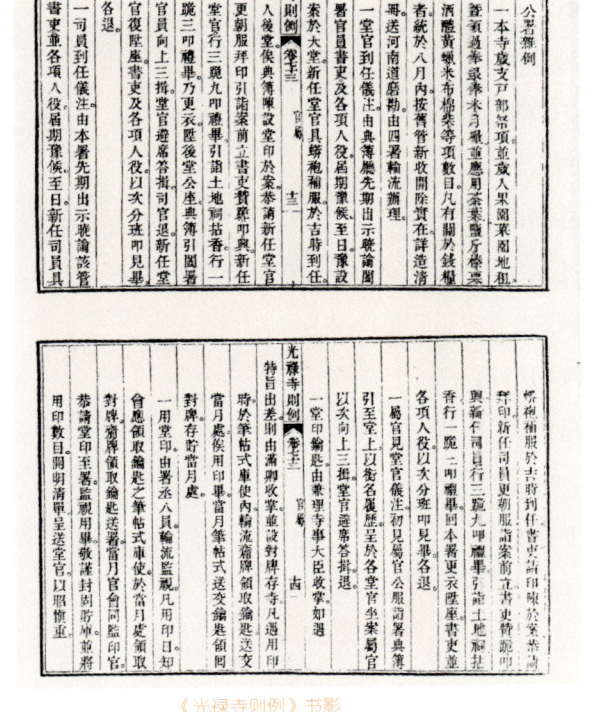

丞二员，铜署印一颗；良醢署署正满汉各一员，满署丞二员，铜署印一；掌醢署署正满汉各一员，满署丞二员，铜署印一；典簿厅典簿满汉各一员，铜厅印一；银库满司库二员，笔帖式十八名，库使八名，铜库印一。

光禄寺堂印钥匙例由兼理寺事大臣收掌，如遇特旨出差，则由满寺卿代掌。当月处设有对牌（印牌），凡遇用印时，由笔帖式库使轮班赍牌向掌印钥官员押牌领取印钥，送交当月处开印匣用印，俟用印毕，当月处笔帖式送交印钥，再领回对牌，存贮当月处。

堂印下各署印也照此办理。❷

此外，一些冷衙闲曹的官印即使可能百无一用之处，但事关体制，朝廷也不敢轻易革除。乾隆五十二年（1787），大学士阿桂等上奏请将满侍读学士、侍讲学士各裁去一缺，由原来的三缺改为两缺；同时也请将詹事府的满左右庶子之缺一并裁去。但随后发现左右庶子之官"止各系一缺，俱有印信，似乎未便拟裁"，于是保留了其官缺与官印。❸

清代各部、院下属衙门官印的管理则未必尽如堂印、司印那样整齐划一，制度粗陋，完善的步伐较慢。比如清代户部总督仓场侍郎所属的京师十一仓，每仓有关防一颗，虽设有满、汉监督各一人，但向来各仓的关防都收贮于满监督的府中，直到道光十九年（1839）七月，才奉旨：各仓关防"嗣后著存贮值宿公所，令满汉监督于更替时，面将印钥、仓钥一并交与接班值宿之员，经管以归画一。至钤用关防寻常文稿，即令值班监督钤用，如遇紧要事件，仍令满汉监督赴仓公同商定始准钤用，

《光禄寺则例》书影

以杜专擅而免诿卸。"❶

清朝统治者一向坚持"首崇满洲"政策，因此中央机关，尽管各部院寺监实行满、汉首脑官并列复职制度，但通常印把子还是掌握在满洲人手中。各部院中掌权指挥的人，称为"当家"，部院司署之事，向皆由满尚书当家，汉员不过伴食而已。而部院下的二、三级司、署中，最重要的是掌印、主稿两职，也各泾渭分明：通常由满司员掌印，汉司员主稿。掌印者，"佩司印之钥也"，是机关内真正的主事者。在光绪三十二年（1906）官制改革以前，京师各部、院中基本上还是以"汉人终身无佩印钥者"的情况占主流。

"光禄寺印"印鉴

三、宗人府、内务府官印

清代宗人府、内务府的官印制度比较六部、各寺院等有所不同，情况稍为特殊，在官印制度方面主要表现为其内部下属各级衙门充斥着各种边际模糊的"记"。

中和

1、宗人府

宗人府是封建王朝专门管理皇族事务的衙门，也是清廷最权贵的衙门，在《大清会典》及《缙绅录》中均位列第一，排序在内阁、六部之前。

宗人府设于明朝初期，洪武三年（1370）称大宗正院，洪武二十二年（1389）改称宗人府。清沿明制，于顺治九年（1652）设立宗人府。❷（主掌皇族属籍，专司皇族之支系、生卒、教养、封袭等事，并纂修"玉牒""皇册"等皇族牒谱。）

清代宗人府通常以和硕亲王或多罗郡王总领府事，多罗贝勒为左宗正，固山贝子为右宗正，镇国公或辅国公为

❶ 中国第一历史档案馆藏《道光朝上谕档》第1029盒，第2册。
❷《康熙会典》卷1。
❸《光绪会典事例》卷321。

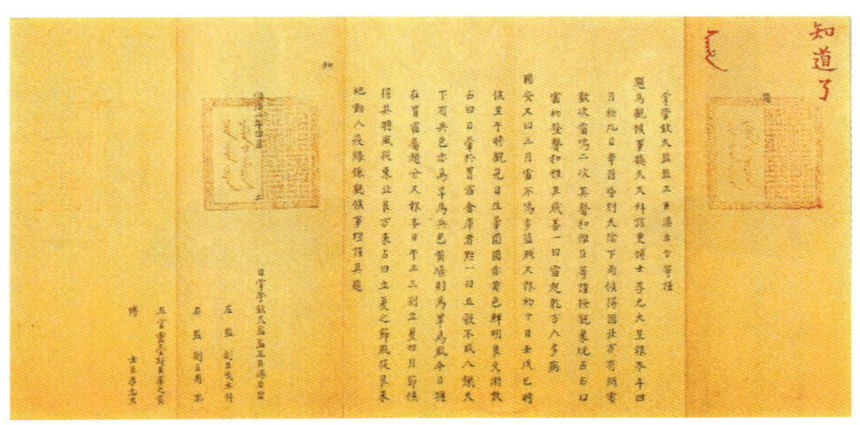

钦天监印题本

清末户部衙门大门

左右宗人；在以上各官之下，复设正三品汉人府丞一员，负责校核汉文典籍。宗人府堂设堂主事一人，管理满文奏稿，汉主事一人，管理汉文典籍；经历司经历一人，由宗室成员出任，管理出纳公文，皆为正六品。左、右二司理事官各一人，皆为正五品，分掌左、右翼宗室、觉罗谱牒，给养抚恤金的发放；左、右二司副理事官各一人，辅佐理事官，皆为从五品；左、右二司，各二十四人，享七品俸禄。此外还设有黄档房、银库等。

宗人府银印在尺寸、台级等方面都较六部衙印高一格：直钮，三台，方三寸三分，厚一寸，九叠篆文。宗人府左、右司、经历司铜印直钮，方二寸四分，厚五分，均九叠篆。❸由于宗人府银库关系到宗室生计，因此宗人府堂印的印钥与银库印的印钥通常都由总领佩带，其人选也通

宗人府经历司印

宗人府左司印

宗人府《星源集庆》

常由皇帝钦定，如光绪七年九月初六日，宗人府上奏"请派佩带宗人府印钥并宗人府银库印钥名单"，其下附有两个人选，一个是睿亲王魁斌，一个是克勤郡王晋祺。光绪皇帝在后者克勤郡王晋祺名字上用朱笔划了圈（表示钦定）。❶

《宗人府则例》记：宗人府设有当月官一员，在府值宿（一般情况下，左司值上半月，右司值下半月，交接之员于辰刻当面交接替换），专司每日收文及一切应行应传应禀事件，所有堂印、司印、牒库、银库、稿库，门钥、空室封条等，均归该员经掌。凡遇各司请用堂印，该员即眼同监印官比照堂标印单共同监视用印，用印毕，即将印钥及副单交请送印钥笔帖式呈缴，并将堂印送库封锁。除派差给假及掌印各员例可不当月外，其余司员概不得借故推诿。宗人府的当月处中每天还另派章京一员进署"帮月"，是日，遇有宗室觉罗被伤身故者，即令该员会部相验。此外每日还派有笔帖式一员当月，遇有内阁传抄，

❶ 中国第一历史档案馆藏《光绪朝上谕档》第1365盒，第2册。
❷ 光绪朝内府抄本《钦定宗人府则例》卷11。
❸ 《光绪会典事例》卷321。
❹ 光绪朝内府抄本《钦定宗人府则例》卷10。
❺ 《光绪会典事例》卷5。
❻ 光绪朝内府抄本《钦定宗人府则例》卷21。

应即自行抄出送署呈堂核办，遇有应送本章，则负责送交内阁，并负责发遣人犯的送交兵部事宜；此外，还负责现将每天所收来文检齐，于次日呈画各堂后，交署分司办理。❷

乾隆中期以后，宗人府下属三司的铜印印文发生了变化，由原来的满楷、汉九叠篆合璧，改为满、汉垂露篆合璧。❸ 至于宗人府内设掌印官的具体情况，据《宗人府则例》记：各司设掌印官一员，通常在理事官、副理事官内拣派（原注：主事、候补主事不准掌印）坐办官二三员不等，或在经历主事内拣派（原注：如不得人，委署主事内亦可派充坐办官）；三司中各设正副掌稿额缺（原注：每司各八员），核量事之繁简，于实缺候补效力笔帖式内择其翻译通顺、字画端楷者拣派，其各司行走司员，如遇升补别司之缺，因其熟习司事者或仍令在本司行走或令兼行。❹

宗人府除例行的堂下司、库、处概用"印"外，许多其他附属机构的官印通常采用图记的形式，但具体情况始终有些混乱。比如宗人府下左、右两翼分有宗室、觉罗各二十族，各设有族长管理，这些族长一般由宗室、觉罗中不入八分公或章京补放。奇怪的是，"宗室族长各有图记"，而"觉罗族长左翼十一人，右翼九人，无图记"，另外还有觉罗子女首领一项，"左翼九员，右翼五员，各有图记"。❺除族长外，每旗还各设学长二人，"掌管图记"，……这种官印上的混乱，给现实中的管理带来了诸多不便。据《钦定宗人府则例》记载道光二十三年（1843）七月宗人府拟定：

> 查得两翼宗室红白事件应领赏银向由各族长出具图片，给与佐领，由佐领查验加具图结，呈递该旗办理印文，咨行本府，由本府核准方准给与，历经办理，在案。惟查觉罗红白事件以及钱粮该族长向无图记，仅据该佐领出具图结呈报该旗办给印文转行到府查核办给，乃近年来屡有冒领等情，若不酌定章程，不足以昭慎重。今本府酌拟，嗣后凡遇觉罗红白事件应领赏银，以及请食钱粮之事，均由该佐领、族长并子女首领等各出具保结呈报本府，俟文到之日查核相符方准给与，似此酌定章程既可杜绝弊端，而与宗室事件亦可胥归画一。❻

除紊乱不清的"图记"外，宗室、觉罗学的官印则更低一级为"记"，其形制也每每脱略游移于制度的形骸之外。如故宫博物院现藏有铁印两件，分别是"咸安宫学记""咸安宫记"。然两印形制奇特，为薄板状，无钮，上圆下方，长 10.7 厘米，宽 3.7 厘米，厚 0.7 厘米。整个印面有排列疏密有致的均匀的小圆孔，似为印背钉钮所预制。印面分上下两部分，中为浅凸起界栏，与印边平齐。前一印汉字小篆书体居于圆形围栏内，位于上部，文字作先纵向、后横向式排列，即纵向为"咸安宫"三字，横向为"学""记"两字，居于左、右两翼，与"安"字成一横列。下部似为"咸安宫"花押写法。❶

2、内务府

内务府是清朝总管皇室宫禁事务的机构，与内阁、部院不同，属于内部保密单位。在清代，坊间流行的《缙绅录》（官员名录）向不载内务府的官员名址，使之更蒙上了一层讳莫如深的神秘面纱。

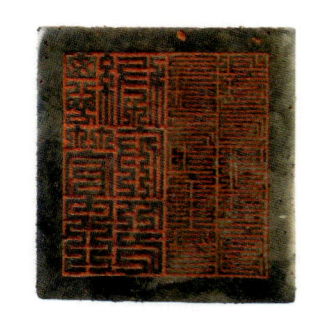

朱雀

银"总管内务府印"

《大清会典》规定其职掌为"掌上三旗包衣之政令与宫禁之治，凡府属吏、户、礼、兵、刑、工之事皆掌焉。"❷

清代内务府衙门发端于关外时期，与八旗制度中的包衣（满语家仆音译）制度有密切关系。相对于内阁、六部等机构而言，内务府更多地掺杂了少数民族统治者特权的元素，属于满洲自主创新的机构。清朝在入关之前，清太祖努尔哈赤已经建立了八旗制度来管辖今东北地区的民族及人口，后经太宗朝的改革，旗制已趋完备。在汗（皇帝）及八旗各旗主之下，均有一些专供旗主役使之人，满语称作"包衣"。"包"在满语是"家"的意思，"衣"是"的"之

❶ 任万平《清代官印制度综论》载《明清论丛》第一辑，1999 年 12 月。
❷《光绪会典》卷 89。

内务府广储司印

的意思，连在一起，就是"家中的（人）"之意。包衣是对皇室及八旗旗主直接负责办事的一个意近为"家奴"的特殊阶层。清入关后，虽因承袭明制一度曾设有专用宦官主事的十三衙门，但为时短暂，很快就将"包衣"引入了太监宫廷管理的制度体系中，至康熙朝复立内务府，在吸收了宦监十三衙门规制的基础上，颠倒制度，由内务府的敬事房（后改为宫殿监）来统管整个内廷，并且制定严格的条例来管制宫中的宦官，以防他们掌权生乱、重蹈明朝太监干政的覆辙。

清朝内务府衙门设"内务府堂"及直属"七司""三院"等五十多个部门。总称为"总管内务府衙门"，其"总管内务府大臣"为特设，无定额。除总管大臣外，内务府堂例设郎中、堂主事、委署主事等。

内务府的七司分别为：广储司，主要管理宫廷财产，下设六库、七作、二房等机构；都虞司，主要管理府属武职官员任免，下设东、西档房等；掌仪司，主管宫内各种祭典礼仪、筵宴等，下设果房、神房、中和乐处、僧录司、道录司等机构；会计司，主要管理内务府庄园户口、地亩、赋税，包括选验太监、宫女、匠役等事务；营造司，主要负责宫廷各处岁修、器物发放等事宜，下设七库、三作；庆丰司，主管京内外牛羊圈和各处牧厂，负责供应宫内祭祀、礼仪、食用之用；慎刑司，主管审理府属三旗刑事诉讼案件等事宜。

内务府的三院即上驷院、武备院、奉宸院。上驷院是专门管理放牧皇帝马匹的机构，管理、供养皇帝及宫廷所用各种马匹，下设马厩十六个、骡厩二个；武备院是负责制造、收贮军械、装备及宫中陈设器物的机构，下设四库、库下设作；奉宸院是管理宫廷苑囿、河道的机构。

此外，内务府还下设敬事房、养心殿造办处、咸安宫官学等四十多个机构，其触角甚至延伸到了京外各省，热河、东、西陵、江宁、苏州、

乾隆三十八年七月内务府议定堂
印使用事宜（局部）

杭州三织造，江西的九江关，广州粤海织染局以及吉林打牲乌拉处等，皆是它的外派机构。

清内务府官印制度史上有两大重要节点，均与内务府的建立发展的生命周期轨迹相重合。

康熙十六年（1677）新成立的内务府确立了一堂、七司、三院的机构总体构架，十月二十六日，内务府总管大臣噶鲁等为内务府下各署更名请颁铸印信事宜上了一份满文题本：

臣等会议得：在内各衙署应办诸事项俱关系钱粮，宜将其各自所属之事加以合并，专给衙门、司之名、印，以彰查核。查，除总管内务府外，有宣徽院、采捕衙门、内库等十二个部门及景山、瀛台等四处。其中，原本一个部门之事，竟分在几处，以至衙署林立。为此，臣等酌情议得，除总管内务府之名不改外，阿敦衙门（上驷院）、武备院，原本有别，既已补放大臣、侍卫办事，仍拟给不同衙门之名、印。至宣徽院等部门名称，拟改作司后给印。总管内务府有主事二员，阿敦衙门、武备院及每司各增设主事一员，令其专司案牍之事。此辈职衔，应与在外衙署主事划一。此六司拟由总管内务府督理。凡事或由司奏办，或禀告内务府总管奏办，以及规定办事之期限，完结之事如何查核，各司之印由谁执掌，官员调迁等处，皆拟由总管内务府明白

[1] 辽宁社会科学院历史研究所、大连市图书馆文献研究室编《清代内阁大库散佚满文档案选编》第1页，天津古籍出版社1992年版。
[2]《光绪会典事例》卷1170。
[3]《乾隆会典》卷63。
[4]《光绪会典事例》卷321。
[5]《光绪会典事例》卷321。

内务府敬事房戳记

具奏定夺。阿敦衙门及武备院之印，拟铃盖其衙门案牍、奏疏、给在外衙署及在内所属各衙门、司之行文。衙门、司之名称，拟由内阁议定具奏，印拟由礼部铸给。❶

内务府初设为三品衙门，至雍正十三年（1735）始提升为二品衙门。❷

内务府的堂印，原为三品铜印，其规格只相当于地方按察司印，"方二寸七分，厚九分。" 乾隆二十年（1755），由于内务府大臣品级已提高到正二品，故议准照例铸颁了二品银印，其印"方三寸二分，厚八分。"❸

除内务府堂的银印外，其下辖的各司、处等也都有自己的衙印，至于各司、处下的数量巨大的分支下属机构，则各按品级分别使用关防、图记、条记，甚或戳记等。其中，"关防"与"记"在尺寸、文字等方面的规制尚有章可循，颇为严格。如广储司等七司印（包括僧录司、道录司）为铜印，方二寸二分、厚四分五厘。均为七叠篆。织染局、江宁等三织造为铜质直钮关防，长二寸九分，宽一寸九分。❹乾隆十六年（1751）奏准颁刻东陵、西陵机构的关防印信中，明确规定："承办事务关防，照内务府总管印，用尚方大篆；尚虞照三品文职印，用小篆（七叠篆），总管尚膳、尚茶图记，照三品武职关防，用殳篆；广恩库钤记，照户部三库印信，用钟鼎篆。"❺

内务府中所用最广泛的官印是图记。即使地位显赫的养心殿造办处、敬事房等也皆用图记。

内务府各级印信关防在印文方面有的严格执行满汉合璧，有时（尤以晚清为甚）为图辨识方便而只刻汉文，而不配满文。现中国第一历史档案馆尚存一颗木质汉篆"升平署图记"的实物。

由于内务府下的机构过于庞杂，官印的配置未必能面面俱到，导致

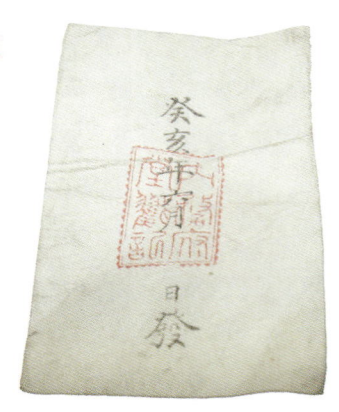

内务府堂戳记

清宫养心殿造办处图记

了一些部门本身并不设印，行文时须借用其他部门印信。如乾隆十六年（1751），乾隆为庆皇太后大寿所建的清漪园落成，"奉准铸给清漪园条记一颗，凡三园所有案件统用此条记。"❶由此而知，当时著名的"三山五园"中的"三山"之玉泉山（静明园）、香山（静宜园）一时尚未配齐印信，对外公文只好借用万寿山（清漪园）的官印。

还有一些衙门甚至连借印的单位也不固定。如雍和宫一向无专门衙印，行文时也照例须借其他衙门的印。从清廷《上谕档》的记录情况看：嘉庆十七年（1812）五月下谕："雍和宫行文办事，向无印信，嗣后著用中正殿印信。"❷到了嘉庆二十五年（1820）的四月又下谕："雍和宫应用印信事件著用武英殿印。"❸

迨至嘉、道，内务府的规模和机构事务较之以前有了很大的变化，衙冗事繁，过去在管理方面存在的一些漏洞被无限放大起来，比如各司一向不必通过内务府堂，便可直接用印向在京各部、院衙门以及地方衙门行文等陋习，极不便于统一管理，且易滋弊端。嘉庆十五年（1810）三月，内务府广储司呈内务府堂文称："至各部、院、八旗各营、三院等处，凡领取什物关系钱粮钤用堂印者，呈请一概咨行本府堂上，由堂传抄遵照新定章程办理，庶乎公事有所稽核，而堂印咨文亦归画一。如蒙堂台批准钤用堂印移咨

❶ 道光《总管内务府现行则例·颐和园》第53页。
❷ 中国第一历史档案馆藏《嘉庆朝上谕档》862盒第2册。
❸ 中国第一历史档案馆藏《嘉庆朝上谕档》905盒第2册。
❹ 中国第一历史档案馆藏内务府呈文05-002-0238。
❺ 中国第一历史档案馆藏内务府奏案05-742-042。
❻ 《清高宗实录》卷991。
❼ 中国第一历史档案馆译编《雍正朝满文朱批奏折全译》第2286页，黄山书社1998年版。

六部、各旗营等处，查照可也。"❹ 虽然力行推广，实际上却依然未能根除流弊。道光二十五年（1845），内务府又进行了第二次官印制度查改。内务府在奏中提到：

> 在京各衙门所属各司设立司印，只准本衙门相行并钤用稿案册档，以昭信守。如有咨行外衙门事件，必须呈画堂稿，钤用堂印，方准咨行。惟查本衙门向来行文，除应由臣等核办及有关钱粮事件用堂印咨行外，其各司、处遇有寻常应行京外各衙门以及顺天各州、道等处均以司印径行，既与体制未符，而稽查亦难周备，但行之已久，不能详其起自何年，若仍相率遵循，日久难免滋弊。臣等公司商酌嗣后臣衙门除各司、处相互行文并六库开库日期领用银两物料呈报景运门、及稽察内务府御史衙门行文三院、王府门上各司处应请准其照旧行用司印外……，嗣后行文京外各衙门以及各厅州县，均遵照《会典》按六部体制钤用堂印咨行，其京外各衙门以及各厅州县行文内务府亦请遵照《会典》，按行文六部体制遵行，亦不准径行（内务府）各司、处，以符体制。❺

在内务府一众司印中，使用频率最高的当属广储司印。因为内务府各处公务均离不开钱财，均须由广储司核销对印；此外内务府还规定制有各种财务奏销簿、单，各处的陈设也均须造清册二分，钤盖广储司印。一份交总管内监，一份交内府大臣，以便随时稽查。❻

内务府印信管理制度直到乾隆时期始真正得到改观，在此之前，每每混乱现象频出。仅以货物出入紫禁城的印信凭证制度不一为例，雍正十二年（1734）八月二十一日镶黄旗满洲副都统色布肯在奏折中提到：

> 切查，紫禁城内诸项物品出门时，俱由各处将携出物品缮文钤印送景运门，经护军统领、司钥长等查验后方交付护军等禀报城门领等准出，将文携回注册。切臣钦惟各处设图书为各自之证据，虽禁妄指为证携物出门，但将用伪证暗钤图书携物出门之弊端，查无证据。由各处每日携出之金银、绸、器皿、用品诸项，俱关系钱粮。臣请嗣后将景运门所放出各处物品钤印文书，于月终送各处，与伊等原档核查，如此则可查出施用伪证，暗用图书携出物品之弊端。❼

由于地位特殊，内务府的印钥管理制度发轫得比较早，康熙时期即已实施了总管佩带印钥制度。康熙五十五年（1716）五月十二日，董殿邦在一份满文奏折中提到："本月十九日邸报内奉旨：着奴才董殿邦署理内务府总管事务。钦此钦遵。由赫奕送来内务府总管印信钥匙一把、奉宸苑印信钥匙一把。奴才除承接内务府总管印信钥匙外，奉宸苑印信钥匙交何人之处，请旨。"❶

乾隆以降，印钥制度进一步得到了强化。例常由内务府大臣内奏请一员专门佩带印钥。佩带印钥的内务府大臣人选，要由皇帝钦定。如嘉庆十五年（1810）六月又奉谕旨："向来总管内务府大臣经特旨简派，自皇子诸王以下至一二品大臣，无论品级大小一体办事，并无区别。至该大臣等列衔班次，则仍视其阶级，固不可任意僭越，亦不得故为卑逊，致乖体制。常福从前在内务府班次居末，今已补授工部侍郎，自应照官阶次序列名在刑部侍郎穆克登额之后，内阁学士和世泰之前。"❷

内务府下各司、处印信也实施印钥管理制度。一份道光二十三年（1843）的内务府档案记载："武英殿"印"向系收贮署中钱粮库内，每日有值宿库掌柏唐阿率领匠役并三旗披甲人等看守，如有用印事件，正副监造等由臣（内务府大臣）绵愉处请领印钥，掌稿笔帖式等开库，将印匣请出验明钤用，正副监造等轮流监印，用竣，即入印匣，该员等眼同封锁收库，交值宿库掌柏唐阿及三旗披甲人看守。"❸

内务府堂印，一般存在广储司银库。堂印印钥由总管大臣掌带。每逢一、四、七日为用印日，各司、处如有应用堂印事件，提前预报内务府堂，用印日由堂知照相关用印司、处，轮值堂官嘱将银库打开，取出堂印匣，由库使送至堂上，同时，从掌印钥大臣处请到印钥，由值日堂主事、掌稿笔帖式等验明印匣封锁后，眼同各司、处司员用印钥开匣，钤用毕，由值日堂主事等监视封锁，印匣由库使请回贮库，印钥归还带印钥大臣。届时还将本日各司、处用印事件及用印数目开写印单，呈内务府大臣查看存记。

乾隆五十一年（1786）六月，发生过内府堂印钥遗失的案件。据总管内务府总管质郡王永瑢奏折记：

臣衙门堂印钥匙向系臣永瑢掌带，每日各司司员轮班

❶ 中国第一历史档案馆编《康熙朝满文朱批奏折全译》第1112页，中国社会科学出版社1996年版。
❷ 咸丰版《总管内务府则例·堂上》卷1。
❸ 中国第一历史档案馆藏内务府奏案05-732—69。
❹ 中国第一历史档案馆藏内务府奏案05-0402-021。

带领笔帖式请领，即交笔帖式持送堂署，交监用印信官员看同用印完毕封送臣永瑢收带。本月二十一日系掌仪司请领钥匙班次。该司员外郎福昌带领笔帖式伊昌阿至臣永瑢清字馆值宿处将钥匙请去后，旋于未刻据员外郎福昌禀称：职将钥匙领得即交笔帖式伊昌阿持送堂署，伊昌阿随将钥匙放于怀内，因天气尚早，由协和门行走，意欲赴传心殿预备画稿，不意中途遗失，各处寻找无获。……应请将笔帖式伊昌阿加倍罚俸二年，……员外郎福昌罚俸一年，以示惩警。再臣衙门印钥系武备院打造。臣等业交武备院令其照式作速打造，亦不致有误公事。……❹

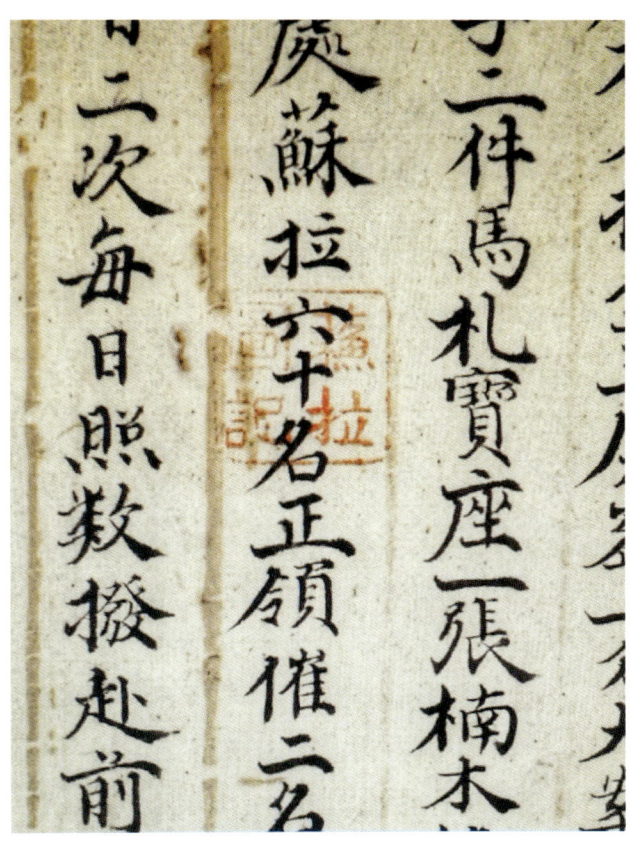

内务府"苏拉图记"

第十二章 清代八旗、绿营官印

清朝的军事职官，以八旗、绿营为主体，其官印制度也最能代表整个清代武职官印的典型。

一、八旗官印

八旗，是清代特有的一种军政合一的社会组织形式。

孟森在《八旗制度考实》一文中提到："八旗之始，起于牛录额真。"❶

牛录，满文 niru，汉译"箭"之意。清太祖起兵初，为勒其部下，兵丁以每十人为一个基层单位，单位的首领（满文：ejen，汉译"额真"）各领一箭为凭，统率其余九人，称"牛录额真"。后来随着时代发展，制度逐渐固定，每牛录额定为三百丁。

牛录是八旗制度最基本的计量管理单位。努尔哈赤缔造的八旗制度，以八个固山（满文：gūsa，汉意"股"）为总系，每固山下辖五个甲喇（满文：jalan），每甲喇下辖五个牛录。为了区别指挥方便，每个固山都有一面形制相同而颜色不同的大旗（满文：tu，即汉字"纛"之音译），作为该固山的凭证标志。八面旗帜为：正黄旗、正红旗、正白旗、正蓝旗、镶黄旗、镶红旗、镶白旗、镶蓝旗。八个固山简称"八旗"。

清制：每固山设一固山额真（都统）统领，固山额真下设左右梅勒额真（副都统）二人为其副职；每一甲喇设

❶ 孟森《八旗制度考实》，载《明清史论著集刊》上册，第219页，中华书局1959年版。
❷ 《光绪会典事例》卷1134。

满洲甲胄

甲喇额真（参领）统领；每一牛录设牛录额真（佐领）统领，牛录额真下设代子二人为其副职。每牛录的三百丁再分为四个达旦，每达旦由一个章京率领，章京下设一个管文书的拨什库（骁骑校）等。

  清初，八旗的固山额真为旗主，他们都是努尔哈赤的子侄辈，根据八旗共治国政的制度，拥有很大权力。随着皇帝不断削弱旗主的特权，以及汉化的内三院、六部等纯行政管理机构的建立，从崇德年间开始，八旗制度逐渐由一个满族血亲宗族化简泛的军政管理组织形式变成了一个忠于皇帝（汗王）的严谨的军事行政组织。在这一转化过程中，尤其是入关后，八旗体制逐渐失去了其大部的国家行政职能，从此不再包罗万象，而成了只对占全国人口比例少量的旗人行使社会和政治职能的一种军事组织了。为了方便八旗的管理，雍正十一年（1733）覆准编纂了八旗袭爵谱牒，又称《八旗世袭谱档》，"缮造二本，一钤旗印，送内阁收存；一钤参领、佐领关防、图记，送该旗公署收存。"并规定今后每十年增修一次。❷

  清入关后，八旗面临的情况与入关前截然不同。入关前，八旗恰如一团烈火，随时集聚，燎原各处；入关后，由于国土面积辽阔，全部

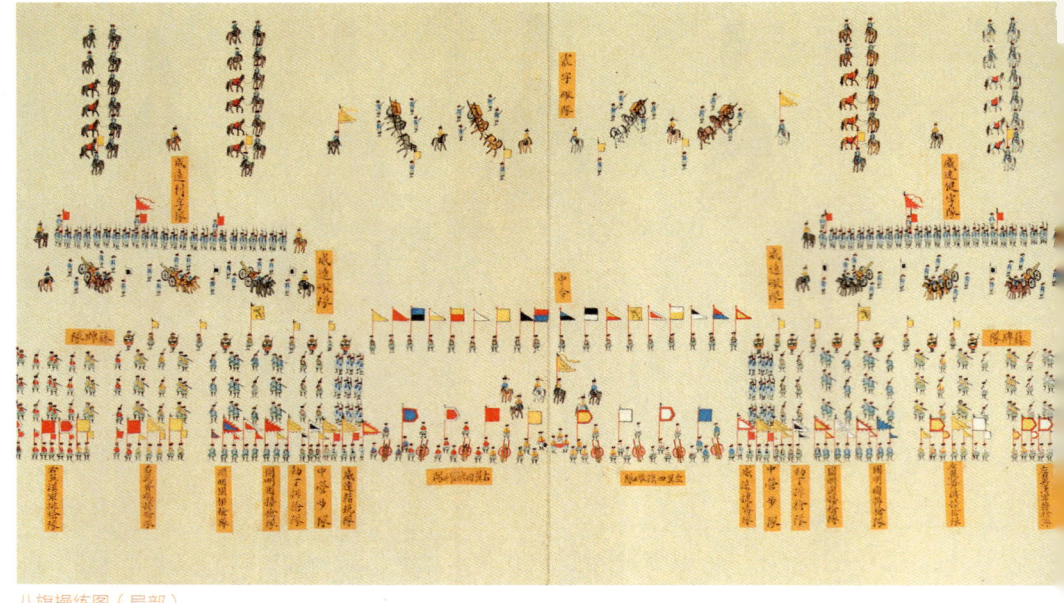

八旗操练图（局部）

正黄旗护军统领银印

八旗武将

一二十万的八旗兵放出去，宛如微雨入沙漠，瞬间便会蒸发无迹。因此，八旗如何使用、如何布防，成为一个难题。

应该说，清朝接下来对八旗的改造与运用是比较成功的。清廷采取的方法是：将八旗兵分重点驻防，重大军事行动时，集中优势兵力征伐，争取各个击破。同时，为扩大军力，八旗的屯兵方式和战斗组织也由单一形式向多样化发展，出现了许多新兴的特殊形式的军种、军营。比如，从雍正三年（1725）起，各省八旗驻防开始建立水师营。

"三藩"平定后，八旗在全国驻防分布的格局基本固定了下来。到十八世纪中叶，几乎大部的八旗军被布防在了北京及其周边或东北

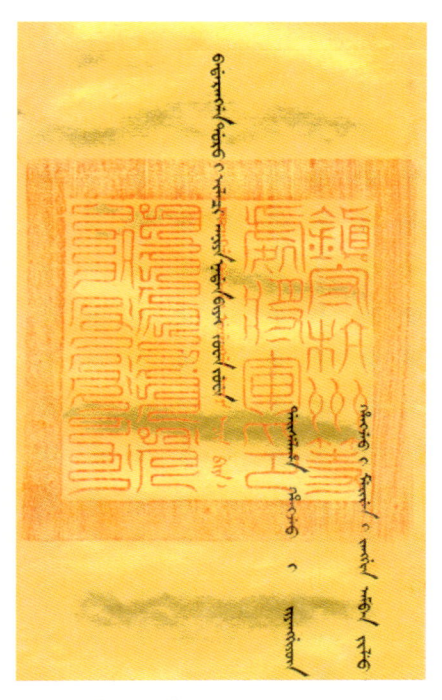

地区。为保卫皇帝与朝廷，旧八旗的百分之七十六的满洲八旗军驻扎在京畿；占百分之三十五的"新满洲"八旗官兵驻扎在关外的东北地区，——那里是满清的"龙兴之地"，将来一旦情况不利时作为清廷退守的最后基地。除京畿与东北外，剩下的八旗官兵被精心地布置在全国内地、边疆的各个重要军事战略枢纽城镇。其规模根据驻防地的战略重要性而定：最小的驻防，如宝坻、东安、固安，仅有一百至两百旗兵。最大的驻防，如荆州、南京和广州，或驻有四千至五千旗兵。❶

杭州驻防将军印印鉴

典型的八旗营制，除了传统的旗、甲喇、佐领等形式以外，驻防旗营还可因军事职能的不同进行兵种的划分，如步兵、骑兵、前锋营、火器营和水师等。仅以驻防皇城的京旗为例，一般从京师八旗各佐领中抽调一定人数，以满、蒙官兵为主，基本上按原生的组织系统重新编制，先后出现大致并存过以下各名目：一、亲军营，负责在侍卫处安排下，配合侍卫保护皇宫；二、前锋营，战时为先锋，平时为皇帝的前哨警卫；三、护军营，主要任务是守卫紫禁城，负责朝会、燕飨执事，扈从警跸等；四、步军营，由八旗步兵与绿营马步兵联合组成，由步军统领率领，主要负责京师的卫戍、警备、治安等工作；五、骁骑营，以马队为主，兼辖枪营、炮营及护炮的藤牌营；六、火器营，以火器装备和训练为特点，主要负责守卫京师，皇帝出巡则备扈从；七、健锐营，乾隆十四年（1749）从前锋营和护军营中挑选勇健者千人，演练云梯，在平金川后组成，主要负责守卫静宜园、护卫皇帝出行、宫中及圆明园的水火事宜；八、神机营，咸丰十一年（1861）组成，为加强京师和皇宫的羽林警卫。

虽然八旗出现很早，但其官印体系的建成却相对滞后，

❶ 参见《清史稿》卷135。

直到入关后的顺治后期才出现。在此之前，八旗的一切行政命令，均主要依赖于旗、牌、箭、符运行。

清代八旗官印体系，依品级大致主要分为印、关防、图记、条记（钤记、戳记）等不同形式的印信。

八旗最高级别官印为从一品的都统印。顺治十六年（1659）清廷正式铸颁了八旗满、蒙、汉旗二十四个都统印。按：直到顺治十七年（1660），清廷才将满语的"固山额真"，译定为汉名的"都统"。❶由此可推，在正式宣布改名"都统"前，新颁的印信已经先行了一步。《大清会典》规定：都统银印，虎钮，二台，方三寸三分，厚九分，柳叶篆文。

康熙五十三年（1714），清廷又改铸八旗左右翼印各一颗，制同都统，将旧有的都统印信全部收回。雍正元年（1723），再次将左右两翼总印收回，改为每旗不分满、蒙、汉，只颁一颗都统印，总共八颗印。同时，还将原都统印中满文的"固山额真"改为"固山昂邦"，汉文依旧译称"都统"。由于朝廷所颁的八颗八旗都统印，一向均由满洲都统掌管，如果蒙古或汉军旗下遇有移咨用印之事，很不方便，因此各旗纷纷请求仍照先例，每旗给与三印，满、蒙、汉军各都统各一印。雍正允准，于雍正四年（1726）重新铸颁了二十四颗都统印。❷

此外，作为个例，著名的京师"内三营"中神机营也用"印"。道光十九年（1839）铸颁了神机营银印，"所有神机营印钥，着议政王大臣佩带"。❸

迟于都统官印，直到雍正年间，秩在三品的八旗参领才开始配备官印。新颁铸的八旗参领官印均为银关防，长三寸，阔一寸九分，殳篆。❹此后，作为特例，乾隆十八年（1753）清廷又颁铸健锐营营总关防，乾隆二十九年（1764），铸颁八旗火器营营总关防。❺印制同于参领。

八旗佐领的官印也出现于雍正朝。据《永宪录》记，雍正五年（1727），"正蓝旗汉军副都统一等侯朱之琏条奏：八旗佐领与州县无异，乞颁印信为之移凭。部议：佐领共一千一百余员，给印浩繁，宜以总归参领，每旗五员。佐

❶《光绪会典事例》卷543。
❷《嘉庆会典事例》卷865。
❸《光绪会典事例》卷1166。
❹《嘉庆会典事例》卷837。
❺《光绪会典事例》卷1166、1168。
❻（清）萧奭《永宪录》第297页，中华书局1995年版。
❼《光绪会典事例》卷321。
❽《光绪会典事例》卷322。
❾《光绪会典事例》卷321。
❿《光绪会典事例》卷321。

领事务由其详核呈报上司。参领、佐领如汉官之府、县，凡旗人各有所属，称佐领某人下，如汉某县人。"❻ 但这种印信，只是一种介乎于官印与私印之间的界限模糊的纯满文楷书的图记，在当时也并未被《会典》所正式承认并写入。直到乾隆五十年（1785），清廷才下决心将八旗佐领的一千三百余方图记改镌为满汉合璧篆字，并正式将图记提升为官方认可的正式官印。八旗佐领铜图记，一般为直钮，方二寸一分，满、汉悬针篆合璧。❼

实际上，除印、关防、图记外，八旗内部还流行着更低一级的官印"戳记"。道光三年（1823）由于"张家口满洲八旗及左右两翼蒙古各佐领，向用木戳，易致模糊，改铸铜质图记"。❽

清廷在各地设"驻防八旗"始于顺治二年（1645）。地方驻防八旗一般由满、蒙、汉旗合营，在驻守的地方独立建营，形成一个与汉民世界人为隔离的独立空间，民间俗称为"鞑靼营"或习称"满城"。清代各省地方的"满城"，主要设在政治中心、军事要隘地区。"满城"按其规模，分别设将军、都统、副都统、城守尉、防守尉等官，统率所属旗兵。驻防八旗兵的旗籍，仍隶属在京之原"佐领"管辖，驻防事务由兵部统管。

清代地方驻防将军，是驻防旗兵的最高长官，从一品，与同级的总督会衔时，列名于总督前。清朝在全国总共设驻防将军十三处，分别为：盛京将军、吉林将军、黑龙江将军、绥远城将军、江宁将军、福州将军、杭州将军、荆州将军、西安将军、宁夏将军、伊犁将军、成都将军、广州将军。各军衙下都设有印房。另外，在张家口、热河还设有都统衙门。都统也是从一品，官阶与将军同。印制与钦命将军同。均为虎钮银印，二台，方三寸三分，厚九分，柳叶篆。❾

清廷设在各地的副都统，正二品官，也用银印。清制：凡驻守地区设有将军的，归将军兼管；未设将军的，则独当一面，直接归兵部管。此外，（木兰）围场、黑龙江管船炮水手总管、地方城守尉为正三品官，有直属驻防将军、副都统管辖的，也有独当一面的。以上各总管、城守尉官印均用铜印，方二寸六分，厚六分五厘。❿

其余，从三品衔的吉林、黑龙江、察哈尔参领，驻防协领等，到正八品的盛京养息牧左右翼长等各级官员，各按官阶也颁配不同的关防、图记、钤记、条记等。

东北驻防八旗的性质比较特殊，其制度尚存清初关外八旗式兵民共管制度的遗风。除军事驻防外，地方民事亦由将军衙门管理。因此将军衙门设有专理民事的官员，比如察哈尔副都统下辖理民事之左司、右司，包括司下的地方理刑官，"皆有部颁关防"。❶此外，东北旗地官印铸换的节奏也向较内地略慢半拍。直到乾隆四十三年（1778），盛京、吉林、黑龙江三将军才将各辖区内需要换铸的"一切印信关防图记""或更改姓名，或满、汉篆文互不相符，以及汉音字样未经翻为清字者"俱依照"城池名目，满、汉字样分晰明白"造册咨送吏、兵二部核定，并请求换铸。❷

清代地方驻防八旗系统用印自有其内部规矩，与中央地方行文时，须以同省最高的八旗驻防官员的官印为凭。例如江苏省的京口副都统官印，只能用于与同省驻防将军之间的公文，如果京口副都统要与中央各部院，包括与该地方各衙门行文，都要咨明驻防将军（江宁将军）后，钤用驻防将军印行文。

关于八旗官印的管理。雍正前八旗并未设固定公所衙门，雍正元年（1723），下谕和硕庄亲王等从内务府官房内选择八处，作为管旗大臣公所。同时设立八旗满洲、蒙古、汉军三旗都统衙门。镶黄旗在拐棒胡同，正黄旗在石虎胡同，正白旗在烟筒胡同，正红旗在锦什坊街，镶白旗在东单牌楼新开路胡同，镶红旗在石驸马街之南，正蓝旗在崇文门内堂子胡同，镶蓝旗在宣武门内东宽街。雍正五年（1727）又定每旗公所下设"直月公署"，"不论旗分，每翼派委直月官四人在署办事"，叫做"当值"。

雍正初曾有人上奏建议将都统印存于公署，但八旗大臣会议后上奏认为印信贮存公署，须派官兵看守，浪费人力，其议遂寝。故此八旗各都统的印，在乾隆以前都收贮在各都统家，遇有用印之事，则令副都统等公同商量办理。

❶ 中国第一历史档案馆藏《道光朝上谕档》第961盒第2册。
❷ 中国第一历史档案馆藏内务府来文05-000048-0067。
❸ 《嘉庆会典事例》卷865。
❹ 《光绪会典事例》卷1144。
❺ 中国第一历史档案馆藏内务府奏案05-0169-003。
❻ 中国第一历史档案馆藏内务府奏案05-0871-013。

至乾隆二十七年（1762）始议准："嗣后八旗印篆,俱存贮各旗衙门,特派章京看守。遇有钤印之事,会同印务参领监视钤盖。"❸

道光二十三年（1843）进一步规定："八旗都统印信,原设有兵丁看守,今复将库门添设锁钥,责成值宿印务章京经理,并派章京一员,骁骑校一员,兵丁十名,在彼值宿,轮流监守,遇有用印事件,派委参领一员,印务章京一员,会同值宿章京等镌刻印毕,仍由该参领等眼同值班章京封锁存库。❹

在清代,内务府下的八旗护军各营相对特殊,其各级官印均不在旗营印务公所收贮,而由官员本人收贮。道光二十一年（1841）内务府的一份奏报称："查本府三旗护军统领三员,设有关防三颗；骁骑参领十五员,设有关防十五颗；佐领三十六员,设有图记三十六颗；圆明园三旗包衣护军营营总一员,设有关防一颗。据各旗营查明,均系本员自行封贮,向无派员监守。"❺这种状态一直持续到了清末。同治十二年（1873）七月,据报正黄旗内管领全盛的图记被窃,"查该内管领图记向系在该员家中收存,自应小心看守,方昭慎重。乃竟有被窃情事,实属疏于防范,相应请旨将正黄旗内管领全盛交部议处,其被窃图记,应行礼部铸造,以便钤用。"❻内管领为八旗从五品武职,其图记由礼部统一铸造,但却始终没有被规定必须存放在印务公所之中。

乾隆以降,八旗印信收贮于新设公廨,印务处（印房）与管印官的制度不断完善,都统衙门印务处渐次成形,配套了印务章京、印房章京、副印务章京、印务笔帖式以及外郎等专门管印的官员。八旗印务章京,从五品,其人选例于都统衙门行走之参领、佐领、骁骑校等内择其优者,拟定正陪,引见补授,额定满洲每旗二人,蒙古每旗一人,汉军每旗二人,由该都统于本旗参领内选拔；印房章京,正六品,规定满洲每旗八人，蒙古每旗四人，汉军每旗六人，由该都统于世爵官及佐领、骁骑校内选择引见或补放。此外，八旗印房中的印房笔帖式，额定为满洲每旗八人，蒙古每旗四人，汉军每旗六人，由该旗都统于本旗护军领催、马甲、旗人监生、官学生、闲散壮丁等内拣选，或由八旗贴写笔帖式、库使等中提拔。印房中最下层官员是印房外郎，按规定满洲每旗一人，蒙古每旗二人，汉军每旗一人，外郎缺出，由该旗咨报吏部，行文国子监，于汉军官学生内拣选咨送吏部，考试翻译补用；六年后期满，出具考语咨送吏部，考职录用。

由于在印房工作的八旗官员地位特殊，因此权力也很大，不仅内卷严重，而且也常常成为其他下属官员们畏惧而争相诌媚的对象。乾隆三十年（1765）三月，乾隆帝在一份上谕中提到："阿克苏、喀什噶尔大小伯克，平日视（办事大臣）印房等处办事人员，极为畏惧。"而办事大臣纳世通等对其印房的"办事各员"也一向娇惯纵容，这也成为著名的"乌什事件"爆发的导火索之一。❶

八旗系统的用印，自有其独特的一套规矩。仅据《钦定中枢政考》记载，撮抄于下：

一、诸王贝勒、贝子、公等有行文该旗事件，该长史并办理家务之人列名用包衣参领关防送至该旗；其有行文部、院衙门者，用包衣参领关防送至该旗，由该旗用印转行。如长史等不钤用包衣参领关防，仍用白文，及该旗将白文接受者，俱罚俸一年。

镶蓝旗汉军五甲喇参领之关防

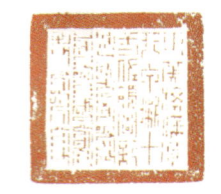

正黄旗满洲四甲喇十二佐领图记

一、派往马厂副都统于起程之前，向本旗都统处将钤印封套并印纸印花酌量足用数目带往，以备送京文移及密封具奏事件之用。

一、八旗遇有夜间应传之事，或用该旗印文，或用参领、佐领关防、钤记给与差去之人，于沿途堆栅照对，次日承办官即向传事之人将所给印、关防、钤记等帖取回销毁。❷

初期，八旗各级官员对于官印的使用监督十分郑重谨慎，乾隆元年（1736）宁夏驻防将军阿鲁在一份题本中说到："臣阿鲁到任以来，所用印信预先令左、右司官员具稿呈报所用印信数目，及咨行时，令掌关防协领及堂上官员、笔帖式等公同请印设在公处，臣亲身看开合，对数目始行用印。用毕官员看封恭请收贮。"❸ 而到了晚清，这一切则都成为了虚文故事，无人认真了。

二、绿营官印

在清代，绿营兵与八旗兵一样，同为国家的两大常备兵制之一。

绿营在《大清会典》中所记的正式名称为"绿旗营"，出现于清朝入关之初，其兵制，实乃脱胎于明代镇戍制度。清入关后席卷中原，每占领一地，即接收整编原明朝的军队，以后渐次在内地十八省，包括一些边疆地区，建立起这种经制军队的制度。这种军制，与清朝未入关前原本的八旗不同而别自成一系统，一目了然地以红边绿底色的旗帜作为醒目标志。《大清会典》云："国初定八旗之色，以蓝代黑，黄、白、红、蓝各位于所胜之方，惟不备东方甲乙之色。及定鼎后，汉兵令皆用绿旗，是为绿营。"❹

绿营兵有两个最显著特点：一是兵源均为土著，也就是说各省的绿营兵均出自本省；二是采取世兵制，所有补丁均从营兵子弟中选拔，形成世袭。

清绿营制度因袭明代兵制，但也做了许多改革创新。仅以提督、总兵为例，在明代，总兵是地方军事的最高长官，而提督则属于不常设的军事性钦差武职，二者品秩上没有

❶《清高宗实录》卷732。
❷ 乾隆武英殿刻本《钦定中枢政考》卷2、卷3、卷12。
❸ 中国第一历史档案馆藏内阁题本02-01-006-000059-00004。
❹《嘉庆会典事例》卷35。

湖广提督印印鉴　　　　　　　　　　　参将

高下之分。入清后，清廷始将提督固定为常设，并将总兵下降为提督所辖之员。清王之春《椒生随笔》云：

> 前明以公、侯、伯、都督挂印充各处总兵官。如宣化曰镇朔将军、大同曰征西将军、延绥曰靖虏将军、宁夏曰征西将军、甘肃曰平羌将军之类，文皆柳叶，无将军名者皆叠篆文。本朝仍明之旧而损益之，挂印总兵官凡九缺：大同、宣化、延绥、陕安、凉州、宁夏、西宁、肃州、台湾，近又添设皖南一镇，共十镇，有挂印之名，无将军之号，即事权亦较逊焉。❶

据《大清会典》统计：八旗初入关时满、蒙、汉八旗合计约18万多人。❷ 为了应付更广泛的战争与镇压，清廷不得不建立新的军队，同时这也是清朝强吞消化前明庞大军队的一个有效的策略。

清代历朝的绿营兵额虽随时局起伏变化，常常处于裁汰或复增的动态中，然其总数平均常在60万左右，数量上超过八旗三倍。虽然清廷为尊崇八旗，有意在位阶与待遇上将绿营低于八旗对待，但不可否认的是，自顺治末年起，绿营已渐成为清朝最主力的正规部队，在清朝的统治中发挥着无可替代的重要作用。 早在康熙帝平定以汉人八旗旗主吴三桂等为首的"三藩"战争中，绿营已隐然成为了取胜的关键；到了乾隆时期，八旗军已沦为了战争出兵的象征点缀而

❶（清）王之春《椒生随笔》卷5《挂印总兵》。
❷ 依乾隆朝《大清会典事例》卷178所记载的清入关时的佐领数所推算。
❸ 罗尔纲：《绿营兵志》第8页，转引清王先谦《东华录》卷107乾隆帝御制《平定台湾功臣像赞序》，中华书局1984年版。
❹《光绪会典事例》卷321。

已。如乾隆五十二年（1787）镇压台湾林爽文起义，清廷共调动了绿营兵一万名，而前赴战场的八旗兵只有一百人。❸

清初大规模的统一战争基本结束后，朝廷为抑制武人，逐步推行"以文治武"制度，即以文臣督、抚监督并节制武官提督、总兵。清廷在各省视情况设置绿营数镇，每镇设总兵一员，总兵之上设提督，节制一省或数省区域内的各镇总兵；有时也以巡抚兼提督，直接节制所属各镇；在各省清廷于巡抚、提督之上又设总督，节制一省或数省区域内的巡抚、提督和总兵，成为该区域的最高军政长官。总督、巡抚、提督和总兵，均各有直属亲兵营，统称中军，亦称本标，分为总督标、巡抚标、提督标、总兵标，简称督标、抚标、提标、镇标。清朝还另有军标，一般设于四川、新疆等特殊地区，由将军统辖。通常情况下，各标下辖二至五个营，分称中、左、右、前、后营，居中镇守，以备征调。各总兵镇下辖协，由副将节制；协下设营，按地势险要程度编数十人至千余人不等，以守备驻地命名，由参将、游击、都司、守备分别统管；营下设汛，每汛数人至数十人不等，由千总、把总统领。提督以下将领只有统兵权，而无调兵权，其军令受总督和巡抚节制，兵权归于兵部。绿营兵参加征战，有时皇帝会另派经略、参赞大臣统领为主帅。

清代绿营官印，通常依次分为印、关防、条记、钤记四级。

《大清会典》规定：绿营提督为从一品，其印为"提督总兵官印"，银质虎钮，柳叶篆，二台，方三寸三分，厚九分；总兵为正二品，其印为"镇守总兵官关防"，铜质，直钮，柳叶篆，长三寸二分，宽二寸。总兵以下的副将为从二品，参将为正三品，游击为从三品，都司为正四品，其官印均为关防，铜质，直钮，殳篆，长三寸、阔一寸九分。清代武职守备为正五品，千总从六品，官印均用关防，铜质、直钮，悬针篆，长二寸八分，阔一寸九分；把总正七品，用钤记，铜质、直钮，悬针篆，长二寸六分，阔一寸六分五厘；再以下的外委千总、把总等，多为"给八、九品顶戴"，用钤记、条记，均铜质、直钮，悬针篆，长二寸四分，阔一寸三分五厘。❹

清代绿营不设驻防将军，因此提督则相当于八旗的"驻防将军"。

由于官阶从一品的提督全称为"提督军务总兵官",而正二品的总兵全称为"镇守军务总兵官",在具衔上有时容易被人误认为都是"总兵",但在官印的形制上却很容易区别,因为提督用方形的"印",而总兵则用长方形的"关防"。当然从档案的记载看,清中前期偶然也会出现总兵也用方印的情况。此外,清前期一些绿营低级官员的钤记、条记,往往还会出现将官员姓氏镌刻于印上的现象,后来被明令禁止。早期绿营的一些钤记、条记也有只用汉篆、而未采用满汉合璧的制式的现象。

绿营军官印制度无疑大部来自对既往相对成形的明朝军事官印制度的继承,故其官印制度建设的起步比八旗官印制度要早些。

康熙五十年(1711),清廷即已议准绿营公务印章代理制度。规定:提督有事故离任,印信交总兵署理;总兵有事故离任,印信交副将护理;如该镇未设副将,交参将护理。❶

乾隆二十四年(1759)又进一步奏准绿营公务印章颁制核察制度:参将以下官员,如系分驻别城,或离本标中军驻扎遥远者,令各省将军督抚提督查明造册,并拟定关防字样咨部,兵部查核汇题后,移咨礼部铸给。❷

乾隆三十四年(1769)规定:凡绿营千总、把总及以上官员的印信、关防,照例均由礼部统一颁铸其外委各官所用钤记,均"应照文职佐杂之例,在外由官匠铺镌给"。后来又考虑到绿营系统过于庞大,官印数量繁多,礼部铸刻负担过重,且从京师到地方驿送缴销官印,不仅成本过大,而且影响时效,因此又进一步规定:除"凡属独营及职任中军,有经营兵马钱粮之责者,俱比对给有部颁关防"外,其余省各标营游击、都司、守备等官的关防,"亦由藩司官匠镌刻换给,仍不许镌刻姓名,并将从前所刻钤记,

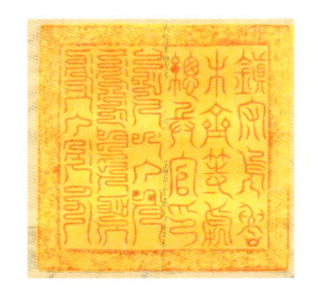

乌鲁木齐总兵印印鉴

镇守山东曹州等处地方总兵官关防印鉴

❶《光绪会典事例》卷577。
❷《光绪会典事例》卷577。
❸《光绪会典事例》卷577。
❹《光绪会典事例》卷577。

步兵

"山东临清城守副将关防"印鉴

悉令销毁"。❸

绿营官员用印制度十分严格,定有明确的处罚制度。

顺治初年就已规定:提、镇各员"一应文移,皆钤用印信,无印信者钤用关防条记,均编列号数封发"。在所上的庆贺表笺"失用印信及用印歪斜模糊颠倒"者,均罚俸六个月。雍正六年(1728)议准:"提镇办理大小公事,均用题本钤印;本身私事,均用奏折,不准钤印",如有触犯,则罚俸三个月。

在用印保密文书管理方面,乾隆九年(1744)议准,绿营各级衙门,"凡有奏事者,毋论正任署任,所有奏案,如奉旨准行事件,办理未竣必需后任接办,及所奏虽未准行,仍需存案者,均于内署汇册,钤盖印信。恭照廷寄谕旨密封面交之例,封交后任,以便接办。"如有差错,依例处罚。乾隆三十八年(1773)又奏准:"如有奏准及议覆议行发抄事件,该承办衙门即将原奏抄录钤盖印信,发交值季提塘,按日刊刻颁发。仍令该提塘将发抄底本及原奏印文,按十日汇报兵部存案。"❹

在绿营印信关防的交接与保管方面,康熙三十三年(1694)议准:"武职各官印信模糊,不详请换铸者,罚俸六个月;督抚提镇不据详题咨者,亦罚俸六个月。若已换印,不将旧印缴部者,亦照此议处。"还规定:"提镇到任前一日,署事官员将印信关防等项遣官赍送。"

乾隆三十五年(1770)奏准:"武职各官领受印信关防及官刻图记钤记条记之时,不将错误之处查验呈明更换，日后被人查出者，罚俸六个月。"

乾隆三十八年（1773）规定，凡关防遗失，"如系自行疏失者，罚俸一年"。

嘉庆六年（1801）奏准："各省武职应领印信关防，经部题准，均以接准部覆之日，限四月内领取，提镇派员赴部呈领；副将以下详明督抚派员或附差使委员咨领，如逾四月之限不派员呈领之提镇，及不行详明请领之副将以下各员均罚俸三月。"

清廷对于绿营丢失印信关防者处罚尤严。道光二十一年（1841）奏准："嗣后在京在外武职各官遗失印信，如系本官自行收掌或带行寓存储者，革职。系在署封储者，有该班直宿官员、专司监守之员，革职，有印官革职留任，俱论罪。五日（内）拿获未经行用者，（有印官）减为降一级调用，已行用者降二级调用；一月内拿获，未经行用者降三级调用，已行用者降四级调用。有印官自行收掌，将有印官降调，非有印官自行收掌者，即将专司监守之员降调。""至若印信在署封储或随带公出，猝遇水火毁失，有实迹可据者，革职留任；其在署有专司监守及公出曾派赍送者，即将监守赍送之员革职留任，有印官俱减为降三级留任。"❶

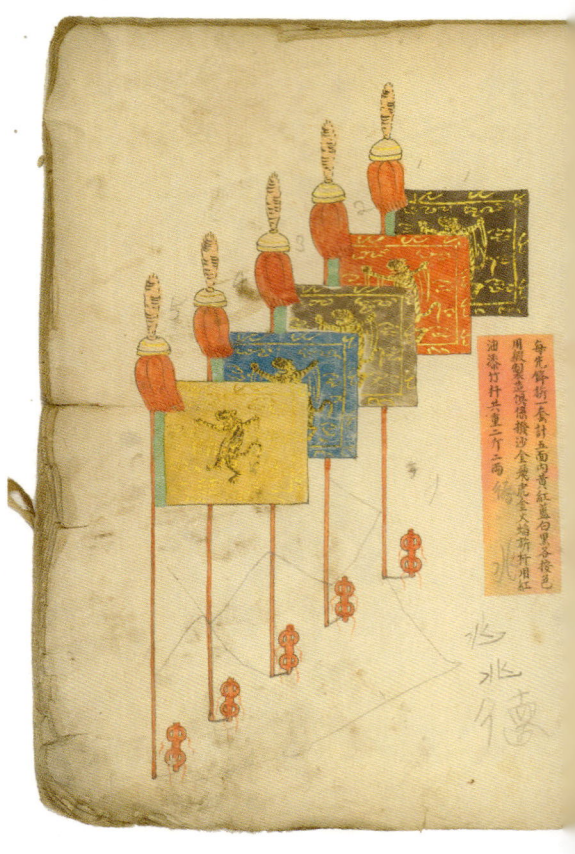

在误用错用官印方面：乾隆三十五年（1770）奏准："武职署事官、兼辖官错用倒用印信，罚俸三个月。至于私书手本及田房契税等项用关防条记钤盖，并将定例后事件作为定例以前年月日期用印给予者，照例议处。"对于错用印信的定义，有时很苛刻，如"提督兼署总兵应用总兵印信，而错用提督印信"也照错用印信条例处理。❷

清末《军营库贮军械服装图册》

❶《光绪会典事例》卷622。
❷道光版《钦定中枢政考》卷12。
❸《光绪会典事例》卷622。
❹道光版《钦定中枢政考》卷12。

嘉、道后又进一步明确：凡倒盖印信者，杖六十。如系官员，罚俸一年。

对于伪造、私雕官印者，清廷也明确处以重罚。嘉庆十二年（1807）议定："如兵丁私雕本官印信，失察之本官降二级调用，描摹本官印信，降一级调用。如奸徒私雕伪印，已经行用，失察行用之地方武职降一级留任；未经行用，罚俸六个月；描摹印信，已经行用，该地方武职罚俸三个月，自行访闻拿获者，均免议处。若别经告发始行拿获者，仍各照本例酌减议处。"❸

同样，武职官印被绝对禁止用于私人书信。《钦定中枢政考》规定："武职员弁妄用印信关防条记于私书手本并田房税契等项，擅用关防条记钤记盖者，照例议处。"❹

第十三章 清代地方及藩属官印

一、各直省、府、州、县官印

清入关前，主要依赖兵民合一的"八旗"制度对辖下的疆域进行管理。入关后，对于新征服的更为广大的中原等地区，则基本沿袭了明朝地方管理制度。这种地方管理制度，是中华几千年封建郡县地方管理制度的延续，也是清朝地方行政制度的主体。

清代的各省各级地方政府均按同样的原则组成。所有地方行政单位，从省到州县都是由中央政府按照集权统一的原则设计和创建的，它基本上由省、府、州、县四级组成，呈金字塔式结构；但清廷在其基本框架外也略有折冲，具体体现为：现实中各行省下与府同级的还设有直属于布政使司的直隶厅和直隶州；而府下与县同级也设有一般散州和一般散厅。"厅"原非固定的行政单位，由于知府的佐贰官同知、通判现实中多析出分驻某一地方，其办事处所"厅"遂也逐渐地固定为一级行政单位。就只有"州"一般乃因地而特设。

据光绪《大清会典》统计，整个清帝国，共有18个省（后增至23个省），185个府，34个直隶厅，73个直隶州，87个散厅，❶《光绪会典》卷4。

直隶总督关防印鉴

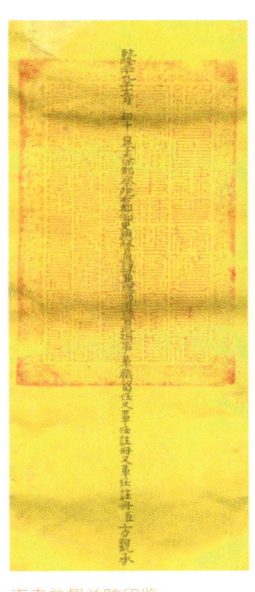

直隶总督府

145个属州，14142个县（台湾3个府、1个州，11个县未载入）。❶

清朝各级地方官员均由中央政府供给经费，并直接操控官员的任命、指导和监督。各级地方衙门职官，哪怕是最基层的州县衙门下的各级长官，都是中央政府的代表，各级地方政府无自治权。

清朝设总督与巡抚，为各直省最高行政长官。通常总督兼辖一省或数省，巡抚管辖一省。各省总督、巡抚，并为封疆大吏，在品秩地位上总督略高些；二者在职掌上则以巡抚经理吏治，总督专主兵政，巡抚例受总督节制；总督、巡抚之下，又分设布政使司（主管民政）、按察使司（主管司法），以及守、巡各道，分负专责，以督率府、县各官，总其成于督、抚；各司、道有监督府、县之责，所以通称"监司"，有权向皇帝直接奏事；道以下依次为府、州、县的分级设置。

清代地方官衙体系庞大，每一级政府衙门都有一个自主的五脏俱全的行政官衙，其衙中官吏也均根据品级领授官印。

与清代中央政府衙门官印相同，地方各级政府衙印以方形正印为主，职印则以长方形的关防、条记、钤记为主。

各直省总督为正二品，加尚书衔者为从一品；巡抚官秩从二品，另加兵部侍郎衔为正二品，二者均用"关防"职印。清制：各总督、巡抚关防制式尺寸相同，均为铜质直钮，用九叠篆（尚方大篆），长三寸二分，阔二寸。

清代总督、巡抚的官印采用"关防"形式，其职印制度踵承前明。在明代，总督与巡抚都是临时钦差性质，清初尚沿此习。比如康熙初期，任直隶巡抚的于成龙（大于成龙）其职官全衔为："钦差巡抚保定等府提督紫荆等关兼理海防军务都察院右佥都御史"，可知其还带着"钦差"的头衔。❶ 康熙后期总督、巡抚渐渐发展成为了地方固定的官员，但其使用的差务性质的"关防"制式却一直没有变更。

总督、巡抚的关防一般由本人收管。道光十九年（1839）闽浙总督钟祥的印信在寓所被窃，只好借用盐政印信办理公务。上谕："钟祥身为总督，印信乃其随身携带之物，而住屋又系外人难到之地，何至毫无觉察被贼窃去，钟祥著先行交部议处。"❷

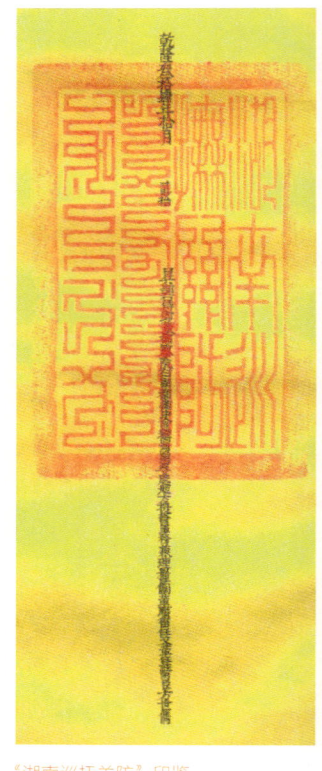

各直省的布政使，一般简称"藩司"，从二品，通用"承宣布政使司"衙印。其印质地为银，直钮，二台，方三寸一分，厚八分，用七叠篆（尚方小篆）；按察使一般简称"臬司"，正三品，通用"提刑按察使司"衙印。其印铜质，直钮，方二寸七分，厚九分，用七叠篆。

藩、臬两司之下为道员。清初，设布政使左右参议、参政，分别驻守一定地方，叫作"守道""巡道"。各道员或通辖全省地方，或分辖三四府地方，无论守道还是巡道，都是辅佐藩、臬两司办理地方政务的性质，沟通于省与府、州之间。清代各道员基本为正四品，都有独立的官衙与官印。其印均为职印性质的"关防"：质地为铜，直钮，长三寸，阔一寸九分，用垂露篆。

司、道以下的地方行政机关又有府、直隶州一级的设置。知府为一府之正印长官，初为正四品，后改为从四品。其印为衙印，铜质，直柄，方二寸五分，厚六分，垂露篆。直隶州"知州"正五品，用铜印，直柄，方二寸三分，厚五分，

"湖南巡抚关防"印鉴

❶ 中国第一历史档案馆藏内阁"三藩史料"140。
❷ 中国第一历史档案馆藏《道光朝上谕档》第1028盒第1册。

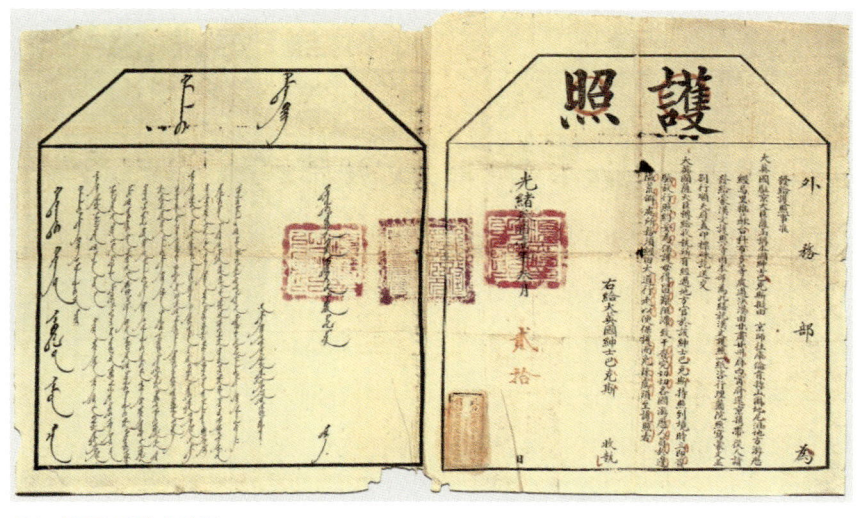

盖有"顺天府印"的护照

垂露篆。

　　一般情况下，府下设同知、通判等官，其衙门称厅。同知从五品，通判正六品，理论上还属于府的佐贰官员，故其印均用职印性质的"关防"，铜质，柄钮，长二寸八分，阔一寸九分，垂露篆。

　　散州原是府下的一级行政单位，或因地特设，或以繁要大县改设，其规制同县。县是清朝最基层的地方政府机构。散州的"知州"从六品，县令"知县"正七品，二者均用铜印，直钮，方二寸一分，厚四分四厘，用垂露篆。

　　在清代各省地方行政长官序列中，除了主管一般军政、民政的督、抚、司、道、府、州、县各级衙门序列之外，还存在着另外一个学、漕、盐、河、税的特殊官员序列，辅助着地方上科举、文化、水利、经济和税收等公务。

　　清代由省到各府、州、县，逐级皆设专门学务官。清制：每省设"学政"一人，通常由中央指派进士出身的侍郎、堂官、翰、詹、科、道等官以原衔品秩简任，属钦差性质，三年一任。主要掌一省学校、士习、文风之政令，以及岁、科两试。由于其钦差身份，故也被允许循例参与会议地方通省兴革大政，并肩负理讼查案之功能。无论其原品级如何，出任学政者，皆戴正二品钦差衔，其印用"关防"，铜质，直钮，长二寸九分，阔一寸九分，七叠篆。

清因明旧制，在各省府、州、县之儒学，依次常设有教授、学正、教谕、训导，各掌一府、州、县的文教科举。府学教授秩正七品，其铜印，直钮，方一寸九分，厚四分，垂露篆；州学学正与县学教谕同为正八品，二者均用铜"条记"，直钮，长二寸六分，阔一寸六分五厘，垂露篆。

清代学务官员的任命，并不拘泥"本省回避"制度，更由于州县学务官属于"闲曹"，其印务管理也一向松散，甚至出现正、副职轮流共主掌印的情况。清人《瓜棚闲话》有记："凡教职之印，正副两斋共之，是则一人仅半职耳。"❶

"漕运"包括了水运，是清代一大财政。自明代开会通河，始罢海运、陆运而兴河运，将沿长江、黄河流域的山东、河南、江苏、安徽、江西、浙江、湖北、湖南等八省征收之米石，由水路运往京师。凡有关漕粮征收、监兑、押运等事务，统称"漕务"。清沿明制，设漕运总督，开衙淮安，总理漕务。清初，漕运总督常兼兵部尚书衔，为从一品，乾隆十八年（1753），改降为兼兵部侍郎衔，为正二品，其职印用"关防"，制式尺寸与巡抚相同。漕运总督下辖的八省各设有巡漕御史、督粮道、管粮同知、管粮通判等本系统下各级官员，其品秩与官印与直省地方府、州、县同类官员相畴。另外八省还设有各卫所等武职性质的漕务官——守备、千总等，其品秩与官印制式与同级绿营官印相畴。

在清朝盐属于国家专卖，中央例派到地方监管盐务差官叫"盐政"，全称"巡视盐政监督御史"，虽是五品衔，但以他的钦差大臣身份，地位还在各省常设的从三品之盐运使之上。此外，清制通常由总督或巡抚兼管地方"盐政"，有盐务之地方，则常设

大同府印

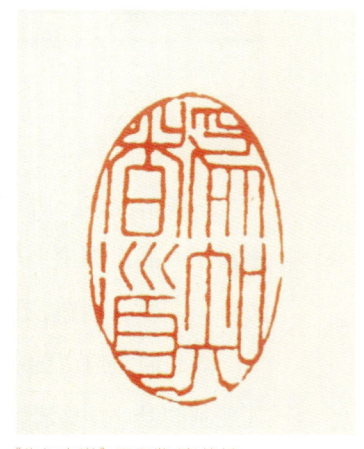

"为知者道"印印鉴 清 钱松

❶ 徐一士《近代笔记过眼录》第27页，中华书局2008年版。

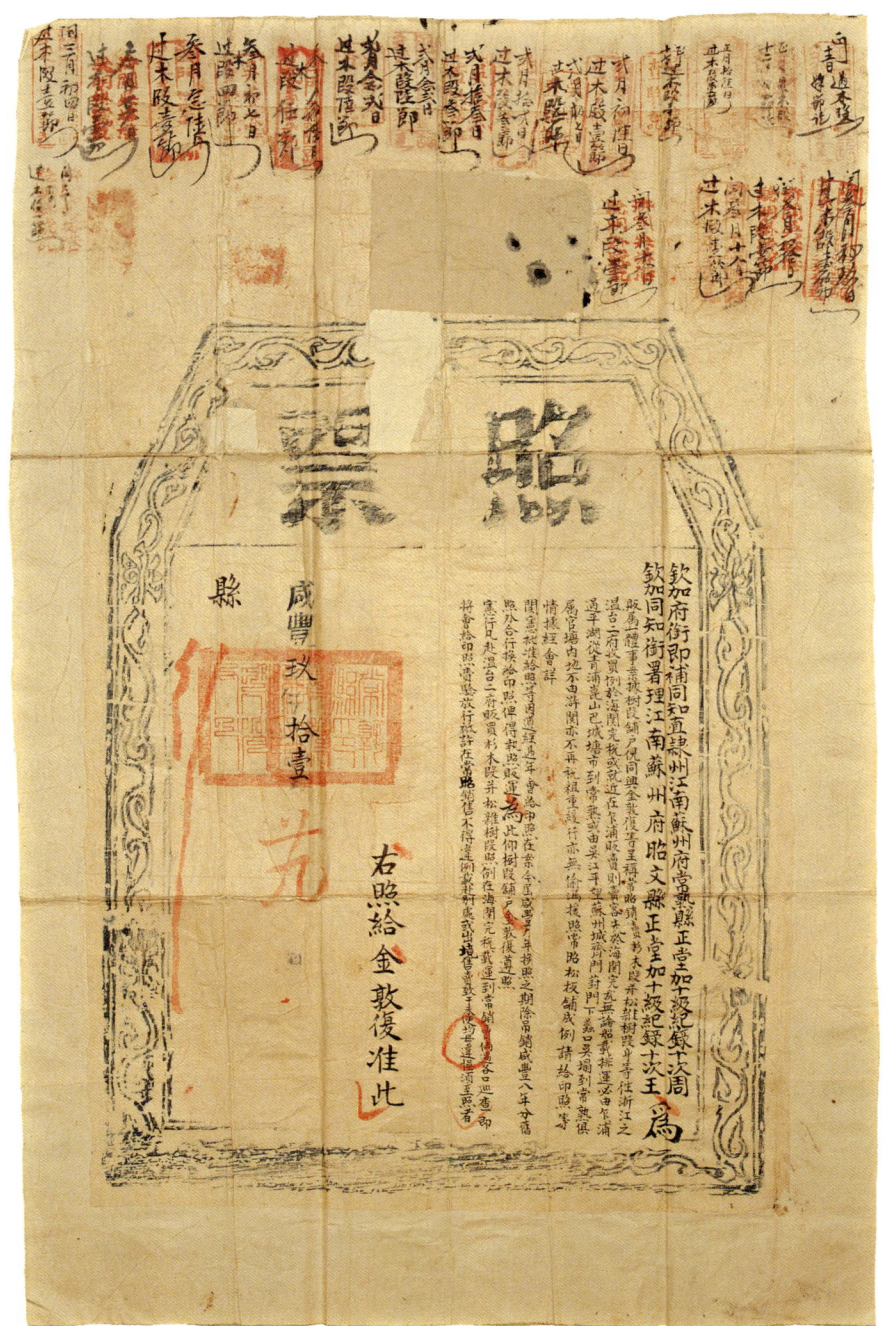

清代常熟县照票

有都转运使或盐法道。盐运使秩从三品，铜印，直钮，方二寸六分，厚六分五厘，七叠篆；盐法道，正四品，铜印，直钮，方二寸三分，厚五分，钟鼎篆。

在清代各级地方政府机关中，主要的办事官员包括：主簿、吏目、典史、巡检、驿丞、闸官、大使等，

州县开衙，选自清《点石斋画报》

林林总总，其品秩从正八品到未入流，一般都用铜或木质条记，尺寸通常为长二寸四分，阔一寸三分五厘，印文为垂露篆甚或楷书。

此外，各地方官府中还设有定额的经制吏（体制内额设的），包括书吏、承差、典史、攒典等，和非经制吏（额外之吏），包括贴写、帮差、挂名胥吏等。差役或称衙役。从职务性质上分为皂隶、捕快、民壮等。另外，那些编外的幕僚、胥吏、差役等则由主政官员自行招募。

有清一代，上至督抚，下至州县，无不礼聘幕友，佐理政务，主要负责刑名、钱谷、书启等。在清代，各级地方衙门内的幕友、师爷在公务内稿上也用印，属私印公用性质。

官印例被视作地方官员的命根子，习称印把子。凡地方官员到任，第一件事就是接印。凡在京铨放地方官，在赴任途中即要发役谕帖，名曰一掌经。如果是在省候补人员，或委署或补各外缺者，无论远近，亦应预备。此谕后面订有接印日期。官员到的时候，唤礼房送仪注单子，进署接印。同时叫户粮官吏两房备办公案、印盒、印垫、印架。

接印通常为一个官员正式掌印的开始，照例要举行仪式。其仪式大略为：官员第一天正式上班升堂，排衙画卯，并与各下级官吏酬酢礼毕后，散堂进衙，即举行开印礼，

❶（清）福格《听雨丛谈·卷二》第36~37页，中华书局2016年版。

礼书唱赞，行四拜之礼。佐贰备果盒醴酒，公堂拜贺。接印时即谕礼房照常预备香案等件，先登仪门，行一跪三叩礼，再升暖阁，传头、二、三梆（这是县官级别的待遇，如果是总督巡抚等则换为施放礼炮）。打点一番后，新官升座大堂，望北阙拜印，行三跪九叩礼，然后传唤司印者，将印信当场验明。……

各级地方衙门的用印、监印也定有明确条规。总督与巡抚、布、按两司皆设有监印官，每用一印，其旁必加盖监印官之衔名戳；州、县堂官用印时，更是有着一套繁复的程序：先要看稿上画"行"，然后再看师爷的图章盖没盖，最后才确定是否钤印。

二、 民族地区的官印

清王朝为有效地统治蒙、回、藏等各少数民族地区，除在京设理藩院综汇总理外，同时还在内外蒙古、青海、新疆、西藏等地区分别常设驻防的将军、都统、副都统、办事大臣，同时辅以配套的地区民族土官系列，共同管理各该民族地方事务。

1. 内、外蒙古地区

清廷在内、外蒙古地区的治理，主要实行以原住王公、台吉制和仿八旗的"札萨克"制度相结合的双重管理制度。《听雨丛谈》记：

札萨克乃藩封掌印之称。朝廷选蒙古王公之贤能者，授为札萨克。亦有世管札萨克。每旗一人，不拘爵秩大小，其余散秩王公，悉听其令。所属亦有都统、副都统、参领、佐领、骁骑校，较内地官各杀一级；族长、什长等官均于本旗台吉内选充。台吉亦分等第，头等视镇国将军，皆蒙古汗王之宗族也。❶

《大清会典》载："大漠以南，曰内蒙古。"其地域包括蒙古科尔沁等二十四部，下分四十九旗。除封爵有亲王、郡王、贝勒、贝子、镇国公、辅国公、台吉等名目外，具体管理各旗行政事务者，称"札萨克"，

苏尼特左旗札萨克银印

为一旗之长，统由王公、台吉等选任，并例为世职。每旗之下，常设协理台吉、章京、副章京、参领、佐领、骁骑校等官职，分别管理本旗各级军政事务。各旗之上，还有盟的组织，内蒙古各旗共分为六个盟，统一归理藩院管理。在内蒙古民族地区，"无札萨克，则系于将军、若都统、若大臣而辖之。"❶清代管理内蒙古（漠南）地区游牧部落的驻防八旗，主要设有察哈尔驻防都统、副都统及热河都统、归化城副都统等驻防官兵。

蒙古阿拉善亲王银印

《大清会典》又记："逾大漠曰外蒙古。"其疆域包括喀尔喀四部，并附额鲁特、辉特二部，共分八十六旗。其封爵，最高有"汗"，以下王公、贝勒等与内蒙古同。各旗亦设有"札萨克"，管理一旗事务。外蒙古各部，共组为七盟。❷

清廷在外蒙古也设八旗驻防，如乌里雅苏台定边左副将军，秩从一品，其银印制式与八旗将军同，唯印文为满楷、蒙楷、汉（柳叶）篆三体合璧。而科布多、库伦等处办事大臣也用相同制式的虎钮银印。

安集延人

另外，青海地区的蒙古各部又名青海蒙古，分为五部，共二十九旗，亦各设有札萨克治理本旗事务。

按：内、外蒙古各旗的组织形式与八旗兵制相同，惟各旗上又多一层"盟"的组织。此外，从爵位上看，也比满洲宗室的"亲王"上多了一级"汗"。"汗"原为游牧民族政权最高统治者，清朝外藩蒙古世爵保留汗的爵位（有的称汗王），喀尔喀蒙古共有汗三人，分别为土谢图汗、札萨克图汗和车臣汗，河套等部有汗一人，名为特古斯库鲁克汗。

据《大清会典》等文献记载结合现存实物考证：清廷

❶《光绪会典》卷63。
❷《光绪会典》卷63。
❸《光绪会典事例》卷973。
❹《光绪会典事例》卷321。

颁铸的蒙古"汗"王印为金印，史载：顺治十三年（1656），曾颁给额鲁特蒙古顾实汗"金印"，封他为"遵文行义敏慧顾实汗"，用满、汉、蒙古文三体合璧。❸蒙古部落札萨克盟长的银印，通常为虎钮，二台，方三寸三分，厚九分，满蒙楷字合璧。乾隆十三年（1748）又规定："外藩札萨克盟长、喇嘛，并蒙古西藏一应清文、蒙古文、唐古特文，不必篆书。其在京札萨克大喇嘛印，清文著篆书，蒙古文不必篆书"。❹"札萨克"以下各章京、

安集延书信

参领、佐领等官，其印制均依八旗规定，唯一不同的是只用满、蒙楷字合璧，均不用篆字。

2. 新疆地区

清代在新疆地区设有八旗驻防将军、办事大臣，以及绿营驻防提、镇。其驻防将军与绿营提镇各级官员的品秩与官印，均照八旗与绿营制度执行。光绪十年（1884）新疆建省以前，嘉峪关外南路的叶尔羌、乌什等"回疆八城"各设有总理回疆事务参赞大臣、协办大臣等；而北路的伊犁、科布多等处，除专设伊犁将军、定边左副将军与乌鲁木齐都统各一员外，其他各处均设参赞大臣、帮办大臣、领队大臣等职官有差。此外，在伊犁、巴里坤还设有总兵，哈密设有副将，其所属有参将、游击等官，则别为绿营系统。

新疆地区各八旗、绿营官员的官印，均照兵部成例铸颁。唯领队大臣，品秩虽在从一品至正二品之间，却分别铸给图记。乾隆四十年（1775）索诺木策凌奏称管辖乌鲁木齐额鲁特部落的领队大臣，因办理支放钱粮事务必须用官印方有凭证，且足以资弹压地方，于是乾隆批准颁铸管辖乌鲁木齐额鲁特部落领队大臣图记。由于地域关系，驻防新疆蒙古部区

敕封班禅额尔德尼之宝

域的八旗各级将领官员的官印，印文均为满、托忒（西蒙古）、回子（维吾尔）文三体合璧。❶

此外，清廷还将天山地区的额鲁特蒙古五部十三旗，编为五盟，其序列官制与印制和内外蒙古部同。

康、乾时期，新疆回部最早内附的哈密、吐鲁番二部被编为一旗，部长为札萨克，后来晋为郡王贝勒。乾隆收复回疆各部后，不再设札萨克，改由清廷派驻的驻防将军、大臣接代其事，下辖各城则分别设有各级伯克回官，管理本城事务。回部各级伯克，品秩从三品的阿奇木伯克到七品的明伯克不等，有三十多种名目。主要分管回城地区地亩、粮赋、税务、水利、台站等事务。乾隆四十四年（1779），"又奏准驻扎阿克苏办事乌什领队大臣，由部铸给满、汉、回子三样字图记。"❷是知其时在回疆地区，维吾尔族土官官印，以满、汉、回（维）三体文字合璧为主。

光绪十年（1884）新疆建省，清廷又照例设置省、府、州、县等各级行政官衙进行统治，其官印制度与内省相同，唯印篆文字则视情况兼有蒙、回等少数民族文字合璧入印。

3. 西藏地区

清初清廷在西藏地方的施政方略，主要是扶持利用蒙古和硕特顾实汗等与格鲁教派联合建立的甘丹颇章政权，以稳定地方局势。1653年清廷册封达赖为"西天大善自在佛所领天下释教普通瓦赤喇怛喇达赖喇嘛"，并颁金印；又派大臣和五

❶《光绪会典事例》卷321。
❷《嘉庆会典事例》卷275。

藏印

世达赖喇嘛一起前往西藏，颁给顾实汗以汉、满、藏三体文字写成的金册、金印，封顾实汗为"遵文行义敏慧顾实汗"。1713年又大规模册封班禅额尔德尼以及各大小呼图克图、札萨克喇嘛等。1751年清王朝平息了珠尔默特那木札勒之乱后，颁行"酌定西藏善后章程十三条"，从此确立了由达赖喇嘛和驻藏大臣专主的西藏地方行政体制。

驻藏大臣是清代中央政府派驻在西藏地方的行政长官，全称是"钦差驻藏办事大臣"，又称"钦命总理西藏事务大臣"，常设正、副各一员，副职称"帮办大臣"。在其衙门下又层层设置有相应的各级办事机构和文武属吏等办事员吏，其中既包括粮台、塘汛、绿营、海关、边务等驻藏机构，又包括理藩院司员、粮务、笔帖式、通事、都司、游击、守备、千总、把总、达木总管等众多文武属员，组成了一个较为完善的管理体系和执行系统。

清驻藏大臣、帮办大臣属钦差大臣性质，品级与各省总督、巡抚等相当，常以副都统、内阁学士、侍郎等二品大员充任。其关防为铜质，直钮，长三寸二分、阔二寸，满、汉九叠篆文合璧。其他下属司员、通事等文职，都司、千总、把总等武职的品秩及官印，均照吏、兵两部现成的官印制度对应落实。

　　清初，清廷驻藏区的官员官印配备并不完善。雍正十年（1732）七月，在理塘惠远寺负责保护七世达赖喇嘛的清护军统领萧格在上呈雍正的一份密奏中说到："查从奴才处所奏关系军机事务折子，所行关系军机之事皆有，又陈兵之处，印信尤为紧要。伏乞圣主颁给奴才等印信为凭。"❶

　　从现存档案上看，清驻藏大臣的关防印文，像其他蒙古、新疆少数民族地方的驻防将军或办事大臣印信关防一样，印文常常采用以满文与当地的蒙古、托忒或回文合璧的形式。笔者在西藏档案馆调研期间，发现大量盖有清驻藏"办理西藏番务章京"的关防印鉴，主要为满（篆）、藏（楷）、汉（篆）三体合璧。同时也有例外，从一份道光时期的驻防拉萨汉藏营守备藏文奏折上的汉楷钤记来看，❷又知驻藏大臣下的低级官员的印信，既没有藏文的合璧，甚至连满文的合璧都没有，惟只独用汉文，而且还是楷体，并非篆字。可觇彼时西藏地方下级官印之简陋。

　　除行政方面的驻藏大臣官印制度外，西藏地区最重要的官印体系是当地具有民族特色的政教合一的官印序列。清入关后，极力扶持并利用格鲁教派，顺治时期即先后册封黄教的达赖、班禅以及其下所属的大小呼图克图、札萨克喇嘛等。达赖拥有金、玉两方清廷早期封颁的"宝"，而班禅也拥有一方清廷早期颁封的金"印"和另一方银"宝"，这些均各被历任达赖与班禅视为传世的"宝""印"。此外，对于每一任新转世的达赖与班禅，清廷还都要在批准后颁封新的金印；而其下属的大小呼图克图、札萨克喇嘛等，则各视其等级，也由清廷相应以次封颁金、银、铁印。❸

　　清廷铸颁给达赖、班禅等大小僧官的封印，通常只被用于一些重大的仪典以及与清廷往来的公文上。在实际生活中，尤其是内部政教活动中，他们还是习惯性地使用自

云南彝人

❶ 中国第一历史档案馆译编《雍正朝满文朱批奏折全译》第2136页，黄山书社1998年版。
❷ 西藏自治区档案馆编《西藏历史档案荟粹》第62页，文物出版社1995年版。
❸《光绪会典事例》卷977。
❹《光绪会典事例》卷321。

喇滚安抚司印

己的藏系本印。如达赖喇嘛亲政后，直接掌管的有三大藏传本印，第一颗名叫"司西德吉"，意为政教平安，在举行大典和颁发重要文告时使用；第二颗印名"达丹木"，是达赖签发公文时常用之印；第三颗称"塞丹木"，专门用于清算经济账目。此外，达赖还有数颗世传的藏文"法印"。西藏地方的各级僧官，也都有自己的寺庙印与法印，世代传授。

为便于社会统治，清廷还会颁赐西藏土官们以世俗爵位，依次有台吉、贝勒、贝子、国公、郡王等，均比照蒙古公爵品秩制度，台吉、贝勒例有封印。

西藏地方世俗土官制度有其独到特色。在平定准噶尔后，清廷于驻藏大臣下，复设置了系列的唐古特（藏族）各级地方行政官员系统。在前藏，从三品"总理大小事务"的"噶布伦"，四品"总理兵丁"的"戴琫"、"稽查商上出纳"的"仔琫"和"总理库务"的"商卓特巴"等，依次往下一直到七品的各种"营"官等；在后藏也设置有从三品大营官到七品小营官系列，包括不给顶戴的"岁琫喇嘛""森本喇嘛"等僧官。前、后藏的唐古特官僚体系名目繁多，构成独特的军政宗教官僚体系。❸

清政府所颁铸的西藏地区官印，印文合璧的藏文皆用楷体。乾隆十四年（1749）以前，清朝赐给西藏的藏文印信，在印文字体方面并没有明确的规定，每用字体，"均候钦定"。在此之后，清高宗规定："理藩院印文之蒙古字样不必篆书，外藩札萨克盟长、喇嘛并蒙古、西藏一应满洲、蒙古、唐古特文亦不必篆写。"❹

与达赖、班禅等宗教领袖一样，清廷颁封的地方世俗官印，在现实行政生活中也并不被常用，而在实际公务中，各级世俗藏官依然多用自己的藏文印，其印颇近署押印，质地多为银、铜、铁、木、牙（骨）等，印文既非藏文，也非满、蒙、汉文，而是一种经过改进的八思巴文印篆，俗称"霍尔衣"，也叫假八思巴文。这种文字脱胎于藏文字母，方形折叠，有点类似于汉文的九叠篆。

财富在西藏也是权力的最重要特征，藏印用在库房管理的现象十分普遍。"达赖喇嘛仓库，向系仓诸巴专管，公事运用，噶隆等禀明达赖喇嘛代理，启闭俱以达赖喇嘛印封为凭。"❶

在西藏，钤盖印章所用印色也颇为讲究，与内地略有不同，通常分为红、黑二色。一般来说，上级对下级或寺院僧人间行文准用红色印泥，而下级对上级和世俗官员多用黑色印泥。如果同一份文件上，地方官员可盖红色印，而平民百姓只能盖黑色印。因此，在清宫档案中人们常见到西藏地方衙门给中央衙门所上的盖有黑印的文书档案。

4. 各直省土官

土司制度始于元代，明代开始"改土归流"，清沿明制，在西南少数民族聚居区设置土官，掌其所属军民之政。

所谓土官，即以世居土著管理本地事务的官员，封官均为世职，各以族姓子弟承袭。被授予土官者，皆为本地方族酋豪贵、世代统治者。另外，一些在跟随清王朝征战中立有功勋者，亦有得封者。

清代的土官主要分布在甘肃、青海、四川、藏东、广西、云南、贵州七个省份，分别管理这些地区聚居的蒙、藏、苗、瑶、僮、黎、彝各族事务。土官有文武职之分：文职有土知府、土同知、土通判、土推官、土经历、土知县等，隶属吏部；武职有宣慰使（从三品）、宣抚使（正四品）、安抚使（从五品）、千户、百户等名目等，均隶属兵部。另外，清廷还新增"土舍""土目"两个土司名目。各土司府下自行设有一些低级员役，其名号不必上报中央，故《会典》等俱不载。

土司的职衔与品级的高低，主要以清政府颁发的印信

❶《清高宗实录》卷385。
❷《光绪会典事例》卷321。
❸《清世宗实录》卷135。
❹《清史稿》卷513。
❺《光绪会典事例》卷322。

与号纸（任命书）作为凭信。清制："凡土官之职，皆给以号纸；土府、厅、州、县，则加以印。"号纸通由分管地方上司报部后自行印发；而印信则统一由礼部颁铸，其规制更为统一。土官中最高者为宣慰使司、指挥使司，用铜质直钮，"清、汉文叉篆，方二寸七分，厚九分"，以下各级依次降等，如土知府用"清、汉垂露篆，方二寸五分、厚六分"；宣抚司副使、安抚司用"清、汉悬针篆，方二寸四分，厚五分五厘"；土州、土千户用"清、汉悬针篆，方二寸三分，厚四分五厘"；长官司、指挥佥事则用"清、汉文悬针篆，方二寸二分，厚四分五厘"；土县、宣慰司经历用印，"方二寸一分、厚四分四厘"，用篆同上。❷

清廷颁给各土司的印信均有编号，如雍正十一年（1733）清湖广容美宣慰使司所属深溪石宝长官司张彤柱主动缴印，呈请改流，所缴印注为"康字六千九百三号印"。❸

根据史料记载，在清朝并非所有土司均颁发印信、号纸。除小土司只发号纸，不发印外，更低下一些有职无位的土官则印信、号纸均不发给，只颁给"委牌"。据《清史稿》统计：在成绵龙茂道松潘镇下所辖的各级土司中，瓦寺宣慰司等9个土长官司、副长官司，均曾被授予"印信、号纸"；此外，更低一级别的拈佐阿革寨等81个千、百户番寨土司中，有15个"皆颁有印信、号纸"，61个土司"皆颁有号纸"、无印信，3个土司"皆无印信、号纸"，2个土司"皆给委牌"。❹在清代，土官的印信、号纸均须向中央报备，但委牌则可由地方总督自行委授。

清代，一些小土司由于军功等原因，也有机会受到清廷的逾格提拔，被授与印信。嘉庆九年（1804），汶川瓦寺土司索诺木荣宗由于参加清政府镇压四川达州白莲教起义有功，四川总督勒保奏请批准升宣慰司，换给印信、号纸。❺

康、雍以降，清廷通过"改土归流"，陆续废除了一些地区的土官，改为与内地统一的地方官制。之后，湖南、湖北已全部完成了改置，四川、云南、广西、贵州等省区亦多有更设。乾隆五十年（1785）覆准：

各省土官向无地方村寨管辖者，将原袭文职改授土官。如土通判改授正六品土官，土推官改授正七品土官，土县丞改授正八品土官，土主簿改授正九品土官，土巡检改授从九品土官，遇袭替时止准给换号纸按品级填写几品土官不必仍书通判、推官、县丞、主簿、巡检等字样。向有给予印信者，将印信咨送礼部销毁。其有管理地方之土官，仍循旧制，毋庸改授职衔。❶

如此大面积地收缴销毁土官印信，也预示着土官的日渐式微。

三、藩属国王印

藩属体制是东亚地区特有的一种国际关系体系，是中国传统儒家"君臣父子"、"忠孝节义"理念在外交关系中的历史存在与延伸。清朝以其高度发达的政治、经济文明长期占据着藩属体制的中心地位，进而构建了"万邦环拱"的对外关系模式。封建藩属国体制的存亡几乎与清朝历史相始终。

清朝对外宣示与藩属国之间宗主与属国关系的重要形式，主要是册封，而清廷所颁的册封印，无疑是最重要的凭信。

从大的概念上说，清朝周边的国家，都被视为属国，但又各有细微的区别。虽然原则上都应颁发封册、封印，而实际上却并非每一个属国都会得到清廷所颁的封印。在清代比较稳定的并享受清廷所颁册封印的国家主要有：朝鲜、琉球、安南（越南）、缅甸、暹罗、南掌、苏禄等。

清代藩属国王印的制作规格、颁发、收缴都有严格的制度与惯例，大致可分为两个等级：龟钮金印与驼钮镏金银印。

《大清会典》记：朝鲜国王金印，龟钮（与和硕亲王同），平台，方三寸五分，厚一寸，玉箸文；安南、琉球、缅甸等国王印均为金饰银印，驼钮，平台，方三寸五分，厚一寸。九叠篆文。❷

清朝的藩属国中，朝鲜最早归附。崇德二年（1637）朝鲜国王李倧接受清的敕封，以及龟钮金印，印文为满篆。顺治十年（1653），清廷便重颁赐满楷汉篆合璧的"朝鲜国王印"。

乾隆以前所铸颁"琉球国王之印"印鉴

❶《光绪会典事例》卷145。
❷《光绪会典事例》卷321。
❸《清世宗实录》卷58。
❹《历代宝案》第1册，卷14 第454页，日本冲绳县教育委员会1991年。

乾隆十四年（1749）又下令将朝鲜国王印篆字从原尚方大篆改为芝英篆。由于关系特殊，在清朝，朝鲜是唯一被颁予龟钮金印的藩属国。

除朝鲜外，琉球国是第一个与清廷宣示确定宗藩关系的属国。顺治元年（1644）清军入关伊始即下谕：原明朝各藩属国缴送明朝敕印者，听地方官具题。顺治十一年（1654）琉球国世子尚质所遣陪臣缴到明朝所颁镀金银印以及袭封诏敕各一道。礼部题准：遣使前往册封琉球国世子尚质为中山王，并颁镀金驼钮银印一颗。

顺治十八年（1661）安南（嘉庆后改为越南）国王黎维禔奉表投诚。康熙五年（1666）安南交回明朝颁发的封印及敕书，清政府始遣使敕册并铸给镀金驼钮银印。正式封黎维禧为安南国王。

康熙十二年（1673），暹罗国请封，清廷给予敕书和驼钮镀金银印，由该国贡使领回。

雍正五年（1727）奉谕："苏禄国向来未通职贡，今该国王输诚向化，遣使远来，进贡方物，奏词恳切，具见悃忱，其有应行议奏之处，着大学士九卿详议，钦此。"众臣议定："苏禄国入贡，照东南海外安南、琉球、荷兰、暹罗诸国初次奉表纳贡之例钦颁敕谕一道"，但未赐该国王封印。❸

雍正八年（1730）南掌国入贡，援例颁赐国王封印。

乾隆十六年（1751）缅甸入贡，也一体照例颁赐国王印。

清朝基本上一揽子承袭了明朝的藩属国体系，因此其所谓颁印，更确切地说，主要是换印。清政府明确规定：凡各藩属国请封王印，必须先将前明所颁的国王印（包括其他封印）上缴。如有特殊情况，也需提前向清廷说明，得到允准后，才颁新印。比如琉球国在新王印的请颁过程中就曾遇到过曲折。顺治三年（1646）十二月，清军攻下福建，当时滞留在福建为南明唐王政权庆贺的琉球使节闻讯特地前往江宁请见清朝经略大臣洪承畴，随后又被带往了北京，向清廷请求封赐。此后，一直到顺治十一年（1654）清朝才正式颁赐琉球新国王印，其中间八年时间里，琉球不断派使节向清廷请封，却不愿缴还明朝旧印，琉球世子尚质在奏书中称："本国有三十六岛，一切行事，必需印信，难以久旷。"❹

但清政府坚持琉球不缴送明朝的敕书、封印，就绝不颁赐新印的原则："前朝敕印未缴，未便授封。"❶并两次派使前往敦促琉球缴送前明旧印、敕。最后琉球才下决心缴回了前明旧王印。

当然，也有由清朝重新认定为藩属国而颁印的情况，如缅甸。严格意义上说，在清廷允许换印之前，缅甸并不具备独立的藩属国资格。元朝时期，蒙古人灭亡了古缅甸王国，在缅甸境内设立缅中行省，元朝将其作为土司管理，而非外邦。明王朝兴起后，继承了元朝制度，陆续设置几个宣慰司，各宣慰使官职世袭，由明王朝册封。顺治十八年（1661）在清军的攻势下，李定国挟明桂王（永历）朱由榔逃入缅甸，清军将领爱星阿、吴三桂率一万八千清兵追入缅甸，李定国兵败绝食而死，缅甸酋长被迫将永历缚献清军。正是由于这个缘故，"缅自是不通中国者六、七十年"。❷

清入关后，对各藩属国多施以怀柔政策，方法灵活而具弹性。从雍正至乾隆初年，缅甸地方各土司间内乱，战火燃及清朝边界，乾隆十八年（1753）曾有缅甸酋长请求入贡，"（乾隆）帝下部议，如他属国入贡例"❸，但并未即时颁赐国王封印。之后，缅甸又因内乱不靖，并趁清廷重兵平定金川之机转攻暹罗，清廷与缅甸关系紧张起来，而后暹罗复国，乾隆诏封了新的暹罗国王，缅甸始惧，又再次向清朝请封。乾隆五十五年（1790），缅甸王孟云遣贡使来华，备表赍礼，并赴热河参加祝贺乾隆帝八旬万寿的典礼，请求赐封。心情正好的乾隆念其国"远在炎陬，恪共职贡，兹于遣使之前先期坐摆致洁，告虔更征谨恪。"乃封孟云为缅甸国王，并将赐封的王印与敕书及颁赐的礼品交来使一

琉球进京谢封使船队

乾隆以后铸颁"琉球国王之印"印鉴

❶《清史稿》卷 526。
❷《清史稿》卷 528，列传 315，属国三，缅甸。
❸《清史稿》卷 315。
❹ 中国第一历史档案馆藏《乾隆朝上谕档》第 714 盒第 2 册。
❺ 中国第一历史档案馆藏《乾隆朝上谕档》第 733 盒第 2 册。
❻《西藏奏议 川藏奏底》，第 76 页，上海古籍出版社 2012 年版。

并带回缅甸。❹

而缅甸所答应回交的明朝旧敕印，却拖了一段时间才被送到，此后又横生枝节，引发争议。不知何故，缅甸曾提出请求将所上缴的明朝旧印中一方赏还给缅甸的木邦土司，以便效力，清廷允准了此事。乾隆五十八年（1793），缅甸国王遣使臣孟干到云南，专程请求将此旧印再赏还给缅甸。不虞情况有变，经军机处的调查，此印原是明末永历帝在云南所颁铸赐给一个詹事衔的官印，并非土司印。清朝认为，此印"为前明废印，若赏给钤用，不足以昭信"，然已答应在前又不便更改，于是令礼部另铸了一方"蛮暮宣抚司印"换印赏给。孰料，孟干当场辨认出此印并非前定的明朝旧印，便提出交涉，声称缅甸国王已经知晓清廷答应赏给明朝旧印一事，而清朝对新铸之印一事此前也并没有沟通，如果他就此带回新印，不好向国王交差。为防止缅甸国王心生疑虑，节外生枝，于是乾隆帝特意专门下谕，令云贵总督将此事的原委传谕缅甸国王，"今另给孟干蛮暮宣抚司之印，与木邦土司同受天朝恩典，仍为该国所属，更增荣宠。"❺

除朝鲜等相对固定的藩属国外，还有一些西南亚、中亚地区的政权，在不同时间段内先后与清廷发生过联系，比如廓尔喀、安集延、浩罕、阿富汗等部落的异质国家，考虑到其国兴衰无常，"贡无常期"，虽然清廷也会允准其请封入贡，但通常只颁发封敕、赏赉礼物而已，并不郑重地颁铸国王封印。当然，其中也有例外，19世纪下半叶，英国加紧了借邻邦不丹为跳板，并进一步觊觎西藏，为抵御英国入侵，光绪十五年（1889）不丹首领请求清廷向其颁发印信，"如洋人之心但有不法，即当力为堵御。"❻清廷于光绪十七年（1891）十二月向不丹颁赐"布坦部长诺门罕印"（王印）、"办理布鲁克巴事务东路奔洛正札萨克印"、"帮办布鲁克巴事务西路奔洛副札萨克印"三种印信。

清朝对颁赐藩属国王印礼仪十分重视，如朝鲜、琉球、越南等，均会派册封使前往该国，举行隆重的册封颁印仪式。如乾隆二十一年（1756），适逢琉球新国王继位，清廷拟将新铸的满汉篆文合璧的琉球国王印颁赐琉球，因此特派"天使"前往琉球册封。作为清廷册封副使的周煌，在其《琉球国志略》中，详细记录了当时颁印仪典的盛况，据之略纪如下：

八月二十一日，册封仪典在琉球王城首里的中山王府举行。国王殿庭中间，建造板阁一楹为阙庭，中间设殿陛，殿陛左右设有观礼层阶。阙庭中摆设五张御案，中间御案放置"使节"，左边御案放置诏敕，右边御案放置敕印。黎明，琉球世子率众官恭迎"天使"及装置封敕、封印的龙亭至阙庭，各官将敕、印捧置于案上。……随后，册封大典正式开始，当国王率百官接受诏、敕、缎币仪典后，即举行受印仪式。届时册封使宣谕："清字篆文告成，另铸新式王印，皇帝钦使赐国王领受。"引礼官引国王由东阶升，法司官随行。国王至受赐位后下跪，奏乐，册封使将新王印亲自授给国王，国王高举王印，法司官跪接，传到案上安置。国王平身，引礼官引国王回到拜位，率领众官行三跪九叩头礼谢赐印。之后，法司官将旧王印给国王，国王跪着缴还册封使，册封使将旧印置放在御案上，奏乐。引礼官引国王回到拜位，率众官行三跪九叩礼谢恩。礼毕，平身。新颁的诏书、敕谕、王印、缎币等由司法官等捧入内殿。册封使"使节"与旧王印仍在庭中御案上……。当接下来的观瞻殿阁、献茶、宴筵等一系列的礼仪结束后，国王作前导，引领册封使回到阙庭中的御案前，正使捧节、副使捧旧王印，将它们放置在龙亭内，与国王作别，回到"天使馆"。……此后，旧王印随着册封使回到了中国。❶

南掌国王之印

"南掌国王之印"印鉴

❶（清）周煌、赵新《琉球国志略》卷11，台湾文献丛刊第293种，台湾银行经济研究室编印1972年。
❷《清仁宗实录》卷217。

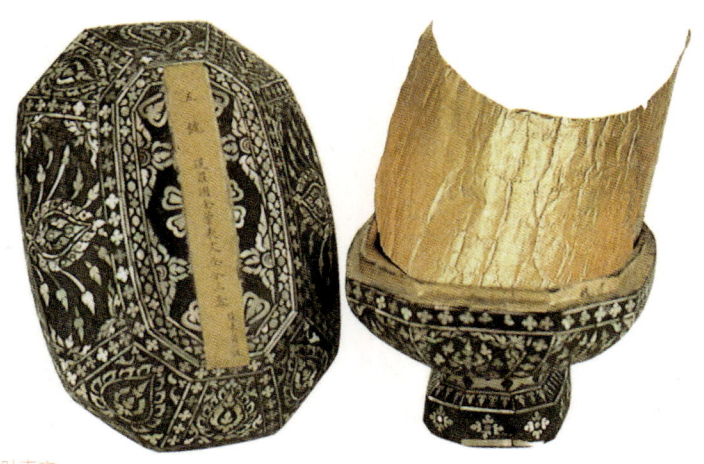

暹罗金叶表文

在清朝，除朝鲜、琉球、越南三国外，对于其他藩属国，清廷皆以航海梯山、路途窵远、属国国王接待迎送劳苦为由，不派册封使前往，而是由各属国遣请封使入京，或在相邻的边疆省界将册封王印与诏敕一并领回。

清朝所颁铸的藩属国王印，主要是作为藩属国王的凭信之物，有的藩属国甚至在给清廷的表文中也不钤盖。嘉庆十四年（1809），军机处收到南掌（今老挝）国王奏表，发现并没有钤盖该国国王印。经查：自乾隆六十年（1795）清廷颁给该国国王印以来，到嘉庆十年（1805），南掌国王召温猛"所进蒲叶表文，向不钤盖印信。"❷

第十四章 清代官印的形制

清代各级官印都有严格规定与鲜明的识别特征。要区分一个官印，大致可从文字、印材、印身（包括印形、印钮、尺寸、台级）等几个方面考察。

一、印文

清代官印文字，具体包括印面上的印文和印身上的款识文字等。

首先从官印印文内容形式上看，通常是由职官（或衙门）名＋印名所组合；从文字上看，它又有汉、满、蒙等多种文字的使用，而且在很多场合下通常表现为两种或两种以上文字合璧出现在同一印面；从字体上看，印文又有多种篆体的变化。

除印面上的印文外，印身上还会附有款识，成为官方统计辨识的标志。

1. 印名

先说印名。印名是官方法定的官印的名称。

《大清会典》明确规定，"凡印之别有五，一曰宝，二曰印，三曰关防，四曰图记，五曰条记。"这五种宝、印的分类，实际上主要是指礼部铸印局直接参与铸造活动的印信范畴，此外，还有一些未列入礼部统一铸造而由各官自行刻制，包括各种钤记、戳记、押记，甚至未具印名的机构名章等。据此，清代的官印最起码应包括宝、印、关防、图记、条记、钤记、押记等七个层面。

关于清代印名源流，在后章会有专条讨论，故于此从略。

2、印文

清代官印印文极具特色。最突出地表现在其民族性方面，即印文不像以前历朝仅单独地以汉字入印，或个别政权，如西夏、元初仅以自己统治民族的文字入印（如西夏文、八思巴文），在清代，官印主要采取将本民族的满文与汉文合璧入印。

清朝是满族建立的政权，因此其官印文字以满文作为第一要素；而汉族既是清朝统治的主体民族，亦是被统治者视为咸与共治的民族，所以汉文也要居其次。清朝官印从御宝到各级印信、关防、图记、条记等，均采用满汉两种字体合璧。一印之中满文居左，汉文居右，作为定式。

当然，清廷在一些特殊的官印文字选择上，更富于弹性与灵活。在清朝管理少数民族事务的最高机构理藩院，考虑到其主管的蒙古地区民族的特殊性，其官印采用了满、汉、蒙古文三体合璧。理藩院的前身为崇德元年所设的蒙古衙门，主要负责处理满洲与蒙古的关系，且清代满、蒙两族历史上关系渊源最为密切，故理藩院也以蒙古字纳入其印文。理藩院印是清朝中央衙门中唯一使用三种文字合璧的官印。

在边疆等少数民族地区，清廷的官印也更多因地制宜地采用满、汉文与当地少数民族通行文字合璧的方式。如蒙古察哈尔都统印即为满蒙两种文字合璧；清朝驻新疆的总统伊犁等地将军印则为满、汉、托忒、回子四种文字合璧；办理伊犁、乌鲁木齐等处事务大臣印为满、汉、托忒三种文字；伊犁分驻雅尔城总理参赞大臣印为满、托忒、回子三种文字；办理叶尔羌、喀什噶尔、阿克苏诸处事务大臣印为满、汉、回子三种文字。这种以地域与原住民族的不同来决定官印印文的情况，在清朝十分普遍。再比如同为"八旗蒙古副都统"，在内地的通常用满、蒙文合璧，而在外的"归化城蒙古副都统"，由于治所在蒙古地区，故其印文则纯用蒙文楷书；管理满蒙地区的"察哈尔左翼副都统"，其印文则满蒙文合璧；

① 印章。清代印章有五种，即宝、印、条记、关防、图记、章。

印 yīn
doron，印章；印信、图

满汉文印词条

"热河都统"由于地域特殊，其印文又为满、蒙、汉文三体合璧。

清代官印合璧文字的印面布局设计有固定的规定：凡满、汉文合璧者，满文居左，汉文居右；满、蒙文合璧者，满文居左，蒙文居右；满、汉、察合台文三体合璧者，满文居左，察合台文居中，汉文居右；满、汉、藏文三体合璧者，藏文居左、满文居中，汉文居右；满、汉、蒙、藏文四体合璧者，从左到右依次为：满文、汉文、藏文、蒙文；满、汉、托忒、察合台四体文字合璧者，其布局从左至右依次为：满文、托忒文、察合台文、汉文。

清朝官印的多体文字合璧印文布局有一定的规律，既遵循了不同文字的书写习惯，同时兼顾印面设计整体的美观性，当然二者都主要服从于以满文为尊的前提。如满文、蒙文都是从左向右书写的规律，故当两者合璧同框时，必须满左（前）蒙右（后），以示尊卑；而当满、蒙、汉三体文字合璧者，则满文必居于中，也是暗寓"居中为大"的原则。

清代官印印文的第二个突出特点，表现为各级官印的印篆字体的多样性，并被作为彰品秩、防作伪最直观的特征。

清朝官印印篆的多样与变化是前朝历代官印无可比拟的。秦汉以降，各级官印多以小篆、缪篆体为主，至唐末，官印开始采用笔画屈曲重叠之体，成为后代官印叠篆之滥觞。辽、宋、西夏、金、元、明百官印信无分品秩尊卑，均主要采用九叠篆体。从明代开始，将御宝与亲王、文渊阁、挂印将军印等印文篆体从百官印篆中分离出来，分作小篆、柳叶篆、九叠篆等体。清代各级官印使用印篆体例不同，基本上是沿用明制，但更加繁复，且各寓意义。明郎瑛《七修类稿》云："国朝（指明朝）、外国诸衙门者皆叠篆，惟总兵者柳叶篆；御玺、王府之宝玉箸篆叠，篆必九折，取乾元用九之说；惟历日印文七叠，取日月五星七政义也；御史印文八叠，取唐台仪八印义也；未知是否？"❶

清入关前官印唯用单一满篆（一种近似八思巴体的篆体，又称玺书体满文）；入关后，清朝立即颁布法令，规范天下印信关防一律采用满楷汉篆合璧形式。清朝官印的汉篆体制基本沿用明制，有玉箸篆、尚方大篆（九叠篆）、芝英篆、柳叶篆、尚方

❶ （明）郎瑛《七修类稿》第96页，上海书店出版社2001年版。

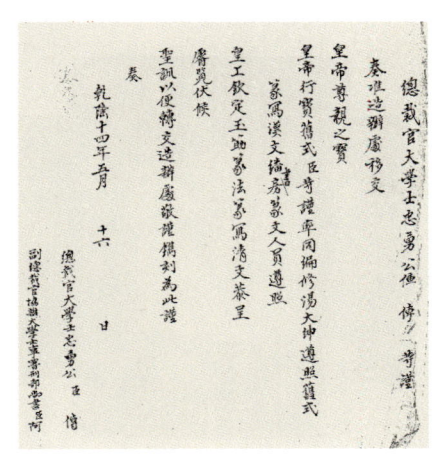

傅恒关于帝宝印篆的奏折

小篆（七叠篆）、钟鼎篆、垂露篆、悬针篆，另外也有直接用汉楷、汉隶者。乾隆十三年（1748），乾隆御制满篆三十二体定制后，规定天下印信关防一律用满汉篆合璧。更加丰富了清朝官印篆体，其所增加的转宿篆、殳篆等亦为历史上在官印方面的首用。

印篆虽繁，但制度分明。清制：玉箸篆体只能用于皇帝御宝及皇后、太后、贵妃、皇太子的宝玺；亲王、世子宝，以及皇妃、郡王印，包括朝鲜国王印用芝英篆。文武百官各级官印用篆大致如下：琉球、越南等藩属国王印，公（衍圣公）及京内外一、二、三品衙门职官的银质印信关防均用九叠篆（尚方大篆）；京内外三、四品的衙门如通政使司、顺天府，各直省布政使司银印，以及京内太仆寺、京外按察使司等所用铜印信、关防用尚方小篆（七叠篆）；京内武备院、上驷院等以及京外直省各盐运使司等四、五品衙门的印信、关防、条记用钟鼎篆；京内六品、京外五品以下衙门的印信、关防、条记均用垂露篆。清朝武职的印信、关防、图记、条记的印篆使用基本如下：三旗领侍卫内大臣、八旗都统等、将军、副都统、提督、总兵等一、二品衔职银印、关防用柳叶篆；参领、佐领、城守尉至副将、参将、游击等自从二品至四品武职铜关防、图记均用殳篆；都司、守备及其他五品以下武职的图记、条记等皆用悬针篆。

清代官印印文在整体印面的布局形式上讲究对称和谐的审美。满汉文两体合璧的官印印面，定式为满文居左、汉文居右，为了平衡美观地排布，一般满、汉文于印面上各占两部分，相互对称，美感上相得益彰。

历史上隋唐以前，官印印面上的文字很少，通常最多也仅四、五字，彼时印面面积虽只在方寸之间，但排列起来并不困难。唐以后，官印以机构名称入印的现象开始增多，衙印逐渐成为了官印的主力。而为了更好地配合方形印面，用于印章的篆字也固定成为方形篆字。印面的扩大与方形印篆的成熟，使得印面设计的问题越发凸显，甚至为了印面文字排列整齐与美观，方形的印篆也开始出现了叠曲现象。时至清朝，方形曲篆成为了官印印篆的主要选择及特征。

清初官印印面的设计问题一直比较突出，尤其入关后至乾隆以前这一段时期内，由于规定采取满汉文合璧，满字印文写为棍状圆直的楷书，而汉字印文则为曲叠方块篆体，两者合璧在一起，无从达到平衡与美观的和谐效果。有时为了均衡字数，甚至出现了在同一印面上两行汉篆与三至四行满文楷字合璧的现象，感观上叫人极度不适，更遑论美观了。这也是乾隆帝痛下决心制定新的满文篆体的主要原因。当乾隆创新制定出方体的满文印篆后，基本能够与合璧的方体汉篆融为一体，才真正达到了理想的艺术效果。

清代官印印身上的款识

顺治颁予五世达赖三体文字的金印

当然，对于这种印篆和谐美观的困扰，清廷解决得也并不彻底。乾隆帝虽然制定了新的满文印篆，但当遇到官印有满、汉、蒙文三体合璧，或者需要与其他藏文、托忒文等少数民族文字合璧的情况时，由于蒙文等文字并没有与之相应的方块形篆字，因此入印时仍采用楷体。乾隆帝也是无奈，乾隆十四年（1749）"礼部奏现改铸理藩院印，查无钦定蒙古篆体，应否仍照本文？外藩及办理西藏一应印信，凡兼写唐古特字者，均候钦定。奉旨：理藩院印文之蒙古字样不必篆书；外藩札萨克盟长、喇嘛，并蒙古、西藏一应满洲、蒙古、唐古特字样亦不必篆书；其在京章嘉呼图克图喇嘛等印，满文著篆书，蒙古字样不必篆书。"❶这些特殊官印，在印文的美观上自然大打折扣。

清朝官印印面设计上遇到的另一个困扰，是印文字数剧增所带来的麻烦。由于采取满、汉文二体合璧，甚至包括三、四种文字的合璧，在尺寸有限的印面空间里，较之清以前历朝只用单一汉字印文，印文的字数呈现为几何倍数的增长。由于印文字数总

❶《清高宗实录》卷332。

体增加，还要兼顾大数量印文可能引发的不清晰等因素，除了尽量将印篆压缩，笔画变细外，清廷还采用简化官印文字等解决办法。比如地方总督、巡抚关防，在乾隆中期以前，其职衔常用全称，如湖广总督早期的官印印文为"总督湖广等处军务兼理粮饷关防"，乾隆中期以后，改为了"湖北湖南总督关防"。虽然采取了种种措施，但总体上还是不能从根本上解决因为印文数量太多而造成的设计与铸刻方面的困难。

咸安宫官学印记

《大清会典》所规定的印信关防，无论正方形，还是长方形，其印文排列都是横平竖直，规规矩矩。但现实中一些低级衙印的印面设计，也会有不拘一格的灵活调适。如故宫所藏雍正、乾隆时期的"咸安宫学记"、"咸安宫记"，两印形制奇特，为薄板状，无钮，上圆下方，在印面设计上：印面分上下两部分，中为浅凸起界栏，与印边平齐。前一印汉字小篆书体居于圆形围栏内，位于上部，文字作先纵向、后横向式排列，即纵向为"咸安宫"三字，横向为"学"、"记"两字，居于左、右两翼，与"安"字成一横列。下部似为"咸安宫"花押写法。此种印文的设计排列方式及印形，在玺印发展史上可谓罕见。

3、款识

清朝的正式官印皆有款识。

在官印上注刻款识的习俗，自唐宋起即已流行。当时较为简略，一般只是于印背（印台上印柄边上的空白面）上简单刻写该官印的印名；宋代时出现了刻写铸印时间年月现象；辽、金、夏时期，由于款识文字增多，印背面积不足，于是开始出现了将印名、铸印时间和监造机构名称同时刻写在印背与印身侧面周匝的情况，甚至包括在印柄上部刻"上"字以标示用印方位的。从明代开始，官印上所刻的款识内容中又增加了官印铸造的编号，这种编号通常以皇帝的年号第一字为领首字，比如现存辽宁省本溪博物馆的一枚明朝"定辽左卫镇抚印"，其印背刻"定辽

左卫镇抚印""万历七年十一月□ 日礼部造",印身侧面刻印号"万字七百四十八号"。其编号首的"万"字即万历年号的简称。❶

明朝这种规范的既有背款又有侧款的款识形式,被清朝所继承。仅以乾隆十至十七年(1752)以后改镌的官印标准款识制式为例:印钮右部背款为官印印文与"礼部造"两行汉字楷写;印钮左部背款为与右部对应同一内容的两行满文楷体字;印身左侧款为楷体汉字编号,以当朝皇帝年号首字顺序而编写;印身右侧款为制造时间年、月,也只刻汉文楷字。

以上是清朝官印款识的标准制式。实际上在清初,官印的款识多远为简略、随意得多。其最为简略者,不过只是在印背上方镌一"上"字以指示用印方向而已;大多数情况下,往往会省略背款上印章的内容,仅仅在印身侧面镌刻编号与制作时间,其目的只是便于登记造册的管理工作。如故宫现藏的"西花园处条记"的款识形式为:其印背自右而左分别镌刻"西花园处条记""礼部造""康熙五十三年十月造",一行为汉文,一行为满文,间隔并列;印身右侧款为"康字八千□百□号"、印身左侧款为满字编号对译。这已算是当时印款最完备的了。

值得一提的是:从嘉庆以后,尤其是在太平天国、捻军等起义,以及"庚子事变"八国联军入京时期,大量的清朝中央、地方官府印信多有被毁或散佚于兵燹之中,清政府不得不大量重新铸官印,为了区别于旧印,通常会在新印的印面汉、清篆文中间加铸上一行标注新印的重铸造时间的满文楷书,以作识别。这也是清代官印款识的一种变异。对于这种现象,也有专家将其描述为款识的一种特殊形式。

二、印材

清代官印在用材方面,有玉、金、银镏金、银、铜镏金、铜、木等各种质地。

清代官印中的"宝"一级,其质材多用玉、金。

玉是清代官印中最高级别的印材。自乾隆二十五年(1760)起,产玉的重镇——新疆和阗纳入了清帝国版图,

❶ 王绵厚、郭守信主编《辽海印信图录》第141页,辽海出版社2000年版。

❷《光绪会典事例》卷321。

❸《光绪会典事例》卷321。

此后每年分春、秋两季定期向清廷进贡玉石，这也使得久负盛名的新疆和阗、叶尔羌玉料源源不断地输入到内地，"玉石之路"也彻底畅通起来。据文献记载，乾隆二十五年（1760）至嘉庆十七年（1812）的五十二年间，仅清宫廷所收新疆地方贡玉就已达二十万余斤，而其他通过私采及官商勾结等方式流向民间之玉料更是难以计算。

清代御宝（包括后妃印）质地以玉为主，兼用金质、木质。从清宫交泰殿二十五宝的质材看，其中除1方檀香木宝和另1方金宝外，其余23宝皆为玉宝；而盛京十宝中有3方金宝和1方檀香木宝，其他都是玉宝。可见玉为皇帝御宝的主要材料。交泰殿与盛京两处的玉宝共29方，其中白玉7方，青玉10方，碧玉9方，墨玉3方。虽然世俗以白玉为最珍贵，但清宫玉宝在各玉种选用上并不存在什么明确的等级之分，但从乾隆帝的心理推崇上判断，还是白玉第一、青玉第二、碧玉第三。

清制：玉只准用于皇帝、皇后之宝。玉以下，则以金为尊。清初规定："皇太后、皇后金宝，均用三等赤金；皇贵妃金宝，用五成金；妃金印，用四成金。亲王金宝，用五成金；世子金宝用四成金。"❷

清朝官印序列中的"印"主要有三种材质：银镏金、银、铜。

清代的银镏金印，主要用于包括妃、多罗郡王的封印，以及外藩国王印。

银质官印是清代各行政衙门及文武职官印信关防中的最高级别，主要适用于公、侯、伯爵印，以及文武一、二品，包括部分三品的印信与关防。康熙六十年（1721）规定："凡铸造银印，由部于户部领出纹银，配铜三分铸给。"❸

铜质官印是清代官印的主力，清代职官自三品至九品官印，不论其称为"印"、"关防"，抑或"图记"、"条记"、"钤记"，均以铜质为主。至清末还出现包铜木印，应视为铜印的替代品。清代官印用铜虽广泛，要在"皆用黄铜之精炼者"。

清代礼部所铸造的金属官印，基本采用合金形式。"凡铸印，金、银、铜、铅各镕合而加焉"，而以其成分占比的高低来区分金、银、铜印。

在清代，职位较低或未入流的官员多用木质官印，这种情况普遍地

铜印

石印

木印

存在于不兼管兵、马、钱、粮之低级文武职官，以及各府州县的僧道阴阳医官与佐杂人员的官印中。这种印信质地一般不耐久，且雕工粗陋，因而向不为人重视。北京故宫博物院藏有"玉牒馆记"、"上档房戳记"与"都虞司寅夜传事图记"等均为木质。其中"都虞司寅夜传事图记"印文汉小篆与满文本字合璧，印背还刻有一个"上"字，以指示用印方向，这种制式为清代木质图记、钤记、戳记的一种常态。另外，在清代官印制度中还会有一种情况，即一些重要而贵重的金玉质地的印信，为了安全及使用中减少原印磨耗，在现实公务活动中往往还会再刻一个木质代印使用，称"副印"。

在清代，还存在着一些《大清会典》等史典中并未有明文的记载规定，但现实中却存在着其他质地的官印，其质地包括铜镏金、牙骨、铁质、石质等等。

清代铜镏金的官印现有实物遗存，可见于北京故宫博物院藏品中，有内务府的"庆丰司印"、"营造司印"、"都虞司印"，宗人府的

水晶印

瓷印

"宗人府左司印"、"宗人府右司印"等。从其印款上的制造时间上看,"庆丰司印"为乾隆十四年七月,"宗人府左司印"与"宗人府右司印"均为乾隆十四年六月,"营造司印"为光绪二十八年四月,"都虞司印"年月款识已磨泐不清。据此可推断它们的铸造时间既有乾隆也有清末,因此可以得出这样的结论:在清代,一些特殊的机构可铸用铜镏金质的官印。

牙质官印在历代见诸记载与实物遗存者绝少,唯《明史·舆服志》载有"嘉靖中,顾鼎臣居守,用牙镂关防,皆特赐也。"清代官印中偶或也有牙质官印的存在。北京故宫博物院藏品有牙质"内殿司房"一印,其印形与常规印形不同,为覆斗形,满楷汉篆印文合璧,且未刻印名,可被断为乾隆官印制度成熟以前的内廷戳记类的官印。

北京故宫博物院藏品中还有铁质官印两件,分别是"咸安宫学记"与"咸安宫记"。此外,清宫内务府的烙印腰牌所用的也是"炙符铁印"。

在北京故宫博物院藏品中有两方石质印,一为"磁库",一为"酒醋房图记",均满本汉篆合璧,应是乾隆定制前的内廷戳记类之官印。

清代的瓷印、水晶等更多地见于皇帝私玺,以及一些王公大臣的私章。

石印是清宫私印小玺最常用的印材。清代皇帝的私章小玺多以印石为材料,其中尤以寿山、青田、昌化石为巨擘。据《乾隆宝薮》记载,乾隆一生共刻制各种私用玺宝1800余方,其中寿山石印609方,青田石190余方,昌化石13方,总计达800余方。

在清宫档案中"青田石"常被写作"图书石";寿山石则还有"洞(冻)石"、"田黄"等习称;昌化石又有"鸡血"等名目。清宫造办处档案中还有一种"翁牛特石",系来自赤峰一带的蒙古翁牛特旗,该石种应是今天的巴林石,但在清宫中很少被用于篆刻图章,而常被用来雕刻山子、底座等粗器。

由于时代不同,清宫中印章选用印石的风尚也有不同。青田石兴于明中晚期,其流风余韵渐至清初犹未衰,故清初仍然以青田为多;康熙时期,福建寿山开采出许多新石,名声鹊起,地方大吏纷纷以之献廷,宫中也有专门采办,因之康熙、雍正多用寿山的山料,如高山、芙蓉等为多;乾隆时期,由于崇尚富贵之"黄"色,因之寿山石中水坑料的田黄大兴,被誉为"石帝",其代表作如乾隆"田黄三连章"等。嘉庆以降,昌化石开始流行,至晚清被誉为"石后"的昌化鸡血石更是独领风骚,慈禧太后个人尤其钟爱红色的昌化鸡血,以致爱屋及乌地引发了红色珊瑚的大流行。

三、制 式

清代各级官印从外形上主要分为正方形与长方形两种,"宝""印""图记"多为正方形;"关防"和"条记"多为长方形,而"图记"和"钤记"有时正方、长方形兼而有之。而清统治者为了昭示各级官印的品级的高低不同,还在尺寸、钮制、印台等方面制定了繁缛的相关规定。

1、尺寸

依照品秩的不同,清代官印在尺寸大小上有着明确的等级。

由于皇权至上,清廷故意在皇帝御宝的尺寸上未设特别的限制规定。从交泰殿二十五宝及盛京十宝的尺寸方面考察:各宝、印的尺寸不尽相同,体积方面的差距跨度很大,其中最大的为"交泰殿二十五宝"中的墨玉"广运之宝",该宝印面方六寸、印台厚二寸一分、钮高二寸;尺寸最小者为"盛京十宝"中的金质"广运之宝",该宝印面方二寸四分,印台厚八分,钮高一寸五分。有趣

❶《清史稿》卷104。
❷《光绪会典事例》卷321。
❸《光绪会典事例》卷321。

的是：这两方同一内容的御宝，从排位顺序上看，分别在"交泰殿二十五宝"与"盛京十宝"中被列在最末位，显示了其在列宝中显要程度的低微；但从尺寸上看，二宝又分别列为数十方御宝中尺寸上的正负两极，由此可知对于清代皇帝御宝来说，尺寸并不被视为衡量皇帝各宝重要性的主要参数。❶

然而除皇帝御宝外，对于各级官员的印信关防来说，官印的尺寸却又成为一个不可僭越的重要衡量标准。《大清会典事例》规定：在方形的宝印（包括图记）系列中，尺寸最大者为皇太后、皇后的金宝，俱方四寸、厚一寸二分；最小者为九品的教坊司铜印，方一寸四分，厚二分；而在长方形的关防、条记系列中，最大者为从一品、正二品的总督、巡抚银关防，长三寸二分、阔（宽）二寸，最小者为从九品、未入流的地方州县库大使、驿丞、盐课司等条记，均长二寸四分、阔一寸五分三厘。❷

一般情况下，等级越高，官印的尺寸便越大。清代各级官印尺寸制定得十分繁细，有时品秩相近的官印在尺寸上的区别又并不明显，比如和硕亲王与亲王、世子的金宝，其尺寸上厚度基本完全相同，唯一的区别反映在印面的不同尺寸上：前者方三寸六分，后者方三寸五分，后者比前者只少了一分。

当然，在复杂的条例规定中，总有个别的例外。比如在京三品衔的监察御史和河南六省的巡盐御史铜印，方一寸五分，厚三分，竟然会比地方州县从八品阴阳学、僧道司闲曹冷官的印还要小。❸

2、印钮

相较于印身的尺寸，各级官印的钮式似乎更能直观醒目地体现其级别特征。

官印中最高级形式为御宝的龙钮。历史上自宋代一改前代御宝螭虎钮为盘龙钮后，历朝相沿均以龙钮作为帝后御宝的专属。清代帝皇御宝的龙钮的造型，较前朝更加丰富而细腻，通常例有交龙钮、盘龙钮、蹲龙钮三种形式。据考察：交泰殿"二十五宝"中共有 17 方为

交龙钮玉宝

交龙钮，盘龙钮为 6 方、蹲龙钮为 2 方。乾隆《御制国朝传宝记》中提到："其质有玉、有金，有栴檀木。玉之品有白、有青、有碧。纽有交龙、有盘龙、有蹲龙。"❶ 此外，考诸清宫后妃宝用龙钮的情况，《大清会典》明文规定：皇后之宝用交龙钮，太皇太后之宝、皇太后之宝皆用盘龙钮，皇贵妃、贵妃、皇太子各宝用蹲龙钮。由此可断：清廷宝玺的三种形态的龙钮中，以交龙为最尊、次而盘龙、再次则蹲龙。

乾隆时期，清宫曾一度出现将蹲龙钮误认为是麒麟钮的乌龙事件。据清宫《交泰殿日记档》载：乾隆二十三年（1758）三月二十日，下旨查看《宝谱》所载的天子行宝、皇帝行宝是否"俱系麒麟纽"。为此军机处知会交泰殿，请速查看。"内阁侍读福盛、中书岱哈、总管刘玉等在乾清门共同监看。"四月初三日，大学士傅恒等谨奏："臣等遵旨于交泰殿收贮宝内将所称麟钮宝，敬谨详加阅看，并非麟钮，乃系蹲龙，除将《宝谱》所载麟钮字样改写蹲龙外，其《宝谱》序内，所有麟字亦行改写、粘签，一并进呈。俟御览后，仍令交泰殿太监等，将旧档内载麟纽字样依次改写蹲龙。"❷ 按："天子行宝"与"皇帝行宝"应是清入关之初为了配齐御宝而出现的赶工之作，其龙钮雕刻粗糙变形，以至被后人误认成了"麒麟钮"。实际上同一时期的其他宝玺的龙钮雕工也都存在着诸多问题，比如"交泰殿二十五宝"中另外两方同为应景之作的"垂训之宝""命德之宝"的交龙钮，其雕工颇为粗率，造型轻薄抽象近似卡通一般。

在清官印序列中，龟钮的等级仅次于龙钮。清宫妃的

❶《清史稿》卷104。
❷ 王子林编著《明清皇宫陈设》第63页，紫禁城出版社2011年版。

金印以及和硕亲王金宝、亲王世子金宝，乃至朝鲜国王金印均为龟钮。清代官印的龟钮与古代官印的龟钮形制略有不同，从清宫遗存的各种妃子印，以及朝鲜历史文献中的朝鲜国王封印实物图像可见，其龟的造型的首、尾、爪均作龙形，只不过身躯上负一龟壳而已。

麒麟钮金宝

清代官印中的麒麟钮，是比龟钮又低一级的钮制。此种钮式被用于官印之中可谓是清代超迈前人的独创。在清代麒麟钮专为多罗郡王印的规定钮式。

驼钮印为清朝所颁赐外藩的国王印所专有，越南、琉球、暹罗等国王封印均用驼钮。驼钮官印最早产生于汉代，是多颁予内附的北方边疆少数民族或部落首领的官印钮式。因驼性驯服，故特选此种形象作为恭顺中原正统王朝的民族首领印的钮制，其俗相沿已久。清王朝一向以天朝上国自居，对周边的藩属国施以羁縻怀柔政策，故所颁赐外藩国王印亦沿用驼钮，驼钮的造型均为双峰骆驼，领首作卧伏状，以寓示藩属国之臣服。清代官印的驼钮在造型上比前代官印更加精致美观。

云钮印多被作为清王朝颁赐喇嘛上层统治者的印钮形式。清制：喇嘛、呼图克图、札萨克大喇嘛印并用云钮。现存于世的达赖喇嘛金印、班禅额尔德尼金印等均为此钮。清代统治者笃信喇嘛教，尊崇喇嘛教领袖，在西藏地区实行政教合一统治，因而赋予达赖、班禅等以宗教而外的权力，其所持印信钮式镌以云形，颇具神秘色彩。另外，清宫中皇帝的私印小玺也有作云钮者，寓意吉祥。

虎钮在清代官印中比较普遍。虎为兽中阳类之长，取其凶猛之意，从明代开始，挂印将军、提督、总兵等印用虎钮，清朝不但袭承了其制，还将其延移植接到了公、侯、伯及一、二品高级武职、边政大臣的银质官印上。清代官印的虎钮造型为蹲虎扬首，威风凛凛。

直钮又称柄钮，是官印钤盖时最为方便把持之钮，也是历史上官印最常用的一种印钮制式。自从辽宋官印印身尺寸加大后多采用此等钮式。其特点是方便简明，无需赋予虚饰象征，与隋唐以前的寸印多用鼻钮为同一道理。直钮印是清代绝大多数官印常用的钮式，举凡地方督、抚、京中三品印以下的所有印信、关防、图记、条记皆用直钮。清代官印直钮历史上的细微变化表现在：早期的直钮多为扁圆柱状，这是由辽、宋、金之百官印柄状直钮形式演变过渡而来，到清中后期则尽演变为圆柱状。

如意钮

清代一些官印柄钮上还会有孔，也称"穿"，似乎与监察行业有关，如各道监察御史、稽察宗人府御史、巡盐御史等"一寸五分"的小铜印，均"直钮，有孔"穿绳❶。以副自古御史"携印绳愆"之遗意。

狮钮印

此外，清入关前六部印等还使用过狮钮，入关后，舍而不再使用。

3、印台

清官印制中，配合尺寸、材质、钮式以区别官印的不同等级标志的还包括印台制度。所谓台，系指印身上的台级。清沿明制，官印保留了台级制度。

清代官印印台分三级，即平台、二台、三台，而且只限于正方形的官印。除帝、后、亲王"宝"例用平台外，其他职、衔官印序列中，品秩越高台级则越多。通常情况下，三品以上的文职银官印，虽然都用直钮，但其品秩高下则可以台级来细分，具体为：正一品衙门如宗人府、六部、都察院、理藩院等机构都用三台；而军机处、内务府、

❶《清史稿》卷79。

二台虎钮印

盛京五部、翰林院等二、三品衙门则用二台；通政使司、大理寺及顺天府等三品银印衙门及三品以下所有铜印衙门的官印则统用平台。而关防、图记、条记等，无论品秩高低，均用平台。

同样，武职官印也照此例施行：超一品的公、正一品的领侍卫内大臣、从一品的八旗都统等，均用三台虎钮银印；官印用二台者包括从一品至从二品的侯、伯、经略大臣、大将军、将军、领侍卫内大臣、提督九门步军统领、圆明园总管八旗、内务府三旗官兵、察哈尔都统、总统伊犁等处将军、办理伊犁等处事务大臣、乌鲁木齐等处事务大臣、伊犁分驻雅尔城总理参赞大臣、管理巴里坤等处事务大臣、管理哈密粮饷事务大臣等；用平台虎钮银印者为更下一级的办理叶尔羌、喀什噶尔、阿克苏诸处事务大臣、提督、部分挂印总兵官等。凡三品以下武职官印则都统一用平台直钮铜印。那些等而下之的关防、图记、钤记等，不论品级高低，均用平台。

值得注意的是，清代官印台级制度本身也存在着一定的缺陷与混乱。比如帝后御宝、亲王、世子宝等，以及妃、郡王、外藩王印等，包括三品以上的关防，居然未分印台等级，直接与三品以下乃至未入流各级的印信、关防、图记、条记等同，一样均只用平台，也实在是清朝官印制度上一个叫人迷惑不解的现象。

当然，清代官印的台级也不尽如前朝官印做得那么厚重夸张，大致不过是浅浅地显示一线、略具规模而已。

第十五章 清代官印的制颁

一、宝玺制作

御宝是清朝官印的顶级。

御宝亦称国宝,是国家社稷的象征,其制作自是十分郑重严肃,自秦汉起,历朝皆设专门的机构负责其事。《后汉书·百官志》载兰台令史的职责是"掌奏及印工文书"。❶兰台令史所掌的"印工"内容,即是书写官印文字,设计印面,然后交给制印工匠刻制印模制作。这种由中央秘书机构专门负责官印制作事宜的传统一直沿续到清代。

清廷对御用金宝制造很重视,参与设计、制造、备料等工作涉及多个重要衙门。《大清会典》记:"御前宝玺,旧设尚宝司掌之。后尚宝司既裁,专属内务府管理,式例详见内阁。其铸造,系礼部铸印局职掌。""顺治元年定,凡铸造金宝、银印,字样由内院撰发,金银硼砂于户部移取,物料于工部移取,祭物于光禄寺移取。"❷

清代御宝制作一般由内阁总负责,内阁与翰林院负责印模的设计与篆写,内务府与礼部铸印局承担御宝的镌刻与铸造,户部、工部、光禄寺等负责物资材料。鉴于清代

❶《后汉书·百官志》卷26。
❷《雍正会典》卷68。
❸中国第一历史档案馆藏内阁《宝模档》,房字2732。

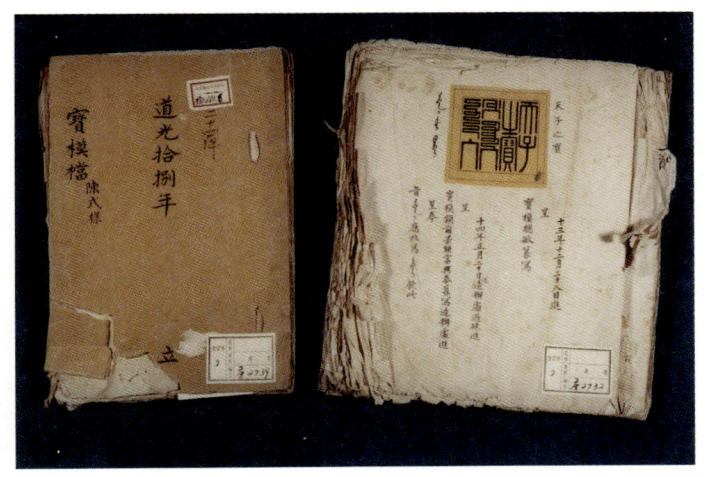

皇帝御宝基本是玉宝，因此其镌刻工作主要由内务府造办处来承担。

具体的玉宝的制作程序大致如下：

首先是印文的设计，通常由礼部或内务府提请后，内阁将需求汇总统一安排印文的设计与篆写。一般情况下，先由翰林院编修或内阁中书，按照规格尺寸画好印框，并设计描摹汉篆，然后再由军机处内繙书房的清书笔帖式负责照汉篆翻译成满文篆字，并在印模空白处填摹满文印篆。乾隆十四年（1749）五月十六日内阁大学士傅恒等有关改镌国宝的奏折提到："总裁官大学士忠勇公傅（恒）等谨奏，准造办处移交皇帝尊亲之宝、皇帝行宝旧式，臣等谨率同编修汤大绅遵照旧式篆写汉文，繙书房篆文人员遵照皇上钦定玉筯篆法篆写清文，恭呈睿览，伏候圣训，以便转交造办处敬谨镌刻。为此谨奏。"❸

从现存清内阁《宝模档》的记载来看，这种由翰林或内阁中书拟篆的宝模，为了方便皇帝钦选，通常同一个宝模要由不同的人分组同时设计出几个样稿。每组进呈的印模设计样稿由两张设计图组成，一张是反书的上印工作底图，一张是正文书写的效果图，并标注好"正份"、"备份"字样。用于上印的宝模工作底图一般要在纸（白纸或黄纸）上用墨笔篆写，同时在图下标记满、汉篆文设计书写人的职务与名字；而作为附件的正文的效果图则多在黄纸或黄绢上用蓝墨画框，用朱砂描篆。

宝模的设计样稿完成后，经内阁呈交皇帝亲自过目审查，并由皇帝在数份设计样稿中，选择认可一份最理想的设计样稿，在其样稿上用朱笔圈出，表示选中，同时皇帝通常还会用朱笔书写自己的修改意见。整个皇帝选批宝模设计样稿的流程叫"过朱"。"过朱"后的印稿返还内阁，组织相关设计人员再根据皇帝"过朱"的修改意见，对原印稿进行

清内阁《宝模档》

蹲龙钮宝玺蜡模

《清内务府造办处档案》载苏州织造办理御印雕刻记载

十八日太监刘安庆来说总管张进喜交
青玉宝一方 太上皇帝之宝木文
青玉宝一方 皇极殿宝木文
传
旨发往苏州照本文刻字将皇极殿宝着配雕龙紫檀木匣一件太上皇帝宝着配素紫檀木匣一件得时送来
钦此
乾隆二年五月二十六日苏州送到
刻字太上皇帝宝一方 皇极殿宝一方
进太上皇帝宝一方 皇极殿宝一方交贻勤殿事务宫掌

二次设计。修改过的二次设计样稿的模式与初稿一样，同时还要标明奉旨修改之处，以及修改样稿的人员名字，再次呈交皇帝"过朱"。

再次"过朱"并经皇帝审定认可后，随即进入宝玺的镌刻制造环节。乾隆以前国宝的镌刻，向由礼、工二部执行。乾隆十三年（1748）五月乾隆为改镌国宝一事专门下谕："工部匠役粗糙，司员亦不谙造作，嗣后如有制办重大事件，请旨会同造办处办理。"❶ 从此，玉玺制作实际上已归内务府造办处专门承担，礼、工二部虽然也"与其事"，不过是例行公事，打打下手，提供工料罢了。

内务府下具体负责御宝铸造与雕刻的部门是如意馆。其具体承办过程为：皇帝审定好了宝模设计修改底稿后，如果是铸造金宝，如意馆事先要做蜡模；而玉宝，则要求事先做木模，包括详细工艺设计图，上呈皇帝最后过目钦定。一切停当，再交钦天监选定开刻（铸）的吉日，届时由如意馆开始正式镌刻、铸造。

乾隆中期以后，由于和阗玉源源不断入宫，玉料充足，此后的帝后宝玺开始主要以玉为主。清宫中的帝、后玉宝的选材十分郑重，据清宫档案记载：内务府造办处通常要定期清库，其活动习称为"西华门内辨玉"（注：造办处

❶《光绪会典事例》卷321。
❷ 中国第一历史档案馆、香港中文大学编《清宫内务府造办处档案总汇》第50册第586页，人民出版社2007年版。
❸ 中国第一历史档案馆藏内务府奏案05-0484-041、05-0484-043。

工厂在西华门内仁智殿），一般由内务府大臣主持其事，届时造办处将新入存的玉石搬出，组织相关玉匠进行辨识，将库存的玉分为三或四等，有时则分为五等。一等上好玉料用做如意、扳指、宝玺、玉册等精品；二等玉常被用做小玺、精致山子等；三、四等玉用做陈设山子及摆件底托等；五等玉则改贮于其他内务府仓库，或由内务府变卖。乾隆五十三年（1788）四月初九日造办处的一件行文中记载：乾隆下旨著内务府官员舒文召集相关工匠人等对3949块青玉、白玉进行挑选分类，并画样呈御览。八天后舒文奏报：挑选出一等的可按画样雕刻的好玉28块；可用于做山子的二等玉30块；三等玉100块、四等玉200块，皆可雕底座等用。以上已挑选好的四等以上的玉石都奉旨被留在了如意馆，其余3591块五等玉，全部交内务府广储司库房收贮。❷清廷会定期处理宫中积压的劣等玉石，或发交两淮盐政以及南方三织造等处对外变卖。嘉庆五年（1800）九月十四日的一份内务府奏折中提到："此次拟拨发，系五等玉，并无变过价值成数，今酌拟每觔价银五钱，仍交两淮、长芦、浙江、苏州、江宁、粤海等六处据实估变。" 该折后所附的清单记录：拟发往六处的五等玉共"四万六千九百九十七觔六两二钱。每处七千八百三十二觔十四两八钱七分，每觔酌拟（卖价）银五钱，约计银三千九百十六两四钱六分五厘。六处共（变卖）银二万三千四百九十八两七钱九分"。❸

清宫玉宝雕刻工序分为开坯与精雕两个阶段："开坯"一般不在京城进行，由内务府将"朱点"后修改过的设计样稿一同先分别发往内务府下属的苏州、杭州、江宁三织造，或两淮、长芦盐政等处，各该处机构自主遴选当地玉匠对玉宝进行开坯和初雕等粗加工。之后，所开的"宝坯"再被送回造办处由如意馆进行精加工。清宫如意馆中的玉匠，均为从苏州等处选征入宫当差的能工巧匠，在他们当中也只有手艺最高者才被委以镌刻玉宝的重任。据清宫档案记载，乾隆四十四年（1779）七月，苏州织造特地遴选了8名玉匠，送到如意馆，经如意馆鉴审，其中只有朱鸣岐等2人胜任镌刻玉宝，其他6人只充作雕刻玉器上文字的工匠。

在如意馆镌刻玉宝工匠的待遇是比较优越的，通常每月各粮食钱三两，每季衣服银七两五钱。镌刻玉宝的金钢砂以及工具等则由如意馆统一调配。

由于玉宝制作要求十分精细，因此周期很长。通常玉宝在苏州织造、长芦盐政等处开坯需三个月到半年。而回到如意馆精刻宝文，则按每份玉宝的字数来扣算时限。上文中提到的从苏州来的玉工朱鸣岐等2人，由于彼时所承担镌刻的玉宝为谥宝，印面上满、汉篆字数较多，且均系阳文，据造办处初步估算，每名玉匠完成一方这样玉宝的

关于铸印的档案记载

精密雕刻须要九十天。朱鸣岐等2人一共承包的16方玉谥宝，全部完成"按日核算，计二年方可镌完"。❶

至于其他帝后小玺闲章的制作，则全由内务府造办处负责。无论是材质、钮式、文字、尺寸等方面都更加的灵活多样。通常情况下按照皇帝的意旨，先由文臣与工匠一起设计篆样，经皇帝审选，然后发御书处下属的刻字作或内务府造办处下的金玉作等机构照图镌刻。比如雍正继位后，仅在雍正元年（1723）一年内，即命造办处一口气刻了"雍正御笔之宝""为君难"等84枚小玺闲章，其工作流程在档案中有详细的记载。如雍正元年《造办处活计档案》载：

正月十七日，懋勤殿首领太监苏培盛交寿山石夔龙钮宝一方，上书朱字雍正御笔之宝。奉旨：篆样呈览过再镌刻，钦此。于正月十九日翰林张照篆样一张、技艺人滕继祖篆样一张，南匠袁景邵篆样一张、刻字人张魁篆样一张，怡亲王

❶ 中国第一历史档案馆、香港中文大学编《清宫内务府造办处档案总汇》第43册第241页，人民出版社2007年版。
❷ 朱家溍选编《养心殿造办处史料辑览》第1辑，第9～10页，紫禁城出版社2003年版。
❸ 《光绪会典》卷34。
❹ 《康熙会典》卷158。
❺ （清）陈鍊《超然楼印赏》，载桑行之等编《说印》第167页，上海科技教育出版社1994年版。

木印样

呈览。奉旨：张照篆样文范但笔画细微，照袁景邵篆书，其笔画另篆。再滕继祖篆样上之字篆法好些，问张照之字篆法有何讲究，钦此。于正月二十二日翰林张照篆样二张、技艺人滕继祖篆样三张、南匠袁景邵篆样三张、刻字人张魁篆样三张，怡亲王呈览。奉旨：准张照古篆雍正御笔之宝，将之字下横取平，选吉时照样镌刻，钦此。于正月二十九日照翰林张照篆样镌刻得寿山石雍正御笔之宝一方，怡亲王呈进。奉旨：将此宝样好生收着。❷

　　清朝有关金御宝的铸造，其程序大致如下：设计阶段的设计初稿、"圈朱"、修改样稿等过程与玉宝的设计审定程序基本相同，而铸造通常由礼部与内务府会同负责。《大清会典》规定："凡铸印，金银铜铅各镕合而加炉焉。"过滤、淬炼工序是保证金宝纯度质量的关键，清制：皇后金宝用三等赤金五百五十两，皇贵妃、贵妃金宝用六成金四百两，妃金印用五成金三百两，亲王、亲王世子金宝用五成金三百两。除铸造金宝的黄金外，还要预备一些用于焊钎的纹银。各金宝均先拨蜡造出宝模型，进呈皇帝钦审或由该有关衙门审定后，由礼部铸印局会同内务府造办处先咨钦天监选好黄道吉日，并于吉日祭炉监造。❸此外，金宝开铸时还要举行祭献牺牲的礼仪，分别由光禄寺下的大官署与良醖署提供"活猪一口"以及甜酒等祭品。❹

　　清代宫中宝玺铸造多用翻砂法，而一些精密的玺印则往往采取拨蜡之法。清人陈錬《超然楼印赏》云："铸印有二，曰翻砂，曰拨蜡。翻砂以木为印覆于砂中，如铸钱之法；拨蜡以蜡为印，刻文制钮于上，以焦泥涂之外，加熟，泥留一孔令干，去其蜡以铜镕化入之，其文法、钮形俱各精妙，辟邪、狮兽等钮多用拨蜡。"❺

　　无论是翻砂的木印模，还是拨蜡所用的蜡印模，其设计制作工艺的

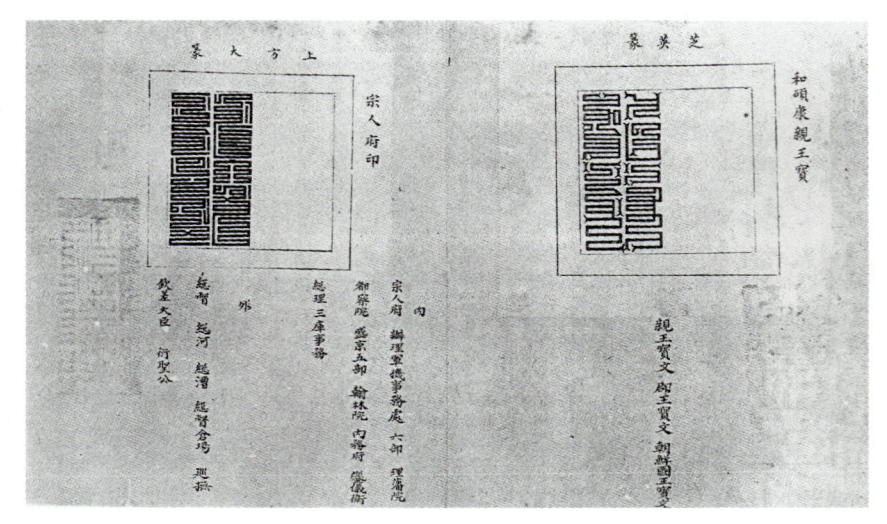

礼部奏报新印满篆样稿

要求都很高，因此宫中汇集了一批能工巧匠。清人刘廷玑《在园杂志》记，康熙时期刑部主事刘源，曾作过内廷供奉，"太皇太后加徽号'龙宝'暨'皇贵妃宝'，余亲见其拨蜡送礼部，非大手段能之乎！"❶

二、印信铸刻

清代各级官印的常规性制作主要由礼部负责。顺治初年既定，凡铸造宝、印，由礼部铸印局职掌。铸印局属礼部仪制清吏司，该局在清初曾设满、汉员外郎各一人，满、汉笔帖式二人，后满员外郎与汉笔帖式均被裁，留汉员外郎负责局务，满笔帖式协助管理。

此外，铸印局还专设大使汉员一人（初为未入流，后定为从八品）具体负责铸造宝、印事宜。大使下设儒士，掌管宝印的篆文设计，其名额常在十名左右；此外，铸印局还额设有专司铸造印信关防的匠役二十名。为确保铸印局的保密与安全，兵部还专门派驻差官一百名、皂役一百名、箭匠四名。铸印局的儒士，每名每月给米二斛，三年期满无过者，咨送吏部以检校升用。乾隆时期，铸印局的工匠比照工部制造库匠役工食之例，每月给银一两，米二斛二斗五升。❷

❶（清）刘廷玑《在园杂志·卷一》，第24页，中华书局2005年版。
❷ 详见《康熙会典》卷3、《雍正会典》卷3、《乾隆会典》卷20等记载。
❸《嘉庆会典事例》卷257。
❹ 中国第一历史档案馆藏内阁宝模档，房字2732。
❺《嘉庆会典事例》卷257。

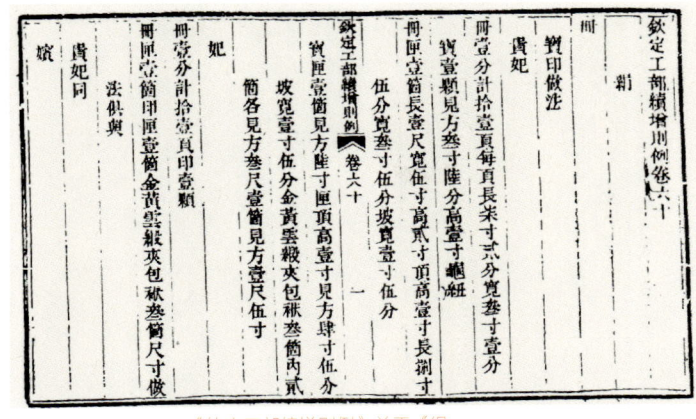

清代，凡在京的文武衙门乞请铸换印信、关防、图记、条记等，允许该衙门自行奏请；而地方各级官印的请铸等事，通常由该省督抚代奏请旨，旨下吏兵二部查议，再转由吏部（文职）或兵部（武职）具题，并咨文礼部，经礼部再行奏请皇上，获准后方可铸造。

印模是官印的灵魂，清廷一向重视。对于高级官员印模设计样稿的审校，在京由各衙门派员参与审校；而地方督抚、藩臬印信关防，则由吏、兵部会同礼部铸印局共同"校定印模"。❸再往下的各级官印印模，也要由各级官衙及礼部铸印局等层层审核把关。

官印印模校审定稿后，铸造前通常都要做蜡模。如乾隆十三年（1748）内阁《宝模档》载：十月二十九日，"礼部呈送拨造皇贵妃蹲龙钮蜡模宝式一颗，贵妃蹲龙钮蜡模宝式一颗，妃龟钮蜡模印式二颗，恭呈御览。"❹

铸印日期当然要选黄道吉日，即使是末流微员之印，也不能等闲对待。通常在官印设计样稿定稿时，礼部即已提前咨询钦天监选择吉日，待应铸印信积攒到一定的数量，择吉日分批铸造。铸造时，礼部专员亲往现场监造，"务期镌刻精工，字画端楷"，铸造完毕之日，礼部堂官要当场验明，将监造官员姓名登记在册。如果以后发现有银色不足、铜质不精以及字画不清、怠忽从事者，会追责将监造官指参，交与该部从重议处，并令赔补所领户部铸造之银。乾隆以后清廷愈加重视铸印的质量，印信铸造完后，还要送内阁叫内阁学士阅看，然后再决定颁发，并将铸印及颁发日期存案备查。❺

雍正八年（1730）议准："铸印局铸造印信关防，笔画错误，将不行磨对之铸印局各官，罚俸六月。不行验明之堂官，罚俸三月。其领印

乾隆时期工部关于铸印材料的记载

之员，于领受之时，不将错误之处验看声明，日后被查出者，将领印之员亦罚俸六月。又议准，属员请换印信，该上司收取使费者革职。"❶ 乾隆三十六年（1771），曾发生过铸印局大使陈师愈婪赃枉法、在铸印时教唆匠役灌铅充抵银两的案件。乾隆批示："虽然为数不多，而情罪甚为可恶""著照刑部所拟，即行正法"。❷

　　礼部铸印局备有一套完整的全国官印的印模档案，这个存档制度从乾隆十四年（1749）开始逐步完善起来。乾隆三十一年（1766）十二月，礼部统一移咨全国的各官印衙门，强调礼部铸印局昔年所设的印模簿"历年已久，霉烂不全"，礼部拟借本次清厘官印档案之机，"相应通行各省督抚、将军、都统、副都统、仓场侍郎、漕督、河督、学政、盐政、织造、钞关监督等，各汇造墨色印模簿一样三本，长一尺二寸，宽八寸，每页照依官职次序，文员自督抚以至巡检、驿丞订为一本，武员自提镇以至守备订为一本；驻防自将军、都统、副都统以至佐领订为一本；仓场侍郎以至各监督订为一本。并学政、织造、钞关监督等官，各将部颁印信用墨印一颗，旁注印文字样、号数，并系何年铸造，逐一开明；

❶《乾隆会典则例》卷21。
❷ 中国第一历史档案馆藏《乾隆朝上谕档》第635盒，第2册。
❸ 中国第一历史档案馆藏内务府来文05-08-3338。
❹《光绪会典事例》卷321。
❺《光绪会典事例》卷321。

同治元年内务府奏礼工二部开列金宝名单

漕标水师另造一样各三本；卫所官弁及东三省边口官员，俱随各本省驻防汇造。通限三个月内查造齐全，送部备案，并移咨在京各部院衙门、将军堂司暨所属厅所印信，八旗满洲、蒙古、汉军都统、佐领等印信、图记一体转行查造。内外文武大小衙门各官，凡有部颁印信，均勿遗漏也。"❸

至于地方上各级佐杂等官吏所用条记、钤记等，由于人员太多，名目繁杂，统一归礼部负责铸刻的负担太大，无以负担，因此乾隆时期规定：各省布政使司于省会地方指定专门镌刻铺镌刻，并在官府登记备案。同时规范这种官定刻字铺照例不许该铺悬挂包刻官印门牌，严禁招摇。❹ 至于在京衙门，包括内务府等衙门中的一些内部钤记、戳记的镌刻，《大清会典》虽无专门规定，想必也是由各衙门权从其便，在厂肆等处定点刻字铺订刻了。

当然，这种制度也非一成不变。清中期以后，由于全国各级官印数量太大，礼部铸印局无力全部承担统一铸造，因此一些低级地方官员图记、条记等的铸造镌刻也被下放到了地方。如驻庄浪官兵协领以上的关防均由礼部颁铸，而其下所有佐领的图记，均由藩司负责镌给。此外，一些重要的地方钤记，嘉庆以后，也有改由礼部统一铸造的情况。

礼部铸造各级官印所用的银铜等材料，须移文户部、工部祗领。为了节约成本，乾隆二十五年（1760）又规定："各处缴到篆文模糊银印，毋庸镕化成锭，但须查明现重分两与从前原铸之印消磨若干，验明存库，遇铸造新印，即将交到旧印镕化改铸，倘有不敷，仍由户部咨取。"❺ 而每次铸印所用祭物，则照例从光禄寺移取，其规格要低于铸造御宝的牺牲份例，从活猪一口降为猪头一个，良醢署所供的甜酒则依旧。

各级官员银铜官印所用原料配比也有等级划分。《大清会典》记载：清初期，凡铸造银印，由礼部咨移户部领取纹银。雍正九年（1731）以前，凡银印、银关防全用十成纹银铸造，雍正九年之后则改为七银三铜的配比。铜印、铜关防的铸造，清初照例皆用黄铜之精炼者，到了乾隆十七年（1752）又规定为："新铸铜印，均用红铜、白铅三七配搭铸造。"❶ 在清代，铸造金宝银印，每两准以二分折耗；而铜印关防，每十两铜，务必经火炼三次，因此加折耗至六两。当然，这都是乾隆鼎盛时期的做法。

紫禁城门照木版印模

礼部铸印，根据经验通常要在材料上打出一定的富余量，这是官方默许的一个例行变通。《大清会典》记载，雍正十三年（1735）一件关于福建地方官印铸造事宜的奏折中提到："印信关防凡长阔分寸皆照《会典》定式，其方印厚薄分寸，照《会典》所载不免太薄，向例均加厚二三分不等，应照向来颁给之式"铸印。以后沿以为例。❷

除印信、关防、图记、条记均由礼部统一负责铸造外，清中期以后还有些图记、钤记等也被清廷允许由各衙自主铸刻。

三、官印颁缴

清朝制定有严格的官印颁发制度。

通常情况下，官印铸毕并呈堂验明后，由礼部仪制清吏司统一封固，并在包装上钤盖司印。在京各部院衙门接

❶《嘉庆会典事例》卷257。
❷《光绪会典事例》卷272。
❸ 中国第一历史档案馆译编《雍正朝满文朱批奏折全译》第1481页，黄山书社1998年版。

到通知后，按要求应及时遣员赍文赴礼部领取。顺治十年（1653）规定：凡在京各衙门有新推选各官应给印信者，文官执凭，武官执札，赴礼部亲领；外省凡督、抚、提、镇、藩、臬三品以上官员，俱应派人赍文（通常文官要带该省督、抚或藩、臬的文批，武官则执该省督、抚或提督、总兵官的文批）专程赴北京礼部祗领；各官差领印所据的凭照文件，照例一文只领一印，不准窜冒，领印文件内必须开列请印领官印差的姓名。其他道、府、州、县及以下的文职，副将、参将及以下的武职官印，在清初时也须专差赴礼部领取，后来通融改为也可请遇便上京的官员（差役）代领，一同带回。

《清会典事例》关于官印颁发缴销规定

官印的颁、换是一个大事。清初官员多会举行"迎印"仪典，以示郑重。雍正五年（1727）黑龙江将军傅尔丹奏报换印后举行了隆重的迎印礼仪："五月二十四日，臣等所差赍折佐领哈球乘返回之便，捧到由礼部更铸之镇守黑龙江等处将军新印，臣等率众官出城迎至衙门，恭设香案，望阙叩谢，祗领新印启用外，现将旧印交赍折主事王士奇送礼部。"❸清中期以后这一制度则逐渐沦为虚应故事，并不再被严格遵守执行了。

为了保障新颁官印的及时到位，清廷还严格规定：各文武官员须在接到礼部通知后的四个月内赴领官印，逾限议处。乾隆七年（1742），清廷通融了地方官员专差祗领官印的形式，规定地方文职州县以下、武职副参以下官员的官印，改为交各省提塘官祗领，由兵部驿站邮寄，乾隆四十八年（1783）各省提塘停办后，改为直接由兵部驿递。这种邮寄官印的方法是：官印铸好后，统一由礼部在官印的四角各留一处稍高于印面的柱脚，然后将官印以重纸密糊胶封，并在包装上骑缝处钤盖仪制清吏司印，将给发日期填写在注文内，发交兵部传驿，依照官文所定日程，于限期内寄送到达。各地方文武本官得到印后，要进行启封磨柱，以使印面变平，便于开用，并将印到及启印年月日报部存案。这一仪式，习称"截角开印"。驿送过程中务必要手续齐全到位。咸丰九年（1859）二月，山东巡抚查获署红花埠汛千总宋兆麟曾两次接到兵部传送的官府印信，但却没有送到与印信同在的兵部票文，因为手续文书不全而被参处。❶

随同新设官职官印的颁发，通常还包括印箱、印池、印钥等配件。道光十九年（1839）清廷新设巴尔楚克换防游击一职，礼部铸造颁发了游击关防以外，还附带了"印箱、印池、锁钥各一件"。❷

在清代，新官印的颁发往往与旧官印的缴销会前后互为因果地联系在一起。

《大清会典》规定：凡官员印信尺寸厚薄不符合制式、印篆字迹模糊的，必须及时上报，并申请换印。乾隆七年（1742）规定凡旧印缴部，各该衙门务必在印面的满、汉印文正中镌一"缴"字，呈送上司验看后封固送礼部，由礼部验明封贮存司，汇齐销毁。乾隆十八年（1753）奏

关于订报铸布伦托海帮办大臣关防的奏报（局部）

乾隆关于缅甸贡使呈缴前明官印的上谕（局部）

准：:"各省旧印,照督抚咨覆各部院公文之例,以新印开用日期,限四月之内将旧印镌字封固缴部,如愈限不缴,照例参处。"❸ 这种制度甚至还被广泛地应用于外藩的国王印。乾隆十七年(1752),福建巡抚奏报琉球国王尚敬病故,新国王世子尚穆请求颁铸新国王印一事,奏折中提到:"仍令将旧印照例中镌缴字送部查销。"❹

清朝官印的颁缴定有次序,一般是先颁新印,新印到后,官员再将旧印上缴,以免在新旧官印交缴之间出现用印的空白期,影响公务。但这一制度在执行中往往出现掣肘扯皮,甚至更恶劣的官场潜规则的情况,影响到官员缴换旧印的主动性。雍正八年(1730)监察御史张格在一份巡查保定等府州县情况的满文奏折中提到:"州县印信模糊,仅清字错误者甚多,问其何以不更换,伊等回答支吾。经访询,曰:'换一新印,内外需费银一百两。'"奏文中还提到"印信乃官凭,若字模糊后不请更换,按定例又有罚俸之罪,官员竟不怕挨罚,愿掌模糊之印信办事。据此所见,惧怕破费者万确。"❺直到乾隆时期,这种情况也并未见有好转,一些地方官员认为换印太麻烦,并不严格执行印信关防的缴销规定,"多延缓至数年之久"。❻乾隆曾为此下谕:"又闻外省衙门请换印信,其使费竟至百金或数十金,止因繁费太多,以致州县官员任印信模糊而不行详请。夫换印乃国家之公事,该管衙门何得视为取利之途,嗣后着严行禁止。"❼

这种不愿换印的情况一直到清末犹未能有效解决。光绪五年(1879)二月,正在西北率兵的左宗棠,发现甘肃西和县县印年远模糊,一查系乾隆十七年(1752)所铸颁,"迄今一百二十七载",因此上奏请求照例强制换印。❽

在清代,除正常的因旧印损坏不清而必须申请换印的情况外,影响官印改铸更换的因素还有很多,具体情况如下:

第一种情况是因衙门或职官的品级提升而带来的官印的变更。雍正四年(1726)规定:凡有新设衙门及变更职守者,其印信关防,皆准换给。比较多见的情况是:一些衙门或官员的品秩及职能随着时代的发展发生了变化而频繁缴换印信。例如:内务

---

❶《清文宗实录》卷275。
❷ 中国第一历史档案馆藏《道光朝上谕档》第1028盒第1册。
❸《光绪会典事例》卷321。
❹ 中国第一历史档案馆藏宫中朱批奏折04-01-32—259-01。
❺ 中国第一历史档案馆编译《雍正朝满文朱批奏折全译》第1930页,黄山书社1998年版。
❻《清高宗实录》卷931。
❼《光绪会典事例》卷821。
❽ 中国第一历史档案馆藏宫中朱批奏折04-01-01-0940-006。

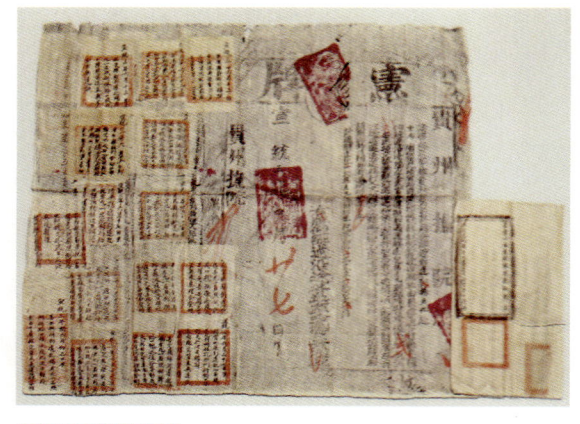

府在清初顺治年间为三品衙门，其堂印原为铜印，乾隆二年（1737）内务府升为了二品衙门，因此换铸了银印。❶再比如嘉庆六年（1801）清廷会议奏准新添设湖北提督一职，而原总统湖北、湖南两省的"湖广提督"改为"湖南提督"，因此礼部奉旨将旧"湖广提督印"收缴，重新颁换了两方新的提督印。❷

京师至各省驿站印单

第二种情况是官印制式的变更所引起的官印改铸。如乾隆五十年（1785），下令八旗图记由满楷改为满篆，一下子就改铸了八旗图记共计一千三百余颗。重新改铸如此大量印信，费时费功。留京办事王大臣商议：保留旧印体，只锉去旧有字迹，改刻新字。这种方法较之另铸新印，省工省料，颇为妥速。❸

第三种情况是因避新帝的圣讳而采取缴换官印。这种避讳换印的情况，自嘉庆以后愈演愈烈。比如道光三年（1823）军机处"查各省地名及文武职官衔名印信戳记应行敬避御名"的地方文武印信戳记共计927颗。❹

第四种情况是为了更合理优化官印而换印。比如乾隆五十一年（1786）十一月，礼部奏：全国"直省府、州、县同名者六十五处，请俟各处换印时，于印文上冠以各该省名铸给。"乾隆谕准了此奏。❺

有清一代，官印的换铸起起伏伏经历过数次高潮。第一次在清入关之初，明令天下官印采用满、汉印文合璧印式，这应是清朝历史上规模最大的一次官印缴销换铸运动。第二次是乾隆十四年（1749）至十七年（1752）间，清廷下令将天下官衙印信关防改铸满篆。第三次是太平天国时期，当时由于南北各省兵燹不断，大量官印毁佚于战火之中，清廷不得不大规模地铸换新印。第四次是光绪庚子年间的八国联军入京，造成京师各部院衙门印信大量毁失于兵火中，慈禧太后与光绪帝西逃西安，一年后回京，重铸各部院印信关防。第五次发生于清末官制改革，由于

十八世纪西人绘大清驿使

大量中央与地方的旧衙门或改名或裁撤，一些新衙门不断涌现，因此引发了新一轮的缴换、添铸印信关防的井喷现象，其数量与规模与清初相比几有过之而无不及。

自八国联军侵华之后，国运式微，制度崩坏，礼部铸印局长期未能从劫波中恢复过来，大量官印的铸造不得不改为木刻，颁印在公文中的说法都由过去的"铸发"改为了"刊发"。即使京中一定级别的官衙关防，也允许在刻字铺里随便刻制。光绪三十二年（1906）九月邮传部成立，堂印虽铸发，但各属司印却没能及时铸颁。邮传部庶务司主稿孙宝瑄在日记中提到，光绪三十三年（1907）六月十六日，他"诣厂肆（今琉璃厂），代路政司刊关防。晚，归。"十八日记："为路政司刊刻关防，盖颁给滇越、九广、粤汉者也。"❻即此可知当时在京师，官署在刻字铺刊刻官印关防的情况已属经常。

在清代，按规定回缴的官印统一由户部照例及时销毁，以充鼓铸。但偶尔也会发生旧官印漏缴失察的情况。道光六年（1826）御史萨斌等在朝阳门外的一个杂货摊上发现了一枚铜官印，查"系管理丰萧砀河营守备旧印"，再核此员缺已经改设，且已颁发过新印，档案记录上注明旧印也已缴回。显然是户部宝泉局、钱法堂的官吏办事不力，导致旧印流出，在民间被辗转买卖。❼

❶《光绪会典事例》卷321。
❷《光绪会典事例》卷322。
❸《光绪会典事例》卷321。
❹中国第一历史档案馆藏《道光朝上谕档》第927盒第2册。
❺《清高宗实录》卷1268。
❻《孙宝瑄日记》下册，第1125页，中华书局2015年版。
❼《清宣宗实录》卷99。

第十六章 清代官印的管理

一、官印日常管用

清代官印管理制度大致全盘承踵明制而略有损益。

明代官印管理十分严谨。虽然一衙之内设官繁冗甚于清朝，但一衙内的所有各级官印均只由正堂之官"封掌"，其下"佐贰不敢过问"，各级官员用印必须通过主官的批准；此外衙门之内的各级官印，均实施集中统一保管，所谓："印封耳房库内，出入不由私衙。"❶

清入关前，官印制度尚处于草创中，诸制未备。入关后，匆忙袭用明制，囫囵吞枣间不免略带夹生，尤其是其自产的官衙体系，如八旗、内务府等，官印的集中管理体系之完善，更是走过了一个漫长的消化磨合阶段。

清宫御宝玺印的管理完全照搬明朝成典，其转轨颇为自然从容。

清宫宝玺的管理，实行内阁与内监共同监管的双轨制。

清初，皇帝御宝的保管由内院负责，顺治十一年（1654）沿明制设立尚宝监，专责皇帝御宝的典藏。顺治十二年（1655）又设尚宝司，每遇用宝，由内三院（后改为内阁）

❶（清）刘廷玑《在园杂志》第 8~9 页，中华书局 2005 年版。
❷《光绪会典事例》卷 321。
❸《光绪会典事例》卷 953。

宝盝

大学士、学士会同两司监官员验用。顺治十三年（1656）裁尚宝司，顺治十八年（1661）又裁尚宝监，一度宫中御宝专由内监承收。乾隆以后，"掌以内阁，承收以宫殿监正"，遂成为定制。❷

清朝皇帝的行政宝玺是国之重器，雍正以前，皇帝宝玺存放地点主要是宫中及内库。乾隆十一年（1746）厘定二十五宝后，始将所有二十五方皇帝宝玺集中保存在交泰殿。

交泰殿在明代是皇后的寝宫之一，清朝皇帝将其改为行礼殿。由于它位于乾清宫与坤宁宫之间，属于阴阳交汇处，故名其殿为"交泰"。乾隆将二十五御宝列于殿中正前及左右列宝座上，并设八品首领太监二名，俱侍监太监六品，专司负责宝玺的安全保管。为崇典制，交泰殿中御宝的装具也十分讲究，承载宝玺的箱架的规格，各有明确规定。《大清会典》载："皇帝盛宝大箱，高一尺三寸，方一尺二寸，木质朱髹，绘红黄金云龙，里糊黄绫。（盛宝）小箱，高九寸，方八寸五分，金质，鈑香草花文（纹）。箱架高二尺一寸，方一尺八寸，楠木为之，雕刻龙文（纹），朱髹，贴金，边钉金什件。宝色池连盖高三寸四分，方六寸四分，纯素金质。其袱、褥、袋等件，皆用黄绮。"❸

嘉庆二年（1797）交泰殿失火，由于抢救及时，二十五宝幸免于难，但部分宝架等陈设部分被毁，清廷重新作了修饰，还基本保持了乾隆时期的隆重制式。郭福祥《国宝》一文中描述其制："箱架底座木制，外罩织金龙纹锦套。箱架为四足三弯腿，两腿间花牙雕二龙戏珠，上面四周有栏杆，接头与柱头包饰为镀金铜质。箱架上为大宝箱，四十三厘米见方，高四十六厘米，木质朱漆，上盖正中嵌铜镀金火焰宝珠一。其一面为彩绘正龙，其余三面皆彩绘双龙戏珠。接缝处用镀金铜片覆盖，铆钉钉合。饰件皆浅刻云龙，正面上部刻填金"乾隆年制"四字，配铜镀金锁一，黄绫裱里。大宝箱内套小宝箱，小宝箱为木质金漆，素面，

仓场衙门印牌

边缝做法同大箱。二十七厘米见方，高三十二点五厘米，黄绫裱里。小宝箱内为印池，依据御宝大小而制，大者约二十二厘米见方，通高二十六厘米；小者十七厘米见方，通高十七厘米，皆银制，带盖，盖上部为镀金交龙纽，四周凸雕云龙、火珠、海水江崖等图案并填金，余处填青。大印池下有四足。印池内黄布垫、宝褥各一，御宝即放在宝褥内。整个箱架又用云龙织锦包袱包裹。此正乾隆所谓'袭以重盝，承以髹几'者。"❶

终清一朝，除了栴檀香木的"皇帝之宝"在巡幸期间作为"行宝"被允许随皇帝仪驾出宫外，其他24宝均不得出乾清宫一步。

清代京师各部院衙门也都设有专门的管理部门，严格执行印信、印钥、印牌分管制度。凡用印，须先由相关人员领印牌，再向佩带印钥的官员处请出印钥，然后赴印信管理处，凭牌、钥登记请用印信，官印用毕再将印钥还带管官员，印牌在还衙后登记注销。其保管用印程序条理清晰，慎重而繁复。

京师各部、院堂印的印钥向由各部院首领满尚书掌管，所谓"以班次尊崇俾资统摄"也。这一做法，固然是因为在官场上习以满洲为先，另一方面也是因为管理方便。因为按清制，除皇帝特赐允许外，汉人官员不能在京城内城

❶ 郭福祥《明清帝后宝玺》第86~87页，紫禁城出版社1996年版。
❷ 中国第一历史档案馆藏《乾隆朝上谕档》第669盒第1册。
❸ 中国第一历史档案馆藏内务府奏案05-0402-021。
❹ 中国第一历史档案馆藏《嘉庆朝上谕档》第833盒第1册。

居住，只能居住在前门以外的南城外城。如果汉尚书掌管堂印，每天必须早出晚归，按时提前出入前门，不仅路途遥远，奔波辛苦，一旦遇到紧急情况，误了城门开启时限，更有可能耽误了公务。因此，即使掌管印钥的满尚书出差或病假，通常情况下，清帝也会指派同级别的其他部、院满洲尚书兼理。乾隆四十三年（1778）七月，乾隆帝甚至专门下谕："钟音奏现派随往盛京，所有礼部印钥请交曹秀先带管一折，系属照例奏请。前日兵部请将印钥交蔡新带管亦然。汉尚书固可带管印钥，但曹秀先、蔡新俱在外城居住，该部早晚请钥用印，诸多不便。嗣后各部满尚书遇有随驾、出差之事，汉尚书若在内城居住者，即令其带管印钥，亦不必奏闻。若汉尚书在外城居住者，著奏请派员兼署满尚书并带印钥。著为令。此次兵部尚书事务著阿桂（镶黄旗满洲、武英殿大学士兼管理藩院）兼署，礼部尚书事务著德福（满洲、旗籍不详，时为仓场侍郎）兼署。"❷

特殊的内务府堂印的印钥管理似乎更加严格。该印钥一向由总管内务府大臣掌管。每天各司司员轮班带领笔帖式请领印钥后，当即交笔帖式等将印钥送堂署，交监印官用钥匙打开印箱，取印钤盖。用毕还要将印钥送还总管内务府大臣。乾隆五十一年（1786）六月二十一日，掌仪司请领印钥，该司员外郎福昌委派笔帖式伊昌阿到总管大臣所在的清值宿处，将印钥请去，随后交笔帖式伊昌阿持送堂署。伊将印钥放在怀中，以为天气还早，想吃完饭后再送堂用印也不迟。因此没有直接去署堂，而是想先去传心殿预备画稿，遛到协和门一带，将印钥遗失，结果福昌被罚俸一年，伊昌阿罚俸二年。❸

清朝各部、院辖下的各司、署也实行印钥制度，印钥一般由各司、署的掌印官带管，这些掌印官一般由部门中职分较高的郎中、员外郎等任之。嘉庆十二年（1807）嘉庆发现在刑部十多个司中有四个司的印钥竟由低级主事带管，为此特意下谕："惟是国家分职授官，皆有一定体制，不容任意揆越，致紊阶级，"并强令"嗣后该衙门掌印司员，总当于郎中、员外内遴选管带。所有现派主事掌印之四司，著该堂官撤回另行委员接管，以符体制"。❹

道光十二年（1832）九月道光在一道谕旨中提到：京中各衙门"本年遗失印钥案已有四起，实属不成事体"。并责成有司专门制定遗失印钥官员的处分条例，各有司"俟命下之日""纂入例册，永远遵行"。❶

清代官印的档案的收集立档工作，从入关前就已开始，其中以内阁历年的《用宝档》最为典型，而各衙门的官印利用档案，则参差不齐。从雍正元年（1723）开始，清廷明确规定各部、院皆设立印簿，"开明年月、用印数目，及用印司官姓名。如此则弊端可杜，而卷案亦按簿可查"。❷

嘉庆八年正月二十七日奉
旨军机大臣议奏各衙门向设莫吉戈有看守印信库藏等差未便概行裁汰请於每十名内酌减二名並专令看守印信库藏档案其贵送文移及一切杂差分派皂役人等承值如有悮公即将皂役等究办所奏是著即照议行至各衙门咨行各旗挑取此项馬甲時務令本身應差不得雇人替代自圖安逸各衙門皂役等亦不得有包攬頂充勒索之獘並著各該堂官飭屬留心稽察倘復有前項等獘一經查出定行按律懲治餘依議欽此

嘉庆关于看守衙印杂役的上谕

清代在京的各部、院通常采取堂印与司印统一集中保管的方式。六部皆于当月处下设印库，专门保管各级衙印，但各自情况也微有不同。仅以户部为例，无论堂印、行在印，还是下属的各司、署印信，甚至包括再稍下一级的银库、缎匹库印信，均统一集中在当月处掌管的银库（权充印库）中保存，每天有满、汉两章京值班，日夜监守；唯有颜料库因坐落西安门内西什库，距当月处所在户部衙署，相去较远。因此该库的司印一向在户部印库之旁另设有一小库存贮，道光二十三年（1843）时查核发现后，也将颜料库房司印重新统一收回到印库中，另柜收贮。❸

清代各部院官印印库，除负责值班的官员外，还专门设有驻军兵丁负责印库的安全把守。嘉庆七年（1802）十二月的一份奏折提到，当时各部院都派驻有额设看守印信档案库房的八旗马甲：都察院向设八旗步甲二十八人，吏、户、礼、兵各部二十四名，刑部四十名，工部二十一名、理藩院九名，光禄寺四十名，太常寺二十名，鸿胪寺八名。❹

当月处是各部、院对官印保管与使用进行统一管理的一个特殊的机构。所谓当月，即古代所谓的"值宿"，古

❶ 中国第一历史档案馆藏内务府呈稿05-0262—052。
❷《清世宗实录》卷6。
❸ 中国第一历史档案馆藏内务府奏案05--001-125。
❹ 中国第一历史档案馆藏《嘉庆朝上谕档》第804盒第1册。

清中期紫檀雕云纹官印匣

各衙门印领存根

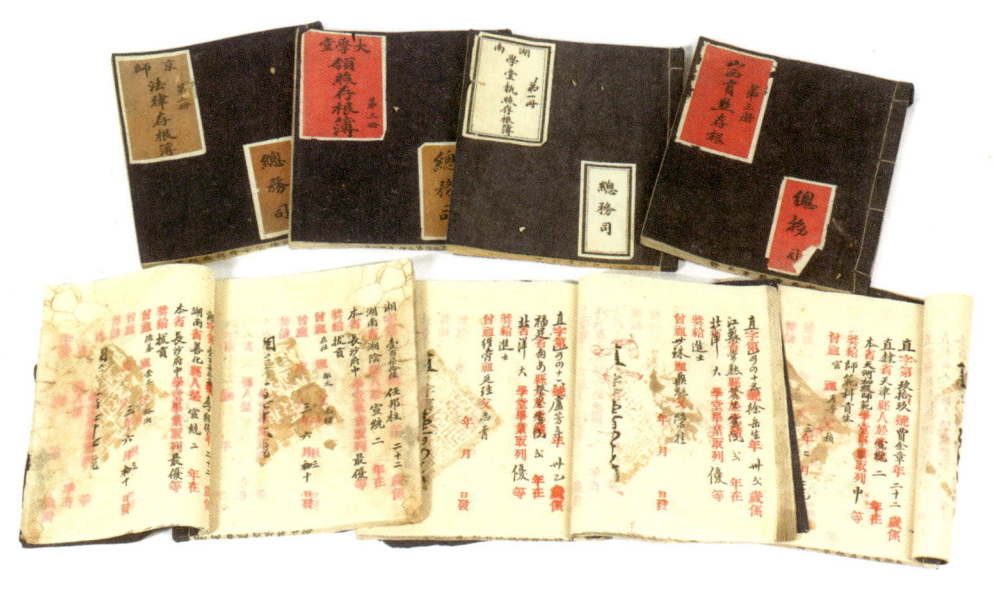

代职场白天上班为值日,晚上则叫当月。清代六部衙门白天上班,晚上则规定阖署全员必须离衙,只留当月处的司员值夜班。清代各部、院的当月处,负责掌收在京各衙门文书,呈堂分司承办,缮送题本阁抄等,保管和监用堂印及管理收发文书等工作。当月处通常设满、汉各一员,其人选多来自本部下各司的员外郎、主事、七品小京官等各级司员,一般由部下十多个司挨司轮流指派,周而复始。当月处是个办事机构,在各当值司员下,还配备有若干书吏、杂役,由当月司员管理约束。

各部、院的堂印、行在印、司印等,一般皆归当月处司员亲手置于一箱(柜)内存储;箱中的各堂、司印又各自有独立的小印箱。每日用印,在每日当月官交班时,前一日当月司员与本日当月司员须一同到印库，传知银库值班章京当场眼同验封开库，将印匣送到监印处开匣取印，交监印司员钤用；用印讫，本日当月司员传到银库值班章京，至监印处眼同储匣封锁。当月司员与银库值班章京将印匣收贮加封后，转归银库值宿官员、兵丁等守护，以专其责成而免推诿。

当月处实行日夜值班制度，每日满汉各员轮流分班值守，24 小时不离人。当月处办公处一般分内外两间屋，外间排一公案，是发文、用印之所，里间设两炕及一印柜，凡当日从印库领到的堂、司各印箱均汇集暂存于印柜中，堂印匣的印钥由管钥尚书带管，每天由笔帖式负责请钥送钥，各司每有用印之事，则另有一牌来领印，用毕登记还印。

在当月处值班，是个十分清苦的差事，人人为之头痛，视作畏途。因此清朝规定各司司员，除奉旨出远差、患病、给假及各司处掌印、正主稿各员不值夜班外，其余之员概不得借故推诿。但实际情况是，这等差事常常多落到新入职的官员头上。有过亲身经历的清人何刚德曾感慨说："余初到吏部，例应学习三年。学习期内所当之差，以当月为最多。"值班室"屋极湫隘。每日下午接班，晚餐菜只一碗两碟，次早又一餐。次日下午有人接班，即出署。夜间阖署阒无一人，此差当至得主稿时，始得摆脱。"❶

当月处的管理固然十分严格，但仍然不免会有百密一疏的情况发生。道光二十三年（1843）发生了吏部主事的家人偷印空白公文一案。经查：皆因为吏部当月处印柜中各级官印并未加封，因此使得该主事的随从家人，趁机偷盖印信。通过对此案的深查，清廷还发现除当月处印柜未按制度封锁印匣外，当月处还普遍存在着其他的官印管理上的漏洞：比如一些笔帖式有在领钥送钥时虚文敷衍的情况；有的司员得病回家，将事务交与跟役办理，甚至有的无病也交与跟役代班；有的一听说当日堂官不来进署办公便偷偷开溜，也有人一见堂官来署，便都去扎堆迎接堂官汇报，导致印信无人看守等情况出现，给窥伺者以可乘之机。❷

与在京文职各部、院衙门的印信均统一"封贮在署，

❶（清）何刚德《春明梦录·客座偶谈》第 32 页，上海古籍书店 1983 年版。
❷ 中国第一历史档案馆藏军机处录副奏折 3-50-2840-70。
❸ 见道光二十一年八月二十五日都虞司呈稿，中国第一历史馆藏内务府呈稿 05-0169-0033。
❹ 中国第一历史档案馆藏《嘉庆朝上谕档》第 833 盒第 2 册。
❺《清宣宗实录》卷 368。
❻《清穆宗实录》卷 80。

清代书吏

印簿

当月值宿官专司监守，有印官例不在署住宿"的情形截然不同，在相当长一段时间里，内外武职和外省文职的各级官员，甚至包括个别在京小官的官印，则一直处于"间有派员监守者"或"亦有自行封贮者"的混乱状态。❸嘉庆十二年（1807）七月的一份上谕中提到："都察院十五道御史及巡视五城御史印信，向例俱存贮都察院衙门；惟街道厅印信相沿存贮管理街道满洲御史私宅，殊于体制未协。嗣后著交存都察院公署，遇有钤印事件，随时取用，以昭慎重。"❹可知，直到嘉庆时期，一些御史的官印还收贮在自己的私宅中。

在地方上，各级衙署中印房的设立也是逐渐地步入正轨并规范下来的。道光二十二年（1842）二月，吉林将军经额布奏报："吉林将军印信，向贮衙门印库，其钥匙系将军佩带。现查明印务主事巴克唐阿于用印后，并不即时封锁入库。业已明降谕旨，将该主事交部议处矣。""寻奏遵议：吉林将军印信，拟存将军寓所，用印时拟轮派印务主事协领一员，酌派笔帖式二员监视。并将每日用印文书于号簿内详细注明件数、钤盖印信。"道光允准。❺

清朝地方各级官员的官印一般都须本人亲管，不得假托于他人。同治二年（1863），捻军打到山东陵县境内，该署知县谢际亨带兵出城迎战，却将县印交自己弟弟谢遇亨看守。后来捻军分兵攻城，谢遇亨携印带兵抄截，战中阵亡，所携印也遗失。朝廷认为谢际亨应随身携带印信，而谢遇亨尤不应带印出战，此事显有别情，结果将谢际亨革职。❻

清代官员交接印信制度也很严格。道光二年（1822），热河都统廉善因母患病请开缺回京侍亲。不待新任都统成德到署抵任（从京到热河约四五日），便将都统印存贮于库内，自带印钥返京，准备在路上迎到成德交接。被道光斥为"设使前后任交代各员纷纷效尤，成何政体。廉善因母病奏准回京就医，原系朕格外施恩，俾得遂人子侍奉私情。乃不候交代遽行离任来京，全不以公事为重，实属胆大，廉善着降为二品顶

"公记"印印鉴

清朝印及印泥

戴,仍交部议处。"❶

在清代,官员印信有代理制度。遇官员临时出境差务等,其公务由上级代理(兼理),或平级代理(署理)、指定下级代理(护理)。其印也暂由代理官员掌管。官员印信,如果离任或出差,可交下属布政使护理。或交同城上级或平级官署理。比如乾隆二十七年(1762),广东巡抚讬恩多离任时,没有将巡抚印交同城的两广总督苏昌署理,而是交布政使护理。乾隆认为此"拘泥成例,于事理深属未协。向命巡抚遇有事故,将印信交与布政使护理,原为督抚不同省而言。若同省则督篆既可交巡抚兼摄,岂抚篆转不可令总督兼署,而必以布政使为重足倚恃乎?"从此规定:"嗣后凡督抚同省,遇有应行摄篆,非旦夕不可缓待者,均不得率交布政使护理。"❷

关于带印公出,清廷定有制度。但有时一些官员也会因一时糊涂而被处罚,嘉庆五年(1800)为江南乡试大比之年,是年应轮江苏巡抚岳起入闱监临。岳起认为此次赴江宁属于出省公差,因此奏请从苏州赴江宁时将江苏巡抚印信委与江苏布政使护理,而自己入江宁闱监临时借用开府江宁的两江总督之印或江宁布政使司印信钤盖。嘉庆下谕:"此可不必。向来各省乡试巡抚办理监临事务,俱系带印入闱。遇有地方事件就行核办者,仍照常办理。监临本系外帘,非内帘主试、同考等官可比。且监临而下,尚有提调、监试各员层层稽察,若查有弊病,原可按例严办,

❶ 中国第一历史档案藏《道光朝上谕档》第920盒第1册。
❷ 《清高宗实录》卷669。
❸ 中国第一历史档案馆藏《嘉庆朝上谕档》第792盒第3册。
❹ 咸丰版《内务府则例》卷1。

至本衙门应办事件，由包封递送，随到随办，钤印封发，何至即滋他弊！况定例入闱为期不过半月即可出闱，而填榜例应钤用巡抚关防，今因不带入闱，又借用总督、藩司印信钤盖，殊于体制未协，转多滋扰。且各省监临带印入闱行之已久，亦不便纷纷议改旧规。岳起所奏殊属拘泥，著不准行。"❸

二、封印与开印

清承明制：每年例于新年前后（时间通常自本年年底冬至到来年正月十六左右），天下官员集体放假，公假期间停止一切公务活动，以示休息。这一制度的实施，皆以"封印"与"开印"作为开始与结束的标志，因此人们又习称其为"封印"年假。

"开宝"与"封宝"是清宫"封印"制度的一个重要组成部分。每到年底冬至前后，宫中也要照例举行交泰殿二十五宝的"封宝"仪式。届期，通常要由内阁大学士先期启奏确定封宝日期及仪典程序。封宝之日，内阁学士率典籍各官赴乾清门，通知宫殿监正，由交泰殿首领内监请出宝玺，在乾清门内西一正间设洗宝黄案，案上复设坐宝黄案，以专用的洗宝银盆实施洗宝。每年例行的洗宝，并不是全部二十五方宝都洗，只是象征性地挑洗几方玉宝，一般是先洗"皇帝尊亲之宝"，次洗"制诰之宝"，然后再洗"敕命之宝"。洗宝礼毕，御宝由交泰殿首领太监捧入交泰殿，贮于宝匣内。接下来，在交泰殿还会举行由皇帝亲自参加的"封宝"仪式，殿内陈设香案，上摆苹果、秋梨、红梨等清供，皇帝亲临行焚香，行三跪九叩礼。

清宫"开宝"仪与"封宝"仪规程大同小异。

清朝各级官衙通行"封印""开印"礼。仅以内务府为例，据《内务府则例》明文规定："每年开封印信，届期内务府衙门陈设公案，内务府大臣率各官具朝服拜印，行三跪九叩头礼毕，司官各赴本署行开封印信礼，再于封印以前，堂主事呈明备用空白印纸，以备紧要咨行之用，开印时将用过数目查核，其所余空白印纸呈明销毁。"❹清朝各级文武衙门的"封印"次序，一般是从小衙门到大衙门，依次而行。《行素斋杂记》云："京中部、院各衙门封印日，皆先封堂印、后封司印；开印日则司印先开，堂印后开。"❶

康熙五十一年（1712）规定了官员行封印礼时的服饰衣冠，"在京官遇朝贺、祭祀、到任、封印、开印照常用朝服。各省官员拜牌、到任、封印、开印、祭丁、入场亦照常朝服披执外，其文武官谒见、迎送上司止用补服。如违禁滥用者，事觉照违禁例，从重议罪"。❷

封印仪式为官仪大典，一向郑重而庄严。晚清官员岳超回忆封印仪式时说，"各个有关防印信的衙门的主要官员都集合在一起，把官印供奉在正房当中的案桌上，率领全体人员对之叩头行礼，然后用写好的'封印大吉'红纸封条粘贴在印匣上面，为期一个月。"❸在"封印大吉"的封印红纸上，在场的佐贰同僚"俱各画字。若同僚佐贰官有公差事故，许首领官封印"。❹

全国地方各级官衙"封印"与"开印"在前后次序上各有不同：通常同一系统内，各衙门封印次序是自上而下举行，就是先封堂印，然后封司印、署印；而开印的次序则是自下而上，即先开署印，然后开司印，最后开堂印。上下各级官衙莫不遵循此例。

清代地方官衙的开、封印礼仪，通常要比京师部、院举行得更加隆重热闹。美国传教士卢公明在《中国人的社会生活》一书中详细记载地方衙门封、开印的仪程：

每年正月二十是城里城外各级衙门开印的日子，也许整个帝国都是如此。各级官印在腊月二十封存，到这一天重启。对所有主印官来说，这是非常重要的时刻，对有状

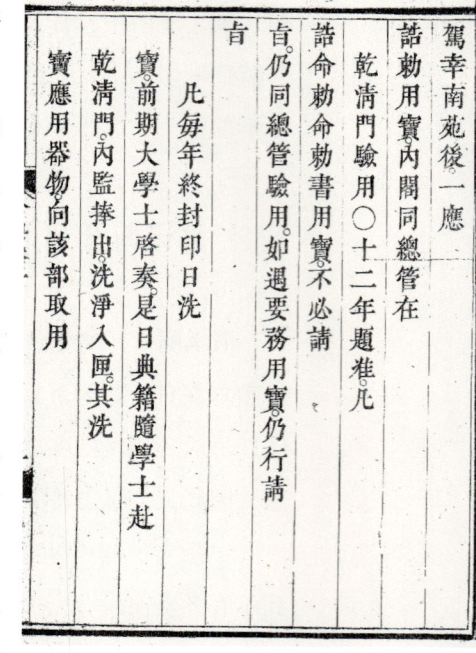

《大清会典》中关于封宝洗宝规定

❶（清）继昌《行素斋杂记·卷上》第30页，上海书店1984年版。
❷《乾隆会典则例》卷65。
❸岳超：《晚清京师杂忆》，载文安主编《晚清述闻》第7页，中国文史出版社2004年版。
❹《光绪大清会典》卷751。
❺[美]卢公明(Cjustus Doolittle，1824—1880)著，陈泽本译《中国人的社会生活》第249页，福建人民出版社2009年版。
❻《王文韶日记》上册，第73页，中华书局2014年版。

要告或有案未断的市民来说也是如此。

最低一级的文武官员的开印时间是凌晨三四点钟，他们自己的开印仪式一结束，那些低级官员就要赶往顶头上司的衙门参加那儿的开印仪式。然后再随顶头上司赶到更高一级的衙门去，如此类推。于是越高级的衙门开印时人越多，越热闹。直到最后文武官员齐集到总督衙门，武官汇集到满洲将军（满洲驻防将军）衙门。

衙门设在城外的官员要更早开印，以便在清晨城门一打开时，就能够赶上入城参加上司的开印仪式。

各级衙门的开印仪式大体上相同：在主印官以及所有部属在场的情况下揭掉官印的封条，取出盛着印玺的匣子，放在大堂的案上，大堂里灯火通明，点上香烛。然后主印官走到案前，在礼生的引导下行三跪九叩大礼。长吏双手捧起印匣，高举过头，躬下身来，表达对主印官新年高升、衙门昌盛的祝愿。然后大印从匣中取出，放在案上，主印官再次三跪九叩。然后在一张写着"开印大吉"的红纸上盖四个印，将这张红纸贴在大堂的门上。

各级机关开印仪式都要大放鞭炮。正月二十是衙门胥吏盛大喜庆的日子，午后和晚间总要演戏庆贺，常常在晚上结束时还要放冲天的礼炮。❺

封印、开印期间如果恰逢国丧或忌辰，则一律典仪从简，以示敬重。王文韶曾在日记中提到：同治七年（1868）正月二十一日，照例开印，但适逢孝全成皇后（道光第三任皇后，咸丰之母，1840年逝世）的忌辰，因此时署湖南布政使的王文韶等开印时，"不穿花衣（官员礼服补褂），不用鼓乐，属官免贺"。❻

在清代，存在着一个与封印制度关系密切的"预印空白"制度。

每年一个月左右的封印期间，各衙署封门，原则上不再办理公务，遇有紧急公务，则施以特殊的处理预案。清初，在封印期间遇到不容耽误的紧急公文，由于官印已封，往往以不盖印的空白公文移送，后来为了防范空白公文在行政上的漏洞，各衙门每每于封印前，提前盖好一些带印的空白公文纸，以备封印期间紧急使用，称"预印空白"。这种方法从清初即已实行，由于制度不严谨，执行不到位，又造成了滥用的次生灾害。乾隆二年（1737），清廷进一步做了制度上的整顿与规范："各部院衙门行移事件，司官回明堂官用印，将所行事件并用印数目登记号簿；其在外各衙门下行牌票并上行、平行文移，均令钤印编号，一应空白悉令严行禁止。倘有仍用空白，事发将不行稽查之在内堂官、在外督抚司道，照不行详察例罚俸六月，不行回明用印之司官及仍用空白之府州县等官，皆照预给用印白结例罚俸一年，如在督抚司道向州县提取空白文结者，亦照此例罚俸一年。"❶

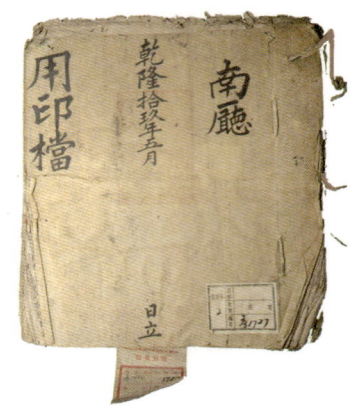

内阁南厅《用印档》

严禁使用"预印空白"的制度实施了两年，效果并不理想，于是清廷又恢复了该项制度。乾隆四年（1739）十二月浙江按察使完颜伟上奏，请求制定新的章程："查岁暮封印乃国家定制，由来已久，所以与民休息，使之共乐升平。故一切征收钱粮、审理词讼，例得展限办理。但地方事务有最关紧要，如一时盗贼窃发、殴毙人命，及紧要工程关支钱粮，调署官员等类文移往来，势不能待至开印。向来直省遇有此等事件，不敢违例用印。有于年月处两旁朱写印信遵封者，有用木戳刻印信遵封四字钤于年月之下者。其上司牌票，有将本官花押刻一木戳钤盖年月之上者，行用不一，易滋诈伪。"并奏请今后遇有紧要公文，允许封印前预先用印钤盖空白公文收贮，以备随时填用。❷乾隆批准了此奏，并谕定："内外大小凡有印信衙门，均于封印前一日酌量件数，各用空白印纸并文移封套，以备封印后遇有紧要公文之用。仍各登记号簿。在京衙门呈堂收贮，外省衙门同印信在内衙存贮，有紧要文书方行填用。开印后，除用去者登记册籍外，将所存件数各堂官及各印官验明销毁。如有官吏藉端作弊及该堂官、该督抚及各上司不行察出者，皆照禁止空白印信例，分别议处，书办照例治罪。"❸

随着时代的发展，清中期以后，"预印空白"制度不仅固定下来，而且还被延用到了封印期以外的其他日常公务活动中。乾隆三十四年（1769）五月福建水师提督叶相

❶《乾隆会典则例》卷21。
❷ 中国第一历史档案馆藏宫中朱批奏折 04-01-01-0046-035。
❸《乾隆会典则例》卷21。
❹ 中国第一历史档案馆藏宫中朱批奏折 04-01-01-0276-043。
❺ 中国第一历史档案馆藏《道光朝上谕档》第1005盒第1册。
❻ 道光版《钦定中枢政考》卷12。

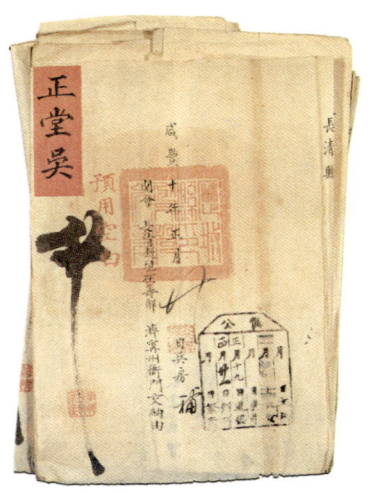

盖有"预用空白"
戳记的公文

清押印

德奉命"驰驿迅赴云南办理水师会剿诸务",因为"军营之中或有应奏事件并紧要军备,若无印信难以为凭",于是他"冒昧酌带预印空白前赴备用,俟事竣之日,如有剩余,当即销毁。惟查非封印期内携用预印空白与例未符,理合据实奏明"。❹道光十七年(1837)三月的一份上谕中也曾提到,都察院的各科道御史前往地方仓场、坐粮厅等处检查漕粮,向不特颁印信,为了行文方便,除了常用朱笔在白文上标写印字外,据闻也有人"俱用本道印信预印空白片十数纸,携往备用"。❺

除上述特殊情况外,"预印空白"还日渐浸到了官员日常公务中。如京中八旗每年轮班派往口外马场视察的副都统,通常不随带官印,"统于起程之前,向本旗都统处将钤印封套并印纸、印花酌量足用数目带往,以备送京文移及密封具奏事件之用。回日将用去件数开明知照该都统存案,剩存若干于都统前当面销毁"。❻

预印空白制度一直沿用到清末、民国。

三、印信处罚制度

清廷十分重视官印的使用。雍正曾就某地方亏空案中官员滥用官印的情况痛心疾首地提到:

至于署印之官,更为紧要,必须慎重简择。谚云:署印如行劫。皇

考每言及此未尝不恨。❶

在清代，官印的印把子就是官员的命根子，官员往往会因之而迅速荣华富贵，或因之而转瞬报销生命。比如雍正初年最炙手可热的年羹尧，曾以"年大将军"名闻天下。孰料雍正二年（1724）直隶总督李维钧公开上章弹劾年羹尧，竟然以他迟迟不上缴钦颁的抚远大将军印、心怀异谋之罪名入手："西海久已荡平，而大将军敕印不赍缴，心迹行事大不可问。去年进京时，题报敕印令内阁学士怀亲看守在署。乃十月十一日行文到臣，备回陕夫马，则仍用大将军印。欺罔之罪其何能逃。"❷从而开启了雍正清算年羹尧的运动。

清代印信关防处罚制度十分严厉，主要反映在如下几方面：

第一，偷盗、伪造官印或丢失、损毁官印，处罚最重。《大清会典》明文规定："凡弃毁制书及各衙门印信者，斩。""若遗失制书圣旨及印信者，杖一百五十，徒二年半。"❸

具体是：关于伪造、盗窃印信关防的处罚，"凡盗各衙门印信者，不分首从，皆斩""盗关防、印记者，皆杖一百，刺字"❹"凡伪造诸衙门印信及历日符验、夜巡铜牌、茶盐引者，斩。有能告捕者，官给赏银五十两。伪造关防印信者，为首杖一百，徒三年，告捕者官给赏银三十两，为从及知情行用者，各减一等，若造而未成者，各又减一等，其当该官司知而听行者与同罪，不知者不坐"。❺

第二，在官印失于管理的处罚方面，制度严苛。首先，清廷明确规定：外省各级官员，如果官印在署存放或在行寓存储失窃的，该印官革职，并要求五日内自行查拿究办；官员公差外出，官印由员弁赍行，如船遇风浪沉溺或走火被烧，有确凿证据的，员弁革职留任，本官降三级；如印信在署有封存，遇有水火沉烧，猝不及防以致毁失的，本官革职留任，限五日究查。至于在京各部、院衙门的印信，如果是封储在署，有当月处官员专门监守，遇失窃，专职监守官员革职，印官革职留任；在署封储期间遇水火之灾毁失的，监守官员革职留任，印官降三级。道光二十四年（1844），正蓝旗汉军印房不戒于火，分别

❶《雍正会典》卷170。
❷（清）萧奭《永宪录·卷三》第183页，中华书局1997年版。
❸《光绪会典事例》卷749。
❹《光绪会典事例》卷780。
❺《康熙会典》卷122。
❻中国第一历史档案馆藏《道光朝上谕档》第1087盒第2册。
❼《康熙会典》卷122。
❽《清史稿》卷337。

将正蓝旗汉军印房值宿章京勋旧佐领李忠善，值日章京世管佐领灵保，以未能事先预防之罪名，均著书交部严加议处。都统载垣、印务参领福保、郭绶也"著一并交部议处"。❻

第三，对于盗用印信关防，清廷也制定了系统的条规。"凡盗用总督、巡抚、审录、勘事、提学、兵备、屯田、水利等官钦给关防，俱照各官本衙门印信拟罪。若盗及弃毁、伪造，与印信同科。凡描摹印信，行使诓骗财物，犯该徒罪以上者，问发边卫永远充军。""伪造并盗用通政使司关防、印记，及伪印工部批回，卖放人匠者俱问罪。于本衙门首枷号三个月，发落。"❼ 而对于涉案的失察官员处分，也明文规定：盗用印信之案，该管官员自行查出的免议；失察盗用的，如已发生过盗用情况的，官员降一级调用，尚未发生的，罚俸一年。对于造假印案的涉案官员，清廷同样处以重罚。乾隆五十五年（1790）四月，江苏高邮州书吏私描印信案被揭发，任内的两江总督书麟、江苏巡抚闵鹗元及司、府各官都各被革职拿问。❽

第四，凡妄用印信者也处以重刑。比如官员预给用印白结的，须罚俸一年；官员擅写牌文给族人亲戚的，包括给门下家仆的，均革职。而至于地方官妄用印信，或非正印官而擅用印信的，皆降一级调用。而一些特殊部门官员自掌印信的，如各省藩臬盐道知府下设的经历等官，虽印信自掌，但如有挪移情弊，一经该省督、抚等题参，将该经历等照妄用印信例降一级调用。同样，在京师，五城御史虽向有严饬各司坊官依例晓谕禁约、公示粘贴牌文告示的权力，但也不得滥发印示，一经发现，则立即题参。如果是吏役受贿求托本官给发的，官员照例议处，吏役交刑部治罪。下级官员擅用官印，也属"妄用"范畴，如一些地方衙门设有经历一职，并自有官印，且"悉归经历自掌"。为防弊端，清廷规定："如有擅将经历印信收掌自用致生挪移情弊，该督抚参题，将擅收经历

军机大臣　字寄

湖南巡抚嵩　道光四年十月二十三日奉

上谕嵩孚奏访获私雕假印各犯已明降谕旨交该抚严讯矣此案营书王梃桦等串同道书谢国铭庭倩未三等私雕各营关防印信至十三颗之多冒领槽粮道库银一万七千余两硝磺二万一千余斤藐法已极此而不加严辨何以伸国法而儆奸邪该犯等作奸犯科已愈十余年之久永州靖州长安绥宁各营关防既已伪造断无经行之理所有冒领硝磺及伪造关防均恐不止此豰其有冒领慎度等於王梃桦等通同分肥情弊硝磺係领何竟毫无见张慎度等於王梃桦等通同分肥情弊硝磺係

道光关于私雕假印处罚的上谕（局部）

印信自用之员，照妄用印信例降一级调用。"❶

第五，清朝在误用官印方面的处罚也明晰而严厉。康熙九年（1670）议准：凡官员应用堂印文书而误用司印，应用司印文书而误用堂印，及署事官与兼辖官在文书上错用印信者，俱罚俸三个月。同时"若官员有将印信倒用者，亦照此例处分"。❷

第六，清朝关于公文上漏盖印信的处罚条律具体而微。乾隆四年（1739）规定：地方各官往来文移以及呈报上司事件，均于正面钤印，如有刮补字样，以及增注错误、脱落接扣之处遗漏钤盖印信的，照各衙门行移文书漏使印信律，罚俸一年。后来又规定：凡各衙门行移出处文书，漏使印信者，该吏典与首领官并承发司员各杖六十；全未用印者，各杖八十。虽然制度到位，但这种现象还是屡禁不止。嘉庆四年（1799）台湾镇总兵哈当阿卸任，由爱新泰接任，两人所上的卸任与接任的题本都漏盖了官印，嘉庆帝十分恼怒，下谕："今此二本俱遗漏用印，非寻常错误违式可比。哈当阿、爱新泰俱著交部照例议处。嗣后有似此遗漏用印者，俱著照此办理。"❸

第七，凡官印私用者也会得到严厉的处罚。在武职方面，清廷规定：凡统兵将军及各处提督总兵官之印信，除调度军马、办集军务、行移公文用使外，若擅出批帖，假公济私，或以之钤印凭照私送物货者，首领官员各杖一百。而文职方面则更为苛厉，雍正四年（1726）十月十九日奉上谕："昨朕检阅查嗣庭笔札，凡致私信之官员俱已降旨解任来京讯问。其中外官手本上多有用印者，以朝廷之印信而用之于往来问候私书，此风断宜严禁。著通行晓谕各省文武大小官员，嗣后倘再有以官印用于私书手本者，定从重治罪，绝不宽贷。"❹乾隆四十二年（1777）广西按察使彭理遣家人刘升前往云南办事，所带回的云南东川、昭通等府地方官员致彭理的私札信封上均用官印封缄。乾隆闻知，十分震怒，下谕说："印信官封，原以备呈送地方公务文禀之用。若寻常书禀往来，不特邻省不应加用印封，即于本省上司，亦不宜轻用。今云南各府，均以印封装贮候函，付给彭理家人，赍回广西。此乃外省

❶ 乾隆版《钦定吏部处分则例》卷9。
❷ 乾隆版《钦定吏部处分则例》卷9。
❸ 《清仁宗实录》卷55。
❹ 雍正内府刻本《钦定吏部处分则例》卷9。
❺ 《清高宗实录》卷1040。
❻ 《清穆宗实录》卷295。
❼ 《清高宗实录》卷149。

清朝犯人枷号图

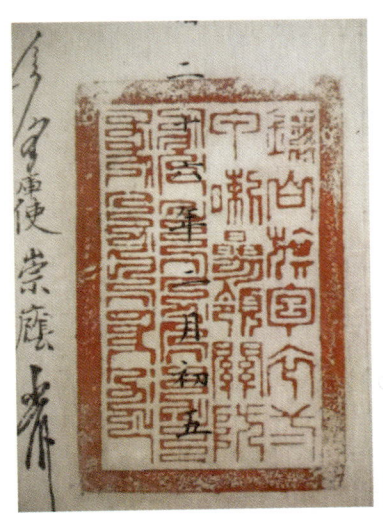

"执法如山"选自《点石斋画报》

镶白旗包衣二甲喇参领关防印鉴

相沿恶习，恐不独云南一省为然。著传谕各省督抚通饬所属，嗣后除详禀地方公事，准用印信官封外，其寻常禀启，俱行禁止。仍留心稽察，如有故违者，即据实参处。所有云南各该府等，即著交部察议。"❺

尽管清廷制度严厉如斯，官印私用之风依然有增无减，愈演愈烈。同治九年（1870），安徽婺源县的在籍知府彭元瑞等打着捐输团练的旗号，"邀同绅士设立捐局，私刻关防，勒索报捐"，在五年内索得捐输银"约数十万之多，而所给执照，止有公局私刻图记，上有'善后关防'字样，并无在官印信。捐生无处更换执照，纷纷聚讼，请饬查办。"清廷下旨著两江总督曾国藩等彻底详查，彭元瑞因此被革职处理。❻

此外，清政府还规定，禁止无印小票滥行。乾隆六年（1741）覆准："嗣后文武大小衙门一切差票，概用印信，如无印信衙门，即用自刻钤记。所有朱标小票、衙单，永远禁止。""倘有仍前混用者，该管上司揭报题参，将出票之员，照行文遗漏钤盖印信例罚俸二年。"❼

第十七章 清代公牍印信签押制度

清朝以文书治国,官印印鉴被视作最重要的公文办理的凭证标志。清廷在相关公文用印制度方面也制定有繁缛严苛的各种律例条规。

一、公牍钤印

制、诏、诰、敕等御制文书,是清代公文的最高一级,皆要钤盖皇帝御宝。

作为皇帝纶音下达臣民文书的重要标识,御宝的使用钤盖制度十分严格。《大清会典》明确规定:"凡大典礼,宣示百寮,则有制辞;大政事,布告臣民,垂示彝宪,则有诏有诰;覃恩封赠五品以上官,及世爵承袭罔替者,曰诰命;敕封外藩,覃恩封赠六品以下官,及世爵有袭次者,曰敕命;谕告外藩,及外任官坐名敕、传敕,曰敕谕。……"❶

不同的诏诰文书,依据其文种与内容的不同,要钤盖不同的御宝,在《大清会典》及《宝谱》上均有明文规定。

清代的诏命文书用皇帝御宝,主要由内阁负责。每遇用宝,内阁先期根据制诏诰敕文书用印规定,翻阅比照内阁所存的《宝谱》确认用宝的名目,然后将请宝情况奏明请旨。

清制:皇帝御宝不准出乾清门。因此内阁用宝皆在乾

❶《光绪会典事例》卷15。
❷ 中国第一历史档案馆藏《内阁用宝档》房4847(二),注:凡括号中文字均为笔者考填,原档姓后均为空格。
❸ 王子林《明清皇宫陈设》第60页,故宫出版社2012年版。

清门内。通常由内监从交泰殿中取出御宝匣，送至乾清门内西一房内，由总管太监与内阁学士、典籍等，共同监验开封启匣，取宝在皇帝的诏令文书上钤盖。御宝钤用毕立即封匣，送回交泰殿。康熙十二年（1673）题准：内阁凡诰敕、敕命、敕书等平常之事用宝时，不必事事单独向皇帝请旨，可依例直接用宝，做好登记；如遇紧急重大事情用宝，则须单独请旨。嘉庆二十四年（1819）进一步规定：由皇帝特旨颁给的敕书仍按照旧例用宝，其他一般性的敕书则每半月集中用宝一次，以减轻用宝请旨的负担。

每一次内阁诏令文书盖用御宝，均必须于当天完成。有时因为本日用宝的诰敕文书数量过大，基本要从早上辰时就开始工作。如果数量超大，当天开始用宝的时间还会提前。现存光绪三十二年（1906）《内阁敕诰房用宝档》记载：

> 光绪三十二年闰四月三十日卯刻，为请用制诰、敕命之宝事，现办大学士王（文韶）等请封、捐封并世职等共三千又四十五名。计：册命七道，诰命五千零四十九轴，敕命、敕书一千二百十六道。请用制诰之宝一万零一百十二颗，敕命之宝二千四百三十二颗。学士墨（某某），侍读学士润（某某）、智（某某）、连（某某），以上四位监视；收掌中书文（某某）、崇（某某）、穆（某某）、全（某某），以上四位用宝。供事秦锡龄等均到。❷

除内阁用宝固定在乾清门西一房外，其他内廷用宝，则例在懋勤殿等处进行。据《交泰殿日记档》载：乾隆十八年（1753）三月二十一日"巳时，首领郑爱贵奉旨：为保和殿'皇建有极'匾请用交泰殿广运之宝，总管魏珠请用广运之宝到懋勤殿，郑爱贵同翰林院于敏中用宝一颗"。❸

清代各级官印大量被应用于钤盖各种公文。

在广泛的各级行政衙门办文中，钤盖印信往往是最重要而必不可少的环节。

清代在京各部、院衙门奏折，在得到皇上口传圣旨后，会将圣旨的内容缮写于浮签，粘贴在奏折折面上，以示"慎重纶音，以防流弊"之

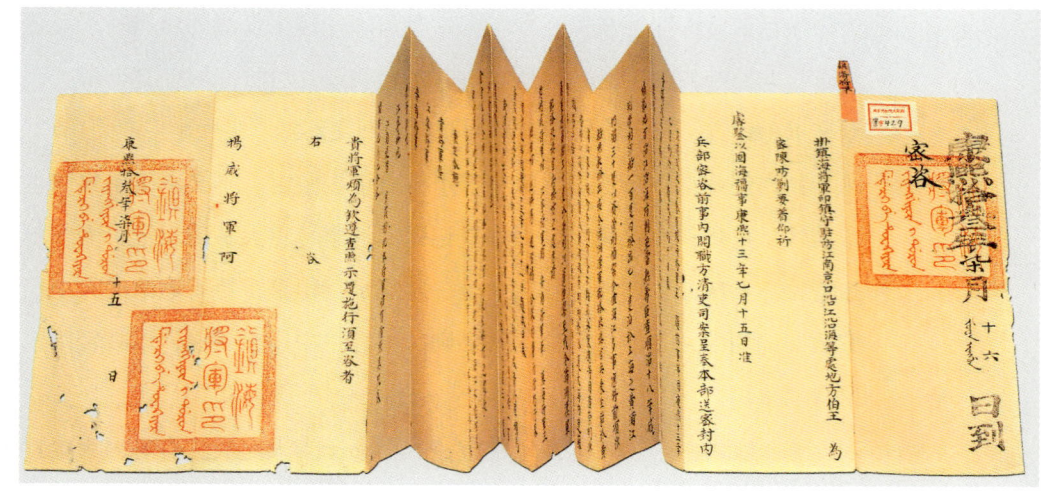

康熙十三年镇海将军密咨

意。嘉庆十四年（1809）十月军机大臣议定："各衙门虔奉圣旨仅缮浮签，非所以将诚敬，且折无印信何足为凭。倘日久不肖书吏舞文弄墨，不可不预防其渐。请嗣后各部院衙门呈递之折，由其奏事官所传谕旨，该部院堂官即亲笔于折面端楷缮写，并于年月上盖堂印，即将正折备案存查。"奉旨："依议。"❶

在京各部、院衙门画稿制度十分严格，凡下属司、署、处依例上文呈堂，由堂官及领属大臣画稿认定标画后，根据画稿结果誊写正式公文，并钤用堂印封装向外衙门投送。凡各正式公文必须干净整洁，不准有涂改痕迹。尤其是上呈的题本，严禁在年月盖印处出现挖补现象，同时在接扣处必须钤盖骑缝印。嘉庆时期，原任河道总督嵇承志曾上有七件题本，被发现其每件文尾年月处都有改写过并明显的挖补盖印痕迹，嘉庆特降旨着令他明白回奏。后经查明，原题本文尾填写的具题时间是四月底，后来因题本过长，字页太多，河督衙门中的"本房"承写者核对需要花费时日，待校核完毕已进入五月，再按照题本进呈的时限计算，因此不得不将具文时间改为了五月二日，始行拜发。嘉庆下谕："此事虽查无弊窦，但嵇承志于进呈本章并未敬谨详阅，任令书吏于用印处挖改，究属不合。嵇承志着交部议处。"❷

钤盖官印作为办理公文的一个必要程序，其在整个公文办理流程中的次序是不能乱的。雍正十二年（1734）十

❶ 中国第一历史档案馆藏《嘉庆朝上谕档》第847盒第1册。
❷ 《嘉庆会典事例》卷91。
❸ 中国第一历史档案馆藏宫中朱批奏折04-01-030-0118-040。

月初二日，吏部郎中福十宝在奏折中提到："伏查各部院衙门稿案凡有添改字句及纸幅粘接之处，俱用印信钤盖，所以防抽换之弊，法至善也。但各衙门说堂稿案有先用司印然后说堂者，亦有说堂然后用司印者，例不画一。如说堂之后方始用印恐稿案一入书吏之手，不肖之徒见其有不便于己者，或私易字面，或抽添纸幅，用印之时掌印官稍不及检，受其蒙蔽，一经用印，便成如山之案，莫可动移。此其贻害诚非浅鲜。臣请敕下各部、院大小衙门，凡有说堂稿案俱于司官画押后即用司印钤盖，然后说堂。如说堂之时有不用印之稿案，经该堂官查出，将该掌印官即行指名题参交部严加议处。"❸

地方上各衙门办文用印也自有其流程与制度。仅以县衙稿案签押为例：县衙发文通常先由六房奉命起草文稿，再由门房统一汇集后，先送文稿师爷看一下，做个核定，核定以师爷的图章为准，之后再送知县核看修改，知县审看过后，盖用官印（现实中则多有用私印者）为凭，而后核稿再送标判处标朱划行。最后的发稿要送誊批堂誊写、盖县印发出。最后钤盖官印时，一定要仔细检查，先看稿上画未画"行"，次看各师爷的图章是否完备，即所谓的一切文牌号稿无印不行。通常情况下，稿文与正文都要用印，稿文为备查，正文为发送。用印时，先盖稿文，再盖正文；点数时，以稿文校对正文，以防漏印。用完印，还需要逐件对过，挨着顺号簿夹好，统交管稿者转送标判处。

不同文种的清代公文所钤盖印信的形式与钤盖位置各有不同，其具体的用印条例与规矩十分烦琐严格。比如上行及平行文的开面、骑缝以及具文年月处的印信一定要正盖；而下行文中除年月处用正印正盖外，其余都要斜着盖。一般的官立清册、详册等，印章通常要盖在文册封面的上部，称"天印"；如果是验尸图格，除在册面上正盖一颗"天印"外，册中每页的下半部也都要盖印，称"地印"。而文中填注伤痕等关节文字处也均要用正印，如果字数过多，也有连用二三印鉴的。

兹仅撮录清代档案中常见的几种公文用印体例如下：

凡详文必用正印盖在字上；文尾具年月处用正印，接扣处用正"地印"。

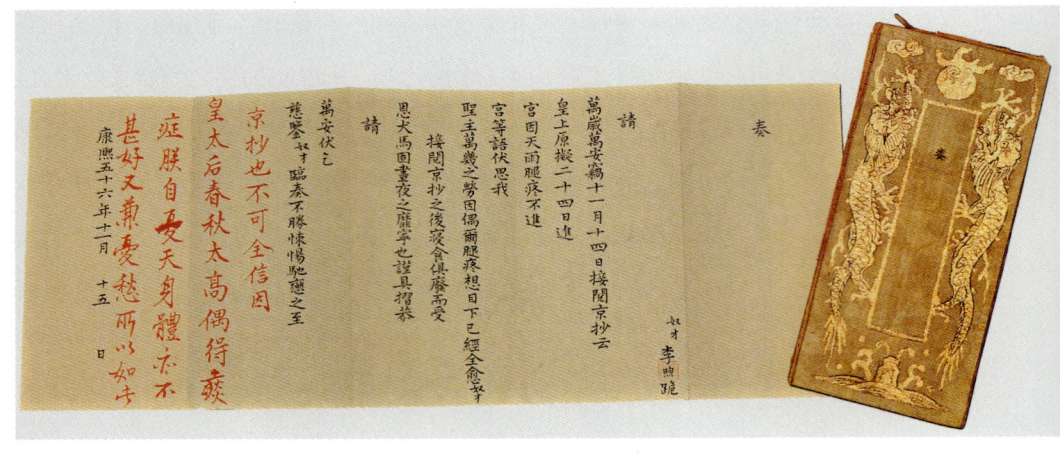

李煦盖"臣"字印的奏折

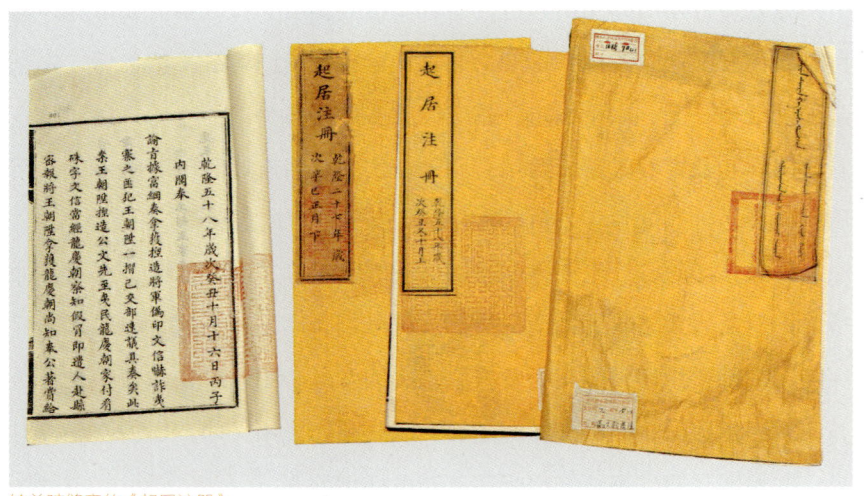

钤盖骑缝章的《起居注册》

凡有格的书册，册面用正印，每骑缝处用正"地印"。

凡无格清册，前后页面、页底均用正印，骑缝用正"地印"。

凡册稿，册面上用斜印，隔页骑缝用斜印。

凡批文（包括连环批、粮米批、集款批等），要在填写银数关节文字处用正印，册尾具年月处以及各页的骑缝处用正印。

凡催钱粮票，于年月处用正印，所附粘单则用斜印。

凡关文、移文，俱于折面字上及年月处均用正印，骑缝与粘单处均用斜印。

凡下行牌文，及差票粘单，用斜印，年月处用正印。

❶ 参见蔡申之等著《清代州县四种》第40~43页，台北文史哲出版社1975版。

藏印印鉴

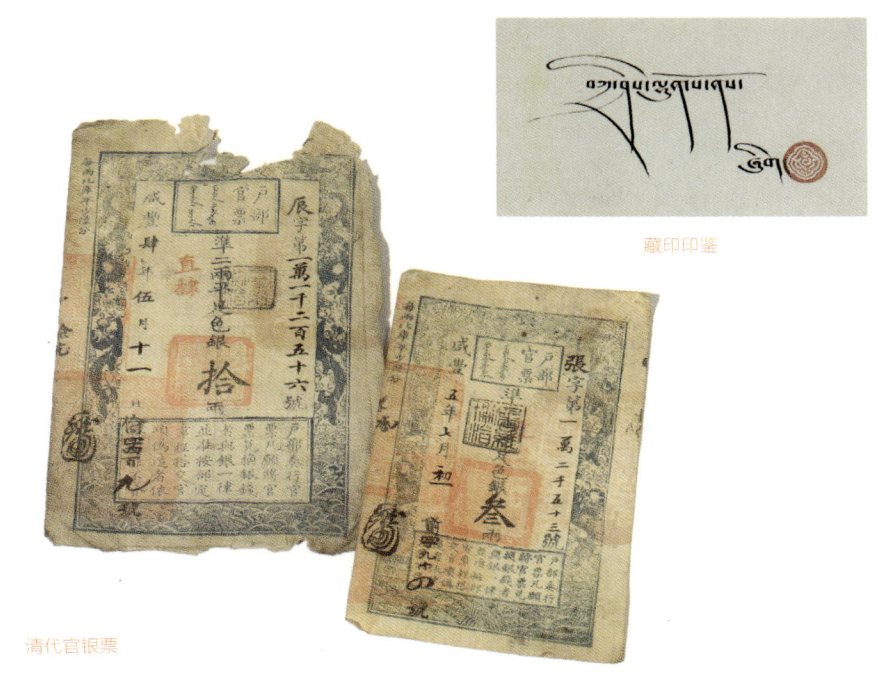

清代官银票

凡米票用斜印。

凡税契，年月处用正印，契尾及文中银两数字等关节处用正印。❶

除正式发文外，各衙门内部还有许多核查登记簿册，也均须盖用官印，以示正式。如各省的州县衙中各房签稿簿、铺递号簿等，册面上注有某房字样的地方，要用斜印，每页骑缝处要用斜印，遇年月处则用正印；而红簿、循环簿等，每页骑缝处用斜印，年月上用正印。凡行下属的文书登记册，如批详等，该册面所注某房字样的边外，须用斜印，以便对号。

有时，同一种公务文书，由于发布的衙门级别不同，其所盖用的印信关防也会变化。例如钦天监每年下发的时宪书（黄历），都是由钦天监在京统一制定，在京各衙门及顺天府等京畿地区发行的三万多本时宪书均由钦天监统一印刷，并镌盖钦天监时宪书印；而在地方，各省官员们接到颁赏的《时宪历》后，均由地方布政使例拨正项经费组织刻印，印好的历书须钤盖各省布政使库存的"钦天监时宪书"印信，由布政使司负责刊刷颁发的时宪书，其颁行的范围也仅限于省会及附近几个府州

县；而再往下的各府州县照例刊印颁发的时宪书上，则钤盖各州县印信，"其无附郭首县之府，即盖该知府印信"。❶

二、印信封缄

在清代，官印除用于公文签押外，还被广泛地用在公文的封缄方面。

清朝公文的钉封盖印制度其来已久，不断积淀成制。

清初，公文封套尚未被十分注意，尤其是各衙门内部，甚至京师各衙门之间的行文，还停留在习惯性地直接差人递送而不装封套的阶段。京内各衙门之间行文缄装封套之风，始于八旗的推广。雍正七年（1729）议准："八旗咨行各部、院事件，无论大小轻重俱无封套。或有不肖之人探听消息、钻营删改，俱未可定。嗣后除八旗在京传集官员人等照常不用封套外，凡咨行部院事件，俱令加封套，实封钤印递送。"❷

雍正十二年（1734）六月，满洲正蓝旗参领明善在一份奏折中提到：

切查前往牧群之副都统等咨行京城时，俱缮平白文书差人送，并无凭证。再，京城各部、院、八旗先亦视钤印即行文，无加封套，后以若无封套，恐送文人从中肆意作弊，方始装封套行文。窃奴才伏思，京城内无封套，尚恐送文人从中作弊，由牧群送文至京城时，更应装入封套。伏请颁旨，嗣后赴牧群之副都统等临近启程将钤有本旗都统印之封套计足携带，以备行文京城之事。倘有行文京城事，装入钤印封套固送来。如此，则不肖之徒不能从中作弊，且有益于事。❸

由此可知清代公文封套从粗陋走向烦琐的轨迹。从乾隆以后，公文封套制度完善起来，而且此后清代公文封套盖印封缄的讲究与规矩也日益完善繁缛起来。

清代公文封套的封口，一般封舌都开在封套的上部，因此在封舌处一定要钤盖印信，习称"口上印"。盖印时，尽量抵着前上口，印鉴位置不可太低，印鉴距封套上沿基本只留一线而止，如留空太多，被称为"露白头"，会被视为不懂规矩。

❶ 中国第一历史档案馆藏《嘉庆朝上谕档》第886盒第2册。
❷《嘉庆会典事例》卷865。
❸ 中国第一历史档案馆译编《雍正朝满文朱批奏折全译》第2272页，黄山书社1998年版。

清公文封套　　　　　贺表文封

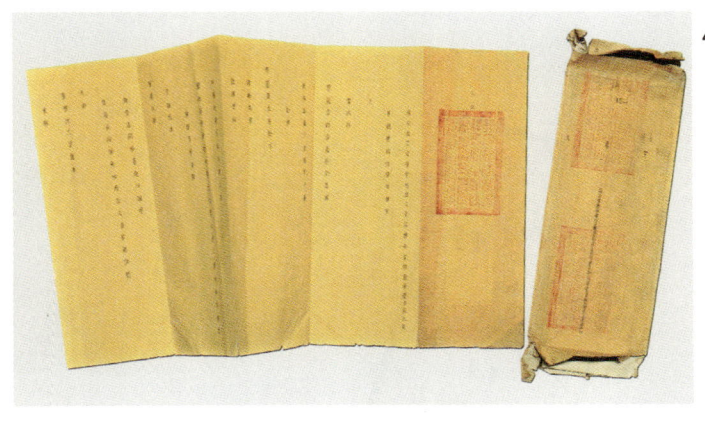

　　如果是下行文封套，多于钉封处两面斜盖官印，而于封口处正着盖印。

　　如果是马递公文，封套上的年月处用正印，并在"马上飞递"四字处用正印一颗，习称"摄耳"；而在封口边的下角，也用正印。

　　在清代，重要公文往往还会有数层印封的包装。通常外省衙门彼此间往来紧要文书，以及送达在京各衙门的紧要文书，凡通过驿邮兵站发递包裹者，除包内的文匣、文封等用官印封缄外，包袱之外也通常要用棉纸、油纸等厚裱封套钤以印信，一方面作为包装的标识，另一方面也为防止驿途磨损、水浸、开拆等。

　　在清代，公文驿送包袱封缄方面最常用到印花。

　　所谓"印花"，就是已盖好的印鉴纸片。将印花粘贴在包装物上，相当于今天的印章封条。其制作方法：取漂净的银朱和以胶水、研匀，用长柄软毛刷子在官印上刷匀，然后钤盖在单层黄宣纸印上，然后在印鉴上书写本官的衔名，再随形剪成单方。用时则以胶粘于封套或包装物的封口，以防被人开拆。比如地方督、抚拜发奏折，通常要在已祇领的奏匣上用本职印花封缄。凡没有赏给奏匣的，俱于奏折夹板之外用棉榜纸封固，接缝处粘贴本职印花。再用黄绫包裹。

　　印花的制作简便实用，广受青睐。印花的应用，也有助于在官印实物不在身边无法当场钤盖的情况下，满足公文封缄的临时性需要。有时

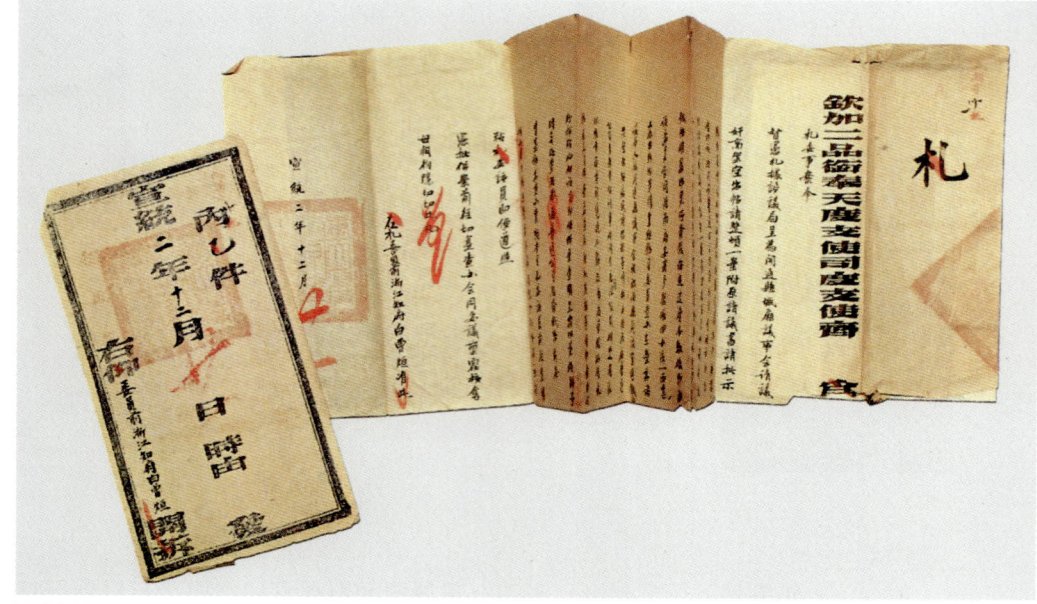

清末文封

官员在外，官印并未随身，办理公务也可能用印花来应付。奉差出京官员，或尚未接有本任职印的官员，如果要拜发奏章，提前酌量有无奏折事件，应用多少印花，咨明兵部，由兵部照数发兵部印花。而外省督抚奉差出境，应令备带本职印花。如是调任别省，亦令随带前任印花备用。事竣后，所余印花，俱分别缴销。光绪十六年（1890）八月办理"瞻对事件"的一位官员在奏片中提到："再查《中枢政考》内载，来京陛见、在外奉差出境、调任他省奏事人员，随带本职印花以备应用；事竣后，将未用者分别查销，等语。奴才交卸在即，所有瞻对弊案及报销等事，该员等尚未册报前来，奴才途次犹有应行具奏之事，且现有奉查等事件谨循例随带本职印花八分，以备应用，俟抵任后将未用者奏明分别查销。"❶

另外，如果官员因公进京，或在调任途中，如有奏折事件，随身所带印花不够使用时，也可借用沿途地方官印来制作印花，只需在折内做好说明即可。督、抚、钦差各官平时所用的印色多用紫色，惟有封包的印花，必须一体用朱色。

在清代，以印花封缄而著名的，莫如军机处。

军机处的主要工作之一，就是将廷寄或皇帝朱批后的奏折寄送到各官员的手中。在京各衙门尚可自行发封祗领，

❶ 中国第一历史档案馆藏朱批奏折 04-01-30-0004-037。
❷《光绪会典事例》卷 684。
❸ 中国第一历史档案馆藏《乾隆朝上谕档》第 604 盒第 2 册。

康熙出巡时写回宫的家信及盖有
"凯旋消息"印鉴的封套

而寄往地方的需通过兵部邮驿，颇费周章。由于夹板上粘贴的军机处印花易于揭毁，因此军机处在将廷寄或朱批奏章封固包装后，一律还要用兵部印制作的印花来封缄，才能通过驿站分递各省。因此，军机处往往要提前到兵部预制空白印花。其初，每次军机处都是派人赴兵部钤盖印花，领取时皆逐一书押登档，做到其年月日厘然可考。而兵部也须每月将领取空白印花的情况具奏一次，以便朝廷掌握备查。印花的具体制作，通常是在兵部的满汉章京值房中进行，由军机处派领人员与兵部官员等督同苏拉供事人等当场钤盖兵部堂印，耳目既多，为的是便于近距离监督与作证。如果制作的印花有超额存剩余，亦由满汉章京每日交班收管登记以备下次领用。后来，为了加强管理，军机处又设置总簿，每次钤用印封时，均一次性地先行登记多领，或一百或二百张，虽然较之以前提高了效率，但军机处每次派人赴兵部往返钤用，还是"殊属烦琐"。乾隆三十一年（1766）奏准："嗣后该部预将印花存贮军机处备用，所用临时钤印之处不必行。"❷ 随后又议定：今后每次由兵部提前送到二百张印花交军机处收贮，供奏事处随时提用。❸ 虽然解决了奏事处的奔波，但却无形中转嫁增加了兵部的工作负担。

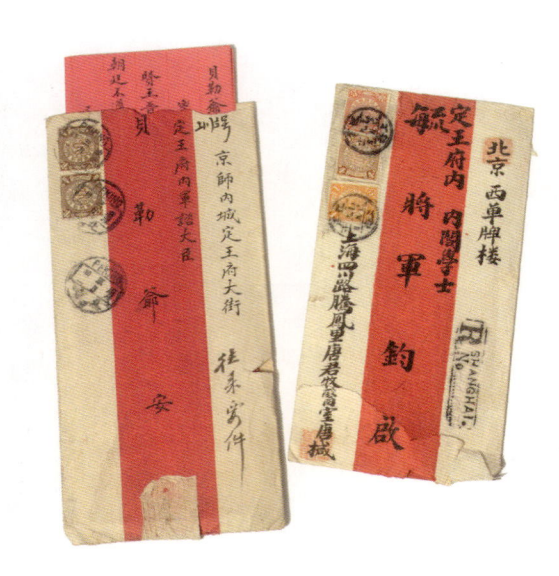

清末官员私人札封

护封

　　清代兵部之印花，被施用于一切驿站交递的官方物品，除公务文书外，包括输送盐铁、硝鞘等官用实物等。乾隆四十二年（1777）奏准："吉林等处粘贴（人）参包，请酌改将军印花。先时发交各卡伦以备粘封，余剩交回。并注明各卡伦名目张数，另立号簿核对，于交参时查验。"❶

　　在公文公物的驿递程序中，印花与火票、排单等文书相辅相成，作用特殊。通常情况下，差员随身携带预先钤印好的印花，每到一站，如果没有需索等事件发生，即给该驿站一枚印花，以为凭证。奉差驰驿的官员，按站填送印花，以防柱道逗留，如果发生差员亲丁跟随在途中患病留养等事，亦可凭印花逐站扣除应付。地方州县官员按期将驿站迎送事宜，凭印花稽查站数，粘贴成册，每两个月内申送督抚按月汇齐，并于本年内送兵部汇销。此即所谓的"抄牌"制度。

　　清代印花，还被广泛应用于其他方面。比如京城内外门及皇城紫禁城各门一向设有阴阳合符制度，规制綦严，而合符的保管存放，却没有明确的规定。嘉庆十六年（1811）七月军机大臣议定："嗣后各门所贮阴文合符用黄纸包封木匣存贮。在紫禁各门存贮者，内封加贴左右翼前锋统领印花，匣外加贴镶黄旗护军统领印花。每届一月，由该直班统领亲加

❶《嘉庆会典事例》卷184。
❷《清仁宗实录》卷246。
❸（清）佚名《制印要略》，载桑行之等编《说印》第323页，上海科技教育出版社1994年版。

启验一次；正阳、西直二门存贮者，内封外匣加贴步军统领印花。每届一月，由步军统领亲加启验一次；步军统领衙门所贮阴文合符，自行加制木匣如法存贮。"❷

三、印鉴印色

　　清代用于公文上官印钤盖的印鉴颜料，主要有印泥、印水（油）等，《大清会典》中统称为"印色"。御宝所钤用者，也称"宝色"。

　　秦汉及以前，印缄形式主要为"泥鉴"（封泥），颜色主要有红、黑两种。南北朝时期，随着纸张文书的推广，"水印"（印泥）方法开始出现，朱红成为了官印印鉴的主要颜色。当时，由白芨水调出来的印汁称为"水印"。到了隋代，人们认识到"水印"的缺陷，逐步采用蜂蜜代替原来的白芨水调制印汁，习称"蜜印"，南宋末年"油印"又被开发出来，至元代油印制作技术得到提升，油印性质的印泥开始流行，而"水印"基本退出历史舞台。明代，油质印泥基本上已淘汰并取代了蜜印，而油印中植物纤维的添入，成为了印泥发展史上的重要里程碑。明代之前的印泥，无论水印、蜜印还是油质印泥，其汁虽黏稠而无骨架，为了能使印文清晰，印章不得不在印汁中反复蘸压，或采用将印汁慢慢地涂蘸于印面的方法，使用起来均很不方便。而置入了植物纤维的印泥，使印泥有了身骨而愈加挺立，且使用时只须用印拍打泥胎，就可使印面均匀地附着印泥。这一印泥制作方法在清朝得到了发扬光大。无疑，清代乃是印泥发展的巅峰。

　　实际上，清代官印的钤用，一直是"印泥"与"印油（水）"两者兼用。

　　清初踵明制，在民间广泛流行着所谓的"宣和秘传制印色法"等方法。❸

　　而在皇宫内，则有专门制作御用印泥的部门，隶属于"监印"部门。内务府建立后，转由"造办处"制造。该种印泥在清朝乾隆年间达到制作水准的最高峰，其制作极为华丽考究，不惜工本。这种宫中印泥的原

清帝御笔押封

材料非常昂贵，且选料极其严格，制作工序异常繁复。印胎软硬适度，印质极度细腻，印色鲜艳纯正，几乎无杂质。印文明亮清晰稳重，且饱含立体、堆砌感。钤盖后留存的玺文印鉴经年仍不失真，在纸面上凹凸鲜明，色彩逼人。但这种制作工艺现已失传。据英叟先生所著《精制"八宝十珍印泥法"》中记载，他"早年曾在故宫博物院中见过所藏乾隆时期的印泥，至今色泽鲜艳明澈，估计内含宝石、珍珠、金箔等原料，到现在已硬如石块"。

乾隆中期以后，著名的福建漳州的"八宝印泥"转入北京。该种印泥在原材料中加入艾绒丝、漂银朱和蓖麻油研制印泥，效果奇佳。此后"八宝印泥"成为贡品，名声大振。今天我们于乾隆钤于古字画上的诸多鉴藏印中，依然可以看到大致两种色泽的印。一种红润欲滴的朱砂印文，一种橘朱风雅的朱膘印文。前者据考证就是造办处所制印泥，而后者就是漳州地区所产"八宝贡品印泥"。清中后期以降，清宫印泥也融合了宫中印泥与"八宝印泥"的特点，并进行改良，其中以杭州织造的专贡宫中使用的"八宝印泥"最为著名。而在京师，清中期以后厂肆（今琉璃厂）的清秘阁所制的"八宝印泥"也被作为特供品长期专门供应宫廷、六部等衙门。

八宝印泥的制作在清代属于商业秘密，不得外传。据陈重远《琉璃厂史话》记清秘阁制作工艺大致如下：所谓

[1] 陈重远《琉璃厂史话》第14~15页，北京出版社2015年版。

清公文蓝色印鉴

八宝，即珍珠、天然红宝石、红珊瑚、麝香、朱砂、朱膘、冰片、赤金叶。艾绒也是制作印泥的主要原料，用江南艾草，经漂洗、剥皮、晾晒、分检等十多道工序制作出来。百斤艾草最多出一斤艾绒。将八种主要原料按精确配方研细成粉末，按比例与艾绒同时放入瓷缸，用蓖麻油调制。蓖麻油是关键，印泥以掺进蓖麻油的年限与比重而分等级，掺入年限越久的蓖麻油越多，等级越高。传说清秘阁开始制作八宝印泥时，存有明代蓖麻油；民国初年，还存有乾隆年间的蓖麻油。经百年晒晾的陈油价比黄金，所谓"陈油百载身无价"。将八宝原料、艾绒、蓖麻油放入瓷缸后，用人工擩打，擩打时，不断观察成色，并再适当加入配料调整。经"千锤百炼"后，印泥才具有韧性、黏性，且色泽鲜艳。制作后还要封入坛子中，搁置几个冬夏，搁置期间定期"倒坛"，使各种原料充分融洽，之后才可启坛分别装入小印色盒使用。❶

在清代，无论上至皇帝御宝、下至微员末吏的戳记，其印鉴颜色皆以朱红为主色。当然，各级官印所用的印泥与印油的质量自有云泥之别：宫中常用的"八宝印泥"色泽长鲜，朱砂立体，即使纸张被烧尽，其朱砂依然不变留存；而一些低级官印使用的印泥无法比拟，我们在清代档案中常见到，一些地方州县档案上的印鉴，不但污脏不清，而且常常出现大面积的跑油浸染现象。

除印泥外，清代公务文书中日常还大量使用紫色的"水印"，清代档案中称其为"紫花印（色）"。清徐康《前尘梦影录》记其制法："陈柏君云：'元明人多用水印泥，此法失传。曾用蜜以意为之，终不如法。然内而部院、外而督抚，印泥皆用紫粉，亦以水调，非油朱也。'余按《格古要论》云用蜜调朱最善，纸素虽久，色愈鲜明。今内府用宝以蜜，两说合参，信乎蜜调、水调皆可。若制以油朱，则不适合于用，近人罕知。"

清沿明制：除皇帝制诰文书以及各级官员奏报皇帝、上宪的本章、呈禀等例用朱色印泥外，在京各部院衙门以及皇帝钦命的钦差官员们相

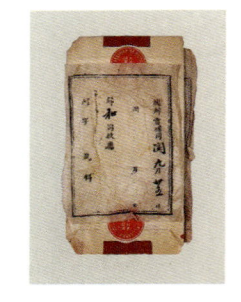

乾隆二十八年有关印花使用的奏报（局部）

清末驻外公使印花文封

互间的平行、下行的咨札文移等，通常例用"紫花印"。这种特殊印色，显然也代表一种特殊权力。

红、紫作为吉利的颜色，被使用在日常官印钤盖中，是一种传统的继承。同时，自古以来，官印也有用蓝色或黑色印色的现象，明人徐官所著《古今印史》中记，他曾见宋儒手札中偶有用黑色印泥，元人则有用青色印泥的，经考证后知其家中有长辈故去，正在守孝期间，不忍用朱，所以用墨、青印色代替。后世成为定例，凡家丧、国丧期间，皆不用朱。清朝也是如此，凡遇国丧、国服期间，官印一律用墨蓝。当然个别情况下，也有专用墨蓝色印的，比如科举期间，闱内文档有用墨蓝关防等现象，不过是因袭传统，作为区别醒目的权宜而已。

除了水、油印泥外，清代官印也一度出现过火漆，但仅限于皇帝或个别亲信官员的密奏文书的封缄，而且只一度流行于康熙、雍正年间，后来逐步被印花所替代。

在清代，凡呈上的公文印鉴必须清晰，朱砂印泥的使用十分仔细。在清代档案中，还有个别为了使印鉴清楚而采用描印的方法。在清宫档案中，不少朝鲜国王所上的奏表文书，其国王印印鉴都是出于描摹，然尚不明出于何典。

清代官印钤盖的对象并非只限于纸、帛质地的文书档

❶ 中国第一历史档案馆编《清初内国史院满文档案译编》下册第50页，光明日报出版社1989年版。
❷《光绪会典事例》卷643。
❸《清太宗实录》卷10。

册，还有一些别的钤盖形式。比如火印、马印等。早在清入关前，八旗军马已盛行烙印。《清太宗实录》记，天聪七年（1633）皇太极著令传谕都元帅孔有德、总兵耿仲明等，授与管理整饬马步军械之法，曰："马匹俱用印烙，将本管官衔并马主姓名书满洲字牌系之，所以印烙系牌者，恐军士马有逸失，难于寻觅。既有印牌，则见者便于送还耳。"可觇当时烙马的流行。顺治六年（1649）十月的一份满文档案中记载，八旗中"披甲人之盔尾、甲背钉上文记，盔耳叶上皆钉压圆形标记"，"将马匹文记拴牢、盖印"，"马匹若无印记，罚银二两，弓箭若无印记，罚银十两"。❶雍正十年（1732）议准："八旗马驼于出（牧）厂之前，各造具毛齿清册，送部存案。俟回京日，按册点验印烙。"❷

在清代，火烙印牌也十分盛行。其中，尤以清宫火印腰牌为著名。

所谓腰牌，顾名思义就是系在腰间的牌子，乃唐宋士人"鱼袋、牙牌"之遗制。具有今天的介绍信、出入证的功能效用，是在出入宫廷大内时使用的一种身份凭证。据史记载，明朝腰牌在材质、大小、使用范围上各有不同。如大内侍卫用银制腰牌，军队用铜制腰牌，官员们可用玉制腰牌，而锦衣卫等特务机关则更多使用木制腰牌。清代腰牌，最早出现在清太宗时期。据《清太宗实录》记载，为了解决清初满汉官员之间的矛盾，天聪五年（1631）十月，参将宁完我上疏皇太极，请求定官制、分服色，以明朝纲秩序，其中提道："……宜急分辨服制，造设腰牌，此最简最易关系最大者。"❸清太宗采纳此建议，并令人制作腰牌，按照官阶、身份颁发。由此可见，清代最早的腰牌，是用于区分级别、身份，使人一眼便能看出佩戴者的品级、身份。

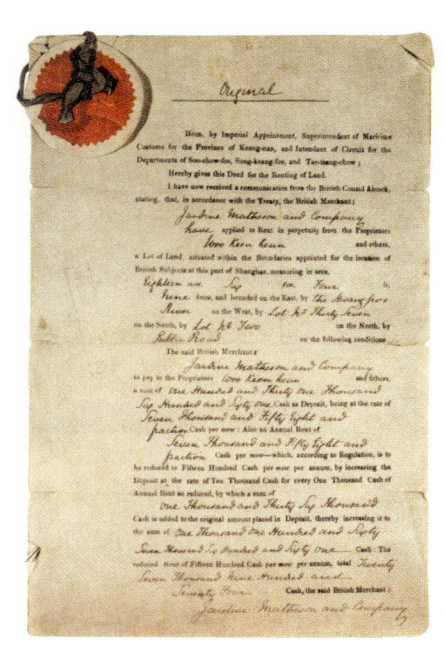

带火漆印的约本

信义通商

清宫腰牌多为木质，满汉合璧，大小尺寸各异，正面用火印烙烫有"腰牌"字样并烙上所属衙署官印。腰牌统一由内务府统计制作，发给内阁、军机处、各部院、内务府及内廷行走各处供事的太监、书吏、苏拉等。

早期的宫中腰牌形制较为简单，除烙印内务府官印外，并不注姓名、相貌等特征。道光二十三年（1843）正月，总管内务府大臣敬征等上奏提出：宫中所使用腰牌，由于不注烙印所属衙门，普遍存在着混用、借用的现象，导致不同衙司的杂役拿着不同的腰牌，皆能自由出入于宫中，给紫禁城各门的查核带来不便。于是，道光颁下谕旨，令内务府将原设腰牌式样，添注各部院衙门、发牌年号等名目，另行铸造火印戳记，再行颁发佩戴。同时，自当年二月初一起，由前锋统领、护军统领等严格监管各门章京护军，对出入禁门的人员严密稽查，严明新换腰牌，方准放行。❶

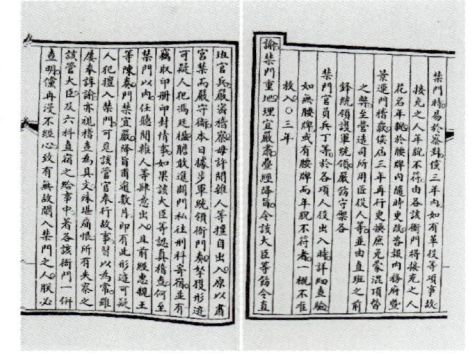

《清会典事例》关于腰牌的记载

咸丰元年（1851）六月，咸丰帝又批准内务府关于宫中腰牌使用的新章程。由于之前所颁用的腰牌"均系道光二十三年制造颁给，迄今已阅八年之久，恐有字迹模糊之处，碍难详核，现当臣衙门办理更换咸丰年号腰牌之际，拟将本人年岁、面貌细开写于腰牌后面，并饬令各该衙门及各他坦等处将各项当差人役花名年貌详细填写造具清册二分，咨送臣衙门以备考核，另将一分由衙门汇总咨送景运门，以便出入禁门时易于查对。嗣后每三年更换新腰牌一次。"❷

清宫使用腰牌的数量大得惊人。仅从乾隆三十八年十一月初五日（1773年12月18日）的一份内务府档案可以看到一个详细的数字："……查各部院衙门各馆并臣衙门所属七司三院各等处应行出入禁门人役佩戴火印腰牌，经分别该处事务繁简酌定数目，计部院衙门各馆书吏、皂隶、校尉、厨役等项人役共给过腰牌三千六百六十八面，臣衙门所属七司三院各库、各作茶膳房及各他坦、苏拉、匠役、厨役、书吏等项人役，

❶《清宣宗实录》卷388。
❷ 中国第一历史档案馆藏内务府奏案05-0764-015。
❸ 中国第一历史档案馆藏内务府奏案05-311-012。
❹《清高宗实录》卷14。

清宫火印腰牌

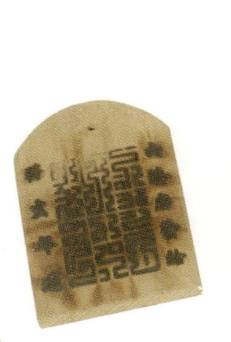

共给过腰牌三千七百六十五面……方略馆原有十八人将届满未领,现补人员申领腰牌等……"将此已领腰牌的面数与未领的人数相加,可以估算出乾隆三十八年进出宫中的书吏、校尉、匠役、杂役等共计用火印腰牌达7451块,数量相当惊人!❸

当然,火印腰牌并不只限于宫中使用,在其他公务活动中也很流行。比如清廷为了既防私盐之弊病又照顾老弱病残,明确规定各省地方盐课:"六十岁以上、十五岁以下,及少壮之有残疾者,妇女年老而孤独无依者,许其负盐四十觔易米度日。于本县报名,验实注册,给以印烙腰牌、木筹,每日赴场买盐一次。"❹

此外,在一些特殊场合下,还有直接将戳记盖印于人体上的。如清代各省科举考试中,为防止誊录书吏作弊,各处选择服务于考场的书吏,除用文字当堂亲写年貌籍贯等外,还要在书吏臂上盖印,送到州府衙门时要验字、验印。之后入闱供差时也要验字、验印。另外,据档案记载,役夫工匠出入紫禁城,除了用火印腰牌的,也有由专人领文带领入城的,但这些被领入的临时夫匠们都要用"面印"图记,就是在脸上盖印辨识。

帝国印事——清朝的官印制度

下编：
印词印闻

第十八章 清代印词胜绎

一、玺宝

清代官印最高规格是"宝"和"玺"。准确地说,两者实际上不过是同一事物在历史上不同时期的叫法而已。

秦以前,"玺"作"鉨",与"印"流行通用,不分尊卑。战国时期的国王等,都已拥有自己的"官鉨(玺)"。《史记·秦始皇本纪》载:秦王政九年(前238)嫪毐与秦始皇母亲淫乱,恃宠"矫王御玺及太后玺,以发县卒及卫卒、官骑、戎翟君公、舍人,将欲攻蕲年宫为乱",被及时镇压,嫪毐被车裂以徇,尽灭其族。可知秦统一前已有国王玺、太后玺的存在。

秦统一天下后,秦始皇改"鉨"为"玺",并规定为皇帝专用。汉初,帝、后以及诸侯王都用玉玺;汉武帝以后,诸侯王改为金玺。这一制度为后世历朝所沿袭。

武周时期,女皇武则天将"玺"改为"宝"。《旧唐书·职官志二》云:"天后恶'玺'字,改为'宝',其受命传国等八玺文并改雕'宝'字。"关于武则天厌恶"玺"字的原因,南宋李心传《建炎以来朝野杂

战汉小玺

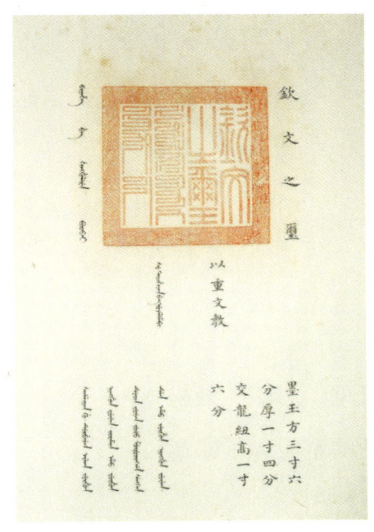

清帝"钦文之玺"印鉴

记·乙集·卷五》中说明:"唐武后长寿二年改玺为宝,以'玺'音近'死',故易之。"

武则天所改之"宝",以后历朝基本上都相沿用不替。当然,个别时候也仍有将皇帝御印命名为"玺"的现象,比如清廷交泰殿中的25方"国玺"中,除了24方均以"宝"名之外,还有一方"钦文之玺",是从明朝御宝制度中直接继承过来的。明、清时期的两方"钦文之玺"均为玉质,尺寸、钮制也大致相仿,唯一不同点是:明朝玺的印文只是汉篆,而清朝玺的印文乃满、汉篆合璧。更有意思的是:清代"钦文之玺"中的"玺"字,其汉篆固然用"玺"而非"宝"字,但其印中满篆的"玺"字,却与其他24宝一样,用的依然都是同一个"boobai"(汉文"宝"之意)。

《大清会典》明文规定:皇帝、太后、皇后、亲王都用"宝"。

二、印信

在清朝公牍档案及《会典》、《实录》等官方文献中,使用最滥者是"印信"一词,它几乎成为最通用的表示官印概称的专有名词。但吊诡的是,在《大清会典》所规定的五级官印名称中,实际上却并不存在"印信"这一印种。

中国印章文明可以从古汉字上找到源头。如"印"字,其甲骨文作,汉"校尉之印章"

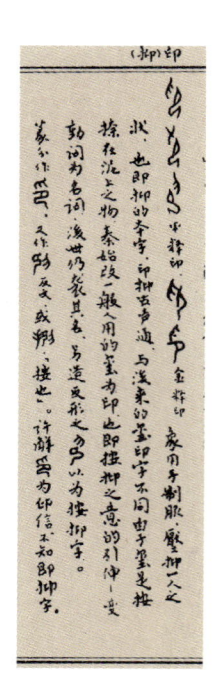

康殷《文字源流浅说》"印"字条

像制服、压抑一人之状，也说是"抑"的本字。由此可见，"印"最初的意思是按捺，后人因为押印都有这个动作，后来将其约定成为了印章的专有名词。"印"字乃中国印章的初始原定。

秦汉以前，"印"与"鉨"流行，然而"印信"一词尚未单独出现过，反之"信鉨（玺）"一词却在印章上比较常见，然也多用在私印上。如故宫博物院现存的战国"公孙安信鉨"等。

秦朝以降，规范了"玺"与"印"作为官印两大主流印种。"印信"一词虽然已出现，然仅限于私印，这应是秦汉以前"信鉨"习俗的流传承绪，在官印上却仍未见有"印信"一词入印者。但这时，人们对于印信的观念已经发生变化，在人们的概念里，"印"与"信"两字均已成为了对官印的互训。东汉的《说文解字》中释"印"字曰："执政所持信也，从爪从卪。"同时，自汉武帝起，官印中已出现了"印信"一词，并被作为了官印的一个印种。

虽然汉以后，"印信"作为官印的一种印种名称的形式已消亡，但"印信"一词被用作对官印的统称的概念却得到了普遍的认同与接受，并正

民国连平县印印鉴

式写入了国家法典。《元典章·刑部十四·诈》有云："中书省捉获得王容诈雕行省并中书省印信。"直至清代，这一概念性的名词仍被沿用并更加泛滥起来。

与此同时，在私人印章领域，即使到了清代，"印信"一词依然在大量入印。这一传自秦汉的老规矩一直未断。

应当强调的是：在清代，"印信"只是一个固定描述印章概念的专有名词，在这一固定词中，"信"字只是对"印"字的偏正修饰，世上固然有很多的"××之印"等，但却从没出现过"××之信"。仅这一点，从印章学的角度来说，"印"可以离开"信"而独立地存在；但离开了"印"，"信"则无以措置其身了！

三、印章

比起"印信"，"印章"一词给人以比较现代的感觉。但实际上，作为官印的概称，"印章"出现得并不比"印信"晚，只不过，今天大家已不再用"印信"一词，而"印章"一词依然还在被广泛使用。

"章"字的出现要比"印"晚，《说文解字》中"章"字有11个解释，其中包括印章。金文 ，表示用辛（刻刀），刻成圆形的环璋。《说文》云："剡上为圭，半圭为璋。"璋是古代的一种玉佩，全圆成璧，半圆为璋。因此印章之"章"的来源，或与古人佩印习俗有关。

"章"字被用于印章，始于汉武帝时期。《史记·封禅书》云："官名更印章以五字。"《后汉书·公孙述传》云："多刻天下牧守印章，备置公卿百官。"汉初武帝时，除帝、后，以及诸侯王用"玺"外，从高官丞相到品秩二千石的各级官员的官印都以"章"名之，反而品秩介于千石至二百石的下级官印才以"印"名之。汉武帝太初改元，迷信认为汉德在土，土之数为五，由是而五字官印大行其道。为着凑足"五德"字数，朝廷将高级官员所用的四字之"章"改为"印章"；而低级官员的四字之"印",则改为"印信"。通观汉代官印制度,"章"的级别要比"印"高;同理,"印章"也高于"印信"。

在此顺便说一下,历史上官印中的"之"字的最早使用,也起源于汉武帝的五德迷信。汉武帝为了凑足"五字印",对于三字的官印,因加"章"或加"信"仍不足五字之数,便再加上"之"字,以敷"五德"。后代历朝官印中加"之"字,除了受到汉印的影响,更多的则是为了印面设计的整齐与美观,初衷实与汉武帝相同。明朱象贤《印典·卷六·之字印》云:"印文、榜额有三字者足成四字,五字者足成六字,但取端正耳。"可以说,印章中使用"之"字的习俗,是先从官印开始而后普及到私印的。

在清代,有时在官印加"之"字,还被作为区别新旧官印之权宜办法。乾隆末年,安南(越南)内乱,以前清廷颁给阮氏国王的安南国王印于战乱中遗失,新战胜的郑氏国王请求清廷承认,并重新颁给新的安南国王印。负责办理此事的两广总督孙士毅等担心如果旧安南国王印还在世间,与新印共存,将来势必会引发麻烦,且两印文字制式雷同,也无以辨识新旧真伪,因此建议在新颁铸的安南国王印中铸刻"补给"两字,以示区别。乾隆下谕指示:"惟应查明该国王印篆文内如系篆刻'安南国王之印'字样,则新铸印篆内即应删去'之'字;若系篆刻'安南国王印'字样,则新铸印篆即应刊加'之'字。如此以示区别。"❶

历史上,到了后汉时期,官印中"章"的使用已开始大面积萎缩,原来使用"章"的从诸侯王公至品秩二千石的高级官员的官印,均已尽弃"章"而用"印"了,惟余个别的后宫贵人、夫人、贵嫔等官印仍然在用"章"。降至隋唐,官印的"江湖"已完全成为"印"的一统天下,从此不再见有"章"的踪影。

在清代,"印章"一词仍只限于对私印的描述,官印方面则罕有见用。"印章"一词,实际上也只是更多地流行存在于文人著作中,在官方政书文献中并不常见。

今天,"印章"则又成为一切公私印章的统称了。

❶《清高宗实录》卷1291。
❷《清高宗实录》卷1291,注文中的加黑字体为笔者所加,以便醒目。

四、印篆

在清代档案文献中常常读到"印篆"一词，除了特指印章的"篆字"外，更多的时候，其意义大约与"印信"相同，被作为对官印的一种概称。

从古至今，现实中也从未存在过"印篆"这一印种。

在清代档案文献中的"印篆"一词，往往可与"印信"互训；而"篆"字亦可单用，意为"印信"，尤其在清人的日记、笔记等中，每每将"开印"称为"开篆"，"接印"写为"接篆"，等等。

但如果"印信"与"印篆"两词同时出现在同一份文件中，还是会有细微的不同指向之差异的，"印篆"一词的词义往往又回到了"印文篆体"的初义。兹仅以乾隆五十二年（1787）十月乾隆指示在新颁给安南郑氏新国王王印中应考虑增删"之"字以别新旧的谕旨中的一段文字为例，方便读者细品体会：

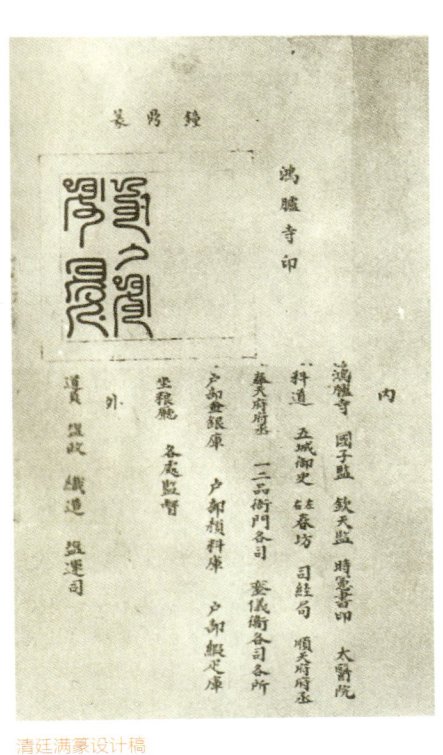

> 据孙士毅奏，安南国王失去印信，请于铸给该嗣孙**印篆**内，加刊"补给"字样等语。安南臣服我朝，素为恭顺。今既失去**印信**，自应补行铸给。该督所称西山阮姓与郑姓仇杀，遗失**印信**，或为阮姓匿藏，将来恐有私用印文、假冒混递之弊。是刊给新印，自当与旧印稍有区别，使粤省官吏遇有与该国交涉事件，验看**印信**，可以一目了然，辨别真伪。但所称加刊"补给"字样，于体制不合，孙士毅尚未能斟酌周到。惟应查明该国**印篆**文内，如系篆刻"安南国王之印"字样，则新铸**印篆**内，即应删去"之"字；若系篆刻"安南国王印"字样，则新铸印篆即应加刊"之"字。如此示以区别，既可以杜阮姓假冒之弊，而粤省地方官与该国王递送咨呈事件，不难立辨真假，且于体制相符。❷

清廷满篆设计稿

明"骁右营总兵关防"

五、关防

在古人语境中,"关防"初义是指关隘,后引申为防范机务,明清时期又衍生出一种叫"关防"的官印。

"关防"原是中国古代官僚制度中的一种制度,通常表现为某种具有考核、保密、回避等内容的特殊工作程序或特指的具体措施。明陆容《菽园杂记·卷三》云:"壹、贰、叁、肆、伍、陆、柒、捌、玖、拾、阡、陌等字,相传始于国初刑部尚书开济,然宋边实《昆山志》已有之。盖钱谷之数用本字,则奸人得以盗改,故易此以关防之耳。"

举例来说,清代在京官员被典用为试差、学差、乡会试考官,奉命后都要用红纸大书"回避"二字,加以圆圈,贴于家宅门壁上,以示"关防"。另外每届科举乡、会试,考生入考场后,考官要求关好考场大门,并贴上封条,这也叫"关防";清吴敬梓《儒林外史》第十九回:"他儿子叫做金跃,却是一字不通的,考期在即,要寻一个替身。这位学道的关防又严,须是想出一个新法子来。"此外,清廷对官吏的考核程序与章程,也称"关防"。

当然,在清代档案文献中的"关防"一词更多地是指一种官印。

作为官印的一种,"关防"的出现,发轫于明初。明刘辰《国初事迹》记:"各布政司用使空印纸于各部,查得或钱粮军需段匹有差错改正,却将印纸填写咨呈补卷,事发,太祖怒曰:'如此作弊瞒我,此盖部官容得,所以布政司敢将空印填写,尚书与布政司官尽诛之。'议用半

殿试卷上的"弥封官关防"印鉴

印勘合行移关防。"

清初顾炎武《日知录·关防》云："洪武二十八年八月壬申，上谓刑部尚书唐铎、工部侍郎秦逵、都察院左都御史詹徽等曰：'朕初于文籍设关防印记者，本以绝欺蔽、防奸伪，特一时权宜，尔果正人君子，焉用是为？自今六科有关防印记，俱销之，仍移文诸司，使知朕意。'"

清俞樾在《茶香室丛钞·关防》谓："关防之初本是半印，故其式长方也，用以勘合行移，所以谓之关防。"

实际上明初的"关防"，只是官印制度上的一种权宜，其性质介于官私印之间，且数量不大。统治者故意将"关防"在形状上定为长条形式，以区别于正方形的官员正印。功能上含有"便宜行事"之意。

据载，朱元璋晚年曾拟取消关防，然而却未能实施落地，其主要原因是关防在被应用于对付不断出现的职官官印需求上，取得了意想不到的效果；且采取铸颁关防的形式，既是对原官印体系的一种补充，又对于原官印体统的主体并无伤筋动骨之虞，还方便快捷。明沈德符在《万历野获编·卷二十二·方印分司》中曾感慨地说到，洪武平定天下后，地方上分二十四布政司，各授方印以行政。此外又在每省列分守四十二道，也以方印授命。永乐以后，情况起了变化，分守道不再授正印，于是开始流行使用"关防"，"犹记正（统）、嘉（靖）间，内地分守尚刻私印条记，今则外藩大吏，未有不钦降关防者。自是事体宜然，但非国初额设"。实际上，此时的"关防"已成为原官印体系"印"与"条记"之外的一种新型的官印形式的存在，它的存在，极大地丰富了原来的以印、条记为主体的官印体系。

明中期以后，"非主流"的关防开始登堂入室，逐渐成为了官印的一种强大潜流。《明会典·礼部·印信制度》："总制、总督、巡抚等项，并镇守及凡公差官，铜关防，直钮，阔一寸九分五厘，长二寸九分，

下编：印词印闻

443

厚三分，九叠篆文"。到明末，更出现了一个非常明显的趋势：凡那些原有传统的"印""条记"体系所无法或未便囊括的新生的官印，均可以"关防"名之。

清入关后，一仍明制。在《大清会典》中明确规定的五级官印等级中，"关防"位列第三。清代"关防"使用者的官秩品级的跨度很大，上自一、二品的钦差大臣，各省督、抚，下到具体掌理文书银粮料物事宜的"七品小京官"等。

要之，无论明、清，设立"关防"的初衷，主要还是针对新增的临时差务，或被作为正印以下副职官印的一种补充形式。只是由于时代变迁，一些明朝原属于临时性的职官、衙门到了清朝已变成了常设性质，比如总督、巡抚，在明朝，甚至清初，还是钦差性质，后来虽然变成了地方常设职官，但其所用"关防"的官印形式却没有改为正"印"的形式。再比如，1861年清廷所设立著名的"总理各国事务衙门"，性质上也属于临时外交办事机构，故其官印也用长方形的"总理各国事务衙门关防"，直到1900年，它改为"位列六部之首"的外务部后，其性质已由临时机构变成了正式常设机构，因此衙印也改用了正方形的"外务部印"。

六、图记

如果说"关防"是明朝在封建国家官印制度上的一个创新与贡献，那么"图记"则是清朝对封建官印制度的又一个创新和贡献。

"图记"一词来源于"图书记"（又简称"图书"）。清人桂馥《续三十五举》云："朱必信曰：古来止有名印、字印，名字之外，别为图画书籍间所用印，名为图书记者，始于赵宋。金天会十三年得宋内府图书之印，此即图书之始也。"

迨至元、明，"图书记"又普遍被习称为"图记"。明叶盛《水东日记·卷七·图记》云："图书印信之说，具《印史》等书。盖自汉以来固有之，而元为特盛，但多官封爵邑、姓名道号、书堂斋舍而已。虽

元代朱记

亦有'尊德乐道''笔精墨妙'等印，终非雅制。尝见八十年前两伍张氏所刻家乘，一时诸公图记，尚有典刑，后来奇巧溢出，渐不足观。近又有摘古人语以寓己意，或自造语以为谦己自励之辞，皆非也。其书'不尽言''仁知所好'等作，固已可笑，而所谓'保傅''尚书''大学士'章，则又可厌矣。"

叶盛为明初人，其所记大致可据信为对元末明初社会图记状况的写实。

清初，在各衙门，尤其是那些清朝自创的衙门机构内，比如八旗、内务府等，由于官印体系并不明晰完备，存在着大量使用图记的现象。清福格《听雨丛谈·卷五·图记》云："印信之名，长形者为关防、为钤记，方形者为印。等其品秩，别其正贰，有银质、木质、大小之分。惟满汉八旗佐领之印曰图记，与各官之制不同。按明季仁宗即位之初，特赐少傅蹇义、少保杨士奇、太子少傅杨荣、太子少保金幼孜银图书各一，其文曰'绳愆纠缪'。凡政有阙失，悉用此印密疏以闻。今之以图记为印之名，固本于此矣。又今之盐政及巡城御史印信，其式最小，方仅一寸数分，以铁为之。"

清入关后，凡原明朝官印制度中所规定的中央各部院衙门及地方各级官印，都一一对应全盘沿用，但对于前明没有先例，或新生衙门，或临时性差务性机构职官，在已定的"关防""条记"序列中未便找到对应定位的，则多再以图记作为补充。

比如内务府为清朝独创的机关，其内部结构复杂，除堂司印及部分处、署尚沿用前明二十四监遗制，照猫画虎地对应施用印、关防、条记等各种官印外，大部分新增派出的署、坊、衙、作等则概以图记分授。八旗也是如此。图记的形状以正方形为主，间亦有少量的长方形。

在清代，图记被纳入官印序列有一个渐进的过程，至少在清前期，图记还是具有私印的性质。《清世宗实录》记载：雍正二年七月上谕内阁："嗣后转传谕旨之人，各令缮录一通，用印交与奏事人等记档。如系无印之人，则各用本人图记，于每月奏事处一并缮录汇奏。"❶

❶《清世宗实录》卷22。

清内务府御药
房图记

此谕中所说的"本人图记",当然是指个人私印。据此可知雍正时期,尚认为图记有公私之分别。这种官方认可允许在公务活动中使用的图记,有时还会刻上官员的具体名衔。中国第一历史档案馆所藏康熙朝档案中,有一枚"江西提督左营随征福建右路镇标委防诏安副将苏升图记"的印鉴,此图记为汉文楷书,不具备正式官印必须满、汉文合璧的标准资格,图记中将人名"苏升"刻入,具有强烈的私人图记特征。这应该就是清初图记由私人图记向官印图记过渡时期的原生状态。在当时,这种刻有官员职衔名字的图记皆为私刻,并非由礼部统一铸造颁发。

图记被正式转正并纳入清朝官印序列的标志性事件发生在乾隆五十三年(1788),是年清廷一次性地将1300余颗八旗佐领图记进行了改铸。从此,图记被正式纳入为大清国家官印体系中的一种。

考源图记的发生,也足以引发研究者对清代官印发展史上时序问题的深入思考:清初,清廷很好地运用了明朝所遗的"关防"这一官印品种,解决了新出现的机构、职官,以及大量临时关务官员的官印问题;雍正、乾隆时期,随着又一大批新官衙、职官的新生或确定,只凭"关防"已无力全面覆盖支撑新官印需求时,于是又以"图记"来应付解决。仅就这一点,也鉴证了《大清会典》中所记的五级官印体系,实际上是发展到清中期后才正式确立的。

当然,对于新加盟入官印序列的图记,乾隆以后,清廷在规范和使用上仍然经历了很长一段时间的修正过程。

❶《光绪会典事例》卷322。
❷《光绪会典》卷34。

嘉庆十年（1805）果勒明阿奏："塔尔巴哈台管理各卡并伊犁换防满营及锡伯营、索伦、察哈尔、额鲁特等四处事务领队大臣，向无关防，恳请颁给一颗。"嘉庆斟酌后下谕："著照所请，交该部查照"，兵部等衙门得到了皇帝的暗示，于是议准："各个官兵领队大臣奏请颁给关防，与例不符，仍照旧例铸给铜质图记。"❶

另外，直到清末，除了正式的满汉文合璧的图记外，依然还存在着大量的只用汉文的图记。

《大清会典》规定：

图记俱铜质、直纽。方者：管理伊犁索伦领队大臣图记、管理额鲁特领队大臣图记、管理锡伯营领队大臣图记、管理察哈尔领队大臣图记，均清文、托忒、回子三体字，方二寸七分，厚六分五厘。塔尔巴哈台领队大臣图记，清文、托忒文二体字，清文叟篆，方二寸七分，厚六分。乌里雅苏台札萨克班上办事图记，清文、蒙古文二体字，不篆，方二寸五分，厚六分。八旗佐领图记，清、汉文悬针篆；盛京防御图记，移驻宗室正旗长图记，宗室觉罗族长图记，盛京八旗、吉林、黑龙江、伊犁驻防各佐领图记，均清文，悬针篆。以上各图记，均方一寸七分，厚四分五厘。惠宁城、靖远城孤尔札各管仓务官图记，驻扎伊犁、沙毕纳尔各佐领图记，塔尔巴哈台佐领图记，清文、托忒二体字，清文均悬针篆。以上各图记，均方一寸七分，厚四分。各省协领图记，清、汉文，叟篆，长二寸六分，阔一寸六分五厘。宁古塔台站笔帖式图记，清、汉文垂露篆，长二寸四分，阔一寸三分。❷

七、条记

在《大清会典》所规定的"宝、印、关防、图记、条记"所组成的官印"五大家族"中，条记虽位列末班，地位最卑，但其出身却很硬气，出道的时间远比"关防""图记"要早。

"条记"的前世可追溯到汉代的"半通印"。《汉官仪》云："孝武皇帝元狩二年令通官印方寸大小，官印五分。"其中的"五分印"，又称"半通印",汉扬雄《法言·孝至篇》云:"五两之纶,半通之铜,皆有秩啬夫之印绶,印绶之微者也。"由之可知:当时"半通印"在形制上只为正方官印的一半,呈长条形,是专门授予"啬夫"之流的低级官吏的官印。现今传世的半章印较多,如北京故宫博物院现藏汉代"上久农长""榆畜府"等。

汉以降,"半通印"依然存在,洎至宋朝,又略改而成为了"朱记"的一种,到了明朝,"条记"始成为了官印的专项,与"印"组成了明朝官印体系的主体。这时,"印"主要承担了明朝高级官印的上半区,"条记"则分守着低级官印的下半区。《明会典·礼部·印信制度》:"各州县儒学、仓库、驿递、闸坝、批验所、抽分竹木局、河泊所、织染局、税课司、阴阳学、医学、僧道司,俱未入流,铜条记,阔一寸三分、长二寸五分、厚二分一厘,以上俱直纽、九叠篆。"在那时,"关防"还只是被作为正式官印体制外的"临时工"。

清仍明制,略为损益。只是未料到随时代的发展,后来居上的"关防"与"图记"竟然成功地弯道超车,不但转正为正式官印,且地位也排在了"条记"之前。"条记"作为官印体制内的没落贵族,处于原地踏步状态,好在虽地位卑微,但仍未被淘汰出局,体面尚存。毕竟,它还属于由礼部统一铸颁的正式官印系列。

《大清会典》规定:

条记俱铜质、直纽。管理御园条记,清汉文,钟鼎篆。礼部铸印局大使条记、官房租库条记、各州县儒学条记、均清汉文,垂露篆;各省守备条记、各省驻防旗营佐领条记,均清汉文,悬针篆。以上各条记均长二寸六分,阔一寸六分五厘。盛京户部六品管庄条记、库大使条记、县丞条记、主簿条记、吏目条记、盐课所条记、批验所条记、各驿丞条记、各局各仓条记、各闸条记、均汉文垂露篆;黑龙江齐齐哈尔城、墨尔根城、呼兰城等处各七品管屯庄条记,均清汉文,悬针篆。守边门官条记,清汉文,文职任者垂露篆,武职

明"邰阳县医学记"印鉴

❶《光绪会典》卷34。
❷《光绪会典》卷34。

任者悬针篆。以上各条记均长二寸四分，阔一寸三分。❶

在清档案文献中，有时"条记"也被简称为"记"，而"记"又常常被作为"钤记""戳记""押记"等各种"记"的统称，这些微妙之处，读者在读档时，或应细心品察、体会。

八、钤记

《大清会典》中虽然提到了"钤记"，但却明确将它排除在了官印的"五大家族"之外，归属上它始终属于徘徊在正式官印体制内的"编外人员"。

考"钤记"一词，明代已出现。清人朱象贤《印典·卷五·监督关防》记《续文献通考》载明万历二年"又题准铸'验粮关防'一颗，付委官收掌。凡遇解到内府钱粮，验中会同科道复验钤记、关防，以防抵换。"文中将"钤记"与"关防"并列，可知明代"钤记"与关防功能大抵相畴，都是用于临时差员，只是"关防"在地位上要高于"钤记"而已。

《大清会典·铸印局》记："惟钤记不铸。文职佐杂，及无兼管兵马钱粮之武职官，所用木钤记均由布政司发官匠刻给。各府州县僧道阴阳医官等钤记，亦如佐杂之例。"❷ 在清代，地方长官委派办事的机关或人员，也常用钤记，率由委任者镌发。

综上所述，可知清代的"钤记"基本具备以下几个特征：一是不必由礼部铸刻并统一颁发；二是以木刻为主；三是不必严格遵守印文"满、汉文合璧"的规矩；四是主要用于"条记"以下更低品级的微员末吏。比如四川省南充市档案馆藏清代档案中有长方形宽框、细文汉楷的"保宁府阆中县典史钤记"，与《大清会典》记载吻合。此外，中国第一历史档案馆藏一件清末改制后宣统二年禁卫军乐队领取军服的"印领"，

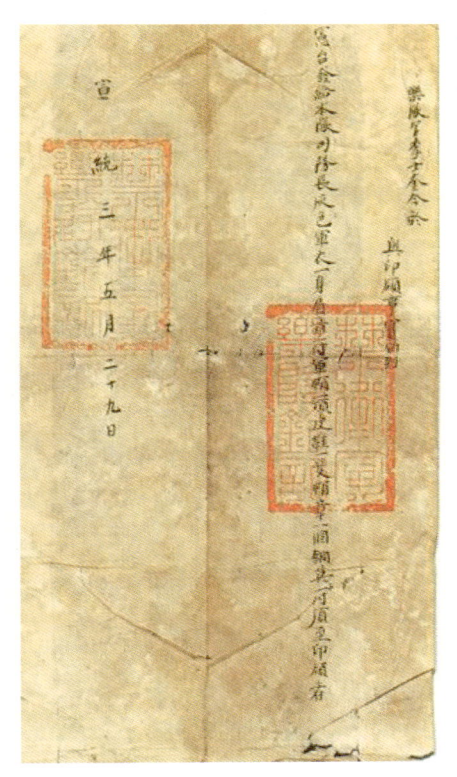

清末"禁卫军乐队钤记"印鉴

其文件上盖有长方形汉篆"禁卫军乐队钤记",可知清末"钤记"的地位已隐有提升。

需要说明的是:虽然《大清会典》记载乾隆时期已明确规定钤记均由各该官职官衙门自行指定刻字铺镌刻颁发,但在后来这一制度还是有所变化的。嘉庆九年(1804),嘉庆曾下谕:"喀尔喀部落之驻班札萨克副台吉等所用钤记,著交礼部各铸满洲、蒙古字铜记一颗,颁发给用。"可知彼时的钤记也有由礼部统一铸造颁发的情况。而且清代蒙古札萨克副台吉,相当于五品以上官员,较之《大清会典》所规定的未入流的典史等微吏,身份地位自有云泥之别,可知钤记也并不只被用于微员小官了。就在同年,嘉庆又谕陕西省新设的宁陕镇"其左营游击及各营守备、千、把钤记,由该省布政司照例刊给"。而"直隶省茨沟营守备改移赵州驻扎,铸给赵州营守备条记"。❶妙的是:同为武职守备,一个颁给"条记",另一个却颁给"钤记",令人疑惑不解。

九、戳记

戳记,在《大清会典》中没有明确的规定。来自官方对它的定义与认知,也存在着诸多的边际不清。但它却在现实公务活动中坚挺地存在着,且由于它多用木刻,民间俗称它为"木戳子",官方文档有时也这样称呼它。

今天我们通常将私章称为"戳子",但在清代档案文献中,它常被记作"戳记"。那时,戳记普遍活跃于社会公共活动中,比如民间大量的店铺、字号都拥有自己的商业字号店铺"戳记",被作为社会活动中的制作、发售、商约、广告等活动的凭信,然而在私信文书、个人艺术作品中,它却绝少会被用到。

在清代,大量的低级员吏普遍使用戳记,这是个不争的事实。虽然情况比较复杂,但也并非无章可循。

首先,戳记常被用作内部统计、核查等工作的标记。在清代档案内稿等文书上较为常见的一些汉字"内登"、"登

李鸿章职衔戳记

❶《光绪会典事例》卷322。
❷ 中国第一历史档案馆编《明清档案与历史研究》下册,第916页,中华书局1988年版。

清代地方吏役戳记印鉴

内号讫"、"收发处挂号讫"等戳记，通常被作为该公文已内部登记查核，或作为投递呈状过程中缴纳讼费的凭记。

另外，在封印期间印官照例预先钤印的空白印公务文书中的钤盖官印印鉴之旁，通常会钤盖"遵用空白"或"预印空白"木戳。通常情况下，地方衙门的上行申文上盖"遵用空白"木戳，平行咨札盖"预印空白"木戳。

其次，清代档案中还存在着大量的衙内部门或员吏钤盖挂名戳记的现象。

张永海《论清代巴县邮政传递工作》中谈及巴县档案中有关邮驿"排单""滚单"稽核问题，专门提到："在清前期（最迟乾隆二十八年）邮递公文即在原有外封上刊刻年月日，令沿途地方官衙投验，即用某州县验讫戳记。"❷

这种更具备官印的特征的具体刻有衙门名的戳记，在清代地方衙门档案中普遍存在。如各州县衙内的六房及其他办事机构都有自己的挂名戳记。如"礼房戳记""刑房印戳"等，有的在前面还会注刻上州县的名称。

清代地方衙门除了刻颁注有具体衙门名称的戳记外，有时还会将人名与衙门也一并刻入，称为"户名戳记"。在清代，各州县所盘踞蚁附着的各种役吏中，有一种"代书"。所谓"代书"，系指由官府考核录取，专门为状民收费写状纸、盖戳之人，又称"官代书"。其设置"原以乡曲小民，不能自书呈状"。❶"代书"被官府录用后，要以官府指刻颁发"代书戳记"（又称"恩戳"）为凭。清人延昌记载其事："本官自画押一个，交刑房书吏，刻成木戳，名曰考代书。每遇接收呈词，盖用此戳，又名曰'恩戳'，所为防假冒之弊。"❷

这种标准的"代书戳记"的印鉴，其外廓为汉式"覆斗"印的形状（又称"榜式"），上部的梯形框内刻写"正堂×"，表示为某在任县官所给之戳；下部的竖方形内又分左中右三部分（中间较大，且一般用线隔开），由右向左依次分别刻写"考取官代书""花押"和"×××戳记"，居中空间较大的"花押"多刻写草书而非楷书，且多难以识别，但有防伪之功用。

另外，清代也还存在一些官员自刻戳记的情况。《官场现形记》第三十三回："王慕善自经藩、宪一番奖励，他果然于次日刻了一块戳记，凡他所刻的善书，每部之上都加了'奉宪鉴定'四个大字。"这并不可以全然理解为纯是自娱自乐的作品，某种意义上，它也属于半公半私性质的戳记范畴。

在清代档案，尤其是一些方略、会典、文献的修改稿本上，常常会钤印有各种修改戳记，也是修书公务活动中的修改痕迹。邓之诚在他的日记中提到，1944年7月30日，他曾从书贩那里看到过一本《四库全书》底本的《易通变》一册，其格式与定本《四库全书》相同，但这个校改本上，到处都盖满了校改戳记，邓氏统计了一下，其内容五花八门，如"总办处阅定发写""顶格""低一格""另行顶格""空一格""以下删去""大字改写小字""案语添此字下""修补讫"等等名目，"共十八木记"。❸而现存大内档案中清修《会典事例》的稿本上也有这种修改戳记的身影。

在印色方面，清代戳记印鉴可朱可紫，但更多的还是用墨色。

❶《清仁宗实录》卷152。
❷《官箴书集成》第9册第19页，黄山书社1997年版。
❸邓之诚著《邓之诚文史札记》第269~270页，凤凰出版社2012年版。
❹（清）周亮工《书影》第220~221页，上海古籍出版社1981年版。

十、押记

虽然《大清会典》中没有明确提及，但在清代官员公务活动中还是存在着大量"押记"使用的现象。或者，它很有可能是被《大清会典》内涵在了无所不包的"记"中了。

押记，又称为押章、牙章、花押印、押印。

押印产自"花字"。"花字"系一种写画成草书字形、具有特殊记号性质的签字，它的出现最迟不晚于隋唐。产生的原因有二，一是为了方便签押，二是有利于固定标记、以辨真伪。

清周亮工《书影·卷八》记"花字"之原始云：

《集古录》有五代时帝王将相等署字一卷。所谓署字者，皆草书其名，今俗谓之画押，不知始于何代，《桯史》谓晋已有之，然不可考。《南史》：齐高帝在领军府令纪僧真学手迹下名，报答书疏，皆付僧真。上观之笑曰："我亦不复能别。"何敬容署名"敬"字，则大作苟、小为文，"容"字大为父，陆倕戏曰："公家苟既奇大，父亦不小。"《北史》：斛律金不识文字，初名"敦"，苦其难署，改名为"金"，从其便易，犹以为难，神武乃指屋角令识之。《北齐书》：库狄干不知书，署名乃"干"，字逆上画之，时人谓之"穿椎"。又有武将王周署名，先为吉而后成其外。《世说》：萧引书法遒逸，陈宣帝尝指其署名语诸人曰："此字笔势翩翩，似鸟之欲飞。"《唐书》：董昌僭位，下制诏皆自署名。或曰："帝王无押诏。"昌曰："不亲署，何由知我为天子。"今人亦谓之"花字"。《北齐书》：后王纪领军一时二十，连判文书，各作花字，不具姓名，莫知谁也。《东观余论》云：唐人及国初前辈，与人书牍，或只用押字与名，用之无异；上表章亦或尔。近世遂施押字于檄移。或不书己名字，而别作形模，非也。❹

从画押进而为押印，历史上自有一个发展演化的过程，可以肯定的是，至迟到了宋代即已经定型。

宋朱彧《萍洲可谈》云："施结大夫更鄱阳、兴国、庐陵郡守，性好蓄古今人押字""施尽以刻石，每移徙，用数人负之而行，其癖如此。光州马大夫知彭州还乡，凡私居文书，纸尾皆署使字押号。溱州牧孙伟尝言见太师府揭示，承令寺监官两员以上许见宰相，纸尾署官字，公相押号。"这种"押号"，即是押印的肇始。明陶宗仪《辍耕录》卷二云："按，周广顺二年，平章李榖以病臂辞位，诏令刻名印用。据此，则押字用印之始也。"今天我们所能见到的最早的花押印鉴，是宋代书画作品上宋徽宗的"天下一人"的花押。

花押印的大兴在元朝。其兴盛的一个重大原因，就是大量的花押印出现在了行政公文上。陶宗仪《辍耕录》卷二云说："今蒙古、色目人之为官者，多不能执笔花押，例以象牙或木刻而印之。宰辅及近侍官至一品者，得旨则用玉图书押字，非特赐，不敢用。"元朝为官的蒙古、色目人多为文盲或半文盲，使用花押印，或可省去日常公务中动笔画押之烦。

明朝延续了元朝花押印的潮流，明刘若愚《酌中志·卷五·三朝典礼之臣纪略》："冯号双林，笃好琴书，雅歌投壶，有儒者风。神庙曾赐牙章，曰：'光明正大'。"清初谈迁《北游录·纪闻上》云："南京工部后库多贮旧卷。查洪武年间案卷，与今无异。特有试郎中、试员外、试主事等官。其都吏令使俱用花押，视尚书花押不甚小。"

"花押印"一直延续到清朝仍未见有衰败迹象。清胡承谱《续只麈谭·卷上·押字》云："国朝押字之制，虽未必名，而上下多用一画，盖地平天成，意有取尔。凡释褐入官者，皆于吏部画字三日，以异时文移之真伪，故京都有卖花字者，

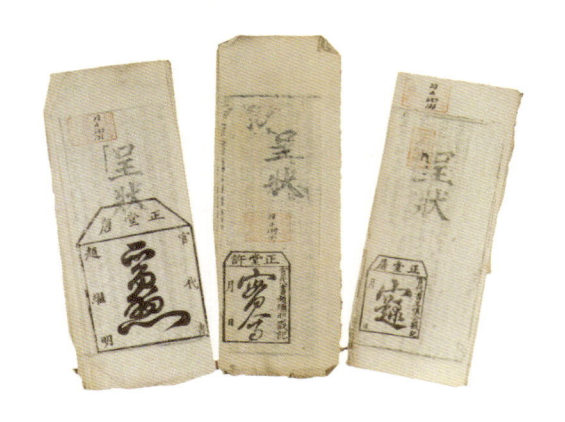

元押

清代押印印鉴，其印文，从左到右依次为"不负初心""实人事""实事求是"。

❶ 中国第一历史档案馆编《清代文书档案图鉴》第230页，三联书店（香港）2004年版。

随人意欲必有宛转藏顿。苟知所本，则当以名，庶不乖古义云。"文中提到的彼时在北京出现的公开悬价鬻卖"花字"的人，相当于今天的签名设计的专业人士，可见当时花押印的流行与兴盛。

清朝在文书档案上所钤用的花押印，性质上属于"私印公用"，多出现在内部公文拟稿、定稿阶段，正堂官员以及掌稿、审稿师爷往往以押印作为审阅过的标识凭记。相比较大家熟知的名氏花押印，实际上在公文拟审过程中，人们往往更倾向于使用各自固定的成语或吉语印，如"慎思""天行健"等。这种押印，具有私人图章性质，清人每称为"小印"。另外，科举文书中"小印"用的也比较多，如清宫档案中有一张光绪九年（1883）礼部收到会试贡士荣庆的"结票"上，钤盖有细朱汉篆"三更又闻状元来"的吉语小方印，意趣盎然。❶此外，在清代顺天府档案中存在着大量的员吏代书押记的印鉴，内容多为成语或箴言吉语等"一笔押"，即将数字成语或箴言吉语等用一笔写下来，如"实事求是""实人事""不负初心"等。

十一、行在印

所谓"行在印"，或简称"行印"。系指官府机构除了正式的堂印外，另备份有一枚专门用于皇帝出巡时随驾办公的"行在"衙门官印。

官印随身，是个传统。官员出行在外，宣示权威，也必须假以官印。

隋唐以前的官印都不大，尺寸一般在方寸大小，便于随身佩带。隋唐以后，官印的体积开始变大沉重，已不便于随身佩带，而占官印主导地位的衙印，通常都要放在衙中保存，甚至不准带回家府；遇官员出差公干，官印的出衙还要有一系列的手续与仪程。而一遇官员长期在外公务，所随带的衙印则长期不在衙门中，官印分身无术，又会影响了衙门的正常公务，于是催生了"行印"制度的萌芽。

史载"行印"制度正式出现于宋朝。清朱象贤《印典·卷二·制度下》"铸行在印"条细述了"行在印"制度的缘起：

《文献通考》：绍兴四年铸行宫留守司印，权户部侍郎王俣言：文书以印记防奸伪，钱谷尤为要切，不可借用他印。今车驾巡幸，凡常程文书，皆留守司裁决，以印记权为立用。如行在所度支用侍郎印，金仓部通用金部印，留守司权本部侍郎用尚书印；太府司农寺并用寺丞印，不惟日下交互，异时必生奸弊。请度支、金仓部、太府司农寺各铸印，以行在所或巡幸某印为文。事已发，赴礼部置柜封钥掌之，遇巡幸关出行用。庶无窒碍。其他部要切印记，都省依此施行，诏印文添行在所字。❶

清《光禄寺则例》中关于"行在"印的记载

由上文可知，在皇帝巡幸时，随行的相关衙门官员在随行途中照常办公时，官印的使用常会混乱，甚至出现了由于正堂衙印留在京中，由副职侍郎等副职权从掌握，而随行各衙门的一把手尚书等在随驾途中发文时，只能使用所带出的侍郎级的"副印"等不谐的现象。为了补救制度上存在的诸多漏洞，才不得不考虑"行印"制度。

清廷向称"马背上的朝廷"，巡幸、"在园"是其日常朝务的重要组成部分。据统计，同治以前历朝皇帝每年住在紫禁城里的时间平均不超过百天，其他的时间，除了特殊的南巡、东巡、西巡等外，不是在热河行围畋猎，就是在圆明园等处"驻园"。凡巡幸、在园期间，内阁、军机处、六部等衙门都要有一套人马例行随驾，照常办公。为了不影响留京衙门的日常用印公务，随行的各衙门也都随带"行在印"，随扈办公。

清朝入关伊始，就确立了相关衙门双轨印制，即"堂印"与"行印"并备。顺治六年（1649），摄政王多尔衮谕礼部："予师行在外，所出政令必关六部都察院銮仪卫等各衙门，

❶ 桑行之等编《说印》第75页，上海科技教育出版社1994年版。
❷《清世祖实录》卷44。
❸ 道光版《钦定中枢政考》卷12。
❹ 中国第一历史档案馆藏《嘉庆朝上谕档》1321盒第2册。

其原设印信不便携行，今仿古制，各衙门各另铸一颗加一行字。着礼部作速造办，各该衙门携用。"❷ 顺治八年（1651）福临亲政后，进一步细化朝仪、冠服等制度。是年四月，福临首次出安定门北上巡幸，先期制定了驾出巡幸制度。增铸扈从官署行在印信。至顺治十六年（1659），双印制推及通政使司、大理寺、翰林院、太常寺、太仆寺、光禄寺、鸿胪寺、钦天监、太医院等。

需要说明的是：在清代，并不是所有随驾的衙门都拥有"行在印"，一些不是很重要的衙门，随驾时照例允许借用其他衙门的"行在印"。比如步军统领衙门没有颁铸"行在印"，随围时照例要借钤兵部的"行在印"以行文。❸

清朝各衙门"行在印"的铸颁，基本在顺治朝即已定型，此后很少再发生过大规模的铸颁的情况。唯一例外的是，光绪二十六年（1900）"庚子事变"，八国联军打入北京，慈禧带光绪皇帝西逃到西安，由于匆忙，随行的内务府、内阁、各部院九卿等各衙门无论堂印、行在印均未带出，于是清廷只得下令将各重要衙门暂刻木质"行在关防"，临时应政。

"行在印"只适用于巡幸、随园期间，一般由随驾的各衙门堂官亲司收贮。嘉庆时规定："嗣后行在各衙门所带印信，俱著在管带印钥之堂官帐房内昼夜存贮。次日启行时，该衙门官役亲往领取，赍押行走。不准先一日赍赴前营，以昭慎重，违者重处不赦。"❹

回銮后，各衙门的行在印经过衙门堂官亲自验收后，便立即封存收贮于库中，不得启用。遇到新任堂官到任时，才能拿出来一下，与堂印一并陈设案上，一同瞻拜。而后照例收贮封存。

十二、行宝

在清代，皇帝出行必带"行宝"随行，以肃法驾。

从官印制度的角度看，"行宝"属于"行印"制度的范畴，是最高一级的"行在印"。

栴檀香木皇帝之宝

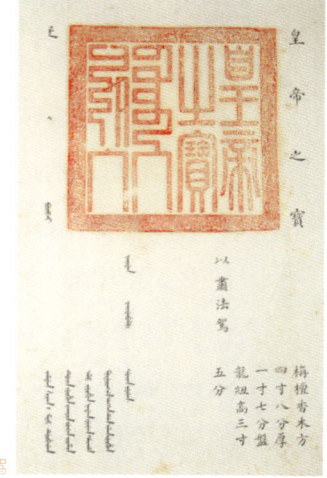

皇帝之宝以肃法驾

  "行玺"（"行宝"）一词，很早就出现了。比如秦汉时期确立的皇帝的"六玺"中，固然有"皇帝行玺"与"天子行玺"，但在概念上并未被明确规定为随驾的专属"行玺"。

  实际上，隋唐以前，一般皇帝出巡时，皇帝的"六玺"都要随驾，以壮威势。换句话说，那时的"六玺"皆为"行玺"。隋唐时期，即使皇帝的宝玺尺寸已比前世变化得大了许多，但仍然沿袭着众宝玺一起随驾的传统。清朱象贤《印典·卷二·制度下》中记载：宋徽宗大观元年下诏恢复前唐制度，于门下省下设符宝郎四员，同时也恢复前唐"八宝车驾临幸"制度，随皇帝出行时，在随驾仪仗中设符宝郎奉宝的"行宝"随驾制度。后来，皇帝的宝玺越做越多，甚至增至十几、二十几方，倘若每次出巡都一概带齐，多有不便，于是出现了皇帝出巡时抽选若干专门宝玺作为"行宝"随驾的"行宝制度"。

  清朝的"行宝"制度早在入关前的太宗时期即已确立。

  在清代，皇帝出行时所带的专属"行宝"，并不是皇帝众宝中已有命名的"皇帝行宝"或"天子行宝"。清太宗时期的"行宝"，是一方栴檀香木素钮、满文篆书方形的"皇帝之宝"，此宝后来被乾隆编入了"盛京十宝"。清入关后，一度曾改用玉质的"皇帝之宝"作为"行宝"；康熙六年（1667）清廷因"皇上行幸，以玉宝重大，查照太宗文皇帝事例，造香宝，以便携行。"❶ 于是又刻

❶《康熙会典》卷54。
❷ 详见《康熙会典》卷2、《雍正会典》卷2。

了一方满汉文合璧的楠檀香木的"皇帝之宝"。据康熙、雍正两朝《会典》记载：当时入关前的那方曾作为"行宝"的满篆素钮楠檀香木"皇帝之宝"，及入关后曾做过一阵子"行宝"的另外一方入关后所刻制的青玉交龙钮满楷汉篆合璧的"皇帝之宝"，均已收入了宫中二十九宝序列；而这方新刻的楠檀香木盘龙钮满楷汉篆合璧的"皇帝之宝"，只被作为新的皇帝"行宝"，而并未被列入宫中的二十九宝之内。

此外，据康熙、雍正两朝《大清会典》记载，在清宫中的二十九宝中，还有一方"御前之宝"，其功能为"以肃法驾，谨封识"，被排在宫中二十九宝中第15位。❷ 这显然是在抄袭明朝二十四宝中"御前之宝"的旧例说法而已，不过在虚应故事，现实中却没有被当作"行宝"使用过。康熙之所以将楠檀香木"皇帝之宝"视作"行宝"，另一个重要原因在于此木"皇帝之宝"亦可作为宫中玉质"皇帝之宝"的副印，康熙长期出巡、"在园"，此楠檀香木的"皇帝之宝"亦可随时用于发布制诏政令，可谓一宝而兼有双重功能。

然而，在乾隆重新清厘清帝列宝时，乾隆竟将康熙、雍正时期只被作为"行宝"而未列入宫中二十九宝序列的楠檀香木"皇帝之宝"，提升加入了交泰殿二十五宝序列中，而且还一跃而稳居于一众正宝之首，而那方曾经跻身于二十九宝队伍中的玉质"御前之宝"，却不知何时已被悄然剔除销毁。乾隆《交泰殿宝谱》中明确规定：楠檀香木"皇帝之宝"的作用为"以严法驾"，并在乾隆十四年（1749）进行了满篆的改镌。至于二十五宝中另外两方"皇帝行宝"与"天子行宝"御宝，尚略有"行宝"嫌疑，乾隆在《交泰殿宝谱》中依然采用了康、雍时期《会典》中已有的定义与分类，分别是"以颁赐赉"和"以册外蛮"。这一规定实际上自明代就已确立。

清朝规定，交泰殿的御宝例不准出乾清门，即使皇帝发诏用宝，也只能在乾清门内西一间钤盖。唯一例外是，当遇皇帝出巡、"在园"时，楠檀香木的"皇帝之宝"作为随驾的"行宝"，被允许出宫随驾。

清帝出行时，"行宝"向由内阁学士捧宝随行，"住园"期间，"行宝"俱安皮寝宫。清宫"背宝"制度十分隆重，《中书典故汇纪》详载其制度云：

> 皇帝之宝（奇南香，方五寸余），颁诏及文武金榜用之。凡皇上行围及驻跸圆明园，皆随驾出，必先一日典籍厅知会交泰殿内监，至本日攒点时，典籍同学士至乾清门，通知内监。内监届期请宝出，在乾清门西一间弓箱上开宝匣请宝，与学士看明，仍安锁匣内。典籍捧出景运门，至诰敕房，学士又开宝匣请宝，与护宝之侍读学士看明，仍安锁匣内，供事用黄布包上，并用黄布带九条周围缚，转满中书背而上马。至圆明园，同学士交与内监。若自圆明园进宫，则学士向内监请宝，仍交护宝背宝官至诰敕房开宝匣请宝，与交宝之学士看明，安锁匣内。供事捧匣，学士、典籍同至后左门，典籍捧之而进，至乾清门西一间弓箱上，通知内监。内监出，开宝匣请宝，与内监首领看明，安锁匣内，内监捧之而进。❶

乾隆时期作过内阁中书的汪孟锅，曾作诗纪其典云：

> 宝箱例引赴乾清，肃驾年年典据征。
> 接送预行交泰殿，奉盈一念警宵兴。❷

在内阁做"行宝"的"背宝"人，是一个很荣耀的差事，选人十分严格。为安全机密计，必须挑选满洲中书出身的中书舍人，此外还要兼顾形象威仪出众，毕竟要出现在随驾依仗中的醒目位置，以壮行色。当然，这个"美差"除了风光外，还有机会得到皇帝赏识提拔，出人头地。清陈康祺《郎潜纪闻二笔·卷十》还记载：清初著名大臣图海，便是早年发迹于"背宝"的差事。当初他在内阁做中书舍人，适逢顺治"住园"南苑，被选为随驾背宝人。"上（顺治）见其举止严重，立授内阁学士。不数年，荐至大学士。及康熙初，西征授钺，果建大勋。"

十三、印牌

清代档案文献中常出现的"印牌"一词有多种含义，鲁鱼亥豕，读者或应仔细体会与明辨。

从官印制度的层面来说，印牌至少有三方面的含义：

---

❶ 章乃炜等著《清宫述闻》第60页，紫禁城出版社2009年版。
❷ （清）陈康祺《郎潜纪闻初笔二笔三笔》下册第693页，中华书局1984年版。

宋新浦县印牌

第一，是指印章管理方面的牌子，即领取印信（印钥）时所用的凭证符牌。"印牌"最迟在宋朝即已产生，清朱象贤《印典·卷二·制度下》的"诸司铜印"条曰："诸王、节度使、州府军监、县印皆有铜牌，刻文云：'牌出印入、印入牌出'。"湖南省博物馆现藏有北宋太平兴国五年（980）时任新浦县县令、县尉的印信及印牌。其印牌正面刻"牌入印出、印入牌出"，背面中刻"新浦县印牌"，左右两边下部刻"太平兴国五年十月铸"，牌长21厘米、宽6厘米、厚0.5厘米。"太平兴国"为北宋太宗赵光义的年号。结合文献与实物，我们可知，在宋朝礼部将官印授予某地方的行政长官，即要把对应的印牌放在原来放官印的地方，官印收回之后，方可把印牌拿出来，这就是"牌入印出，印入牌出"制度。

在清朝，印牌一般要与印钥配套使用。清《光禄寺则例·卷七十三·官属》记印牌制度云："堂印钥匙，由兼理寺事大臣收掌，如遇特旨出差，则由满卿收掌。并设对牌存寺，凡遇用印时，于笔帖式库使内轮流赍牌领取钥匙，送交当月处，俟用印毕，当月笔帖式送交钥匙，领回对牌，存贮当月处。"

第二，是指一种特殊的盖了印的符牌，如清入关前流行的盖有汗印（宝）的印信牌。由于当时各级官印并未普及健全，因此这种"印（宝）牌"也临时起到了"代印"的作用，成为奇特的官印"副印"。清初孔尚任《桃花扇·赚将》："若不依时，俺便夺他印牌，另委别将。"尚是此制度遗意的真实写照。

第三，清代各级衙门，往往还会刻用一些木质的特殊印牌，这种印牌往往兼具印凭与文书的双重功能。例如一份清宫"侍卫处"的收文"印牌"，该"印牌"中固定刻有"侍卫处""班长收到""文件""册本""甘结套""道光年月日"等字样，使用者在其印鉴中的文字空间用墨笔填写具体的衔名、数字："<u>班长文（姓）收到</u>""<u>内务府文一件</u>"、"册

五本""甘结五套""道光三十年正月十三日"。❶

除此以外，清代公文中尚有一种称为"印牌"的文书。《清史稿·食货志·卷一》记："世祖入关，有编置户口牌甲之令……户给印牌，书其姓名丁口。出则注所往，入则稽所来。"这种"印牌"是指盖有官印的牌文，与上述诸"印牌"有所区别，属于公文范畴。

十四、宝牌

清代官印制度中，有"宝牌"一词，也有几层不同含义。

第一，清初的"宝牌"又称"信牌"、"印信牌"，是指钤盖皇帝宝玺的木牌，通常被作为官员的符印，后来也有在牌上书写皇帝谕令后再钤御宝的，则相当于盖印公文了。详见前章。

第二，是指用宝时调请御宝匣锁钥匙所用的专门符牌。清宫御宝皆以宝箱（盝）装盛，上锁保管。用宝时，要以宝牌及内阁咨文为凭，内首领太监与学士验证后，才从交泰殿中请宝，以钥开锁，公同用宝。据故宫现藏清宫乾隆朝《交泰殿日记档》载："乾隆二十七年五月十四日，胡世杰奉旨：交来宝匣钥匙牌一个，赤金，重一两二钱。"❷反映了清宫中宝牌的规制。

第三，清内阁请用御宝的咨文，用"绿头牌"的形式，也称"宝牌"。其制与正常"绿头牌"（又称"膳牌"）相同，只是尺寸要大许多，通常长37厘米，宽11厘米。木质，其首为油成绿色如意头，下面牌身涂成白色，书写请宝事由及时间，正面为汉文，背面为满文。这种"宝牌"可以重复利用，每次只需将牌身上以前的文字涂去，重新书写新文即可。咨送时，盛放在专门的宝牌匣中。

十五、掌印

"掌印"一词，最早见于唐朝。《旧唐书·职官志三》云："司记掌印，凡宫内诸司簿书出入目录，审而付行焉。"

❶ 引文中凡有下划线者，系指原印牌为空白，待由后来吏员墨笔所填写。
❷ 王子林《明清皇宫陈设》第66页，故宫出版社2012年版。

清内阁请宝牌

据《万历会计录·卷三十三·本部职官》载：明万历年间，户部云南、陕西、山东、山西、贵州五清吏司等署由于事务繁杂，故设置多名郎中，为示权重，始有"掌印郎中"之设。通俗地说，"掌印郎中"也是首席郎中。

清踵明制，"掌印"之设十分普遍，尤其在中央各部、院中官员扎堆的各司、厅等部门，以及八旗、绿营系统中。仅以清初都司一级的武职而言：掌印都司每年除支二、三品薪俸外，其他蔬菜烛炭银、办公心红纸张银、置家的案衣家伙银等相加起来，待遇上要比普通的三品营都司高出近一半。

清中期以后，官僚体系及品秩阶序基本上已趋于饱和将溢的状况，为了解决新增不断的官职所带来的压力，朝廷不得不试行一些更加细化的调整与改革，在已定的官缺品秩系统外，又推行了一种"准"官秩系统，也有人称其为"代偿性职位"体系，其中最著名的就是"乌布"份例制度。

嘉庆慎选"掌印"上谕

"乌布"又作"乌部",满文写作"ubu",汉文为"分"、"份额、份儿"之义。对于官员而言,"分"也可以引申为"职分"。具体来说,就是在机构的同一级别的官员队伍中,再以"职分"来细分排序。

清代笔记《道咸以来朝野杂记》中,对此"乌部"有较为明晰的描述:

各部司官,缺则缺,差则差,恒有缺在此司、人在彼司者。"差事"满语谓之"乌布",亦分满、汉,但六部名称不同。各司之长,满员皆谓之"掌印",以实缺郎中、员外郎充之;汉员吏、礼二部谓之"汉掌印",户、刑二部谓之"主稿",兵部谓之"总办"。工部则满掌印独领其事,汉员则分管各事,谓之"管股",非领袖也。掌印、主稿之次,有"帮办"、"帮稿"及"行走"名目,以为迁擢之阶。六部领阁署事曰满档房,其领办之员,满语曰"达拉密",惟满郎中充之,多以各司掌印兼任,偶有专领其事者。其次尚有"坐办"、"帮办"二三员,大半有名无实。笔帖式则以档房为专差,供缮本、递折诸差;得京察一等之人始能提升主事。❶

由上可知,六部下各署中同级官衙中,基本都存在着一个由"主掌印""掌印""主稿""帮印""帮稿""管股""行走"等以"差"为名,包括一些位次更低尚无"差分"的同级官员所组成的一个以"名分"先后排序的"乌布"官僚系统。在这个系统中,"主掌印"位列首席。

❶（清）崇彝《道咸以来朝野杂记》第4页,北京古籍出版社1982年版。

"乌布"作为一种官方承认的"内部粮票"，在官员提拔晋升时，往往成为候选人先后排序的主要依据。无论是"掌印"还是"帮印"等职分的获得，都需要官员一步一个脚印地在工作中争取。以六部下各司为例，据刘体智《异辞录·卷二·部曹浈升定例》记述：正常情况下，一个新入职的满洲"小白"，虽为六品主事，但并无"乌布"的名分，习称为"散走"。通过一段打杂实习期后，才被允许开始从事传送文稿及到堂画稿的工作，人称"吃面"，所谓"吃面"就是能够见到堂官的面了，意味着已开始部分地参与实质性的公务了；接下来，由于能够经常见到堂官，如果本人足够机灵并在每次堂官随便问询时都能应答得体，便会在堂官心中挂上了号，如果堂官有意栽培，开始交给他更高级一些的差委公事，比如去其他衙门交涉等差事，这才正式进入了俗称的"乌布"序列。再往下，如果是旗人"乌布"，例可开始做"帮印行走"，然后升为"帮印"，再升到"掌印"，最后才能做到第一把手的"正掌印"。这一切都要"循序渐进，亦不越次"。当然，在部司中做到"正掌印"主事后，每次提拔时会被列在名单的首位，有机会超越一众同侪通过考核补缺，在京内得跻卿贰（堂官）；或在得获京察一等后，直接被外放到外省道、府，从此事业一片坦途。

　　清朝统治者一向心存满、汉之大防的成见，虽名义上与汉人共治，但在两件事上永远恪守"祖训"、绝不放手：一是军事，二是印事。由于"正掌印"是一个部门中"乌布"序列中最核心的位置，按照清朝一向的"满人居前"的方针：每一个部门的"正掌印"必须是旗人。刘体智《异辞录·卷二·部曹浈升定例》云："每司旗人正掌印一人，汉人正主稿一人，以旗人掌印为重。"为了避免汉人掌印，一般各司会将"乌布"刻意分为两个序列，满员依次走"正掌印""掌印""掌印行走""帮印"序列；而汉员则依次为"正主稿""主稿""主稿行走""帮稿"序列。

　　当然，到了晚清，由于时局动乱，朝廷急于用人，满汉之防的畛域藩篱有所松动：曾（国藩）李（鸿章）等汉人破天荒地被允许了掌兵，而汉人部曹也有被任命"掌印"的了。但在同级"掌印"中，凡事还是要以满掌印为主。清何刚德在《春明梦录·下卷》中提到,他做吏部司务厅汉掌印时,正巧遇广西提督冯子材参奏吏部写信索贿奉密旨令吏部查拿吏部书吏沈锡晋一事。廷寄饬令下到吏部时,吏部尚书及侍郎在堂密议,下堂谕令掌印何刚德率人去捉拿,并将地址炭儿胡同告知。虽然事情孔急,但何刚德依然坚持要等满掌印赶到后一同去执行任务。后来他同满掌印惠森一起出城秘密访拿了沈锡晋。

清代"乌布"在八旗系统中也颇为普及。通常掌理官印的章京称"印务章京","印务章京"在补缺迁擢时,会优先于普通的"章京"。

清代各部、院的掌印、帮印,在升职与待遇方面有很多的实惠,然由于所处单位不同,以及时局的变化,其油水的肥瘠也不一定。清继昌《行素斋杂记》云:

> 工部从前差务繁富,闻印、稿司员每年腰缠巨万。即甫到署者,水利一项亦分至八九百金,车马衣服煊赫一时,堂下两行售玉帛书画者,轰然列肆。故有金工部、银户部之称。近则财力告匮,差少人多,无复囊日景象。❶

十六、监印

"监印"一词,古已有之。

"监印"作为一种职官名,唐代即已出现。《旧唐书·职官志二》:"凡施行公文应印者,监印之官考其事目无差,然后印之";《旧唐书·职官志三》:"录事掌监印勾稽。"

清朝的监印,系指专责当堂监督印信关防钤盖事宜的官员,只是一种差务名义,意同"乌布"。嘉庆朝《钦定工部则例》云:

> 一、每一月专派满、汉司官四员,按日挨次轮流监用堂印;
> 一、每日笔帖式请领堂印钥匙到时即开,用寻常稿件后再用题本,用毕将堂印钥匙暨印单,仍交承值笔帖式呈送;
> 一、每日所用祗领稿件,各司处所俱有用印堂标印单、

❶ (清)继昌《行素斋杂记》卷下,第26页,上海书店1984年版。
❷ 嘉庆朝《钦定工部则例》卷122。
❸ 中国第一历史档案馆藏《咸丰朝上谕档》第1179盒第2册。

印册各一分、单一分、呈堂册一分，存印处备案，一月汇齐呈堂；

一、每逢监印司员将届一月期满，先期呈堂派员更替。❷

清咸丰四年（1854）闰七月二十九日，吏部所上一件奏折中提到：

> 臣等查各部院额设满汉司员多寡不一，各司事务亦繁简不同，其掌印、帮印、主稿、帮稿之员总理一司事务，散走之员分股襄理。凡一切公事，有例可遵、有案可援者，向俱查明例案，斟酌核办；其无例无案者，满汉司员禀明堂官分别准驳定稿。此内有应翻清译汉之件，专由笔帖式缮写，如或错误迟延，例有应得处分。是司员办事各有责成，不容旁贷。其司务厅司员、笔帖式承管收受外省文书以及呈词等件，当月司员承管收受在京各衙门文书以及赴阁传抄等事，随时登记号簿，俱系分班轮流在署值宿，每日应用堂印文书先由笔帖式赴堂官处请领印钥交与监印司员，再由监印官将各司、处应行用印公文与堂行簿逐件查对相符，始行启钥用印，印毕后，仍将印钥交笔帖式送还堂官处查收，是各部院应办事件均系司员、笔帖式每日轮流承办。至于书吏一项，原为抄写文移稿案而设，令其每日清晨进署以供驱使，俟公事办毕后，照例将文稿收存科房，一切准驳事件原非书吏所能干预。……❸

由于监印职责重要，清初时只有满人才可担任其职。雍正七年（1729）七月初七日，礼科给事中兆华曾上奏，云："各部衙门办事皆凭印信，监印甚为重要。兹部衙门内唯八旗司员当月监印，汉员办完各司之事后，即借口家居城外，离衙门回家，不当月，亦不监印。"兆华建议："准以汉司员酌情移居城内，亦如八旗司员当月监印。"雍正在该奏折上朱批："甚为卑鄙！"犹可见当时的满汉分轸之大防依然十分的森严。❹

嘉庆二十五年五月初一日内阁奉

上谕御史李肆颂奏请饬定监印章程一摺各衙门颁给印信钤盖本章案牍原应慎重典守严密关防旧例当月之员轮流管理有加派监印者有设簿稽察者各部院事有繁简官有多寡办理不能画一著各堂官自行酌议将一切请收启用及监看钤用定立章程传知所属一体遵循务使简而易守以肃防检而专责成钦此

嘉庆饬定监印章程的上谕

❹ 中国第一历史档案馆编译《雍正朝满文朱批奏折全译》第1802，黄山书社1998年版。

十七、司印

清代州县衙门中有"司印"一职,为掌管州县官正印的钤盖事宜的书吏,地位关键。

清人汪辉祖《学治臆说》云:"宅门内用事者,司阍曰'门上',司印曰'签押',司庖曰'管厨'。"并云司阍与司印"此二处,官之名声系之,身家亦系之"。清人何耿绳《学治一得编》云:"分派家人执事,要各因其才。用违其才,必至偾事。门印为最要,非明白人不可。择诚实晓事者经手稿案文移等件。"又云"在印上者,帮同签押用印。"可以说,司印是州县官的心腹。

通常情况下,每一任官员都会任命自己的"司印",官员新到任,其司印陪同官员一起检查新衙署的公案、印垫、印盒、印架的备办情况,并参与新任官员的拜印礼仪。清人《公门要略》载其仪程:

(新官)接印时,即谕礼房照常预备香案等件,先登仪门,行一跪三叩首。再升暖阁,传头、二、三梆打点一下;升座大堂,望北阙拜印,行三跪九叩首,升座。司印者将印信验明有无痕迹,再看印柄为要。❶

州县衙署公务丛脞,用印事件繁多,司印的日常工作沉重,很耗精力,通常情况下,用印要有固定的工作时间,或早或晚,不可杂乱无章。当然如有紧要者则随时盖用的,不在此例。一般盖印时间会放在晚上,因为盖章须十分慎重,司印需要清静,以便集中精力。白天则是将需要盖章的公文收集到一起,核对准备妥当。《公门要略》记:

凡签稿、套总要由签稿朋友(师爷)送来,则逐件翻阅,查对稿正副相符之后,如紧要者,即时请印盖用,如可缓者,则放在一处,俟晚上一齐盖印。❷

用印时的核对检查十分必要并有一定的程序规矩。一般先要看稿上的"标判"情况,画没画"行",然后看师爷的图章盖没盖上。尤其是画"行",是盖印的基础。清

❶ 蔡申之等《清代州县四种》第4页,台北文史哲出版社1975年版。
❷ 蔡申之等《清代州县四种》第40页,台北文史哲出版社1975年版。

正定府盖印"宪牌"

代州县衙门盖印的规矩：一切牌号文稿，无稿不画"行"，无"行"不盖印。此外，如司印有不晓之处，要叫书办来问明确，还要仔细查看稿上是否有粘盖文字，以防被书吏舞弊。

司印的工作技术性很强，如果盖印不清或漏盖、倒盖，都会受到责罚，甚至开除。尤其是夜晚灯光下，一定要集中精力，调好印泥。盖印的次序，先盖稿文，后盖正文，凡遇上行文书，印色一定要红润精神，不能模糊。而盖印的规矩，什么文书盖在什么地方，是用正盖，还是斜盖，都要了然于心。

司印每天盖印后，必须逐件对过，按顺序在号簿中夹好，统一交管稿的师爷转送标判。标判者有官员亲为的，有师爷代办的，也有司印代办的，视情况而定。每天用印工作完毕，司印都要一一登录在用印号簿上，记明用印时间、文件内容，以备考查。司印日常盖印工作，都要受到州县官和师爷的双重监督检查。

第十九章 清代印闻拾遗

一、"袭封衍圣公印"

现北京故宫博物院藏有一枚"袭封衍圣公印"。其规制如下：银质，直钮（即扁柱状），三台。长 10.7 厘米，宽 10.7 厘米，通高 13.2 厘米。印文为满、汉九叠篆合璧，左为满文，右为汉文。背款右侧为二行楷书"袭封衍圣公印"、"礼部造"；左侧为两行满文楷书对译的"袭封衍圣公印"、"礼部造"。侧款左为"乾字二百号"，右为"乾隆十四年六月日造"。❶

"衍圣公"是孔子后裔的封号，始封于宋仁宗至和二年（1055），第一位受封者是四十六世孙孔宗愿。《宋史·礼志》记载："至和初，太常博士祖无择言：按前史，孔子后袭封者，在汉魏曰褒成、褒尊、宗圣，在晋宋曰奉圣，后魏曰崇圣，北齐曰恭圣，后周、隋并封邹国，唐初曰褒圣，开元中始追谥孔子为文宣王，又以其后为文宣公，不可以祖谥而加后嗣。遂诏有司定封宗愿衍圣公，令世袭焉。"❷

此后，"衍圣公"这一封号，一直沿袭八百多年，其

---

❶ 任万平《清代官印制度综论》，载《明清论丛》第一辑 1999 年。
❷ 《宋史·礼志·宾礼四》，卷 72。
❸ 中国第一历史档案馆编《满文老档》下册，第 1561 页，中华书局 1990 年版。
❹ 《清史稿》卷 115。
❺ 中国第一历史档案馆编《清初内国史院满文档案译编》中册第 234 页，光明日报出版社 1989 年版。

顺治时期铸颁"袭封衍圣公印"印鉴　　乾隆时期铸颁"袭封衍圣公印"

品秩封印也呈不断水涨船高之势。宋、元代为三品印，明代改为正二品印，至清代更升为顶格的正一品印。辛亥革命推翻了清王朝，建立中华民国，但孔子后裔的衍圣公爵号不变。至1934年，"衍圣公"名义才被正式撤消，改称"大成至圣先师奉祀官"。

在清代官印系列中，"袭封衍圣公印"堪称是一个异数。

清朝尊孔，早在入关前就已开始。《满文老档》载：崇德元年八月初六日，皇太极"遣秘书院大学士范文程致祭于至圣先师孔子神位前曰：惟至圣德配天地，道贯古今，删述六经，垂宪万世。谨备牺牲玉帛等致祭，更依旧制，复以颜子、曾子、子思、孟子配享。"❸

清入关后，踵承明制，宗曲阜北宗孔氏为"衍圣公"。《清史稿·职官二·衍圣公》记："衍圣公，孔子世袭，正一品。顺治元年，授孔子六十五世孙允植（原名孔胤植，后避雍正讳改名'允植'）袭封。""顺治元年，复衍圣公及其四氏翰博等爵秩，命孔允植入觐，班列阁臣之上。明年，改锡三台银印。"❹

顺治二年（1645）十一月三十日，新袭承衍圣公的孔允植为扩大孔府影响，上奏请求将孔府衙门中的管勾、司乐、典籍三官由清廷统一铸颁印信。"得旨：应否给发印信，著吏部、礼部查奏。谕毕，礼部官遂查得：原未曾发给印信。故部员向皇叔父摄政王启曰：此等官员不宜发印。皇叔父王令：若原来未曾发印，即不宜给印。"❺ 虽然如此，孔府还是自行给这些府内之官刻了官印。

在清代，衍圣公享有诸多特权，比如衍圣公府拥有钦赐大量土地作为祭田、孔林地、庙基地、学田等。衍圣公世袭罔替，土地也累世相传。

此外，孔家还大量购置民田。所有孔氏地亩，不纳赋税，例免差役。从唐朝至明朝，山东曲阜的县令开始例由孔氏弟子除授，清朝定制，令衍圣公会同山东巡抚保题补授。县令一般品级都是七品官，但曲阜县令则是六品，况周颐《眉庐丛话》记："顺治朝，曲阜世职知县孔允醇以居官廉能，加东昌府通判衔，仍任知县事。"❶ 清廷特恩于孔氏世职的七品县令上加六品通判衔，且特意在通判衔前冠以"东昌"地名，如此殊荣，世所罕见。还有就是在翰林院中的颜、曾等圣裔之后的"五经博士"均由孔氏"衍圣公"负责推荐给朝廷。

清朝向重封爵与承袭。然即使满、蒙王侯，也鲜见有终清一代二百多年而血食未断者，只有特殊的汉姓孔氏"衍圣公"却是个例外。此外，清代承自前明的世袭爵位官印最著名者有二：一为"衍圣公"，一为天师教"正一真人"，但二者命运却迥异。清初时二者均秩列一品，被允许入觐班、位列阁臣之前，后来龙虎山天师教一脉屡遭降级抑黜，退出朝觐列班序列，唯有"衍圣公"一直尊崇不衰。康熙、乾隆几次南巡时，都曾专门拜谒"阙里"，雍正帝时还颁布了孔子专讳成法。

清朝颁铸的"袭封衍圣公印"前后共有两颗，清初所颁的"袭封衍圣公印"，"银印，直纽，三台，方三寸三分，厚一寸。"满楷汉篆合璧。其印的尺寸规格当时比六部官印还高一格。❷

第二颗"袭封衍圣公印"是乾隆十六年（1751）重新颁铸的，其印规格与前印相同，唯一不同的是印文改成了满、汉篆文合璧。此印即是现今故宫博物院所藏之印，而清初原颁之印则在当年换印时已由朝廷照例收回熔销。

二、一瓣火漆君臣心

康熙、雍正时期，二帝往往喜欢用火漆密封发给近臣们朱批奏折及密谕，然而由于事关密勿，其掌故鲜有人提及。唯幸在清宫档案中还有一些零星细节描写，可资考绎。

康熙四十二年（1703）七月初九日，步军统领托和齐

❶ 况周颐《眉庐丛话》第102页，山西古籍出版社1995年版。
❷ 《光绪会典事例》卷321。
❸ 中国第一历史档案馆编《康熙朝满文朱批奏折全译》第1646页，中国社会科学出版社，1996年版。

康熙时期奏折封皮上的火漆印痕

在一份奏折中详述了康熙密信上火漆的情况,原文如下:

> 窃奴才前后奏折到京,经皇上阅批照原包封退奴才后,有时惊讶,心思该折子皇上为何不披览即退。奴才开读后,始知皇上阅览,封包神奇,奴才赞叹不已。

> 今年,皇上巡幸东南时,奴才初奏折子到京后,照漆封原色赏到,视钤用火漆,洁净且清晰,印四方形,汉字曰封。继之赏到奴才奏折两件,看钤用火漆厚,且印又圆,包亦稍异,故奴才甚为疑惧,此等小事,人虽知之亦无妨。若系仅奏闻皇上之事,旁人滥看,可乎?奴才疑惧数日,是以奏询圣主,伏乞睿鉴。奴才对圣主所委之事,断不取无信不敬之名。将钤用方圆火漆印封二件,一并具奏。

康熙在该奏折中用朱笔夹批回复道:

> 尔所奏甚是。两火漆图书在一根干上,一边为圆形,另一边为方形,遇事即用之,复又核对,并无隙缝。火漆熔得好,涂封甚薄,若不得法,则重用数次,故漆印稍厚。因此次圆方并用发回,尔勿得怀疑。皆朕亲手包之。❸

按:托和齐于康熙四十一年(1702)任步军统领后,才具有了上密折的特权,因此对康熙用火漆封印朱批奏折的情况还不甚了解。此前所收的康熙回信，都是方形火漆。忽然见到有圆形火漆，难免疑虑，故此专折询问。而康熙在朱批奏折中的御笔夹批，则更是揭晓了世人的疑惑。从其火漆印一杆两头双章的印章形式，以及熔火漆盖印的方式来看，无疑是传统西式火漆的方法。而其方印为汉字"封"，又继承了历史上"谨封"印用于封缄的华夏传统。

中国历史上存在过一种蜡封的印章封缄方法，是传统"封泥"形式的一个变种。南北朝时期随着纸张技术的提高以及君臣保密意识的提高密封方式也出现了变化。蜡封成为了主要的密疏方式，在唐代，蜡封是地方传递保密公文时主要的封装方式。此后一直流衍到明清，清初著名的李光地"蜡丸案"即是这种蜡封文书的形式孑遗。

而康、雍时期，宫中所流行的火漆印章方法与传统蜡封方法不同，乃是典型的西式火漆方法。16世纪以来，西方公文逐渐用纸替代了羊皮纸卷，火漆印章法也开始出现并流行起来。康、雍时期，随着大量西洋传教士入宫当差，西方文化也流入清宫。尤其是康熙，对于西学最为醉心，因此火漆印章也受到了他的青睐。清宫档案中记载雍正十一年（1733）十月二十六日，西洋人戴进贤、巴多明、徐懋德、德里格等，向雍正帝恭进了一批西洋礼品，其中就包括"火漆十六条"。❶

火漆的使用，在康熙时期只限于御用或个别亲王圈子，到了雍正时期，其范围进一步推广到了皇帝的亲信重臣圈。雍正元年（1723）正月，雍正御赐两江总督查弼纳官服等用品，其中包括"御赐火漆、图书（印章）"，查弼纳在"跪迎，恭设香案叩恩祗领"后，在谢恩折中提到："火漆、图书将遵旨用于紧要密事。"❷

康、雍时期，火漆不仅用于封缄密谕、密折等文书，一些皇帝御赐的物品箱匣，也有用火漆封包的。据清宫档案记载：康熙时期，一次康熙着传口谕：

纳木札尔王这几年未见，甚为想念。故特赐食物数种，鼻烟装入新珐琅锅内，朕亲手装包，以火漆印封寄。❸

雍正十一年（1733）七月，阿尔泰兵站总管五十四奏报，

❶ 中国第一历史档案馆编《清中前期西洋天主教在华活动档案史料》第一册第72页，中华书局２００３年版。
❷ 中国第一历史档案馆译编《雍正朝满文朱批奏折全译》上册，第11页，黄山书社1998年版。
❸ 中国第一历史档案馆编《康熙朝满文朱批奏折全译》第1531页，中国社会科学出版社1996年版。
❹ 中国第一历史档案馆译编《雍正朝满文朱批奏折全译》第2218页，黄山书社1998年版。
❺ 中国第一历史档案馆译编《雍正朝满文朱批奏折全译》上册第236页，黄山书社1998年版。

署理建勋将军伯钦拜的一个报匣在驿递途中被发现微有裂缝,"报匣之盖蜡已开",虽然经亲查"匣内所装钤印封套并无开启之处",但"报匣乃特装军机事务者","随单内蜜蜡已开,关系泄漏军机",因此将相关驿站事务的员外郎法保及驿丞赫义、费扬古等交部议处。❹想见当时清廷对火漆文件的特殊重视。

作为清朝"西学东渐"盛期的产物,火漆印章在康熙、雍正时期流行一阵后,随着"百年禁教"的浪潮、中西贸易文化交流的中落,以及在清廷中当差的西洋人的凋零,乾隆以后,火漆印章已从清宫乃至公众的视野中黯然消失了。

三、官印避讳满篆为甚

雍正元年(1723)七月十二日,礼科掌印给事中硕色为奏请更换都统印信中的满文印文,专门上了一件满文奏折,其汉译文如下:

……奴才窃惟,官者管理也,既表明上下隶属,职者分别所司也,要在名副其实。故古代圣贤皆崇正官职名实。我朝秉承天意,创立大典,四海一统百余载,凡宜更改之处,圣祖仁皇帝皆适时更正,定为常例,以为万年之制。唯八旗都统印之清字尚未更改,此之一字,关系重大,其高贵譬而言之,天下无双,非臣工印记可用者也。自古以还,逢遇御用尊贵之字,皆有更改之例。伏乞皇帝将都统印上所用尊贵之字更改之。如此,既符合礼制大典,君臣之理也为明也。为此悚惶,谨奏。❺

按:清代"都统",满文原作"固山额真"(gusa-i-jen)。"固山"清语即"旗"之意,"额真"乃"主人"之意。后金天聪八年(1634)始定管理固山者为"固山额真",意即管理八旗的"旗主"。顺治十七年(1660)又定"固山额真"汉名为都统,满文仍为"固山额真"。雍正继位,"固山额真"中"额真"的"真"(jen)与"禛"(雍正讳)同字符,已规定书写时应避讳,写作 jeng。硕色上奏就是请求援例将八旗都统印中的满文 jen 改为 jeng。

对于硕色的奏请,雍正没有立即正面给予回复。他似乎考虑得更加长远，索性将满语的"固山额真"改为了"固山昂邦"（gusa-amban），既回避了八旗都统印中满文的避讳问题，同时也维护了皇权的高度集中化。"固山额真"中"额真"原有"主人"的意思，而"昂邦"则是"大臣"之意，清世宗下令，将"固山额真"改为"固山昂邦"，即将原来的八旗"旗主"转化为了八旗"大臣"，这样就更进一步明确了君臣之分，宣示只有皇帝可以称"主"，也是八旗贵族旗主们的权力和影响力的一次强势的剥夺与弱化。

硕色的奏折原不过只是个引子，却正中了雍正一石二鸟计的下怀。雍正以此为契机，顺势展开了一系列的整顿八旗制度的运动。清前期，旗主和皇帝之间一直存在矛盾，而八旗内部的官员又权责不明，相互争斗，以致耽误正常公务。天聪初年，皇太极曾被迫与另外三大旗主贝勒共坐理政；康熙初期，鳌拜也敢在康熙面前公然"攘拳咆哮"、抗旨不遵。由于各管理旗务的王公因身份崇高，一直深深影响了皇帝对八旗旗民的直接统治，因此自太宗朝以来，历朝皇帝为了中央集权而与各旗主之间的明争暗斗未曾一刻停息过。清世宗上台后，为了皇权的绝对权威已做了许多的努力，基本已牢牢掌握了各旗旗务的控制权，此时又以改铸都统印为契机，积极扩大战果。不久，雍正又谕令八旗都统不得于"私家办事"，改为"俱于公所办事"。❶ 这一系列陆续出台的政策，无疑旨在削减八旗旗主权力，不久，他又断然取消康亲王、信郡王等人的旗务管理权，任命亲信兄弟管理旗务，以固皇权。

需要说明的是，实际上雍正对硕色奏请中印文中的满字避讳一事，还是有所回响的。虽然他曾在雍正二年（1724）正月吏部传谕："嗣后本章奏折内及人名有与御讳字同者，应回避更改外，其余与御讳音同字异及边傍之字俱不用回避更改。"但谕中并未明确提到印文满字的避讳问题。

同样的问题，直到乾隆年间清廷才有了正面的回复。乾隆十一年（1746）四月甘肃布政使阿思哈所上的一份奏折曾提到，新颁的甘肃镇番镇的官印中，满文"镇"与"禛"（世宗讳）为同字符字（jen），故书写时避写作 jeng。这份奏折中还

❶《清世宗实录》卷9。
❷ 中国第一历史档案馆藏宫中朱批奏折 04-01-01-0132-008。

提到"前经遵部文，以汉文真字毋庸更改回避"，而新颁的真宁镇印信中的汉字"真"字也没有避讳，并建议以后也不必避讳更改。❷ 由此看来从雍正到乾隆初年，在官印中的满字避讳比汉字避讳开始得还早些。换句话说，清代官印的避讳是从满文起步的。

  清朝满文的避讳，乾、嘉以后一直在贯彻坚持如初。光绪十六年（1890）聚珍堂《清汉对音字式》于扉页上标明"内附敬避字样"，并于康熙以降各皇帝名讳同音处俱各加以说明。该书对敬避字样似有具体规定，而实际运用时又似未必尽循同一方法。比如，乾隆时期，重新颁的"琉球国王印"中由于雍正时期颁布了新关于避孔子讳的规定，原顺治朝所颁的王印中的满文"kio"（球）因与孔子讳"丘"同字符，故新铸印中被写作了"kiyeo"。

四、乾隆"钓鱼执法"

  乾隆二十二年（1757）七月二十五日，护理山西巡抚布政使蒋洲为请更换巡抚关防上了一个奏折，内容如下：

  乾隆二十二年七月十九日承准廷寄，内开乾隆二十二年七月初二日奉上谕："各省督抚题本钤盖印信，所以昭慎重也，自应敬谨将事。乃朕前见郭一裕所钤之印殊不明晰，意以新改篆文较细，或易致如此，及见高晋之本，则字画显然。夫同一新铸之印，而彼此不齐，若其为不善于用而随手钤盖以致模糊，益可知矣。关防为督抚信守，即寻常文移亦当显明，使人一见而知，况本章耶？即此小事，其人于政事之留心与不留心，可以概见。嗣后各宜敬谨钤盖，毋得草率从事。如果案件繁多、易于模糊，即当题请改铸，勿得因循苟且。可于奏事之便，传谕各省督抚知之。钦此。"

  臣跪读之下，仰见我皇上圣明远照。即用印之疏忽，以做戒外省玩惰之习，凡属大小臣工，各深做惕奋勉之意。臣伏查山西巡抚关防，系乾隆十四年十月初七日颁到开用，至今已阅八载，历年钤用，印文实已平浅，就印细视，虽字形略具，一经盖用，即不能显明。臣现凡遇本章，

蒋洲字画　　　　　　　　　　　　　　　　　　　　　　　　　"好心为道"印印鉴 清 徐三

亲自洗刷、敬谨钤盖，不敢草率从事。仍恪遵谕旨，另行恭疏题请改铸，以昭信守。所有臣奉到谕旨敬谨遵奉缘由，谨恭折复奏，伏乞皇上恩鉴。谨奏。❶

　　按：此奏折出笼的前后，有着一个很深的历史背景，不加以缕述分析，则不足解释此后所发生的一系列使人困惑的反悖情节。

　　乾隆十四年（1749），乾隆亲自主持并开启了在全国范围内为期三年的官印换铸满篆的大工程，在清代官印制度史上这是一件划时代的大事件，也一直被乾隆引为自豪。但该工程毕竟过于浩大、过程仓促，新印在质量上难免存在瑕疵，尤其是官印的满文由原楷书改铸为篆书，笔画更过于繁细，容易引发个别印信字浅模糊的现象。对此，朝野上下零星已偶或有人议论，但却都还仅限于私下偶尔窃议吐槽一下的层面。

　　客观地说，如此巨繁的工程，即使个别印信存在问题，也属在所难免，总体上还是要低于容错比例的，大家也都能理解。但一向以"十全"完人及英主自诩的乾隆，在间接有所听闻后，却心颇存不怿。当乾隆看到郭一裕等所上题本的印鉴确实存在模糊的情况时，有些自我应激过度，感觉被人打了脸。他当然不能公开承认，在他看来，这不啻是对自己所亲导的改铸造国家官印工程的一种否定，因此心中邪火积郁渐升，却不便直接公开发飙，只得一时隐忍无由发泄。现在，自以为是的乾隆，终于以高晋盖在题本上的关防印鉴远比郭一裕题本上的印鉴清楚为由，断言新铸官印印鉴的不清楚，并非新印的质量

❶ 中国第一历史档案馆藏军机处录副奏折 04-01-01-0214-030。

存在问题,而是由官员钤盖不认真所致。于是他便理直气壮地出台上谕,在谕中冠冕堂皇地申饬众臣,要求他们今后务必认真盖印。在为自己争足了颜面后,为缓和气氛、以示大度,乾隆还在谕中惺惺地提醒众臣"如果案件繁多"造成印信"易于模糊",允许他们"当即题请改铸,勿得因循苟且"。

实际上,乾隆所找的借口十分牵强。因为郭、高二人此前从没有过在同一官位上前后任的交集,也就是说,他二人所盖的官印并不是同一颗关防,根本不具备可比性。不过,众臣们此时皆已深度领会到了乾隆的这番小题大做背后的真正用意,当此风口,自然无人敢迎撞枪口,贸然上本申请换印。

唯一认了真的,只有本奏折的作者蒋洲。

蒋洲,江南常熟人,是康、雍朝著名的大学士蒋廷锡之子。身为江南书香名宦之后,他一向务实、低调,一步一个脚印地从诸生做到了山西布政使兼署山西巡抚。

可惜的是,始终未脱书生本色的蒋洲显然误读乾隆下谕的弦外之音。他在奏折中实在地指出了已使用八年的山西巡抚关防"印文实已平浅,就印细视,虽字形略具,一经盖用,即不能显明"的实情,详述描绘了每次盖印的艰辛,并进一步题请改换新印。

憨直的蒋洲无意中触犯了揭穿"皇帝新衣"的逆鳞大忌,为此,他稀里糊涂地断送了自己的政治前程和生命。

就在是年,不动声色的乾隆先将蒋洲转正为山西巡抚,旋迁山东巡抚。接手山西巡抚的塔永宁上任伊始,便被授意上章弹劾蒋洲在山西任内贪纵、亏空库帑巨万。为了速将此案经营成为铁案,乾隆还特意命令宠臣刘统勋自云南返还,直接驰赴山西会同塔永宁共审。很快蒋洲被罢,速返山西严鞫。本着特事特办、从速从严的旨意,办案者于旬月间便将此案草草定了谳,主犯蒋洲被诛。为掩天下人之耳目、以示公正,此案自然也牵连处分了一批相关官员,比如蒋洲的前任、刚调陕西巡抚的原山西巡抚明德,亦被处以了绞候,但一年多后,人们发现明德又奇迹般出现在了甘肃巡抚的更重要岗位上。

蒋洲或许至死也没搞清自己丧命的真正原因。但乾隆这一番神操作却收到了很好的效果，一时朝廷上下关于新改铸印信关防的各种窃窃私语都戛然而止，也再没有一个官员敢明目张胆地提出换印申请了。

五、督抚关防不列全衔

清代总督、巡抚关防不列全衔，此例起于乾隆三十一年（1766）以后。

乾隆三十一年（1766）四月军机处上奏：

御史富尔敏奏山东巡抚来文所用关防篆文模糊应请更换一折，现经奉旨交该部议奏。臣等伏查，向来各省督、抚关防，俱系用上方大篆，全衔字数太多，笔画本属繁密，不但钤用日久易致模糊，即新铸篆文，甫经印用，亦多未能辨识。臣等酌拟，此后不必尽列全衔，如总督只用某省总督关防字样，巡抚只用某省巡抚关防字样。其有总督兼巡抚者，则仍篆兼管巡抚字样；以巡抚兼提督衔者，则仍篆兼提督衔字样。至所用篆文，向例三品以上用大篆，三品以下用小篆。惟查大篆系九叠文，用之关防，不如小篆之较为明白。臣等谨拟定大、小印模二种，并山东巡抚原铸关防式样，一并恭呈御览。或照减定字数乃用上方大篆，或改用减字小篆更为简明之处，恭候钦定后交与礼部遵照办理。至各省现用关防，毋庸一时全行更换，应令礼部存记，俟应行更换关防时，再行陆续铸给。是否如此，伏候训示。谨奏。❶

乾隆部分接受了建议，批准以后督、抚关防不必尽列全衔，但却没有采纳用小篆印文的建议。至于换印，则提示可以从容陆续换铸颁给。

清朝总督、巡抚例加中央的兵部尚书、侍郎与都察院御史衔，是其钦差身份的特殊标志，虽然在官印中未尽体现，但在现实公务活动中还是至为重要的，关系到个人的荣典地位与排场脸面。清人福格《听雨丛谈·卷六·督抚加衔》云：

故事：直省总督、巡抚命下日，吏部疏请应否加衔，近年必奉旨允准，几成一定之制。总督例加兵部尚书、右

❶ 中国第一历史档案馆藏《乾隆朝上谕档》第604盒第2册。
❷（清）福格《听雨丛谈》第135页，中华书局2016年版。

都御史，巡抚例加兵部侍郎、右副都御史，河督、漕督兼衔同于巡抚。考从前加衔，并无一定之制。总督有加侍郎，河督有加尚书，巡抚有不兼部衔、仅带佥都御史者。如康熙年礼部侍郎阿金授江南江西总督，仅改兼兵部侍郎衔；同时于成龙任河督乃兼兵部尚书衔；张鹏翮由两江总督改督南河，亦兼兵部尚书衔；河道总督王新命加兵部右侍郎衔，均一河督，

清前期云贵总督关防印鉴

清中期以后印文简化了的云贵总督关防印鉴

其加衔不同如此。又陕西巡抚、右副都御史巴锡任巡抚时，无侍郎衔，及升任云贵总督时始兼兵部右侍郎、副都御史衔，所遗之陕抚，以户部右侍郎博和补授，即改兼兵部右侍郎、副都御史衔。是从前兼衔皆不一定。

又从前督抚加侍郎衔者，皆为右侍郎。今则不分左右，概曰兵部侍郎。

按朝会班次，总督加尚书衔，始入从一品班末；巡抚加侍郎衔者，始入二品班末，否则，巡抚仅入三品之班。❷

六、斑斑"紫花"耀眼明

乾隆三十一年（1766）十月十五日，太子太傅两江总督高晋上了一个奏折，全文如下：

太子太傅内大臣两江总督统理河务革职留任臣高晋谨奏，为恭请圣训事，窃臣接阅邸抄河南按察使何熤奏请将督抚关防改用方印。经臣部以督抚例用关防由来已久。盖始设督抚之时，皆部院大臣随时简命，非地方额设之员，与今之钦差大臣相等。迩来督抚久任封疆，非从前可比，而定例皆兼兵部、都察院堂官衔，仍属钦差体制，与将军、提督不兼京衔者终有不同，应将所请无庸议。等因。臣查各省督抚均蒙皇上加恩兼

兵部、都察院京衔印用关防，所以崇钦命而别等威。是改用方印，诚如部臣所议，无裨政务，不必徒事纷更。

惟查在京之六部、都察院印信俱用紫花色，仓场侍郎因系京衔，出差并用紫花印；外省之布政使上行则用朱印，平行、下行亦用紫花印，而督抚向则俱用朱印，与道员、同知关防似无区别。臣愚昧之见，请将各省督抚比照仓场侍郎之例，除本章仍用朱色盖印，其余一切文移概用紫花印。并请将布政使用紫花印之处停止。如此稍示区别，在督抚，职兼京衔，印用紫花，既与在京六部、都察院体制划一，而停止布政使用紫花印，更可昭督抚之信守而别等威矣。

臣言是否有当，理合缮折陈奏，伏乞皇上睿鉴训示，谨奏。

奉朱批：著照所请行，该部知道。❶

按：这份档案在清代官印史上颇具一定的分量。它涉及了两个长期困扰清廷的官印问题，一个是关防问题，一个是印色问题。

依照既定的清代官印的等级排序，"关防"位列于"印"之下，然而自清入关以后，关防已逐渐由明清的官印副印序列直接进入了正印序列，虽然这种对接和纳入显得比较生硬。这一事实的发生自有其原因，因为在地方上，原本作为钦差巡视地方的总督、巡抚已慢慢演化成为了地方军政的最高统帅，而前明地方原生常设的最高军政官员布政使反而屈居督、抚之下了。与这相应而产生的另一个反常的现象是：原明朝作为钦差的督、抚依然还在使用的关防，在官印级别上反比地方常设的布政使、按察使，甚至府、州、县正印官所用的方印都低一级。这一局面的出现，固然有其历史原因，但对于统治者来说，的确一直有些尴尬。因此直到乾隆中期，关于督、抚关防是否应改用方印的议论仍不绝于耳。乾隆深知一个制度的推行会有许多的麻烦，改督、抚关防为方印，将牵涉到方方面面，且其制度已相沿百年，贸然推翻祖制，也于心不忍。当然，清廷在对待督抚关防问题上也是做了很多的调整努力，比如清初督抚的关防还是铜质，其制度详记于《康熙会典》中，❷ 但到了乾隆时期，已改为银关防。乾隆思前想后，还是认为清廷一向坚持的地方督、抚按定例皆兼兵部、都察院堂官衔，

❶ 中国第一历史档案馆藏宫中朱批奏折 04-01-01-0263-016。
❷《康熙会典》卷 54。

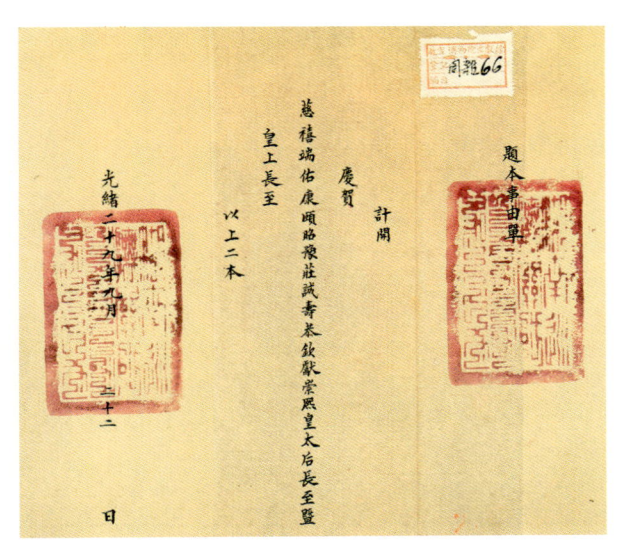

紫花印鉴

从体制上来说仍属钦差性质，因此不必再改为颁铸方印。这个决心以上谕的形式颁下后，众臣从此不再訾议了。

再说紫花印色，这也是个历史遗留问题。清入关后沿袭明制，其官印信印色按旧制执行：凡入宫廷的文书，皆用朱砂红色；而京师各部、院堂印用于平行和下行文者，均用紫花印色。但是在地方上，却存在着一定的混乱现象，在前明，地方省一级军政最高长官为布政使，其地位与中央部、院相畴，故除了上行皇帝的奏疏例用朱砂印色外，其他平行、下行文也照例用紫花印色，清朝也沿用了这个制度。此外，清朝的钦差关防的印色，也沿用明制，除上奏皇帝文书外，其他平行、下行文均用紫花。然而，当地方上的督、抚地位实际上已超越布政使成为最高军政长官后，按理，其地位也已近同中央部、院，且又兼具钦差官员性质，但其关防的印色，无论上行、平行、下行文却始终都用红色。相较而言，在官印印色方面，不但品低于下属的布政使，而且也有悖于朝廷钦差大臣的印色规定，按明、清定制：除上行皇帝的题奏外，所有钦差关防公文，俱用紫印。这无疑又会成为一个无法解释的困扰。

这个问题，早在雍正时期即已有人公开提出过。想必乾隆也一定考虑了很长时间。在此，乾隆借高晋上折的契机，终于决断规定：此后地方督、抚关防印色，一同中央部、院以及钦差大臣，除上行皇帝本章用朱砂印色外，其他平行、下行文书均用紫花印色。同时停止地方布政使使用紫花印色，以示尊卑区别。

确定地方督、抚使用关防，并允许其平行、下行文使用紫花印色，是清中期乾隆在官印制度上的又一次改革。

然而，关于紫花印色使用的争论却并未就此戛止。嘉庆十五年（1810）

仍有御史上奏"各部堂印请改用朱砂，印色分明，易于辨别"。嘉庆下谕驳斥："印信真赝全在承办各员留心稽核，不使蒙混，若以为改用朱色即可杜绝弊端，岂奸胥猾吏不能照色仿用，作伪乱真乎？该御史所奏，徒改旧章，于事何裨，均无庸议。"❶

七、官印与陕甘分省

乾隆四十年（1775）六月十五日，甘肃布政使王亶望上了一份奏折，奏中云：

窃照国家设官分职，将所隶地方该管职守拟就印信字样，钦定颁行，如各官内原隶地方或遇裁并分设及原颁印信字样与现管职司不同，亦得随时奏请更换，以期循名核实。臣伏查陕西、甘肃两省俱设有藩、臬二司，各司其事，两无统辖。甘肃领九府五州六十七厅州县，我皇上开拓新疆以来，现今口外设立郡县并入版图，幅员益广，户口日繁，均归甘肃省藩、臬两司职管。今甘肃藩、臬印信，一开陕西甘肃等处承宣布政使司之印，一开陕西甘肃等处提刑按察使司之印，俱冠以"陕西"二字，相沿遵用似属名实未符。伏思时宪书内开载节气时刻，甘肃向附陕西图格之内，已蒙圣鉴敕命另列一格，以别省分。其甘肃省藩、臬印内旧有"陕西"二字，似系赘列，且甘肃各道关防内亦无"陕西"字样，应请删除，以归画一。又宁夏府水利同知关防内开"陕西宁夏府监理水利同知关防"字样，并无"甘肃"省分，似应一律更正。如蒙俞允，将来各官陆续请换印信时随案声请删更。❷

按：甘肃省藩、臬两司官印中开列有"陕西"的字样，事出有因，事实上牵涉到一桩历史上陕西、甘肃分省的公案。

"省"被作为地方高层行政区划的名称在元代开始全面推行，当时称为中书省和行中书省。在元代，甘肃与陕西各为行省。明初攻下陕西、甘肃之后，由于甘肃的地理位置非常特殊，西北面临敌对的蒙古势力，南部则是动荡未安的藏区，不利于明政权的攻守，于是明朝将陕、甘两省合并为一。

❶《清仁宗实录》卷226。
❷ 中国第一历史档案馆藏朱批奏折 014-01-01-0333-040。
❸《清朝通典》卷9。
❹《清世宗实录》卷81。

明朝在全国改设南、北直隶和13个布政使司，布政使司也被称为"省"。

清沿明制，入关之初的地方行政制度继承了明代的14个布政使司（其一是南直隶改为江南省所设）和1个直隶（北直隶改为直隶）规制。但也做了一些调整，如将总督、巡抚的辖区特别是巡抚的辖区与布政使司辖区逐渐一一对应，固定下来。在众多的正式文献中，"省"被作为了行政区划名称与布政使司名称、巡抚辖区名称通。

清初陕西省是一个大省，管辖陕西、甘肃、宁夏、青海东部，甚至今天内蒙的一部分。由于省份过大，行政维艰，且容易形成尾大不掉的失衡情况，因此康熙二年（1663）"定为陕西、甘肃两省"。依据是陕西左、右布政使司分驻，右布政使司分驻甘肃的巩昌。❸

然而由于历史上诸多渊源，在很多人的意识里，陕甘始终还是一个省。甘肃省的名称在康熙年间出现得非常少。雍正七年（1729）五月十三日，内阁奉上谕："向来有司官补授之时回避本省，盖因地方密迩，恐其中有嫌疑牵制等弊也。朕思江南之上江、下江，湖广之湖北、湖南，陕西之西安、甘肃，虽同在一省中，而幅员辽阔，相距甚远，定制各设巡抚、司、道以统辖之，其情形原与隔省无异，则官员选补，不过有同省之名，而并无嫌疑牵制之处必须回避；况既系同省，则于彼处人情、土俗较他省之人更为熟悉，未必不于地方有所裨益。嗣后，凡江南、安庆、湖北、湖南、陕西、甘肃诸处府州县以下官员得本省之缺，不在本籍巡抚统辖之内者，不必令其回避；其相隔在五百里之内者，仍照各省回避之例一体遵行。特谕。"❹ 说明了直到此时，雍正犹尚未认同陕西、甘肃的分省。

清廷对陕甘分省的权威认定，是乾隆以后才展开的。乾隆继位后，分开独立的《陕西通志》与《甘肃通志》才正式刊刻竣工。乾隆十四年（1749），清廷在陕西设陕甘总督，又在甘肃设巡抚1人，受总督辖制；乾隆二十九年（1764）陕甘总督移衙兰州，总督兼甘肃巡抚衔，仍保留甘肃布政使之设。乾隆二十六年（1761）清廷编绘《乾隆内府舆图》，陕、甘第一次在帝国的舆图中被明确地分省标注。而分省多年后，在甘肃藩、臬两司的官印中依然还开列着"陕西"字样，可见彼时清朝官印制度的建设与现实政治生活严重脱节滞后的程度。

历史上的陕、甘分省的地缘政治纠结一直到了晚清依旧并未完全了清。陕、甘两省科举同省考试的局面，甚至一直延续到了光绪年间。同治十二年（1873）左宗棠上疏要求陕、甘分闱，而直到光绪元年（1875）甘肃才得以真正地设立了本省的贡院。

关于此奏折的作者王亶望，也有必要说一下。此人是清史上著名的"甘肃冒赈案"的主犯，在甘肃布政使任上，他长袖善舞，上下勾结中央与地方官员，谎报灾情并虚捏滥卖"救灾"捐监执照中饱私囊，竟一路绿灯升任浙江巡抚，七年后才东窗事发，被处死刑。该案件前后共涉及全国范围内总督、布政使以及州、府、县各级官吏中侵吞白银一千两以下者102人，一千两至一万两以下者30人，一万两至两万两以下者11人，两万两至十万两以下者20人，十万两以上者10人，甘肃全省历任官吏几乎都有染指；经审理后被判斩立决的官员有28名之多，还有51名官员被判斩监候、秋后问斩，另有46人被发配边疆服役，追缴赃款281万余两。被后人称为"清朝第一大贪污案"。

八、心有千千"结"

嘉庆七年（1802）七月三十日，内阁奉上谕：

御史多福等奏，内阁考取供事，印结官有一人出结数百张者，请旨饬禁，以杜流弊。等语。所奏尚是。考试取具印结，原以杜顶替捏冒等弊，今内阁报考供事，司官李肄颂等出结，自二百张至七百张不等，断无一人认识如许多人之理，自系希得酬谢小费，遂尔滥行保结。但念从前未经设有例禁，此次姑免议处。供事所系尚小，倘遇正项考试亦似此滥行出结，成何事体！嗣后遇有考试之事，印结官必须与本人素相识认，方准出结；其所用印信，并令该堂官留心稽查，毋得仍前任意浮多，以杜冒滥。钦此。❶

按：印结一事，实为清朝官场最大的秕政之一。

结，习称甘结，是一种凭证文书，钤盖有官印的结，

❶ 中国第一历史档案馆藏《嘉庆朝上谕档》第802盒第1册。
❷ 《清高宗实录》卷991。

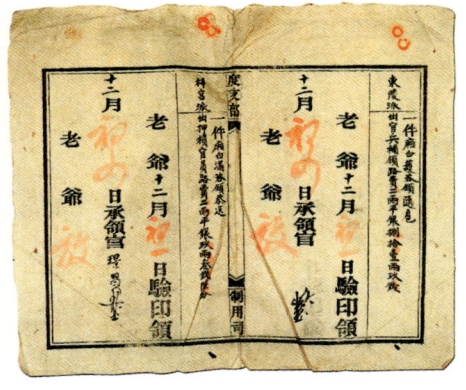

称为印结。清代印结是官文书中一种常见的文种，应用于对持印结人的证明与担保。

通常情况下，印结作为一种被朝廷认可并推广的官员福利，也成为了官员名正言顺地敛财变现的一个途径。

清朝法律规定，凡捐官、请恤，参加科举或公务员吏考试的人，都必须有人作担保，以印结为凭。出具印结的官员必须是八品以上有官印的官员，而且还必须是同乡。当然，出具印结，也有一定的风险，如发现有顶替等情弊，出结的员吏均要受到处分，康熙时期规定：地方官代替顶冒人员出结者革职。雍正时进一步规定：候选拣选官员例用同乡官印结，凡出结者，务令本衙门设立号簿，将出过印结的原由登记簿内，每月月底统计造清册报送堂官咨部查核，如册内无名，即传该员究问。乾隆四十九年（1784）九月，吏部奏："贡监职员，遇铨选考试等事，不及回籍起咨，例得取具同乡京官印结，然必同系一省，体察方能确实。"并请奏重申必须是同省老乡才能出印结的规矩。❷

清朝统治者对于印结滥用的情况十分头痛，但苦无良策，屡禁不止。而印结之弊，早已侵蚀入整个王朝的肌骨之中，无处不在。雍正七年（1729）三月十三日曾下谕：

盐场大使及河工效力官员，必须身家殷实之人，始免累商剥民及侵帑误工等弊。是以在部拣选之时，皆令取具同乡京官印结，保其家道殷实，然后命往办事，所以防冒滥而收实效也。闻从前拣选之人取具印结时竟有徇情受嘱，将并无身家之人滥行出结者。似此，则是取结者以请托而窃功名，出结者顾私交而忘公义，其罪诚不可逭。查定例，盐场大使及河工效力等官到任之日，该管上司将果否家道殷实之处行文移查本籍地方，例虽如此，但恐视为具文，含糊塞责。嗣后著实力奉行，毋得丝毫假借。倘行查本籍，其人家道并不殷实，具奏到日，即将本人及出结之同乡官一并革职。若有贿嘱等情，仍审明按律治罪。倘本籍不据实查明，扶同回复，将来别经发觉，或有应赔之项本人无力赔补，亦必将本籍之大小官分别从重议处。至出结之官必用主事以上之员，其微末京职不准出结。特谕。❶

出据印结固然有一定风险，但盖章拿钱，却成为官员谋利的一个渠道。到了晚清，呈现出愈演愈烈之势。胡思敬《国闻备乘·卷一·京曹印结》云：

承平时，京官最称清苦。翰林仰首望差，阅三年得一试差，可供十年之用；得一学差，俭约者终身用之不尽。部曹放差者甚寡，唯借结费以自给，其实皆私利也。结费不知始自何时，究其端，大约因军兴以后，捐例开，仕途杂，入京引见者多假冒，吏部不能诘，乃令取具各同乡京官印结，始准注选或掣签分省补用。外吏既须京员出结，即不能不稍事应酬，此亦人情之常，不须绳以苛法。其后捐生益众，出结者益众，馈遗多寡无定数，则必有相争相轧之情。于是京曹出结官始分省各设印结局，派专员管理而均分其数，罔有议其非者。庚子以后，各省昭信股票，悉准报捐，辗转鬻贩，值遂大贱。由监生捐一主事，买票不过千余金，而结费有达二千者，过于捐数几倍。行之既久，相习以为固然。❷

嘉庆在上谕中提到的一个人就能开出七百张印结，想来其拍出结费的人财力一定不俗，而众官也乐意多出印结牟利。但一人开出七百人印结之多，确实叫人瞠目。

清代的印结不独只存在于任官、科举方面，其他方面也几乎无处不在。比如官员出差旅途中，都要预备花些"买路钱"得到地方官印的印结，否则寸步难行。清何刚德《春明梦录》云："从前钦差奉旨驰驿查办事件，随带司员一并驰驿者，……惟每过一站，仍应取地方官印结，注明供

❶ 雍正内府刻本《钦定吏部则例》卷9。
❷ 胡思敬《国闻备乘》第14~15页，中华书局2007年版。
❸ （清）何刚德《春明梦录》第26页，上海古籍出版社1983年版。
❹ （清）佚名《郎潜忆旧》，载《近代史料笔记丛刊——〈青鹤〉笔记九种》第208页，中华书局2007年版。

应夫马并无额外多索字样。县未出结，便不敢行。""每次钦差出京，沿途州县办差，每闹赔累。钦差回京，必有谓其滥受馈送，满载而归，甚有以滥索供应，见诸参案者。"为了避免麻烦，顺利得到各道印结，虽贵为钦差，也要输送点小利小惠给州县官员，即变相的"印结费"，大家彼此相安无事，自求多福。❸

到了清末，在京官员索性公开设立同乡印结局，专门负责从中联络游说，公开议价买卖印结，出结收费的市场场面十分的火爆。清人平斋先生《郎潜忆旧》说："印结费者，部曹俸薄赖以为津贴，各省通例也。在部当差者，每年所行三四十金，寻常省分每年可二三百金；若以粤、江浙之富饶，年竟有逾千金者。"虽然北省京官与南省不同，印结费相对少些，但平斋曾听同年李少林言，与李同部的一个叫锡彬的人曾自诉说，他家四口人，如果节省点花，每月仅印结费一项，犹可"作一月伙食足矣"。❹

印结费虽滥，但在清代，司法系统的官员却是无法雨露均沾的，由于迷信，没人敢要钤盖着三法司官印的印结。

九、瘦羊"五经博士"印

嘉庆二十五年（1820）二月，礼部上了个奏折，折中写到：

前准河南巡抚咨称，河南嵩县先贤伊川程子裔孙世袭五经博士程圭璋病故，程圭璋之子程敬铭未及承袭，相继物故，敬铭之子毓培守制未袭，亦经病故，遗子秀实年甫十三岁，系已故博士程圭璋嫡曾孙，例应承袭，取具图谱册结咨部。等因。经臣部查，程秀实应袭五经博士与例相符，准其先行注册。惟查送到宗谱内钤用五经博士关防一颗，系何年颁发之处，行令该抚饬查咨复去后，今准覆称据伊川二十七代次孙陪祀生程拟璋禀称，宗谱内钤用关防一颗，遵查高曾祖父相继承袭博士百有余年，溯传有钤帛关防，前代已有博士七辈，颁发之始，后人未悉原委。兹查关防系铁铸，重二十二两，宽一寸五分，长二寸五分，厚三分，柄长一寸八分，周围并无字迹，实不知何年颁发。等情。据此复查无异，理合取具亲供甘结咨部查照。等因前来。查先圣、先贤世袭五经博士，定例止由吏部给与札付，并不应有关防，且部铸各项关防以及铃记，定例均用铜质、清汉篆文，旁镌铸造年月。今河南程氏五经博士关防据称系属铁铸，只有汉篆，并无清篆，周围亦无字迹，其并非部颁之件已无疑义。如果该博士有私行铸造情事，自应按律究办，现据称自伊高曾祖父相继承袭，明代已有七辈传有关防，然究无的据，殊难凭信。查五经博士专为承奉祭祀而设，并无咨会文移应用关防之处，若听其存留，恐藉此致滋事端，相应请旨饬下河南巡抚转饬该县详细查明，并将该博士从前有无私行铃用违碍之处照例办理。所有五经博士关防一颗，即行追缴查销。❶

按：折中所述的五经博士，系学官名。

"博士"一称，源于战国，迨至秦汉，博士的职务主要是掌管图书，通古今以备顾问。汉武帝设五经博士，教授弟子，从此博士成为专门传授儒家经学的学官。汉初，《诗》《书》《礼》《易》《春秋》每经各有传承门派，政府于每经置一博士，各以家法教授，称"五经博士"，以后历代相沿不替。明朝设国子监博士厅，在厅五人，从八品，分掌五经之教授。同时翰林院也设五经博士，各掌专经，以备讲读，后渐浸成为地方乡里圣贤先儒后裔世袭之职，唯放养于野，居乡给俸，以奉先世祭祀，然虽已不治院事，依然秩正八品，并颁给关防。授伊川程氏后人的"五经博士"即属这种情况。那枚铁制的"五经博士关防"，应是明朝的遗印。

清仍明制，略有增改，五经博士也分为在职与在野两种。

在职者为翰林院五经博士，正八品，即所谓的"饩羊博士"，清代京中各衙门九卿之下，有"中、行、评、博"之说，其中太常寺或国子监的博士即为此类。只不过他们已非传统的专门讲导教员，其职司与监丞、典簿一样，实为部院之司员。博士虽属冷衙闲曹，但毕竟跻身国家正式

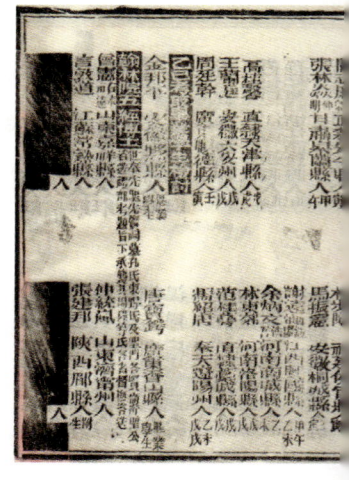

晚清《搢绅录》载"五经博士"

重源传流

❶ 中国第一历史档案馆藏军机处录副奏折03-1642-005。
❷ 光绪三十三年版《大清搢绅全书》荣宝斋镌版。
❸ （清）萧奭《永宪录》第318页，中华书局1995年版。

公务员序列，有例俸，给官印。在职的五经博士的生源，据《大清搢绅全书》"翰林院五经博士"条载："世奉先圣、先贤祠墓孔氏、东野氏及圣门各贤裔，衍圣公咨送礼部考题，旨下承袭；其周、程等氏，各省督抚咨送。"❷也就是说，曲阜地区的各圣后裔，向由衍圣公推荐；其他各省的圣裔，则由地方督抚保荐。

在野的五经博士，即清人笔记中所讥的"瘦羊博士"，是各依其祖源地望而居的圣贤先儒后裔中承袭"五经博士"的人。他们在清朝的待遇显然不如明朝，通常只作为地方乡绅，由地方政府报备管理，只发官方凭照，不颁印信。

清代比较著名的"五经博士"姓氏地望，主要包括山东曲阜、浙江、西安的孔氏以及邹县的孟氏等，福建及江西婺源的朱氏，河南伊川程氏等。最为有趣的是，在清代，除了文圣后裔外，连武圣关羽的后裔也被授予五经博士。《永宪录》记：康熙五十八年（1719），因为关圣（羽）墓在洛阳的缘故，清廷曾谕令授予洛阳关羽后裔关霱与山西解良关羽的后裔关居斌同为五经博士。雍正十年（1732）湖北巡抚王士俊修荆州关帝庙，又奏请以荆州的关羽后裔授予五经博士，并守关帝墓，享奉祀，"遂奉旨三处并袭"。❸

然而，对于所有在野的"博士"，清廷是不颁授印信的，非但如此，还要求将明朝所发印信收缴。故此，清朝在野的"五经博士"颇属鸡肋。

史载，清廷一直在致力于收缴前明在野五经博士的印信以及印照，但各地方贯彻执行得并不彻底。虽然嘉庆二十五年前明所颁的程姓"五经博士"关防及印照均已经上缴销毁，但在二十年后，又出现了新的情况。道光十九年（1839）十月，安徽查获六安州贩卖烟土的程保龄自称为程子奉祀生，其执照据部查确为程姓五经博士所授，并盖有"五经博士程"关防。由此可知，明代各在野"五经博士"的关防，均各以其姓入印，比如程氏为"五经博士程"关防，孔氏则为"五经博士孔"关防，以示区别。关于此案，清廷关注的重点还是关防与印照问题，"安徽省素无程子祠庙及额设祀生之例，历次清查私照，均概令销毁"，现在冒出的这个程氏奉祀生，还执有一张新的盖有"五经博士程"关防的印照。朝廷为之十分震怒，认为"恐尚不止此一案"，下令"著衍圣公及各直省督抚、学政详查究办，以慎名器"。❶ 此后，道光二十三年（1843）六月，礼部又查出有在野的曾姓（曾子后裔）五经博士私给奉祀生执照的案件，清廷不得不再次重申"各省奉祀生设有定额，其充补应由该督抚学政及衍圣公等于本省嫡裔内选充，由部核给执照。其有事故出缺者，将原领印照缴销，历经该部通行各省，自应照例办理"。并"著衍圣公孔繁灏详查各博士等如有私藏关防、私给札付，概行送部销毁，倘仍隐匿不缴，即著严参究办。"❷

在野的五经博士印，清廷虽视为非法，迭令禁缴，但在民间却依然大有市场，屡禁不止，足见民间对官印的普遍的迷信与崇拜传统的惯性和力量。

十、"秋官辟邪"

中国自古对印章有一种特殊的迷信，认为它具有某种神秘未知的趋福辟邪功能。比如汉代的"刚卯""严卯"，以及历朝的"天越神章"等道箓印，包括民间的桃根印、枣心印等，更是直接就是压胜驱邪印符式的印章。南朝吴均诗云"肘悬辟邪印，屋曜鸳鸯瓦"，可见其风气之盛。

古人们相信：不仅官印本身具有镇恶驱邪之功能，而且这种功能不能够通过印鉴的形式被不断复制、广泛传播。清朱象贤《印典·卷四·印镇疫祟》云：

> 文信国（宋文天祥）名印，铁铸。候官农夫田中耕出，归一老儒。凡人家有疫祟或癍者，持此镇之辄愈，得厚偿。途远难往，印一纸传粘于户，或疟者额亦愈。❸

因此人们习惯于张贴印鉴集符以镇宅祈福，尤其是一些特殊的具有特权的衙门的官印印鉴的挂幅，往往最被社会趋之若鹜，成为镇宅驱邪特品的首选。这种风俗一直到清代还十分盛行。

清嘉庆十九年（1814），京中有司于宋联玉家中起获

❶ 中国第一历史档案馆藏《道光朝上谕档》第1030盒第2册。
❷ 中国第一历史档案馆藏《道光朝上谕档》第1073盒第2册。
❸ （清）朱象贤《印典》，载桑行之等编《说印》第105页，上海科技教育出版社1994年版。
❹ 中国第一历史档案馆藏《嘉庆朝上谕档》第874盒第2册。

了一幅用刑部堂、司各印钤盖的"秋官驱邪"字轴，认为有干禁令，除将该人刑处外，相关涉及盖印的刑部官员也被议处。十月十二日，奉嘉庆下谕，云：

"其宋联玉家起出'秋官驱邪'字轴，盖用刑部堂、司各印。该部堂官未能早为查禁，自请议处，并未将监印司员查参。著仍向陈兆麟讯究此轴系何时用印，将监用堂印司员查明后，该堂官等再行奏请一并交议。至失察各司司印人数众多，免其查议。嗣后不准盖用此项印轴。此外尚有'天官赐福''冬官镇宅''文光射斗'等项字轴，向各衙门盖印者，均著一体禁止。如再有印用者，即照盗用印信例治罪。其愚民收藏悬挂陋习相沿，除已往不究外，仍著将旧藏印轴概即销毁，并著步军统领等衙门严行查禁。" ❹

此谕字里行间，折射了当时民间收挂官印盖字幅轴，用以驱邪祈祷的习俗已经十分流行，相沿成风的实情。所谓"印轴"，就是在纸张、绢轴上按一定的文字书法形式，以印鉴作为文字的笔画来钤盖，然后装裱成卷轴，悬挂于室内。一般来说，民间悬挂印轴，其所选的官印印鉴，以翰林院、国子监等文翰部门以及六部等职能衙门的官印最为盛行。各印幅在选词造句以及选印方面也颇为讲究，注意文词的寓意与所选官印功能上相称与对等。比如《周礼》分设天、地、春、夏、秋、冬六官，后世相沿称作吏部、户部、礼部、兵部、刑部、工部，故如果设词为"秋官驱邪"，则必选用刑部印来钤盖，因为传统中刑部即称"秋官"；而"冬官镇宅"一词，就必以"冬官"的工部官印钤盖；至于"文光射斗"，当然要选用俗称"文奎"的翰林院的官印了。

由于此习俗由来已久，且在民间的市场十分广阔，一些部院官员可以此谋利，因此，其风气又岂是一纸上谕就能彻底根除的。徐凌霄、徐一士《凌霄一士随笔》中谈到宣统辛亥年间，一向被称为"天官"的吏部被裁撤而改设为叙官局，当时朝野讽言四起，纷纷胡卢笑话说："'天官赐福'亦告终矣。"徐氏并在文尾的小注中说："裁布或纸为斗方，书'天官赐福'四字，盖以吏部印，吏部司员以之赠人，取吉利；刑部

则书'秋官驱邪',谓可代张天师符箓,后改法部,犹因之。"由此可知,直到清亡,"印轴"之风从未真正地被根除过。❶

用官印钤盖文字书法卷轴的风俗,不仅流行于民间,宫中也很盛行。据一位过世的前辈讲,有人见过宫中有以宫中殿阁玺印盖成一"寿"字的立轴,十分地气派堂皇。

在清代,关于官印的莫名其妙的各种禁忌还有很多,其中尤以刑部为甚。比如每年开印后的三天之内,刑部照例不能呈进盖印的题奏,否则被视为不祥。嘉庆二十年(1815)下谕命减去一天,"于开印后第三日进纸张本,第四日进轻罪本。"❷ 况周颐《眉庐丛话》记:刑部素有"顺天无缝,直隶不直"之说:刑部下顺天司的门终年扃闭,其司务厅每天都必须以纸粘盖门缝,如果稍有漏缝,那么其司所办的印稿必然会出现差错,官员则被连累受到处分;还有,历来刑部直隶厅则从不设公座,盛传一旦设公座则必兴大狱。此外,负责刑部监管堂、司各印的当月司员,每临盖印,都要格外谨慎封缄上锁,无事则必不得启视印匣,否则必有监犯病毙。云云。❸

十一、曾文正公的"凡尔赛"印

同治五年(1866)十一月,曾国藩上了一件奏片,片云:

再,臣因病不能回江督本任,留营自效。李鸿章未入豫境,臣经手各件仍认真筹办,一切公文照常通行。查咸丰十年以前,臣办理军务皆用木质关防,兹拟仍刻木质关防一颗,其文曰:"协办大学士两江总督一等侯行营关防",十九日送交"钦差大臣关防"后即行开用。东西两路军务目下商同调度,俟李鸿章出省后,臣即不主调度赏罚之权,俾事权归于画一,庶将领有所适从,臣仍以散员留营帮同照料。理合附片陈明,伏乞圣鉴。谨奏。❹

按:此奏片出笼的背景比较复杂:同治三年(1864)正月,曾氏湘军攻克钟山,合围太平天国的首都天京(南京);六月,湘军攻破天京,太平天国失败。为示嘉奖,清廷特别加封曾

❶ 徐凌霄、徐一士《凌霄一士随笔》中册第936页,中华书局2018年版。
❷ (清)吴振棫《养吉斋丛录·卷二十三》第294页,中华书局2005年版。
❸ 况周颐《眉庐丛话》第325页,山西古籍出版社1995年版。
❹ 中国第一历史档案馆藏军机处录副奏折03-4841-026。

国藩为太子太保、一等侯爵，世袭罔替，并赏戴双眼花翎。一向深谙韬晦的曾国藩担心功高震主，会招致不测之祸，于是主动奏请朝廷允准裁撤湘军25000人。同治四年（1865）四月，剿捻统帅僧格林沁全军覆没于山东菏泽，清廷即任命两江总督曾国藩为钦差大臣，北上专责督师剿捻，又以李鸿章署理两江总督，负责调兵、筹饷等后勤事宜。由于当时捻军正值势炽，作战的风格快速多变，曾国藩所采取的"枯守堵御"之策一时难以奏效，加之其时曾氏手下的嫡系湘军大部已裁撤，曾国藩北上所率多为淮军，无法有效指挥。因此，经过了一年半时间，曾国藩督师依然久而无功。清廷不得不于同治五年（1866）十一月改命李鸿章为钦差大臣，接办剿捻事务，曾国藩则仍回两江总督任。正当此时，曾国藩以交接关防之际公务不能耽误为由，请求暂时刻一木质关防，在将"钦差大臣关防"交给李鸿章后，临时启用于未竟的公务。

曾国藩此举实出人意外，因为曾、李属于正常工作交接，"钦差大臣关防"与"两江总督关防"应在同时相互交换，可以无缝衔接。按照大清制度的常例："钦差大臣关防"交接后，曾国藩已不在钦差大臣职任上，即使有未尽公务，在接篆两江总督关防后，亦可以两江总督关防钤盖公文行事，于一切公务并无妨碍与冲突。但此时曾国藩却突兀地请求再自刻这样一方木质关防行用，不仅有乖制度，而且也颇为无稽。然由于当时清廷正在用人之际，对于劳苦功高的曾国藩更是眷重而网开一面，竟然稀里糊涂地批准了这一申请。

曾国藩一向以"立德、立行、立言"自励并标榜于世，后人有誉其为"亚圣"者，然而他的这一举动与他一向呈现在公众面前清高自谨、老成儒雅的人设形象颇为冲突。虽然这种临时性木质关防，彼时官场颇为流行，常被视作非正式官印序列的例外之印，而且曾国藩所请也似乎有意降格，低调地聊以"行营关防"的面目示人，借以稍示谦抑。但在奏片中自谦为"仍以散员留营帮同照料"的曾国藩，却在拟请自刻的关

曾国藩图像

赐本印（弘历用印）印鉴

防中高调地将"协办大学士""两江总督""一等侯"等各衔一一排比罗列刻入，会使观临此关防的人不由顿觉一股雄视同侪、夸耀于世的压迫感，以及凌人的盛气扑面而来。远的不说，即就与他相互接任的李鸿章而言，李在攻克南京时，只被封了个一等肃毅伯，而当上协办大学士，更在两年以后了。不知心高气傲的李鸿章看到此赫然殷红的关防，心作何想。

清代官印制度进入正轨后，"协办大学士"与民爵之"侯"（清廷特设的血食明朝朱姓裔脉的"承恩侯"除外），照例朝廷均只是颁发封诰，并不专门颁铸正式封印。即使有人为了自娱炫耀而将其名衔刻入私印的，这种私印也仅限于个人作品与私人书札，绝对禁止在公文上钤盖。对于官印，清廷的制度规定一向很严格，爵位与虚衔绝不准入印，即使兼衔，也每每禁在不刊之列。比如清代的地方督抚，在公文上具衔时，照例允许列写所兼的兵部尚书、侍郎、都御史等兼衔，甚至傅、保、公、侯等虚衔，甚至在清末还允许他们在对下公文的具衔处使用衔名印戳，但这种戳记都不属于朝廷所颁的官印系列，也不准擅列印信、关防之名，更不准用于公务文书的例行盖印处；而在朝廷所正式颁铸的印信、关防中，所有虚衔、兼衔以及姓名，则一概禁绝入印。

自办理了"天津教案"后，曾国藩的名望声誉和个人情绪大受挫伤，每每自叹："外惭清议、内疚神明"，回到两江总督任后，已是一味地谦抑克制，不复当初的意气风发。不想在此境况中，曾国藩还会因一时虚荣作祟，以这种临时关防的形式，将各种荣誉官衔夸耀式地巧妙植入官印中。他这样做的真实内心活动，后人无从妄评，或许不过是为了自嗨小小自我放飞一下而已，暂舒一下长久紧绷的神经，但却也不经意间暴露了他自我修为的另一面。

——即使是"亚圣人"，也无妨怀揣一颗偶尔驿动一下的"凡尔赛"心。

曾国藩自刻的这颗关防的出现并不是孤立个案，当时整个官场中这种现象并不鲜见。这一类官印的出现，整体来说，对于大清固有的官印制度是一种破防，从另一个角度看，也折射了晚清时期官印制度一片败落与混乱的生态。

❶ 翁同爵著，李红英辑考《翁同爵家书系年考》第376页，凤凰出版社2015年版。

十二、双臂"花印"入闱来

在清代，如果必须选出一个用印最密集最频繁的公务活动，则非科举考试莫属。尤其是乡试、会试时，十几天内前后三场考试，成千上万的士子、考官、杂役、兵丁出出入入，为了保密，层层设防，凡各色人等的出入，以及闱内外任何帘内公文、试卷要以官印为凭。尤其是各种试卷，用印最为繁复而冗重。同治六年（1867）湖南布政使翁同爵在一封信中曾提到："外省办理科场，皆藩司衙门主政"，是年的湖南乡试中他所掌用之布政使官印被一直处于动态的频繁使用中，"至临场之投卷、造册及试卷用印，更漏夜赶办。"信中翁还特意注明："卷有一万余，用印十二万几千颗，用水印印卷背，故尤难也。"❶

清光绪十二年（1886）会试内监试官李鸿逵在其《春闱内帘杂咏》中云："五千余卷都登戳，十八房文统记存""荐卷看明分字号，行文先记用关防"，记录了当时场屋之内关防印信使用的盛况。

清代科举考场中盖印的形式也是千奇百怪，甚至有在胳膊上盖印的。在乡试、会试科举中有一个特殊的工作群体，即誊录，又称朱卷誊录。明、清两代，为防考官营私舞弊，凡乡试及会试士子的原卷（即墨卷）须弥封糊名，并由誊录人用朱笔誊写一遍，送交考官批阅，称为誊录朱卷。誊录的人用朱笔誊写，不书考生姓名，只抄考卷的编号，使阅卷者不能辨认笔迹，防止了关节舞弊。誊录历来被视为作弊的一个重灾区，受到特殊的管控，其中有一项制度尤其搞笑，就是誊录人从州县选拔到进京入考场过程中，要经历两次在臂上盖印，以验正身。这一制度产生于道光年间。

道光二十三年（1843）十二月，军机大臣穆彰阿等为会议顺天府乡试章程所上的奏折中云：

> 臣等公同酌议，嗣后顺天府乡、会试，应

清代贡院图

请责成顺天府尹、直隶总督严饬各州县于考送誊录时，用折奏一本，内墨格二页，铃用印信，选正身书吏，于卷面当堂亲写年貌籍贯、某房书吏，再于墨格用朱写六行，择字画清楚者，各于左臂用印一颗，封固，将原卷并册结封送各府、厅、直隶州验明臂印；令于原卷用朱接写四行，如年貌笔迹不符，立即驳回更换，将申送官指名详参；其堪以供役者，派干练丞倅及候补州县等员，于起解时逐一认识、沿途约束，限于入场前五日赴顺天府，将原卷册结投递，验明臂印，仍令于原卷用朱接写四行，如年貌笔迹不符，即行驳回。查系本处顶替或中途更换，除将该书吏及雇倩之人严究外，仍查取申送之州县及解送官职名，分别咨部从重议处。其堪供役者，将原卷存顺天府备查，由大、宛两县各于右臂上用印一颗，封固，妥择寺观同原解官严密关防，于入场前一日，解官押赴贡院砖门搜检。大、宛两县于贡院门外点名，押解官逐名认识，按序而入。顺天府尹会同监临知贡举于龙门外验明左右臂印，点名入场。……[1]

按：在清代，以臂上盖印来验人的方法，一般多施用于层次比较低陋的场合，比如一些官府的工地，通常会采取用木戳在入场的佣工、杂役臂上或脸上临时盖印，以方便数人头。这种印法方便简便，用后一洗便罢，但却含有某种歧视的意味，而乡、会试朱卷的誊录者作为体制内部的工作人员，居然也被施以如此简单粗暴的臂印方式，着实叫人错愕。另外，穆彰阿的奏折中还提到科举入场的誊录者们臂上的印时，用了"封固"一词，显见其臂上盖印时作了特殊的处理，否则一印多日，体汗浸沾、衣袖摩擦，难免不出现浸濡模糊的现象。

这一奇葩的臂上盖印现象，也充分体现了清廷对科举考试的重视，以及无所不用其极的防弊措施。

十三、"朱印蓝戳"满试卷

在清代，用印最密、最繁的文书，当以科举乡、会试中的"墨卷"、"朱卷"最为典型。每份试卷上都红、蓝、紫、黑地赫然钤盖着十数个关防、戳记，再配合着各色的文批、浮签，

[1] 中国第一历史档案馆藏《道光朝上谕档》第1076盒第3册。

五颜六色，使得试卷如同顽童身上的花衣，煞是热闹精神。

　　清沿明制，乡、会试科场贡院龙门之内一般以公堂为界，分为内帘、外帘二区。公堂以内的内帘区是考卷评判区，即朱卷校阅区，为正、副主考、各房同考官、内提调、内监试、内收掌等内帘官的工作区；外帘区为士子考试区，设有知贡举、监临、外提调、外收掌、受卷、弥封、誊录、对读等外帘官。主考等内帘官们进入内帘区后，外帘的监临官即以帘封门。为慎重关防，规定内帘官不得私下相互往来，有事皆在公堂商议。

　　通常来说，乡、会试士子考卷的校阅分"墨卷""朱卷"两个阶段。为了防止试卷作弊，内、外帘官层层把关、卷上处处标记留痕；同时为便于区分辨识，各官在朱、墨卷上的批语、浮签文字及所钤印章的颜色都各有不同。

　　先说墨卷。

　　墨卷是指士子入场考试作文试卷的原件，因试文以墨书写，故称。墨卷上关防、戳记的出现次序大致如下：首先是卷面，在卷面的正中会预盖有第几场（乡、会试通常分三场）的墨戳，其下应试者亲书填写的某府某县学籍附生或廪生或贡生，本人姓名之旁验盖有"千字文"的座号戳；其次是卷中，卷子前部分为士子亲填的履历页，其后接七页空白纸，是为草稿部分，草稿的第一页预盖有红色"草稿"戳记，第六页则盖有"草稿止"的红戳，第七页空白留作弥封之用；接下来是印有红线界格的试卷部分的正文区，每页六行、每行二十五字，一般头、二场为十四页，第三场十六页，以备士子楷书誊写。

　　墨卷写好后，交收卷官将卷面及内页之履历、草稿折叠反转，用草稿后的空白一页反折弥封糊名后，在卷面和卷内骑缝处钤盖大红字的弥封官关防、监临官关防，另外受卷官也要将自己的衔名小戳先钤盖在卷面第几场文字处已盖的监临关防印鉴之上，再盖于所编的与朱卷相同的"千字文"红字编号上。以上的关防、印戳皆用红色，唯"千字文"编号上的印戳用紫色，以别于原编号戳的红色。此外，在墨卷背还盖有某省印卷官字样的印戳，其下分盖各省布政司理问某某、按察司照磨某

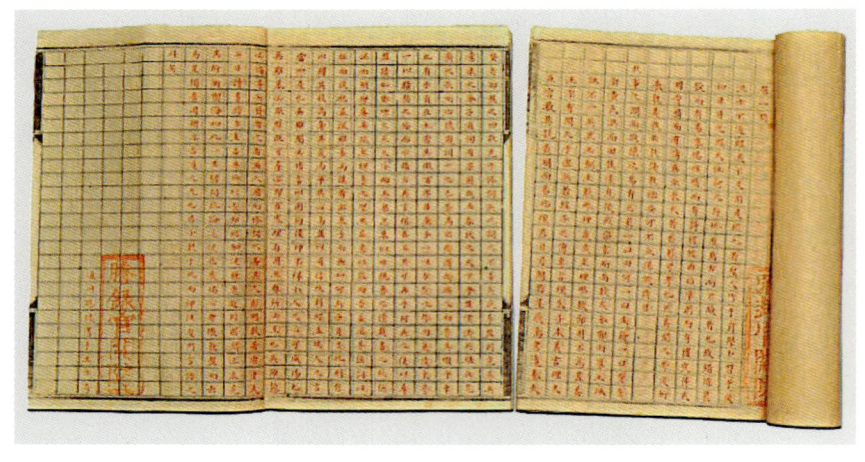

清科举考试朱卷

"己卯优贡辛巳孝廉"印鉴 清 巴慰祖

某的名戳，皆不用弥封。

以上是"墨卷"用印的大致情况。

再说朱卷，朱卷是指墨卷弥封后，交由誊录生用朱笔誊录的抄卷，是评卷的考官们藉以评判标画的副卷。朱卷通常只誊抄墨卷的正文的文字，而不誊录墨卷后士子备注的添注涂改等小字，朱卷抄文内用圈点句读。通常头、二场的朱卷均为七页，第三场八页，每页二十四行，每行二十五格，用横直格线以墨印刷。朱卷卷面上盖有红色大字的监临官关防印鉴，此外还兼盖提调、监试关防；为方便区分头、二、三场，各朱卷上均直接钤盖第几场的小戳，也有直接钤盖"四书诗"、"五经文"、"策五道"三字戳记的。另外，朱卷卷面还会写注与墨卷相同的"千字文"编号，以备发榜时对号开拆弥封；各朱卷卷面右下方成排依次钤盖弥封、誊录、对读、外收掌、内收掌各官的全衔姓名小戳，各衔名小戳皆用蓝色。

在清代，朱卷与墨卷始终是被物理分开的，士子的原墨卷皆存于外帘区，由收掌管理，候放榜日，按中式朱卷红号调取墨卷，拆封填写榜名；朱卷则分批送提调堂挂批，由监临挨包盖印，若干卷为一包，若干包为一批，陆续装箱送交内帘，由内收掌分送考官评阅。朱卷入内帘后，由正副主考官掣签分卷，分发给各房同考官，原则上必须大家同堂分桌校阅朱卷，其堂多以"聚奎堂"、

❶ 张一麐《古红梅阁笔记》第4~5页，中华书局2020年版；注：清流之翰林四谏：黄体芳、张佩纶、张之洞、宝廷。

"抡才堂"、"衡鉴堂"等名之。朱卷分房后，凡各房考官有"荐卷"者，要钤盖考官的全衔名戳，名下加"荐"字或"阅荐"字，用蓝笔。同考官与主考官的批语，则另纸粘于卷面之背，同考官用蓝笔，主考官用墨笔，主考于批下加"备"者，是为备中之卷；凡卷内骑缝处皆盖监临、弥封官的关防，以防割裂。

批卷结束后，凡中式者，其墨卷与朱卷一同解送礼部以备磨勘，而未中式者称为落卷，榜后之卷均由落卷公所管理，听凭士子领还，各卷上均粘签写明籍贯、姓名，签的骑缝处盖用落卷公所小戳。填榜、放榜后，中式的正、副榜的试卷送还内帘，再由主考交各房官磨勘加圈写批，将房官、主考在原卷上所粘的批评浮签取下，照例另拟批评八字写在试卷上，房官的批语称荐批、副主考的批语曰取批、正主考的批语曰中批。然后，凡乡试卷由监试交内收掌解送布政司，以备咨送礼部；而会试卷则直接送礼部。

朱卷、墨卷上所钤盖的，无论是关防，抑或衔名戳记，皆属于官印的范畴。个别情况下，还会出现私章官用的情况，尤其是一些以衡文为荣、自命风流的考官们，偶尔也会任性一下。清末民初张一麐《古红梅阁笔记》记载过清末科举中"小印"官用的例子。

> 故事，乡试获隽者，例往学政衙门自填亲供。余壬午中副车后，十月间，往江阴谒学政黄漱兰先生体芳。时先生之子仲弢年丈绍箕，为先君庚辰甲榜同岁，以翰林庶吉士未散馆，助乃翁校士。余入厅事，候未久，见一红顶花翎，身不满四尺，而须眉甚伟者，出见客，酒气薰天，即阅卷小印"酒仙过目"四字之漱兰先生也。先生任京职时，弹章不绝，台阁之风。当时有四矮子齐名，比诸翰林四谏。❶

关于试卷上的红紫蓝的官印印鉴颜色，是承袭明朝制度而来的。清廷曾几次想改革规范，但最后都不了了之。《大清实录》记道光十四年（1834）十一月上谕：

> 科场条例，内、外帘笔色例有一定。其戳记、荐条应用何色，例无明文。此次山东、山西、河南、陕西四省朱卷，经覆勘大臣等查明荐条戳记或用紫色、朱色、蓝色，殊属参差，嗣后应如何画一办理之处，著

礼部酌定章程具奏。寻奏：嗣后房考第几房次第统用紫戳，荐条用蓝戳，内收掌戳记用蓝色，外收掌、受卷、弥封、誊录、对读各官戳记用紫色。印用错误，照例议处。从之。❶

实际上，此后的科场用印也并没有完全落实此谕，依然还在照旧例执行，朝廷也未再追究。特别是蓝色印文，被视为不吉之色，按律通常只用于国服期间，但科举场内的蓝笔、蓝印却一直沿用不替。史载，乾隆三十六年（1771）皇太后万寿恩科，清廷曾一度下令是科的内外帘官原来用蓝印的均著改易为紫，但该科过后，一切又改了回去，蓝色印鉴依然大行其道。

——传统的力量毕竟还是强大的。

十四、官印失窃的几帧案情现场回放

清代官印防盗制度完善、条律峻刻、关防严密，十分唬人。但实际上却有些外强中干，尤其是对于铤而走险的狂徒而言，常常脆弱得不堪一击。同治十二年（1873）发生的盛京刑部堂印被盗案，充分地证明了这一点。从档案记录来看，其贼作案动机大胆而无脑，行窃过程粗暴又简单，宛如游戏。盛京刑部侍郎铭安在奏折中对此案过程的描述却十分精彩、细致入微，其各种情节生动得一如大片回放，历历如绘。现特从其中选择几个特定情节场景描写，依今日大片制作流水方式，以原录形式回放如下：

缘起

……窃查盛京刑部四司轮流值月，所有堂、司印均在值月处封存，值月官专司监守。奴才自履任后，叠经申谕值日、值宿各官于一切公事及堂、司印信，务期留心接管，以昭慎重。讵于本年正月二十三日卯刻，据值月外郎万富禀称，二十二日后半夜时，堂印被窃，并遗失马褂。声明忆及昨夜晚聂明无故到署，在司闲谈，语涉疑窦。……旋由城内义丰当查起哈啦绒马褂，开写所付帖票字号钱数清单呈交，并经承审司员等由聂明身边搜出帖票三纸。查核字号钱数与

❶《清宣宗实录》卷260。

单开相符。

讯据聂明供认因贫听从朱万幅，起意同将刑部堂印连马褂窃出。马褂在义丰当质当市钱十五千，典票撕毁；堂印埋在通济仓墙角雪堆等语。随即饬差押同该犯聂明前往起获，并将朱万幅等拘案。……

密谋

缘朱万幅、聂明均系承德县民。聂明系左司皂役，朱万详系朱万幅之弟，朱王氏系朱万幅之妻。……同治九年夏间，朱万幅借使聂明市钱一百二十五千未偿，聂明时常在朱万幅家存宿。十二年正月，轮应在左司值月，所有堂、司各印装入印箱在值月处封存。值宿向系官一员，帖书、皂役、旗兵各一名。二十一日清晨，聂明在西华门茶馆饮水，朱万幅踵至，聂明向其索计前欠，朱万幅无钱央缓，聂明不允。朱万幅密向查询，闻知刑部堂印系纹银制造，起意商将堂印盗出销毁、售钱抵欠，余钱分使。聂明不敢，因朱万幅言系左司当月，伊系左司皂役，月官、书役人等不能防伊偷盗之语，聂明一时糊涂应允。

实施

二十二日，外郎万富接班，带同帖书吴光斗、披捕手齐有权、听事人王景恒等在月值宿，马兵恩禄因母患病，并未赴月值宿，亦未禀明月官。

二十二日燃灯时，聂明由茶馆出，遇朱万幅走至。朱万幅复向其提前事，聂明约定晚间行事。朱成幅言天时尚早，伊至烟馆吸烟，嘱令聂明等候。聂明即至左司值月处，查询吴光斗烟袋嘴是否翡翠，并向万富查访顶帽衣服存放何屋。万富因其无故到署咨询，诧异，当时驱逐掩门，上檐睡歇。

聂明行至署门首，见朱万幅在彼站立，即将带进门内南墙下藏匿。三更余时，聂明、朱万幅由东墙岔越过，抵至司堂门首，聂明用手将西边单扇门划拨开，推门进屋，朱万幅尾随聂明复将屋内正门西扇暗推窟窿两个，朱万幅将东扇推窟窿一个，一齐用物将门檩拔下，开门潜至司堂。朱万幅在旁站立，聂明扭开印箱外锁，朱万幅进前揭开箱盖，聂明将堂印盒移放地上，朱万幅解脱包袱，聂明将印盒内外两锁扭开，拿出堂印递交朱万幅，并乘便攫取哈咙绒马褂一件。……维时吴光斗喊称有人，起身同王景恒追捕该犯。聂明等早已潜出逃回。朱万幅将印藏放家中，朱万真（朱万幅弟）、朱王氏（朱万幅妻）因睡熟并不知情。

搜捕

万富惊醒，起身穿衣，吴光斗等燃灯查点，四司印盒照旧封存，堂印被窃及遗失马褂。因忆及聂明之言，疑其窃出。禀经奴才（铭安）亲验传究。黎明时，该犯等恐有差捕，商量同逃。朱万幅将印藏袖密携，同聂明执持马褂同至鱼行义丰当质典市钱十五千携带身边，当票撕毁，意欲出城躲避。因八门有搜查，商将堂印埋藏，如不发觉，嗣后取出销毁变钱抵补分使。……走至通济仓西墙角下，将印掩埋雪堆，用砖遮盖。朱万幅回家，聂明由绕道往署行走，经官人将其传案审讯。……

审判

朱万幅、聂明均合依盗各衙门印信不分首从皆斩律，各拟斩监候，秋后处决，照例刺字。

吴光斗、齐有权应与王景恒均比照盗物出库值更之人不觉盗者减三等罪止杖一百律，各拟杖一百，留役分别折责。

恩禄应照守卫人应直不直者笞四十律，拟笞四十、鞭责发落。

外郎万富……，交部议处。❶

按：盛京为清朝的留都，刑部为盛京五部之一，从二品衙门，其堂印管理一向十分严密。但从这个简单的偷盗官印案来看，虽然制度严厉、防范措施周密，但一切都形同虚设，直使得笨贼能一路长驱直入，叫人哭笑不得。另一方面也折射了晚清时期官印制度的没落。

十五、"地主家也没有余粮"

"地主家也没有余粮"是某现代喜剧影片中的一句台词。

一次查阅清末档案，读到清廷为了刻制新的皇帝宝玺，

❶ 以上引文均出自中国第一历史档案馆藏官中朱批奏折 04-01-01-0922-033。

❷ 中国第一历史档案馆藏官中朱批奏折 04-01-018-0077-019。

苦于原料不足，不得不降格以求，承担宝玺雕刻工程的苏州织造在奏折中则大倒苦水，极致描述"巧妇难为无米之炊"的窘境，读到此处，忍俊不禁，脑海里忽然闪现出这句台词。

1874年，年幼的光绪皇帝继位。依照惯例，新帝继位，要镌刻一批新帝御宝。这次清廷计划一次性地新刻三十五方玉宝，并指令苏州织造负责此事。然而，其工程却遇到了困难，为此苏州织造文治于光绪二年（1876）八月专门上奏说明困境，其奏片云：

再奉造办处行文遵旨传办青玉、白玉宝三十五方，俱按本文敬谨镌刻，行令迅速随样解交。等因。奴才接奉之下，查系御用要需，自应敬谨遵办。当经奴才购料、雇匠，以冀迅速。无如苏省承平之后，玉料甚少，工价昂贵，且高手玉工更属寥寥。所有青玉尚易购选，至白玉率多瑕瑜参半，琢出每合一寸见方之用。

奴才伏查，奉传玉宝三十五方虽未指定何方应用青玉、白玉，而内有尺寸，较大者十方，如尊亲等宝，当用白玉质地。今大料难得，拟将青玉、白玉各办五方，此外较小之二十五方，均用白玉，方昭慎重。奴才曷敢以白玉大料难购，意存迁就，第求洁白无瑕大料，一时实难其选，若令其他包工包料，咸谓尺寸较大，白料琢出难保无疵，断非认定一料可成，以故价值愈昂，恐多靡费。奴才惟有查照向章，多购玉料，亲督工匠洗琢，如有瑕疵，或可以大就小，即将回残余料收存入库。如此办理，庶于诚敬之中仍寓核实之意。惟购齐玉料既多时日，而高手工匠又少，设法招徕势难刻期蒇事，虽尽力赶办，须得来春方可告成，且玉作器具，前因被兵遗失，今置办大小铁铊、桌凳、定砂等项，事同创始，随在需时，现又奉造办处来文，七月初八日总管范常禄传旨着催有差等用。奴才更当亲督匠工，严饬激励，加紧趱办。一俟办齐，星速解京呈交，不敢稍有迟误。❷

按：明、清时期苏州的琢玉业早即形成独特的规模与气候，主要集中在城西阊门内专诸巷及天库前吊桥一带。那里作坊林立，高手云集，琢玉的水沙声昼夜不停。专诸巷玉行人才辈出，曾向清朝宫廷输送了不少琢玉高手，赫赫有名的陆子刚、姚宗仁、郭志通等均出身于苏州专诸

光绪玉宝

巷玉工世家。专诸巷的玉雕技艺精湛，清高宗乾隆为之赞不绝口，屡作诗云："专诸巷里工匠纷，争出新样无穷尽"；"专诸巷中多妙手，琢磨无事太璞剖。"乾隆每每把画好样的玉料嘱托苏州织造官，令其在专诸巷精心雕琢。

咸丰十年（1860），太平天国与清军战争中，苏州民间玉雕行业遭到重创，苏州织造也全部毁于兵火。同治十年（1871）在原任两江总督曾国藩主持下，始重建了苏州织造，但最终也未能全部恢复到鼎盛时的旧观与规模。

清晚期，宫中玉材来源断绝、库存也基本殆尽，宫廷玉器的生产几乎陷于停顿，随着宫廷中玉器需求量的迅速下降，翡翠成为主要使用的玉材替代品，玉器的碾琢技术水平也已不复当年；与此同时，苏、扬两地的玉工作坊虽经战后重建，稍稍有所复苏，但后继乏力，殊难以再追步昔日的辉煌。

当此时，一次性地要求镌刻35方玉宝，对于苏州织造来说，确实是有些勉为其难。这一计划最终是否完成，档案文献不见确载。然而，仅从现故宫博物院所存的各种光绪宝玺来看，全数加起来，也只有20件，而其中玉宝玺只有10方。在这10方中除了一件（实为一套两方，分别为"光""绪"二方小玺）青白玉小玺外，其他9方都是青玉质地。现存的10方之数与原计划的35方相比较，不到三分之一，换句话说，苏州织造可能最后也没能完成朝廷所预订的宝玺数量，包括苏州织造折中所计划的5方大尺寸的白

❶ 光绪宝玺统计数字详见恽丽梅《明清帝后宝玺》第193~196页，故宫出版社2020年版。

玉宝玺的制作。❶

另外，在现存的10方玉宝玺中，尺寸最大、印面在9.7厘米左右的有"光绪御览之宝"、"光绪御笔之宝"、"光绪之宝"、"光绪尊亲之宝"4方。这些"大"玉宝，从质量上看，玉质含礓杂缕，很不纯粹。反倒是其他小玉宝玺，质量稍好些，但较之乾隆高峰时期的玉宝质地，迥然天壤。

即此亦可知光绪初年，神圣的帝宝制作也已衰微到如斯山穷水尽的落魄地步。

十六、七品县印的一品待遇"一日游"

清代官印史上最黑暗，或者说最耻辱的一刻，发生在光绪二十六年（1900）七月二十一日八国联军入京，慈禧携光绪仓皇西逃之时，不只窘况狼狈、行政瘫痪，甚至还发生了军机处借用地方县印封发廷寄谕旨的咄咄怪事。

慈禧西逃一行于二十三日在昌平与率2000名"勤王"兵马前来护驾的甘肃布政使岑春煊相遇后，才惊魂甫定地在怀来县暂时喘息了三天。由于出门仓促，作为天下行政中枢的军机处，竟然没有带出官印。为此，堂堂一品的军机处不得不暂借区区七品的怀来县印封盖发文。当时怀来县县令吴永后来在《庚子西狩丛谈》中谈及此事，披露了一些细节：

……赵（舒翘）尚书复呼予婉告曰："我尚与尔商量一事。今当发廷寄，但军机大臣印信尚未携带，拟借尔县印一用何如？"予未及对，刚（毅）中堂复挽言曰："此事我颇不以为然。向来借印，须平行衙门，乃合体制，县印似大不称。"赵艴然曰："老头，此何等时势，有县印可借已是万幸，尚欲讲体制耶！尔且须知在此道路中，任何部院关防印信，恐都不及怀来县印之有价值。若必欲平行印，则庄亲王现带有步军统领印信，可以借用。但八百里加紧文书，恐邮卒视为不足轻重，转致迟误。"即顾予曰："渔川，尔弗听老头言，尽管办去。"予曰："文书封面，均有印成字样，恐不合用，只有白纸禀封，如何？"曰："可。"

予即回署，即禀封十枚印就，亲自送交。赵公已将寄山、陕两省巡抚廷寄办好，立即封固，令鲍章京填写官衔年月，交予发递。予即返署遴选良马，派精壮驿夫飞马驰递。❶

吴永的笔记中所载，虽难免有部分演绎成分，比如赵舒翘言中提到"任何部院关防印信，恐都不及怀来县印之有价值"之语，或未必是真实原录，不过当时各部、院的印信关防的确没有一方被随带出来，否则品秩相畴，当也自比怀来县印信用要高。至于不用庄亲王载勋的步军统领印信，或出于九门提督衙门位置比较特殊，且一向很少与地方督抚有官方行文往来，不被地方各衙门普遍认识，另外更大的可能是赵、刚二位军机大臣出于某种私心或个人成见的考虑，也未可知。此外，即使借用其他平等衙门印，最终廷寄还要麻烦由吴永负责从怀来县向外发递，所谓一客不烦二主，加之吴永因接驾有功，无微不至的接待照顾已得到慈禧的专宠，授命他"办理前路粮台"，赵、刚二人也正好藉此笼络吴永。

总之，军机处以怀来信封向外省发布廷寄一事，实是确凿的历史。在军机处《上谕档》光绪二十六年七月二十三日军机大臣字寄护理山西巡抚布政使李廷箫上谕之尾，特意记注有一段细字："借用怀来县印封交县发递。"❷

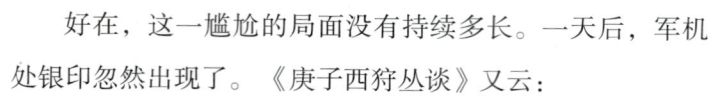

好在，这一尴尬的局面没有持续多长。一天后，军机处银印忽然出现了。《庚子西狩丛谈》又云：

……正欲出署，忽报王中堂到。予出至大堂，见有单套骡车一辆，甫在堂上停歇，就近询问，知为大军机王公文韶与其公子稚夔京卿同坐而来，因当时不及随驾，今日始行赶上。予即趋前迎候，谓："中堂公馆业已预备。"曰："予因疲已甚，即拟借尔署中安息，不愿他往矣。"予曰："署中恐太逼仄，奈何？"曰："不拘何地，但有房一间，一几一榻足矣。"予不得已，即腾出签押房对面南房三间，请其迁入，复亲过房中照看

吴永像

吴永为慈禧太后所治之印

❶（清）吴永《庚子西狩丛谈·卷三》。
❷ 中国第一历史档案馆藏《光绪朝上谕档》第1451盒第1册。
❸（清）吴永《庚子西狩丛谈·卷三》。
❹ 中国第一历史档案馆藏《光绪朝上谕档》第1451盒第1册。

一周。王公饥甚，急索食。署中厨夫俱四出供役，予嫂自入厨房炊饭，煎鸡卵数枚，及泡菜等二三味，草草供馈。盛饭一竹篮，盖食器亦罄矣。王公父子食之至甘，食竟，即就榻安息，知予将往宫门，语予曰："烦尔伴我陈奏，谓予已到此，今日过疲顿，已不克赴宫门请起，当以明早趋直也。"予已出门外，复呼告之曰："尚有一语，烦尔奏明，谓军机大臣印信业已携带在此，至要至要。"予曰："然则甚佳，今日刚、赵两军机正为此事抬杠也。"予遂亟往见刚、赵两公，告以王中堂已至县署安息，二公均甚喜慰。❸

按例，军机处银印，一向保存于懋勤殿，由内奏事处管理，应用时由军机大臣派章京先从军机大臣处请领印钥后，押牌请印，再赴内奏事处领出，用毕仍派章京交还内奏事处收贮，将印牌交还军机大臣。王文韶是如何从内奏事处取得银印的，史无记载，王本人也讳莫如深，在他的日记中也似乎有意将这一时期的全部内容都删去了。

关于军机大臣王文韶携印追来随驾一事，军机处的《上谕档》也有记载。在军机处七月二十五日发给留京办事大臣们的廷寄之尾，还特意注写了三行细字："二十四日王中堂带印来赴，行在仍用本处印封交县递保定，由署督廷雍探投。"由于这封廷寄在历史上意义重大，特一并全录于下：

军机大臣字寄留京办事大臣荣、徐、崇，光绪二十六年七月二十五日奉上谕：前因英窦使有各使在京和局较易转圜之语，并据函订王臣等于十九日往谈，嗣因事务倥偬，未及前往，即有二十一日之变。现在局势大坏，只此一线可以援为向议之据。著荣禄、徐桐、崇绮彼此熟商，迅速设法办理，是所至盼。将此谕令知之。钦此。遵旨寄信前来。❹

据上文可知，王文韶不仅带来了军机处银印，而且带来了京中的情况消息，这使得正在举足无措的慈禧得以迅速冷静下来，并开始判断时局，筹划与各国和谈之事。

在接下来的慈禧向西逃往西安的一路上，迟到了的军机处印成为清政府唯一的正式政府官印，各部、院等衙门也都借用军机处银印钤盖。直到慈禧等到达西安安顿下来后，才计划开始刻制各部、院衙门的木质行在关防。

顺带说一下，携带军机处银印追随"圣驾"的王文韶，是晚清历史上一个重要的人物。此前因为为人处事一向被世所诟病，被众讥讽为"透亮圆到，有琉璃球之称，遇事不持己见。"❶ 起初慈禧也并不看重他，当义和团运动爆发时，慈禧太后试图依靠义和团的力量对抗外国势力，熟知中外力量差距的王文韶曾因阻谏开战，差点被砍了脑袋；八国联军攻入北京时，慈禧太后曾一天五次召见军机大臣，竟然只有王文韶一个人赶来报到。西逃前，慈禧太后对他说："尔年高，……可随后赶来。刚毅、赵舒翘素能骑马，必须同行。"❷ 可见当时太后对他的偏见虽已有转变，但仍并不看重，甚至不惜弃之不顾。但他在三天后辗转百里，携带军机处印信奔赴怀来，使得清廷中枢政务得以顺利运转，慈禧太后大受感动，从此王文韶被视为肱股，与荣禄成为了慈禧最信任的两人。

可以说，官印真正可以改变一个人的命运。

此外，另一个因官印改变命运的是吴永。他由于在怀来"接驾"周到有功，竟火箭式地由七品县令提升到了四品办理前路粮台，一路随扈跸前往太原、西安。

而怀来县印作为军机处的临时用印的传奇历史，虽朝露午晞，遽尔便宣告结束，不过它神奇的一品待遇"一日游"的经历，也被永远地写进了史册。

十七、脑补"失火救印"

乾隆四十四年十二月二十三日（1779年1月28日）内阁奉上谕：

据国泰奏，（山东）布政使徐恕因署内失火，延烧住房，徐恕已趋出，复进房内抢取印信，致受火伤，旋即身故。等语。徐恕因抢印信，其心本属急公，受伤致毙命，情殊可悯。著该部察例议给荫恤具奏。钦此。❸

按：徐恕，字心如，江苏白鹤蒋浦人。一岁丧母，由父徐葵抚养。五岁能识字，十六岁中秀才，清乾隆十六年

❶（清）罗惇曧《宾退随笔·记废科举》。
❷（清）杨典诰《庚子大事记》。
❸ 中国第一历史档案馆藏《乾隆朝上谕档》第674盒，第1册。

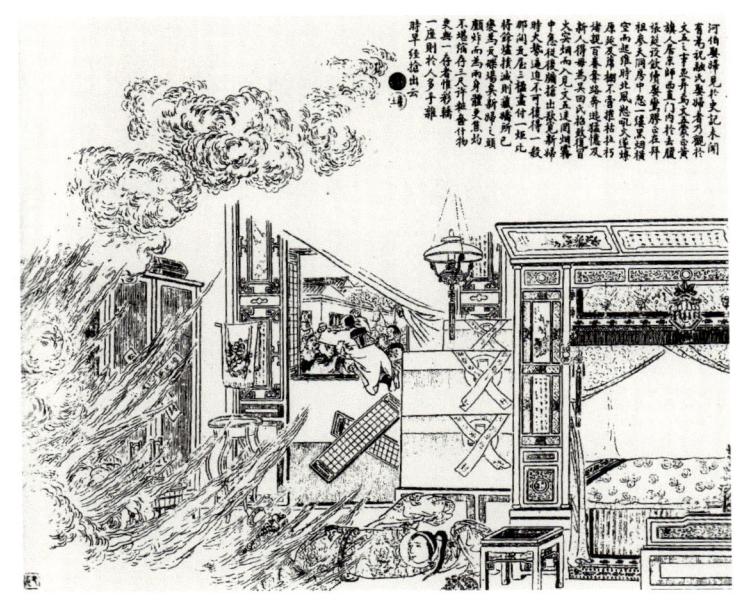

府宅失火，选自《点石斋画报》

"臣心如水"印印鉴
清 桂馥

（1751）进士。历任宁海、平阳知县，太常寺博士，宗人府主事，玉牒馆纂修，吏部稽勋司员外郎，湖州、杭州知府，浙江粮道、盐道、浙江按察使、山东布政使等职。在浙江、山东地方主政时，关心民情，政声鹊起，深得乾隆皇帝赏识。他以妥妥的朝廷二品大员之身，能够不顾个人安危，再次闯入火海抢救官印，在有清一代也属罕见。而清廷专为失火救印官员特颁恤典，历史上也是第一次。

徐恕奋不顾身救官印而葬身火中，其忠可悯，其直也可叹。

在清代，官印失毁于衙署火灾之事，并不鲜见，且常成为坊间的时闻话题。而在有关的话题中，最典型而故事化，并见诸时人笔记中的，有一个关于官员官衙失火，因其婢冷静护印，反转成功的故事。

清末民初况周颐《眉庐丛话》记：

光绪朝，两淮都转某公，其先官汉黄德道。某年，道署不戒于火，时夜逾半，而觉察又甚迟，振臂一呼，熊熊者烛霄汉矣。群惊起睡梦中，太半索裤履弗及。其文孙甫周岁，由乳媪倒抱而出，其匆遽可想。当是时，火正炽于上房，亲丁毕集于大堂，查点未竟。俄幕府某君疾趋至，问印救出否，众无以应，都转惶急不知所云。盖印若被毁，则处分弥重也。先是，都转长公子娶于延陵，有媵婢艳而慧，弹袖低鬟，辄顾影自负，谓必不久居人下也。是日以印故，自都转已下，举相觑无策，则亭亭自众中出，近都转立，从容出印怀袖中，庄肃而奉之上，黄袱宛然，芗泽温香，微闻鼻观。都转喜极，若无可之奖藉者，第高举其印以示众人，其为欣慰，殆并未熄之火，而亦忘之。凡所损失一切金玉锦绣，耳目玩好，微尘视之弗若矣。钱塘某尚书，都转儿女姻也。方枋枢要，道署之火，印与大堂皆未毁。枢臣复为之地，仅予薄谴。未几，擢都转两淮，而昔者护印之功人，始犹肃立抱衾裯，继且荣膺珈服。盖都转久虚嫡室，至是竟敌体中闱。其后数举丈夫子，皆成立，女亦作嫔名门，每年都转揽揆之晨，祝百龄、称双寿，以及元辰令节，舞彩称觞，延陵少夫人，当然领子妇班行，不能独异，亦无可如何也。扬人士作《护印缘》院本事张其事，谓夫以护印得夫人，非寻常护印夫人比。❶

据考，笔记中的"某都转"，名叫江人镜，字云彦，号蓉舫，安徽徽州婺源县（今属江西省婺源县）人。清道光二十九年（1849）应顺天乡试中举，次年任镶白旗汉学教习。咸丰三年（1853）任内阁中书。曾历任军机章京、内阁侍读、太原府知府、署山西按察使。后改任河东盐法道、河东兵备道、湖北盐法道、江汉黄德道等职，光绪十六年（1890），任两淮盐运使。虽然衙署失火，但幸有聪慧的婢女机智地抢出官印，才没有因此踬踬仕途。比起徐恕，江人镜确实太过幸运了。

"失火救印"在清代民间一直是个广泛流传的热闹话题。很久以前社会上就已流行着另一出《失印救火》的戏剧。此戏又叫《胭脂褶》，故事大意是：一个巡按丢了官印，为某知县所得，并以之要挟巡按。巡按的父亲为儿子出谋，叫巡按自焚官廨，救火时将空的印匣交知县守护，知县仓促中来不及反应，接过空印匣后，才醒悟中了巡按的计，但又不能自白解释，只好将官印原物放回到匣中一并交还，否则巡按将声称给知县印匣中已有官印，如果无印，便追究知县窃印之责。

这一巡按与知县斗智斗勇的故事，被设计在失火救印的背景中展开，可知"失火救印"的话题在民间传说中的热门不断和版本翻新。

同类的剧情，甚至还转到了国外。清末民初《凌霄一

❶ 况周颐《眉庐丛话》第47页，山西古籍出版社1995年版。
❷ 徐凌霄、徐一士著《凌霄一士随笔》中册，第1049页，中华书局2018年版。

士随笔》中记:

林纾译英人倩伯司《诗人解颐语》,有"因火得印"一则。云:"暹罗之制,官之印信,亲王金也,其次银也,小官则用铜制。无论何官,以印为信,无印则不成为官。一日,有文官与兵官哄,兵官以术取其印。此官失印当得罪,恒以病在告。众疑何以久假,即启之节使。节使召此官问之,官以实对,且疑为兵官所窃。节使颇知状,即曰:'余为尔取印。尔今归署纵火,彼兵官必来应援。来时,尔以空匣托之保护,彼仓卒中不及备,悟时必纳印其中还尔,决不能投尔以空匣。火灭后,尔必得印矣。果以空匣相授,则尔当索印于彼,彼亦不可逃责。'此官如言。火发,兵官至,官如言授以空匣,迨火灭,印复其故处矣。于是节使以次助之,复造新署。"此英人所述暹罗之"失印救火"也。与中国之传说,极见巧合,或本由中国输入,亦未可知。❷

十八、"成尘木印"亦招魂

刘禺生《世载堂杂忆》中有专门记录清末官印的一则佚闻,名曰"逋臣争印",颇能够剧透清末民初转易时期人们对清朝官印的某种复杂而微妙的情怀。其文如下:

胡小石来,谈及樊樊山书轴。谓沙公题樊樊山书轴"太液波翻柳色新,宫娥犹识细腰人,流传翰墨群知惜,木印当年也作尘。"所云"木印成尘",其中实有一段史迹。

辛亥革命,张勋守南京,樊樊山为江宁布政使,携印渡江潜逃。李梅菴时为提学使,奉张命署理藩司。盖张勋与梅菴为江西同乡,梅菴且曾誓死不走也。但布政使铜质关防已被樊樊山携走,不得已,刻一木印,执行藩司职权。会张勋败走,江宁入民军手,梅菴乃将藩库存余二百余万现款点交南京绅士保管,只身来上海,易名"清道人",鬻书自活。樊樊山亦避地上海,两人以前后藩司之故,铜印木印之嫌,各避不见面。两方从者,不免互为诮让之词。樊方谓李携带藩库巨款来沪,李方谓樊携印逃走,且有向樊索取原有关防之说。时湖北军政府派代表来沪,公

李瑞清书画

樊增祥像

请樊山回鄂主持民政省长，樊山辞之。（其时禺亦为军政府邀请樊山代表之一）李方扬言，如樊山回鄂，宜先将江苏藩司印交出。散原老人闻之曰："清廷逊位，屋已焚折，各房犹争管家账目耶！"乃公断曰："铜印如存，留在樊家，作一古董；木印已灰，事过景迁，何必争论。"闻者咸谓散原老人可谓片言折狱。❶

按：樊增祥、李瑞清二人都是著名的逊清遗老逃臣，辛亥革命后，他们先后跑到上海作寓公。二人毕竟均是翰林出身，在书画诗歌上各擅胜场，乃挟旧宦陈学之余威，成为了文艺界大咖，在海内都各自拥有着庞大的粉丝群。双方无聊的粉丝们有时打嘴架，每每以前朝的官印说事。而另一位古道热肠的清朝遗老陈三立（现代著名历史学家陈寅恪之父），身份大致与樊、李相同，并且咖位更有过之，竟也出面借题发挥，充当和事中间人，蹭蹭流量。可见当时世道人心对于旧朝官印的一种畸态依恋心理。

❶ 刘禺生《世载堂杂忆》第145~146页，中华书局2006年版。
❷ 刘禺生《世载堂杂忆》第148~149页，中华书局2006年版。

民国后，樊樊山虽以文艺大佬自居，实际上却一直因为官瘾未去，闹出了一些笑话。袁世凯当政时期，樊曾入聘参政院参政，被待以殊礼。袁在居仁堂专门设宴款待樊等一众耆老参政，宴毕，游于三海，袁手扶樊山坐于高座团龙镂金牡丹椅上，樊视之为殊荣。又曾经在大雪中筵集瀛台吟诗，袁首唱，樊继和之曰："瀛台诏讌集"。樊为记其事，曾专门上了件谢恩折，中有云："圣明笃念老成，咨询国政，宠锡杖履，免去仪节。赐茶、赐坐，龙团富贵之花；有条、有梅，鹊神诗酒之讌。飞瑞雪于三海，瞻庆云于九阶。虽安车蒲轮之典，不是过也。"其得意之情，溢于词表。袁世凯洪宪称帝失败后，樊也一度潦倒。黎元洪继任民国大总统，心有不甘的樊樊山又以同乡长辈的资格遗书元洪，甘词求为大总统府顾问之流，其信内容言词颇为肉麻卑下。黎元洪接到樊樊山的信后，遍示在座诸公，嘲笑地说："樊樊山又发官瘾了。"大家问黎元洪将如何处之，黎连说："不理，不理！"后来徐世昌继任总统后，樊樊山又上贺表。徐世昌向来会做人，于是按月送薪水给"三朝元老"樊樊山。有人曾在徐府中见到过樊写给徐的亲笔贺文，其中有诗云："明良元首焕文阶，会见兵戈底定来，四百余人齐署诺（两院议员四百余人），争扶赤日上金台。"曲尽阿谀颂扬之能事。由此看来，樊樊山之依恋旧朝官印，实在是出于一片天性的本能。❷

相对而言，李瑞清则仿佛是另一个极端，固执的他每以"孤臣"自诩，并寄名黄冠羽流以示清高。然生活如钝刀，无人能遁逃。李虽然靠自鬻书画"每月可售一二万金"，但整个家族数十口花销的口子很大，加之以前李过惯了富裕日子，在花钱上仍十分的撒漫，因此总体来说，眼下的李只能算是勉强可以维持存活。后来，李的寡嫂欲夺其财产，先是争吵，继而造谣，文人性格的李瑞清好面子，不想外扬其家事，只好一味地隐忍，搞得自己十分抑郁。那些一向与他有旧隙、或羡慕嫉妒恨的遗老新贵们，便抓住其家丑，大肆宣传诋毁，更使他无地自容，不数年，竟悒悒病逝于沪上寓中。但，李瑞清心中对于那枚因前朝旧职"铜印"与"木印"之争所引发的执念，却至死也未能消解。李死后，其门人将他迎葬于南京门外牛首山，并筑梅花庵以悼之。非常了解李的陈三

立亲书挽联云:"白下一棺还,入梦溪堂,犹泣围城依木印;黄冠九庙鉴,鹭书海市,难忘残夜共炉灰。"❶

陈散原的挽联固然是在挽人,实际上亦可视作是对大清官印最后的悼歌。

十九、"大内档案"与清朝官印史料

研究清朝官印制度,离不开档案文献史料,其中第一手的原始档案尤为重要。

国内外现存的清代档案史料,据初步统计达两千多万件,这应是一种保守的说法。

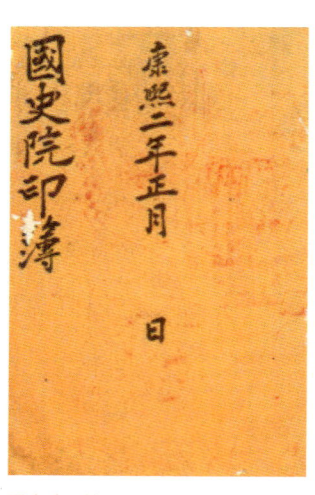

中国第一历史档案馆现存明清档案一千多万件,即世人盛誉的"金匮石室之秘藏,职方图册之汇献"的"大内档案"。在这批卷帙浩繁的原始档案文书中,蕴藏着大量的清代官印史料。其林林总总、班班可考者,大致如下:

第一,是各类印谱、印模。清代历朝依例编有各种官印印谱,著名者如内阁、交泰殿、皇史宬的《宝谱》《盛京宝谱》《将军印谱》,原藏懋勤殿和宫中的清朝列帝的《印薮》及《出外带宝册》等。都是原印钤本,并附有说文。

此外,内阁中有不同时期的"宝模档"等一类的档案,详细记录了各帝后宝印的印模设计与排版方式等,包括印说文字与历年检查印宝、印模的原始记录等。

比如,宫中现存的咸丰十年(1860)《出外带宝册》,是为英法联军打入北京,火烧圆明园,咸丰帝逃往热河时随身携带的皇帝诸玺印章的清册。在这个《出外带宝册》中,人们发现了咸丰帝的小玺"御览""同道堂"的印模与登录说明,并在印说处,贴有黄签,记注了此两方小玺已分别颁赐于皇后慈安与幼帝同治的说明。这两方小玺,后来成为慈禧、慈安两宫垂帘听政的重要官印,故后来清廷所编的咸丰帝《印薮》中,未见收入这两方印。亦是清代官印史上的一

国史院印簿

❶ 卢前《卢前笔记杂钞》第425页,中华书局2006年版。

个热门掌故。

在军机处、内阁、宫中全宗档中，保留有大量京师与地方各级衙门的官印印谱。大致分两种情况：一是清代原始的官印谱，如《京城武职银印册》《各省文职铜印册》等，是清代有关衙门随时上呈的印信关防印模登录清册；二是，在内阁全卷下，还有许多按衙门等级所汇编的印信关防印谱，据考，这类印谱均为文献馆时期以来，由档案馆工作人员在档案整理工作中，将整理中收集的零散的档案残页上的官印印鉴，排列粘贴而衷辑而成。其形式为：依照清代职官衙门印信的等级分类为纲，下则按朝年时间次序，将官印印鉴粘贴汇编成册，各印鉴下注明印章的印文，比如《各省总督巡抚关防册》、《地方武职印信关防册》等等，煌煌数十册，颇具规模。

清内阁宝牌宝谱

第二，清代档案中还保存了大量钤盖了清代关防印信印鉴的原始文书档案，这些官印印鉴对后人的研究尤其重要。这些文书档案主要包括题、奏（本）、揭、启、清册、禀、申、咨、详等。不仅是清代官印印模收集的主要来源，而且也是实地考察清代官印钤盖位置、斜正、频率、规律的重要依据。

此外，内阁档案中所藏的宝底档、用宝档、用宝册、宝牌档以及内阁典籍厅、内务府等各衙门以用印底簿等为主体的清朝各级衙门关于官印制造、使用情况的官方记录档册等，其数量巨大，是研究清代官印的第一手原始资料。

第三，清代档案中还蕴含着大量关于清代官印制度产生、发展背景的文档史料，名类繁杂、数量惊人。在此仅撮其大要，简述如下：

首先是关于官印的制度规章档案资料，大量保存于《会典》、《实录》、《则例》等政书中，比如《清会典》中"礼部"下有专门的"铸印"章节，从规格、铸造、颁授等方面，对官印制度作了严格的规定，是研究清代官印不可须臾离手的工具书；另外，在奏折、题本、咨呈等公务

清官印

文书中，还保存有大量的关于印章制度的奏章文稿。如在内务奏案中，保存有完整的道光朝内务府印信关防制度改革的资料，多为《会典》、《实录》所未收或未详载的原始史料。

其次是有关官印制作的档案原始史料。在礼部题本、史书的铸印局类项下，有各部院及地方咨送铸造印信关防印模字样、礼部与度支部支取铸印所需银两物料等文件。此外，在礼科题本"印信类"项中存有大量关于印信颁铸的原始文献档案。同时，内务府、工部档案中所存各种宝、印用料的四柱黄册，详细记载了铸宝所用的金银铜锡原料配方比例，以及铸印的损耗等。在内务府活记档中则有大量关于皇帝宝玺制作的原始记载，甚至详及刻印工匠的名字、酬劳数字等方方面面。

最后是官印使用管理方面的史料。在内阁各厅、房日常活动的档簿中，保存有大量用宝、洗宝时内阁借用印时所登记的"印领"，以及详尽记载每次皇帝出巡时，接宝人姓名地点的"请宝档"等文书档案。其中一些史料，尤其是清入关前的满文史料，价值很高。如内阁档册中的一份崇德时期的满文《宝簿》，详细记录了崇德三年（1638）十二个月内，内三院（清内阁前身）逐日使用皇帝宝玺发文的情况，为揭橥清初官印制度史迹之重要文献。此外，在军机处档案中，《印花档》记载各省督抚奏折匣、夹板贴用之印花，《用印档》记载各省督抚奏折匣、夹板钤用之印信。在《军机处印出入日记》中记载了军机处印藏宫中，例

清衙门用印档

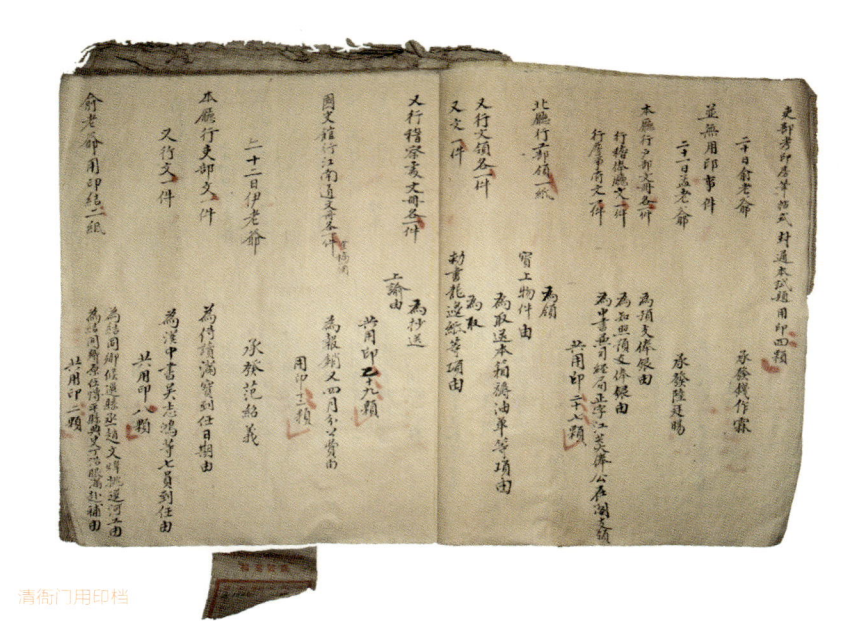

由内奏事保管，用印时军机处官员会同奏事处取用等方面的记载。宫中档中，不仅保存各类帝后宝玺闲章的印模，甚至清宫中所收明清民间印篆名家，如文彭等流派印印模也有收藏。

清代档案中关于官印制度的史料丛脞荟集、深浅旋流，客观上也给后人的利用带来一定的困难。尤其在史料版本的甄别与使用方面，应给予足够的重视，警惕坠入"尽信书不如无书"的陷阱。由于清入关前官印史料阙如，而清太祖、太宗《实录》等几经修订，后朝为了讳饰，已将许多史料做了篡改。比如乾隆朝《清太祖高皇帝实录》中有许多关于颁授官印信的记载，但当比对清初崇德年间的《太祖武皇帝实录》，人们发现这些所谓的"印信"，实为"印牌"，因为太祖时期各级官印根本没有成形建立。由此可知史料比勘之重要。另外，对于一些后人翻译的满文档案史料，使用时也需要对比。如《清初内国史院满文档案编译》中记载顺治初年有一皇帝使用的"奉诏之宝"，经反复比对考订，始知为清初著名的传国玺"制诰之宝"的满文误译；再比如，有学者以道光朝宫中档案记载有"元传国玺"仍在的记录，即据以断定清初的那枚汉文"制诰之宝"在乾隆朝并未销毁，殊不知道光朝清宫档案所载的尚存于宫中的那枚"元传国玺"，乃是乾隆三十五年（1770）蒙古部落又呈的另外一枚，而并非太宗时期的那枚"元传国玺"，在内务府档册中已确载关于乾隆销毁前者的档案记载，可能由于卷帙浩繁，该作者或未读到。由此益知档案史料考订的重要性。

　　利用档案，固应立足于"大胆假设"，但绝不可略脱"小心求证"之桀骜。必须仔细爬梳史料、导川名实，才会最终有所收获。而清代档案给人们的惊喜也不仅限于此。尤其个别清初的机构，不但会典未载，后人著述等也或有取舍、语焉不详，幸而清初原档于印文多有记载，比如行人司、尚宝司等，包括清初内三院等机构的印鉴公文，皆足以据之绍述原委。另外，原始档案中还保留了许多会典政书中未记载到的细节。众所周知，在清代实际上存在着一个假印制度。所谓的假印制度，就是在正式的官印外还存在着另外一个副印。笔者在整理外务部档案时，发现当时新任外交官，出国赴任，航行逾月，沿途过各国海关或办公需宣示职权，而原出使大臣正式铜关防尚在海外已解任官的手里，故中央颁刻另外一方木印，供赴任者路上行用，到任后，回任者交给铜印与新任者，同时换回临时木印以便解任者回国途中使用，入京后缴还外务部。此类制度，惟有从对档案的细读中方能发现。

附表一
清代后妃王公宝、印一览表

用印者	形制	印篆	尺寸
皇太后	金宝、盘龙钮、平台	清汉文玉箸篆	方四寸四分厚一寸二分
皇后	金宝、交龙钮、平台	清汉文玉箸篆	方四寸厚一寸二分
皇贵妃	金宝、蹲龙钮、平台	清汉文玉箸篆	方四寸厚一寸二分
妃	金印、龟钮、平台	清汉文玉箸篆	方三寸六分厚一寸
皇太子	金宝、蹲龙钮、平台	清汉文玉箸篆	方四寸厚一寸二分
和硕亲王	金宝、龟钮、平台	清汉文芝英篆	方三寸六分厚一寸
亲王世子	金宝、龟钮、平台	清汉文芝英篆	方三寸五分厚一寸
朝鲜国王	金印、龟钮、平台	清汉文芝英篆	方三寸五分厚一寸
多罗郡王	镀金银印、麒麟钮、平台	清汉文芝英篆	方三寸四分厚一寸
琉球、安南等外藩国王	镀金银印、驼钮、平台	清汉文尚方大篆	方三寸五分厚一寸
公	银印、虎钮、三台	清汉文柳叶篆	方三寸三分厚九分
侯、伯	银印、虎钮、二台	清汉文尚方大篆	方三寸三分厚九分
衍圣公	银印、直钮、三台	清汉文尚方大篆	方三寸三分厚一寸

附表二
清代文武各衙门印一览表

用印者	形制	印篆	尺寸	品级
宗人府	银直钮三台	清汉文尚方大篆	方三寸四分厚一寸	正一品
六部	银直钮三台	清汉文尚方大篆	方三寸三分厚九分	从一品
都察院	银直钮三台	清汉文尚方大篆	方三寸三分厚九分	从一品
理藩院	银直钮三台	清汉蒙三体尚方大篆	方三寸三分厚九分	从一品
盛京五部	银直钮二台	清汉文尚方大篆	方三寸三分厚八分	正二品
军机处	银直钮	清汉文尚方大篆	方三寸二分厚八分	正二品
总管内务府	银直钮二台	清汉文尚方大篆	方三寸二分厚八分	正二品
翰林院	银直钮二台	清汉文尚方大篆	方三寸二分厚八分	从二品
銮仪卫	银直钮二台	清汉文尚方大篆	方三寸二分厚八分	正二品
领侍卫内大臣	银印虎钮三台	清汉文柳叶篆	方三寸三分厚九分	正一品
八旗都统	银印虎钮二台	清汉文柳叶篆	方三寸三分厚九分	从一品
步军统领衙门	银印虎钮二台	清汉文柳叶篆	方三寸三分厚九分	从一品
办事大臣	银虎钮二台	清汉蒙三体柳叶篆	方三寸三分厚九分	正二品
通政使司	银直钮	清汉文九叠篆	方二寸九分厚六分五厘	正三品
大理寺	银直钮	清汉文九叠篆	方二寸九分厚六分五厘	正三品
太常寺	铜直钮	清汉文九叠篆	方二寸九分厚六分五厘	正三品
顺天府	银直钮	清汉文九叠篆	方二寸九分厚六分五厘	正三品
奉天府	银直钮	清汉文九叠篆	方二寸九分厚六分五厘	正三品
詹事府	银直钮	清汉文九叠篆	方二寸七分厚九分	正三品
光禄寺	铜直钮	清汉文九叠篆	方二寸六分厚六分五厘	从三品
太仆寺	铜直钮	清汉文九叠篆	方二寸六分厚六分五厘	从三品

续表 1

用印者	形制	印篆	尺寸	品级
武备院	铜直钮	清汉文九叠篆	方二寸六分厚六分五厘	正三品
上驷院	铜直钮	清汉文九叠篆	方二寸六分厚六分五厘	正三品
奉宸院	铜直钮	清汉文九叠篆	方二寸六分厚六分五厘	正三品
盐运使司	铜直钮	清汉文九叠篆	方二寸四分厚五分	从三品
外省各卫守备	铜直钮	清汉文九叠篆	方二寸四分厚五分	正四品
外省各城守尉	铜直钮	清汉文九叠篆	方二寸四分厚五分	正四品
国子监	铜直钮	清汉文九叠篆	方二寸五分厚六分	从四品
鸿胪寺	铜直钮	清汉文九叠篆	方二寸五分厚六分	正四品
外府宣抚司	铜直钮	清汉文九叠篆	方二寸五分厚六分	正四品
钦天监	铜直钮	清汉文九叠篆	方二寸四分厚五分	正五品
太医院	铜直钮	清汉文九叠篆	方二寸四分厚五分	正五品
左春坊	铜直钮	清汉文九叠篆	方二寸四分厚五分	正五品
右春坊	铜直钮	清汉文九叠篆	方二寸四分厚五分	正五品
六部各司	铜直钮	清汉文九叠篆	方二寸四分厚五分	正五品
理藩院四司	铜直钮	清汉文九叠篆	方二寸四分厚五分	正五品
宗人府左右经历司	铜直钮	清汉文九叠篆	方二寸四分厚五分	正五品
盐课提举司	铜直钮	清汉文九叠篆	方二寸四分厚五分	从五品
安抚司	铜直钮	清汉文九叠篆	方二寸四分厚五分	从五品
招讨司	铜直钮	清汉文九叠篆	方二寸四分厚五分	从五品
直省知州	铜直钮	清汉文九叠篆	方二寸三分厚五分	从五品
广储司	铜直钮	清汉文九叠篆	方二寸二分厚四分五厘	正六品
会计司	铜直钮	清汉文九叠篆	方二寸二分厚四分五厘	正六品

续表 2

用印者	形制	印篆	尺寸	品级
掌仪司	铜直钮	清汉文九叠篆	方二寸二分厚四分五厘	正六品
慎刑司	铜直钮	清汉文九叠篆	方二寸二分厚四分五厘	正六品
都虞司	铜直钮	清汉文九叠篆	方二寸二分厚四分五厘	正六品
营造司	铜直钮	清汉文九叠篆	方二寸二分厚四分五厘	正六品
庆丰司	铜直钮	清汉文九叠篆	方二寸二分厚四分五厘	正六品
都察院经历司	铜直钮	清汉文九叠篆	方二寸二分厚四分五厘	正六品
大理寺左右寺丞	铜直钮	清汉文九叠篆	方二寸二分厚四分五厘	正六品
光禄寺四署	铜直钮	清汉文九叠篆	方二寸二分厚四分五厘	从六品
五城兵马司	铜直钮	清汉文九叠篆	方二寸二分厚四分五厘	从六品
銮仪卫左右前后所旗手、驯象所	铜直钮	清汉文九叠篆	方二寸二分厚四分五厘	从六品
大兴、宛平、承德三京县	铜直钮	清汉文九叠篆	方二寸二分厚四分五厘	正六品
布政使经历司	铜直钮	清汉文九叠篆	方二寸二分厚四分五厘	从六品
僧录司	铜直钮	清汉文九叠篆	方二寸二分厚四分五厘	正六品
道录司	铜直钮	清汉文九叠篆	方二寸二分厚四分五厘	正六品
六科	铜直钮	清汉文九叠篆	方二寸五分厚五分	正七品
中书科	铜直钮	清汉文九叠篆	方二寸一分厚四分四厘	从七品
行人司	铜直钮	清汉文九叠篆	方二寸一分厚四分四厘	从七品
通政使司经历司	铜直钮	清汉文九叠篆	方二寸一分厚四分四厘	正七品

用印者	形制	印篆	尺寸	品级
銮仪卫经历司	铜直钮	清汉文九叠篆	方二寸一分厚四分四厘	从七品
工部营缮所	铜直钮	清汉文九叠篆	方二寸一分厚四分四厘	从七品
太常寺典簿	铜直钮	清汉文九叠篆	方二寸一分厚四分四厘	从七品
光禄寺典簿	铜直钮	清汉文九叠篆	方二寸一分厚四分四厘	从七品
詹事府主簿	铜直钮	清汉文九叠篆	方二寸一分厚四分四厘	从七品
京府经历司	铜直钮	清汉文九叠篆	方二寸一分厚四分四厘	从七品
京卫外卫经历司	铜直钮	清汉文九叠篆	方二寸一分厚四分四厘	从七品
外县盐运使司经历司	铜直钮	清汉文九叠篆	方二寸一分厚四分四厘	从七品
宣慰司经历司	铜直钮	清汉文九叠篆	方二寸一分厚四分四厘	从七品
国子监绳愆厅博士、典簿	铜直钮	清汉文九叠篆	方二寸厚四分二厘	正八品
鸿胪寺主簿	铜直钮	清汉文九叠篆	方二寸厚四分二厘	从八品
钦天监主簿	铜直钮	清汉文九叠篆	方二寸厚四分二厘	正八品
各坛庙祠祭署	铜直钮	清汉文九叠篆	方二寸厚四分二厘	从八品
布政使司照磨所	铜直钮	清汉文九叠篆	方二寸厚四分二厘	从八品
府经历司	铜直钮	清汉文九叠篆	方二寸厚四分二厘	正八品
刑部司狱司	铜直钮	清汉文九叠篆	方一寸九分厚四分	正八品
光禄寺银库	铜直钮	清汉文九叠篆	方一寸九分厚四分	正八品
太医院药库	铜直钮	清汉文九叠篆	方一寸九分厚四分	从八品

续表 4

用印者	形制	印篆	尺寸	品级
京府照磨所司狱司	铜直钮	清汉文九叠篆	方一寸九分厚四分	从八品
国子监典籍	铜直钮	清汉文九叠篆	方一寸九分厚四分	从八品
宝泉局	铜直钮	清汉文九叠篆	方一寸九分厚四分	从八品
宝源局	铜直钮	清汉文九叠篆	方一寸九分厚四分	从八品
神乐观	铜直钮	清汉文九叠篆	方一寸九分厚四分	从八品
司牲司	铜直钮	清汉文九叠篆	方一寸九分厚四分	从八品
会同馆	铜直钮	清汉文九叠篆	方一寸九分厚四分	从八品
都税司	铜直钮	清汉文九叠篆	方一寸九分厚四分	从八品
按察使司照磨所司狱司都司	铜直钮	清汉文九叠篆	方一寸九分厚四分	正九品
府照磨所司狱司	铜直钮	清汉文九叠篆	方一寸九分厚四分	正九品
府儒学	铜直钮	清汉文九叠篆	方一寸九分厚四分	从八品
卫儒学	铜直钮	清汉文九叠篆	方一寸九分厚四分	从八品
税课司、茶马司、阴阳学、医学、僧纲司、道纪司	铜直钮	清汉文九叠篆	方一寸九分厚四分	正九品
教坊司	铜直钮	清汉文九叠篆	方一寸四分厚二分	正九品
时宪书	铜直钮	清汉文七叠篆	方二寸一分厚四分四厘	正七品
各道监察御史	铜直钮有孔	清汉文八叠篆	方一寸五分厚三分	从五品
河南等六道巡盐御史	铜直钮有孔	清汉文八叠篆	方一寸五分厚三分	从五品
经略大臣	银虎钮二台	清汉文柳叶篆	方三寸三分厚九分	从一品
大将军	银虎钮二台	清汉文柳叶篆	方三寸三分厚九分	从一品

用印者	形制	印篆	尺寸	品级
镇守将军	银虎钮二台	清汉文柳叶篆	方三寸三分厚九分	从一品
提督总兵官	银虎钮三台	清汉文柳叶篆	方三寸三分厚九分	从一品
镇守挂印总兵官	银虎钮二台	清汉文柳叶篆	方三寸三分厚九分	正二品
各省驻防副都统	银直钮	清汉文柳叶篆	方三寸二分厚八分	正二品
各省都司	银直钮二台	清汉文九叠篆	方三寸二分厚八分	正二品
各省布政使	银直钮二台	清汉文九叠篆	方三寸一分厚八分	从二品
各省按察使	铜直钮	清汉文九叠篆	方二寸七分厚九分	正三品
各省盐运使司	铜直钮	清汉文钟鼎篆	方二寸六分厚六分五厘	从三品
城守尉	铜直钮	清汉文殳篆	方二寸六分厚六分五厘	正三品
知府	铜直钮	清汉文垂露篆	方二寸五分厚六分四厘	从三品
知州	铜直钮	清汉文垂露篆	方二寸三分厚五分	从五品
知县	铜直钮	清汉文垂露篆	方二寸一分厚四分四厘	正七品

附表三
清代文武各衙门关防、图记、条记一览表

使用者	形制	印篆	尺寸	品级
各省总督关防	银直钮	清汉文九叠篆	长三寸二分阔二寸	正二品（加尚书衔者为从一品）
各省巡抚关防	银直钮	清汉文九叠篆	长三寸二分阔二寸	从二品（加侍郎衔者为正二品）
仓场河道漕运各总督关防	银直钮	清汉文九叠篆	长三寸二分阔二寸	正二品
钦差出使各国大臣关防	铜直钮	清汉文九叠篆	长三寸二分阔二寸	正二品
镇守总兵官关防	铜直钮	清汉文九叠篆	长三寸二分阔二寸	正二品
钦差三品以上大臣关防	铜直钮	清汉文九叠篆	长三寸阔一寸九分	从二品
总理衙门关防	铜直钮	清汉文九叠篆	长三寸阔一寸九分	从一品
内阁典籍厅关防	铜直钮	清汉文垂露篆	长三寸阔一寸九分	正七品
礼部铸印局关防	铜直钮	清汉文垂露篆	长三寸阔一寸九分	正七品
各仓监督关防	铜直钮	清汉文钟鼎篆	长三寸阔一寸九分	正九品
各关监督关防	铜直钮	清汉文九叠篆	长三寸阔一寸九分	正九品
江宁、苏州、杭州三织造关防	铜直钮	清汉文九叠篆	长三寸九分阔一寸九分	六品
各省守巡道关防	铜直钮	清汉文九叠篆	长三寸阔一寸九分	正四品
各省副将参将游击都司关防	铜直钮	清汉文九叠篆	长三寸阔一寸九分	从二品至正四品
各省学政关防	铜直钮	清汉文九叠篆	长二寸九分阔一寸九分	正二品
各省织造关防	铜直钮	清汉文九叠篆	长二寸九分阔一寸九分	正七品
巡视五城御史关防	铜直钮	清汉文九叠篆	长二寸八分阔一寸九分	正七品

使用者	形制	印篆	尺寸	品级
各府同知、通判关防	铜直钮	清汉文九叠篆	长二寸八分阔一寸九分	正六品
直隶州、州同、州判关防	铜直钮	清汉文九叠篆	长二寸六分阔一寸九分	从六品
卫所千总营都司关防	铜直钮	清汉文九叠篆	长二寸八分阔一寸九分	从六品
管理银缎颜料三库关防	铜直钮	清汉文九叠篆	长三寸阔一寸九分	正八品
府州县儒学印记	铜直钮	清汉文九叠篆	长二寸六分阔一寸六分五厘	从八品
各守备印记	铜直钮	清汉文九叠篆	长二寸六分阔一寸六分五厘	正五品
库大使条记	铜直钮	清汉文九叠篆	长二寸四分阔一寸三分五厘	从九品
批验所条记	铜直钮	清汉文九叠篆	长二寸四分阔一寸三分五厘	未入流
驿丞条记	铜直钮	清汉文九叠篆	长二寸四分阔一寸三分五厘	未入流
盐科司条记	铜直钮	清汉文九叠篆	长二寸四分阔一寸三分五厘	未入流
递运所条记	铜直钮	清汉文九叠篆	长二寸四分阔一寸三分五厘	未入流
各局各仓场各条锸记	铜直钮	清汉文九叠篆	长二寸四分阔一寸三分五厘	未入流

图书在版编目（CIP）数据

帝国印事：清朝的官印制度 / 胡忠良著. — 北京：北京燕山出版社，2024.11
ISBN 978-7-5402-7093-3

Ⅰ.①帝… Ⅱ.①胡… Ⅲ.①官制－印章－研究－中国－清代 Ⅳ.① D691.42

中国国家版本馆 CIP 数据核字（2023）第 200718 号

帝国印事：清朝的官印制度
作　　者：胡忠良
责任编辑：刘朝霞　王子凡　任　臻
装帧设计：芥子设计·黄晓飞
出版发行：北京燕山出版社有限公司
社　　址：北京市西城区椿树街道琉璃厂西街 20 号
邮　　编：100052
电　　话：86-10-65240430（总编室）
印　　刷：北京富诚彩色印刷有限公司
开　　本：710mm×1000mm 1/16
字　　数：445 千字
印　　张：34.5
版　　次：2024 年 11 月第 1 版
印　　次：2024 年 11 月第 1 次印刷
ISBN 978-7-5402-7093-3
定　　价：198.00 元